TAMBIÉN POR HILLARY RODHAM CLINTON

It Takes a Village

Dear Socks, Dear Buddy

An Invitation to the White House

Historia viva

Hillary Rodham Clinton

DECISIONES DIFÍCILES

SIMON & SCHUSTER

Nueva York   Londres   Toronto   Sídney   Nueva Delhi

Simon & Schuster Paperbacks
Una divisíon de Simon & Schuster, Inc.
1230 Avenue of the Americas
Nueva York, NY 10020

Originalmente publicado en inglés bajo el título *Hard Choices*.

Las opiniones y las caracterizaciones contenidas en este libro son del autor y no
necesariamente representan la posición oficial del gobierno de los Estados Unidos.

Primera edición en rústica de Simon & Schuster, junio de 2014

SIMON & SCHUSTER PAPERBACKS y colofón
son sellos editoriales registrado de Simon & Schuster, Inc.

Para obtener información respecto a descuentos especiales en ventas
al por mayor, diríjase a Simon & Schuster Special Sales al 1-866-506-1949
o a la siguiente dirección electrónica: business@simonandschuster.com.

La Oficina de Oradores (Speakers Bureau) de Simon & Schuster puede presentar
autores en cualquiera de sus eventos en vivo. Para más información o para hacer
una reservación para un evento, llame al Speakers Bureau de Simon & Schuster,
1-866-248-3049 o visite nuestra página web en www.simonspeakers.com.

Diseño interior de Joy O'Meara
Diseño de la cubierta por Jackie Seow

Investigación fotográfica y edición por Laura Wyss, Wyss Photo, Inc.,
con la ayuda de Elizabeth Ceramur, Amy Hidika y Emily Vinson.

Hecho en los Estados Unidos de América

10 9 8 7 6 5 4 3 2 1

ISBN 978-1-4767-5914-2
ISBN 978-1-4767-5915-9 (ebook)

Para los diplomáticos y expertos en desarrollo de Estados Unidos,
que tan bien representan a nuestro país y nuestros valores
en los lugares grandes y pequeños, pacíficos y peligrosas
de todo el mundo.

y

En memoria de mis padres:
Hugh Ellsworth Rodham (1911–1993)
Dorothy Emma Howell Rodham (1919–2011)

CONTENIDO

QUINTA PARTE: LEVANTAMIENTOS

SEXTA PARTE: EL FUTURO QUE QUEREMOS

NOTA DE LA AUTORA

Todos enfrentamos decisiones difíciles en nuestras vidas. Algunos hacen frente a más que su parte. Tenemos que decidir cómo equilibrar las exigencias del trabajo y la familia. Cómo cuidar a un niño enfermo o un padre anciano, cómo pagar la universidad, cómo encontrar un buen trabajo y qué hacer si lo pierde. Si debe casarse o seguir casado. Cómo darles a nuestros hijos las oportunidades con las que sueñan y se merecen. La vida consiste en tomar tales decisiones. Nuestras decisiones y la forma en que las resolvemos dan forma a la persona que llegamos a ser. Para líderes y naciones, esas decisiones pueden significar la diferencia entre la guerra y la paz, la pobreza y la prosperidad.

Estoy eternamente agradecida por haber tenido unos padres amorosos y comprensivos, haber nacido en un país que ofrece todas las oportunidades y bendiciones —factores fuera de mi control que prepararon el escenario para la vida que he vivido y los valores y la fe que he adoptado. Cuando decidí abandonar mi carrera de abogado en Washington y mudarme a Arkansas para casarme con Bill y formar una familia, mis amigos me preguntaron: "¿Estás loca?". Escuché preguntas similares cuando como primera dama asumí la reforma a la salud, cuando me presenté como candidata y cuando acepté la oferta del presidente Barack Obama de representar a nuestro país como secretaria de Estado.

Al tomar estas decisiones, escuché a mi corazón y a mi cabeza. Seguí mi corazón a Arkansas y mi corazón explotó de amor con el nacimiento de nuestra hija, Chelsea, y sufrió con la pérdida de mi padre y mi madre. Mi cabeza me alentó en mi educación y guió mis decisiones profesionales. Y mi corazón y mi cabeza me llevaron al servicio público. En el camino he intentado no cometer el mismo error dos veces, aprender, adaptarme y orar por la sabiduría para tomar mejores decisiones en el futuro.

Lo que es cierto en nuestra vida cotidiana también es cierto en los más altos niveles del gobierno. Mantener a Estados Unidos a salvo, fuerte y próspero, exige una serie interminable de decisiones, muchas de las cuales cuentan con información imperfecta e imperativos contradictorios. Quizás el ejemplo más famoso de mis cuatro años como secretaria de Estado fue la orden del presidente Obama al enviar un equipo de Navy SEALs en una noche paquistaní sin luna para llevar a Osama bin Laden ante la justicia. Los principales consejeros del presidente estaban divididos. La inteligencia era convincente pero estaba lejos de ser definitiva. El riesgo de un fracaso era abrumador. Los riesgos eran significativos para la seguridad nacional de Estados Unidos, nuestra batalla contra Al Qaeda y nuestra relación con Pakistán. Sobre todo, estaban en juego las vidas de aquellos valientes SEALs y pilotos de helicóptero. Fue la muestra más clara y valiente de liderazgo que he visto en mi vida.

Este libro habla de las decisiones que tomé como secretaria de Estado y las que tomaron el presidente Obama y otros líderes en todo el mundo. Algunos capítulos son sobre eventos que aparecieron en los titulares; otros son sobre las tendencias que seguirán definiendo nuestro mundo para las generaciones futuras.

Obviamente, no se incluyen algunas decisiones importantes, personajes, países y eventos. Para darles todo el espacio que merecen, necesitaría muchas páginas más. Podría llenar todo un libro sólo con agradecimientos a los talentosos y dedicados colegas del departamento de Estado en quienes me apoyé. Tengo una gratitud enorme por su servicio y amistad.

Como secretaria de Estado clasificaba nuestras decisiones y nuestros retos en tres categorías: los problemas que heredamos, incluyendo dos guerras y una crisis financiera global; los nuevos eventos y amenazas, a menudo inesperadas, desde las arenas movedizas del Medio Oriente a las turbulentas aguas del Pacífico y el inexplorado terreno del ciberespacio; y las oportunidades presentadas por un mundo cada vez más interconectado que podría ayudar a sentar las bases para el liderazgo norteamericano en el siglo XXI.

Me acerqué a estas opciones con confianza en las perdurables fortalezas y propósitos de nuestro país, y humildad por todo aquello que queda fuera de nuestro control. Trabajé para reorientar la política exterior estadounidense en torno a lo que llamé el "poder inteligente". Para tener éxito en el siglo xxi, necesitábamos integrar mejor las herramientas tradicionales de la política exterior —diplomacia, asistencia para el desarrollo y fuerzas militares, a la vez que aprovechábamos la energía y las ideas del sector privado y empoderando a los ciudadanos, sobre todo los activistas, organizadores y solucionadores de problemas que llamamos sociedad civil— para que resuelvan sus propios problemas y definan su propio futuro. Tenemos que poner todas las fuerzas de Estados Unidos a trabajar en la construcción de un mundo con más socios y menos adversarios, más responsabilidad compartida y menos conflictos, más empleos y menos pobreza y más prosperidad generalizada y menos daño a nuestro medio ambiente.

Como suele ser el caso con el beneficio de una visión retrospectiva, desearía poder retroceder y revisar ciertas decisiones. Pero estoy orgullosa de lo que hemos logrado. Este siglo comenzó de forma traumática para nuestro país, con los ataques terroristas del 9/11, las largas guerras que siguieron y la Gran Recesión. Teníamos que hacerlo mejor y creo que lo hicimos.

Estos años fueron también un viaje personal para mí, tanto literalmente (terminé visitando 112 países y viajando casi un millón de millas) como en sentido figurado, desde el doloroso final de la campaña de 2008 hasta una inesperada colaboración y amistad con mi antiguo rival Barack Obama. He servido a nuestro país en una u otra forma durante décadas. Sin embargo, durante mis años como secretaria de Estado aprendí aún más sobre nuestras excepcionales fortalezas y lo que tendremos que hacer para competir y prosperar en el país y en el extranjero.

Espero que este libro sea útil a cualquier persona que quiera conocer lo que Estados Unidos representaba en los primeros años del siglo xxi, así como la forma en que la administración Obama enfrentó grandes retos en un momento peligroso.

Aunque mis opiniones y experiencias seguramente serán analizadas por los seguidores de la larga telenovela de Washington —quién tomó parte por cuál bando, quién se opuso a quién, quien estaba arriba y quién estaba abajo—, no escribí este libro para ellos.

Lo escribí para los innumerables estadounidenses que hoy quieren comprender este mundo que está cambiando rápidamente, que quieren entender cómo los líderes y las naciones pueden trabajar juntos y por qué algunas veces chocan y cómo sus decisiones afectarán todas nuestras vidas; cómo un colapso en la economía de Atenas, Grecia, afecta los negocios en Athens, Georgia. Cómo una revolución en El Cairo, Egipto, tiene un impacto en la vida de Cairo, Illinois. Lo que significa para St. Petersburg, Florida, un tenso encuentro en San Petersburgo, Rusia.

No todas las historias de este libro tienen un final feliz o algunas ni siquiera han concluido —así es el mundo en el que vivimos— pero todas ellas son historias de personas de quienes podemos aprender, ya sea que estemos o no de acuerdo con ellas. Aún hay héroes en el mundo: promotores de la paz que perseveraron aun cuando el éxito parecía imposible, líderes que ignoraron a políticos y presiones para tomar decisiones difíciles, hombres y mujeres con la valentía suficiente para dejar el pasado atrás y poder delinear un nuevo y mejor futuro. Estas son algunas de las historias que cuento.

Escribí este libro para honrar a los excepcionales diplomáticos y expertos en desarrollo con quien tuve el honor de servir como la 67° secretario de Estado de los Estados Unidos. Lo escribí para cualquier persona en cualquier lugar que se pregunte si Estados Unidos todavía tiene lo que se necesita para liderar. Para mí, la respuesta es un rotundo "Sí". Aunque hablar de la decadencia de Estados Unidos se ha convertido en un lugar común, mi fe en nuestro futuro nunca ha sido mayor. Aunque existen pocos problemas en el mundo de hoy que Estados Unidos pueda resolver por sí solo, hay aún menos que puedan ser resueltos sin la participación de Estados Unidos. Todo lo que he hecho y visto me ha convencido de que Estados Unidos sigue siendo la "nación indispensable". Sin embargo, estoy igualmente convencida de que nuestro liderazgo no es un derecho natural. Debe ser ganado por cada generación.

Y así será. En tanto permanezcamos fieles a nuestros valores y recordemos que, antes de ser republicanos o demócratas, liberales, conservadores o cualquier otra etiqueta de las que desafortunadamente nos dividen tan a menudo como nos definen, somos estadounidenses y todos tenemos un interés personal en nuestro país.

Cuando comencé este libro, poco después de salir del departamento de Estado, consideré varios posibles títulos. Muy amablemente, el *Washington Post* pidió a sus lectores que enviaran sugerencias. Alguien propuso "Se necesita un mundo", que podría ser una secuela apropiada de *It Takes a*

Village (Se necesita un pueblo). Pero mi favorito fue "Las crónicas de la banda elástica: 112 países y el tema sigue siendo mi cabello".

Al final, el título que mejor capturó tanto mis experiencias en la cuerda floja de la diplomacia internacional como mis pensamientos y sentimientos sobre lo que hay que hacer para asegurar el liderazgo estadounidense en el siglo xxi, fue *Decisiones difíciles*.

Servir a nuestro país nunca ha sido una decisión difícil para mí. Ha sido el mayor honor de mi vida.

DECISIONES DIFÍCILES

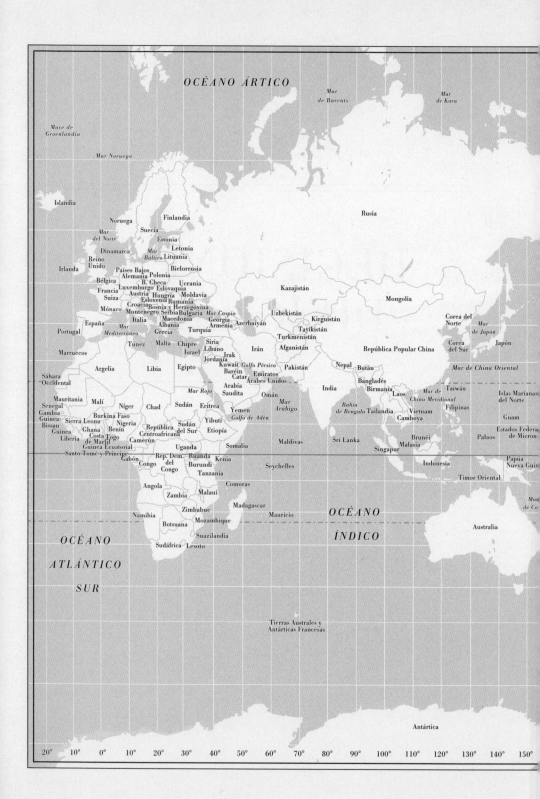

OCÉANO ÁRTICO

Mar de Barents

Mar de Kara

Mare de Groenlandia

Mar Noruego

Islandia

Noruega   Finlandia   Rusia

Suecia
Mar del Norte
Dinamarca   Estonia
                 Letonia
            Mar   Lituania
Reino   Báltico
Unido
Irlanda   Bielorrusia
        Países Bajos Polonia
        Alemania
Bélgica   R. Checa   Ucrania   Kazajistán
Francia Luxemburgo Eslovaquia   Mongolia
    Suiza Austria Hungría Moldavia
            Eslovenia Rumanía
    Mónaco Croacia
        Bosnia y Herzegovina   Corea del
        Montenegro Serbia Bulgaria Mar Caspio   Norte
    España   Italia Macedonia   Uzbekistán Kirguistán   Mar
Portugal   Albania Georgia Azerbaiyán   Tayikistán   Corea de Japón
        Mar Grecia Armenia   del Sur Japón
        Mediterráneo Turquía   Turkmenistán
Marruecos   Túnez Malta Chipre Siria   República Popular China Mar de China Oriental
            Líbano Irak Irán Afganistán
            Israel Jordania
Sáhara   Kuwait Golfo Pérsico Pakistán Nepal Bután   Taiwán
Occidental Argelia Libia Egipto Baréin Emiratos   Bangladés   Islas Marianas
                Catar Árabes Unidos   Birmania Laos   del Norte
Mauritania   Mar Rojo Arabia Omán   India Bahía   Mar de
Senegal Malí Níger Chad Sudán Saudita   Mar   de Bengala Tailandia China Meridional Filipinas Guam
Gambia   Eritrea Yemen Arábigo   Vietnam
Guinea- Burkina Faso   Yibuti Golfo de Adén   Camboya   Estados Federa
Bissau Sierra Leona Nigeria Sudán   Sri Lanka   Brunéi   de Micron
Guinea Ghana Benín del Sur Etiopía   Malasia Palaos
Liberia Costa Togo   Maldivas   Singapur
    de Marfil Camerún
Guinea Ecuatorial   Somalia
Santo Tomé y Príncipe   Uganda   Papúa
        Gabón Rep. Dem. Ruanda Kenia   Indonesia   Nueva Guin
        Congo del Burundi
            Congo Tanzania   Seychelles   Timor Oriental
                Comoras
    Angola   Malaui
        Zambia   Madagascar   OCÉANO   Mar de Co
    Namibia Zimbabue   Mauricio   ÍNDICO   Australia
        Botsuana Mozambique
OCÉANO   Suazilandia
        Sudáfrica Lesoto
ATLÁNTICO

SUR

Tierras Australes y
Antárticas Francesas

Antártica

20° 10° 0° 10° 20° 30° 40° 50° 60° 70° 80° 90° 100° 110° 120° 130° 140° 150°

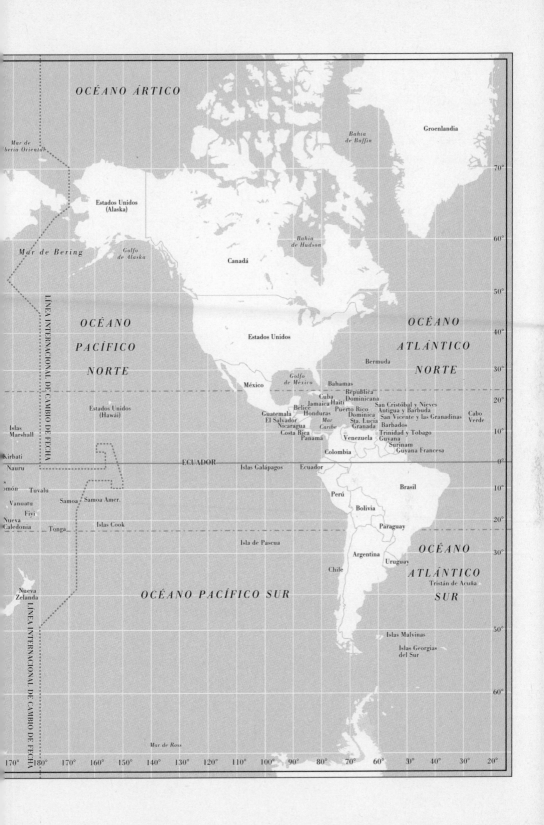

OCÉANO ÁRTICO

Mar de
Iberia Oriental

Groenlandia

Bahía
de Baffin

70°

Estados Unidos
(Alaska)

60°

Mar de Bering

Golfo
de Alaska

Bahía
de Hudson

Canadá

50°

LÍNEA INTERNACIONAL DE CAMBIO DE FECHA

OCÉANO

PACÍFICO

NORTE

Estados Unidos

40°

OCÉANO

ATLÁNTICO

NORTE

Bermuda

30°

Golfo
de México

México

Bahamas

República
Dominicana

Cuba
Jamaica Haití
Belice
Guatemala Honduras
El Salvador
Nicaragua
Costa Rica
Panamá

Puerto Rico
Dominica
Sta. Lucía
Granada
Barbados

San Cristóbal y Nieves
Antigua y Barbuda
San Vicente y las Granadinas

Cabo
Verde

20°

Estados Unidos
(Hawái)

Islas
Marshall

Mar
Caribe

Venezuela

Trinidad y Tobago
Guyana
Surinam
Guyana Francesa

10°

Kiribati

Colombia

ECUADOR

Islas Galápagos

Ecuador

0°

Nauru

Tuvalu

Perú

Brasil

10°

Vanuatu
Fiyi
Nueva
Caledonia

Samoa Samoa Amer.

Bolivia

Tonga

Islas Cook

Paraguay

20°

Isla de Pascua

OCÉANO

ATLÁNTICO

SUR

Argentina Uruguay

30°

Chile

Tristán de Acuña

Nueva
Zelanda

OCÉANO PACÍFICO SUR

Islas Malvinas

Islas Georgias
del Sur

50°

LÍNEA INTERNACIONAL DE CAMBIO DE FECHA

60°

Mar de Ross

170° 180° 170° 160° 150° 140° 130° 120° 110° 100° 90° 80° 70° 60° 50° 40° 30° 20°

PRIMERA PARTE

Un nuevo comienzo

1

2008: Equipo de rivales

¿**P**or qué diablos estaba recostada en el asiento trasero de una camioneta azul con vidrios polarizados? Buena pregunta. Intentaba abandonar mi casa en Washington, D.C., sin ser vista por los periodistas que se arremolinaban al frente.

Era la tarde del 5 de junio de 2008 y me dirigía a una reunión secreta con Barack Obama —y no la reunión que yo había esperado y deseado hasta hacía unos pocos meses. Yo había perdido y él había ganado. Aún no había tenido tiempo para aceptar del todo esa realidad. Pero aquí estábamos. La campaña para las primarias presidenciales había sido histórica debido a su raza y mi género, pero también había sido agotadora, acalorada, larga y estrecha. Estaba desilusionada y exhausta. Había trabajado duro en la campaña hasta el final, pero Barack había ganado y había llegado la hora de apoyarlo. Las causas y las personas por las que había hecho campaña, los estadounidenses que habían perdido sus empleos y sus cuidados de salud, que no podían permitirse pagar el gas o los víveres o la universidad, que se habían sentido invisibles ante su gobierno durante los últimos siete años, ahora dependían de que Barack se convirtiera en el 44° presidente de los Estados Unidos.

Esto no iba a ser fácil para mí o para mis empleados y partidarios que me habían dado toda su dedicación. Para ser justos, tampoco iba a ser fácil para Barack y su gente. Su campaña fue tan recelosa de mí y mi equipo como nosotros de ellos. Había habido retórica acalorada y sentimientos heridos en ambas partes y, a pesar de la gran presión de sus partidarios, me negué a renunciar hasta que fue contado el último voto.

Barack y yo habíamos hablado dos días antes, tarde en la noche después de que terminaron las últimas elecciones primarias en Montana y Dakota del Sur.

—Sentémonos cuando tenga sentido para ti —me dijo.

Al día siguiente, nos cruzamos tras bambalinas en Washington, en una conferencia programada mucho tiempo antes para el Comité de Asuntos Públicos Estados Unidos-Israel. Aunque fue un poco incómodo, les dio a nuestros colaboradores más cercanos la oportunidad de comenzar a discutir los detalles de una reunión. En mi caso, esa persona fue mi jefe de personal itinerante, Huma Abedin, la inteligente, infatigable y amable joven que había trabajado para mí desde mis tiempos en la Casa Blanca. Para Obama, fue Reggie Love, el ex basquetbolista de Duke que raramente se alejaba de su lado. Huma y Reggie habían mantenido abierta una línea de comunicación incluso durante los días más intensos de la campaña, una línea directa, en parte porque después de cada primaria —sin importar quién ganaba— Barack o yo llamábamos para reconocer y felicitar al otro. Intercambiábamos llamadas cordiales, a veces incluso alegres puesto que al menos una de las personas involucradas tenía motivos para estar de buen humor. Pero, unas cuantas fueron secas, sólo por cumplir. Los entrenadores de fútbol americano se reúnen en el mediocampo después de un partido, pero no siempre se abrazan.

Para reunirnos y conversar necesitábamos un lugar lejos de la atención de los medios de comunicación, así que llamé a mi buena amiga la senadora Dianne Feinstein de California para preguntarle si podríamos usar su casa en Washington. Había estado allí antes y pensé que funcionaría bien para entrar y salir sin llamar la atención. La treta funcionó. Me deslicé en el asiento trasero de la camioneta cuando tomamos la aguda curva a la izquierda al final de mi calle para tomar Massachusetts Avenue, y ya estaba en camino.

Llegué primero. Cuando Barack llegó, Dianne nos ofreció una copa de Chardonnay californiano y luego nos dejó en su salón, sentados en poltronas uno frente al otro al lado de la chimenea. A pesar de los enfrentamientos del último año, habíamos desarrollado un respeto mutuo arraigado en nuestras experiencias compartidas. Postularse para presidente es intelectualmente exigente, emocionalmente agotador y físicamente agobiante. Pero, a pesar de la locura que puede ser una campaña nacional, esa es nuestra democracia en acción, con verrugas y todo. Vivirlo de cerca nos ayudó a apreciarnos mutuamente por haber entrado en "la arena", como Theodore Roosevelt la llamó, e ir hasta el final.

En el momento de nuestro encuentro, yo conocía a Barack hacía cuatro años, dos de los cuales los pasamos discutiendo. Como a muchos estadounidenses, me impresionó su discurso en la Convención Nacional Demócrata de 2004 en Boston. Ese mismo año yo había apoyado su campaña al Senado: organicé un evento para recaudar fondos en nuestra casa en Washington y asistí a uno en Chicago. En mi oficina del Senado, para sorpresa de muchos a medida que pasaba el tiempo, tenía una foto de él, Michelle, sus hijas y yo en ese evento en Chicago. Cuando volví de tiempo completo al Senado tras las elecciones primarias, la foto seguía en el mismo lugar en el que la había dejado. Como colegas habíamos trabajado juntos en una serie de prioridades compartidas y legislaciones. Y, después del huracán Katrina, Bill y yo invitamos a Barack a reunirse con nosotros en Houston con el presidente George H. W. y Barbara Bush para visitar a los evacuados por la tormenta y reunirnos con funcionarios del plan de urgencia.

Ambos éramos abogados que comenzamos como activistas comunitarios por la justicia social. Al comienzo de mi carrera, trabajé para el Fondo para la Defensa de los Niños, registré votantes hispanos en Texas y representé a los pobres como abogada de oficio. Barack era organizador comunitario en el South Side de Chicago. Nuestras historias personales y nuestras experiencias eran muy diferentes, pero compartíamos la anticuada idea de que el servicio público es una tarea noble y creíamos profundamente en el pacto fundamental del Sueño Americano: sin importar quién eres o de dónde vengas, si trabajas duro y sigues las reglas, tendrás la oportunidad de construir una buena vida para ti y tu familia.

Pero las campañas se basan en resaltar las diferencias, y la nuestra no fue la excepción. A pesar de nuestro acuerdo general sobre la mayoría de temas, encontramos un montón de razones para estar en desacuerdo y aprovechamos cualquier detalle para resaltar un contraste. Y, aunque yo tenía claro que las campañas políticas de alto riesgo no son para los débiles de corazón o los sensibles, tanto Barack como yo y nuestro personal teníamos largas listas de agravios. Era hora de aclarar las cosas. Teníamos que ganar la Casa Blanca, y era importante para el país, y para mí personalmente, seguir adelante.

Nos observamos mutuamente como dos adolescentes en una incómoda primera cita y tomamos unos sorbos de Chardonnay. Finalmente, Barack rompió el hielo haciéndome una broma por la dura campaña con la que lo había enfrentado. Luego pidió mi ayuda para unificar nuestro partido y ganar la presidencia. Quería que apareciéramos juntos muy pronto y quería que la Convención Nacional Demócrata en Denver fuera unificada y vigorizada. Hizo énfasis en que también quería la ayuda de Bill.

Yo ya había decidido que aceptaría su solicitud de ayuda, pero también necesitaba discutir algunos de los momentos desagradables del último año. Ninguno de los dos había tenido control absoluto sobre lo que se dijo y se hizo en nuestras campañas, mucho menos sobre los actos de nuestros seguidores más apasionados o la prensa política, incluyendo una gran cantidad de *bloggers*. Observaciones de ambas partes, incluyendo algunas mías, habían sido sacadas de su contexto, pero la absurda acusación de racismo contra Bill fue particularmente dolorosa. Barack dejó claro que ni él ni su equipo creían en esa acusación. En cuanto al sexismo que surgió durante la campaña, yo sabía que era resultado de actitudes culturales y psicológicas sobre el rol de la mujer en la sociedad, pero eso no lo hizo más fácil para mí ni para mis seguidores. En respuesta, Barack habló conmovedoramente acerca de la lucha de su abuela en el mundo de los negocios, su gran orgullo por Michelle, Malia y Sasha, y su absoluta convicción de que merecen plenos e iguales derechos en nuestra sociedad.

La sinceridad de nuestra conversación fue tranquilizadora y reforzó mi determinación de apoyarlo. Aunque indudablemente habría preferido estar sentada allí pidiéndole su apoyo y no lo contrario, sabía que su éxito era la mejor manera de promover los valores y la agenda política progresista por la que yo había pasado los últimos dos años —y toda una vida— luchando.

Cuando me preguntó qué tenía que hacer para convencer a mis seguidores de unirse a su campaña, le respondí que necesitarían tiempo, pero que un esfuerzo genuino por hacerlos sentir bienvenidos convencería a la inmensa mayoría. Después de todo, ahora él era el abanderado de nuestra causa. Si yo podía pasar de hacer mi mejor esfuerzo para ganarle, a hacer todo lo posible para elegirlo presidente, mis seguidores también podrían. Finalmente, casi todos lo hicieron.

Después de una hora y media, ambos habíamos dicho lo que queríamos decir y hablamos sobre los pasos a seguir. Más tarde esa misma noche, Barack me envió por correo electrónico una propuesta de declaración conjunta que sería emitida por su campaña confirmando la reunión y nuestra "productiva discusión" acerca de "lo que debe hacerse para alcanzar el éxito en noviembre". También me pidió un número de teléfono para llamar a Bill y hablar directamente con él.

Al día siguiente, el 6 de junio, Bill y yo atendimos a mi personal de campaña en el jardín trasero de nuestra casa en Washington. Era un día muy caliente. Todos tratamos de no recalentarnos mientras recordábamos los increíbles giros y vueltas de la temporada de elecciones primarias. Estar rodeada por el dedicado equipo que había luchado tan duro por mí fue una experiencia inspiradora y una lección de humildad. Algunos eran amigos que habían trabajado con nosotros en campañas desde los tiempos de Arkansas. Para muchos de los más jóvenes, esta había sido su primera campaña. Yo no quería que se desanimaran por la derrota o se alejaran de la política electoral y el servicio público, entonces les dije que debían estar orgullosos de la campaña que habíamos hecho y que continuaran trabajando por las causas y candidatos en los que creíamos. También sabía que tenía que dar el ejemplo. Aunque mi charla con Barack al lado de la chimenea la noche anterior era un comienzo, era tan sólo eso. A muchos les tomaría tiempo superar todo lo que había sucedido, y sabía que la gente seguiría mi ejemplo. Así que, desde ese momento, dejé claro que apoyaría totalmente a Barack Obama.

A pesar de las circunstancias, la gente se relajó y pasó un buen rato. Mi querida amiga Stephanie Tubbs Jones, la intrépida congresista afroamericana de Ohio que resistió intensa presión y se quedó a mi lado a lo largo de las primarias, colgó sus pies en la piscina y contó historias graciosas. Dos meses más tarde moriría repentinamente de un aneurisma cerebral, una terrible pérdida para su familia, sus electores, y para mí y mi familia. Pero ese día, al menos, todavía éramos camaradas a la espera de mejores tiempos.

Al día siguiente aprobé la hora y el lugar de mi última aparición de campaña y comencé a trabajar en mi discurso. Escribirlo no fue fácil. Tenía que agradecer a mis seguidores, celebrar la importancia histórica de mi campaña como la primera mujer en ganar elecciones primarias y respaldar a Barack de tal forma que le ayudara en las elecciones generales. Eran muchas condiciones para un solo discurso y no tenía mucho tiempo para hacerlo. Recordé amargas batallas en las primarias que llegaron hasta la Convención, especialmente el fracasado desafío de Ted Kennedy al presidente Carter en 1980, y no estaba dispuesta a permitir que esa historia se repitiera. No sería bueno para nuestro partido ni para el país, entonces me movería rápidamente para respaldar públicamente a Barack y hacer campaña por él.

Quería alcanzar un equilibrio adecuado entre el respeto al apoyo de mis votantes y las perspectivas futuras. Buscando el tono y el lenguaje adecuados, hablé una y otra vez personalmente y por teléfono con redactores de discursos y asesores. Jim Kennedy, un viejo amigo con un toque mágico para el lenguaje evocador, se había despertado en plena noche pensando que las 18 millones de personas que habían votado por mí habían hecho, cada una, su propia mella en aquel techo de cristal. Eso me dio algo para empezar. No quería repetir las trivialidades de siempre; este aval debía ser en mis propias palabras, un argumento personal convincente sobre por qué todos debíamos trabajar para elegir a Barack. Me quedé trabajando hasta el amanecer, sentada en la mesa de la cocina con Bill, revisando un borrador tras otro.

Pronuncié mi discurso el sábado 7 de junio, en el National Building Museum en Washington. No había sido fácil encontrar un lugar donde cupiera el número de partidarios y miembros de la prensa que esperábamos. Me sentí aliviada cuando nos decidimos por el que solía ser llamado el "Pension Building", con sus elevadas columnas y altos techos. Originalmente construido para servir a los huérfanos, viudas y veteranos de la Guerra Civil, es un monumento al espíritu americano de responsabilidad compartida. Bill, Chelsea y mi madre —Dorothy Rodham, de 89 años—, estaban conmigo cuando atravesé la multitud de camino al podio. La gente lloraba aún antes de que yo empezara a hablar.

El ambiente era como de velorio: cargado de tristeza y enojo sin duda, pero también orgullo e incluso amor. Una mujer llevaba un enorme botón con la inscripción "¡Hillary para Papa!". Bueno, eso ciertamente no estaba en mi destino, pero me emocionó el sentimiento.

Si el discurso había sido difícil de escribir, pronunciarlo fue aún peor. Sentí que había decepcionado a muchos millones de personas, especialmente las mujeres y niñas que habían invertido sus sueños en mí. Comencé agradeciendo a todos los que habían hecho campaña y votado por mí; les dije que creía en el servicio público y seguiría comprometida con "ayudar a las personas a resolver sus problemas y hacer realidad sus sueños".

Di un saludo especial a las mujeres de la generación de mi madre, que nacieron cuando la mujer ni siquiera tenía derecho a votar pero vivieron lo suficiente para ver mi campaña a la presidencia. Una de ellas era Florence Steen, de ochenta y ocho años, de Dakota del Sur, quien insistió en que su hija le ayudara a votar a distancia desde su cama de hospital para poder votar en la primaria demócrata. Falleció antes del día de las elecciones, así que bajo la ley estatal su voto no contó. Pero más tarde su hija le dijo a un reportero: "Mi padre es un malgeniado y viejo vaquero, y no le gustó nada cuando oyó que el voto de mamá no sería tomado en cuenta. No creo que haya votado en más de viente años, pero votó por mi madre". Recibir las esperanzas y las oraciones de millones de personas es una responsabilidad abrumadora e intenté nunca olvidar que la campaña era más de ellos que mía.

Hablé directamente de la decepción sufrida por mis partidarios:

"Aunque esta vez no pudimos romper aquel altísimo y resistente techo de cristal, gracias a ustedes, ahora ese techo tiene unas 18 millones de grietas en él. Y la luz está brillando por ellas como nunca antes, llenándonos a todos de esperanza y haciéndonos saber que el camino será más fácil la próxima vez. Esa ha sido siempre la historia del progreso en Estados Unidos". Les prometí que "siempre me verán en las primeras líneas de la democracia, luchando por el futuro", y luego añadí: "La forma de continuar nuestra lucha ahora, de alcanzar los objetivos deseados, es tomar nuestra energía, nuestra fuerza, nuestra pasión y hacer todo lo posible para ayudar a elegir a Barack Obama como próximo presidente de los Estados Unidos".

A pesar de lo difícil que fue todo esto para mí, perder me enseñó mucho. A lo largo de los años había experimentado bastantes decepciones personales y públicas, pero hasta 2008 había disfrutado de una racha poco usual de éxitos electorales, primero como parte de las campañas de mi esposo en Arkansas y luego para la presidencia, y posteriormente en las mías para el Senado en 2000 y 2006. La noche del caucus demócrata en Iowa, cuando ocupé el tercer lugar, fue atroz.

Pero seguí adelante a New Hampshire y luego al resto del país, y fui encontrando mi equilibrio y mi voz. Mi ánimo y mi determinación se fortalecieron gracias a los muchos estadounidenses que conocí en el camino. Dediqué mi victoria en las primarias de Ohio a todos aquellos en Estados Unidos que "han sido excluidos pero se negaron a ser noqueados y a todos los que han tropezado pero se vuelven a poner en pie, y a todos aquellos que trabajan duro y nunca se dan por vencidos". Las historias de la gente que conocí reafirmaron mi fe en la ilimitada promesa de nuestro país pero también me hicieron entender cuánto tenemos que hacer para garantizar que esa promesa sea compartida por todos. Y, aunque la campaña fue larga y agotadora —y costó demasiado dinero—, al final el proceso tuvo éxito en ofrecer a los votantes una verdadera elección en el futuro del país.

Un aspecto positivo de la derrota fue que salí de la experiencia consciente de que ya no me importaba mucho lo que los críticos dijeran de mí. Aprendí a tomar las críticas en serio pero no personalmente, y la campaña sin duda me puso a prueba en ese aspecto. También me liberó. Aprendí a soltarme el cabello; en el sentido literal. Una vez, en una entrevista durante un viaje a la India como secretaria de Estado, Jill Dougherty de CNN me preguntó sobre la obsesión de los medios de comunicación conmigo apareciendo en las capitales extranjeras después de largos vuelos llevando gafas y sin maquillaje. Lo llamó "Hillary au naturale". Tuve que reír.

"Jill, me siento tan aliviada de estar en la etapa de mi vida en la que estoy ahora, porque si me apetece ponerme gafas, me las pongo. Si quiero agarrarme el pelo, me agarro el pelo".

Algunos de los reporteros que me cubrían en el departamento de Estado se sorprendían a veces cuando abandonaba la diplomacia y decía exactamente lo que pasaba por mi mente, ya fuera para regañar al líder de Corea del Norte o presionar a los paquistaníes sobre el paradero de Osama bin Laden. Ya no tenía mucha paciencia para caminar sobre cáscaras de huevo.

Perder me daría la oportunidad de hablar con los líderes de otras naciones sobre cómo aceptar veredictos difíciles en casa y seguir adelante por el bien de la patria. En todo el mundo hay jefes de Estado que dicen defender la democracia, pero luego hacen todo lo posible por suprimirla cuando los votantes protestan o deciden destituirlos. Me di cuenta de que tenía la posibilidad de ofrecer un modelo diferente. Por supuesto, tuve suerte al perder frente a un candidato cuyos puntos de vista coincidían tanto con los míos y que se había tomado tanto trabajo para incluirme en su equipo. Aún así, el hecho de que hubiésemos sido feroces opositores y ahora trabajáramos juntos era un argumento bastante impresionante a favor de la democracia; uno que en los años siguientes me encontré usando una y otra vez alrededor del mundo, en un trabajo que no tenía idea que acabaría haciendo.

———

Tres semanas después de mi discurso en el Building Museum, estaba en camino a Unity, New Hampshire, el pueblo elegido para nuestra primera aparición conjunta no sólo por su nombre sino también porque allí ambos habíamos conseguido exactamente el mismo número de votos en las primarias: 107 votos por Barack y 107 por mí. Nos encontramos en Washington y volamos juntos en su avión de campaña. Cuando aterrizamos, había un gran autobús esperando para llevarnos a Unity, a casi dos horas de viaje. Rememoré el increíble tour en bus que Bill y yo realizamos con Al y Tipper Gore tras la Convención Demócrata de 1992 y recordé el famoso libro de Timothy Crouse sobre la campaña de 1972, *The Boys on the Bus*. Esta vez, yo era la "niña" en el bus, y el candidato no era ni mi marido ni yo. Respiré profundamente y subí a bordo.

Barack y yo nos sentamos juntos, hablamos relajadamente. Compartí con él algunas de nuestras experiencias al criar a una hija en la Casa Blanca. Él y Michelle ya estaban pensando en cómo sería la vida de Malia y Sasha si él ganaba. El mitin, en un gran campo en un hermoso día de verano, fue diseñado para enviar el mensaje inequívoco de que la primaria había quedado atrás y ahora éramos un equipo. La gente coreaba nuestros nombres mientras subíamos al escenario acompañados por la canción "Beautiful Day" de U2. Grandes letras detrás de la multitud deletreaban U-N-I-T-Y y una bandera azul detrás del escenario decía "Unidos para el cambio".

—Hoy y cada día de aquí en adelante, lucharemos hombro a hombro por los ideales que compartimos, los valores que apreciamos y el país que amamos —le dije a la multitud.

Cuando terminé, comenzaron a aclamarme. "Gracias, Hillary. Gracias, Hillary". Incluso Barack se les unió.

—Ustedes espiaron mi discurso. Ya saben la primera línea —bromeó.

Luego habló con elocuencia y generosidad sobre mi campaña. Bill y Barack sostuvieron una larga charla unos días más tarde, despejaron cualquier duda persistente sobre las primarias y aceptaron hacer campaña juntos.

El mayor evento del verano fue la Convención Nacional Demócrata en Denver, a finales de agosto. Yo había asistido a todas las convenciones demócratas desde 1976 y, por razones obvias, tenía recuerdos especialmente gratos de las de 1992 en Nueva York y 1996 en Chicago. Esta vez, Barack me pidió que pronunciara un discurso nominándolo formalmente y yo acepté.

Cuando llegó el momento, Chelsea me presentó. No podría haberme sentido más orgullosa de ella o más agradecida por su duro trabajo a lo largo de la campaña de las primarias. Había atravesado el país sola, hablando con la gente joven y animando a las multitudes dondequiera que iba. Viéndola allí de pie ante la abarrotada sala de convenciones, me costó aceptar cuan ecuánime y adulta se había vuelto.

Pronto llegó mi turno. Fui recibida por un mar de letreros de "Hillary" en rojo, blanco y azul. A pesar de los muchos discursos que había pronunciado, este era uno realmente importante y frente a una gran audiencia en vivo y millones más viéndolo en la televisión. Tengo que admitir que estaba nerviosa. Trabajé en el discurso hasta el último minuto, al punto que cuando mi caravana llegó a su destino, uno de mis ayudantes tuvo que saltar de la camioneta y adelantarse para entregar la USB al operador del *teleprompter*. La campaña de Obama había pedido verlo mucho antes y, cuando no lo compartí, algunos de sus empleados se angustiaron pensando que ocultaba algo que no les gustaría que dijera. Pero simplemente estaba usando hasta el último segundo para hacerlo bien.

No era el discurso que durante mucho tiempo había esperado pronunciar en esa Convención, pero era un discurso importante.

"Sin importar si votaron por mí o por Barack, ha llegado la hora de unirnos como un solo partido con un único propósito. Estamos en el mismo equipo, y ninguno de nosotros puede darse el lujo de mantenerse al margen. Esta es una lucha por el futuro. Y es una lucha que debemos ganar juntos", le dije a la multitud. "Barack Obama es mi candidato y debe ser nuestro presidente".

Después, Joe Biden me saludó fuera del salón verde, cayendo de rodillas para besar mi mano. (¿Quién dice que la caballerosidad ha muerto?). Barack llamó desde Billings, Montana, para darme las gracias.

Ese mismo día me había encontrado a Michelle entre bastidores en un evento y también estaba agradecida por todo lo que estábamos haciendo para ayudar a Barack. Por supuesto, Bill no era el único cónyuge en la carrera, y Barack y yo descubrimos que a menudo son los familiares quienes más se ven afectados por los ataques contra uno. Pero a Michelle y a mí nos unían los retos de criar una familia bajo la mirada del público. Meses más tarde, durante un almuerzo privado en la Sala Oval Amarilla del segundo piso de la Casa Blanca, hablamos de cómo se estaba acomodando la familia del presidente y sus planes de combatir la obesidad infantil a través de una mejor alimentación y ejercicio. Nos sentamos a una pequeña mesa mirando por la ventana hacia el sur, sobre el Truman Balcony, hacia el Monumento a Washington. Era mi primera visita a las habitaciones privadas desde el 20 de enero de 2001. Me encantó ver al personal que ayuda a la familia de cada presidente a sentirse en casa en la Casa Blanca. Cuando me convertí en primera dama en 1993, significó mucho para mí escuchar las experiencias de Jacqueline Kennedy, Lady Bird Johnson, Betty Ford, Rosalynn Carter, Nancy Reagan y Barbara Bush. Solo unos pocos de nosotros habíamos tenido el privilegio de vivir en la Casa del Pueblo, y yo quería ayudar en lo que pudiera.

Había pensado que mi discurso en la Convención sería mi única función allí, pero un grupo determinado de mis delegados todavía tenía la intención de votar por mí cuando llamaran la lista de los estados. La campaña de Obama me pidió que fuera a la convención el día siguiente, interrumpiera la votación de cada estado e hiciera un llamado para la inmediata declaración de Barack Obama como candidato de nuestro partido. Acepté, pero entendí por qué varios de mis amigos, simpatizantes y delegados me rogaron no hacerlo. Querían terminar lo que habían empezado. También querían que la historia registrara que una mujer había ganado casi dos docenas de primarias y caucuses, y cerca de 1.900 delegados, algo que jamás había ocurrido. Argumentaban que si se interrumpía la llamada de lista, nuestros esfuerzos nunca serían verdaderamente reconocidos. No pude evitar sentirme conmovida por su feroz lealtad, pero pensé que era más importante demostrar que estábamos totalmente unidos.

Algunos de mis partidarios también estaban molestos por que Barack había elegido a Biden y no a mí para ser su compañero de fórmula. Pero a mí nunca me interesó ser vicepresidente. Estaba deseando volver al Senado, donde esperaba poder liderar el trabajo en la reforma de salud, creación de empleo y otros retos urgentes. Aprobaba sinceramente la elección de Barack y sabía que Joe sería de gran valor en las elecciones y en la Casa Blanca.

Mantuvimos en secreto la idea de que yo apareciera para interrumpir el voto así que, cuando aparecí repentinamente entre los miles de entusiastas demócratas en el momento en que se llamaba a Nueva York para anunciar sus votos, causé un gran revuelo entre los delegados y periodistas. Rodeada de amigos y colegas, declaré: "Con la vista fija en el futuro, en el espíritu de unidad, con el objetivo de alcanzar la victoria, con fe en nuestro partido y nuestro país, declaremos juntos en una sola voz, aquí y ahora mismo, que Barack Obama es nuestro candidato y será nuestro presidente". Luego procedí a suspender la votación y nominar a Barack por aclamación. Arriba en el podio, la presidenta de la Cámara —Nancy

Pelosi— preguntó si mi moción era secundada y toda la convención rugió su aprobación. La atmósfera crepitaba de energía y estábamos haciendo historia al congregarnos tras el primer candidato afroamericano nominado por uno de los principales partidos.

Esa semana escondía una sorpresa más. La mañana después de que Barack se dirigió a la convención, el senador John McCain, el presunto candidato republicano, anunció que la gobernadora de Alaska —Sarah Palin— sería su fórmula para vicepresidente. Un rotundo "¿Quién?" se escuchó en toda la nación. En los siguientes meses llegaríamos a conocerla pero, en ese momento, era una casi total desconocida incluso entre los adictos a la política. La campaña de Obama sospechaba que su nominación era un intento descarado de acoger a las mujeres que me habían apoyado tan vigorosamente. Inmediatamente emitieron una declaración desdeñosa y me contactaron con la esperanza de que yo también lo hiciera. Pero yo no estaba dispuesta a hacerlo. No iba a atacar a Palin sólo por ser una mujer que buscaba el apoyo de otras mujeres. No me parecía que tuviera ningún sentido político y no me parecía correcto. Así que me negué, diciéndoles que más tarde habría tiempo de sobra para criticarla. Unas horas más tarde, la campaña de Obama se retractó y felicitó a la gobernadora Palin.

En las semanas siguientes, Bill y yo asistimos a más de cien eventos y actividades para recaudar fondos en los que hablamos con partidarios y votantes indecisos, y abogamos en favor de Barack y Joe. En la mañana del 4 de noviembre —el día de elecciones— fuimos a votar a una escuela primaria local cerca de nuestra casa en Chappaqua, Nueva York. Era el final de una travesía increíblemente larga. Esa noche Bill no se despegó de la televisión, haciendo lo que siempre hace en las noches de elecciones: analizar todos los datos disponibles sobre concurrencia y primeros conteos de votación. Ahora que no había nada más que pudiéramos hacer para ayudar, intenté mantenerme ocupada con otras cosas hasta que salieran los resultados. Resultó ser una victoria decisiva, sin una espera interminable como las que habíamos vivido en 2004 o, más famosa aún, en el año 2000. Huma llamó a Reggie Love y muy pronto yo estaba felicitando al nuevo presidente electo. (Así comencé a pensar en él, referirme a él y dirigirme a él desde el momento en que terminó la elección; después de la posesión se convertiría en "Señor Presidente"). Estaba eufórica, orgullosa y francamente aliviada. Había llegado el momento de respirar nuevamente y estaba deseando volver a la vida y al trabajo que amaba.

Cinco días después de la elección, una tranquila tarde de domingo se convirtió en la oportunidad perfecta para relajarnos. El aire otoñal era fresco, y Bill y yo decidimos ir a la garganta del río Mianus, uno de los muchos senderos cerca de nuestro hogar en el Condado de Westchester. Con nuestras agitadas vidas, a menudo intentamos despejar nuestras mentes dando largos paseos juntos. Recuerdo que el paseo de ese día fue particularmente liberador. La elección había pasado y yo podía regresar a mi trabajo en el Senado. Amaba representar al pueblo de Nueva York y la campaña me había dejado con una agenda que estaba ansiosa por comenzar a ejecutar. Estaba llena de ideas y confiaba en que se fortalecerían con una estrecha relación con el presidente entrante.

No sospechaba cuán cercana llegaría a ser esa relación. En medio de nuestra caminata, timbró el teléfono celular de Bill. Cuando respondió, escuchó la voz del presidente electo, quien le dijo que quería hablar con nosotros dos. Bill le explicó que estábamos en medio de una reserva natural y tendríamos que llamarlo cuando regresáramos a casa. ¿Por qué estaría llamando? Tal vez quería nuestra opinión sobre el equipo que estaba formando. O trazar estrategias sobre algún importante desafío político, como la recuperación económica o la reforma a la salud. O quizás tan sólo quería nuestra ayuda para una rápida sesión de actividad legislativa en la primavera… Bill, recordando su propia agitada transición, imaginó que querría repasar con nosotros nombres para los cargos en la Casa Blanca y el gabinete.

Cuando regresamos a casa, la predicción de Bill sobre la llamada se confirmó… para él. El presidente electo exprimió su cerebro acerca de posibles miembros para el equipo económico que estaba formando para enfrentar la crisis financiera en la que se encontraba el país. Luego le dijo a Bill que esperaba reunirse pronto conmigo. Supuse que querría hablar de trabajar juntos en su paquete legislativo en el Senado.

Pero sentía curiosidad, así que llamé a algunos miembros de mi personal del Senado para ver qué pensaban, incluyendo a mi portavoz, Philippe Reines. Philippe es apasionado, leal y sagaz. Generalmente sabe lo que los personajes influyentes de Washington están pensando incluso antes de que lo piensen. Y siempre puedo confiar en que me dirá lo que piensa. Esta vez no fue diferente. Philippe me había hablado dos días antes de los rumores que decían que sería nombrada cualquier cosa desde secretaria de Defensa hasta directora general de Correos, pero me había predicho confiadamente:

—Te ofrecerá el departamento de Estado.

—¡Eso es ridículo! —respondí inmediatamente.

—¡No por un millón de motivos!

Pensé que Philippe, no por primera vez, estaba delirando. Y, francamente, no me interesaba servir en el gabinete. Quería regresar al Senado y a mi trabajo en favor de Nueva York. Desde el 9/11 hasta la crisis financiera de 2008, los neoyorquinos habían tenido ocho años muy duros. Se habían arriesgado conmigo en el año 2000 y ahora necesitaban un defensor fuerte y comprometido en Washington. Y me gustaba ser mi propio jefe y fijar mi propio horario y lista de prioridades. Formar parte del gabinete significaría renunciar a parte de esa autonomía.

Cuando llamé a Philippe el domingo, me informó que los medios de comunicación habían comenzado su ciclo de especulación. *This Week* de ABC mencionó rumores de que el presidente electo Obama estaba considerando nombrarme secretaria de Estado. El programa agregó que Obama se sentía atraído por la idea de tener un "equipo de rivales" en el gabinete, una alusión a la historia éxito de ventas de Doris Kearns Goodwin, narrando la elección hecha por Abraham Lincoln en 1860 de William Henry Seward, un senador de Nueva York, como su secretario de Estado tras haberlo derrotado por la candidatura Republicana.

Con el tiempo, me había convertido en una gran admiradora de Seward, así que ese paralelo fue particularmente interesante para mí. Seward fue uno de los grandes líderes de su tiempo, un reformador con principios, fuerte crítico de la esclavitud, gobernador y senador de Nueva York y, finalmente, secretario de Estado. También ayudó al presidente Lincoln a redactar la Proclamación de Acción de Gracias, señalando el día como festivo en Estados Unidos. Fue descrito por un contemporáneo como "nunca alterado o emocionado, astuto, agudo para percibir una broma, apreciaba las cosas buenas y era amigo de la 'buena comida' ". Podía identificarme con eso.

Seward había sido un reconocido senador de Nueva York cuando intentó obtener la nominación presidencial, antes de encontrarse con un versátil y prometedor político de Illinois. El paralelo no era perfecto: espero que nadie me describa nunca como una "sabia guacamaya", que es cómo Henry Adams veía a Seward. Y me hizo gracia que el hombre que hizo más que nadie para frustrar las posibilidades de Seward como candidato a la presidencia fuera el periodista Horace Greeley, cuya prominente estatua adorna Chappaqua.

Seward también me gustaba por motivos que iban más allá de las coincidencias históricas. Había visitado su casa en Auburn, Nueva York: una parada en el "ferrocarril subterráneo" (*Underground Railroad*) para los esclavos que huían del Sur en busca de la libertad. Estaba llena de recuerdos de una carrera extraordinaria y del viaje de catorce meses alrededor del mundo que hizo cuando se retiró. La galería diplomática incluye homenajes de casi todos los líderes mundiales, la mayoría de los cuales eran monarcas coronados, rindiendo tributo a un humilde servidor de la democracia.

Pero, a pesar de su sofisticación, Seward estaba profundamente dedicado a sus electores y ellos a él. Habló elocuentemente sobre el tipo de país inclusivo que Estados Unidos podría ser. Y sus palabras fueron coherentes con sus actos. Harriet Tubman, el heroico conductor del ferrocarril subterráneo, se instaló en una casa en la ciudad natal de Seward, en tierra comprada a Seward. La amistad de Seward con Lincoln fue especialmente conmovedora. Tras admitir la derrota en su competencia por la nominación, Seward trabajó fuertemente para la elección de Lincoln, cruzando el país en tren y pronunciando discursos. Muy pronto se convirtió en uno de los asesores de confianza de Lincoln. Él estuvo allí al principio, sugiriendo el impresionante párrafo final del primer discurso inaugural de Lincoln, que Lincoln convirtió en un llamado a "los mejores ángeles de nuestra naturaleza". Y estuvo allí al final; el plan para asesinar a Lincoln incluía también un ataque coordinado contra Seward, aunque él sobrevivió. Lincoln y Seward recorrieron un largo camino juntos, y su amistad y arduo trabajo ayudaron a salvar la Unión.

El trabajo de Seward aún no había terminado cuando finalizó la Guerra Civil. En 1867, en una demostración final de habilidad política, diseñó la compra de Alaska a Rusia. El precio, 7,2 millones de dólares, fue considerado tan extravagante que se referían al negocio como "la locura de Seward", aunque ahora nos damos cuenta de que fue una de las mejores transacciones de tierra en la historia estadounidense (y una ganga, a un precio de dos centavos el acre). Inmediatamente después de graduarme de la universidad, pasé unos meses memorables en Alaska, destripando pescado y lavando platos. Ahora, a medida que mi nombre se mencionaba más a menudo en relación con la secretaría de Estado, comencé a preguntarme si el fantasma de Seward me perseguía. Aún así, tuve que preguntarme: en caso de que el presidente electo me ofreciera el cargo,

¿no sería una locura abandonar el Senado y toda mi agenda doméstica para cumplir una misión de corto plazo en el departamento de Estado?

———

La noche siguiente a la llamada del presidente electo Obama a Bill, al entrar a la ceremonia de premiación de la Mujer del Año de *Glamour* en Nueva York, un reportero me preguntó si consideraría aceptar un cargo en la administración Obama. Le expresé lo que sentía en ese momento: soy feliz siendo senadora de Nueva York. Y era verdad. Pero también era lo suficientemente realista para saber que cualquier cosa puede suceder en la política.

La mañana del jueves 13 de noviembre, volé a Chicago con Huma para reunirme con el presidente electo y llegué allí sin incidentes. Cuando llegamos a la sede de transición, me llevaron a una gran sala con paneles de madera, unas pocas sillas y una mesa plegable, donde me reuniría a solas con el presidente electo.

Él lucía más relajado y descansado que en muchos meses. Aun cuando enfrentaba la crisis económica más grave desde la Gran Depresión, parecía confiado. Y, como más tarde lo vi hacer a menudo, fue directo al grano obviando la charla amistosa y pidiéndome que aceptara ser su secretaria de Estado. Me aseguró que había estado pensando en mí para ese cargo desde hacía tiempo y estaba convencido de que era la mejor persona —en sus palabras, la única persona— para ese cargo en ese momento histórico, con los extraordinarios desafíos que Estados Unidos enfrentaba en casa y en el extranjero.

A pesar de todos los rumores y las preguntas a quemarropa, quedé asombrada. Tan sólo unos meses antes, Barack Obama y yo estábamos enzarzados en una de las campañas primarias más reñidas en la historia. Ahora él me estaba pidiendo que fuera parte de su administración, en el cargo más importante del gabinete, cuarto en la línea de sucesión a la presidencia. Era como una repetición de la última temporada de *El ala oeste*, en la que el nuevo presidente electo le ofrece a su derrotado rival el cargo de secretario de Estado. En la versión de televisión, el rival rechaza el trabajo pero el presidente electo se niega a aceptar un no por respuesta.

En la vida real, el presidente electo Obama presentó sus argumentos minuciosamente, explicando que él tendría que concentrar la mayor parte de su tiempo y atención en la crisis económica y necesitaba a alguien de importancia para representarlo en el extranjero. Lo escuché atentamente y luego rechacé respetuosamente su oferta. Obviamente, me sentí honrada por su propuesta. Me interesaba profundamente la política exterior y estaba convencida de que era esencial para restaurar la perjudicada posición de nuestro país en el mundo. Teníamos que terminar dos guerras, enfrentar emergentes amenazas y aprovechar nuevas oportunidades. Pero también me sentía apasionadamente comprometida con la reversión de las masivas pérdidas de empleo que estábamos viendo en casa, la reforma de nuestro quebrantado sistema de salud y la creación de nuevas oportunidades para las familias trabajadoras en Estados Unidos. La gente estaba sufriendo y necesitaban a alguien que peleara por ellos. Todo eso y más me esperaba en el Senado. Además, había muchos diplomáticos experimentados que podrían ser excelentes secretarios.

—¿Y Richard Holbrooke? —le sugerí—. ¿O George Mitchell?

Pero el presidente electo no estaba dispuesto a recibir una negativa, así que me fui tras decirle que lo pensaría. En el vuelo de regreso a Nueva York no pensé en nada más.

Antes aún de que aterrizara en Nueva York, las especulaciones de los medios alcanzaron niveles febriles. Dos días después, la primera página del *New York Times* anunciaba que "La conversación de Obama con Clinton produce alboroto", señalando que la perspectiva de mi nombramiento como principal diplomático de la nación podría proporcionar un "final sorpresa" al "drama Obama-Clinton" de la campaña presidencial. Por respeto al presidente electo, evité confirmar que había recibido una oferta.

Había prometido pensarlo y así lo hice. En el transcurso de la semana siguiente, hablé largamente con familiares, amigos y colegas. Bill y Chelsea me escucharon pacientemente y me instaron a sopesar cuidadosamente la oferta. Mis amigos se dividieron por igual entre entusiastas y escépticos. Tenía mucho en qué pensar y tan sólo unos días para tomar la decisión. El trabajo *era* tentador y yo estaba convencida de que podría hacerlo bien. Llevaba años lidiando con los desafíos que enfrenta Estados Unidos en el mundo, como primera dama y senadora, y tenía relaciones con muchos líderes clave, desde Angela Merkel en Alemania hasta Hamid Karzai en Afganistán.

John Podesta, un amigo cercano, copresidente del equipo de transición de Obama y ex jefe de gabinete de mi esposo en la Casa Blanca, me llamó el 16 de noviembre para conversar sobre algunos temas y enfatizar cuán importante era para el presidente electo que yo aceptara. Discutimos algunas de las preocupaciones prácticas, tales como la forma en que pagaría más de 6 millones de dólares pendientes de mi deuda de campaña si me volvía secretaria de Estado y por lo tanto tenía que permanecer al margen de la política partidista. Tampoco quería hacer nada que limitara el invaluable trabajo que Bill estaba haciendo en el mundo a través de la Fundación Clinton. La prensa habló mucho sobre los posibles conflictos de intereses entre su labor filantrópica y mi potencial nueva posición. Ese problema fue descartado rápidamente cuando el equipo de transición presidencial examinó los donantes de la fundación y Bill accedió a revelar sus nombres. Bill también tenía que renunciar a las versiones en el exterior de la innovadora conferencia de filantropía que había instaurado, la Iniciativa Global Clinton, para evitar posibles conflictos.

—El bien que puedes hacer como secretaria de Estado compensará con creces cualquier trabajo que yo tenga que aplazar —me aseguró Bill.

A lo largo de este proceso y durante los siguientes cuatro años, Bill fue —como lo ha sido durante décadas— mi consejero y principal apoyo. Me recomendó centrarme en las "tendencias" —no sólo en los titulares—, y que disfrutara de las experiencias.

Busqué consejo de algunos de mis colegas de confianza. Las senadoras Dianne Feinstein y Barbara Mikulski y la congresista Ellen Tauscher me animaron a aceptar, al igual que mi colega de Nueva York, Chuck Schumer. Aunque muchos disfrutaban señalando lo diferentes que éramos y lo muy competitivos que podíamos llegar a ser ocasionalmente, la verdad es que Chuck y yo formábamos un excelente equipo y yo respetaba sus instintos. Harry Reid, líder de la mayoría del Senado, me sorprendió cuando me contó que el presidente electo le había pedido su opinión sobre el tema a principios del otoño, durante un receso de la campaña en Las Vegas. Dijo que, aunque no quería perderme en el Senado, no veía cómo podría rechazar la oferta.

Y así continuaron mis reflexiones. Un momento me sentía inclinada a aceptar; al siguiente hacía planes para los proyectos de legislación que presentaría en la nueva sesión del Congreso. Entonces no lo sabía, pero posteriormente me enteré de las travesuras que mi equipo y el del presidente electo estaban haciendo para evitar que dijera que no. Dos días antes de la fecha real de su nacimiento, mi equipo me dijo que era el cumpleaños de Joe Biden para que lo llamara y Joe tuviera la oportunidad de sumarse a la presión para que aceptara. Rahm Emanuel, el jefe de gabinete entrante, fingió que el presidente electo se encontraba indispuesto cuando intenté hablar con él para decirle que no aceptaba.

Finalmente, el presidente electo y yo hablamos por teléfono en la madrugada del 20 de noviembre. Él estuvo atento a mis preocupaciones, respondió a mis preguntas y habló entusiasmado sobre el trabajo que podríamos hacer juntos. Le dije que aunque mi deuda de campaña y las obras de caridad de Bill pesaban en mi decisión, realmente me preocupada más la duda de dónde sería de mayor utilidad: en el Senado o en el gabinete. Y, para ser honesta, quería un horario más regular después de la larga campaña. Le expuse todo esto y él escuchó pacientemente; luego me aseguró que todas mis preocupaciones tenían solución.

Astutamente, el presidente electo desvió la conversación del tema de la oferta de trabajo y hacia el trabajo en sí. Hablamos sobre las guerras en Irak y Afganistán, los perpetuos desafíos planteados por Irán y Corea del Norte, y la forma de sacar a Estados Unidos rápidamente de la recesión. Fue muy agradable intercambiar ideas en una cómoda conversación privada después de un año dedicado a aporrearnos mutuamente bajo los reflectores de los debates de campaña transmitidos en la televisión. Y, en retrospectiva, esta conversación resultó ser incluso más importante de lo que pareció en ese momento. Estábamos sentando las bases de una agenda compartida que guiaría la política exterior norteamericana en los años venideros.

Sin embargo, mi respuesta fue no. El presidente electo nuevamente se negó a aceptarla:

—Quiero llegar al sí —me dijo—. Eres la mejor persona para el trabajo.

No aceptaría un no por respuesta. Eso me impresionó.

Después de colgar el teléfono, pasé despierta casi toda la noche. ¿Qué esperaría yo si la situación fuera al revés? Suponiendo que yo hubiera sido elegida presidente y quisiera que Barack Obama fuera mi secretario de Estado; suponiendo que yo hubiera heredado los desafíos que ahora él enfrentaba. Obviamente, querría que él aceptara y que lo hiciera rápidamente, para poder seguir adelante con otros problemas. Habría querido que los empleados públicos más talentosos se unieran a mí y trabajaran duro, por el bien de la nación. Cuanto más lo pensaba, mejor sabía que el presidente electo estaba en lo cierto. El país estaba en problemas, tanto en casa como en el extranjero. Necesitaba un secretario de Estado que pudiera asumir inmediatamente y representarlo en el escenario global para comenzar a reparar el daño que habíamos heredado.

Finalmente, siempre volvía a una simple idea: cuando el presidente te pide que le sirvas, tu deber es decir sí. Independientemente de mi amor por mi trabajo en el Senado y mi convicción de que allí tenía más que contribuir, él aseguraba que me necesitaba en el departamento de Estado. Mi padre sirvió en la Marina en la Segunda Guerra Mundial, entrenando marineros jóvenes para ir a luchar en el Pacífico. Y, aunque a menudo se quejaba de las decisiones tomadas por varios presidentes en Washington, él y mi madre me inculcaron un profundo sentido del deber y el servicio que fue reforzado por la fe metodista de mi familia que nos enseñó a "hacer todo el bien que puedas, siempre que puedas, a todas las personas que puedas y mientras puedas". El llamado a servir me ayudó a lanzarme a mi primera campaña para el Senado en el año 2000, y ahora me llevaba a tomar la difícil decisión de dejar el Senado y aceptar el cargo de secretaria de Estado.

———

En la mañana había tomado mi decisión y pedí hablar con el presidente electo una vez más. Quedó encantado de que al fin aceptara. Me aseguró que tendría acceso directo a él y podría verlo a solas cada vez que lo considerara necesario. Me dijo que podía escoger mi propio equipo, aunque él tendría algunas sugerencias. Habiendo pasado por la Casa Blanca, yo conocía la importancia de esas dos promesas. La historia había demostrado una y otra vez que el departamento de Estado puede ser descuidado por la Casa Blanca, generalmente con resultados negativos. El presidente electo me aseguró que esta vez sería diferente:

—Quiero asegurarme de que tendrás éxito —continuó diciendo que sabía que nuestra política exterior no carecería de errores y turbulencias, pero que nos esforzaríamos por tomar las mejores decisiones posibles para nuestro país. Aún no habíamos desarrollado la estrecha relación que vendría más adelante, pero me conmoví cuando me dijo—: Contrariamente a lo que se dice, creo que podremos ser buenos amigos.

Ese comentario permaneció conmigo en los años venideros.

El presidente cumplió cabalmente sus promesas. Me dio total libertad para elegir mi equipo, confió en mis consejos como su principal asesor de política exterior respecto a las importantes decisiones que tuvo que tomar e insistió en que nos reuniéramos a menudo para poder hablar con franqueza. Generalmente, cuando no estábamos viajando, nos reuníamos por lo menos una vez por semana. Además había reuniones generales del gabinete, reuniones del Consejo de Seguridad Nacional y reuniones bilaterales con líderes extranjeros; y esas eran sólo las reuniones a las que el presidente asistía. También me reunía regularmente en la Casa Blanca con el secretario de Defensa y el asesor de Seguridad Nacional. Si se suma todo, a pesar de mi exigente agenda de viaje, visité la Casa Blanca más de setecientas veces durante esos cuatro años. Tras perder en las elecciones, jamás esperé pasar tanto tiempo allí.

En los años que siguieron no siempre estuve de acuerdo con el presidente y otros miembros de su equipo; en este libro hablo sobre algunos de esos casos, pero otros seguirán siendo privados como parte de la confidencialidad que debe existir entre un presidente y su secretario de Estado, especialmente mientras él siga en el cargo. Pero entre nosotros se desarrolló una fuerte relación profesional y, con el tiempo, también la amistad personal que él había predicho y que he llegado a valorar profundamente. A las pocas semanas de comenzar la nueva administración, una agradable tarde de abril, el presidente sugirió que termináramos una de nuestras reuniones semanales en la mesa de picnic frente al Despacho Oval en el jardín sur, justo al lado del parque de juegos de Sasha y Malia. Me pareció perfecto. La prensa lo llamó nuestra "sesión estratégica en la mesa de picnic". Yo la habría llamado "dos personas comunes y corrientes sosteniendo una buena conversación".

El lunes 1 de diciembre, el presidente electo Obama me anunció públicamente como el 67º secretario de Estado de Estados Unidos. Mientras estaba de pie a su lado, reiteró públicamente lo que me había dicho en privado:

—El nombramiento de Hillary es una señal para amigos y enemigos de la seriedad de mi compromiso con la renovación de la diplomacia estadounidense.

El mes siguiente, el 20 de enero de 2009, con un frío penetrante, junto a mi marido vi a Barack Obama jurar el cargo. Nuestra rivalidad, una vez feroz, había terminado. Ahora éramos socios.

2

Foggy Bottom: Poder inteligente

El primer secretario de Estado que conocí fue Dean Acheson. Había servido al presidente Harry Truman al principio de la Guerra Fría y era la encarnación del imponente diplomático de la vieja escuela. Yo era una nerviosa estudiante universitaria a punto de pronunciar el primer discurso público importante de mi corta vida. Era la primavera de 1969 y mi amiga y compañera de Wellesley —Eldie Acheson, nieta del ex secretario—, había decidido que nuestra clase necesitaba su propia oradora en la ceremonia de graduación. Después de que el rector de la universidad aprobó la idea, mis compañeras me pidieron que hablara sobre nuestros tumultuosos cuatro años en Wellesley y proporcionara una despedida adecuada hacia nuestro futuro desconocido.

La noche antes de la graduación, con el discurso aún sin terminar, me topé con Eldie y su familia. Ella me presentó a su abuelo como "la chica que va a hablar mañana". El anciano de setenta y seis años acababa de terminar sus memorias, *Present at the Creation*, que ganarían el premio Pulitzer el año siguiente. El secretario Acheson sonrió y me estrechó la mano.

—Estoy deseando escuchar lo que tendrás para decir —dijo.

En pánico, corrí a mi habitación a pasar la noche en blanco.

Nunca imaginé que cuarenta años más tarde seguiría los pasos de Acheson en el departamento de Estado, conocido cariñosamente como Foggy Bottom, el nombre de su vecindario en Washington D.C. Hasta mis sueños de infancia de convertirme en astronauta habrían parecido más realistas. Sin embargo, después de convertirme en secretaria de Estado, pensé muchas veces en el canoso estadista que conocí aquella noche en Wellesley. Bajo su exterior formal, era un diplomático muy imaginativo, que prescindía del protocolo cuando era necesario y hacía lo que consideraba mejor para su país y su presidente.

El liderazgo de Estados Unidos en el mundo es como una carrera de relevos. Un secretario, un presidente, una generación, todos reciben el bastón y deben correr un tramo de la carrera para luego entregarlo a sus sucesores. Así como yo me beneficié de las medidas adoptadas y las lecciones aprendidas de mis predecesores, las iniciativas comenzadas durante mis años en el departamento de Estado han dado sus frutos desde de mi partida, cuando pasé el bastón al secretario John Kerry.

Rápidamente aprendí que ser secretario de Estado es realmente tres trabajos en uno: principal diplomático del país, asesor principal del presidente sobre política exterior y CEO de un extenso departamento. Desde el principio, tuve que repartir mi tiempo y energía entre imperativos en conflicto. Tenía que liderar nuestra diplomacia pública y privada para reparar tensas alianzas y construir nuevas relaciones, pero también tenía que ejercer la diplomacia al interior de nuestro propio gobierno, especialmente en el proceso político en la Casa Blanca y con el Congreso. Y estaba el trabajo al interior del departamento mismo, para conseguir lo mejor de nuestros talentosos empleados, mejorar la moral, aumentar la eficiencia y desarrollar las capacidades necesarias para afrontar nuevos retos.

Un ex secretario me llamó para darme este consejo: "No intentes hacerlo todo a la vez". Escuché la misma frase a otros veteranos del departamento. "Puedes tratar de corregir las políticas, o puedes tratar de reparar la burocracia, pero no puedes hacer ambas cosas".

Otro consejo que escuché con frecuencia fue: "Elige unos pocos temas importantes y aprópiate de ellos". Ninguna de las advertencias concordaba del todo con el cada vez más complejo paisaje internacional que nos esperaba. Tal vez hubo una época en que un secretario de Estado podía concentrarse exclusivamente en unas pocas prioridades y dejar que sus subalternos y asistentes se encargaran del departamento y del resto del mundo. Pero esos tiempos habían pasado. Habíamos aprendido a golpes —por ejemplo con Afganistán, después de la retirada soviética en 1989— que descuidar a las regiones y amenazas podía tener consecuencias dolorosas. Tendría que prestarle atención a todo el tablero de ajedrez.

Entendiblemente, en los años transcurridos desde el 9/11, la política exterior de Estados Unidos se había concentrado en las mayores amenazas y, obviamente, teníamos que seguir alerta. Pero yo pensaba que deberíamos hacer más para aprovechar las oportunidades, especialmente en Asia y el Pacífico.

Quería enfrentar una gama de nuevos retos que requerirían atención de alto nivel y estrategias creativas, tales como el manejo de la competencia desde el Ártico hasta el Pacífico por los recursos energéticos submarinos, si hacer frente a la intimidación por parte de las empresas estatales de gran alcance económico, y cómo relacionarse con la gente joven alrededor del mundo recién fortalecida por los medios sociales, para mencionar solo unos pocos. Sabía que habría tradicionalistas en el escenario de la política exterior que cuestionarían la validez de que un secretario de Estado gastara tiempo pensando en el impacto de Twitter, o abriendo programas para mujeres empresarias o abogando en nombre de las empresas estadounidenses. Pero yo veía todo eso como parte del trabajo de un diplomático del siglo XXI.

———

El 15 de diciembre, el equipo de seguridad nacional de la nueva administración Obama se reunió durante seis horas en Chicago. Era nuestra primera discusión desde el anuncio de nuestros nombramientos dos semanas antes. Rápidamente nos sumergimos en la discusión de algunos de los dilemas políticos más espinosos que enfrentaríamos, incluyendo el estado de las guerras en Irak y Afganistán y las perspectivas de paz en el Medio Oriente. También discutimos largamente un problema que se ha revelado ser muy difícil de resolver: cómo cumplir la promesa del presidente electo de cerrar la prisión militar de Guantánamo, en Cuba. Tantos años después y la prisión sigue abierta.

Llegué a la administración Obama con mis propias ideas sobre el liderazgo estadounidense y la política exterior, así como sobre el trabajo en equipo que cualquier presidente debe esperar de los miembros de su Consejo de Seguridad Nacional, y pretendía defender vigorosamente mis posiciones dentro de la administración. Pero, como sabía por la historia y mis propias experiencias, la frase en el escritorio de Harry Truman en el Despacho Oval era cierta: la pelota se quedaba con el presidente. Y, a causa de la larga batalla en las primarias, también sabía que la prensa estaría buscando, incluso esperando, señales de discordia entre la Casa Blanca y yo. Me propuse privarlos de esa historia.

Me impresionó la selección de personas hecha por el presidente electo para su equipo. El vicepresidente electo Joe Biden aportaba la inmensa experiencia internacional adquirida como líder de la Comisión de Relaciones Exteriores del Senado. Su calidez y humor serían muy bienvenidos durante las largas horas pasadas en la Sala de Situaciones de la Casa Blanca. Joe y yo intentábamos reunirnos para desayunar en privado una vez por semana en el Observatorio Naval, su residencia oficial, que está cerca de mi casa. Siempre un caballero, Joe me recibía en la puerta del auto y me acompañaba a un rincón soleado del porche donde desayunábamos y conversábamos. A veces estábamos de acuerdo, otras veces discrepábamos, pero siempre aprecié nuestras conversaciones francas y confidenciales.

Conocía a Rahm Emanuel desde hacía muchos años. Él comenzó con mi marido al principio de la campaña de 1992, sirvió en la Casa Blanca, luego regresó a Chicago y se postuló para el Congreso. Era una estrella en ascenso en la Cámara y dirigió la campaña que produjo una nueva mayoría demócrata en 2006, pero cedió el cargo cuando el presidente Obama le pidió ser jefe de gabinete de la Casa Blanca. Posteriormente fue elegido alcalde de Chicago. Rahm era famoso por su fuerte personalidad y lenguaje vívido (por decirlo educadamente), pero también era un pensador creativo, experto en el proceso legislativo y de gran valor para el presidente. Durante la reñida campaña primaria, Rahm permaneció neutral debido a sus fuertes vínculos con el entonces senador Obama y conmigo, y le dijo al diario de su ciudad natal, el *Chicago Tribune*: "Estoy escondido debajo del escritorio". Ahora que todos estábamos trabajando juntos, Rahm daría algo de cohesión a ese "equipo de rivales". Él y yo hablábamos con frecuencia, y siempre fue un oído amistoso y una puerta abierta en el Ala Oeste.

El nuevo consejero de Seguridad Nacional era el general en retiro de la Marina James Jones, a quien había llegado a conocer cuando formé parte del Comité de las Fuerzas Armadas del Senado y él se desempeñaba como comandante supremo de las Fuerzas Aliadas en Europa. Era circunspecto, sensato y justo, y tenía sentido del humor; todas cualidades importantes en un consejero de Seguridad Nacional.

El segundo y sucesor del general Jones fue Tom Donilon, a quien conocía desde la administración Carter. Tom había servido como jefe de gabinete del secretario de Estado Warren Christopher, así que entendía y valoraba al departamento de Estado. También compartía mi entusiasmo por aumentar nuestro compromiso en Asia y el Pacífico. Tom se convirtió en un valioso colega y supervisó el difícil proceso de políticas interinstitucionales que analiza opciones y prepara las decisiones del presidente. Tenía un don para hacer preguntas difíciles que nos obligaban a reflexionar aún más rigurosamente sobre importantes decisiones políticas.

Susan Rice fue la elección del presidente para embajador ante la ONU; había sido parte del personal del Consejo de Seguridad Nacional y luego secretaria de Estado adjunta para Asuntos Africanos durante la década de 1990. Durante las elecciones primarias, Susan fue un activo sustituto para la campaña de Obama y a menudo me atacó en televisión. Yo sabía que eso era parte de su trabajo, así que logramos dejar atrás el pasado y trabajar juntas, por ejemplo, para reunir votos en la ONU para nuevas sanciones contra Irán y Corea del Norte, y para autorizar la misión para proteger a los civiles en Libia.

Para sorpresa de muchos, el presidente mantuvo al secretario de Defensa Robert Gates, quien había tenido una distinguida carrera sirviendo a ocho presidentes de ambos partidos en la CIA y el Consejo de Seguridad Nacional antes de que el presidente George W. Bush lo tentase en 2006 a abandonar su retiro en Texas A&M para sustituir a Donald Rumsfeld en el Pentágono. Había visto a Bob en acción desde mi puesto en el Comité de las Fuerzas Armadas del Senado y pensé que daría continuidad y sería una mano firme para lidiar con dos guerras heredadas. También abogaba convincentemente por darle más recursos y un papel más importante en nuestra política exterior a la diplomacia y el desarrollo. No es común escuchar a un funcionario en Washington sugerir que alguna otra agencia debe recibir una parte más generosa de los fondos. Pero Bob, viendo el más amplio panorama estratégico tras muchos años en que la política exterior de Estados Unidos estuvo dominada por las fuerzas armadas, creía que ya era hora de alcanzar un mayor equilibrio entre lo que yo denominaba las "3 Ds": defensa, diplomacia y desarrollo.

El lugar perfecto para ver el desequilibrio era el presupuesto. A pesar de la creencia popular de que la ayuda extranjera representaba al menos una cuarta parte del presupuesto federal, la verdad era que por cada dólar gastado por el gobierno federal, sólo un centavo iba a la diplomacia y al desarrollo. En un discurso en 2007, Bob dijo que el presupuesto de relaciones exteriores era "desproporcionadamente pequeño en relación con lo que gastamos en las fuerzas armadas". Como Bob señalaba a menudo, había tantos estadounidenses prestando servicio en las bandas militares como en todo el cuerpo diplomático.

Nos convertimos en aliados desde el principio, trabajando en equipo para convencer al Congreso de aprobar un presupuesto de seguridad nacional más coherente y aliándonos en muchos debates sobre políticas de la administración interna. Evitamos las tradicionales peleas internas entre Estado y Defensa, que en muchas administraciones anteriores habían llegado a parecerse más a los Sharks y los Jets de *West Side Story*. Sostuvimos reuniones conjuntas con ministros de Defensa y cancilleres, y a menudo dimos entrevistas juntos para presentar un frente unido en las cuestiones de política exterior del momento.

En octubre de 2009 hicimos un evento público conjunto en George Washington University, transmitido y moderado por CNN. Nos preguntaron cómo era la experiencia de trabajar juntos.

—Durante la mayor parte de mi carrera, los secretarios de Estado y Defensa no se hablaban entre sí —respondió Bob, haciendo reír al público—. De hecho, podía ser bastante feo. Así que es genial tener una relación en la que podemos hablarnos... Nos llevamos bien, trabajamos bien juntos. Francamente, basado en mi experiencia, creo que se debe a que el secretario de Defensa debe estar dispuesto a reconocer que el secretario de Estado es el principal portavoz de la política exterior de Estados Unidos. Y, una vez que superas ese obstáculo, el resto comienza a funcionar.

———

Nuestro equipo heredó una desalentadora lista de desafíos en una época de desesperanza en casa y en el extranjero respecto a la capacidad de Estados Unidos para liderar el mundo.

En esos días, si uno tomaba un periódico o visitaba a un grupo de expertos en Washington, es probable que escuchara decir que Estados Unidos estaba en decadencia. Poco después de las elecciones presidenciales de 2008, el Consejo Nacional de Inteligencia —un grupo de analistas y expertos nombrados por el Director Nacional de Inteligencia— publicó un alarmante informe titulado *Tendencias globales 2025: Un mundo transformado*. Ofrecía un desalentador pronóstico del declive de la influencia estadounidense, la creciente competencia global, el agotamiento de los recursos y la inestabilidad generalizada. Los analistas de inteligencia predijeron que la relativa fortaleza económica y militar de Estados Unidos disminuiría en los próximos años y que el sistema internacional que habíamos ayudado a construir y defender desde la Segunda Guerra Mundial sería socavado por la creciente influencia de las potencias económicas emergentes como China, las naciones ricas en petróleo como Rusia e Irán, y los actores no estatales como Al Qaeda. En términos inusualmente duros, se refirieron a "una histórica transferencia de riqueza relativa y poder económico de Oeste a Oriente".

Poco antes de la toma de posesión del presidente Obama, el historiador de Yale, Paul Kennedy, escribió una columna para el *Wall Street Journal* titulada *"American Power Is on the Wane"* ("El poder americano está decreciendo"). Articulando una crítica común en 2008 y 2009, el profesor Kennedy culpaba a la creciente deuda, el severo impacto económico de la Gran Recesión y las "extralimitaciones del imperialismo" en las guerras en Irak y Afganistán, de la decadencia del poder de Estados Unidos. Ofrecía una sugerente analogía para explicar la forma en que veía a Estados Unidos perder su lugar como indiscutible líder mundial: "Una persona fuerte, equilibrada y musculosa, puede cargar cuesta arriba una muy pesada mochila durante mucho tiempo. Pero si esa persona está perdiendo fuerza (problemas económicos), y la carga sigue siendo pesada o incluso aumenta de peso (la doctrina de Bush) y el terreno se hace más difícil (ascenso de nuevas potencias, terrorismo internacional, estados fallidos), el alguna vez fuerte caminante comienza a caminar más lentamente y a tropezar. Es entonces cuando los caminantes menos cargados, con menos peso, se acercan, lo alcanzan y —posiblemente— lo pasan".

A pesar de todo, yo seguí siendo fundamentalmente optimista sobre el futuro de Estados Unidos. Mi confianza se basaba en una vida de estudio y de experimentar los avatares de la historia estadounidense y en una perspicaz evaluación de nuestras ventajas comparativas en relación con el resto del mundo. Las fortunas de las naciones cambian y siempre habrá gente a la vuelta de la esquina prediciendo catástrofes. Pero nunca es inteligente apostar contra Estados Unidos. Cada vez que hemos enfrentado un desafío, ya sea guerra, depresión o competencia mundial, los estadounidenses se han levantado para enfrentarlo con trabajo duro y creatividad.

Me pareció que estos análisis pesimistas subestimaban muchas de las fortalezas de Estados Unidos, incluyendo nuestra capacidad de resistencia y reinvención. Nuestras fuerzas armadas eran de lejos las más poderosas del mundo, nuestra economía seguía siendo la más grande, nuestra influencia diplomática no tenía rival, nuestras universidades establecían el parámetro global y nuestros valores de libertad, igualdad y oportunidad aún atraían gente de todas partes a nuestras costas. Cuando necesitábamos resolver un problema en el mundo, podíamos llamar a docenas de amigos y aliados.

Yo creía que lo que sucediera con Estados Unidos aún dependía en gran parte de nosotros, como siempre ha sido el caso. Tan sólo necesitábamos afilar nuestras herramientas y darles el mejor uso. Pero toda esa charla de decadencia puso en relieve el alcance de los desafíos que enfrentábamos. Reconfirmó mi determinación de tomar el consejo de Steve Jobs y "pensar diferente" sobre el papel del departamento de Estado en el siglo XXI.

=====

Los secretarios vienen y van cada cierto número de años, pero la mayoría de la gente en el departamento de Estado y la USAID (la Agencia para el Desarrollo Internacional, por sus siglas en inglés) permanece mucho más tiempo. Juntas, esas agencias emplean a aproximadamente 70.000 personas en todo el mundo, la inmensa mayoría de las cuales son profesionales de carrera que prestan servicio continuamente durante varias administraciones. Eso es mucho menos que los más de tres millones de personas que trabajan para el departamento de Defensa, pero aún así es un número considerable. Cuando me volví secretaria de Estado, los profesionales de carrera en el Estado y la USAID estaban enfrentando reducciones presupuestales y las crecientes exigencias, y acogerían bien un liderazgo que defendiera la importante labor que realizan. Yo quería ser ese líder. Para lograrlo, necesitaría un equipo experimentado que compartiera mis valores y estuviera implacablemente dedicado a la obtención de resultados.

Contraté a Cheryl Mills como abogado y jefe de gabinete. Nos habíamos hecho amigas cuando Cheryl sirvió como abogado adjunto en la Casa Blanca durante la década de 1990. Ella hablaba rápidamente y pensaba aún más rápido; su intelecto era como una cuchilla bien afilada, analizando todos los problemas que encontraba. También tenía un gran corazón, lealtad sin límites, integridad sólida como una roca y un gran compromiso con la justicia social. Después de la Casa Blanca, Cheryl asumió distinguidos cargos legales y administrativos en el sector privado y en la Universidad de Nueva York, donde se desempeñaba como vicerrectora. Me dijo que me ayudaría con la transición al departamento de Estado, pero que no quería dejar NYU para asumir un cargo permanente en el gobierno. Afortunadamente, cambió de parecer al respecto.

Me ayudó a manejar "el Edificio", la forma en que la gente del departamento de Estado se refiere a la burocracia, y supervisó directamente algunas de mis prioridades clave, incluyendo la seguridad alimentaria, políticas de salud global, derechos LGBT y Haití. También actuó como mi principal enlace con la Casa Blanca en temas sensibles, incluyendo problemas de personal. A pesar de la promesa del presidente de que podría escoger mi propio equipo, al principio tuve algunos acalorados debates con sus consejeros cuando quise reclutar a los mejores talentos posibles.

Uno de ellos fue por Capricia Marshall, a quien quería contratar como jefe de Protocolo, el funcionario responsable de recibir a los líderes extranjeros en Washington, organizar cumbres, interactuar con el cuerpo diplomático, viajar con el presidente al extranjero y seleccionar los regalos que él y yo presentaríamos a nuestras contrapartes. Como primera dama, aprendí lo importante que es el protocolo en la diplomacia. Ser un anfitrión generoso y un huésped amable ayuda a construir relaciones mientras que lo contrario puede terminar en desaires involuntarios. Así que quería estar segura de que teníamos eso bajo control.

Como secretaria social de la Casa Blanca en la década de 1990, Capricia conocía las exigencias de ese trabajo, pero la Casa Blanca quería a alguien que hubiera apoyado al presidente durante las elecciones primarias. Me pareció que era una falta de visión de futuro pero comprendí que algo de fricción y dolores de crecimiento eran inevitables mientras trabajábamos para fusionar las extensas entidades conocidas como MundoObama y Hillarylandia.

—Lo resolveré —le aseguré a Capricia—. No presionaría si no fueras la persona adecuada para el trabajo, pero lo eres.

El presidente me preguntó si necesitábamos un proceso de paz entre Cheryl y Denis McDonough, uno de los asesores más cercanos del presidente, pero no fue necesario intervenir. Lo resolvieron y Capricia tomó el trabajo. Sabía que ella no nos decepcionaría, y no lo hizo. Posteriormente Denis relató la historia de una mañana en que él y su esposa Kari escucharon a Capricia en una entrevista en NPR. Kari quedó encantada y preguntó sobre esa diplomática "increíblemente elegante". Denis admitió que originalmente se había opuesto al nombramiento. Kari pensó que estaba loco y Denis estuvo de acuerdo. Y posteriormente le dijo a Cheryl:

—No me extraña haber perdido esa batalla. Y afortunadamente fue así.

El éxito de Capricia era un microcosmos de la travesía que todos hicimos juntos, de rivales de campaña a respetuosos colegas. Cheryl y Denis, los dos principales combatientes en nuestros primeros altercados, se convirtieron no sólo en colegas sino también en amigos. Hablaban casi todos los días y se reunían a desayunar temprano en la mañana los fines de semana, planeando estrategias mientras comían huevos y chocolate caliente. Cerca del final de mi mandato como secretaria de Estado, el presidente le envió a Cheryl una nota de despedida observando cómo habíamos pasado de ser un "equipo de rivales" a ser "un equipo sin rival".

====

También estaba decidida a contratar a Richard Holbrooke, una fuerza de la naturaleza que era comúnmente considerada como el principal diplomático de nuestra generación. Sus esfuerzos prácticos trajeron la paz a los Balcanes en la década de 1990 y como embajador ante la ONU convenció a los republicanos de pagar nuestras deudas a la ONU y tratar el VIH/sida como un problema de seguridad. Poco después de aceptar el cargo de secretaria, le pedí actuar como nuestro representante especial para Afganistán y Pakistán. Desde su primer día, el nuevo gobierno enfrentaría serios interrogantes sobre el futuro de la guerra en Afganistán, especialmente si enviar más tropas como querían los militares. Sin importar lo que el presidente decidiera, necesitaríamos intensificar nuestro esfuerzo diplomático y de desarrollo en ambos países. Richard tenía la experiencia y el coraje para alcanzar esa meta.

Otra prioridad era, como siempre, la búsqueda de la paz en el Medio Oriente. Le pedí al ex senador George Mitchell liderar nuestro trabajo en ese campo. George era todo lo opuesto de Holbrooke, tan abotonado como Richard era abierto, pero también tenía mucha experiencia y conocimientos. Había representado a Maine en el Senado durante quince años, incluyendo seis como líder de la mayoría. Después de dejar el cargo a mediados de la década de 1990, trabajó con mi esposo en el proceso de paz irlandés. Más tarde dirigió el Sharm el-Sheikh Fact-Finding Committee (conocido como la Comisión Mitchell) que investigó la Segunda Intifada, la revuelta palestina del año 2000.

Muchos presidentes y secretarios de Estado habían utilizado enviados especiales para misiones específicas y para coordinar la política sobre ciertos asuntos en nuestro gobierno. Yo había visto lo efectivo que podía ser.

Algunos comentaristas dijeron que los nombramientos de diplomáticos de alto perfil como Holbrooke y Mitchell disminuirían mi papel en la toma de decisiones y políticas importantes. Yo no lo veía así. Nombrar personas que tenían las calificaciones para ellos mismos servir como secretarios de Estado me daba mayor alcance y mayor credibilidad a la administración. Serían multiplicadores, respondiendo ante mí pero trabajando estrechamente con la Casa Blanca. El presidente aceptó y vino al departamento de Estado junto con el vicepresidente para anunciar los nombramientos de George y Richard. Estaba orgullosa de que hombres de tal estatura aceptaran esos roles como parte de mi equipo. Tras largas y distinguidas carreras, ni Richard ni George necesitaban asumir lo que sin duda serían misiones muy difíciles, si no imposibles. Pero eran patriotas y funcionarios públicos que respondieron a la llamada.

También necesitaba excelentes secretarios adjuntos para que me ayudaran a dirigir el departamento. La única recomendación del presidente Obama sobre personal fue que contratara a Jim Steinberg como subsecretario de Política. Algunos en los medios especulaban que Jim podría ser visto como una imposición de Obama y predijeron tensiones entre nosotros. Me pareció una tontería. Yo conocía a Jim desde que había servido como consejero adjunto de Seguridad Nacional durante la administración Clinton. Durante las elecciones primarias de 2008 ofreció asesoría en política exterior a ambas campañas y tanto el presidente como yo lo teníamos en alta estima. Era también un estudioso de Asia y el Pacífico, una región a la que yo quería darle prioridad. Le ofrecí el trabajo y, desde nuestro primer encuentro, dejé claro que seríamos un solo equipo. Jim sentía exactamente lo mismo. A mediados de 2011 Jim se fue para convertirse en decano de la Maxwell School de la Universidad de Syracuse. Le pedí a Bill Burns, un diplomático de carrera excepcionalmente talentoso y experimentado, que tomara su puesto.

Tradicionalmente, siempre ha habido sólo un secretario de Estado adjunto. Descubrí que el Congreso había autorizado un segundo cargo, subsecretario de Gestión y Recursos, pero nunca había sido ocupado. Deseaba incluir un administrador que pudiese luchar en el Capitolio y la Casa Blanca por los recursos que necesitaba el departamento y se asegurase de que se gastaran sabiamente. Elegí a Jack Lew, quien había servido como director de la Oficina de Administración y Presupuesto a finales de la década de 1990. Su experiencia financiera y administrativa resultó invaluable cuando trabajamos juntos para instaurar evaluaciones de políticas y cambios organizacionales.

Cuando el presidente le pidió a Jack que retomara su antiguo cargo en la Oficina de Administración y Presupuesto en 2010, fue sucedido sin contratiempos por Tom Nides, quien tenía gran experiencia en negocios y el servicio público. Sus años como jefe de gabinete del presidente de la Cámara Tom Foley y luego de mi amigo el representante de Comercio Mickey Kantor lo prepararon bien para abogar por el departamento en el Congreso y para batallar por las empresas estadounidenses en el extranjero. Contribuyó excelentes habilidades de negociación a una serie de cuestiones espinosas, incluyendo un difícil enfrentamiento con Pakistán que ayudó a resolver en 2012.

———

A medida que mi audiencia de confirmación ante la Comisión de Relaciones Exteriores del Senado se acercaba, me dediqué a prepararme intensamente. Jake Sullivan, un serio y brillante nativo de Minnesota, con impecables credenciales (becario de Rhodes, secretario de la Corte Suprema y asistente del Senado), había sido consejero de confianza en mi campaña presidencial y también colaboró con el entonces senador Obama en la preparación de los debates durante las elecciones generales. Le pedí a Jake que trabajara con Lissa Muscatine, mi amiga y ex redactora de discursos de la Casa Blanca, quien repetía en ese cargo en el departamento de Estado. Ellos me ayudaron a expresar un mensaje claro para la audiencia y respuestas para lo que imaginamos serían preguntas sobre todos los temas habidos y por haber. Jake pasó a convertirse en mi jefe de gabinete adjunto para Política y, más tarde, en director de Planificación Política, y estuvo a mi lado en casi todos los sitios que visité durante los siguientes cuatro años.

Un equipo de transición, trabajando con profesionales de carrera en el Estado, me apabulló con una avalancha de gruesos libros de informes y reuniones en persona sobre todos los temas imaginables, desde el presupuesto para la cafetería del Edificio hasta las preocupaciones políticas de todos los miembros del Congreso. He visto bastantes informes en la vida, pero quedé impresionada con la profundidad, magnitud y orden de estos productos del departamento de Estado. Hasta los detalles más pequeños habían sido registrados cuidadosamente y un amplio proceso de "autorizaciones" (a veces bizantino) permitía a los expertos de todo el departamento y el gobierno en general intervenir en los asuntos con un profundo conocimiento del tema.

Más allá del proceso formal de información, pasé esas semanas leyendo, pensando y acudiendo a expertos y amigos. Bill y yo tomamos largas caminatas, hablando sobre el estado del mundo. A principios de diciembre, nuestro viejo amigo Tony Blair me visitó en mi casa en Washington. Me puso al día sobre su trabajo con el "Cuarteto" —Estados Unidos, la ONU, la Unión Europea y Rusia— en las negociaciones de paz del Medio Oriente desde su renuncia a su cargo como primer ministro del Reino Unido, en junio de 2007.

La secretaria de Estado Condoleezza Rice me invitó a una cena privada en su apartamento en el complejo Watergate, lo cual nos dio la oportunidad de discutir los desafíos de la política y las decisiones sobre personal a las que me enfrentaría. Me hizo una sola petición: ¿Conservaría a su conductor personal? Obviamente acepté y muy pronto llegué a depender de él tanto como Condi.

Condi celebró otra cena para mí con su personal, en uno de los comedores formales del octavo piso del departamento de Estado. Sus consejos sobre lo que debía esperar en mi nuevo papel resultaron muy útiles.

Hablé con todos los ex secretarios de Estado que seguían con vida. Es un fascinante club que trasciende las diferencias partidistas. Cada uno de ellos ha corrido un tramo de la carrera de relevos y estaban ansiosos por ayudarme a tomar el bastón y arrancar con velocidad. Madeleine Albright era desde mucho antes mi compañera en la promoción de los derechos y oportunidades para las mujeres y accedió a presidir una nueva asociación público-privada para promover el emprendimiento y la innovación en el Medio Oriente. Warren Christopher me dio lo que podría ser el consejo más práctico que recibí: no planear vacaciones en agosto porque siempre sucede algo en ese mes, cosas como la invasión de Rusia a Georgia en 2008. Henry Kissinger se reportaba conmigo regularmente, compartiendo astutas observaciones acerca de los líderes extranjeros y enviándome informes escritos de sus viajes. James Baker apoyó los esfuerzos del departamento para preservar las Salas de Recepción Diplomática del departamento de Estado y hacer realidad la ya antigua meta de construir un museo de la diplomacia estadounidense en Washington. Colin Powell proporcionó evaluaciones sinceras de las personas e ideas que el presidente y yo estába-

mos considerando. Lawrence Eagleburger, el primer y único funcionario
de carrera del Servicio Diplomático que fue secretario de Estado, se unió
a mí para el quincuagésimo aniversario del Centro de Operaciones del
departamento (u "Ops," como todos lo llaman en el Edificio, por sus siglas
en inglés). Pero fue George Shultz quien me dio el mejor regalo de todos:
un oso de peluche que canta *"Don't worry, be happy"* ("No te preocupes,
sé feliz") cuando se aprieta su pata. Lo mantuve en mi oficina —primero
como una broma— pero con frecuencia me ayudó mucho apretarle la
pata y escuchar esa canción.

Pensé mucho acerca de las experiencias de mis predecesores, incluyendo al primer secretario Thomas Jefferson. La política exterior estadounidense siempre ha sido un acto de equilibrio en la cuerda floja que se
extiende entre la continuidad y el cambio. Intenté imaginar lo que Dean
Acheson, a quien había conocido tantos años antes en Wellesley, y su ilustre predecesor, George Marshall, habían pensado del tumultuoso paisaje
internacional de su momento.

A finales de la década de 1940, la misión de la administración Truman
era crear un nuevo mundo —un mundo libre— a partir de la destrucción
de la Segunda Guerra Mundial y a la sombra de la Guerra Fría. Acheson
la describió como una tarea "sólo un poco menos formidable que la descrita en el primer capítulo del Génesis". Los viejos imperios se estaban
derrumbando y surgían nuevos poderes. Gran parte de Europa estaba en
ruinas y amenazada por el comunismo. En lo que entonces se llamaba el
Tercer Mundo, pueblos largamente oprimidos estaban encontrando su
voz y exigiendo su derecho a la autodeterminación.

El general Marshall, héroe de la Segunda Guerra Mundial que se desempeñó como secretario de Estado y secretario de Defensa con Truman,
entendió que la seguridad y prosperidad de Estados Unidos dependían de
aliados capaces que compartieran nuestros intereses y compraran nuestros productos. Aún más importante, él supo que Estados Unidos tenía
la responsabilidad y la oportunidad de liderar el mundo y que los nuevos
retos exigían nuevas formas de liderazgo.

Marshall y Truman lanzaron un ambicioso plan para reconstruir los
países destrozados de Europa y detener la propagación del comunismo
usando todos los elementos del poder estadounidense: militar, económico, diplomático, cultural y moral. Buscaron apoyo bipartidista para
sus esfuerzos y reclutaron líderes empresariales, organizadores laborales
y académicos para ayudarle a explicarle sus metas al pueblo estadounidense.

Sesenta años más tarde, al final de la primera década del siglo XXI, nuestro país volvía a encontrarse navegando por un mundo en constante cambio. La tecnología y la globalización habían logrado un mundo más interconectado e interdependiente que nunca, y nosotros luchábamos con los aviones no tripulados, la guerra cibernética y los medios sociales. Más países —incluyendo a China, India, Brasil, Turquía y Sudáfrica— tenían influencia en los debates mundiales, mientras que los actores no estatales —activistas de la sociedad civil, corporaciones multinacionales y redes terroristas— jugaban un mayor papel en los asuntos internacionales, para bien y para mal.

Aunque algunos pueden haber anhelado una doctrina Obama, una gran teoría unificada que proporcionara un plan simple y elegante para la política exterior en esta nueva era —como la "contención" durante la Guerra Fría—, no había nada simple o elegante en el conjunto de problemas que enfrentamos. A diferencia de los días de la Guerra Fría, cuando enfrentamos a un adversario único —la Unión Soviética—, ahora teníamos que luchar con muchas fuerzas opuestas. Al igual que nuestros predecesores tras la Segunda Guerra Mundial, teníamos que actualizar nuestro pensamiento para adaptarnos a los cambios que veíamos a nuestro alrededor.

Los expertos en política exterior a menudo se refieren al sistema de instituciones, alianzas y normas construidas tras la Segunda Guerra Mundial con el término "arquitectura". Aún necesitábamos un orden mundial basado en reglas que gestionaran las interacciones entre los estados, protegieran las libertades fundamentales y movilizaran la acción común. Pero tendría que ser un orden más flexible e inclusivo que antes. Llegué a pensar en la antigua arquitectura como el Partenón en Grecia, con líneas limpias y reglas claras. Los pilares que lo sostienen—un puñado de grandes instituciones, alianzas y tratados— eran extraordinariamente robustos. Pero el tiempo hace estragos, incluso en el edificio más extraordinario, y ahora necesitábamos una nueva arquitectura para un nuevo mundo, más en el espíritu de Frank Gehry que del formal clasicismo griego. Donde una vez unas pocas columnas podían sostener el peso del mundo, ahora necesitábamos una dinámica mezcla de materiales, formas y estructuras.

Durante décadas, las herramientas de la política exterior habían sido clasificadas como el "poder duro" de la fuerza militar o el "poder blando" de la influencia diplomática, económica, humanitaria y cultural. Yo quería romper la sujeción a este paradigma anticuado, y pensar en términos generales acerca de dónde y cómo podríamos usar todos los elementos de la política exterior estadounidense de común acuerdo.

Más allá del tradicional trabajo de negociación de tratados y la asistencia a conferencias diplomáticas, teníamos que —entre otras— involucrar a los activistas en los medios sociales, ayudar a determinar las rutas energéticas, limitar las emisiones de carbono, alentar a los grupos marginados a participar en política, defender los derechos humanos universales y defender las reglas económica comunes. Nuestra habilidad para hacer esas cosas sería medida decisiva de nuestro poder nacional.

Este análisis me llevó a adoptar un concepto que había estado rondando a Washington por algunos años y era conocido como el "poder inteligente". Había sido usado por Joseph Nye de Harvard, Suzanne Nossel de Human Rights Watch, y algunos otros, aunque la definición misma del concepto variaba un poco. Para mí, el poder inteligente consistía en elegir la combinación correcta de herramientas —diplomáticas, económicas, militares, políticas, jurídicas y culturales— para cada situación.

El objetivo del poder inteligente y de nuestro ampliado enfoque en la tecnología, la asociaciones público-privadas, la energía, la economía y otras áreas más allá de los temas tradicionales del departamento de Estado, fue complementar las herramientas y prioridades diplomáticas más tradicionales, no sustituirlas. Queríamos tener todos los recursos para enfrentar los retos de seguridad nacional más grandes y duros. A lo largo de este libro, usted verá ejemplos de cómo funcionó esto. Considere, por ejemplo, nuestros esfuerzos en Irán. Utilizamos nuevos instrumentos financieros y socios del sector privado para hacer cumplir estrictas sanciones y aislar a Irán de la economía mundial. Nuestra diplomacia energética ayudó a reducir las ventas de petróleo iraní y generar nuevos suministros para estabilizar el mercado. Acudimos a las redes sociales para comunicarnos directamente con el pueblo iraní e invertimos en nuevas herramientas de alta tecnología para ayudar a los disidentes a evadir la represión del gobierno. Todo eso reforzó nuestra técnica de diplomacia tradicional, a la vez que promovía los objetivos fundamentales de seguridad nacional.

———

El 13 de enero de 2009, me senté en la mesa frente a mis colegas en el Senado para mi audiencia de confirmación con la Comisión de Relaciones Exteriores. Durante más de cinco horas, expliqué por qué y cómo planeaba redefinir el rol de secretario de Estado, resumí posiciones sobre nuestros desafíos más apremiantes y respondí preguntas sobre todo, desde la política del Ártico hasta economía internacional y suministros energéticos.

El 21 de enero, el Senado en pleno confirmó mi nombramiento por una votación de 94–2. Más tarde ese mismo día, en una ceremonia pequeña y privada en mi oficina del Senado en el Edificio Russell, rodeada de mis empleados del Senado, tomé mi juramento ante el juez Kay Oberly mientras mi esposo sostenía la Biblia.

El 22 de enero, en consonancia con la tradición para todos los nuevos secretarios, entré al departamento de Estado por la entrada principal en la Calle C. El lobby estaba lleno de colegas aclamándome, me sentí abrumada y humilde ante su entusiasta recibimiento. Agitándose en una hilera larga estaban las banderas de cada país del mundo con el que Estados Unidos mantiene relaciones diplomáticas. Yo visitaría más de la mitad de ellos —112 en total— durante el torbellino que estaba a punto de empezar. "Creo, con todo mi corazón, que esta es una nueva era para Estados Unidos", le dije a la muchedumbre allí reunida.

Detrás de la multitud, en el vestíbulo, vi grabados en las paredes de mármol los nombres de más de doscientos diplomáticos que habían muerto mientras representaban a Estados Unidos en el extranjero; los nombres se remontaban a los primeros años de la República. Habían perdido sus vidas en guerras, desastres naturales, atentados terroristas, epidemias e, incluso, en naufragios. Sabía que era posible que en los próximos años perdiéramos a más estadounidenses prestando servicio en lugares peligrosos y frágiles. (Lamentablemente, así fue; en el terremoto de Haití, el ataque terrorista en Bengasi, Libia y otros lugares). Ese día, y todos los días, decidí hacer todo lo posible para apoyar y proteger a los hombres y mujeres que servían a nuestro país alrededor del mundo.

La oficina del secretario está en la suite del séptimo piso conocida como "Mahogany Row". El pasillo está cubierto por imponentes retratos de mis predecesores. Trabajaría bajo su atenta mirada. Nuestro laberinto de oficinas y salas de conferencias estaba custodiado por agentes del Servicio de Seguridad Diplomática y era barrido rutinariamente en busca de dispositivos de escucha. Era llamado un SCIF, por sus siglas en inglés (Centro de Información Sensible Compartimentada) y a veces nos hacía sentir como si trabajáramos en una gigantesca caja fuerte. Para evitar problemas de espionaje, nadie podía ingresar dispositivos electrónicos del exterior, ni siquiera teléfonos celulares.

Después de saludar a mi equipo, entré en mi oficina privada y me senté en mi escritorio por primera vez. Sobre él me esperaba una carta de mi predecesora, la secretaria Rice. Las paredes de esta oficina interior estaban revestidas en la madera de cerezo norteño elegida por el ex secretario George Shultz, que daba a la pequeña habitación una sensación acogedora, muy diferente de la gran oficina exterior donde recibiría a los visitantes. Sobre el escritorio había tres teléfonos, incluyendo líneas directas a la Casa Blanca, el Pentágono y la CIA. Yo añadí un sofá donde pudiera leer cómodamente e, incluso, echar una siesta ocasional, y en la habitación contigua había una pequeña cocina y un baño con ducha.

Muy pronto esa oficina se convertiría en mi hogar, donde pasaría muchas horas al teléfono hablando con líderes extranjeros, mientras caminaba de un lado a otro de la pequeña sala. Pero por ahora, en ese primer día, me limité a familiarizarme con ella.

Tomé la carta de Condi y la abrí. Era breve, cálida y sincera. Me decía que ser secretario de Estado era "el mejor trabajo en el gobierno" y que estaba segura de estar dejando el departamento en buenas manos. "Tienes la condición más importante para este trabajo: amas profundamente a este país". Me conmovieron sus palabras.

No veía la hora de empezar.

SEGUNDA PARTE

A través del Pacífico

3

Asia: El giro

Mi caravana transitaba por las tranquilas calles de la base Andrews de la Fuerza Aérea un brillante domingo a mediados de febrero de 2009. Pasamos frente a torres de guardia, casas y hangares, y luego hacia la vasta extensión de hormigón de la pista. Comenzaba mi primer viaje como secretaria de Estado. Los autos se detuvieron al lado de un Boeing 757 azul y blanco de la Fuerza Aérea estadounidense, equipado con suficientes equipos de comunicación modernos para coordinar la diplomacia global desde cualquier lugar del mundo. Estampadas en el costado, en grandes letras negras, lucían las palabras "Estados Unidos de América". Descendí del auto, me detuve y lo observé.

Como primera dama, había volado alrededor del mundo con Bill en Air Force One, el más grande y grandioso de los aviones del gobierno. También había viajado bastante por mi cuenta, generalmente en un 757 parecido a este, y en una variedad de aviones más pequeños como senadora en las delegaciones del Congreso a lugares como Irak, Afganistán y Pakistán. Pero ninguna de esas experiencias me preparó para lo que sería pasar un total de más de dos mil horas en el aire en cuatro años, viajando casi un millón de millas. Eso equivale a ochenta y siete días completos de aire reciclado y vibración constante de los motores gemelos turbofan que nos impulsaban a más de 500 millas por hora. Este avión también era un poderoso símbolo de la nación que tenía el honor de representar. Sin importar cuántas millas registramos o cuántos países visitamos, nunca dejé de sentir orgullo al ver esos icónicos colores azul y blanco brillando en alguna pista lejana.

En el interior del avión, a mi izquierda, oficiales de la Fuerza Aérea cumplían su trabajo en una cabina llena de computadores y equipos de comunicaciones. Más allá de ellos, los pilotos realizaban las últimas revisiones. A la derecha, un estrecho pasillo llevaba a mi compartimento personal, con un pequeño escritorio, un sofá cama, un baño y clóset y teléfonos seguros y no seguros.

Más allá estaba la cabina principal, dividida en tres secciones para los funcionarios, empleados de seguridad y prensa, y el personal de la Fuerza Aérea. En la primera sección había dos mesas, cada una con cuatro sillas de cuero una frente a otra, como en algunos compartimientos de tren. En una mesa, agentes del Servicio Diplomático del Departamento de Estado instalaban una oficina ambulante, vinculada al Centro de Operaciones en Foggy Bottom y capaz de preparar todo, desde cables clasificados hasta detallados horarios diarios, todo a treinta mil pies de altura. Al otro lado del pasillo, mi personal encendía sus computadores portátiles, trabajaba en el teléfono o intentaba dormir un poco entre una y otra escala. Generalmente las mesas estaban cubiertas con gruesos libros de informes y borradores de discursos, pero a menudo se veían copias de *People* y *US Weekly* asomando bajo los documentos oficiales.

La sección media del avión parecía la cabina de la clase de negocios normal en cualquier vuelo nacional. Los asientos estaban llenos de expertos en política de las agencias pertinentes del departamento de Estado, colegas de la Casa Blanca y el Pentágono, un traductor y varios agentes de Seguridad Diplomática. Luego estaba la cabina de prensa para los periodistas y camarógrafos que informaban sobre nuestros viajes.

En la parte de atrás, se ubicaban los auxiliares de vuelo de la Fuerza Aérea, encargados de preparar nuestras comidas y cuidar de nosotros. No era un trabajo fácil dado que las preferencias alimenticias y los patrones de sueño de todos variaban y rara vez coincidían. La tripulación del vuelo compraba las provisiones en los países que visitábamos, lo cual nos permitía darnos gusto con algunas cosas inesperadas, como el queso Oaxaca en México, salmón ahumado en Irlanda y frutas tropicales en Camboya. Pero dondequiera que estuviéramos, podíamos contar también con platos favoritos en el menú, como la famosa ensalada de pavo y tacos de la Fuerza Aérea.

Este abarrotado tubo metálico se convirtió en nuestro hogar en el cielo.

Le pedí al personal que vistiera casualmente, durmiera tanto como le fuera posible e hiciera lo que fuera para permanecer cuerdo y saludable en medio de los rigores de un horario extenuante. Durante esas dos mil horas en el aire, celebramos cumpleaños, vimos a distinguidos diplomáticos llorar frente a una comedia romántica (y procuramos sin éxito no burlarnos de ellos) y nos maravillamos con la pijama amarilla brillante de Holbrooke, que él llamaba su "traje de dormir".

En la mayoría de los vuelos el equipo lograba hacer un montón de trabajo y yo también. Pero al final de una larga gira internacional, era palpable la sensación de alivio y relajación en el vuelo de regreso a casa. Disfrutábamos de una copa de vino, veíamos películas e intercambiábamos historias. En uno de esos vuelos vimos *Breach*, una película sobre Robert Hanssen, una agente del FBI que espiaba para los rusos en las décadas de 1980 y 1990. En una escena, el personaje de Hanssen se queja: "No puedes confiar en una mujer con traje de pantalón. Los hombres llevan los pantalones. El mundo no necesita más Hillary Clintons". Todo el avión estalló en carcajadas.

El avión se averió en varias ocasiones. Una vez, varados en Arabia Saudita por problemas mecánicos, me las arreglé para que el general David Petraeus, que pasaba por la región, me llevara a casa. Dave me ofreció generosamente su camarote y se sentó con su personal. En medio de la noche, nos detuvimos para repostar en una base aérea en Alemania. Dave bajó del avión y se dirigió al gimnasio de la base, donde hizo ejercicio durante una hora. Luego partimos de nuevo.

En ese primer viaje en febrero de 2009, me fui a la parte trasera del avión, donde los periodistas se estaban instalando en sus asientos. Muchos habían hecho la cobertura de otros secretarios de Estados y estaban rememorando viajes anteriores y especulando sobre lo que podían esperar de esta nueva secretaria de Estado.

Algunos de mis asesores habían sugerido que usara mi primer viaje para comenzar a curar las divisiones transatlánticas surgidas durante la administración Bush, yendo a Europa. Otros sugirieron ir a Afganistán, donde las tropas estadounidenses estaban luchando contra una difícil insurgencia. La primera parada de Colin Powell había sido México, nuestro más cercano vecino del sur, lo cual también tenía mucho sentido. Warren Christopher había ido al Medio Oriente, que seguía exigiendo mucha atención. Pero Jim Steinberg, mi nuevo asistente, sugirió Asia, donde esperábamos que se escribiera buena parte de la historia del siglo XXI.

Decidí que tenía razón, entonces estaba rompiendo con el precedente y me dirigía primero a Japón, luego Indonesia, Corea del Sur y, finalmente, China. Necesitábamos enviar a Asia y al mundo el mensaje de que Estados Unidos estaba de vuelta.

=====

Para cuando me convertí en secretaria de Estado, había llegado a la conclusión de que Estados Unidos debía hacer más para ayudar a dar forma al futuro de Asia y gestionar nuestras relaciones cada vez más complejas con China. La trayectoria de la economía global y nuestra propia prosperidad, el avance de la democracia y los derechos humanos, y nuestras esperanzas de un siglo XXI menos sangriento que el XX, todo dependía en gran medida de lo que ocurriera en Asia y el Pacífico. Esta vasta región, desde el Océano Índico hasta las diminutas naciones insulares del Pacífico, alberga a más de la mitad de la población mundial, varios de nuestros más confiables aliados y valiosos socios comerciales, así como muchas de las rutas de comercio y energía más dinámicas del mundo. Las exportaciones de Estados Unidos a la región ayudaron a impulsar nuestra recuperación económica tras la recesión, y nuestro crecimiento futuro depende de penetrar más profundamente en la base de consumidores de la creciente clase media asiática. Asia es también fuente de amenazas reales para nuestra propia seguridad, en particular por parte de la impredecible dictadura de Corea del Norte.

El ascenso de China es uno de los desarrollos estratégicos más significativos de nuestro tiempo. Es un país lleno de contradicciones: una nación cada vez más rica e influyente que ha sacado a cientos de millones de personas de la pobreza, y un régimen autoritario intentando camuflar sus graves desafíos domésticos, con alrededor de 100 millones de personas que todavía viven con un dólar o menos al día. Es el mayor productor mundial de paneles solares y también el mayor emisor de gases de efecto invernadero, con una de las peores contaminaciones urbanas del mundo. Ansiosa por desempeñar un papel importante en el escenario global pero resuelta a actuar unilateralmente en el trato con sus vecinos, China sigue siendo reacia a cuestionar los asuntos internos de otras naciones, incluso en circunstancias extremas.

Como senadora sostuve que Estados Unidos tendría que lidiar con una China en ascenso y su creciente poder económico, diplomático y militar de forma cuidadosa y disciplinada. En el pasado, el surgimiento de nuevas potencias rara vez se da sin fricciones. En este caso, la situación era especialmente complicada debido al grado de interdependencia que habían adquirido nuestras economías. En 2007, el comercio entre Estados Unidos y China superó los 387 mil millones de dólares; en 2013 alcanzó los 562 mil millones de dólares. Los chinos poseían grandes cantidades de bonos del Tesoro de Estados Unidos, lo cual significaba que ambos estábamos profundamente involucrados en el éxito económico del otro. Como consecuencia, ambos compartíamos un gran interés en mantener la estabilidad en Asia y el mundo, y en asegurar el flujo constante de energía y comercio. Pero, más allá de estos intereses compartidos, nuestros valores y visiones del mundo a menudo discrepaban; lo vimos en viejos puntos álgidos como Corea del Norte, Taiwán, Tíbet, los derechos humanos, y en nuevos desafíos como el cambio climático y las disputas en el los mares de China oriental y meridional.

Todo esto llevaba a un difícil acto de equilibrio. Necesitábamos una estrategia sofisticada que alentara a China a participar como miembro responsable de la comunidad internacional, mientras nos manteníamos firmes en la defensa de nuestros valores e intereses. Este fue un tema que presenté en mi campaña a la presidencia en 2008, argumentando que Estados Unidos tenía que saber cómo encontrar puntos en común y cómo mantenerse firme. Acentué la importancia de convencer a China de respetar las reglas del mercado mundial, prescindiendo de las prácticas comerciales discriminatorias, permitiendo que el valor de su moneda se eleve e impidiendo que alimentos y bienes contaminados lleguen a los consumidores alrededor del mundo, como los juguetes contaminados con plomo tóxico que habían terminado en manos de niños estadounidenses. El mundo necesitaba un liderazgo responsable de China para poder progresar realmente en la lucha contra el cambio climático, para prevenir conflictos en la península coreana y para abordar muchos otros desafíos regionales y globales, así que no nos interesaba convertir a Pekín en otro villano de la Guerra Fría. En su lugar, teníamos que encontrar una fórmula para manejar la competencia y fomentar la cooperación.

Bajo el liderazgo del secretario del Tesoro, Hank Paulson, la administración Bush comenzó un diálogo económico de alto nivel con China que logró progresar en algunos asuntos comerciales importantes, pero dichas conversaciones seguían sin tener un vínculo con las discusiones más amplias sobre estrategia y seguridad. Muchos en la región sintieron que el enfoque de la administración en Irak, Afganistán y el Medio Oriente había conducido a una retirada de Estados Unidos de su rol tradicional de liderazgo en Asia. Algunas de esas preocupaciones eran exageradas, pero la percepción era un problema de por sí. Pensé que debíamos ampliar nuestro compromiso con China y poner a Asia y el Pacífico a la cabeza de nuestra lista de prioridades diplomáticas.

Jim Steinberg y yo acordamos rápidamente que la persona que debía dirigir la Oficina de Asuntos de Asia Oriental y el Pacífico del departamento de Estado era el Dr. Kurt Campbell. Kurt, quien ayudó a fijar la política de Asia en el Pentágono y el Consejo de Seguridad Nacional durante la administración Clinton, se convirtió en un arquitecto clave de nuestra estrategia. Además de ser un creativo estratega y dedicado funcionario público, también era un compañero de viaje infalible: aficionado a las bromas y siempre con un chiste o una historia que contar.

Durante mis primeros días en el cargo, hice una ronda de llamadas a líderes asiáticos clave. Uno de mis más sinceros intercambios fue con el ministro de Relaciones Exteriores de Australia, Stephen Smith. Su jefe, el primer ministro Kevin Rudd, hablaba mandarín y tenía una visión muy perspicaz de las oportunidades y los retos del ascenso de China. Rica en recursos naturales, Australia se estaba lucrando como proveedor de minerales y otras materias primas para apoyar el auge industrial chino. China se convirtió en el más grande socio comercial de Australia, superando a Japón y Estados Unidos. Pero Rudd también entendía que la paz y la seguridad en el Pacífico dependían del liderazgo estadounidense y daba gran valor a los vínculos históricos entre nuestros países. Lo último que quería ver era a Estados Unidos retirarse o perder influencia en Asia. En esa primera llamada, Smith expresó la esperanza de Rudd y él mismo de que la administración Obama se "involucrara más profundamente en Asia". Le dije que eso coincidía con mis propias ideas, y que esperaba que colaborásemos estrechamente. En los siguientes años, Australia se convirtió en un aliado clave en nuestra estrategia de Asia, tanto bajo Rudd como bajo su sucesora, la primera ministra Julia Gillard.

Su vecino Nueva Zelanda representaba un reto más serio. Desde hacía veinticinco años, cuando Nueva Zelanda prohibió a todos los barcos nucleares visitar sus puertos, las relaciones entre Estados Unidos y Nueva Zelanda habían sido limitadas. Sin embargo, yo creía que nuestra larga amistad e intereses mutuos creaban un espacio diplomático para tender un puente y desarrollar una nueva relación entre Wellington y Washington. En mi visita de 2010, firmé la Declaración de Wellington con el primer ministro John Key, en la que las dos naciones se comprometían a trabajar más estrechamente en Asia, el Pacífico y las organizaciones multilaterales. En 2012, el secretario de Defensa Leon Panetta rescindiría la prohibición vigente durante veintiséis años de que los barcos neozelandeses atracaran en las bases estadounidenses. Algunas veces trabajar para recuperar a un viejo amigo puede ser tan gratificante como hacer un nuevo amigo en la política mundial.

Todas mis llamadas a los líderes asiáticos durante esa primera semana me confirmaron mi creencia de que necesitábamos un nuevo enfoque en la región. Jim y yo consultamos con expertos sobre diversas posibilidades. Una opción era concentrarse en ampliar nuestra relación con China, asumiendo que si teníamos éxito con nuestra política en China, el resto de nuestro trabajo en Asia sería mucho más fácil. Una alternativa era concentrar nuestros esfuerzos en el fortalecimiento de las alianzas de Estados Unidos en la región (con Japón, Corea del Sur, Tailandia, Filipinas y Australia), proporcionando un contrapeso al creciente poder chino.

Un tercer enfoque era elevar y armonizar la sopa de letras de las organizaciones multilaterales de la región, tales como la ANSA (Asociación de Naciones del Sudeste Asiático) y el APEC, por sus siglas en inglés (Foro de Cooperación Económica Asia-Pacífico). Nadie esperaba que brotara de la nada algo tan coherente como la Unión Europea, pero otras regiones habían aprendido importantes lecciones sobre el valor de las instituciones multinacionales bien organizadas que pueden proporcionar un espacio para escuchar a todas las naciones y todos los puntos de vista, y ofrecer oportunidades para que las naciones trabajen unidas en los retos compartidos, resolver sus desacuerdos, establecer reglas y estándares de comportamiento, recompensar a los países responsables con legitimidad y respeto, y ayudar a asumir su responsabilidad a aquellos que violan las normas. Si las instituciones multilaterales asiáticas fueran apoyadas y modernizadas, podrían consolidar normas regionales en todos los ámbitos, desde derechos de propiedad intelectual hasta proliferación nuclear y libertad de navegación, y poner en marcha acciones para enfrentar desafíos como el cambio climático y la piratería. Este tipo de diplomacia multilateral metódica a menudo es lenta y frustrante, rara vez llega a los titulares en casa, pero puede pagar verdaderos dividendos que afectan las vidas de millones de personas.

En consonancia con la posición que había establecido como senadora y candidata presidencial, decidí que la opción del poder inteligente era reunir los tres enfoques. Demostraríamos que Estados Unidos iba "con todo" en lo concerniente a Asia. Yo estaba dispuesta a liderar el camino, pero para alcanzar el éxito tendríamos que ganarnos la confianza de todo nuestro gobierno, empezando por la Casa Blanca.

El presidente compartía mi determinación de hacer de Asia un punto focal de la política exterior de su gobierno. Nacido en Hawái y habiendo pasado sus años formativos en Indonesia, sentía una conexión personal con la región y su importancia. Bajo su dirección, el personal del Consejo de Seguridad Nacional, encabezado por el general Jim Jones junto con Tom Donilon y su experto en Asia, Jeff Bader, apoyaron la estrategia. En el transcurso de los siguientes cuatro años, practicamos en Asia lo que denominé "diplomacia desplegada", tomando prestado un término de nuestros colegas militares. Aceleramos el ritmo y ampliamos el alcance de nuestro compromiso diplomático en toda la región enviando altos funcionarios y expertos en desarrollo, participando más plenamente en las organizaciones multilaterales, reafirmando nuestras alianzas tradicionales y buscando nuevos socios estratégicos. Debido a que las relaciones personales y los gestos de respeto son profundamente significativos en Asia, me propuse visitar casi todos los países de la región. Mis viajes eventualmente me llevarían desde una de las islas más pequeñas del Pacífico a la casa de una Premio Nobel de la Paz largamente encarcelada y al borde de la frontera más fuertemente custodiada del mundo.

En el transcurso de cuatro años, pronuncié una serie de discursos explicando nuestra estrategia y por qué Asia y el Pacífico merecían una mayor atención del gobierno de Estados Unidos. En el verano de 2011 comencé a trabajar en un largo ensayo que ubicaría nuestro trabajo en la región en el más amplio panorama de la política exterior estadounidense. La guerra en Irak perdía fuerza y en Afganistán la transición estaba en proceso. Tras una década de enfocarnos en las zonas de mayor amenaza, habíamos llegado a un "punto de giro". Por supuesto, teníamos que seguir pendientes de las amenazas existentes, pero había llegado la hora de hacer más en las áreas de mayor oportunidad.

La revista *Foreign Policy* publicó mi ensayo en el otoño bajo el título "America's Pacific Century (El siglo del Pacífico para Estados Unidos)", pero fue la palabra "giro" la que se llevó el protagonismo. Los periodistas se aferraron a ella como una descripción evocadora del renovado énfasis del gobierno en Asia, aun cuando muchos en nuestro propio gobierno prefirieron la más anodina frase *reequilibrio hacia Asia*. Comprensiblemente, algunos amigos y aliados en otras partes del mundo se preocuparon pensando que la frase implicaba que les daríamos la espalda a ellos, pero trabajamos para dejar claro que Estados Unidos tenía el alcance y la resolución para girar *hacia* Asia sin *dar la espalda* a otras obligaciones y oportunidades.

———

Nuestra primera tarea era reafirmar a Estados Unidos como potencia del Pacífico, sin crear una confrontación innecesaria con China. Fue por eso que decidí usar mi primer viaje como secretaria para cumplir tres objetivos: visitar a nuestros aliados asiáticos clave, Japón y Corea del Sur; establecer contacto con Indonesia, una potencia regional emergente y el hogar de la ANSA; y comenzar nuestro crucial compromiso con China.

A principios de febrero, poco después de empezar en mi nuevo cargo, invité a varios académicos y expertos en Asia a cenar en el departamento de Estado. Comimos en el elegante Salón de Recepciones Thomas Jefferson, en el octavo piso. Pintado en el azul de los huevos del petirrojo y amoblado con antigüedades americanas Chippendale, se convirtió en uno de mis salones favoritos en el Edificio y a lo largo de los años organicé muchas comidas y eventos en él. Hablamos sobre cómo equilibrar los intereses de Estados Unidos en Asia que a ratos parecían estar compitiendo. Por ejemplo, ¿qué tanto podíamos presionar a los chinos en el tema de los derechos humanos o el cambio climático, sin perder su apoyo en temas de seguridad como Irán y Corea del Norte? Stapleton Roy, ex embajador en Singapur, Indonesia y China, me instó a no pasar por alto el sudeste asiático, cosa que Jim y Kurt también habían estado recomendándome. Con los años, la atención estadounidense se ha concentrado en el noreste de Asia debido a nuestras alianzas y compromisos militares en Japón y Corea del Sur, pero países como Indonesia, Malasia y Vietnam estaban creciendo en importancia estratégica y económica. Roy y otros expertos respaldaron nuestro plan de firmar un tratado con la ANSA, que nos abriría las puertas a un mayor compromiso de Estados Unidos allí. Parecía un pequeño paso que con el tiempo podría producir beneficios reales.

Una semana después fui a la Asia Society de Nueva York para hablar por primera vez, como secretaria de Estado, acerca de nuestro enfoque hacia Asia y el Pacífico. Orville Schell, el canoso especialista en China, me sugirió usar un antiguo proverbio de *El arte de la guerra* de Sun Tzu sobre los soldados de dos estados feudales en guerra que se encuentran juntos en un barco, cruzando un río en medio de una tormenta. En lugar de luchar, trabajan juntos y sobreviven. En español, el proverbio se traduce aproximadamente como: "Si compartes el barco con alguien, crucen el río en paz". Para Estados Unidos y China, con nuestros destinos económicos atados en medio de una tormenta financiera mundial, ese era un buen consejo. Mi uso del proverbio no fue pasado por alto en Pekín. El primer ministro Wen Jiabao y otros líderes hicieron referencia a él en posteriores conversaciones conmigo. Unos días después del discurso, abordé el avión en la base Andrews de la Fuerza Aérea y me dispuse a cruzar el Pacífico.

Durante muchos años de viajes, he desarrollado la capacidad de dormir casi en cualquier lugar y en cualquier momento: en aviones, automóviles, una rápida siesta para cargar baterías antes de una reunión en un hotel. En viajes intentaba dormir siempre que era posible, ya que nunca estaba segura de cuándo podría volver a descansar. Cuando tenía que mantenerme despierta durante reuniones o conferencias, bebía abundantes tazas de café y té y a veces me clavaba las uñas de una mano en la palma de la otra. Era la única forma que conocía para lidiar con los horarios absurdos y el feroz *jet lag*. Pero cuando nuestro avión superó la línea internacional de cambio de fecha con destino a Tokio, supe que no tenía ningún sentido intentar dormir. No podía dejar de pensar en lo que tenía que hacer para aprovechar el viaje al máximo.

La primera vez que visité Japón fue con Bill, como parte de una delegación comercial de Arkansas cuando él era gobernador. El país era entonces un aliado clave pero también un motivo de creciente ansiedad en Estados Unidos. El "milagro económico" de Japón llegó a simbolizar temores muy profundos sobre el estancamiento y la decadencia de Estados Unidos, tal como ha sucedido con el ascenso de China en el siglo XXI. La portada de la edición inglesa del libro de Paul Kennedy publicado en 1987, *Auge y caída de las grandes potencias*, presenta un Tío Sam ya cansado, descendiendo de un pedestal global y un hombre de negocios japonés, de aspecto muy determinado, trepando detrás de él. ¿Suena conocido? Cuando un conglomerado japonés compró el histórico Rockefeller Center en Nueva York en 1989, se produjo un leve pánico en la prensa. "¿Estados Unidos está a la venta?", preguntó el *Chicago Tribune*.

En aquellos días había preocupaciones legítimas sobre el futuro económico de Estados Unidos y contribuyeron a alimentar la exitosa campaña presidencial de Bill en 1992. Sin embargo, cuando el emperador Akihito y la emperatriz Michiko de Japón nos recibieron a Bill y a mí en el Palacio Imperial de Tokio en el verano de 1993, ya pudimos ver que Estados Unidos estaba recuperando su fortaleza económica. Japón, por el contrario, enfrentaba una "década perdida" tras el estallido de su burbuja de activos y créditos, que dejó a los bancos y otros negocios abrumados por deudas incobrables. Su economía, una vez temida por los estadounidenses, descendió a un ritmo anémico que causó todo un conjunto de diferentes preocupaciones para ellos y para nosotros. Japón seguía siendo una de las mayores economías del mundo y un socio clave para enfrentar la crisis financiera global. Elegí a Tokio como mi primer destino para subrayar que la nueva administración veía la alianza como una piedra angular de nuestra estrategia en la región. El presidente Obama también recibiría al primer ministro Taro Aso en Washington más tarde ese mismo mes, el primer dirigente extranjero en reunirse con él en el Despacho Oval.

Pero la fortaleza de nuestra alianza quedaría dramáticamente demostrada en marzo de 2011, cuando un terremoto de magnitud 9.0 en la escala de Richter golpeó la costa este de Japón, provocando un tsunami con olas de cien pies y causando una fusión nuclear en la planta de Fukushima. El "triple desastre" mató a casi veinte mil personas, desplazó a cientos de miles más y se convirtió en una de las catástrofes naturales más costosas en la historia. Nuestra embajada y la Séptima Flota de los Estados Unidos, que tenía una larga y cercana asociación con la Fuerza Marítima de Autodefensa del Japón, entraron rápidamente en acción, trabajando con los japoneses para entregar alimentos y suministros médicos, realizar misiones de búsqueda y rescate, evacuar a los heridos y ayudar en otras misiones vitales. Se llamó la Operación Tomodachi, que en japonés se traduce como "amigo".

En esta primera visita, aterricé en Tokio en medio de una avalancha de pompa y boato. Además de la comitiva normal de bienvenida, dos mujeres astronautas y miembros del equipo de Olimpíadas Especiales de Japón me esperaban en el aeropuerto para recibirme.

Después de unas pocas horas de sueño en el histórico Hotel Okura de Tokio —una burbuja del estilo y la cultura de los años sesenta, sacado directamente de un set de la serie *Mad Men*— mi primer destino fue un recorrido por el histórico Santuario Meiji. El resto de mi agitado día me llevó a conocer al personal de la embajada de Estados Unidos y sus familias, almorzar con el ministro de Relaciones Exteriores, a un desgarrador encuentro con las familias de ciudadanos japoneses secuestrados por Corea del Norte, una animada discusión con estudiantes en la Universidad de Tokio, entrevistas con la prensa estadounidense y japonesa, cenar con el Primer Ministro y una reunión tardía con el jefe del partido de oposición. Fue el primero de muchos días agitados a lo largo de cuatro años, cada uno lleno de altibajos diplomáticos y emocionales.

Una de las visitas más memorables fue al Palacio Imperial para ver nuevamente a la emperatriz Michiko. Era un honor poco común: el resultado de la cálida relación personal que habíamos establecido desde cuando yo era primera dama. Nos saludamos con una sonrisa y un abrazo. Luego me dio la bienvenida en sus aposentos privados. El emperador se reunió con nosotras para tomar el té y conversar sobre nuestros viajes.

＝＝＝

Planear un complicado viaje al exterior como este exige un equipo completo de personas talentosas. Huma que ahora era jefa de gabinete adjunta para Operaciones y Lona Valmoro, quien se encarga de agenda desde hace mucho tiempo y logra hacer malabares con un millón de invitaciones sin jamás perder el ritmo, coordinaron un amplio proceso para asegurar que aprovecháramos las mejores ideas sobre paradas y eventos. Dejé claro que quería ir más allá de los ministerios de Asuntos Exteriores y palacios y conocer a los ciudadanos, especialmente activistas comunitarios y voluntarios, periodistas, estudiantes y profesores, líderes religiosos, laborales y de negocios, la sociedad civil que ayudan a responsabilizar a los gobiernos y promueven el cambio social. Era algo que había estado haciendo desde que era primera dama. En un discurso en el Foro Económico Mundial de 1998 en Davos, Suiza, había comparado una sociedad sana con un taburete de tres patas: apoyada por un gobierno responsable, una economía abierta y una vibrante sociedad civil. Esa tercera pata del taburete se descuidaba con demasiada frecuencia.

Gracias a Internet y específicamente a las redes sociales, los ciudadanos y organizaciones comunitarias ahora tienen más acceso a la información y mayor capacidad de expresarse y denunciar que nunca antes. Ahora hasta las autocracias tienen que prestar atención a los sentimientos de su pueblo, como lo vimos durante la Primavera Árabe. Para Estados Unidos, era importante construir relaciones fuertes con los públicos extranjeros así como con los gobiernos. Esto ayudaría a asegurar alianzas más duraderas con nuestros amigos. También ayudaría a conseguir apoyo para nuestras

metas y valores cuando el gobierno no estuviera con nosotros pero la gente
sí. En muchos casos, los defensores de la sociedad civil y las organizaciones eran los responsables del progreso en los países. Luchaban contra la
corrupción oficial, movilizaban a los locales y llamaban la atención sobre
problemas como la degradación del medio ambiente, los abusos de los
derechos humanos y la desigualdad económica. Desde el principio, quise
que Estados Unidos estuviera firmemente de su lado y alentarlos y apo-
yarlos en sus esfuerzos.

Mi primera reunión fue en la Universidad de Tokio. Le dije a los
estudiantes que Estados Unidos estaba listo para escuchar de nuevo y les
cedí la palabra. Ellos respondieron con un torrente de preguntas y no sólo
sobre los temas que estaban dominando los titulares, como el futuro de la
alianza entre Estados Unidos y Japón y la crisis financiera global. También
preguntaron sobre las perspectivas para la democracia en Birmania, la seguridad de la energía nuclear (proféticamente), las tensiones con el mundo
musulmán, el cambio climático y cómo una mujer puede tener éxito en
una sociedad dominada por los hombres. Fue la primera de muchas reuniones que sostuve con jóvenes de todo el mundo, y me encantó oír sus
pensamientos y sostener una discusión significativa con ellos. Años más
tarde, escuché que la hija del rector de la universidad había estado sentada
entre el público ese día y tomó la decisión de convertirse en diplomática.
Eventualmente, se unió al Servicio de Relaciones Exteriores de Japón.

Unos días más tarde, en la Ewha Womans University en Seúl, Corea
del Sur, supe que establecer contacto con los jóvenes me iba a llevar a un
territorio muy alejado de las preocupaciones tradicionales de la política
exterior. Cuando subí al escenario en Ewha, el público estalló en aplausos.
Luego, las jóvenes se alinearon frente a los micrófonos para hacerme —con
todo respeto, pero con gran entusiasmo— unas preguntas muy personales.

¿Es difícil tratar con líderes misóginos alrededor del mundo?

Les respondí que imaginaba que muchos líderes optan por ignorar el
hecho de que están tratando con una mujer cuando hablan conmigo. Pero
que procuraba no permitir que se salieran con la suya. (Sin embargo, es
desafortunado que las mujeres en el servicio público todavía se enfrentan
a una doble moral injusta. Hasta líderes como la antigua primer ministra
Julia Gillard de Australia han tenido que enfrentarse a un sexismo inusi-
tado, que no debería ser tolerado en ningún país del mundo).

¿Podría hablarnos de su hija Chelsea?

Podría pasar horas respondiendo a esa pregunta. Pero basta con decir que es una persona increíble y estoy muy orgullosa de ella.

¿Cómo describiría el amor?

Ante esa pregunta, me reí y les dije que oficialmente me hacían sentir más como una columnista de consejos que como secretaria de Estado. Pensé por un momento y continué: "¿Cómo describir el amor? Es decir, los poetas han pasado miles de años escribiendo sobre el amor. Los psicólogos y autores de todo tipo escriben sobre ello. Creo que si puedes describirlo, es posible que no lo estés experimentando totalmente porque es una relación demasiado personal. Soy muy afortunada porque mi esposo es mi mejor amigo, y él y yo hemos estado juntos por mucho tiempo, más tiempo del que la mayoría de ustedes ha vivido".

Parecía que estas mujeres se sentían conectadas a mí de forma muy personal y, maravillosamente, se sentían lo suficientemente cómodas y en confianza para hablar conmigo como si fuera una amiga o consejera, en lugar de un funcionario gubernamental de un país lejano. Quería ser digna de su admiración. También esperaba que al sostener una conversación como esta, cara a cara, podría superar las brechas culturales, construir puentes de entendimiento y, en el proceso, tal vez convencerlas de darle un segundo vistazo a Estados Unidos.

Después de Japón, fuimos a Yakarta, Indonesia, donde fui recibida por un grupo de jóvenes estudiantes de la escuela primaria a la que el presidente Obama asistió en su infancia. Tras participar en una mesa redonda con periodistas locales, participé en algo llamado *The Awesome Show* (*El show impresionante*), uno de los programas más populares de la televisión local. Se sentía igual que MTV. Entre segmentos retumbaba música y los entrevistadores lucían lo suficientemente jóvenes para estar en la escuela, no encargados de un programa de entrevistas en la televisión nacional.

Me hicieron una pregunta que escuché en todo el mundo: ¿Cómo podía trabajar con el presidente Obama después de que habíamos hecho una dura campaña uno contra el otro? Indonesia es una democracia muy joven —el gobernante por mucho tiempo, Suharto, fue derrocado en 1998 a través de protestas populares, y la primera elección presidencial directa no se llevó a cabo hasta 2004— así que no era de sorprenderse que la gente estuviera más acostumbrada a que los rivales políticos fueran encarcelados o exiliados, en lugar de ser nombrados jefes diplomáticos por su antiguo rival. Les aseguré que no había sido fácil perder una reñida campaña ante el presidente Obama, pero que la democracia sólo funciona si los dirigentes políticos ponen el bien común por delante del interés personal. Les dije que cuando me pidió trabajar con él, acepté porque ambos amamos a nuestro país. Fue la primera de las muchas veces que nuestra asociación serviría como ejemplo para la gente de otros países que intentaba entender la democracia.

La noche anterior, durante la cena con líderes de la sociedad civil en el Museo del Archivo Nacional en Yakarta, discutimos los extraordinarios desafíos que los líderes y el pueblo de Indonesia habían asumido: combinar la democracia, el Islam, la modernidad y los derechos de la mujer en el país con la mayor población musulmana del mundo. Durante el medio siglo anterior, Indonesia había sido una pieza de relativa poca importancia en los asuntos políticos de la región. Quince años antes, cuando fui por última vez como primera dama, Indonesia seguía siendo un país pobre y antidemocrático. Para 2009, el país estaba siendo transformado bajo el liderazgo progresista del presidente Susilo Bambang Yudhoyono. El crecimiento económico había sacado a muchas personas de la pobreza e Indonesia estaba trabajando para compartir con otros países de Asia las lecciones aprendidas en su propia transición de la dictadura a la democracia.

Me impresionó Yudhoyono, quien tenía una profunda comprensión de las dinámicas de la diplomacia regional y una visión para el desarrollo continuo de su país. En nuestra primera conversación, me animó a buscar un nuevo acercamiento a Birmania, que durante años había sido gobernada por una junta militar represiva. Yudhoyono se había reunido dos veces con el general de mayor rango en Birmania, el solitario Than Shwe, y me aseguró que la junta podría estar dispuesta a moverse hacia la democracia si Estados Unidos y la comunidad internacional les ayudaban. Escuché atentamente los sabios consejos de Yudhoyono y seguimos en estrecho contacto sobre el futuro de Birmania. Nuestro compromiso con ese país al final se convirtió en uno de los desarrollos más emocionantes de mi tiempo como secretaria de Estado.

Yakarta era también el hogar permanente de ANSA, la institución regional que los expertos sobre Asia en Washington me habían instado a darle prioridad. En una entrevista en Tokio, un periodista japonés notó la desilusión entre los países del sudeste asiático cuando los oficiales estadounidenses faltaron a la última reunión del ANSA. Algunos lo veían como un símbolo de la presencia cada vez menor de Estados Unidos en Asia, sobre todo en un momento en el que China estaba buscando ampliar su influencia. El periodista quería saber si yo pensaba continuar con esta tendencia o si quería revitalizar nuestro involucramiento. Era una pregunta que representaba el deseo asiático por que hubiera muestras tangibles del liderazgo americano. Respondí que una parte importante de nuestra estrategia en la región era ampliar nuestras relaciones con organizaciones como ANSA y que yo tenía planeado ir a cuantas reuniones fuera posible. Si íbamos a mejorar nuestra posición en el sureste de Asia, como también intentaba hacerlo China, y a alentar a las naciones a cooperar más en el comercio, seguridad y medio ambiente, la ANSA sería un buen lugar para empezar.

Hasta entonces ningún secretario de Estado de Estados Unidos había visitado la sede de la organización. El secretario general de la ANSA, Surin Pitsuwan, me recibió con un ramo de rosas amarillas y explicó que los indonesios consideran el color amarillo un símbolo de esperanza y de nuevos comienzos. "Su visita demuestra la seriedad de Estados Unidos para poner fin a su ausentismo diplomático en la región", dijo. Fue un saludo bastante incisivo, pero tenía razón sobre nuestras intenciones.

―――

La siguiente parada fue en Corea del Sur, una democracia avanzada y pudiente que vivía a la sombra de su belicoso y represivo vecino del norte. Es un aliado clave de Estados Unidos y las tropas estadounidenses han estado de guardia allí desde el final de la Guerra de Corea en 1953. En mis reuniones con el presidente Lee Myung-bak y otros altos funcionarios, les aseguré que, aunque el gobierno de los Estados Unidos había pasado de ser republicano a demócrata, el compromiso de nuestra nación con la defensa de Corea del Sur no había cambiado.

Corea del Norte, al contrario, es el estado totalitario más cerrado del mundo. La mayoría de sus casi 25 millones de habitantes viven en la miseria. La opresión política es casi total. Las hambrunas son frecuentes. Sin

embargo, el régimen —dirigido en los primeros años de la administración
Obama por el envejecido y excéntrico Kim Jong-il y luego por su hijo
Kim Jong-un— dedicó la mayor parte de sus limitados recursos a apoyar
a sus fuerzas armadas, desarrollando armas nucleares y enemistándose
con sus vecinos.

En 1994, la administración Clinton negoció un acuerdo con Corea del
Norte quien se comprometió a detener las operaciones y construcción de
instalaciones que se sospecha forman parte de un programa secreto de
armas nucleares, a cambio de ayuda en la construcción de dos reactores
nucleares más pequeños que no produciría plutonio utilizable en armas.
El acuerdo también abría una vía para normalizar las relaciones entre
nuestros dos países. En septiembre de 1999, se alcanzó un acuerdo con
Corea del Norte para la suspensión de las pruebas de sus misiles de largo
alcance. En octubre de 2000, la secretaria de Estado Madeleine Albright
visitó Corea del Norte en un esfuerzo por poner a prueba las intenciones
del régimen y negociar otro acuerdo sobre inspecciones continuas. Desafortunadamente, aunque los norcoreanos hicieron muchas promesas, el
acuerdo antimisiles nunca se materializó. Una vez se posesionó el presidente George W. Bush, la política se alteró rápidamente y, en su discurso
del Estado de la Unión de 2002, se refirió a Corea del Norte como parte
del "eje del mal". Surgió evidencia de que Corea del Norte había estado
produciendo secretamente uranio enriquecido y luego, en 2003, había
reiniciado el enriquecimiento de plutonio. Al final de la administración
Bush, en Pyongyang había construido numerosas armas nucleares que
ponían en peligro a Corea del Sur y la región.

En mis declaraciones públicas en Seúl, extendí una invitación a los
norcoreanos: si alguna vez eliminaban —completamente y de manera
comprobable— su programa de armas nucleares, la administración
Obama estaría dispuesta a normalizar las relaciones, sustituir el duradero
acuerdo de armisticio en la península con un tratado de paz permanente y
ayudar a satisfacer las necesidades de energía, humanitarias y económicas
del pueblo norcoreano. Si no, el aislamiento del régimen continuaría.
Fue una maniobra de apertura en un drama que yo tenía claro que no
terminaría durante nuestro gobierno, como no lo había hecho durante décadas, y no una que fuera probable que tuviera éxito. Pero como con Irán,
otro régimen rebelde, empezamos con la oferta de compromiso sabiendo
que haría más fácil convencer a otras naciones para ejercer presión si y
cuando la oferta fuera rechazada. Esto era particularmente importante

para China, durante mucho tiempo patrocinador y protector del régimen de Pyongyang.

No tardamos mucho en obtener una respuesta.

Al mes siguiente, marzo de 2009, un equipo de periodistas de la televisión estadounidense estaban cubriendo la frontera entre China y Corea del Norte para Current TV, la cadena cofundada por el ex vicepresidente Al Gore y posteriormente vendida a Al Jazeera en 2013. Los periodistas estaban allí para documentar las historias de mujeres norcoreanas que fueron traficadas a través de la frontera y obligadas a ingresar al comercio sexual u otras formas modernas de esclavitud. En la madrugada del 17 de marzo, un guía local condujo a los norteamericanos al lado del río Tumen, que separa los dos países, aún congelado a principios de la primavera. Los periodistas siguieron por el hielo y rápidamente alcanzaron el lado norcoreano del río. Según los periodistas, luego regresaron a suelo chino. De repente, guardias fronterizos norcoreanos aparecieron con sus armas desenvainadas. Los estadounidenses corrieron y uno de ellos, el productor Mitch Koss, escapó junto con el guía. Pero las dos mujeres reporteras, Euna Lee y Laura Ling, no tuvieron tanta suerte. Fueron arrestadas y arrastradas a través del río a Corea del Norte, donde fueron condenadas a doce años de trabajos forzados.

Dos meses después, Corea del Norte realizó un ensayo nuclear subterráneo y anunció que ya no se consideraba obligado por los términos del armisticio de 1953. Tal como lo había prometido el presidente en su discurso inaugural, les habíamos ofrecido una mano, pero Corea del Norte estaba respondiendo con el puño cerrado.

Nuestro primer paso fue averiguar en las Naciones Unidas si era posible actuar. Trabajando estrechamente con la embajadora Susan Rice en Nueva York, pasé horas al teléfono con líderes en Pekín, Moscú, Tokio y otras capitales, buscando apoyo para una fuerte resolución imponiendo sanciones contra el régimen de Pyongyang. Todos coincidieron en que el ensayo nuclear era inaceptable, pero la cuestión de qué hacer al respecto era otra historia.

—Sé que esto es difícil para su gobierno —le dije al canciller chino Yang en una llamada—, pero si actuamos juntos, tenemos una oportunidad de cambiar los cálculos de Corea del Norte sobre los que les costará continuar con sus programas nucleares y de misiles.

Yang aseguró que China compartía nuestra preocupación por una carrera armamentista regional y estuvo de acuerdo en que era necesaria una respuesta "adecuada y mesurada". Esperaba que eso no fuera una forma de decir "ineficaz".

Para mediados de junio, nuestro trabajo dio resultados y todos los miembros del Consejo de Seguridad de la ONU acordaron imponer sanciones sobre bienes adicionales e individuos, reforzar la prohibición de que Corea del Norte comercie armas y se comprometieron a inspeccionar y destruir toda la carga prohibida en el mar, en puertos y aeropuertos si tenían motivos razonables para sospechar una violación. Tuvimos que hacer algunas concesiones para conseguir el apoyo chino y ruso, pero esta seguía siendo la medida más dura jamás impuesta a Corea del Norte y me alegró haber podido lograr una respuesta internacional unificada.

Pero, ¿cómo ayudar a las periodistas encarceladas? Escuchamos que Kim Jong-il sólo liberaría a las mujeres si recibía una visita personal y la solicitud por parte de una delegación estadounidense de alto rango. Lo discutimos con el presidente Obama y sus asesores en la Casa Blanca. ¿Y si iba Al Gore? O tal vez, ¿el ex presidente Jimmy Carter, conocido por su labor humanitaria en el mundo? ¿Madeleine Albright, quien tenía una experiencia única en Corea del Norte de su diplomacia en los años noventa? Pero los norcoreanos ya tenían un visitante específico en mente: Bill, mi esposo. Era una solicitud sorprendente. Por una parte, el gobierno norcoreano estaba ocupado lanzándome absurdas diatribas sobre la cuestión nuclear, incluso se referían a mí como "una señora graciosa". (El funcionamiento de la propaganda en Corea del Norte es famoso por sus exagerados y a menudo absurdos ataques retóricos. Una vez dijeron del vicepresidente Biden que era un "ladrón insolente". Existe incluso un "generador de insulto al azar" en Internet que produce parodias de sus andanadas). Pero, por otra parte, Kim parecía tener un punto débil con Bill desde que este le había enviado una carta de condolencias tras la muerte del padre de Kim, en 1994. Y por supuesto, también quería la atención global que produciría una misión de rescate liderada por un ex presidente.

Hablé con Bill sobre la idea. Estaba dispuesto a ir si realmente nos garantizaban la libertad de las dos periodistas. Al Gore y las familias de las mujeres también alentaron a Bill a asumir la misión. Pero varias personas en la Casa Blanca estuvieron en contra del viaje. Algunos tal vez aún albergaban sentimientos negativos hacia Bill desde la campaña de primarias de 2008. Pero la mayoría simplemente eran reacios a recompensar el mal comportamiento de Kim con un viaje de tan alto perfil que podría causar preocupaciones a nuestros aliados. Tenían razón. Teníamos que lograr un equilibrio entre hacer lo necesario para rescatar a esas dos inocentes civiles estadounidenses y evitar posibles consecuencias geopolíticas.

Pensé que valía la pena intentarlo. Corea del Norte ya había conseguido todo lo que podía del incidente, pero necesitaba una excusa para justificar la liberación de las mujeres. Además, si no hacíamos algo para tratar de resolver el asunto, todos nuestros otros esfuerzos con Corea del Norte se suspenderían debido a su encarcelamiento. Cuando planteé la idea directamente al presidente Obama, durante el almuerzo el 24 de julio, estuvo de acuerdo conmigo en que era nuestra mejor oportunidad.

Aunque se consideraba una "misión privada", Bill y el pequeño equipo que llevaría consigo fueron bien informados antes de partir. Una humorística pero importante parte de la preparación fue entrenarlos para que no sonrieran (o fruncieran el ceño) cuando les tomaran las inevitables fotos oficiales con Kim.

A principios de agosto, Bill emprendió su misión. Tras veinte horas en tierra norcoreana y una reunión cara a cara con Kim, logró la liberación inmediata de las periodistas. Volaron a casa con Bill y su llegada a California fue dramática, al ser recibidas por familiares, amigos y muchísimas cámaras de televisión. Las imágenes oficiales liberadas por el régimen fueron apropiadamente afectadas; sin sonrisas por parte de los estadounidenses—. Posteriormente, Bill me dijo bromeando que se había sentido como si estuviera presentándose a una audición para una película de James Bond. Pero creía que su éxito era una prueba de que el régimen respondería positivamente, por lo menos respecto a ciertos puntos, si lográbamos encontrar la combinación correcta de incentivos.

Desafortunadamente, nos esperaban más problemas. Tarde una noche de marzo de 2010, un buque de guerra surcoreano llamado el *Cheonan* navegaba cerca de las aguas norcoreanas. Era una noche fría y la mayoría de los 104 marineros surcoreanos estaban bajo cubierta durmiendo, comiendo o haciendo ejercicio. Sin previo aviso, un torpedo de origen desconocido detonó bajo el casco del *Cheonan*. La explosión destrozó la nave y sus restos comenzaron a hundirse en el mar Amarillo. Cuarenta y seis marineros murieron. En mayo, un equipo de investigadores de la ONU llegó a la conclusión de que era probable que un minisubmarino norcoreano fuera el responsable del ataque no provocado. Esta vez, mientras que el Consejo de Seguridad fue unánime al condenar el ataque, China bloqueó la atribución directa a Corea del Norte o una respuesta más fuerte. Esta era una de la contradicciones de China, a plena vista. Pekín sostenía que valoraba la estabilidad por encima de todo, pero realmente estaba aprobando tácitamente una agresión que era profundamente desestabilizadora.

En julio de 2010, Bob Gates y yo regresamos a Corea del Sur para reunirnos con nuestros homólogos y demostrarle a Pyongyang que Estados Unidos continuaba respaldando firmemente a sus aliados. Bob y yo nos dirigimos a Panmunjom, en la zona desmilitarizada (ZDM) que ha dividido a Corea del Norte y del Sur desde 1953. La ZDM tiene dos y media millas de ancho y sigue el paralelo 38 a lo largo de toda la península. Es la frontera más fortificada del mundo y una de las más peligrosas. Bajo un cielo amenazador, subimos a un punto de observación camuflado, bajo una torre de vigilancia y las banderas de Estados Unidos, las Naciones Unidas y la República de Corea. Una ligera lluvia caía mientras estábamos de pie detrás de sacos de arena y observábamos con binoculares el territorio norcoreano.

Mirando a través de la ZDM, era difícil no sorprenderse nuevamente por el hecho de que esta estrecha línea separara dos mundos radicalmente diferentes. Corea del Sur era un brillante ejemplo de progreso, un país que había transitado exitosamente de la pobreza y la dictadura a la prosperidad y la democracia. Sus líderes se preocupaban por el bienestar de sus ciudadanos, y los jóvenes crecían con libertad y oportunidades, sin mencionar las velocidades de descargar en banda ancha más rápidas del mundo. Tan sólo dos y media millas más allá, Corea del Norte era una tierra de miedo y hambre. El contraste no podría haber sido más cruel o trágico.

Bob y yo entramos a una reunión con nuestros homólogos surcoreanos en la sede de las fuerzas de la ONU. También visitamos un edificio que fue construido exactamente en medio de la frontera: la mitad en el lado norte, y la mitad en el sur, hecho para facilitar las negociaciones entre las dos partes. Hasta hay una larga mesa de conferencias puesta exactamente encima de la línea divisoria. Cuando pasamos, un soldado norcoreano nos observó fijamente a través de una ventana a pocos centímetros de nosotros. Tal vez era sólo curiosidad. Pero si su intención era intimidarnos, fracasó. Me mantuve concentrada en nuestro informador, mientras Bob sonreía alegremente. Un fotógrafo captó el inusual momento en una fotografía que apareció en la portada del *New York Times*.

En nuestras reuniones con los surcoreanos, Bob y yo discutimos medidas que podríamos tomar para presionar al Norte y desalentarlos de cometer nuevos actos de provocación. Decidimos hacer una fuerte demostración de fuerza para tranquilizar a nuestros amigos y dejar claro que Estados Unidos haría lo necesario para proteger la seguridad regional. Anunciamos nuevas sanciones y que el portaaviones USS *George Washington* se ubicaría frente a la costa coreana y haría ejercicios militares con la Armada de Corea del Sur. En total, dieciocho buques, unos doscientos aviones y aproximadamente ocho mil soldados estadounidenses y surcoreanos participarían durante cuatro días. Los ejercicios navales despertaron indignación en Pyongyang y Pekín, pero nos confirmó que nuestro mensaje fue recibido.

Esa noche, el presidente surcoreano Lee Myung-bak organizó una cena para Bob y para mí en el comedor de su residencia oficial, la Casa Azul. Sentado a la cabecera de una larga mesa, el presidente Lee nos agradeció el apoyo dado a Corea del Sur en su hora de necesidad. Como lo hacía a menudo, el presidente Lee relacionó su propio ascenso desde una infancia empobrecida con el de su país. Corea del Sur había sido más pobre que Corea del Norte, pero con la ayuda de Estados Unidos y la comunidad internacional había logrado desarrollar su economía: un recordatorio del legado del liderazgo estadounidense en Asia.

———

Otro aspecto de nuestra estrategia de giro era lograr que India participara más plenamente en la escena política de Asia y el Pacífico. Tener otra democracia grande sentada a la mesa de Asia y el Pacífico podría ayudar a alentar a más países a avanzar hacia la apertura política y económica, en lugar de seguir el ejemplo chino de capitalismo de estado autocrático.

Conservaba gratos recuerdos de mi primera visita a India en 1995, con Chelsea a mi lado. Visitamos uno de los orfanatos dirigidos por la Madre Teresa, la humilde monja católica cuya caridad y santidad la convirtieron en un icono universal. El orfanato estaba lleno de niñas que habían sido abandonadas en las calles o en la puerta para que las monjas las encontraran; como no eran varones, sus familias no las valoraban. Nuestra visita había motivado al gobierno local a pavimentar el camino de tierra que conducía al orfanato, cosa que las monjas consideraron un pequeño milagro. Cuando la Madre Teresa murió en 1997, encabecé una delegación estadounidense que asistió a su funeral en Calcuta para presentar nuestros respetos a su notable legado humanitario. El ataúd abierto fue llevado en hombros por las calles atestadas de gente, y presidentes, primeros ministros y líderes religiosos de muchas religiones colocaron coronas de flores blancas sobre el féretro. Posteriormente, su sucesora me invitó a una reunión privada en la sede de su orden, Las Misioneras de la Caridad. En una sencilla habitación encalada, iluminada sólo por titilantes velas devocionales, vi a las monjas de pie en un círculo de oración silenciosa alrededor del ataúd, que había sido llevado allí a su última morada. Para mi sorpresa, me pidieron ofrecer mi propia oración. Dudé, y luego incliné la cabeza y agradecí a Dios por el privilegio de haber conocido a esta diminuta, contundente y santa mujer durante su paso por la Tierra.

Mi primer viaje a la India como secretaria de Estado fue en el verano de 2009. En los catorce años transcurridos desde mi primera visita a India, el comercio entre nuestros países había ascendido de menos de 10 mil millones de dólares a más de 60 mil millones de dólares y seguiría creciendo hasta llegar a casi 100 mil millones de dólares en 2012. Aún existían demasiados obstáculos y restricciones, pero las empresas norteamericanas estaban ganando lentamente acceso a los mercados de India, creando empleos y oportunidades para las personas en ambos países. Las compañías indias también estaban invirtiendo en Estados Unidos, y cantidades de trabajadores indios altamente calificados estaban solicitando visados y ayudando a fundar innovadoras empresas estadounidenses. Más de 100.000 estudiantes indios estudiaban en Estados Unidos cada año; algunos regresaban a casa para poner sus habilidades al servicio de su propio país, mientras que muchos otros se quedaban para contribuir a la economía estadounidense.

En Nueva Delhi, conocí una muestra representativa de la sociedad, incluyendo al primer ministro Manmohan Singh, empresarios y mujeres emprendedoras, científicos y estudiantes dedicados al tema de la energía y el cambio climático. Me alegró ver a Sonia Gandhi, presidenta del Congreso Nacional Indio, a quien había conocido en la década de 1990. Ella y el primer ministro Singh me explicaron lo difícil que era ser moderados con Pakistán después de los atentados terroristas en Mumbai el pasado noviembre. Sonia y el primer ministro dejaron claro que no habría tal moderación en caso de un segundo ataque. En la India se referían al ataque del 26 de noviembre de 2008 como 26/11, en un eco de nuestro propio 9/11. Fue por eso que decidí quedarme en el viejo y elegante Hotel Taj Mahal Palace en Mumbai, que fue uno de los blancos del espantoso ataque terrorista que mató a 138 indios y 4 turistas norteamericanos. Alojándome allí y presentando mis respetos en el memorial, quería expresar solidaridad con el pueblo de India y enviar el mensaje de que Mumbai estaba en pie y abierto para los negocios.

En julio de 2011, con el sofocante calor de verano, viajé a la ciudad portuaria de Chennai en la bahía de Bengala, un núcleo comercial que se asoma hacia las vibrantes rutas comerciales y energéticas del sudeste de Asia. Ningún secretario de Estado había visitado esta ciudad antes, pero yo quería demostrar que entendíamos que India era más que Delhi y Mumbai. En la biblioteca pública de Chennai, la más grande del país, hablé sobre el papel de India en el escenario mundial y, especialmente, en Asia y el Pacífico. India tiene antiguos vínculos con el sudeste asiático; desde los comerciantes que navegaron el estrecho de Malaca hasta los templos hindúes que salpican la región. Nuestra esperanza, dije, era que la India trascendiera su irreconciliable conflicto con Pakistán y se convirtiera en un más activo defensor de los valores de la democracia y el libre mercado en Asia. Como le dije a la audiencia en Chennai, Estados Unidos apoyaba la política de "mirar al Este" de la India. También queríamos que "llevara al Este".

A pesar de algunas diferencias cotidianas, los fundamentos estratégicos de nuestra relación con India (valores democráticos compartidos, imperativos económicos y prioridades diplomáticas) estaban empujando los intereses de ambos países hacia una convergencia. Estábamos entrando en una fase nueva y más madura de nuestra relación.

———

Una importante meta de nuestra estrategia en Asia era promover la reforma política así como el crecimiento económico. Queríamos hacer del siglo xxi una época en la cual los pueblos de Asia no sólo se volvieran más prósperos sino también más libres. Y yo estaba segura de que más libertad fomentaría a su vez más prosperidad.

Muchos países de la región estaban luchando con la pregunta de cuál modelo de gobernanza se adaptaba mejor a sus sociedades y circunstancias. El ascenso de China, con su mezcla de autoritarismo y capitalismo de estado, constituía un ejemplo atractivo para algunos líderes. A menudo oímos que, mientras que la democracia podría funcionar bien en otras partes del mundo, no se sentía del todo a gusto en Asia. Sugerían que era inadecuada para la historia de la región, tal vez incluso una antítesis de los valores asiáticos.

Había un montón de ejemplos para refutar estas teorías. Japón, Malasia, Corea del Sur, Indonesia y Taiwán eran todas sociedades democráticas que habían producido enormes beneficios económicos a su gente. Según la ONG Freedom House, entre 2008 y 2012, Asia fue la única región del mundo que logró constantes mejorías en los derechos políticos y libertades civiles. Por ejemplo, en 2010, Filipinas celebró elecciones que fueron ampliamente elogiadas como una mejoría significativa respecto a las anteriores y, el nuevo presidente, Benigno Aquino III, lanzó un esfuerzo concertado para luchar contra la corrupción y aumentar la transparencia. Las Filipinas era un importante aliado de Estados Unidos y a finales de 2013, cuando un tifón terrible azotó el país, los esfuerzos de socorro conjuntos, lideradas por la Marina estadounidense, no se hicieron esperar. Y, por supuesto, también estaba Birmania. Para mediados de 2012, la apertura democrática prevista por el presidente Yudhoyono de Indonesia estaba en pleno apogeo y Aung San Suu Kyi, quien durante décadas fue la conciencia encarcelada de su nación, estaba sirviendo en el Parlamento.

Había otros ejemplos menos alentadores. Demasiados gobiernos asiáticos continuaban resistiéndose a las reformas, restringían el acceso de sus pueblos a ideas e información, y los encarcelaban por expresar opiniones discrepantes. Bajo Kim Jong-un, Corea del Norte seguía siendo el país más cerrado y represivo del mundo. Aunque cuesta creerlo, ha logrado que las cosas se pongan peores. Camboya y Vietnam habían progresado un poco, pero no lo suficiente. En una visita a Vietnam en 2010, me preocupó descubrir que varios *bloggers* destacados habían sido detenidos en los días previos a mi llegada. En mis reuniones con funcionarios vietnamitas me propuse plantear preocupaciones específicas sobre las detenciones arbitrarias y severas penas impuestas a los disidentes políticos, abogados, *bloggers*, activistas católicos, monjes y monjas budistas, y otras restricciones a las libertades fundamentales.

En julio de 2012, realicé otro amplio recorrido por toda la región, este con el fin de enfatizar que la democracia y la prosperidad van de la mano. Comencé en Japón, una de las democracias más fuertes y poderosas del mundo. Luego visité Vietnam, Camboya y Laos, donde fui el primer secretario de Estado en visitar el país en cincuenta y siete años.

Recibí dos impresiones generales de mi corta visita a Laos. En primer lugar, Laos seguía bajo el férreo control de su Partido Comunista, que a su vez estaba cada vez más bajo el control político y económico de China. Pekín aprovechaba la relación para extraer recursos naturales e impulsar la construcción de proyectos que representaban poco o nada para el ciudadano común. Segundo, los laosianos continuaban pagando un terrible precio por el extenso bombardeo de Estados Unidos en el territorio nacional durante la Guerra de Vietnam. Laos tenía la terrible distinción de ser "el país más bombardeado del mundo". Por eso visité un proyecto en Vientiane financiado por USAID para proporcionar prótesis y rehabilitación a los miles de adultos y niños que siguen perdiendo extremidades a causa de las bombas de racimo regadas a lo largo de un tercio del país; sólo 1 por ciento han sido encontradas y desactivadas. Pensé que Estados Unidos tenía una obligación al respecto y por eso me alegró que en 2012 el Congreso triplicara la financiación para acelerar dicho trabajo de eliminación.

Un punto culminante de este viaje en el verano de 2012 fue Mongolia. Había ido por primera vez en 1995, una visita inolvidable en una época difícil para Mongolia, una nación remota apretujada entre el norte de China y Siberia. Décadas de dominación soviética habían intentado imponer la cultura estalinista a una sociedad nómada. Cuando dejó de llegar la ayuda de Moscú, la economía se desplomó. Pero, como muchos visitantes, quedé encantada por la cruda belleza de Mongolia, con sus vastas estepas barridas por el viento y la energía, determinación y hospitalidad de su gente. En una yurta tradicional llamada *ger*, una familia nómada me ofreció un tazón de leche fermentada de yegua que sabía a yogur caliente, de ayer. Me impresionaron los estudiantes, activistas y funcionarios del gobierno que conocí en la capital y su compromiso con la transformación de una dictadura comunista de partido único en un sistema político pluralista y democrático. No iba a ser un viaje fácil, pero estaban resueltos a intentarlo. A partir de ese momento eso fue lo que dije cada vez que alguien expresaba dudas de que la democracia pudiese echar raíces en lugares inverosímiles, le decía: "¡Que vayan a Mongolia! Que vean gente dispuesta a celebrar manifestaciones a temperaturas bajo cero y recorrer grandes distancias para depositar su papeleta en las elecciones".

Cuando regresé diecisiete años más tarde, mucho había cambiado en Mongolia y sus alrededores. El rápido desarrollo de China y su insaciable demanda de recursos naturales habían creado un auge en la minería en Mongolia, que contaba con enormes reservas de cobre y otros minerales.

La economía estaba creciendo a un apabullante ritmo de más del 17 por ciento en 2011 y algunos expertos predecían que —durante la siguiente década— Mongolia tendría un crecimiento más rápido que cualquier otro país del planeta. La mayoría de la población seguía siendo pobre y muchos conservan su estilo de vida nómada, pero la economía global que alguna vez se había sentido tan lejana, finalmente había llegado con todo su vigor.

Cuando llegamos a la alguna vez dormida capital, Ulan Bator, me sorprendió la transformación. Rascacielos de cristal se elevaban en medio de tradicionales *gers* y viejos proyectos de vivienda soviéticos. En la Plaza Sükhbaatar, soldados con el atuendo tradicional mongol montaban guardia a la sombra de una nueva tienda Louis Vuitton. Entré al palacio de gobierno, un vestigio de la época estalinista, pasando una enorme estatua de Genghis Khan, el guerrero mongol del siglo XIII cuyo imperio abarcó una extensión de tierra más grande que la de cualquier otro en la historia. Los soviéticos habían suprimido el culto a la personalidad de Khan, pero ahora estaba de regreso, aún más fuerte. Adentro me reuní con el presidente Tsakhiagiin Elbegdorj en su *ger* ceremonial. Estábamos sentados en una carpa nómada tradicional, dentro de un edificio de la época estalinista, discutiendo el futuro de la economía asiática. ¡Y hablan de mundos que se chocan!

Desde mi visita de 1995, la democracia mongol había sobrevivido. El país ha celebrado seis elecciones parlamentarias exitosas. Mongoles de todo el espectro político debaten abierta y vigorosamente sus ideas en la televisión. Una esperada ley de libertad de información daba ahora a los ciudadanos una visión más clara sobre el funcionamiento de su gobierno. Junto a este progreso, también había motivos de preocupación. El boom minero estaba agravando los problemas de corrupción y desigualdad, y China estaba tomando un mayor interés en su ahora valiosos vecino del norte. Mongolia parecía estar en una encrucijada: o continuaba por la vía democrática y utilizaba sus nuevas riquezas para elevar el estándar de vida de toda su gente, o era absorbido en la órbita de Pekín y experimentaría los peores excesos de la "maldición de los recursos". Yo aspiraba a estimular lo primero y desalentar lo segundo.

El momento era oportuno. La Community of Democracies (Comunidad de Democracias), una organización internacional fundada en el año 2000 bajo el liderazgo de la secretaria Albright para nutrir las democracias emergentes, especialmente aquellas en el antiguo bloque soviético, celebraba su cumbre en Ulan Bator. Esto constituiría una oportunidad para reforzar los progresos de Mongolia y enviar un mensaje sobre la importancia de la democracia y los derechos humanos en Asia, un mensaje enviado desde el patio trasero de China.

No es ningún secreto que el epicentro del movimiento antidemocrático en Asia es China. En 2010, el Premio Nobel de la Paz habían sido concedido al activista de derechos humanos encarcelado Liu Xiaobo, y el mundo tomó nota de su silla vacía en la ceremonia en Oslo. Luego, advertí que podría convertirse en "un símbolo del potencial sin realizar y la incumplida promesa de una gran nación". Las cosas tan sólo habían empeorado en 2011. En los primeros meses del año, docenas de abogados, escritores, artistas, intelectuales y activistas fueron detenidos y arrestados arbitrariamente. Entre ellos estaba el prominente artista Ai Weiwei, cuya causa defendíamos yo y otros muchos.

En mi discurso en Ulan Bator, expliqué por qué la elección correcta era un futuro democrático para Asia. En China y en otros lugares, los opositores de la democracia argumentaron que amenazaría la estabilidad al desencadenar caóticas fuerzas populares. Pero nosotros teníamos un montón de pruebas provenientes del mundo entero que confirmaban que la democracia realmente fomenta la estabilidad. Es cierto que reprimir la expresión política y mantener un férreo control sobre lo que la gente lee o dice o ve puede crear la ilusión de seguridad, mientras las ilusiones se desvanecen el anhelo del pueblo por la libertad no. En contraste, la democracia ofrece importantes válvulas de seguridad a las sociedades. Permite a los pueblos escoger a sus líderes, les da legitimidad a esos líderes para tomar decisiones difíciles pero necesarias para el bien de la nación y permite a las minorías expresar pacíficamente sus opiniones.

Otro argumento que quería refutar era el de que la democracia es un privilegio de los países ricos y las economías en desarrollo necesitan dar prioridad al crecimiento y después preocuparse por la democracia. China era citada a menudo como el ejemplo perfecto de un país que había logrado el éxito económico sin necesidad de una reforma política significativa. Pero eso era un planteamiento "de poca visión y, en definitiva, insostenible", respondí. "A la larga, no se puede tener una liberalización económica sin liberalización política. Los países que desean estar abiertos a los negocios pero cerrados a la libre expresión encontrarán que ese enfoque tiene un alto costo". Sin el libre intercambio de ideas y un fuerte estado de derecho, la innovación y el emprendimiento se marchitan.

Prometí que Estados Unidos sería un socio firme para todos aquellos en Asia y el mundo que estuvieran comprometidos con los derechos humanos y las libertades fundamentales. Yo había estado diciendo "¡Que vengan a Mongolia!" durante años y estaba encantada de que finalmente tantos activistas por la democracia lo hubiesen hecho. En casa, un editorial del *Washington Post* declaró que mi discurso había ofrecido "la esperanza de que el giro de Estados Unidos hacia Asia vaya más allá de una simple muestra de poderío y se convierta en un enfoque de varias capas coherente con la complejidad del ascenso de China como superpotencia moderna". En China, sin embargo, la censura estuvo muy ocupada borrando toda mención de mi mensaje en Internet.

4

China: Aguas desconocidas

Como muchos estadounidenses, mi primera mirada real a China se dio en 1972, cuando el presidente Richard Nixon hizo su histórico viaje a través del Pacífico. Bill y yo éramos estudiantes de derecho sin televisor, así que salimos y alquilamos uno portátil. Lo arrastramos hasta nuestro apartamento y todas las noches sintonizábamos las escenas de un país que había huido de las miradas durante toda nuestra vida. Me sentí cautivada y orgullosa de lo que Estados Unidos logró durante lo que el presidente Nixon llamó "la semana que cambió el mundo".

Mirando atrás, es evidente que ambos bandos estaban tomando un riesgo enorme. Se estaban aventurando hacia lo desconocido y en pleno apogeo de la Guerra Fría. Fue una decisión difícil. Podría haber consecuencias políticas reales en casa para los dirigentes de ambos bandos si parecían débiles o, en nuestro caso, "suaves con el comunismo". Pero los hombres que negociaron el viaje, Henry Kissinger por Estados Unidos y Zhou Enlai por China, y los líderes a los que representaban calcularon que los beneficios del éxito superaban el riesgo de un fracaso. (He bromeado con Henry, diciéndole que tuvo suerte que cuando hizo su primer viaje a Pekín no había *smartphones* o medios sociales. Imagine lo que sería si un secretario de Estado intentaba hacer eso hoy en día). En la actualidad, hacemos cálculos similares cuando lidiamos con naciones con cuyas políticas discrepamos pero cuya cooperación necesitamos, o cuando queremos evitar que los desacuerdos y la competencia se conviertan en conflicto.

La relación entre Estados Unidos y China sigue estando llena de desafíos. Somos dos naciones grandes y complejas con historias, sistemas políticos y perspectivas profundamente diferentes, y cuyas economías y futuro están profundamente entrelazados. No es una relación que encaje perfectamente en categorías como amigo o rival y probablemente nunca lo será. En muchos sentidos, estamos navegando en aguas desconocidas. Mantener el curso y evitar los escollos y remolinos requiere una brújula confiable y la flexibilidad necesaria para hacer frecuentes correcciones de curso, incluyendo compensaciones a veces dolorosas. Si presionamos demasiado en un frente, podríamos poner en peligro otro. De la misma manera, si nos comprometemos o acomodamos muy rápidamente, podríamos invitar agresiones. Con todos estos elementos a considerar, puede ser fácil perder de vista el hecho de que, a través de la brecha, nuestros homólogos también están obligados a tomar decisiones difíciles, con sus propias presiones e imperativos. Mientras más se ciñan ambos bandos al ejemplo de esos intrépidos primeros diplomáticos para encontrar opciones que cierren las brechas de comprensión e intereses, más posibilidades tendremos de progresar.

━━━

Mi primer viaje a China, en 1995, fue uno de los más notables de mi vida. La Cuarta Conferencia Mundial sobre la Mujer, en la que declaré que "los derechos humanos son los derechos de las mujeres y los derechos de las mujeres son los derechos humanos", fue una intensa experiencia para mí. Sentí la pesada mano de la censura china cuando el gobierno bloqueó la transmisión de mi discurso, tanto en el centro de conferencias como en la radio y televisión oficial. La mayor parte de mi discurso fue sobre los derechos de las mujeres, pero también envié un mensaje más amplio a las autoridades chinas que habían desterrado los eventos para los activistas de la sociedad civil a un sitio separado en Huairou —a una hora por carretera de Pekín— y prohibido asistir a las mujeres del Tíbet y Taiwán del todo. "Libertad significa el derecho del pueblo para reunirse, organizarse y debatir abiertamente", declaré desde el podio. "Significa respetar las opiniones de aquellos que pueden estar en desacuerdo con las opiniones de sus gobiernos. Significa no alejar a los ciudadanos de sus seres queridos y encarcelarlos, maltratarlos o negarles su libertad o dignidad por expresar pacíficamente sus ideas y opiniones". Eran palabras más incisivas que las normalmente usadas por los diplomáticos estadounidenses, especialmente en suelo chino, y algunos en el gobierno de Estados Unidos me habían instado a dar un discurso diferente o no hablar en absoluto. Pero pensé que era importante defender los valores democráticos y los derechos humanos en un lugar donde estaban seriamente amenazados.

En junio de 1998, regresé a China para una estancia más larga. Chelsea y mi madre nos acompañaron a Bill y a mí en una visita oficial. Los chinos exigieron una ceremonia formal de llegada en la plaza de Tian'anmen, donde los tanques habían aplastado las manifestaciones en favor de la democracia en junio de 1989. Bill pensó negarse a la solicitud, para que no pareciese respaldar o ignorar esa fea historia, pero al final decidió que su mensaje sobre los derechos humanos quizás sería más efectivo en China si actuaba como un huésped respetuoso. Los chinos, a su vez, nos sorprendieron al permitir la transmisión sin censura de la conferencia de prensa de Bill con el presidente Jiang Zemin, durante la cual sostuvieron un largo diálogo sobre los derechos humanos, incluyendo el tema tabú del Tíbet. También transmitieron el discurso de Bill a los estudiantes en la Universidad de Pekín, en el que destacó que "la verdadera libertad es más que la libertad económica".

Regresé a casa con la convicción de que si China con el tiempo acogía la reforma y modernización, podría convertirse en una potencia mundial constructiva y un importante socio para Estados Unidos. Pero no iba a ser fácil y Estados Unidos tendría que ser inteligente y cuidadoso al decidir cómo se comprometía con esa nación.

Regresé a China como secretaria de Estado en febrero de 2009 con el objetivo de construir una relación lo suficientemente duradera para soportar los conflictos y crisis que inevitablemente surgirían. También quería integrar la relación con China en nuestra estrategia asiática, comprometiendo a Pekín en las instituciones multilaterales de la región de tal manera que se sintiera alentada a trabajar con sus vecinos según normas acordadas. Al mismo tiempo, quería que China supiera que no era el único foco de nuestra atención en Asia. No sacrificaríamos nuestros valores o nuestros aliados tradicionales para lograr mejores términos con China. A pesar de su impresionante crecimiento económico y avances en capacidad militar, China aún no estaba cerca de superar a Estados Unidos como la nación más poderosa de Asia y el Pacífico. Estábamos dispuestos a participar desde una posición de fuerza.

Antes de llegar a Pekín desde Corea del Sur, me senté a hablar con nuestro equipo de prensa. Les dije que haría énfasis en la cooperación en la crisis económica global, el cambio climático y temas de seguridad, tales como Corea del Norte y Afganistán. Después de repasar la agenda, mencioné que las delicadas cuestiones de Taiwán, Tíbet y los derechos humanos también estarían sobre la mesa y terminé diciendo: "Sabemos más o menos lo que van a decir".

Obviamente, fue cierto. Los diplomáticos estadounidenses han estado planteando estos temas durante años y los chinos eran bastante predecibles en sus respuestas. Recordé una acalorada discusión que tuve con el ex presidente Jiang sobre el tratamiento dado por China al Tíbet, durante la cena de estado que Bill y yo le ofrecimos en la Casa Blanca en octubre de 1997. Me había reunido antes con el Dalai Lama para discutir la situación de los tibetanos, y le pedí al presidente Jiang que me explicara la represión China.

—Los chinos son los liberadores del pueblo tibetano. He leído las historias en nuestras bibliotecas, y sé que los tibetanos están mejor ahora que antes —respondió.

—Pero, ¿qué sucede con sus tradiciones y el derecho a practicar su religión? —insistí.

Insistió fuertemente en que Tíbet era una parte de China y exigió saber por qué los estadounidenses abogaban por esos "nigromantes". Los tibetanos "eran víctimas de la religión. Ahora se han liberado del feudalismo", declaró.

Así que no me hacía ilusiones sobre lo que los funcionarios chinos me responderían cuando planteara una vez más esos temas. También mencioné los puntos de diferencia, dada la amplitud y complejidad de nuestra relación con China, nuestros profundos desacuerdos sobre derechos humanos inevitablemente afectarían todas las demás cuestiones. Teníamos que defender enérgicamente a los disidentes a la vez que buscábamos la cooperación china en la economía, el cambio climático y la proliferación nuclear. Este había sido nuestro enfoque desde que Nixon fue a China. Sin embargo, mi comentario fue ampliamente interpretado en el sentido de que los derechos humanos no serían una prioridad para la administración Obama y que los chinos podían ignorarlos sin correr riesgos. Nada podría haber sido más alejado de la realidad, como lo demostró lo que sucedió a continuación. Aun así, fue una valiosa lección: ahora que era el principal diplomático estadounidense, cada declaración que hiciera sería sometida a un nuevo nivel de escrutinio e incluso observaciones aparentemente evidentes podrían desencadenar un escándalo en los medios.

Había pasado más de una década desde mi visita anterior, y conducir a través de Pekín fue como ver una película proyectada a alta velocidad. Donde antes sólo eran visibles un puñado de edificios de varios pisos, ahora el cielo estaba dominado por el reluciente complejo olímpico e interminables torres corporativas. Calles que habían estado abarrotadas de bicicletas Flying Pigeon, ahora estaban repletas de automóviles.

Mientras estuve en Pekín, me reuní con un grupo de mujeres activistas, algunas de las cuales había conocido en 1998. En esa época, la entonces secretaria Albright y yo nos habíamos encerrado en una estrecha oficina de ayuda legal para escucharlas hablar acerca de sus esfuerzos por ganar el derecho de las mujeres a tener propiedad, dar su opinión sobre el matrimonio y divorcio, y ser tratadas igualitariamente como ciudadanos. Más de diez años después, el grupo y el alcance de sus esfuerzos colectivos habían crecido. Ahora había activistas trabajando no sólo por los derechos legales de las mujeres, sino también por sus derechos ambientales, a la salud y económicos.

Una de ellas era la Dra. Gao Yaojie, una diminuta mujer de ochenta y dos años que había sido acosada por el gobierno por hablar sobre el sida en China y exponer un escándalo de sangre contaminada. Cuando nos conocimos, noté sus diminutos pies —que habían sido vendados— y quedé sorprendida por su historia. Ella perseveró durante toda la guerra civil, la Revolución Cultural, su arresto domiciliario y la forzosa separación de su familia, y nunca eludió su compromiso de ayudar a todos los que pudiera a protegerse del sida.

En 2007, después de que las autoridades locales intentaron impedirle viajar, intercedí con el presidente Hu Jintao para que autorizara a la Dra. Gao a visitar Washington para recibir un premio. Aquí estábamos dos años más tarde y ella seguía enfrentando las presiones del gobierno. No obstante, me dijo que pensaba continuar abogando por la transparencia y la rendición de cuentas.

—Ya tengo ochenta y dos años. No voy a vivir mucho más —dijo—. Este es un tema importante. No tengo miedo.

No mucho después de mi visita, la Dra. Gao fue obligada a salir de China. Ahora vive en Nueva York, donde continúa escribiendo y hablando sobre el sida en China.

Pasé gran parte de mi tiempo en esta primera visita a Pekín como secretaria de Estado en sesiones de presentación con altos funcionarios chinos. Me reuní a almorzar con el consejero de Estado Dai Bingguo en la serena y tradicional Casa Estatal de Huéspedes Diaoyutai, donde el presidente Nixon se hospedó durante su famosa visita y nosotros durante nuestro viaje en 1998. Dai, junto con el ministro de Relaciones Exteriores Yang Jiechi, se convirtió en mi principal colega en el gobierno chino. (En el sistema político chino, el cargo de consejero de Estado es de más alto rango que el de ministro, y queda inmediatamente debajo del viceprimer ministro en la jerarquía).

Diplomático de carrera, Dai era cercano al presidente Hu y muy hábil para maniobrar la política interna de la estructura de poder china. Estaba orgulloso de su reputación como hombre de la provincia que había ascendido a la prominencia. Pequeño y compacto, permaneció vigoroso y saludable a pesar de su avanzada edad haciendo ejercicio con regularidad y dando largas caminatas, y me recomendó hacer lo mismo. Se sentía cómodo hablando de historia y filosofía, así como de los acontecimientos de actualidad. Henry Kissinger me había dicho cuánto valoraba su relación con Dai, a quien consideraba uno de los funcionarios chinos más fascinantes y abiertos que había conocido. Dai pensaba sobre los grandes giros de la historia y repitió con aprobación el proverbio que yo había usado en mi discurso del Asia Society: "Si compartes el barco con alguien, crucen el río en paz". Cuando le dije que creía que Estados Unidos y China debían escribir una nueva respuesta a la vieja pregunta de qué sucede cuando un poder establecido y uno en ascenso se encuentran, aceptó con entusiasmo y luego repitió con frecuencia mi formulación. A lo largo de la historia, ese escenario a menudo había llevado a conflictos, así que era nuestro trabajo trazar un curso que evitara ese final manteniendo la competencia dentro de límites aceptables y promoviendo la mayor cooperación posible.

Dai y yo congeniamos enseguida y hablamos a menudo a lo largo de los años. A veces me sometía a largas conferencias sobre todo lo que Estados Unidos estaba haciendo mal en Asia, expuesto con sarcasmo pero siempre con una sonrisa. En otras ocasiones, los dos hablábamos profunda y personalmente sobre la necesidad de dar a la relación de Estados Unidos y China una base sólida para las futuras generaciones. En una de mis primeras visitas a Pekín, Dai me entregó bien escogidos regalos personales para Chelsea y mi madre, lo cual iba más allá del protocolo diplomático normal. La siguiente vez que vino a Washington, le correspondí con un regalo para su única nieta, cosa que pareció agradarle mucho. En una de nuestras primeras reuniones, Dai había sacado una pequeña fotografía de la niña y me la mostró diciendo: "Por esto estamos en esto". Ese sentimiento tocó uno de mis puntos sensibles. Fue la preocupación por el bienestar de los niños lo que me llevó al servicio público. Como secretaria de Estado, tenía la oportunidad de hacer el mundo un poco más seguro y la vida un poco mejor para los niños en Estados Unidos y todo el mundo, incluyendo a China. Lo consideraba la oportunidad y la responsabilidad de la vida. El hecho de que Dai compartiera mi pasión se convirtió en la base de un vínculo duradero entre nosotros.

El ministro de Relaciones Exteriores Yang, había ascendido en las filas del cuerpo diplomático, comenzando como intérprete. Su excelente dominio del inglés nos permitió tener largas y, a veces, animadas conversaciones durante nuestras numerosas reuniones y llamadas telefónicas. Raramente prescindía de su cuidada imagen pública, pero ocasionalmente logré vislumbrar a la persona real detrás de ella. Una vez me contó que cuando niño en Shanghái se había sentado en un aula sin calefacción, temblando, con las manos demasiado frías para sostener un bolígrafo. Su viaje desde la congelada escuela hasta el ministerio de Relaciones Exteriores era la fuente de su gran orgullo personal por el progreso de China. Era un nacionalista sin arrepentimientos y tuvimos nuestra cuota de intercambios tensos, especialmente sobre temas difíciles como el mar de China meridional, Corea del Norte y las disputas territoriales con Japón.

Tarde una noche, en una de nuestras últimas discusiones en 2012, Yang habló sobre los muchos logros superlativos de China, incluyendo su dominio atlético. Era poco más de un mes después de los Juegos Olímpicos de Londres, y con delicadeza señalé que Estados Unidos había ganado más medallas que cualquier otro país. Yang, a su vez, atribuyó la "decreciente fortuna" de China en los Juegos Olímpicos a la ausencia de la estrella del baloncesto Yao Ming, quien estaba lisiado. También bromeó diciendo que deberían existir unos "Juegos Olímpicos de la diplomacia", con eventos tales como "millas recorridas": eso le daría a Estados Unidos por lo menos una medalla más.

En mi primera conversación con Yang en febrero de 2009, él hizo referencia a un tema que no me esperaba y que evidentemente le estaba molestando. En mayo de 2010 los chinos se preparaban para celebrar una gran exposición internacional como las ferias universales de antaño. Todos los países del mundo tenían la responsabilidad de construir un pabellón en el recinto de la exposición para exhibir sus tradiciones y cultura nacional. Yang me explicó que solamente dos naciones no participarían: la pequeña Andorra y Estados Unidos. Los chinos lo consideraban una falta de respeto y también un signo de la decadencia estadounidense. Me sorprendió saber que no planeábamos participar y le prometí a Yang que me aseguraría de que Estados Unidos estuviese bien representado.

Muy pronto descubrí que el pabellón de Estados Unidos estaba sin dinero, iba retrasado y era muy poco probable que alcanzaran a montarlo a menos que las cosas cambiaran dramáticamente. Esta no era una buena manera de proteger el poder y los valores estadounidenses en Asia. Así que convertí la construcción de nuestro pabellón en una prioridad personal, lo cual significaba recaudar dinero y apoyo de sector privado en tiempo récord.

Lo terminamos logrando y en mayo de 2010, me uní a millones de visitantes de todo el mundo para visitar la exposición. El pabellón de Estados Unidos mostró productos e historias que ilustraban algunos de nuestros más preciados valores nacionales: perseverancia, innovación y diversidad. Lo que más me impresionó fueron los estudiantes estadounidenses que se ofrecieron voluntariamente para servir de anfitriones y guías. Representaban todo el espectro de la población estadounidense, de todas las procedencias y condiciones, y todos hablaban mandarín. Muchos visitantes chinos quedaron pasmados al escuchar a los estadounidenses hablar su lengua con tanto entusiasmo. Se detenían a hablar, hacer preguntas, contar chistes e intercambiar historias. Era otro recuerdo de que los contactos personales pueden hacer tanto o más por las relaciones Estados Unidos-China que cualquier encuentro diplomático o una cumbre bien orquestada.

Después de mis conversaciones con Dai y Yang en la visita de febrero de 2009, tuve la oportunidad de reunirme por separado con el presidente Hu y el primer ministro Wen. Fue el primero de al menos una docena de encuentros a lo largo de los años. Los dirigentes eran más prevenidos que Dai o Yang, y se sentían menos cómodos en una discusión más liberal. Entendí que a medida que se ascendía en la jerarquía, los chinos valoran más la previsibilidad, formalidad y el respetuoso decoro. No querían sorpresas. Las apariencias eran importantes. Conmigo, eran cuidadoso y corteses, incluso un poco desconfiados. Me estaban estudiando, tal como yo los estudiaba a ellos.

Hu fue amable y expresó su agradecimiento por mi decisión de visitar a China tan pronto. Era el hombre más poderoso en China, pero carecía de la autoridad personal de precursores como Deng Xiaoping o Jiang Zemin. Hu me pareció un distante presidente de junta directiva más que un práctico director ejecutivo. Qué tanto control real tenía sobre el vasto aparato del Partido Comunista era una incógnita, especialmente cuando se trataba de las fuerzas armadas.

"El abuelo Wen", como llamaban al primer ministro (el funcionario #2), trabajaba duro para presentar una imagen amable, de voz suave, a China y el mundo. Pero en privado, podía ser bastante incisivo, especialmente cuando sostenía que Estados Unidos era el responsable de la crisis financiera global o cuando hacía caso omiso a las críticas de las políticas chinas. Nunca fue combativo, pero sí era más cortante que lo sugerido por su imagen pública.

En mis primeros encuentros con estos líderes, propuse convertir el diálogo económico entre China y Estados Unidos, iniciado por el ex secretario del Tesoro Hank Paulson, en un diálogo estratégico para cubrir una gama mucho más amplia de temas y reunir más expertos y funcionarios de nuestros gobiernos. No era una excusa para incluir a la fuerza al departamento de Estado en la conversación o para elevar el perfil de los debates. Sabía que mantener conversaciones regulares, esencialmente mediante un comité de alto nivel dedicado a esta relación, ampliaría nuestra cooperación a nuevas áreas y contribuiría a una mayor confianza y resistencia. Los responsables de las políticas en ambos lados llegarían a conocerse y se acostumbrarían a trabajar juntos. El tener las líneas de comunicación abiertas reduciría las probabilidades de que un malentendido pueda escalar las tensiones. Sería menos probable que las futuras disputas descarrilen todo lo demás que tenemos que hacer juntos.

Yo había discutido esta idea con el sucesor de Hank Paulson en el Tesoro, Tim Geithner, durante un almuerzo en el departamento de Estado a principios de febrero de 2009. Había conocido y llegado a apreciar a Tim cuando era presidente de la Reserva Federal de Nueva York. Tenía mucha experiencia en Asia e incluso hablaba un poco de mandarín, lo cual lo convertía en un socio ideal en nuestro compromiso con China. Hay que decir en su favor, que Tim no vio mi propuesta de un diálogo ampliado como una intrusión en el territorio del departamento del Tesoro a pesar de que los territorios eran un bien precioso en Washington. Lo vio igual que yo: como una oportunidad para combinar las fortalezas de nuestros departamentos, especialmente en un momento en que la crisis financiera global estaba difuminando la línea entre economía y seguridad más que nunca. Si los chinos aceptaban, Tim y yo presidiríamos juntos el nuevo diálogo.

En Pekín, yo estaba preparada para enfrentar resistencia e, incluso, el rechazo. Después de todo, los chinos no estaban ansiosos por discutir temas políticos delicados. Sin embargo, resultó que ellos también estaban ansiosos por establecer contactos de más alto nivel con Estados Unidos y estaban buscando lo que el presidente Hu Jintao llamó una "relación de cooperación positiva e integral". Con el tiempo, nuestro Diálogo Estratégico y Económico se convertiría en un modelo que replicaríamos con potencias emergentes alrededor del mundo, desde India hasta Sudáfrica y Brasil.

———

Durante décadas, la doctrina rectora de la política exterior China fue la de Deng Xiaoping: "Observar fríamente, lidiar las cosas con calma, mantener la posición, ocultar las capacidades, espera el momento oportuno, lograr cosas cuando sea posible". Deng, que gobernó a China después de la muerte del presidente Mao Zedong, creía que China aún no era lo suficientemente fuerte para imponerse en el escenario mundial y su estrategia de "ocultarse y esperar" ayudó a evitar conflictos con los vecinos mientras la economía china despegaba. Bill y yo conocimos brevemente a Deng durante su histórica gira por Estados Unidos en 1979. Yo no había conocido a ningún líder chino hasta entonces y lo observé cuidadosamente cuando interactuaba casualmente con los invitados estadounidenses en una recepción y cena en la mansión del gobernador de Georgia. Era cautivador y generalmente hacía una excelente impresión, tanto personalmente como por su voluntad de comenzar a abrir su país a las reformas.

Sin embargo, en 2009 algunos funcionarios chinos, especialmente en el Ejército, se cansaron de tanta moderación. Pensaban que Estados Unidos, durante mucho tiempo la nación más poderosa de Asia y el Pacífico, estaba retirándose de la región pero seguía resuelta a bloquear el ascenso de China como una gran potencia por derecho propio. Pensaban que había llegado el momento de ser más agresivos. Estaban envalentonados por la crisis financiera de 2008 que debilitó la economía estadounidense, las guerras en Irak y Afganistán que acapararon la atención y recursos del país, y una creciente corriente de nacionalismo entre el pueblo chino. Entonces China comenzó a ser más agresivo en Asia, tanteando qué tan lejos podía llegar.

En noviembre de 2009, el presidente Obama recibió una evidentemente tibia recepción durante su visita a Pekín. Los chinos insistieron en orquestar la mayoría de sus apariciones, se negaron a ceder terreno en temas como los derechos humanos o valoración de la moneda, y ofrecieron incisivas conferencias sobre los problemas presupuestales de Estados Unidos. El *New York Times* describió la conferencia de prensa conjunta entre el presidente Obama y el presidente Hu como "tiesa", tanto así que fue parodiada en *Saturday Night Live*. Muchos observadores se preguntaron si estábamos viendo una nueva etapa en la relación, con una ascendiente y asertiva China que ya no escondía sus recursos y capacidades militares, alejándose de la filosofía de "ocultar y esperar" y acercándose a "mostrar y decir".

El escenario más dramático de la asertividad china estaba en alta mar. China, Vietnam, Filipinas y Japón tienen costas en los mares de China oriental y meridional. Durante generaciones, han forcejeado sobre contradictorias reclamaciones territoriales en la zona, sobre cadenas de arrecifes, rocas, salientes y, en su mayoría, islas deshabitadas. En el sur, China y Vietnam se enfrentaron violentamente en las décadas de 1970 y 1980 por islas disputadas. China se enfrentó con Filipinas en los años noventa a causa de otras islas. En el mar de China oriental, una cadena de ocho islas deshabitadas —conocidas como las Senkakus por los japoneses y las Diaoyu por los chinos— han sido objeto de una larga y acalorada disputa que, hasta 2014, continúa su curso y amenaza con estallar en cualquier momento. En noviembre de 2013, China declaró una "zona de identificación de defensa aérea" sobre gran parte del mar de China oriental, incluyendo las islas disputadas y exigiendo que todo el tráfico aéreo internacional se adhiera a sus normas. Estados Unidos y nuestros aliados se negaron a reconocer esta decisión y continuaron volando aviones militares en lo que aún consideramos espacio aéreo internacional.

Estos conflictos pueden no ser nuevos, pero las apuestas han aumentado. Con el crecimiento de la economía asiática, el comercio que fluye a través de la región también ha aumentado. Al menos la mitad del tonelaje comercial del mundo ahora atraviesa el mar de China meridional, incluyendo muchos barcos dirigidos hacia o desde Estados Unidos. El descubrimiento de nuevas reservas de energía en alta mar y las pesquerías de los alrededores ha convertido las aguas de la zona de ordinarios macizos de rocas a potenciales minas de oro. Las viejas rivalidades, agudizadas por la perspectiva de nuevas riquezas, constituyen una receta combustible.

Durante 2009 y 2010, los vecinos de China observaron con creciente alarma como Pekín fortalecía su fuerza naval y exigía con mayor vigor su derecho a amplias franjas de agua, islas y reservas energéticas. Estas acciones eran contrarias a lo que el ex vicesecretario de Estado de Estados Unidos (y más tarde presidente del Banco Mundial) Robert Zoellick había esperado cuando, en un discurso muy conocido en el año 2005, instó a China a convertirse en un "participante responsable". En cambio, China se estaba convirtiendo en lo que yo denominé un "participante selectivo", escogiendo y eligiendo cuándo actuar como una gran potencia responsable y cuándo reivindicar el derecho a imponer su voluntad a sus vecinos más pequeños.

En marzo de 2009, a pocos meses de comenzar la administración Obama, cinco naves chinas se enfrentaron a un buque de guerra de Estados Unidos ligeramente armado, el *Impeccable*, a aproximadamente setenta y cinco millas de la provincia china de Hainan. Los chinos exigieron que los estadounidenses abandonaran lo que alegaron eran sus aguas territoriales. La tripulación del *Impeccable* respondió que estaban en aguas internacionales y tenían derecho a la libre navegación. Los marineros chinos arrojaron trozos de madera al agua para bloquear el paso de la nave. Los estadounidenses respondieron rociando a los chinos con una manguera de incendios, y algunos de los chinos se desnudaron hasta quedar en ropa interior. La escena podría parecer cómica si no representara una potencialmente peligrosa confrontación. En los siguientes dos años, similares encuentros en el mar entre China y Japón, China y Vietnam y China y Filipinas, amenazaban con salirse de control. Era necesario hacer algo.

China prefiere resolver las disputas territoriales con sus vecinos bilateralmente, o uno-a-uno, porque en esas situaciones su poder relativo es mayor. En escenarios multilaterales, donde las naciones más pequeñas podrían agruparse, su influencia se reducía. Obviamente, la mayoría del resto de la región prefería el enfoque multilateral. Consideraban que había demasiadas reclamaciones e intereses superpuestos para resolverlos a pedazos, como una colcha de retazos. Reunir a todos los actores relevantes en una habitación y darles a todos la oportunidad de expresar sus puntos de vista —especialmente los países más pequeños— era la mejor manera de avanzar hacia una solución integral.

Estuve de acuerdo con este enfoque. Estados Unidos no tiene reivindicaciones territoriales en el mar de China meridional o el mar de China oriental, y no tomamos partido en los conflictos. Y nos oponemos a cualquier esfuerzo unilateral para cambiar el statu quo. Tenemos un perdurable interés en proteger la libertad de navegación, el comercio marítimo y las leyes internacionales. Y tenemos la obligación, por tratado, de apoyar a Japón y las Filipinas.

Mi preocupación se intensificó en mayo de 2010, estando en Pekín para el Diálogo Estratégico y Económico, cuando escuché por primera vez a líderes chinos describir las reivindicaciones territoriales del país en el mar de China meridional como un "interés fundamental", junto a tradicionales temas candentes como Taiwán y el Tíbet. Advirtieron que China no toleraría interferencia externa. Más tarde, las reuniones fueron interrumpidas cuando un almirante chino se levantó y lanzó a una diatriba acusando a Estados Unidos de intentar cercar a China y suprimir su ascenso. Esto era algo muy inusual en una cumbre cuidadosamente coreografiada, y —aunque asumí que el almirante tenía al menos una autorización tácita de sus jefes militares y del partido— me pareció que algunos de los diplomáticos chinos estaban tan sorprendidos como yo.

Los enfrentamientos en el mar de China meridional durante los dos primeros dos años de la administración Obama reforzaron mi creencia de que nuestra estrategia en Asia debía incluir un esfuerzo significativo para actualizar las instituciones multilaterales de la región. Las vías disponibles no eran suficientemente efectivas para resolver disputas entre naciones o movilizar la acción. Las naciones más pequeñas se sentían como en el Lejano Oeste: en una frontera sin leyes donde los débiles estaban a merced de los fuertes. Nuestro objetivo era no sólo ayudar a apaciguar los temas álgidos como el mar de China oriental o meridional, sino también consolidar un sistema internacional de normas y organizaciones en Asia y el Pacífico que contribuyera a prevenir futuros conflictos y diera algo de orden y estabilidad a largo plazo a la región; algo que comenzara a acercarse a lo que había construido Europa.

En el vuelo de regreso tras las conversaciones en Pekín, hice una evaluación con mi equipo. Pensé que China se había sobrepasado. En lugar de utilizar el período de nuestra aparente ausencia y la crisis económica para consolidar buenas relaciones con sus vecinos, se había vuelto más agresiva con ellos, y ese cambio había perturbado al resto de la región. Cuando los tiempos son buenos y hay pocas amenazas a la seguridad o a la prosperidad, las naciones son menos propensas a ver el atractivo de costosas alianzas de defensa, fuertes normas internacionales y sólidas instituciones multilaterales. Pero cuando los conflictos desestabilizan el statu quo, esos acuerdos y protecciones repentinamente se vuelven mucho más atractivos, especialmente para las naciones más pequeñas.

Quizás había una oportunidad entre todos esos desarrollos preocupantes. Una oportunidad se presentó apenas dos meses después, en un foro regional de ANSA en Vietnam. Aterricé en Hanói el 22 de julio de 2010 y fui a un almuerzo de celebración del décimoquinto aniversario de normalización de las relaciones diplomáticas entre Vietnam y Estados Unidos.

Recuerdo vívidamente el día en julio de 1995 cuando Bill hizo el histórico anuncio en la Sala Este de la Casa Blanca, rodeado por veteranos de Vietnam, incluyendo a los senadores John Kerry y John McCain. Era el inicio de una nueva era: sanar las viejas heridas, resolver preguntas nunca respondidas sobre los prisioneros de guerra y trazar un camino de mejores relaciones económicas y estratégicas. En el año 2000 viajamos a Hanói, la primera visita jamás realizada por un presidente de Estados Unidos. Estábamos preparados para encontrar resentimiento, incluso hostilidad, pero cuando entramos a la ciudad, grandes multitudes salieron a las calles a darnos la bienvenida. Multitudes de estudiantes, que habían crecido conociendo sólo la paz entre nuestras naciones, se reunieron en la Universidad Nacional de Hanói para escuchar a Bill. Dondequiera que fuimos, sentimos la calidez y hospitalidad del pueblo vietnamita, un reflejo de la buena voluntad que se había desarrollado entre nuestros países en el lapso de una generación y un poderoso testimonio del hecho de que el pasado no necesariamente tiene que determinar el futuro.

De regreso en Hanói como secretaria de Estado, me sorprendí de cuán lejos había llegado Vietnam desde esa visita y del continuo fortalecimiento de nuestras relaciones. Nuestro comercio anual había crecido a cerca de 20 mil millones de dólares en 2010 desde menos de 250 millones de dólares antes de que se normalizaran las relaciones, y continuaba expandiéndose rápidamente cada año. Vietnam también presentaba una única —aunque desafiante— oportunidad estratégica. Por un lado, seguía siendo un país autoritario con un mal historial de derechos humanos, especialmente en lo referente a la libertad de prensa. Por otro, constantemente tomaba medidas para abrir su economía y asumir un papel más representativo en la región. Uno de los puntos que los funcionarios vietnamitas recalcaron a lo largo de los años fue que, a pesar de la guerra que luchamos contra ellos, admiran y les gusta Estados Unidos.

Una de nuestras más importantes herramientas para involucrar a Vietnam era un nuevo proyecto de acuerdo comercial llamado la Asociación Trans-Pacífica (TPP, por sus siglas en inglés), que vincularía los mercados a través de Asia y las Américas, reduciendo las barreras comerciales y elevando los estándares laborales, medio ambientales y de propiedad intelectual. Como lo explicó el presidente Obama, la meta de las negociaciones de la TPP es establecer "un acuerdo comercial de alto nivel, aplicable y significativo" que "será increíblemente poderoso para las empresas norteamericanas que, hasta este punto, a menudo han sido bloqueadas por estos mercados". También era una importante iniciativa económica para los trabajadores estadounidenses, que se beneficiarían de competir en condiciones más equitativas, y era una iniciativa estratégica que fortalecería la posición de Estados Unidos en Asia.

Nuestro país ha aprendido a golpes en los últimos decenios que la globalización y la expansión del comercio internacional traen costos además de beneficios. Y tanto el presidente Obama como yo habíamos prometido en la campaña electoral buscar acuerdos comerciales más inteligentes, más justos. Las negociaciones están todavía en curso, así que tiene sentido reservar el juicio hasta que podamos evaluar el acuerdo final propuesto. Pero es seguro decir que la TPP no será perfecta —ningún acuerdo negociado entre una docena de países lo será nunca— pero sus altos estándares deberían beneficiar a los trabajadores y empresas estadounidenses.

Vietnam también estaba en posición de ganar mucho con este trato —la TPP cubriría un tercio del comercio mundial— así que sus líderes estaban dispuestos a hacer algunas reformas para alcanzar un acuerdo. A medida que las negociaciones cobraron impulso, otros países de la región lo entendieron de la misma forma. La TPP se convirtió en el pilar económico distintivo de nuestra estrategia en Asia, demostrando los beneficios de un orden basado en reglas y una mayor cooperación con Estados Unidos.

En la tarde del 22 de julio, las reuniones regionales de la ANSA comenzaron en el Centro de Convenciones de Hanói con largas y formales discusiones sobre comercio, cambio climático, trata de personas, proliferación nuclear, Corea del Norte y Birmania. Pero el segundo día de las reuniones, un tema monopolizaba los pensamientos de todos los asistentes: el mar de China meridional. Las disputas territoriales —ya cargadas de historia, nacionalismo y economía— se habían convertido en una prueba crucial: ¿Usaría China su creciente poder para dominar una creciente esfera de influencia, o la región reafirmaría normas internacionales que obligaran incluso a las naciones más fuertes? Los buques de guerra estaban tomando posición en aguas disputadas, los periódicos estaban alimentando sentimientos nacionalistas en toda la región y los diplomáticos estaban luchando para evitar un conflicto abierto. Sin embargo, China seguía insistiendo en que este no era un tema apropiado para una conferencia regional.

Esa noche, reuní a Kurt Campbell y mi equipo para asuntos asiáticos para que repasáramos nuestros planes para el día siguiente. Lo que teníamos en mente requeriría de una diplomacia extremadamente sutil, recurriendo a todas las bases que habíamos sentado en la región en el último año y medio. Pasamos horas afinando la declaración que yo haría al día siguiente y resolviendo la coreografía con nuestros socios.

Tan pronto comenzamos la sesión de ANSA, el drama comenzó a desarrollarse. Vietnam echó la rueda a andar. A pesar de las objeciones de China a discutir el mar de China meridional en este escenario, Vietnam planteó el polémico problema. Luego, uno a uno, otros ministros expresaron sus preocupaciones y pidieron un enfoque colaborativo y multilateral para resolver las disputas territoriales. Tras dos años de China flexionando sus músculos y afirmando su dominio, la región estaba respondiendo. En el momento adecuado, pedí la palabra.

Estados Unidos no tomará partido en ninguna disputa particular, dije, pero apoyamos el tipo de enfoque multilateral propuesto, conforme al derecho internacional y sin coacción o amenazas de fuerza. Insté a las naciones de la región a proteger el acceso sin restricciones al mar de China meridional y a trabajar para desarrollar un código de conducta que evitara conflictos. Estados Unidos estaba dispuesto a facilitar este proceso porque veía la libertad de navegación en el mar de China meridional como un "interés nacional". Esa fue una frase cuidadosamente elegida, en respuesta a la anterior afirmación de China según la cual sus reclamos territoriales en la zona eran un "interés fundamental".

Cuando terminé, pude ver que Yang, el ministro de Relaciones Exteriores chino, estaba furioso. Pidió una pausa de una hora antes de responder. Mirándome directamente, descartó las disputas sobre el mar de China meridional y advirtió que no admitirían interferencia exterior. Mirando a sus vecinos asiáticos, les recordó que "China es un país grande. Más grande que cualquier otro país aquí reunido". No fue un argumento que le ganara adeptos en esa sala.

La confrontación en Hanói no resolvió las disputas en los mares de China oriental y meridional —esas siguen peligrosamente activas mientras escribo este libro— pero en años posteriores, los diplomáticos de la región la señalarían como un punto de inflexión, tanto en términos del liderazgo estadounidense en Asia como en la actitud frente a los excesos chinos.

Mientras me dirigía de regreso a Washington, me sentí más confiada en nuestra estrategia y posición en Asia. Cuando empezamos en 2009, muchos en la región dudaron de nuestro compromiso y poder de permanencia. En China, algunos intentaron sacar ventaja de esa percepción. Nuestra estrategia de giro fue diseñada para disipar esas dudas. Durante una discusión larga con Dai, exclamó: "¿Por qué no se 'giran' y se van?". Había registrado más millas de vuelo y asistido a más discursos diplomáticos torpemente traducidos de lo que nunca imaginé posible. Pero valió la pena. Habíamos logrado salir del agujero en el que nos encontrábamos al comienzo de ese gobierno y reafirmado la presencia de Estados Unidos en la región. Los años siguientes traerían nuevos retos, desde un repentino cambio de liderazgo en Corea del Norte hasta un enfrentamiento con los chinos por el destino de un disidente y activista de derechos humanos, ciego, escondido en la embajada de Estados Unidos. También habría nuevas oportunidades. Destellos de progreso en Birmania encenderían una transformación dramática y revivirían la promesa de democracia en el corazón de esa hasta entonces inaccesible tierra. Y en parte gracias a nuestros esfuerzos para establecer la confianza mutua y hábitos de cooperación a través de más frecuentes conversaciones de alto nivel, las relaciones con China resultaron ser más resistentes de lo que muchos se atrevieron a esperar.

En el avión de Hanói a casa, con la cabeza todavía llena del drama del mar de China meridional, llegó la hora de dirigir mi atención a otros asuntos urgentes. Estábamos a poco más de una semana de lo que sería uno de los acontecimientos más importantes de mi vida. La prensa pedía información a gritos y yo tenía mucho trabajo que hacer para prepararme. Esta vez no era una cumbre de alto nivel o una crisis diplomática: era la boda de mi hija, un día que había estado esperando durante treinta años.

Me hizo gracia la gran atención dada a los planes de Chelsea y no sólo en Estados Unidos. En Polonia a principios de julio, un entrevistador me preguntó qué malabares estaba haciendo para cumplir con los preparativos de la boda a la vez que representaba a Estados Unidos como secretaria de Estado.

—¿Cómo puede usted afrontar dos tareas tan diferentes y tan serias? —preguntó.

¡Y era una tarea increíblemente seria! Cuando Bill y yo nos casamos en 1975, la ceremonia tuvo lugar frente a unos pocos amigos y familiares en el salón de nuestra casa en Fayetteville, Arkansas. Lucí un vestido de encaje y muselina victoriano que había encontrado la noche anterior cuando hacíamos compras con mi madre. Los tiempos habían cambiado.

Chelsea y nuestro futuro yerno, Marc Mezvinsky, planearon un inolvidable fin de semana para sus familiares y amigos en Rhinebeck, Nueva York. Como madre de la novia, estaba feliz de ayudar en todo lo que pudiera, incluyendo revisar fotografías de arreglos florales mientras estaba de viaje, y sacar tiempo para degustaciones y selección de vestidos cuando estaba en casa. Me sentí afortunada de que mi trabajo me hubiese preparado para la exigente diplomacia necesaria para ayudar a planear una boda grande. Disfrutaba tanto de ello que me refería a mí misma como "MOTB" (siglas para *mother of the bride*, madre de la novia) en un correo electrónico del día de la madre a todo el personal del departamento de Estado. Ahora que Hanói estaba tras de mí, estaba ansiosa por volver a todos los detalles de última hora y las decisiones que me esperaban.

El lunes pasé la mayor parte del día en la Casa Blanca, reunida con el presidente Obama en el Despacho Oval y con el resto del equipo de seguridad nacional en la Sala de Situaciones, así como conversando con el ministro de Defensa israelí Ehud Barak. Siempre disfruto de mis encuentros con Ehud y estábamos en otro momento delicado para las negociaciones de paz en el Medio Oriente, pero esta vez no dejaba de pensar en cuándo podría irme y saltar en un avión con destino a Nueva York.

Finalmente, llegó el gran día: el sábado, 31 de julio. Rhinebeck es una hermosa ciudad en el valle del Hudson, con pintorescas tiendas y buenos restaurantes, y era el escenario perfecto. Los amigos y familiares de Chelsea y Marc se reunieron en Astor Courts, una elegante hacienda estilo Beaux Arts diseñada por el arquitecto Stanford White para Jacob y Ava Astor hacia comienzos del siglo. Su piscina cubierta, donde se dice que Franklin Delano Roosevelt hizo terapia física para la polio, puede haber sido la primera construida en una casa privada en Estados Unidos.

Tras la muerte de Jacob Astor en el *Titanic*, la hacienda pasó de dueño en dueño y durante algunos años fue un asilo administrado por la Iglesia católica. En 2008 fue restaurada a su belleza original.

Chelsea lucía absolutamente despampanante y viéndola caminar por el pasillo con Bill me costaba creer que la bebé que había tenido en mis brazos por primera vez el 27 de febrero de 1980 se había convertido en esta hermosa y ecuánime mujer. Bill estaba tan emocionado como yo, tal vez más aún, y me alegré cuando llegó al altar en una sola pieza. Marc irradiaba felicidad cuando Chelsea se reunió con él bajo la *chuppah*, un dosel de ramas y flores de sauce que forma parte de la tradición matrimo-nial judía. El servicio estuvo a cargo del Reverendo William Shillady y el rabino James Ponet, quienes acertaron totalmente en el tono del evento. Marc pisó un vaso de vidrio, en consonancia con la tradición judía, y todos aplaudieron. Posteriormente, Bill bailó con Chelsea "*The Way You Look Tonight*". Fue uno de los momentos más felices y llenos de orgullo de mi vida.

Tantos pensamientos pasaron por mi cabeza. Nuestra familia había pasado por muchas cosas, buenos y malos momentos, y ahora estábamos ahí, celebrando los mejores tiempos. Estaba especialmente contenta de que mi madre hubiera vivido para ver este día. Ella superó una infancia difícil con muy poco amor o apoyo y, aún así, descubrió cómo ser una madre amorosa y cuidar de mí y mis hermanos, Hugh y Tony. Ella y Chelsea compartían un vínculo especial y yo sabía cuánto significaba para Chelsea que su abuela estuviera a su lado mientras planeaba su boda y se casaba con Marc.

Pensé en el futuro y la vida que Chelsea y Marc construirían juntos. Tenían tantos sueños y ambiciones. Esto, pensé, es la razón por la cual Bill y yo hemos trabajado tan duro durante tantos años para ayudar a construir un mundo mejor; para que Chelsea pudiera crecer segura y feliz, y algún día tener su propia familia, y para que todos los demás niños tengan las mismas posibilidades. Recordé lo que me había dicho Dai Bingguo cuando me mostró la foto de su nieta: "Por esto estamos en esto". Es nuestra res-ponsabilidad encontrar la manera de trabajar juntos para asegurarnos que nuestros hijos y nietos hereden el mundo que merecen.

5

Pekín: El disidente

Poco después de que fuera ratificada como secretaria de Estado, un equipo de ingenieros descendió sobre nuestro hogar en el noroeste de Washington. Instalaron un brillante teléfono amarillo de seguridad de manera que incluso a altas horas de la noche me podría comunicar con el presidente o un embajador en alguna lejana embajada para tratar temas delicados. Era un constante recordatorio de que los problemas del mundo nunca estaban lejos de casa.

A las nueve y treinta y seis de la noche del miércoles 25 de abril de 2012, el teléfono amarillo timbró. Era mi director de Planificación Política y subjefe de gabinete, Jake Sullivan, llamando desde su propia línea segura en el séptimo piso del departamento de Estado, a donde había regresado apresuradamente a pesar de ser una de sus pocas noches libres. Me informó que nuestra embajada en Pekín enfrentaba una crisis inesperada y necesitaba instrucciones con urgencia.

Sin que lo supiéramos, menos de una semana antes, un activista de derechos humanos ciego, de cuarenta años de edad llamado Chen Guangcheng, había huido de su arresto domiciliario en la provincia de Shandong trepando la pared de su casa. Se rompió un pie, pero logró eludir a la policía local asignada para vigilarlo. Dejando atrás a su familia, partió en un viaje de cientos de millas hasta Pekín con la ayuda de un moderno ferrocarril subterráneo de compañeros disidentes y partidarios. Una vez estuvo escondido en Pekín, hizo contacto con una funcionaria del Servicio

Extranjero en la embajada de Estados Unidos que tenía fuertes vínculos con la comunidad china de derechos humanos. Ella reconoció inmediatamente la gravedad de la situación.

Chen había adquirido notoriedad en China como el "abogado descalzo", defendiendo los derechos de las personas con incapacidad, ayudando a los campesinos a protestar por las confiscaciones ilegales de terrenos por parte de autoridades locales corruptas y documentando abusos de la política de hijo único, tales como esterilizaciones y abortos forzados. A diferencia de muchos otros notorios disidentes chinos, Chen no era estudiante de una universidad de élite ni un intelectual urbano. Era un aldeano, pobre y autodidacta, y el público llegó a verlo como un verdadero hombre del pueblo. En 2005, fue arrestado después de presentar una demanda colectiva en nombre de miles de víctimas de la represión del gobierno. Un tribunal local lo condenó a cincuenta y un meses de prisión, supuestamente por destrucción de propiedad y obstrucción del tránsito. Fue una contundente injusticia, escandalosa incluso en un país con un deplorable estado de derecho. Tras cumplir su condena, fue trasladado a arresto domiciliario, rodeado de guardias armados y aislado del mundo exterior.

Ahora, estaba herido, huyendo y estaba pidiendo nuestra ayuda. En la madrugada en Pekín, dos funcionarios de la embajada de Estados Unidos se reunieron en secreto con Chen. Puesto que la Seguridad Estatal China lo estaba persiguiendo, preguntó si podría refugiarse en la embajada, al menos el tiempo suficiente para recibir atención médica y diseñar un nuevo plan. Aceptaron transmitir la petición a Washington, donde rápidamente llegó a los mandos superiores. Chen seguía girando por los suburbios de Pekín en un coche, esperando una respuesta.

Una serie de factores hacían de esta una decisión especialmente difícil. Primero estaban los problemas de logística. Chen tenía un pie roto y era un hombre buscado. Si no actuábamos con rapidez, es probable que fuera capturado. Para empeorar las cosas, la seguridad china normalmente mantiene una sólida presencia fuera de nuestra embajada. Si Chen intentaba llegar a las puertas, seguramente lo atraparían antes de que empezáramos a quitar el cerrojo. La única forma de llevarlo al interior con seguridad sería enviando a las calles un equipo que lo recogiera discretamente. Bob Wang, nuestro jefe de misión adjunto en Pekín, calculaba que las posibilidades de que Chen entrara por sí mismo eran de menos del 10 por ciento. Y creía que serían superiores al 90 por ciento si salíamos a recogerlo. Sin embargo, eso sin duda aumentaría las tensiones con los chinos.

También era necesario elegir el momento oportuno. De hecho, yo me preparaba para partir en cinco días hacia Pekín para participar en el Diálogo Estratégico y Económico anual con el secretario del Tesoro, Tim Geithner, y nuestras contrapartes chinas. Era la culminación de todo un año de arduo trabajo diplomático y teníamos una agenda llena de asuntos importantes y sensibles, entre los que se incluían las tensiones en el mar de China meridional, las provocaciones de Corea del Norte y preocupaciones económicas tales como la valoración de la moneda y el robo de propiedad intelectual. Si aceptábamos ayudar a Chen, había una posibilidad real de que los líderes chinos se enojaran tanto que cancelaran la cumbre. Como mínimo, podríamos esperar mucha menos cooperación sobre asuntos de importancia estratégica.

Parecía que tenía que decidir entre proteger a un hombre, una figura muy simpática y simbólica, y proteger nuestra relación con China. En un lado de la balanza estaban los valores fundamentales de Estados Unidos y nuestra condición de faro de libertad y oportunidades; en el otro estaban muchas de nuestras más urgentes prioridades económicas y de seguridad.

Mientras sopesaba esta decisión, pensé en los disidentes que buscaron refugio en las embajadas estadounidenses en países comunistas durante la Guerra Fría. Uno de ellos, el cardenal húngaro József Mindszenty, se quedó quince años. En 1989, Fang Lizhi y su esposa Li Shuxian, físicos y prominentes activistas chinos durante las protestas en la plaza de Tian'anmen, pasaron casi trece meses en la embajada en Pekín antes de llegar finalmente a Estados Unidos. Este legado se cernía sobre el caso de Chen desde el principio.

También tenía en mente un incidente mucho más reciente. En febrero de 2012, sólo dos meses antes, un jefe de policía chino llamado Wang Lijun entró al consulado de Estados Unidos en Chengdu, la capital de la provincia suroccidental de Sichuan, buscando ayuda. Hasta su caída en desgracia, Wang había sido la mano derecha de Bo Xilai, el poderoso jefe del Partido Comunista en una cercana provincia. Wang había ayudado a Bo a dirigir una vasta red de corrupción y negocios ilícitos. Finalmente alegó tener conocimiento del encubrimiento del asesinato de un hombre de negocios británico por parte de la esposa de Bo. Bo era un personaje colorido y una estrella en ascenso en el Partido Comunista nacional, pero sus espectaculares abusos de poder, incluyendo la supuesta intercepción de los teléfonos del presidente Hu Jintao, pusieron nerviosos a sus superiores en Pekín. Comenzaron a investigar tanto a Bo como a Wang. Temiendo terminar como el británico envenenado, Wang huyó a nuestro consulado en Chengdu con la cabeza llena de historias.

Mientras estuvo dentro, las fuerzas de seguridad leales a Bo rodearon el edificio. Fue un momento tenso. Wang Lijun no era ningún disidente de derechos humanos, pero no podíamos simplemente entregarlo a los hombres que esperaban afuera: hubiera sido una sentencia de muerte y el encubrimiento habría continuado. Tampoco lo podíamos mantener eternamente en el consulado. Así que después de preguntarle a Wang qué quería, contactamos a las autoridades centrales en Pekín y les sugerimos que Wang se entregaría voluntariamente a su custodia si escuchaban su testimonio. No teníamos ni idea de qué tan explosiva resultaría su historia o cuán seriamente lo tomaría Pekín. Acordamos no decir nada sobre el asunto y los chinos quedaron agradecidos por nuestra discreción.

Pronto los dominós comenzaron a caer. Bo fue retirado y su esposa fue condenada por asesinato. Incluso la censura china más estricta fue incapaz de evitar que esto se convirtiera en un enorme escándalo que sacudió la confianza en el liderazgo del Partido Comunista en un momento delicado. Estaba previsto que el presidente Hu y el primer ministro Wen entregaran el poder a una nueva generación de líderes a principios de 2013. Deseaban una transición suave no un frenesí nacional causado por la corrupción oficial e intriga.

Ahora, tan sólo dos meses después, enfrentábamos otra prueba, y yo sabía que los dirigentes chinos estaban más nerviosos que nunca.

═══

Le pedí a Jake que estableciera una conferencia telefónica con Kurt Campbell, el subsecretario Bill Burns y la abogada Cheryl Mills. Kurt había estado coordinando todo con nuestra embajada en Pekín desde que Chen hizo contacto con ellos y me dijo que probablemente teníamos menos de una hora para tomar una decisión. La embajada había reunido un equipo que estaba listo para dirigirse a un punto de encuentro ya acordado tan pronto yo diera la orden. Lo discutimos una vez más y luego di la orden: "Vayan a buscarlo".

Al final, no fue una decisión difícil. Siempre he creído que, más aún que nuestro poder militar y económico, los valores de Estados Unidos son nuestra mayor fuente de fuerza y seguridad. Y no es sólo idealismo; se basa en una perspicaz evaluación de nuestra posición estratégica. Estados Unidos lleva décadas hablando acerca de los derechos humanos en China, sin importar si el gobierno es demócrata o republicano. Ahora nuestra credibilidad estaba en juego, con los chinos y con otros países de la región y alrededor del mundo. Si no ayudábamos a Chen, nuestra posición se debilitaría en todas partes.

También estaba asumiendo un riesgo calculado ya que, como anfitriones de la próxima cumbre, los chinos tenían por lo menos tanto interés como nosotros en mantener el curso de los diálogos. Finalmente, con el escándalo de Bo Xilai y la inminente transición de liderazgo, tenían las manos llenas y no estarían muy dispuestos a lidiar con una nueva crisis. Estaba dispuesta a apostar que Pekín no acabaría con la relación a causa de este incidente.

Una vez di autorización, las cosas empezaron a moverse con rapidez. Bob Wang salió de la embajada camino al punto de encuentro acordado. Mientras tanto, Jake debía informar a la Casa Blanca. Explicó mi razonamiento y respondió preguntas llenas de escepticismo. Algunos de los asistentes del presidente temieron que estuviéramos a punto de destruir la relación de Estados Unidos con China. Pero nadie estaba preparado para asumir la responsabilidad de dejar a Chen a su suerte y sugerir que nos retiráramos. Tan sólo querían que yo y el departamento de Estado hiciéramos desaparecer el problema de alguna manera.

Mientras Jake hablaba con la Casa Blanca, un drama sacado de una novela de espionaje se desarrollaba en las calles de Pekín. El auto de la embajada llegó al punto de encuentro situado a unos cuarenta y cinco minutos de distancia, y Bob vio a Chen. También vio oficiales de seguridad chinos en la zona. Era ahora o nunca. Bob metió a Chen en el coche, arrojó una chaqueta sobre su cabeza y se alejó a toda velocidad. Bob se reportó con Washington desde el coche y todos contuvimos el aliento, esperando que no los detuvieran antes de llegar a la seguridad de los terrenos de la embajada. Finalmente, casi a las tres de la mañana en Washington, Bob llamó a darnos la buena noticia: la misión se había cumplido y Chen estaba recibiendo atención del médico de la embajada.

En el transcurso de los siguientes dos días, Bill Burns, Kurt, Cheryl, Jake y yo discutimos qué hacer a continuación. El primer paso era entrar en contacto con los chinos, informarles que teníamos a Chen pero no habíamos decidido su situación y pedirles que se reunieran con nosotros para llegar a una solución antes del inicio de la cumbre. Pensamos que si conseguíamos discutir el asunto de buena fe, estaríamos a mitad de camino hacia una solución.

El segundo paso era hablar con Chen. ¿Qué quería exactamente? ¿Estaba dispuesto a pasar los próximos quince años de su vida en la embajada, como el cardenal Mindszenty?

Una vez fijamos nuestro rumbo, le pedí a Kurt que tomara un avión a Pekín tan pronto como fuera posible para que manejara personalmente las negociaciones. Partió el viernes 27 de abril en la noche y llegó antes del amanecer el domingo. Bill lo seguiría al día siguiente. También interrumpimos las vacaciones en familia del embajador Gary Locke en Bali y rastreamos al asesor legal del departamento de Estado, el ex decano de la Facultad de Derecho de Yale, Harold Koh, que casualmente estaba de viaje en una remota región de China. Cuando Cheryl lo ubicó y le preguntó cuánto tiempo le tomaría llegar a una línea telefónica segura, él respondió que por lo menos cuatro horas. "Búscala", le respondió Cheryl. "Te lo explicaré cuando llegues allí".

Cuando Kurt aterrizó en Pekín, se dirigió inmediatamente al tercer piso del cuartel de la Marina en la embajada. La presencia de fuerzas de seguridad chinas alrededor del recinto había aumentado significativamente desde el día anterior y adentro se sentía como si estuvieran sitiados. Chen parecía frágil y vulnerable. Era difícil creer que este hombre delgado de grandes lentes oscuros era el centro de un incidente internacional en proceso.

Me sentí aliviada cuando Kurt me informó que no todo eran malas noticias. Los chinos habían aceptado reunirse con nosotros. Teniendo en cuenta que estábamos hablando de uno de sus ciudadanos, recogido en suelo chino, esa respuesta era prometedora. Además, parecía que Chen ya había establecido una buena relación con Bob y algunos de los otros oficiales que hablaban mandarín en la embajada, y había declarndo su firme intención de permanecer en China, en lugar de pedir asilo o permanecer en los cuarteles por siempre. Chen habló sobre los abusos que sufrió a manos de las corruptas autoridades locales de Shandong y expresó su esperanza de que el gobierno central en Pekín interviniera e hiciera justicia. Confiaba especialmente en el primer ministro Wen, quien tenía la reputación de preocuparse por los pobres y marginados. "El abuelo Wen" seguramente ayudaría si supiera lo que estaba pasando.

Mientras esperamos ansiosamente que comenzaran las negociaciones, teníamos motivos para ser cautelosamente optimistas. Lo que no estaba tan claro en esas primeras horas era que Chen resultaría ser un negociador impredecible y tan formidable como los líderes chinos.

La contraparte de Kurt en el lado chino era un experimentado diplomático llamado Cui Tiankai, quien posteriormente fue nombrado embajador ante Estados Unidos. Kurt y yo habíamos acordado que en su primera reunión con Cui, avanzaría con cautela y trabajaría para establecer un terreno en común. Por ningún motivo entregaríamos a Chen, pero yo quería resolver esta crisis rápida y silenciosamente, y proteger la relación y la cumbre. Ambas partes necesitaban ganar. Al menos ese era el plan.

Los chinos no estaban de acuerdo.

—Les diré cómo resolver esto —dijo Cui—. Entreguen a Chen inmediatamente. Si realmente les importa la relación entre Estados Unidos y China, eso es lo que harán.

Kurt respondió cuidadosamente, ofreciendo a los chinos la oportunidad de ir a la embajada para hablar directamente con Chen. Eso sólo logró enfurecer más a Cui. Se lanzó a una diatriba de treinta minutos sobre la soberanía y la dignidad chinas, gritando cada vez más apasionadamente a medida que hablaba. Estábamos socavando la relación e insultando al pueblo chino, y Chen era un cobarde que se estaba escondiendo detrás de las faldas estadounidenses. Durante las siguientes horas y días, nuestro equipo soportó cinco sesiones de negociación más, todas en la misma tónica, en salas de ceremonia en el ministerio de Relaciones Exteriores. Además de Cui, el bando chino incluía una serie de altos y tensos funcionarios del aparato de seguridad del Estado. A menudo se amontonaban alrededor de Cui inmediatamente antes y después de las sesiones de negociación, pero nunca hablaban frente a los estadounidenses. En un momento dado, Kurt fue testigo de una intensa discusión entre Cui y un alto oficial de seguridad, pero no alcanzó a oír los detalles. Después de diez minutos, un frustrado Cui despidió a su colega.

De regreso en la embajada, nuestro equipo escuchó a Chen hablar de su deseo de estudiar derecho y continuar siendo un defensor de las reformas en China. Estaba familiarizado con las historias de los disidentes exiliados que vivían seguros pero a escondidas en Estados Unidos y perdieron toda su influencia al salir del país. Él no quería eso. Esa era una preocupación que Harold Koh podía entender. Su padre, un diplomático surcoreano, había huido de Seúl tras un golpe militar en 1961 y volado al exilio en Estados Unidos. Harold habló emotivamente de las dificultades que Chen enfrentaría si decidía abandonar China.

Además de ser uno de los mejores juristas de nuestra nación, Harold era también un consumado administrador universitario, y su experiencia allí salió a relucir. Desarrolló un plan para sacar a Chen de la embajada, evitar el emotivo tema del asilo y proporcionar una solución para salvar las apariencias de los chinos antes del inicio de la cumbre. ¿Qué sucedería si Chen era admitido para estudiar en una escuela de derecho chino, en algún lugar lejos de Pekín y luego, después de algún tiempo, tal vez dos años, se iba a proseguir sus estudios en una universidad estadounidense? Harold tenía estrechos vínculos con los profesores y administradores de la Universidad de Nueva York, que estaba preparándose para abrir un campus en Shanghái, y persuadió a la universidad de que ofreciera una beca a Chen. Eso nos permitió presentarle un plan a los chinos.

Los chinos fueron escépticos pero no rechazaron la propuesta inmediatamente. Parecía que la dirección del Partido Comunista intentaba caminar en la cuerda floja entre trabajar constructivamente con nosotros y rescatar el Diálogo Estratégico y Económico, a la vez que satisfacían las inquietudes de los elementos más intransigentes del aparato de seguridad. Finalmente, Cui recibió órdenes: haga lo que sea necesario para resolver esto.

Tarde en la noche del lunes 30 de abril, cinco días después de la llamada inicial, abordé un avión de la base Andrews de la Fuerza Aérea a Pekín. Eso dio a los negociadores aproximadamente veinte horas más para concretar los detalles. Fue un viaje más tenso que cualquier otro que recuerde. Desde la Casa Blanca, el presidente había enviado un mensaje claro: "No metas la pata".

Lentamente, surgió el esbozo de un acuerdo. Primero, Chen sería transferido a un hospital de Pekín para recibir atención médica en las lesiones que sufrió durante su fuga. Luego tendría la oportunidad de hablarles a las autoridades competentes sobre los abusos que sufrió cuando estuvo bajo arresto domiciliario en Shandong. Después se reuniría con su familia que había enfrentado un continuo acoso desde su fuga. Por último, abandonaría Pekín durante dos años de estudio, seguidos por posibles estudios en Estados Unidos. La embajada de Estados Unidos mantendría contacto con él a cada paso del camino. Kurt presentó una lista de cinco o seis universidades chinas a tener en cuenta. Cui revisó la lista y estalló.

—Es imposible que vaya a la Universidad Normal del Este de China —rugió—. ¡No compartiré mi alma máter con ese hombre!

Eso significaba que íbamos por buen camino.

En la embajada, el mismo Chen no estaba tan seguro. Quería ver y hablar con su familia y que vinieran a Pekín antes de tomar una decisión definitiva. Esperar a reunirse con ellos no era suficiente. Kurt temía volver con otra petición después de que los chinos habían concedido tanto, pero Chen insistió. Efectivamente, los chinos no lo podían creer. Fueron fulminantes en sus críticas contra Kurt y el equipo, y se negaron a ceder. No había posibilidad de que permitieran a la esposa e hijos de Chen acudir a Pekín hasta que el acuerdo estuviera finalizado.

Teníamos que subir las apuestas. Los chinos son famosos por su sentido del protocolo y respeto de la autoridad. Decidimos usar eso para nuestro beneficio. Bill Burns era el diplomático de carrera de más alto rango del gobierno de Estados Unidos y es un ex embajador de Jordania y Rusia ampliamente respetado. Además, Bill es también una de las personas más tranquilas y firmes que he conocido, cualidades que necesitábamos desesperadamente en la mesa de negociaciones. Así que, cuando llegó el lunes, se unió a la siguiente sesión. Sentado frente a Cui, Bill hizo una suave y persuasiva defensa del caso, de diplomático a diplomático. Tan sólo entreguen a la familia y sigamos adelante con la cumbre, entonces todos podremos dejar atrás este incidente. Apaciguado, Cui aceptó presentar la propuesta a sus superiores. Para medianoche, mientras yo estaba sobrevolando algún lugar del Pacífico, me avisaron que la familia estaría en el tren de la mañana de Shandong. Ahora no faltaba sino que Chen saliera por la puerta.

═══

Cuando mi avión aterrizó temprano el 2 de mayo, envié a Jake directamente a la embajada para transmitir mi apoyo personal a Chen. Después del maratónico vuelo, habíamos dejado libre la mayor parte del día y el primer evento oficial era una cena privada esa noche con mi contraparte chino, el consejero de Estado Dai Bingguo.

Chen seguía nervioso. Se sentía seguro en el cuartel, atendido por el médico de la embajada. Había formado una fuerte relación con el personal, especialmente con el embajador Gary Locke, el primer chino-estadounidense en ocupar ese cargo. El abuelo de Gary emigró de China al

Estado de Washington, donde encontró trabajo como sirviente doméstico, a veces a cambio de clases de inglés. Gary nació en Seattle, donde su familia poseía una pequeña tienda de comestibles y llegó a ser gobernador de Washington y secretario de Comercio. Su historia era la personificación del Sueño Americano y me enorgullecía tenerlo como nuestro representante en este delicado momento.

Gary y Harold pasaron horas sentados con Chen, sosteniendo su mano, calmando sus temores y hablando de sus esperanzas para el futuro. Dos veces arreglaron para que Chen hablara por teléfono con su esposa mientras ella viajaba hacia Pekín en tren. Finalmente, Chen dio un salto, lleno de propósito y emoción, y exclamó: "¡Vamos!". El largo y difícil drama parecía estar llegando a su fin.

Apoyándose en el brazo del embajador y de la mano de Kurt, Chen salió de los cuarteles y caminó lentamente hasta una camioneta que lo esperaba. Una vez estuvo dentro, Jake me marcó desde su teléfono celular y lo entregó a Chen. Después de tantos días estresantes de espera y preocupación, finalmente tuvimos la oportunidad de hablar.

—Quiero besarla —me dijo. En ese momento yo sentía lo mismo por él.

La camioneta llegó al cercano Hospital Chaoyang para encontrarse con las multitudes de los medios de comunicación y seguridad. Los chinos fueron escrupulosos al mantener su parte del trato: Chen se reunió con su esposa e hijos y luego, acompañado por el personal de nuestra embajada, fue trasladado para ser tratado por un equipo de médicos. Emití un comunicado de prensa cuidadosamente redactado, mi primer comentario público sobre el episodio, diciendo: "Estoy complacida de haber podido facilitar la estancia y salida de Chen Guangcheng de la embajada de Estados Unidos de una forma que refleja a la vez nuestros valores y sus opciones". Por su parte, los chinos denunciaron injerencia estadounidense en sus asuntos internos, como era de esperarse, pero asistieron a la cumbre y resistieron la tentación de volver a arrestar a Chen de inmediato.

Con Chen ya en el hospital, era hora de cenar. Dai y Cui nos dieron la bienvenida al Templo de Wanshou, un complejo del siglo XVI formado por tranquilos patios y ornamentadas villas que albergaba una gran colección de artefactos antiguos. Dai, muy orgulloso, me dio un tour y la sensación de alivio fue palpable mientras admiramos las figurillas de jade y la elegante caligrafía. Como nos gustaba a Dai y a mí, hablamos largamente sobre la importancia de las relaciones Estados Unidos–China y los giros de la historia. Las delegaciones cenaron y luego Dai y yo fuimos con Kurt y Cui a una pequeña habitación para sostener una conversación privada. Cuánto tiempo había pasado desde que me mostró las fotografías de su nieta y habíamos acordado trabajar juntos para asegurar que heredaran un futuro pacífico. Ahora, habíamos superado nuestra peor crisis hasta la fecha y los vínculos habían perdurado. Pero Dai no pudo resistir las ganas de desahogarse. Me dijo que habíamos cometido un gran error al confiar en Chen quien, según él, era un calculador criminal. Luego me imploró no tocar el tema cuando viera al presidente Hu y el primer ministro Wen esa semana. Estuvimos de acuerdo en que era hora de concentrarnos en las urgentes preocupaciones estratégicas de la cumbre, desde Corea del Norte hasta Irán.

———

En el otro extremo de la ciudad, se estaba dando una conversación muy diferente. El personal de la embajada había decidido darle a Chen y su esposa un rato de privacidad tras su largo calvario. Finalmente estaban solos en la habitación del hospital, y el disidente y su familia empezaron a dudar de la decisión de Chen. Después de tanto maltrato, ¿cómo podían confiar en que las autoridades chinas cumplirían el trato? Para Chen, la gran idea de permanecer en China y seguir siendo relevante, a pesar de los riesgos, parecía haber perdido su atractivo una vez estuvo lejos de la protección de las paredes de la embajada y reunido con los seres queridos a los que podría estar poniendo en peligro. Chen también habló por teléfono con amigos en la comunidad de derechos humanos que temían por su seguridad y lo instaron a salir del país, y con reporteros que cuestionaron su decisión de permanecer en China. Conforme avanzaba la noche, sus respuestas empezaron a cambiar.

En el Templo de Wanshou, preocupantes informes de prensa comenzaron a llegar a los teléfonos de mis colegas. Cuando salí de mi reunión con Dai, era evidente que algo había salido mal. Los periodistas estaban citando a Chen desde su cama del hospital diciendo que ya no se sentía seguro, que los estadounidenses lo habían abandonado, y que él había cambiado su opinión de permanecer en China. ¡Incluso negó que alguna vez dijera que quería besarme! (Posteriormente confesó a la prensa que "estaba avergonzado" de haberme hablado "tan íntimamente"). Nuestra cuidadosa coreografía se estaba derrumbando.

De regreso al hotel, convoqué a una reunión de emergencia en mi suite.

Aunque Chen no parecía estar teniendo dificultad para hablar con todos los periodistas y activistas de Pekín a Washington, nadie de la embajada lograba comunicarse con él a través de los teléfonos celulares que, irónicamente, le habíamos proporcionado. Aún no habíamos oído nada oficial de los chinos, pero ellos estaban leyendo los mismos informes que nosotros y la seguridad afuera del hospital aumentaba a cada minuto. Podía imaginar a Dai y Cui preparándose para pronunciar la épica frase "Te lo dije".

Kurt gentilmente me ofreció su dimisión si las cosas seguían empeorando. Lo rechacé y decidí que teníamos que empezar a trabajar en un nuevo plan. En primer lugar, emitiríamos un comunicado aclarando inmediatamente que, contrario a algunos de los informes de noticias, Chen nunca había pedido asilo y, ciertamente, nunca se le había negado. Segundo, si en la mañana Chen insistía en que quería ir a Estados Unidos, tendríamos que encontrar una manera de volver a entablar conversaciones con el gobierno chino —sin importar lo difícil y doloroso que fuera— y negociar un nuevo acuerdo. No podíamos darnos el lujo de permitir que esta cuestión se complicara aún más y afectara la cumbre. Y en tercer lugar, yo cumpliría con los eventos programados del Diálogo Estratégico y Económico como si no pasara nada, en consonancia con mi acuerdo con Dai. Con sus órdenes en la mano, mis tropas abandonaron la habitación luciendo preocupados y muy cansados. Ninguno de nosotros dormiría mucho esa noche.

———

El día siguiente fue un ejercicio surrealista en diplomacia todoterreno. Gracias a elaboradas medidas tomadas por el gobierno antes de la cumbre, las calles normalmente obstruidas y el aire contaminado de Pekín estaban más claras de lo normal cuando nuestra caravana recorrió la ciudad esa mañana. Pero el camino adelante estaba lejos de ser claro. Muchas cosas sucederían en las próximas horas.

Llegamos a Diaoyutai, el extenso complejo de casas tradicionales, jardines y salas de reuniones. Era aquí donde Henry Kissinger, en 1971, negoció por primera vez con Zhou Enlai, sentando las bases para la histórica visita del presidente Nixon, la normalización y todo lo que siguió. También fue aquí, durante nuestras reuniones de 2010, que un arrebato inmoderado de un almirante chino había puesto en evidencia las profundas desavenencias y desconfianza que aún dividen a nuestros países. Me pregunté, dada la situación actual, a cuál de esos dos espíritus invocarían hoy nuestros anfitriones chinos.

La respuesta llegó tan pronto como comenzaron los primeros discursos formales. Dai y los otros líderes chinos evidentemente se estaban esforzando tanto como Tim Geithner y yo en proyectar una sensación de normalidad y calma. Repitieron sus puntos estándares sobre el armonioso ascenso de China y la importancia de que otros países no se inmiscuyeran en sus asuntos internos; declaraciones que, aunque ya familiares, tenían un sentido algo diferente a la luz de los acontecimientos recientes. Cuando llegó mi turno, evité el tema de Chen y me concentré en Irán, Corea del Norte, Siria y la larga lista de otros retos en los que necesitábamos la cooperación de China. Pero, agregué, "una China que protege los derechos de todos sus ciudadanos será una nación más fuerte y más próspera y, por supuesto, un socio más fuerte para el logro de nuestros objetivos comunes". Eso fue lo más cerca que estuve esa mañana de la crisis actual.

Tras los discursos, nos dividimos en grupos más pequeños para sumergirnos en nuestras prioridades en más detalle. Incluso si nuestras mentes a menudo se distraían pensando en el drama que se desarrollaba en un hospital en la ciudad, esta era la oportunidad para trabajar en asuntos importantes y no podíamos desperdiciarla. Así que pasé horas escuchando presentaciones y discusiones, haciendo preguntas y planteando preocupaciones.

Entretanto, Kurt se excusaba constantemente para enterarse de los progresos con Chen. Las noticias no eran buenas. La embajada seguía sin poder comunicarse con su teléfono celular y los chinos estaban restringiendo el acceso al hospital. Afuera aparecieron manifestantes, algunos llevando gafas estilo Chen en homenaje a su héroe, y la seguridad china estaba cada vez más ansiosa. Sin embargo, nada de eso estaba impidiendo que Chen hablara con periodistas estadounidenses, quienes continuaban pregonando su deseo de dejar China e ir a Estados Unidos y le preguntaban si realmente habíamos hecho lo suficiente para ayudarlo.

En casa, con la política arremolinada en año de elecciones, Washington estaba alborotada. El presidente republicano de la Cámara, John Boehner, se declaró "profundamente preocupado" por los informes de que Chen "había sido presionado a abandonar la embajada de Estados Unidos contra su voluntad, en medio de promesas endebles y posibles amenazas de daño a su familia". El ex gobernador de Massachusetts Mitt Romney, el candidato presidencial republicano, fue incluso más allá. Dijo que era "un día oscuro para la libertad" y "un día de vergüenza para la administración Obama". No sé si los críticos eran conscientes de que habíamos hecho todo lo que Chen había deseado a todo lo largo del camino. La Casa Blanca entró en la modalidad de rescate. La directiva para nosotros en Pekín era sencilla: ¡arréglenlo!

Le pedí a Kurt y al embajador Locke reiniciar las negociaciones con Cui inmediatamente y tratar de sacar a Chen del país. Pero era más fácil decirlo que hacerlo. Los chinos no podían creer que quisiéramos reabrir un acuerdo que ellos no habían querido abrir en un principio. Cui sólo meneó la cabeza. Le dijo a Kurt que debería "regresar a Washington y dimitir". Mientras, Chen alcanzó otro nivel. Aunque aún no había hablado con nadie de la embajada de Estados Unidos, se las arregló para llamar a una audiencia del Congreso en Washington. Un activista cercano a Chen, Bob Fu, puso su iPhone en altavoz frente al Comité del congresista Chris Smith. "Temo por la vida de mi familia", exclamó Chen y luego repitió su petición de viajar a Estados Unidos. Fue como lanzar combustible al fuego político.

———

Había llegado la hora de intervenir personalmente. Si Cui se negaba a negociar, dejaría de lado la pantomima y plantearía el tema directamente a Dai. ¿Rendirían frutos todos nuestros años de relaciones? El viernes tenía programado reunirme con el presidente Hu y el primer ministro Wen en el Gran Salón del Pueblo, y para Dai y para mí era importante que esos encuentros fluyeran suavemente. A ambos nos interesaba resolver esto.

En la mañana del 4 de mayo, me reuní con Dai y le agradecí por que China honró su parte del acuerdo. Luego le expliqué la tormenta política que teníamos en casa y los problemas que nos estaba causando. Dai pareció sorprendido cuando le describí el circo en la audiencia del Congreso. En China jamás sucedía algo así. ¿Qué hacer ahora? Le ofrecí lo que esperaba sería una solución que salvaba las apariencias. En el acuerdo original, Chen debía ir a la universidad en China durante un periodo de tiempo y luego continuar sus estudios en una universidad estadounidense. Adelantar el calendario no significaría un trato totalmente nuevo. Simplemente sería un refinamiento del acuerdo vigente. Dai me miró en silencio durante mucho tiempo y me pregunté qué pensamientos pasaban por su mente tras su estoica actitud. Lentamente se volvió hacia Cui, que estaba visiblemente agitado, y le ordenó que intentara resolver los detalles con Kurt.

Reconfortada, pero no confiada, me dirigí a la Gran Sala del Pueblo para mis reuniones con los altos dirigentes. Fiel a mi palabra, no hablé de Chen con Hu o más tarde con Wen. No necesitaba hacerlo. Durante nuestras discusiones, lucieron distraídos pero amables. Sobre todo, dimos rodeos, girando en torno a los grandes problemas enfrentados por el futuro de nuestra relación, mientras nuestros asistentes hacían lo imposible para encontrar una salida a nuestro dilema. Hu y Wen estaban al final de sus diez años de mandato y nosotros también teníamos delante una elección que podría cambiar nuestro gobierno. Pero incluso si cambiaban los jugadores, el juego seguiría siendo fundamentalmente el mismo.

Abandoné el Gran Salón del Pueblo y crucé la Plaza de Tian'anmen con destino al recién renovado Museo Nacional para un diálogo sobre intercambios educativos y culturales con la consejera de Estado Liu Yandong, la mujer de más alto rango en el gobierno chino. Hija de un ex viceministro de Agricultura con profundos vínculos con el Partido Comunista, Madame Liu llegó a convertirse en una de las dos mujeres con un escaño en el Politburó. Con los años, habíamos desarrollado una cálida relación y me alegró ver una cara amistosa en un momento de gran tensión.

El Museo Nacional de Pekín es enorme, diseñado para competir con el Gran Salón al otro lado de la plaza, pero su colección nunca se ha recuperado plenamente de la remoción de las más preciadas obras de arte y artefactos chinos que fueron llevados a Taiwán en 1948 por las fuerzas en retirada del generalísimo Chiang Kai-shek. Ese es el tipo de herida al orgullo nacional que toma mucho tiempo en sanar. Mientras subíamos las escalinatas, Kurt se volvió hacia mí y me preguntó: "¿Crees que hemos hecho lo correcto?". Era una pregunta razonable después de tanta diplomacia de alto riesgo y estresantes giros y vueltas. Lo miré y respondí: "Hay muchas decisiones en este trabajo que me hacen sentir un hueco en el estómago. Pero esta no. Este es un bajo precio a pagar por ser los Estados Unidos de América". Era lo que Kurt necesitaba oír, y además era la verdad.

En el museo, fuimos recibidos por un numeroso grupo de niños chinos y estadounidenses ondeando banderas y ofreciendo saludos. Arriba, un coro de estudiantes chinos y estadounidenses cantó dos canciones de bienvenida, una en inglés y otra en mandarín. Por último, dos estudiantes de intercambio se adelantaron para hablar sobre sus experiencias estudiando en el extranjero. Una elocuente joven china habló en inglés sobre su vida en Nueva York: un viaje revelador a unos Estados Unidos que sólo conocía por sus lecturas y que le amplió los horizontes y alimentó su ambición. El joven estadounidense fue igualmente elocuente, describiendo sus estudios en China en mandarín y cómo le habían ayudado a entender mejor la relación entre nuestros dos países.

Ocasionalmente, en medio de toda la pompa diplomática y circunstancia de estas cumbres, con sus discursos preparados y piezas coreografiadas, se da un momento realmente humano y nos recuerda por qué estamos allí. Este fue uno de esos momentos. Escuchando a los estudiantes expresar tanta empatía y emoción, pensé en todo el esfuerzo que habíamos puesto en lo que algunos críticos descartan como el lado "blando" de la diplomacia: los intercambios educativos, los viajes culturales y la colaboración científica. Me había propuesto enviar más estudiantes estadounidenses a China, con la meta de llegar a 100.000 en cuatro años, en parte porque creía que ayudaría a convencer a los desconfiados funcionarios chinos de que realmente queríamos ampliar nuestro compromiso con ellos. Y, aunque esos programas rara vez aparecen en los titulares, tienen el potencial de influir en la próxima generación de líderes estadounidenses y chinos en una manera que ningún otro programa puede hacerlo. Si estos estudiantes eran la referencia, el programa estaba funcionando. Miré a Liu, Cui y los demás sentados al otro lado de la mesa, y supe que ellos también podían sentirlo.

Cuando Cui se sentó con Kurt y su equipo después de almuerzo a coordinar los próximos movimientos del drama de Chen, su tono era perceptiblemente diferente. A pesar de nuestras diferencias, estábamos trabajando juntos para salvar la relación y el futuro que representaban esos dos estudiantes. Posteriormente, Kurt y Jake se apresuraron a poner en papel una declaración breve y cuidadosamente redactada que no reconocía un acuerdo explícito, pero dejaba claro que se había llegado a un entendimiento. Chen, como respetable ciudadano chino, aplicaría para una visa de Estados Unidos y la solicitud sería rápidamente procesada por ambas partes. Entonces, podría llevarse a su familia y comenzar sus estudios en la Universidad de Nueva York.

De regreso en Diaoyutai, Tim Geithner y yo nos reunimos en el escenario con nuestros homólogos para la clausura pública del Diálogo Estratégico y Económico. En mi comentario, resumí el sustancial terreno cubierto en los últimos días. Señalé que había habido una serie de fuertes desacuerdos, pero que cuatro años de duro trabajo nos habían permitido desarrollar un nivel de confianza lo suficientemente resistente para soportar interrupciones y distracciones. Cité un fragmento de sabiduría taoísta que se traduce aproximadamente como: "Para guiar, hay que conocer el panorama más amplio". Eso era lo que habíamos intentado hacer en esta crisis: no perder de vista las preocupaciones estratégicas o nuestros valores fundamentales. Mirando al futuro, le dije al público: "Tenemos que construir una relación flexible que nos permita a ambos prosperar y cumplir con nuestras responsabilidades regionales y globales sin competencia malsana, rivalidad o conflicto. El juego de suma cero sólo nos conducirá a resultados negativos".

Como regla general, los líderes chinos se niegan a contestar preguntas en estas "conferencias de prensa", así que después de las declaraciones formales, Tim Geithner y yo regresamos al hotel para nuestra primera verdadera sesión con los medios de comunicación mundiales desde nuestra llegada a Pekín. La primera pregunta, de Matt Lee de la Associated Press, era predecible:

—Señora Secretaria, no le sorprenderá, creo, escuchar las preguntas que estoy a punto de hacerle, y que tienen que ver con el elefante en la habitación que nos ha estado acosando —comenzó. Sonreí ante su metáfora mixta.

—El elefante que nos ha estado acosando. Eso está bien. Buen comienzo, Matt —le dije. La risa suavizó un poco la tensión en la sala y él continuó:

—¿Cómo respondieron los funcionarios chinos con los que habló, los líderes, a sus apelaciones en favor de Chen? ¿Está segura de que le van a permitir salir del país para ir a Estados Unidos a estudiar con su familia? Y, ¿cómo responde a las críticas en el país y en otros lugares que dicen que la administración la ha embarrado con esto?

Había llegado el momento de poner este drama a descansar de una vez por todas. Comencé con el texto cuidadosamente preparado y acordado con los chinos y luego añadí algunas ideas propias:

Permítanme comenzar diciendo que, desde el principio, todos nuestros esfuerzos en favor del Sr. Chen han estado guiados por sus decisiones y nuestros valores. Y me alegra que hoy nuestro embajador haya hablado con él otra vez; el personal de nuestra embajada y nuestro médico tuvieron la oportunidad de reunirse con él. Confirmó que ahora él y su familia quieren ir a Estados Unidos para que él pueda dedicarse a sus estudios. En ese sentido, también nos sentimos alentados por la declaración oficial emitida hoy por el gobierno chino confirmando que puede hacer la solicitud para viajar al extranjero con ese propósito. En el transcurso del día se han hecho progresos para ayudarle a tener el futuro que quiere, y nos mantendremos en contacto con él a medida que avanza este proceso. Pero permítanme añadir también que esto no es sólo sobre reconocidos activistas. Se trata de los derechos humanos y las aspiraciones de más de mil millones de personas aquí en China y miles de millones más en el mundo entero. Y es también sobre el futuro de esta gran nación y todas las naciones. Continuaremos interactuando con el gobierno chino en los niveles más altos para ubicar estas preocupaciones en el corazón de nuestra diplomacia.

Mientras los camarógrafos tomaban fotos sin descanso y los reporteros garabateaban en sus cuadernos, me sentí bien con esa resolución. Después de la conferencia de prensa, invité a mi equipo a una merecida cena de celebración con pato pekinés y otras delicias chinas. Kurt y Harold relataron algunas de sus desventuras más absurdas de la semana, y finalmente nos relajamos y reímos. Al día siguiente me dirigí al aeropuerto y abordé un vuelo con destino a Dhaka, Bangladesh.

Chen seguía en su habitación del hospital y todos sabíamos que había una posibilidad real de que este segundo acuerdo se enredara como el primero. Ninguno de nosotros estaría verdaderamente tranquilo hasta que Chen se encontrara sano y salvo en suelo americano. Eso podría tomar varias semanas. Pero los chinos habían cumplido su parte del trato a lo largo de la crisis, y yo creía que lo seguirían haciendo. Efectivamente, el 19 de mayo Chen y su familia llegaron a Estados Unidos para iniciar sus estudios en la Universidad de Nueva York.

═══

Estaba muy orgullosa de mi equipo y de los funcionarios de la embajada en Pekín. Esto se trataba de tanto más que de un solo hombre. Habíamos pasado cuatro años preparándonos para una crisis como esta: construyendo el Diálogo Estratégico y Económico y otros mecanismos diplomáticos, desarrollando hábitos de confianza entre los homólogos de todos los niveles, cimentando la relación de Estados Unidos y China en un marco de mutuo interés y respeto, a la vez que fijábamos pautas claras sobre los derechos humanos y los valores democráticos. Desde el principio había sido un delicado viaje por la cuerda floja, pero ahora sentía que teníamos pruebas de que todo eso había valido la pena. También teníamos motivos para creer que la relación era lo suficientemente fuerte para soportar crisis futuras. Teniendo en cuenta nuestros diferentes intereses, valores y visiones, las crisis eran inevitables.

Uno de los objetivos principales del "giro" diplomático era aumentar nuestra participación activa en los asuntos asiáticos, de tal manera que beneficiara nuestros intereses en una región más próspera, democrática y abierta, sin debilitar nuestros esfuerzos para construir una relación positiva con China. Las fricciones en la relación son un reflejo de los desacuerdos sobre los problemas actuales y percepciones muy distintas sobre cómo debería funcionar el mundo, o por lo menos, Asia. Estados Unidos quiere un futuro de prosperidad y responsabilidades compartidas para la paz y la seguridad. La única manera de construir ese futuro es desarrollar mecanismos y hábitos de cooperación y exhortar a China a una mayor apertura y libertad. Es por eso que nos oponemos a la supresión en China de la libertad en Internet, los activistas políticos como Chen y las minorías tibetanas y uigures musulmanas. Es por eso que queremos resoluciones pacíficas entre China y sus vecinos sobre sus disputas territoriales.

Los chinos creen que no apreciamos cuán lejos han llegado y cuánto han cambiado, o cuán profundo y constante es su temor a los conflictos internos y la desintegración. Les ofenden las críticas de los extranjeros. Afirman que el pueblo chino es más libre que nunca, libre para trabajar, para moverse, para ahorrar y acumular riqueza. Están orgullosos de haber sacado de la pobreza a más personas y más rápidamente que cualquier otra nación en la historia. Consideran que nuestra relación debe basarse en el mutuo interés y no en involucrarse en los asuntos del otro.

Cuando estamos en desacuerdo, creen que es porque tememos el ascenso de China en el escenario mundial y queremos contenerlo. Creemos que el desacuerdo es parte normal de nuestra relación y pensamos que si podemos manejar nuestras diferencias, nuestra cooperación se fortalecerá. No tenemos ningún interés en contener a China. Pero sí insistimos en que China juegue según las reglas que unen a todas las naciones.

En otras palabras, el jurado sigue deliberando. Tanto China como nosotros tenemos decisiones difíciles por delante. Debemos seguir una estrategia ya puesta a prueba: trabajar para obtener el mejor resultado, pero estar preparados para algo menos. Y debemos mantenernos fieles a nuestros valores. Tal como le dije a Kurt y a Jake en la primera noche, cuando Chen nos estaba pidiendo refugio, nuestra defensa universal de los derechos humanos es una de las fuentes de fortaleza más grandes de Estados Unidos. La imagen de Chen, ciego y herido, buscando en la noche el único lugar que él sabía ser símbolo de libertad y oportunidad —la embajada de Estados Unidos— nos hace recordar nuestra responsabilidad en asegurarnos que nuestro país siga siendo la luz que ilumina a disidentes y soñadores en todo el mundo.

6

Birmania: La dama y los generales

Era delgada, incluso frágil, pero con una fuerza interior inconfundible. Había un aire de dignidad y la intensidad de una mente vibrante dentro de un cuerpo largamente encarcelado. Tenía las mismas cualidades que ya había vislumbrado antes, en otros ex presos políticos, incluyendo a Nelson Mandela y Václav Havel. Como ellos, llevaba las esperanzas de una nación sobre sus hombros.

La primera vez que conocí a Aung San Suu Kyi, el 1 de diciembre de 2011, ambas íbamos vestidas de blanco. Pensé que era una coincidencia prometedora. Después de tantos años de leer y pensar en esta célebre disidente birmana, finalmente estábamos cara a cara. Ella había sido liberada del arresto domiciliario y yo había viajado miles de millas para hablar con ella sobre las perspectivas de una reforma democrática en su autoritario país. Nos sentamos a una cena privada en la terraza de la residencia del diplomático estadounidense de mayor rango en Rangún, una antigua y bonita casa colonial en el lago Inya. Aunque acababan de presentarnos, sentí como si nos hubiéramos conocido toda la vida.

Yo tenía muchas preguntas. Ella también. Después de años como icono del movimiento prodemocrático, ella se estaba preparando para su primera experiencia real con la democracia. ¿Cómo se pasa de la protesta a la política? ¿Qué es postularse para un cargo y ponerse en la línea de una manera totalmente nueva? La conversación fue fácil y abierta, y pronto estábamos charlando, pensando en estrategias y riendo como viejas amigas.

Ambas sabíamos que era un momento delicado. Su país —que los generales en el gobierno llaman Myanmar y los disidentes Birmania—, estaba dando los primeros pasos tentativos hacia un cambio trascendental. (Durante años nuestro gobierno mantuvo una estricta política oficial de usar sólo el nombre Birmania, pero con el tiempo algunos comenzaron a utilizar indistintamente los dos nombres. En este libro uso Birmania, como lo hacía en aquel entonces). El país podría retroceder fácilmente, como ya había sucedido antes, al derramamiento de sangre y la represión. Sin embargo, si podíamos ayudarles a trazar el camino correcto, las perspectivas de progreso eran mejores que en ningún otro momento en la última generación.

Para Estados Unidos era muy tentadora la oportunidad de ayudar a Birmania a pasar de la dictadura a la democracia y volver a formar parte de la familia de naciones. Birmania valía el esfuerzo, millones de personas merecían la oportunidad de disfrutar de las bendiciones de la libertad y la prosperidad. También había enormes implicaciones estratégicas. Birmania estaba en el corazón del sudeste asiático, una región en la que Estados Unidos y China estaban resueltos a aumentar su influencia. Un proceso significativo de reforma allí podría convertirse en un hito de nuestra estrategia de giro, dar un impulso a la democracia y los activistas de derechos humanos en Asia y más allá, y proporcionar una reprimenda al gobierno autoritario. No obstante, si fracasábamos, podría tener los efectos contrarios. Existía el riesgo de que los generales birmanos estuvieran jugando con nosotros. Podrían estar esperando que unos pocos gestos modestos fuesen suficientes para romper su aislamiento internacional sin cambiar realmente nada en el país. En casa, muchos observadores serios creyeron que estaba cometiendo un error al acercarme a ellos cuando la situación era todavía muy confusa. Yo era consciente de los riesgos pero, tras sopesar todos los factores, decidí que no podíamos dejar pasar esta oportunidad.

Suu Kyi y yo estuvimos sentadas conversando durante dos horas. Ella quería saber cómo respondería Estados Unidos a las reformas que el régimen estaba considerando. Le dije que estábamos resueltos a apoyar sus actos con actos. Teníamos muchas formas de tentarlos: desde ofrecerles el restablecimiento de las relaciones diplomáticas hasta aliviar las sanciones y estimular la inversión. Pero primero necesitamos ver más prisioneros políticos liberados, unas elecciones reales, protecciones para las minorías y los derechos humanos, el fin de los vínculos militares con Corea del Norte y un plan para acabar con los perdurables conflictos étnicos en las zonas rurales. Cada movimiento que hiciéramos, le aseguré, estaría destinado a fomentar aún mayores progresos.

Suu Kyi era consciente de los desafíos que enfrentaban y de los hombres que controlaban su país. Su padre, Aung San, un general, había liderado la exitosa lucha de Birmania por la independencia de los británicos y los japoneses, sólo para ser asesinado en 1947 por rivales políticos. La primera vez que encarcelaron a Kyifue en julio de 1989, menos de un año después de entrar en la política, durante un fallido levantamiento democrático contra las fuerzas militares. Desde entonces, había pasado la vida entrando y saliendo del arresto domiciliario. En 1990, cuando el Ejército permitió unas elecciones, su partido político obtuvo una resonante victoria. Los generales anularon inmediatamente la votación. Al año siguiente ganó el Premio Nobel de la Paz, que fue recibido en su nombre por su esposo —el Dr. Michael Aris, profesor de Oxford y autoridad en budismo tibetano— y sus hijos. Durante sus años de arresto domiciliario, Suu Kyi pudo ver a su familia tan sólo un puñado de veces y cuando le diagnosticaron a Aris un cáncer de próstata, el gobierno birmano le negó la visa para ir a pasar sus últimos días con ella. En cambio sugirieron que Suu Kyi saliera del país, lo cual podría haber significado el exilio permanente. Ella se negó y nunca tuvo la oportunidad de despedirse de su esposo. Aris murió en 1999.

Suu Kyi había aprendido a ser escéptica de las buenas intenciones y había desarrollado un exhaustivo pragmatismo que desmentía su imagen idealista. La posibilidad de una apertura democrática era real, pensaba, pero debía analizarse cuidadosamente. Acordamos reunirnos nuevamente al día siguiente en su casa para discutir más detalles.

Cuando nos separamos, tuve que pellizcarme. Cuando me convertí en secretaria de Estado en 2009, pocos habrían imaginado que esta visita fuera posible. Tan sólo dos años antes, en 2007, el mundo había visto con horror a los soldados birmanos disparando contra una multitud de monjes vestidos con túnicas color azafrán y protestando pacíficamente contra el régimen. Ahora el país estaba al borde de una nueva era. Era un recordatorio de lo rápidamente que el mundo puede cambiar y lo importante que es que Estados Unidos esté listo para enfrentar y ayudar a dar forma a ese cambio cuando finalmente llega.

Birmania es un país con cerca de 60 millones de habitantes, estratégicamente situado entre el subcontinente indio y la región del Delta del Mekong en el sudeste asiático. En otros tiempos fue conocido como "el tazón de arroz de Asia", y sus antiguas pagodas y exuberante belleza capturaron la imaginación de los viajeros y escritores como Rudyard Kipling y George Orwell. Durante la Segunda Guerra Mundial fue campo de batalla entre las fuerzas aliadas y los japoneses. Un mordaz general estadounidense apodado Joe "vinagre" Stilwell ayudó a reabrir la famosa carretera de Birmania como ruta vital de aprovisionamiento en China, y el liderazgo en tiempos de guerra del padre de Suu Kyi ayudó a garantizar la independencia de Birmania después del conflicto.

Décadas de dictadura militar y malas administraciones económicas convirtieron al país en un paria asolado por la pobreza. Birmania estaba clasificado entre los peores abusadores de los derechos humanos en el mundo. Era fuente de inestabilidad en el corazón del sudeste asiático y su creciente narcotráfico y lazos militares con Corea del Norte representaban una amenaza a la seguridad global.

Para mí, el camino a Rangún comenzó con una inusual reunión en el Capitolio en enero de 2009. Conocía bastante bien a Mitch McConnell después de ocho años juntos en el Senado, y rara vez estábamos de acuerdo en algo. El conservador líder republicano de la minoría, de Kentucky, no ocultaba su intención de oponerse a la nueva administración Obama en prácticamente todos nuestros planes. (En un momento dado dijo que "La cosa más importante que queremos lograr es que el presidente Obama sea presidente un sólo periodo"). Pero había un área de la política exterior en la cual pensé que podríamos trabajar juntos. El senador McConnell había sido un apasionado defensor del movimiento prodemocrático en Birmania desde la brutal represión en 1988. A lo largo de los años, dirigió la lucha por imponer sanciones contra el régimen militar de Birmania y desarrolló contactos en la comunidad disidente, incluyendo a Suu Kyi misma.

Cuando asumí el cargo de secretaria, estaba convencida de que teníamos que repensar nuestra política en Birmania, y me preguntaba si el senador McConnell estaría de acuerdo. En 2008 el régimen había anunciado una nueva Constitución y sus planes de celebrar elecciones en 2010. Después del fracaso de las elecciones de 1990, pocos observadores tomaron en serio la posibilidad de una nueva votación. Suu Kyi aún tenía prohibido ejercer ningún cargo y los generales habían escrito las reglas para asegurarse de que el Ejército ocupara al menos una cuarta parte de los escaños en el Parlamento, si no la gran mayoría. Pero incluso el más modesto gesto hacia la democracia era un desarrollo interesante viniendo de un régimen tan represivo.

Sin duda, ya antes había habido momentos de falsas esperanzas. En 1995, el régimen había liberado inesperadamente a Suu Kyi de su arresto domiciliario y Madeleine Albright, entonces embajadora de Estados Unidos ante la ONU, había volado a Rangún para ver si los militares estaban dispuestos a aflojar la presión. Llevaba con ella un cartel de la Conferencia Mundial sobre la Mujer realizada por la ONU en Pekín y firmado por otras mujeres y por mí. Pero las reformas resultaron esquivas. En 1996, durante una visita a Tailandia, di un discurso en la Universidad de Chiang Mai haciendo un llamado a un "verdadero diálogo político entre Aung San Suu Kyi y el régimen militar". En lugar de eso, a partir de 1997 los generales comenzaron a restringir drásticamente los movimientos y actividades políticas de Suu Kyi y, para el año 2000, ella estaba nuevamente bajo arresto domiciliario. Bill reconoció su heroísmo al otorgarle el mayor premio estadounidense a un civil: la Medalla Presidencial de la Libertad que, obviamente, ella no pudo recibir en persona. Por el momento, el compromiso había fracasado. Pero en 2009, era difícil argumentar que nuestra política de aislamiento y sanciones funcionaba mejor. ¿Había algo más que pudiéramos hacer?

Le dije al senador McConnell que quería hacer una revisión de nuestra política en Birmania, de arriba a abajo, y esperaba que él participara en el proceso. Fue escéptico pero, finalmente, me dio su apoyo. Nuestra revisión de la política tendría el respaldo bipartidista. El senador me mostró con orgullo una nota enmarcada de Suu Kyi que tenía colgada en la pared de su oficina. Estaba claro lo muy personal que el tema había llegado a ser para él. Le prometí consultarle regularmente a medida que avanzáramos.

Había otro senador al que necesitaba ver. Jim Webb era un condecorado veterano de Vietnam, secretario de la Marina bajo el presidente Reagan, y ahora senador demócrata por Virginia y presidente de la Subcomisión de Relaciones Externas del Senado para Asuntos del Pacífico y Asia Oriental. Era enérgico y poco convencional, además de tener fuertes opiniones sobre la política de Estados Unidos en el sudeste asiático. Afirmó que las sanciones occidentales habían logrado empobrecer a Birmania, pero que el régimen gobernante tan sólo se había vuelto más paranoico y se aferraba aún más al poder. También le preocupaba que sin darnos cuenta estuviéramos creando una oportunidad para que China ampliara su influencia económica y política en el país. Las empresas chinas estaban invirtiendo fuertemente en represas, minas y proyectos energéticos en Birmania, incluyendo un importante oleoducto. Jim estuvo de acuerdo en la necesidad de una revisión de la política de Birmania, pero no estaba interesado en demorarla. Me instó a ser creativa y asertiva, y prometió hacer lo mismo desde su posición en el Subcomité.

También oí al otro lado del Capitolio, donde mi amigo el congresista Joe Crowley de Nueva York siempre había sido uno de los principales proponentes de sanciones contra el régimen. Joe es un hombre honesto de la vieja escuela de Queens. Cuando yo estaba en el Senado y nos encontrábamos en algún evento en Nueva York, solía darme serenatas con baladas irlandesas. Su mentor en la Comisión de Asuntos Exteriores de la Cámara de Representantes, el difunto Tom Lantos, lo había inspirado a luchar por los derechos humanos en Birmania. Su apoyo y asesoría también sería cruciales a medida que avanzáramos.

En mi primer viaje a Asia, en febrero de 2009, hablé con líderes regionales sobre su visión de Birmania.

La perspectiva más alentadora fue la del presidente de Indonesia, Susilo Bambang Yudhoyono. Me contó que había hablado con los generales birmanos y estaba convencido de que el progreso era posible. Para mí, su opinión era muy importante ya que él mismo era un general que abandonó el uniforme y se presentó como candidato. Además, me informó que el régimen podría estar interesado en comenzar un diálogo con Estados Unidos. Hacía años que no teníamos un embajador en Birmania, pero todavía había canales a través de los cuales nos comunicamos de vez en cuando. La perspectiva de unos diálogos más robustos era intrigante.

En marzo envié a Stephen Blake —un experimentado diplomático y director de la Oficina del Departamento de Estado para el Sudeste Continental Asiático— a Birmania. En una demostración de buena fe, el régimen le ofreció a Blake una rara reunión con el ministro de Relaciones Exteriores. A cambio, Blake accedió a ser el primer oficial estadounidense en viajar de Rangún a Nay Pyi Taw, la nueva ciudad capital construida en 2005 por los militares en una remota zona de la selva; según un difundido rumor, la ubicación fue elegida por consejo de un astrólogo. Sin embargo, no le permitieron ver a Suu Kyi ni al anciano y solitario general de mayor rango del país, Than Shwe. Blake regresó a casa convencido de que el régimen estaba realmente interesado en entablar un diálogo y que algunos de los dirigentes estaban fastidiados por el profundo aislamiento del país.

Pero estaba escéptico y dudaba de que eso condujera a un progreso real en el corto plazo.

Luego, en mayo, llegó uno de esos caprichos imprevisibles de la historia que pueden cambiar las relaciones internacionales. Un veterano de Vietnam de cincuenta y tres años de edad llamado John Yettaw, de Missouri, se había obsesionado con Suu Kyi. En noviembre de 2008 había viajado a Rangún y atravesado a nado el lago Inya para llegar hasta la casa donde la tenían encerrada. Evitando los botes de la policía y los guardias de seguridad, Yettaw trepó la valla y llegó a la casa sin ser detectado. Las amas de llaves de Suu Kyi quedaron horrorizadas cuando lo vieron. Las visitas no autorizadas estaban totalmente prohibidas en la casa, y la presencia de Yettaw los ponía a todos en peligro. A regañadientes, él accedió a abandonar la casa sin ver a Suu Kyi.

Pero la primavera siguiente regresó. Había perdido setenta libras y se decía que su ex esposa temía que tuviera un trastorno de estrés postraumático. A pesar de todo, a principios de mayo de 2009 volvió a atravesar el lago Inya a nado. Esta vez se negó a irse y alegó estar agotado y en mal estado de salud. Suu Kyi le permitió dormir en el piso y luego contactó a las autoridades. Yettaw fue arrestado hacia las cinco y media de la mañana el 6 de mayo, cuando intentó regresarse nadando hasta la otra orilla del lago. Suu Kyi y sus empleadas fueron juzgadas la semana siguiente por violar los términos de su arresto domiciliario. Yettaw fue declarado culpable y condenado a siete años de trabajos forzados. Suu Kyi y su personal recibieron tres años de condena, que fue inmediatamente conmutada por Than Shwe a dieciocho meses de arresto domiciliario continuo. Eso garantizaría que estuviera encarcelada para las prometidas elecciones de 2010. "Todo el mundo está muy enojado con ese miserable americano. Él es la causa de todos estos problemas. Es un tonto", dijo a la prensa uno de los abogados de Suu Kyi.

Yo también me enfurecí cuando escuché la noticia. Suu Kyi y el progreso que desesperadamente esperábamos ver en Birmania no deberían tener que pagar el precio de las imprudentes acciones de un estadounidense loco. A pesar de ello y siendo un ciudadano estadounidense, tenía la responsabilidad de ayudarlo. Llamé al senador Webb y al senador McConnell para hacer planes. Jim se ofreció a ir a Birmania para negociar la liberación de Yettaw y yo acepté. Valía la pena intentarlo.

A mediados de junio, tuvo lugar otro evento potencialmente explosivo. La Marina de Estados Unidos comenzó a rastrear un buque de carga norcoreano de 2.000 toneladas que, tanto nosotros como nuestros aliados de Corea del Sur, sospechábamos transportaba equipo militar, incluyendo lanzamisiles y repuestos para misiles con destino a Birmania. Si era así, sería una violación directa de la prohibición de tráfico de armas norcoreanas impuesta por el Consejo de Seguridad de la ONU en respuesta a una prueba nuclear hecha en mayo. Comenzaron a llegar informes sobre contactos entre los militares birmanos y una empresa norcoreana con experiencia en tecnología nuclear, y sobre visitas secretas realizadas por ingenieros y científicos.

El Pentágono envió un destructor a seguir el carguero norcoreano mientras navegaba por aguas internacionales. La resolución de la ONU nos facultaba para registrar el barco, pero Corea del Norte alegó que lo tomaría como un acto de guerra. Establecimos contacto con otros países de la región, incluyendo China, en busca de ayuda. Era fundamental que todos los puertos donde la nave podría detenerse hicieran cumplir el edicto de la ONU e inspeccionaran minuciosamente la carga. El ministro de Relaciones Exteriores chino, Yang, estuvo de acuerdo en que la resolución "debe llevarse a cabo de manera estricta para enviar un mensaje fuerte y unificado a Corea del Norte". En el último minuto, los norcoreanos reaccionaron: el barco dio la vuelta y regresó a casa.

El senador Webb fue a Nay Pyi Taw en agosto. Esta vez Than Shwe aceptó reunirse con él. Jim tenía tres puntos que hablar con él. En primer lugar, pidió que —por razones humanitarias— le entregaran a Yettaw para llevarlo de vuelta a casa. El hombre se negaba a comer y sufría una serie de dolencias. Segundo, quería conocer a Suu Kyi, cosa que a Blake no le habían permitido hacer. En tercer lugar, instó a Than Shwe a poner fin a su arresto domiciliario y permitirle participar en el proceso político; era la única forma de que se tomaran en serio las próximas elecciones. Than Shwe escuchó atentamente y no reveló sus pensamientos. Pero al final, Jim consiguió dos de sus tres solicitudes. Fue a Rangún y se reunió con Suu Kyi. Luego voló a Tailandia con Yettaw a bordo de un avión de la Fuerza Aérea estadounidense. Cuando hablamos por teléfono, podía sentir el alivio en su voz pero Suu Kyi seguía encarcelada.

El mes siguiente anuncié en las Naciones Unidas en Nueva York los resultados de nuestra revisión de nuestra política para Birmania. Nuestros objetivos no habían cambiado: queríamos ver reformas democráticas creíbles, la liberación inmediata e incondicional de los presos políticos —incluyendo a Aung San Suu Kyi—, y un diálogo serio con la oposición y los grupos étnicos minoritarios. Pero habíamos concluido que "el compromiso versus las sanciones era una falsa opción". Así que en adelante, usaríamos ambas herramientas para alcanzar nuestras metas y llegar directamente hasta los altos funcionarios birmanos.

=====

Durante el siguiente año el progreso fue desalentador. Suu Kyi permaneció bajo arresto domiciliario, aunque se le permitió reunirse dos veces con Kurt Campbell. Ella le describió a Kurt su vida solitaria, incluyendo el ritual diario de escuchar el Servicio Mundial de la BBC y La Voz de América para enterarse de los eventos que ocurrían más allá de los muros de su prisión. El periódico estatal la borró de la foto de Kurt que circuló después de su visita.

A diferencia de lo sucedido en 1990, en las elecciones de 2010 no hubo un triunfo aplastante de la democracia. En lugar de ello, y como era de esperarse, el partido respaldado por el Ejército declaró una victoria abrumadora. Los grupos de oposición y las organizaciones internacionales de derechos humanos se unieron a Estados Unidos para condenar la votación como en gran medida fraudulenta. El régimen se negó a permitir que los periodistas u observadores externos supervisaran las elecciones. Todo era deprimentemente familiar y predecible. Los generales habían perdido una oportunidad para iniciar la transición hacia la democracia y la reconciliación nacional. Mientras tanto, el pueblo de Birmania caía cada vez más profundamente en la pobreza y el aislamiento.

Aunque los resultados electorales fueron decepcionantes, una semana después de la votación —en noviembre de 2010— los generales liberaron inesperadamente a Suu Kyi de su arresto domiciliario. Luego Than Shwe decidió retirarse y fue reemplazado por otro general de alto rango, Thein Sein, que previamente había servido como primer ministro. Él dejaría a un lado su uniforme y lideraría un gobierno nominalmente civil. A diferencia de otros miembros del régimen, Thein Sein había viajado por la región, era bien conocido por los diplomáticos asiáticos, y había visto por sí mismo cómo los vecinos de Birmania disfrutaban de los beneficios del comercio y la tecnología mientras su propio país seguía estancado. Rangún había sido una de las ciudades más cosmopolitas en el sudeste asiático; Thein Sein sabía cuán rezagada estaba ahora respecto a lugares como Bangkok, Yakarta, Singapur y Kuala Lumpur. Según el Banco

Mundial, en 2010 sólo el 0,2 por ciento de la población birmana utilizaba Internet. Los *smartphones* no existían porque el servicio de telefonía celular era insuficiente. El contraste con sus vecinos no podría haber sido mayor.

En enero de 2011 llamé a la recién liberada Aung San Suu Kyi por primera vez para enterarme de su opinión sobre esos desarrollos. Fue muy emocionante escuchar finalmente su voz y parecía estar reanimada por su nueva libertad. Me agradeció el firme apoyo que Estados Unidos y los presidentes de ambos partidos le habían dado a través de los años y preguntó acerca de la boda de mi hija. Su partido político estaba reforzando su organización, poniendo a prueba los límites del nuevo ambiente en el gobierno, y yo le había dicho que queríamos ayudar y estábamos dispuestos a compartir las lecciones de otros movimientos prodemocráticos en el mundo.

—Espero poder visitarte un día —le dije—. O mejor aún, ¡tú puedes venir a visitarme a mí!

Esa primavera Thein Sein se posesionó oficialmente como presidente de Birmania. Sorprendentemente, invitó a Suu Kyi a cenar en su modesta casa. Fue un gesto notable del hombre más poderoso del país a la mujer que los militares habían considerado por mucho tiempo como uno de sus peores enemigos. La esposa de Thein Sein preparó la comida y comieron bajo una pintura del padre de Suu Kyi. En el verano se volverían a encontrar en Nay Pyi Taw. Las primeras conversaciones fueron tentativas. Tanto el general como la disidente estaban comprensiblemente recelosos el uno del otro. Pero definitivamente algo estaba sucediendo.

Yo quería que Estados Unidos desempeñara un papel constructivo en el fomento de los mejores instintos del nuevo gobierno birmano, sin apresurarse a acogerlos prematuramente o perder la ventaja obtenida con nuestras fuertes sanciones. Enviar un embajador formal de Estados Unidos al país sería demasiado y demasiado pronto, pero sí necesitábamos un nuevo canal diplomático para comenzar a poner a prueba las intenciones de Thein Sein. En nuestras sesiones de estrategia le pedí a Kurt y su equipo que fueran creativos y desarrollaran varios escenarios para los pasos a dar. Nombramos a Derek Mitchell, un veterano experto en Asia, como primer representante especial para Birmania. El Congreso había creado la posición en la legislación presentada por el difunto congresista Tom Lantos en 2007 y promulgada por el presidente Bush en 2008, pero el cargo nunca había sido ocupado. Tener un representante especial en

Birmania no confería el mismo prestigio que instalar un embajador permanente, pero abriría la puerta a una mejor comunicación.

=====

El río Ayeyarwadi atraviesa Birmania de norte a sur y siempre ha estado en el corazón de la cultura y el comercio del país. George Orwell lo recordaba "brillando como diamantes en los parches que reflejan el sol" y delimitado por grandes arrozales. Lotes de troncos de madera de teca, uno de los principales productos de exportación birmanos, flotan río abajo desde los bosques del interior hasta el mar. Alimentado por glaciares en el Himalaya oriental, las aguas del Ayeyarwadi corren a través de innumerables canales y sistemas de riego, alimentando granjas y aldeas de todo el país y a lo largo de su amplio y fértil delta. Como el Ganges en la India y el Mekong en Vietnam, el Ayeyarwadi ocupa un lugar venerado en la sociedad birmana. En palabras de Suu Kyi, es "la gran autopista natural, una prolífica fuente de alimento, el hogar de una variada flora y fauna acuática, el origen de las tradicionales formas de vida, la musa que ha inspirado innumerables obras de prosa y poesía".

Nada de esto impidió a una empresa estatal china de energía eléctrica utilizar la antigua relación de Pekín con los generales en el gobierno para obtener permiso para construir la primera central hidroeléctrica en el Alto Ayeyarwadi. El masivo proyecto amenazaba causar mucho daño a la economía local y el ecosistema, pero representaba importantes beneficios para China. Junto con otras seis represas de construcción china en el norte de Birmania, la represa de Myitsone —como llegó a ser conocida— llevaría electricidad a las ciudades sedientas de energía en el sur de China. En 2011, los obreros chinos equipados con cascos habían descendido sobre las orillas de la cabecera del Ayeyarwadi, en las remotas colinas del norte que son hogar de la separatista etnia Kachin. Los chinos empezaron a hacer voladuras, túneles y construcciones. Miles de aldeanos que vivían cerca fueron reubicados.

En un país gobernado durante mucho tiempo por autócratas caprichosos, un proyecto tan perturbador no era particularmente sorprendente. Lo que sí fue sorprendente fue la reacción del público. Desde el principio, los grupos locales de Kachin se habían opuesto a la represa, pero pronto la crítica se extendió a otras áreas del país y apareció incluso en periódicos fuertemente censurados. Los activistas echaron mano de una declaración de impacto ambiental de novecientas páginas realizada por científicos chinos que advirtieron sobre daños a los peces y otras especies silvestres río abajo así como la proximidad a una importante falla sísmica, y cuestionaron la necesidad y la sabiduría del proyecto. La furia por el daño ecológico al sagrado Ayeyarwadi se mezcló con el profundo resentimiento popular hacia China, el principal mecenas extranjero del régimen militar. Como hemos visto en otros estados autoritarios, a menudo el nacionalismo es más difícil de censurar que la disidencia.

Una ola de indignación sin precedentes recorrió a Birmania. En agosto de 2011, Suu Kyi —que había mantenido un perfil relativamente bajo desde su liberación del arresto domiciliario— publicó una carta criticando la represa. El nuevo gobierno, nominalmente civil, pareció estar dividido y desprevenido. El ministro de Información, un general retirado, celebró una conferencia de prensa y entre lágrimas se comprometió a proteger el Ayeyarwadi. Pero otros altos funcionarios desestimaron las preocupaciones públicas e insistieron en que la construcción continuara como estaba prevista. Finalmente, Thein Sein abordó el tema en el Parlamento. El gobierno había sido elegido por el pueblo, dijo, así que tenía la responsabilidad de responder a las inquietudes del público. La construcción de la controvertida represa se interrumpiría.

Esa fue la evidencia más convincente hasta el momento de que el nuevo gobierno tal vez sí tenía intenciones serias acerca de las reformas. También fue un sorprendente rechazo oficial a China, donde la noticia fue recibida con consternación.

Me sorprendí por el éxito de la emergente sociedad civil de Birmania, a la que durante tanto tiempo había sido perseguida y se le había prohibido organizarse o hablar libremente. El uso de la represa de Myitsone como galvanizador me recordó una maravillosa intervención de Eleanor Roosevelt. "Después de todo, ¿dónde empiezan los derechos humanos universales", preguntó en un discurso ante las Naciones Unidas en 1958 y luego dio su respuesta: "En lugares pequeños, cerca a casa, en el mundo de la persona; en el barrio en el que vive; en la escuela o universidad a la que asiste; en la fábrica, granja o la oficina donde trabaja… Sin la acción concertada de los ciudadanos para defenderlos cerca de casa, buscaremos en vano el progreso en el mundo más amplio". Al pueblo de Birmania se le habían negado tantas de sus libertades fundamentales durante tanto tiempo; sin embargo, el abuso ambiental y económico en última instancia generó indignación generalizada, porque afectaba lo propio en forma directa y tangible. Vemos un fenómeno similar en las protestas contra la contaminación en China. Lo que comienza como una queja prosaica puede rápidamente convertirse en mucho más. Una vez los ciudadanos tienen éxito exigiendo respuestas a su gobierno sobre esas preocupaciones cotidianas, aumentan las expectativas de cambios más fundamentales. Es parte de lo que yo llamo hacer de los "derechos humanos una realidad humana".

Detener la represa pareció dar rienda suelta a una epidemia de nueva actividad. El 12 de octubre, el gobierno comenzó a liberar a unos pocos centenares de sus más de dos mil presos políticos. El 14 legalizó la formación de sindicatos por primera vez desde la década de 1960. Estas medidas llegaron tras medidas modestas tomadas a principios de año para aliviar las restricciones de la censura y apaciguar los conflictos con grupos armados de las minorías étnicas en el campo. El gobierno también inició conversaciones sobre las reformas económicas con el Fondo Monetario Internacional. Una cautelosamente optimista Suu Kyi habló a sus partidarios en Rangún y pidió reformas adicionales y que se liberara a más prisioneros.

En Washington, nosotros supervisábamos de cerca estos acontecimientos y nos preguntábamos qué tanta importancia debíamos darles. Necesitábamos conocer mejor lo que realmente estaba sucediendo. Le pedí al funcionario de derechos humanos de mayor rango en el departamento de Estado, Mike Posner, que acompañara a Derek Mitchell a Birmania e intentaran enterarse de las intenciones del nuevo gobierno. A principios de noviembre, Mike y Derek se reunieron con miembros del Parlamento y sostuvieron estimulantes discusiones sobre otras reformas, entre ellas permitir el derecho de reunión y la apertura de las inscripciones para los partidos políticos. El partido de Suu Kyi seguía estando prohibido y no podría participar en las elecciones parlamentarias de 2012 a menos que la ley cambiara. Esa era una de las principales preocupaciones de la oposición escéptica con los que Mike y Derek se reunieron. También citaron la gran cantidad de presos políticos que continuaban detenidos y los informes de graves abusos de los derechos humanos en las zonas étnicas. Suu Kyi y otros nos instaron a no levantar las sanciones ni recompensar al régimen demasiado pronto, a esperar a tener pruebas más concretas del progreso democrático. Me pareció razonable, pero también teníamos que seguir comprometiendo al liderazgo y consolidando esos primeros avances.

A principios de noviembre, mientras Mike y Derek se reunían con los disidentes y legisladores en Birmania, el presidente Obama y yo estábamos ocupados planeando cómo llevar nuestro giro estratégico al siguiente nivel. Sabíamos que el próximo viaje del presidente a Asia sería nuestra mejor oportunidad para demostrar lo que significaba ese giro. Empezamos con las reuniones económicas del APEC en Hawái y luego él se fue a Australia. Yo paré en las Filipinas para conmemorar el 60° aniversario de nuestro tratado de defensa mutua en la cubierta del destructor *USS Fitzgerald* en Manila, y luego me encontré con el presidente en Tailandia, otro aliado clave.

El 17 de noviembre el presidente Obama y yo llegamos a Bali, Indonesia, para una reunión de la Cumbre de Asia Oriental y la Reunión de Líderes de Estados Unidos y la ANSA, la reunión anual más importante de jefes de Estado asiáticos. Era la primera vez que un presidente estadounidense asistía a la Cumbre de Asia Oriental y fue muestra del compromiso del presidente Obama con nuestra amplia presencia en la región y resultado directo de las bases que habíamos establecido desde 2009 al firmar el Tratado de Amistad y Cooperación de la ANSA y haciendo de la diplomacia multilateral una prioridad en Asia en Vietnam el año anterior. Mientras las disputas territoriales en el mar de China meridional estaban una vez más en la mente de todos. Al igual que en la reunión de la ANSA en Hanói, China no quería discutir el tema en un entorno abierto y multilateral, especialmente uno que incluía a Estados Unidos. "Las fuerzas externas no deben, bajo ningún pretexto, involucrarse", afirmó el primer ministro chino Wen Jiabao. El viceministro de Relaciones Exteriores fue aún más directo: "Esperamos que el mar de China meridional no sea tema de discusión en la Cumbre de Asia Oriental", dijo a los reporteros. Pero los países más pequeños, incluyendo a Vietnam y Filipinas, estaban resueltos a tratar el tema. En Hanói habíamos intentado promover un enfoque colaborativo hacia la resolución pacífica de las disputas en el mar de China meridional, pero Pekín no dio su brazo a torcer en los meses transcurridos desde ese encuentro.

En la tarde del 18 de noviembre, acompañé al presidente Obama a la reunión privada de los líderes, donde nos reunimos con diecisiete jefes de estado y sus ministros de Relaciones Exteriores. No se admitió a ningún otro funcionario ni a los periodistas. El presidente Obama y el primer ministro Wen permanecieron en silencio cuando otros líderes comenzaron la discusión. Singapur, Filipinas, Vietnam y Malasia estuvieron entre los primeros oradores y todos tenían interés en el mar de China meridional. Hablando por turnos durante dos horas, casi todos los líderes repitieron los principios que habíamos planteado en Hanói: asegurar el acceso abierto y la libertad de navegación, resolver los conflictos pacíficamente y dentro del marco del derecho internacional, evitar los chantajes y amenazas, y apoyar un código de conducta. Pronto quedó claro que había un gran consenso en la sala. Los líderes hablaron con fuerza y sin ambigüedad, pero también sin acritud. Incluso los rusos estuvieron de acuerdo en que éste era un tema de discusión adecuado e importante para el grupo.

Finalmente, después de que hablaron dieciséis líderes, el presidente Obama tomó el micrófono. Para entonces todos los argumentos habían sido ventilados, así que él dio la bienvenida al consenso y confirmó el apoyo de Estados Unidos al enfoque planteado por el resto de la región. "Aunque no somos parte de la disputa del mar de China meridional y no tomamos partido", dijo, "como potencia residente en el Pacífico, como nación marítima, como nación comercial y como garante de la seguridad en la región de Asia y el Pacífico, sí tenemos un gran interés en la seguridad marítima en general y específicamente en la resolución del conflicto del mar de China meridional". Cuando el presidente terminó, pasó la mirada alrededor de la habitación, incluyendo al primer ministro Wen que estaba visiblemente disgustado. Esto era incluso peor que Hanói. No había querido hablar sobre el mar de China meridional y ahora enfrentaba un frente unido. A diferencia del ministro de Relaciones Exteriores Yang en Hanói, el primer ministro Wen no pidió un receso. Respondió cortés pero firmemente, defendiendo las acciones de China e insistiendo una vez más en que aquel no era el lugar apropiado para discutir tales asuntos.

Mientras este drama diplomático se desarrollaba, yo estaba igualmente concentrada en el desarrollo de los acontecimientos en Birmania. En las semanas previas al viaje, Kurt había estado recomendando audaces medidas para comprometernos con el régimen y fomentar mayores reformas. Yo había estado discutiendo a Birmania con el presidente Obama y sus asesores de seguridad nacional, que querían asegurarse de que no bajáramos la guardia o aliviáramos la presión sobre el régimen prematuramente. Yo tenía un fuerte aliado en la Casa Blanca: Ben Rhodes, el consejero del presidente desde hacía mucho tiempo, quien fungía como asesor adjunto de Seguridad Nacional. Ben coincidía conmigo en que ya habíamos sentado las bases y ahora debíamos avanzar. Pero, en última instancia, había una persona en particular que el presidente quería consultar para estar seguro de que se trataba del momento adecuado. Le pedí a Kurt y Jake que hablaran con Suu Kyi y la pusieran en contacto telefónico con el presidente Obama. Mientras volaba a bordo del Air Force One en ruta de Australia a Indonesia, hablaron por teléfono por primera vez. Ella hizo énfasis en el importante rol que Estados Unidos podría desempeñar en ayudar a su país a avanzar hacia la democracia. Los dos ganadores del Premio Nobel de la Paz también intercambiaron historias sobre sus perros. Después de la llamada, el presidente estuvo listo para avanzar. Al día siguiente estaba junto a él cuando se acercó al micrófono en Bali y anunció que me había pedido que viajara a Birmania a investigar personalmente las perspectivas de reforma democrática y estrechar los vínculos entre nuestros países.

—Tras años de oscuridad, hemos visto titileos de progreso —dijo.

Yo sería el primer secretario de Estado en visitar Birmania en más de medio siglo.

En el vuelo de regreso a casa desde Indonesia, no pude dejar de pensar en el próximo viaje. Sería la oportunidad para evaluar por mí misma a Thein Sein y conocer finalmente a Suu Kyi. ¿Podríamos encontrar la manera de avivar los titileos de progreso a los que el presidente se había referido y de iniciar profundas reformas democráticas?

Hicimos escala para repostar en Japón, bajo una lluvia torrencial. Nos esperaban dos funcionarios del Servicio Exterior con experiencia en Birmania y basados en nuestra Embajada en Tokio. Después de escuchar el anuncio del presidente, me habían traído una pila de libros sobre el país y una copia de una película sobre Suu Kyi llamada *The Lady (La fuerza del amor)*. Era justo lo que necesitaba. Todo el equipo, incluyendo al equipo de prensa itinerante, vio la película mientras volamos a través del Pacífico con destino a Washington, donde de inmediato comencé a planear mi viaje a Birmania.

———

Llegué a Nay Pyi Taw en la tarde del 30 de noviembre de 2011. La pequeña pista de aterrizaje de la remota capital está pavimentada pero no tiene suficiente iluminación para los aterrizajes después del anochecer.

Justo antes de salir de Washington, los expertos en Asia del departamento de Estado habían enviado un memo recomendándole al grupo de viajeros no ponerse ropa blanca, negra o roja en señal de respeto a las normas culturales locales. No es inusual recibir ese tipo de memorandos antes de un viaje; hay lugares donde determinados partidos políticos o grupos étnicos se asocian con colores particulares. Así que revisé diligentemente mi armario buscando trajes de los colores apropiados para Birmania. Acababa de comprar una hermosa chaqueta blanca que era ideal para climas calientes. ¿Sería realmente insensible llevarla? La empaqué en caso de que los expertos estuvieran equivocados. Efectivamente, cuando descendimos del avión, nos recibieron birmanos luciendo todos los colores que nuestros asesores nos habían pedido evitar. Tuve la esperanza de que eso no fuera un signo de conceptos erróneos más profundos de nuestra parte, pero al menos ahora podría usar mi chaqueta blanca.

Nuestra caravana salió del aeropuerto y se sumergió en un paisaje de extensos campos. La desierta carretera parecía tener veinte carriles de ancho. De vez en cuando veíamos una bicicleta, pero ningún otro coche y muy pocas personas. Pasamos cerca a un granjero que llevaba el tradicional sombrero de paja cónico y conducía un carromato lleno de heno y tirado por un buey blanco. Era como mirar por la ventana a una época anterior.

A lo lejos vimos las torres de los cavernosos edificios del gobierno en Nay Pyi Taw. La ciudad había sido construida en secreto por los militares en el año 2005 y estaba fuertemente fortificada con muros y fosos supuestamente destinados a defender la ciudad de una hipotética invasión estadounidense. Pocas personas vivían allí realmente. Muchos de los edificios estaban vacíos o sin terminar. Todo el lugar daba la sensación de ser un Pueblo de Potiomkin.

A la mañana siguiente visité al presidente Thein Sein en su oficina ceremonial. Nos sentamos en tronos de oro, bajo una enorme araña de cristal, en una habitación inmensa. A pesar del escenario, Thein Sein estaba sorprendentemente tranquilo y sin pretensiones, especialmente para un jefe de Estado y líder de una junta militar. Era pequeño, estaba ligeramente encorvado, tenía poco cabello y llevaba gafas. Más parecía un contador que un general. Cuando había servido como primer ministro en el gobierno militar, siempre había aparecido luciendo un almidonado uniforme verde del Ejército, pero ese día llevaba un tradicional *sarong* birmano de color azul, sandalias y una túnica blanca.

Muchas personas en Birmania y fuera de ella especulaban que el ex gobernante Than Shwe había elegido al afable Thein Sein como su sucesor porque era visto como poco amenazante para el mundo exterior y lo suficientemente flexible para ser el hombre de paja de la línea dura del régimen. Hasta el momento, Thein Sein había sorprendió a todos demostrando una inesperada independencia y verdadero temple al imponer su agenda de reformas.

En nuestra discusión le hablé animadamente, explicándole los pasos que podrían conducir a un reconocimiento internacional y al alivio de las sanciones.

—Usted está en el camino correcto. Como bien sabe, habrá duras decisiones que tomar y obstáculos difíciles que superar —le dije—, [pero] esta es su oportunidad de dejarle un legado histórico a su país.

También le entregué una carta personal del presidente Obama en la que él destacaba los mismos puntos.

Thein Sein me respondió cuidadosamente, con chispas de buen humor y un sentido de ambición y visión delatándose en sus deliberadas frases. Las reformas continuarían, me aseguró. Y también su tregua con Suu Kyi. También era muy consciente del panorama estratégico más amplio.

—Nuestro país está situado entre dos gigantes —dijo, refiriéndose a China e India, y debía tener cuidado de no perturbar las relaciones con Pekín. Thein Sein era alguien que había pensado largo y tendido sobre el futuro de su país y el papel que podría jugar en él.

En mis viajes conocí al menos tres tipos de líderes mundiales: aquellos que comparten nuestros valores y visión del mundo y son socios naturales; aquellos que quieren hacer las cosas bien pero les falta la voluntad política o la capacidad para llevarlas a término; y aquellos que ven sus intereses y valores como totalmente opuestos a los nuestros y se nos opondrán siempre que se pudiera. Me pregunté en qué categoría caería Thein Sein. Incluso si era sincero en su deseo por la democracia, ¿eran sus habilidades políticas lo suficientemente fuertes para superar la arraigada oposición entre sus colegas militares y realmente lograr una transformación nacional tan difícil?

Mi inclinación era acoger a Thein Sein con la esperanza de que el reconocimiento internacional reforzara su mano en casa. Pero había razones para ser cautelosos. Antes de decir demasiado, necesitaba conocer a Suu Kyi y comparar notas. Estábamos metidos en un delicado baile diplomático y era esencial no perder el paso.

Después de nuestra reunión, pasamos a un gran salón para almorzar y me senté entre Thein Sein y su esposa. Ella sostuvo mi mano y habló conmovedoramente acerca de su familia y sus esperanzas de mejorar la vida de los niños de Birmania.

Luego fui al Parlamento y sostuve reuniones con una muestra representativa de los legisladores, muy cuidadosamente escogida por los militares. Vestían coloridos trajes tradicionales, incluyendo sombreros con cuernos y pieles bordadas. Algunos estaban entusiasmados por el compromiso con Estados Unidos y otras reformas en casa. Otros eran claramente escépticos de todos los cambios a su alrededor y anhelaban un retorno a las viejas costumbres.

El presidente de la Cámara Baja del Parlamento, Shwe Mann, otro ex general, se reunió conmigo en otra habitación gigantesca, bajo una pintura de un exuberante paisaje birmano que parecían extenderse hasta el infinito. Era conversador y bondadoso.

—Hemos estado estudiando su país para tratar de entender cómo funciona un Parlamento —me dijo. Le pregunté si había leído y consultado a expertos en el tema—. Oh no —respondió—. Hemos estado viendo *El ala oeste*.

Reí y le prometí que le proporcionaríamos aún más información.

De regreso en el hotel esa noche, sentada afuera en una gran mesa con la prensa estadounidense, intenté resumir lo que había aprendido ese día. Las medidas tomadas por el gobierno civil eran significativas, incluyendo la flexibilización de las restricciones a los medios de comunicación y la sociedad civil, liberar a Suu Kyi del arresto domiciliario así como a unos doscientos presos políticos más, y promulgar nuevas leyes laborales y electorales. Thein Sein me había prometido que continuaría fomentando el progreso e impondría reformas de mayor alcance, y yo quería creerle. Pero sabía que las brasas del progreso pueden extinguirse fácilmente. Hay un viejo proverbio birmano: "Cuando llueve, recoged el agua". Este era el momento de consolidar las reformas y asegurar el futuro, de manera que arraigaran y se hicieran irreversibles. Como le había dicho a Thein Sein esa mañana, Estados Unidos estaba dispuesto a recorrer el camino de la reforma con el pueblo birmano si optaban por seguir avanzando en esa dirección.

El vuelo a Rangún duró tan sólo cuarenta minutos, pero me pareció que ingresaba a otro mundo después de Nay Pyi Taw, la surrealista ciudad fantasma del gobierno. Rangún es una ciudad de más de 4 millones de habitantes, con calles bulliciosas y descolorido encanto colonial. Décadas de aislamiento y mala administración habían cobrado su precio a las desmenuzadas fachadas y paredes, pero todavía era posible imaginar por qué este lugar había sido considerado la "joya de Asia". El corazón de Rangún es la Pagoda de Shwedagon, un templo budista de 2.500 años de antigüedad con brillantes torres doradas e innumerables Budas. Como muestra de respeto a la costumbre local, me quité los zapatos y caminé descalza por los magníficos pasillos de la pagoda. Los guardias de seguridad odian quitarse los zapatos; los hace sentir menos preparados para una emergencia. Pero a los periodistas estadounidenses les pareció muy divertido y disfrutaron mucho examinando el esmalte en mis uñas de los pies, que uno de ellos describió como "sexy rojo sirena".

Acompañada por una multitud de monjes y curiosos, encendí velas e incienso frente a un gran Buda. Luego me llevaron a una de las enormes campanas que supuestamente pesan 40 toneladas. Los monjes me entregaron una vara dorada y me invitaron a golpear la campana tres veces. A continuación y siguiendo instrucciones, derramé once tazas de agua sobre un pequeño Buda de alabastro blanco, en una tradicional muestra de respeto.

—¿Puedo pedir once deseos? —pregunté. Fue una fascinante introducción a la cultura birmana pero mucho más que un paseo turístico. Al visitar la venerada pagoda, esperaba enviar al pueblo de Birmania el mensaje de que Estados Unidos estaba interesado en involucrarse con ellos, no solamente con su gobierno.

Esa noche finalmente conocí a Suu Kyi, en la villa junto al lago donde solían vivir los embajadores estadounidenses. Me puse mi chaqueta blanca y pantalón negro; el memo sobre los códigos de vestido ya oficialmente olvidado. Para diversión de todos, Suu Kyi llegó con un traje similar. Tomamos una copa con Derek Mitchell y Kurt Campbell, y luego cenamos las dos en privado. A su partido político le había permitido registrarse en noviembre de 2011 y, después de numerosas reuniones entre sus dirigentes, habían decidido participar en las elecciones de 2012. Suu Kyi me contó que ella se postularía para el Parlamento. Después de tantos años de soledad forzosa, era una perspectiva sobrecogedora.

Durante la cena compartí con ella mis impresiones de Thein Sein y los otros funcionarios del gobierno a los que había conocido en Nay Pyi Taw. También compartí con ella algunos recuerdos de la primera vez que me postulé para un cargo. Me hizo muchas preguntas sobre los preparativos y el proceso de convertirse en candidato. Todo esto era algo intensamente personal para ella. El legado de su padre asesinado, el héroe de la independencia birmana, pesaba sobre ella y la espoleaba. Ese patrimonio le daba algo de poder en la psique de la nación, pero también creaba una conexión con los mismos generales que durante tanto tiempo la habían tenido encarcelada. Era la hija de un oficial, hija de los militares, y nunca perdió su respeto por la institución y sus códigos. Podemos negociar con ellos, afirmó con confianza. Pensé en Nelson Mandela abrazando a sus ex guardias después de su posesión en Sudáfrica. Había sido un momento de supremo idealismo y testarudo pragmatismo. Suu Kyi tenía las mismas cualidades. Estaba decidida a cambiar su país y, tras décadas de espera, estaba lista para comprometerse, persuadir y hacer causa común con sus antiguos adversarios.

Antes de separarnos esa noche, Suu Kyi y yo intercambiamos regalos personales. Yo le había llevado una pila de libros que pensé que le gustarían y un juguete para su perro. Ella me regaló un collar de plata que ella misma había diseñado, basándose en la vaina de un antiguo patrón birmano.

Suu Kyi y yo nos reunimos nuevamente a la mañana siguiente, al otro lado del lago, en la antigua casa colonial de su niñez, con suelos de madera y altos techos. Era fácil olvidar que también había sido su prisión durante muchos años. Me presentó a los ancianos de su partido, octogenarios que habían sobrevivido largos años de persecución y apenas podían creer los cambios que estaban viendo. Nos sentamos alrededor de una gran mesa de madera redonda y escuché sus historias. Suu Kyi tiene un gran don de gentes. Tal vez fuera una celebridad mundial y un icono en su país, pero le demostraba a estos ancianos el respeto y la atención que merecían, y ellos la querían por ello.

Más tarde caminamos por los jardines, resplandecientes con flores rosadas y rojas. Las barreras de alambre de púas que rodeaban la propiedad eran un cruel recordatorio de su antigua prisión. Nos detuvimos en el porche y, cogidas del brazo, hablamos a la multitud de periodistas que se habían reunido.

—Has sido una fuente de inspiración —le dije a Suu Kyi—. Representas a todos aquellos en tu país que merecen los mismos derechos y libertades de otros pueblos del mundo.

Le prometí que Estados Unidos sería un amigo para el pueblo birmano en su histórico viaje hacia un mejor futuro. Gentilmente me agradeció por el apoyo y asesoría que les habíamos dado en los últimos meses y años.

—Esto será el comienzo de un nuevo futuro para todos nosotros, siempre y cuando logremos mantenerlo —dijo. Era la misma mezcla de optimismo y cautela que sentíamos todos.

Abandoné la casa de Suu Kyi y me dirigí a una cercana galería de arte dedicada a obras de artistas de las muchas minorías étnicas de Birmania, que conforman casi el 40 por ciento de la población. Las paredes estaban cubiertas por fotografías de las muchas caras de Birmania. Había orgullo en su ojos, pero también tristeza. Desde que el país consiguió la independencia en 1948, los militares birmanos habían estado en guerra contra los grupos separatistas armados de los enclaves étnicos del país. Ambos lados cometían atrocidades y los civiles quedaban atrapados en el fuego cruzado, pero el ejército era el principal perpetrador. Estos sangrientos conflictos eran grandes obstáculos para la nueva era en la que esperamos pronto entraría Birmania, y yo le había recalcado a Thein Sein y sus ministros la importancia de llevarlos a buen término. Representantes de los principales grupos étnicos me hablaron de lo mucho que su pueblo había sufrido en los conflictos y de su esperanza de un alto al fuego. Algunos se preguntaron en voz alta si los nuevos derechos y libertades se extenderían a ellos. Era una pregunta que siempre ensombrecería el proceso de reforma.

Los titileos de progreso eran reales. Si Thein Sein liberaba más presos políticos, aprobaba nuevas leyes de protección de los derechos humanos, buscaba el alto el fuego en los conflictos étnicos, cortaba los contactos militares con Corea del Norte y garantizaba unas elecciones libres y justas en 2012, nosotros le corresponderíamos restableciendo las relaciones diplomáticas y nombrando un embajador, flexibilizando las sanciones e intensificando la inversión y ayuda al desarrollo en el país. Como le había dicho a Suu Kyi, sería acción por acción. Esperaba que mi visita hubiese proporcionado el apoyo internacional que los reformadores necesitaban para reforzar su credibilidad y continuar con su trabajo. En las calles de Rangún colgaron carteles con fotografías de mi paseo con Suu Kyi por el jardín. Rápidamente, su retrato se estaba haciendo tan común como el de su padre.

Mientras, hubiese querido experimentar más de ese pintoresco país; viajar hasta el Ayeyarwadi, conocer Mandalay. Me prometí que regresaría pronto con mi familia.

Suu Kyi y yo nos mantuvimos en estrecho contacto durante los meses siguientes, a medida que el proceso de reforma avanzaba, hablando cinco veces por teléfono. Quedé encantada cuando, en abril de 2012, ganó un escaño en el Parlamento junto con más de cuarenta candidatos de su partido, ganando todos menos uno de los escaños disputados. Esta vez los resultados no fueron anulados y se le permitió servir. Por fin podría dar un buen uso a sus habilidades políticas.

=====

En septiembre de 2012, Suu Kyi realizó una gira de diecisiete días a Estados Unidos. Recordé el deseo que habíamos compartido en nuestra primera conversación telefónica. Yo la había visitado y ahora ella me visitaría a mí. Nos sentamos juntas en un acogedor rincón fuera de la cocina de mi casa en Washington, las dos solas.

Los meses desde mi visita a Birmania habían estado llenos de cambios emocionantes. Thein Sein había arrastrado a su gobierno, lenta pero ciertamente, por el camino que habíamos discutido en Nay Pyi Taw. Él y yo nos habíamos visto otra vez durante el verano, en una conferencia en Camboya, y me reafirmó su compromiso con la reforma. Centenares de presos políticos fueron liberados, incluyendo a los estudiantes que organizaron las manifestaciones prodemocráticas de 1988 y los monjes budistas que participaron en las protestas de 2007. Un frágil alto al fuego se firmó con algunos de los grupos rebeldes que representan a las minorías étnicas. Los partidos políticos estaban comenzando a organizarse otra vez y muy pronto los periódicos privados tendrían autorización para publicarse, por primera vez en casi medio siglo.

En respuesta, Estados Unidos había comenzado a aliviar las sanciones y había investido a Derek Mitchell como nuestro primer embajador en años. Birmania se estaba reuniendo con la comunidad internacional y presidiría la reunión de la ANSA en 2014, un objetivo largamente esperado. Mientras que la Primavera Árabe estaba perdiendo su brillo en el Medio Oriente, Birmania le daba al mundo la esperanza de que sí es posible hacer la transición pacífica de la dictadura a la democracia. Su progreso reforzaba el argumento de que una mezcla de sanciones y compromisos podría ser una herramienta efectiva para lograr cambios incluso en las sociedades más cerradas. Si los generales birmanos podían ser persuadidos por el atractivo del comercio internacional y el respeto, entonces tal vez ningún régimen era incorregible.

Reevaluar en 2009 la estrategia convencional en Birmania y luego experimentar con un compromiso directo —contra los consejos de muchos amigos en casa— había sido una opción arriesgada pero que estaba dándole resultados a Estados Unidos. El progreso de Birmania —tras la bien recibida gira asiática del presidente Obama en noviembre, que ayudó a borrar cualquier recuerdo de Pekín en 2009— estaba contribuyendo a que el giro de la administración luciera como un éxito. Todavía había un montón de preguntas sin responder sobre lo que pasaría a continuación, tanto en Birmania como en el resto de la región, pero en febrero de 2012 el periodista James Fallows, que cuenta con una larga experiencia en Asia, escribió elogiosamente sobre el giro y el viaje del presidente en la revista *Atlantic*: "Al igual que el acercamiento de Nixon a China, creo que a la larga será estudiado por su hábil combinación de poder duro y blando, incentivos y amenazas, urgencia y paciencia, además de una deliberada —y efectiva— distracción". El profesor Walter Russell Mead, un frecuente crítico de la administración, se refirió a nuestros esfuerzos como "la victoria diplomática más decisiva que vayamos a ver".

Sin embargo, a pesar del progreso que habíamos visto en Birmania, Suu Kyi parecía preocupada cuando nos vimos en Washington. Cuando llegó a mi casa, pidió hablar conmigo a solas. Los problemas, dijo, eran los presos políticos que aún languidecían tras las rejas, algunos conflictos étnicos que en realidad habían empeorado, y la fiebre del oro por parte de empresas extranjeras que estaba creando nuevas oportunidades para la corrupción.

Suu Kyi estaba ahora en el Parlamento, negociando y creando nuevas relaciones con sus antiguos adversarios, tratando de equilibrar todas las presiones que cargaba sobre sus hombros. Shwe Mann, el presidente de la Cámara Baja del Parlamento, estaba ganando importancia y ella había desarrollado una relación de trabajo positiva con él; ella apreciaba su voluntad de consultar con ella sobre cuestiones importantes. La situación política se complicaba por la posibilidad de que Thein Sein, Shwe Mann y Suu Kyi fueran todos potenciales candidatos presidenciales en el año 2015. Las maniobras entre bastidores, alianzas cambiantes y competencia política se estaban intensificando. ¡Bienvenida la democracia!

Thein Sein había puesto a Birmania en movimiento pero, ¿podría terminar el trabajo? Si Suu Kyi le retiraba su cooperación, quién sabe qué pasaría. La confianza internacional podría desmoronarse. Thein Sein se volvería vulnerable a los intransigentes que aún esperaban hacer retroceder las reformas que tanto resentían. Discutimos las conflictivas presiones a las que ella se enfrentaba. La comprendí porque yo también había experimentado el tire y afloje de la vida política y sabía por años de experiencias dolorosas lo difícil que es ser cordial, y mucho menos profesional, con aquellos que alguna vez han sido tus adversarios políticos.

Pensé que su mejor opción era armarse de valor, seguir presionando a Thein Sein para que cumpliera sus compromisos, y mantener su alianza viva por lo menos hasta las próximas elecciones.

Sé que no es fácil, le dije. Pero ahora estás en una posición en la cual nada de lo que hagas será fácil. Tienes que encontrar una manera de que logren seguir trabajando juntos hasta, o a menos, que exista una ruta alternativa. Todo esto es parte de la política. Ahora estás en el escenario. Ya no tienes la casa por cárcel. Así que tienes que proyectar muchos intereses y roles diferentes a la vez, porque eres una defensora de los derechos humanos, eres miembro del Parlamento y podrías ser la futura candidata a la presidencia. Suu Kyi comprendía todo eso, pero la presión sobre ella era enorme. Era venerada como un santo viviente, pero ahora tenía que aprender a trapichear y negociar como cualquier funcionario electo. Era un precario equilibrio.

Pasamos al comedor y nos reunimos con Kurt, Derek y Cheryl Mills. Mientras comíamos, nos describió el distrito que ahora representaba en el Parlamento. Sin dejar de concentrarse en el gran drama de la política nacional, también estaba obsesionada con las minucias del servicio a sus electores y con resolver problemas. Recordé haberme sentido igual cuando los votantes de Nueva York me eligieron para el Senado de Estados Unidos. Si no puedes arreglar los baches, lo demás no importa.

Tenía un consejo más que darle. Al día siguiente ella recibiría la Medalla de Oro del Congreso en una lujosa ceremonia en la Rotonda del Capitolio. Sería un merecido reconocimiento por sus años de liderazgo moral.

—Mañana, cuando recibas esa Medalla de Oro del Congreso, creo que deberías decir algo bueno sobre el presidente Thein Sein —le dije.

La tarde siguiente me reuní con los líderes del Congreso y unas quinientas personas más en el Capitolio para honrar a Suu Kyi. Cuando llegó mi turno de hablar, recordé la experiencia de conocer a Suu Kyi en la casa que había sido su prisión durante tantos años y lo comparé con caminar a lo largo de la isla Robben con Nelson Mandela años antes.

—Estos dos presos políticos estaban separados por grandes distancias, pero ambos tenían una elegancia poco común, una generosidad de espíritu y una voluntad inquebrantable —dije—. Y ambos entendieron algo que creo que todos tenemos que entender: el día en que salieron de prisión, el día en que se terminó el arresto domiciliario, no fue el final de la lucha. Fue el comienzo de una nueva fase. Superar el pasado, sanar a un país herido, construir una democracia, exigirá dejar de ser un icono para convertirse en política.

Miré a Suu Kyi y me pregunté si habría pensado en mi sugerencia de la noche anterior. Estaba visiblemente conmovida por la emoción del momento cuando tomó la palabra.

—Estoy aquí ahora con la plena seguridad de encontrarme entre amigos que estarán con nosotros mientras continuamos con nuestra tarea de construir una nación que ofrezca paz, prosperidad y derechos humanos fundamentales protegidos por la ley a todos los que habitan dentro de sus fronteras —dijo y luego agregó—: Esta tarea ha sido posible gracias a las reformas instituidas por el presidente Thein Sein. —La miré y sonreí—. Desde lo más profundo de mi corazón, agradezco al pueblo estadounidense y a ustedes, sus representantes, por tenernos en sus corazones y mentes en los años oscuros, cuando la libertad y la justicia parecían estar fuera de nuestro alcance. Habrá dificultades en el camino que tenemos por delante, pero estoy segura de que seremos capaces de superar todos los obstáculos con la ayuda y el apoyo de nuestros amigos.

—¿Qué tal estuvo eso? —me preguntó después, con un brillo especial en los ojos.

—Fue genial, realmente genial —le respondí.

—Bueno, pues voy a intentarlo, realmente lo voy a intentar.

La semana siguiente me encontré con Thein Sein en la Asamblea General de las Naciones Unidas en Nueva York y hablamos de muchas de las preocupaciones que Suu Kyi me había planteado. Parecía tener un mayor control que en nuestra primera conversación, en Nay Pyi Taw, y me escuchó atentamente. Thein Sein nunca sería un político carismático, pero estaba demostrando ser un líder eficaz. En su discurso en las Naciones Unidas, alabó por primera vez en un escenario público a Suu Kyi como su socia en la reforma y se comprometió a seguir trabajando con ella para la democracia.

———

En noviembre de 2012, el presidente Obama decidió ver "los titileos de progreso" de Birmania por sí mismo. Ese fue su primer viaje al exterior desde su reelección y sería el último que realizaríamos como un equipo. Después de visitar juntos al rey de Tailandia en su habitación de hospital en Bangkok, volamos a Birmania para una escala de seis horas, seguida de una cumbre de Asia del Este en Camboya. El presidente planeaba reunirse con Thein Sein y Suu Kyi, y hablar a los estudiantes de la Universidad de Rangún. Las multitudes abarrotaban las calles por las que pasábamos, los niños agitaban banderas de Estados Unidos, la gente estiraba el cuello para ver algo que había sido imposible imaginar poco antes.

Aunque no había pasado ni un año desde mi última visita, Rangún parecía una ciudad diferente. Los inversionistas extranjeros habían descubierto Birmania y se apresuraban a colocar apuestas en lo que veían como la última frontera de Asia. Se estaban construyendo edificios y los precios de los inmuebles se habían elevado notablemente. El gobierno había comenzado a relajar las restricciones en Internet y su uso se expandía lentamente. Los expertos en la industria esperaban que el mercado de teléfonos inteligentes en Birmania creciera de prácticamente ningún usuario en 2011 a 6 millones en 2017. Y ahora el presidente de los Estados Unidos había visitado Birmania.

—Hemos esperado esta visita durante cincuenta años —le dijo un hombre a lo largo de la ruta a un reportero—. En Estados Unidos hay justicia y leyes. Quiero que nuestro país sea así.

Para el trayecto desde el aeropuerto, Kurt y yo nos unimos al presidente en la inmensa limusina presidencial blindada que se transporta dondequiera que el presidente vaya (conocida cariñosamente como "la bestia"), junto con su asistente Valerie Jarrett. Mientras atravesábamos la ciudad, el presidente Obama observó por la ventana la dorada Pagoda de Shwedagon y preguntó qué era. Kurt le habló acerca de su lugar central en la cultura birmana y le contó que yo la había visitado en un gesto de respeto por el pueblo y la historia de Birmania. El presidente preguntó por qué él no la iba a visitar. Durante el proceso de planificación del viaje, el Servicio Secreto había vetado la idea de visitar el concurrido templo. Les preocupaban los riesgos de seguridad planteados por las multitudes de fieles (¡y definitivamente no querían quitarse los zapatos!) y nadie quería cerrar el templo al público y causarle molestias a todos los visitantes. Teniendo años de experiencia con las preocupaciones del Servicio Secreto, sugerí que tal vez aceptaran una parada imprevista y "extraoficial", o "OTR" como las llaman. Nadie se enteraría de que iba a entrar y eso podría disipar algunas de las preocupaciones de seguridad. Además, cuando el presidente decide que va a ir a un lugar, es muy difícil decirle que no. Muy pronto, después de la reunión con el presidente Thein Sein, nos encontrábamos dando un paseo por la antigua pagoda, rodeados de monjes budistas muy sorprendidos, y tan cerca de ser una pareja de turistas comunes como un presidente y un secretario de Estado alguna vez pueden serlo.

Tras la reunión con Thein Sein y la visita no programada a la pagoda, llegamos a la casa de Suu Kyi y ella recibió al presidente en lo que había sido su prisión y ahora era un centro de actividad política. Ella y yo nos abrazamos como las amigas en las que nos habíamos convertido. Ella agradeció al presidente el apoyo de Estados Unidos a la democracia en Birmania, pero advirtió:

—El momento más difícil en cualquier transición es cuando creemos que el éxito está a la vista. Entonces debemos asegurarnos de que no estamos siendo atraídos por el espejismo del éxito.

El final de la historia de Birmania está por escribirse y aún hay muchos desafíos. Las luchas étnicas continúan, despertando alarmas sobre nuevos abusos de los derechos humanos. En particular, los espasmos de violencia contra los rohingyas, una comunidad étnica musulmana, sacudieron el país en 2013 y principios de 2014. La decisión de expulsar a Médicos sin Fronteras de la zona y no contar en el próximo censo a los rohingyas, atrajo un aluvión de críticas. Todo esto amenazó con socavar el progreso y debilitar el apoyo internacional. Las elecciones generales de 2015 serán una prueba importante para la naciente democracia de Birmania y es necesario seguir trabajando para garantizar que sean libres y justas. En definitiva, Birmania podría seguir adelante o podría derrumbarse nuevamente. El apoyo de Estados Unidos y la comunidad internacional serán cruciales.

A veces es difícil no quedarse sin aliento cuando se piensa en Birmania, pero tenemos que permanecer conscientes y ser sensatos sobre los retos y dificultades que se avecinan. Algunos en Birmania carecen de la voluntad para completar el viaje hasta la democracia. Otros tienen la voluntad pero carecen de las herramientas. Hay un largo camino por recorrer. Aún así, tal como el presidente Obama dijo a los estudiantes en la Universidad de Rangún ese día en noviembre de 2012, lo que el pueblo birmano ya ha logrado es un notable testimonio del poder del espíritu humano y del anhelo universal de libertad. Para mí, los recuerdos de esos primeros días de progreso vacilante e incierta esperanza siguen siendo un punto culminante de mi tiempo como secretaria de Estado y una afirmación de la función única que Estados Unidos puede y debe desempeñar en el mundo como defensor de la dignidad y la democracia. Ese fue Estados Unidos en todo su esplendor.

TERCERA PARTE

Guerra y paz

7

Af-Pak: La oleada

El presidente Obama recorrió la mesa pidiendo a cada uno de nosotros nuestra recomendación. ¿Debemos desplegar más tropas para continuar la guerra de ocho años en Afganistán? Si es así, ¿cuántas? ¿Cuál debe ser su misión? Y ¿cuánto tiempo deberán permanecer allá antes de regresar a casa? Estas fueron algunas de las decisiones más difíciles que tendría que tomar como presidente. Las consecuencias serían duras para nuestros hombres y mujeres uniformados, nuestras familias militares y nuestra seguridad nacional, así como para el futuro de Afganistán.

Faltaban tres días para el Día de Acción de Gracias de 2009 y eran pasadas las ocho de la noche. El presidente se encontraba sentado en la cabecera de la larga mesa de la Sala de Situaciones de la Casa Blanca, rodeado por su Consejo de Seguridad Nacional. Yo estaba sentada al lado del consejero de Seguridad Nacional Jim Jones, a la izquierda del presidente, frente al vicepresidente Biden, el secretario de Defensa Bob Gates y el presidente del Estado Mayor Conjunto Mike Mullen. Frente a nosotros, la mesa estaba cubierta de papeles y carpetas. (Tras meses viendo a los jefes del Pentágono llegar a nuestras reuniones en la Sala de Situaciones con llamativas presentaciones en PowerPoint y coloridos mapas, le pedí al departamento de Estado que fuera más creativo en sus materiales informativos. Ahora circulaban un montón de coloridos mapas y gráficos).

Esta era mi tercera reunión del día en la Casa Blanca con el presidente Obama, y la novena vez desde septiembre que el equipo de Seguridad Nacional se reunía para debatir el camino a seguir en Afganistán. Analizamos el desafío desde todos los ángulos imaginables. Finalmente, nos decidimos a enviar treinta mil tropas estadounidenses a Afganistán para mediados de 2010, complementadas por diez mil más de nuestros aliados. Ellos implementarían un nuevo enfoque, centrado en garantizar la seguridad en las ciudades de Afganistán, reforzar al gobierno y prestar servicios a las personas, más que librar una batalla de desgaste con los insurgentes talibanes. Habría una revisión completa del progreso al final del año y podríamos empezar a retirar las tropas en julio de 2011. Cuántas y qué tan rápidamente sería discutible, pero probablemente la respuesta estaría dictada por las condiciones en el terreno.

El equipo estaba dividido en su opinión sobre los méritos de este plan. El secretario Gates y los militares lo apoyaban firmemente; el vicepresidente Biden se opuso con igual firmeza. Los principales argumentos se habían revisado cuidadosamente, pero el presidente quería saber una vez más qué pensaba cada uno de nosotros.

Afganistán, un país montañoso y sin salida al mar, situado entre Pakistán al este e Irán al oeste, es el hogar de unos 30 millones de habitantes entre los más pobres, menos educados y más marcados por la guerra en todo el mundo. Ha sido llamada el "cementerio de los imperios" porque muchos ejércitos invasores y con intensiones de ocupación han zozobrado en su implacable geografía. En la década de 1980, Estados Unidos, Arabia Saudita y Pakistán apoyaron una insurgencia contra el gobierno títere soviético. Los soviéticos se retiraron en 1989 y con esa victoria el interés de Estados Unidos en el país disminuyó.

Después de un período de guerra civil en la década de 1990, los talibanes, un grupo extremista con visiones culturales medievales, tomaron el control de Afganistán bajo el liderazgo de un radical clérigo tuerto llamado Mulá Omar. Impusieron severas restricciones a las mujeres en nombre del Islam: las mujeres fueron obligadas a permanecer fuera de la vista pública, a llevar *burka* completo —que las cubre totalmente de la cabeza a los pies, con tan sólo una abertura cubierta de malla para los ojos— y a no salir de sus casas si no iban acompañadas por un familiar varón; a las niñas y mujeres se les prohibió asistir a las escuelas y se les negaron los derechos sociales y económicos. Los talibanes infligían severos castigos —que iban desde la tortura hasta la ejecución pública— a las mujeres que violan sus normas. Las historias que se filtraban fuera del país eran terribles. Recuerdo oír hablar de una anciana que fue azotada con un cable metálico hasta romperle la pierna porque su tobillo alcanzaba a verse bajo el *burka*. Parece difícil creer que los seres humanos sean capaces de tanta crueldad y, además, en nombre de Dios.

Asqueada por lo que estaba sucediendo, como primera dama comencé a denunciarlos, en un esfuerzo para recabar la condena internacional. "Probablemente lo que sucede hoy en día en Afganistán, bajo el gobierno de los talibanes, es el más flagrante y sistemático pisoteo de los derechos fundamentales de las mujeres", declaré en 1999 en la celebración del Día Internacional de la Mujer en la ONU.

Los talibanes también dieron refugio a Osama bin Laden y otros terroristas de Al Qaeda. Muchos de estos fanáticos, que llegaron de otras partes a luchar contra los soviéticos, echaron profundas raíces en la región. En respuesta a los bombardeos de nuestras embajadas en África Oriental en 1998, la administración Clinton utilizó misiles de crucero para atacar un campamento de entrenamiento de Al Qaeda en Afganistán, donde los informes de inteligencia afirmaban que estaba bin Laden. Se las arregló para escapar. Luego sucedieron los ataques terroristas del 11 de septiembre de 2001. Cuando los talibanes se negaron a entregar a bin Laden, el presidente Bush ordenó la invasión de Afganistán y respaldó a un grupo rebelde denominado la Alianza del Norte para derrocar a los talibanes del poder.

La rápida victoria en el derrocamiento del régimen talibán en Afganistán pronto dio paso a una insurgencia de larga duración, a medida que los talibanes se reagrupaban en refugios en la frontera con Pakistán. Como senadora visité Afganistán tres veces, primero en 2003 para la cena de Acción de Gracias con nuestras tropas en Kandajar, y luego en 2005 y 2007. Nunca olvidaré las palabras de un soldado estadounidense que conocí: "Bienvenida al frente olvidado de la guerra contra el terrorismo", me dijo. Los talibanes aprovecharon la preocupación de la administración Bush con Irak y comenzaron a recuperar territorios en Afganistán que inicialmente habían sido forzados a ceder. El gobierno en Kabul, respaldado por Occidente, parecía ser corrupto e irresponsable. Los afganos estaban hambrientos, frustrados y asustados. No había suficientes tropas estadounidenses para controlar el país y la administración Bush no parecía tener una estrategia para revertir la caída.

Durante la campaña de 2008, tanto el entonces senador Obama como yo pedimos renovar el enfoque en Afganistán. Sería necesario enviar más tropas, sostuve, pero también necesitábamos una nueva estrategia que abordara el papel de Pakistán en el conflicto. "Las zonas fronterizas entre Pakistán y Afganistán están entre las más importantes y peligrosas del mundo", dije en un discurso pronunciado en febrero de 2008. "Ignorar la realidad de lo que está sucediendo en Afganistán y Pakistán ha sido uno de los fracasos más peligrosos de la política exterior de Bush". Los ataques contra las tropas estadounidenses y las de nuestros aliados continuaron aumentando y 2008 se convirtió en el año con más muertes en Afganistán hasta la fecha, con casi trescientos soldados de las fuerzas aliadas muertos en acción.

Cuando el presidente Obama se posesionó en enero de 2009, se encontró con una solicitud del Pentágono pidiendo miles de tropas adicionales para bloquear la esperada ofensiva de verano de los talibanes y garantizar la seguridad en las próximas elecciones presidenciales. Discutimos la propuesta en una de nuestras primeras reuniones del Consejo de Seguridad Nacional después de la posesión. A pesar de nuestras promesas de campaña de poner más recursos en la guerra en Afganistán, era razonable preguntarse si tenía sentido desplegar más tropas antes de diseñar una nueva estrategia. Pero la logística militar necesaria para desplegar esas fuerzas en el verano exigía una decisión rápida.

El presidente aprobó el despliegue de diecisiete mil tropas el 17 de febrero y comisionó una revisión de la estrategia dirigida por Bruce Riedel, un experto analista de la CIA con un amplio conocimiento del conflicto, junto con Michèle Flournoy, la funcionaria de tercer rango en el departamento de Defensa, y Richard Holbrooke, nuestro representante especial para Afganistán y Pakistán. En el informe que entregaron en marzo, recomendaron que en lugar de verlos como dos cuestiones distintas, Afganistán y Pakistán debían abordarse como un solo desafío regional, reducido a Af-Pak, y que debíamos dar mayor prioridad a la capacitación de tropas afganas para realizar las tareas que estábamos haciendo nosotros y nuestros aliados. En respuesta, el presidente Obama envió otros cuatro mil instructores militares a trabajar con las Fuerzas Afganas de Seguridad Nacional. El informe de Riedel hizo hincapié en la necesidad de utilizar "todos los elementos del poder nacional" en una bien equipada campaña contra la insurgencia. No sólo en el sentido militar, explicó Riedel, sino también el civil. Eso incluía diplomacia regional más intensa y mayor desarrollo económico, apoyo a la agricultura y la construcción de infraestructura. Gran parte de ese trabajo recaería en la USAID y el departamento de Estado.

El presidente anunció su estrategia militar y civil para Afganistán y Pakistán el 27 de marzo. Fijó una meta específica para la guerra: "Desestabilizar, desmantelar y derrotar a Al Qaeda en Pakistán y Afganistán, y evitar su regreso a cualquiera de esos países en el futuro". Al concentrarse tan específicamente sobre Al Qaeda, a diferencia de los insurgentes talibanes que eran los responsables de la mayoría de los combates, el presidente estaba volviendo a relacionar la guerra con su origen: los ataques del 9/11. También planteó la posibilidad de un proceso de paz y reconciliación que acogiera a los insurgentes bien dispuestos mientras que aislaba a los peores extremistas.

Aunque teníamos aproximadamente sesenta y ocho mil tropas estadounidenses en Afganistán, los combates de verano no dieron buenos resultados. La insurgencia talibán siguió ganando fuerza y la situación de seguridad se deterioró. Los informes señalaban un aumento de siete mil a veinticinco mil combatientes talibanes en los últimos tres años. Los ataques contra las fuerzas de la OTAN se incrementaron, con más de 260 muertes entre junio y septiembre, en comparación con menos de un centenar de víctimas durante los cuatro meses anteriores. En mayo, el presidente retiró al general al mando en Afganistán y lo reemplazó con el teniente general Stanley McChrystal. El secretario Gates explicó que el cambio era necesario para lograr "nuevas ideas" y "una nueva mirada". Luego, en agosto, las elecciones presidenciales afganas se vieron empañadas por el fraude generalizado. En septiembre, el general McChrystal pidió al presidente considerar la posibilidad de desplegar más tropas. Advirtió que, sin más recursos, todo el esfuerzo de guerra probablemente terminaría en un fracaso.

Eso no era lo que la Casa Blanca quería escuchar. Así que antes de que siquiera tuviera en cuenta la petición del Pentágono, el presidente quería estar seguro de que habíamos pensado en todas las opciones y contingencias. Dio inicio a una nueva revisión estratégica integral, esta vez dirigida por él mismo. A partir de un domingo a mediados de septiembre y continuando a lo largo de todo el otoño, el presidente Obama convocó regularmente a sus principales asesores de Seguridad Nacional en la Sala de Situaciones de la Casa Blanca para discutir las difíciles decisiones planteadas por una guerra que estaba a punto de convertirse en la más larga en la historia estadounidense.

El general McChrystal, con el apoyo del general David Petraeus, comandante general de todas las fuerzas de Estados Unidos en la región, al
final presentó tres opciones: desplegar una pequeña fuerza adicional de
alrededor de diez mil soldados para reforzar la formación del Ejército
afgano; enviar cuarenta mil tropas para luchar contra los talibanes en las
zonas más peleadas; o enviar más de ochenta mil soldados para tomar el
control de todo el país. Los generales eran expertos guerreros burocráticos
y, como los personajes en el cuento de Ricitos de Oro, a menudo presentaban tres opciones en respuesta a cualquier pregunta, esperando que la
del medio terminara siendo la elegida.

======

El general Petraeus probó ser un eficaz defensor de las sugerencias. Pensaba claro, era competente y políticamente astuto, y sus argumentos estaban respaldados por duras lecciones aprendidas en Irak. El problemático
legado de esa guerra se alzaba, amenazante, sobre nuestro debate del caso
de Afganistán.

Petraeus había tomado el mando de la fallida campaña estadounidense
en Irak a principios de 2007, en medio de otra mortal insurgencia. Enca-
bezaba la oleada de más de veinte mil tropas estadounidenses adicionales
que se desplegaron en algunas de las zonas más peligrosas del país. En
enero de 2007, en un discurso a una nación escéptica, el presidente Bush
anunció el aumento de tropas en Irak.

Su decisión de enviar más tropas fue algo sorprendente porque un respetado panel bipartidista, el Grupo de Estudio sobre Irak, había emitido
su informe recomendando entregar más responsabilidad a las fuerzas de
seguridad iraquíes, reducir las tropas estadounidenses y realizar esfuerzos
diplomáticos más intensos en la región. Fundamentalmente, el presidente
Bush optó por hacer todo lo contrario. En su discurso mencionó la diplomacia regional y la intención de hacer más para fomentar la reconciliación entre las sectas y facciones políticas de Irak, pero el mayor énfasis
fue sobre la seguridad que proporcionaría un aumento de las tropas de
Estados Unidos.

En ese momento dudé de que esa fuera la decisión correcta. Después
de años de oportunidades perdidas, había dudas sobre la capacidad de la
administración Bush para manejar una intensificación del conflicto. La
noche siguiente partí de viaje a Irak con el senador Evan Bayh de Indiana

y el congresista John McHugh de Nueva York, un republicano que llegó a servir como secretario del Ejército bajo el presidente Obama. Era mi tercera visita a Irak como senadora; la última vez, en 2005, había ido con los senadores John McCain, Susan Collins, Russ Feingold y Lindsey Graham. Quería ver con mis propios ojos cómo habían cambiado las cosas y hablar con nuestras tropas y comandantes para conocer sus puntos de vista sobre los retos que enfrentábamos.

También tenía otras razones para sentirme escéptica. Mi falta de confianza en la administración Bush se remontaba al otoño de 2002, cuando hizo alarde de irrefutable inteligencia sobre las armas de destrucción masiva de Saddam Hussein. Después de sopesar la evidencia y buscar tantas opiniones como pude dentro y fuera de nuestro gobierno, entre demócratas y republicanos por igual, voté autorizando la acción militar en Irak si los esfuerzos diplomáticos, o sea las inspecciones de armas de la ONU, fracasaban.

Llegué a lamentar profundamente haberle dado al presidente Bush el beneficio de la duda en esa votación. Posteriormente afirmó que la resolución le daba total autoridad para decidir cuándo se agotaba el plazo para las inspecciones de armas. El 20 de marzo de 2003, decidió que el plazo se había acabado y se lanzó a la guerra, con los inspectores de armas de la ONU rogando que les concediera unas semanas más para terminar el trabajo. En los años que siguieron, muchos senadores llegaron a desear haber votado en contra de la resolución. Yo fui una de ellos. A medida que la guerra se alargaba indefinidamente y con cada carta que le enviaba a una familia en Nueva York que había perdido un hijo o hija, un padre o una madre, mi error se hizo más doloroso.

Cinco años más tarde, el presidente Bush nos volvió a pedir que confiáramos en él, esta vez para aprobar un incremento en las tropas allí destinadas, y yo no estuve dispuesta a hacerlo. No creí que enviar más tropas resolviera el lío en el que estábamos. Nuestro ejército es el mejor del mundo y nuestras tropas dan todo para tener éxito en lo que se les ordena hacer, pero ponerles toda la carga a ellas solas, sin una estrategia diplomática sólida no era justo ni prudente. Necesitábamos hacer ambas cosas si pretendíamos llegar al corazón de los problemas subyacentes: los conflictos sectarios que estaban destruyendo el país, así como las rivalidades regionales en juego dentro de Irak. La mayor parte de la administración Bush parecía tener poco interés en ese tipo de trabajo, incluyendo confrontar o involucrar a Siria o Irán, aún cuando constituían una parte importante de los desafíos subyacentes que enfrentábamos en Irak. En 2003, Estados Unidos entró en guerra con Irak con sólo la mitad de una estrategia y excluyendo de la planificación de la posguerra al departamento de Estado de Colin Powell. Con sólo media estrategia no íbamos a lograrlo. Más tarde, cuando llegué al departamento de Estado como secretaria y conocí la experiencia de los profesionales de carrera que trabajaban allí, quedé aún más consternada de que hubieran sido en gran parte excluidos por la administración Bush.

Cuando Petraeus compareció ante el Comité de las Fuerzas Armadas del Senado para su audiencia de confirmación a finales de enero de 2007, lo presioné sobre esos puntos. Señalé que el manual de contrainsurgencia que él mismo había escrito en el Army's Command and General Staff College en Fort Leavenworth, Kansas, decía que el progreso militar está ligado al progreso político interno y que uno no puede tener éxito sin el otro. Habíamos aprendido la misma lección tratando de llevar la paz a los Balcanes.

—Usted está siendo enviado a administrar una política que francamente no refleja su experiencia o consejos —le dije—. Usted escribió el libro, General, pero la política no lo está siguiendo al pie de la letra. Y se le ha pedido que resuelva un problema imposible, que encuentre una solución militar para una crisis política.

Afortunadamente, cuando llegó a Irak, Petraeus siguió una estrategia que se parecía mucho más a lo que él había defendido en sus escritos y a lo que yo había enfatizado durante la audiencia, en lugar del enfoque de la administración Bush hasta la fecha. La estrategia integral de contrainsurgencia de Petraeus llegó a ser conocida como COIN. Se centraba en la protección de los centros de población civil y en ganar "el corazón y las mentes" de los iraquíes a través de proyectos de desarrollo y la construcción de relaciones. El lema de la estrategia se convirtió en "Despejar, controlar y construir". El objetivo era despejar un área de insurgentes, defenderla para que no pudieran regresar e invertir en infraestructura y gobernabilidad para que los residentes vieran una mejoría en sus vidas y comenzaran a defenderse. Bajo Petraeus, las tropas estadounidenses en Irak abandonaron sus inmensas y fortificadas bases y se dispersaron por los barrios y pueblos, con lo cual corrieron un mayor riesgo pero también pudieron contribuir a la seguridad.

Igualmente importante si no más relevante, hubo un cambio en el juego que pocos vieron venir. Varios jeques suníes que habían apoyado la insurgencia se hartaron de la brutalidad de Al Qaeda hacia su pueblo y rompieron con los extremistas. En lo que se conoció como el "Despertar sunita", más de 100.000 combatientes tribales cambiaron de bando y terminaron en la nómina estadounidense. Estos acontecimientos cambiaron profundamente la trayectoria de la guerra.

En casa, la política interna era ciertamente parte del telón de fondo del debate sobre el aumento de tropas. Para entonces estaba claro cuán mal lo habíamos hecho en Irak. Mientras que la guerra en Irak dividió a Estados Unidos desde el principio, en 2006 los estadounidenses estaban totalmente en contra de la guerra, como lo dejaron en claro durante las elecciones de mitad de mandato en noviembre. Como aprendimos en Vietnam, es muy difícil sostener una larga y costosa guerra sin el apoyo del pueblo estadounidense y un espíritu de sacrificio compartido. Pensé que, con tan abrumadora oposición en casa, no debíamos intensificar el compromiso de Estados Unidos en Irak.

Durante mi tiempo en el Senado hubo varios republicanos cuya opinión yo valoraba altamente. Uno de ellos era John Warner de Virginia. El senador Warner había servido anteriormente como secretario de la Marina bajo el presidente Nixon y era el miembro de más alto grado en el Comité de las Fuerzas Armadas del Senado, al que yo también pertenecía. Él había votado en favor de la resolución sobre Irak en 2002, así que cuando regresó de una visita a Irak a finales de 2006 y proclamó que a su juicio la guerra ahora estaba "saliendo mal", causó temblores en su propio partido y más allá. Aunque discreta, el hecho de que John Warner expresara este sentimiento era tanto una acusación como una exigencia de cambio.

Dondequiera que viajaba había gente que me decía que estaba totalmente en contra de la guerra y, consecuentemente, personalmente decepcionada conmigo. Muchos se habían opuesto desde el principio, otros se pusieron en contra con el tiempo. Lo más difícil era enfrentar a las angustiadas familias de militares que querían tener a sus seres queridos de vuelta, a los veteranos preocupados por sus amigos que continuaban prestando servicio en Irak y a los estadounidenses de todos los ámbitos sociales que tenían el corazón partido por todas las pérdidas de nuestros jóvenes hombres y mujeres. También estaban frustrados por una guerra que había debilitado la posición de nuestro país en el mundo, que no se estaba pagando y que estaba afectado nuestros intereses estratégicos en la región.

Aunque muchos nunca olvidarían mi voto de 2002, sin importar lo que hiciera o dijera, debí haber manifestado mi arrepentimiento antes y en el lenguaje más simple y directo posible. Casi lo había hecho al manifestar que me dolía la forma en que el presidente Bush usaba su autoridad y decir que si hubiésemos sabido entonces lo que aprendimos más tarde no habría habido un voto. Pero me abstuve de usar la palabra *error*. Y no fue por conveniencia política. Después de todo, los votantes de las primarias y la prensa clamaban para que pronunciara esa palabra. Cuando voté autorizando la fuerza en 2002, dije que "probablemente era la decisión más difícil que había tenido que tomar en la vida". Pensé que actuaba de buena fe y había tomado la mejor decisión que podía con la información que tenía disponible. Y no fui la única equivocada. Pero me equivoqué. Simple y llanamente.

En nuestra cultura política, reconocer que se cometió un error a menudo se considera como signo de debilidad, cuando en realidad puede ser un signo de fortaleza y crecimiento para la gente y las naciones. Es otra cosa que he aprendido a través de mi experiencia personal y como secretaria de Estado.

Servir como secretaria de Estado también me dio una participación en la responsabilidad de enviar estadounidenses al peligro para proteger nuestra seguridad nacional. Como primera dama, vi a Bill debatirse con la gravedad de estas decisiones, y como senadora en el Comité de las Fuerzas Armadas trabajé de cerca con mis colegas y jefes militares realizando una rigurosa supervisión. Pero no hay nada como sentarse en la mesa de la Sala de Situaciones de la Casa Blanca donde se debaten las cuestiones de la guerra y la paz y se enfrentan las consecuencias inesperadas de cada decisión. Y no hay nada que te prepare para que las personas enviadas a servir en un lugar peligroso no regresen a su hogar.

Sin importar cuánto lo quisiera, nunca podría cambiar mi voto sobre Irak. Pero sí podía ayudar a que aprendiéramos las lecciones correctas de aquella guerra y las aplicáramos a Afganistán y otros desafíos en los que teníamos intereses de seguridad fundamentales. Estaba decidida a hacer exactamente eso cuando enfrentara futuras decisiones difíciles, con más experiencia, sabiduría, escepticismo y humildad.

———

Los generales Petraeus y McChrystal proponían llevar COIN a Afganistán. Para ello, necesitaban más tropas al igual que había sucedido en Irak.

Pero ¿qué sucedería si esta vez no había un equivalente del Despertar sunita? ¿Sería posible que estuviéramos aprendiendo la lección equivocada de Irak?

El más franco opositor de las propuestas del Pentágono era el vicepresidente Biden. Para él, la idea de un aumento en las tropas era un imposible. Afganistán no era Irak. Un esfuerzo a gran escala para "construir nación" en un lugar con poca infraestructura o gobernanza estaba condenado al fracaso. No creía que los talibanes pudieran ser derrotados y le parecía que enviar más tropas estadounidenses era una receta perfecta para otro sangriento atolladero. En su lugar, el vicepresidente abogó por una menor ocupación militar y un enfoque en la lucha contra el terrorismo. El general Jones y Rahm Emanuel plantearon preocupaciones similares.

El problema con ese argumento era que si los talibanes continuaban ganando terreno en el país, sería mucho más difícil llevar a cabo operaciones eficaces contra el terrorismo. No tendríamos las mismas redes de inteligencia necesarias para localizar a los terroristas o las bases desde donde lanzar ataques dentro o fuera de Afganistán. Al Qaeda ya tenía refugios seguros en Pakistán. Si le dejábamos grandes zonas de Afganistán a los talibanes, recuperarían sus refugios allí también.

Otro escéptico sobre el envío de más tropas era Richard Holbrooke. Nos conocíamos desde la década de 1990, cuando se desempeñó como negociador en jefe de mi esposo en los Balcanes. En 1996, Holbrooke propuso que yo fuera a Bosnia a visitar a los líderes religiosos, grupos de la sociedad civil y las mujeres que habían soportado la peor parte de la violencia. Era una tarea inusual para una primera dama pero, como aprendí más adelante, Richard Holbrooke raramente desperdiciaba su tiempo en hacer lo usual.

Holbrooke era una figura grande e imponente, llena de talento y ambición. Después de unirse al Servicio Diplomático en 1962, a los veintiún años, lleno del idealismo de la era Kennedy, llegó a la madurez en Vietnam. Allí fue donde aprendió de primera mano sobre las dificultades de la contrainsurgencia. Richard ascendió rápidamente. En la administración Carter, cuando aún no tenía cuarenta años, fue nombrado secretario de Estado Adjunto para Asuntos de Asia Oriental y el Pacífico, y contribuyó a normalizar las relaciones con China. Aseguró su lugar en la historia al tener un mano a mano con el dictador serbio Slobodan Milošević en 1995 y negociar los Acuerdos de Paz de Dayton para poner fin a la guerra en Bosnia.

Mi relación con Richard se hizo más profunda con los años. Cuando era embajador ante la ONU, en los últimos años de la administración Clinton, trabajamos juntos en los problemas de salud global y el sida. También me hice amiga de su esposa, Kati Marton, periodista y autora. Las cenas ofrecidas por Richard y Kati eran maravillosas. Nunca sabías a quién encontrarías allí: un premio Nobel, una estrella de cine o una reina. Una noche Richard planeó una inusual sorpresa para mí. Alguna vez me había escuchado hacer un comentario favorable sobre el Salvation Army así que, en mitad de la cena, dio una señal, las puertas se abrieron y los miembros de la Banda del Salvation Army entraron marchando al comedor, cantando y tocando trompetas. Richard sonreía de oreja a oreja.

Cuando fui nombrada secretaria de Estado, sabía que él estaba ansioso por volver al servicio, así que le pedí que asumiera la cartera de Afganistán y Pakistán, que parecía estar necesitando su descomunal talento y personalidad. Richard había visitado Afganistán por primera vez en 1971 y ese fue el comienzo de una fascinación de toda una vida. Después de viajes a la región como ciudadano privado en 2006 y 2008, escribió varios artículos instando a la administración Bush a desarrollar una nueva estrategia para la guerra, con un énfasis creciente en Pakistán. Estuve de acuerdo con su análisis y le encomendé la tarea de armar un equipo conformado por las mejores mentes que pudiera encontrar en y fuera del gobierno para tratar de poner en práctica sus ideas. Rápidamente reclutó académicos, expertos de organizaciones no gubernamentales, talento emergente de nueve departamentos y agencias federales, e incluso representantes de gobiernos aliados. Era un ecléctico grupo de personas dedicadas, extravagantes, brillantes y muy enérgicas —en su mayoría bastante jóvenes— con quienes establecí una relación estrecha, especialmente después de que Richard murió.

Tomaba tiempo acostumbrarse al agresivo y aplastante estilo de Richard. Cuando tenía una idea, la presentaba implacablemente, llamando una y otra vez, sentándose a esperar fuera de mi oficina, irrumpiendo en reuniones sin invitación e, incluso, una vez llegó a seguirme hasta el baño de damas sólo para poder terminar de exponer su punto… nada menos que en Pakistán. Si rechazaba su sugerencia, esperaba unos días, hacía de cuenta que no había sucedido y volvía a intentarlo. Finalmente yo exclamaba:

—Richard, te he dicho que no. ¿Por qué sigues preguntando? —Él me miraba inocentemente y respondía:

—Pensé que en algún momento reconocerías que estás equivocada y que yo tengo razón.

Para ser justos, algunas veces sí sucedió. Esa tenacidad era lo que lo convertía en la mejor elección para esta ur-gente misión.

A principios del año 2009 invité a Richard y a Dave Petraeus a mi casa en Washington para que se conocieran mejor. Ambos eran hombres con ideas y energía infinita, y pensé que se entenderían bien. Inmediatamente se zambulleron en los problemas más espinosos de la política, alimentándose mutuamente. Al final de la velada exclamaron: "Volvamos a reunirnos mañana por la noche".

Richard compartía el interés de Dave en una estrategia de contrainsurgencia agresiva, centrada en reforzar la credibilidad del gobierno en Kabul y debilitar la atracción de los talibanes como alternativa. Pero no estaba seguro de que para lograrlo fueran necesarias decenas de miles de tropas adicionales. Le preocupaba la posibilidad de que más tropas y más combates alienaran a los civiles afganos y socavaran la buena voluntad lograda por el mayor desarrollo económico y la mejoría en la gobernanza.

Basándose en sus experiencias en los Balcanes, Richard creía que la diplomacia y la política eran las claves para poner fin a la guerra. Quería liderar una ofensiva diplomática para cambiar la dinámica regional que continuaba alimentando el conflicto, especialmente las tóxicas relaciones entre Pakistán y Afganistán y Pakistán e India. También nos presionó para que consideráramos la reconciliación entre los beligerantes combatientes afganos como una prioridad.

Richard comenzó a visitar capitales regionales, buscando cualquier apertura diplomática, sin importar cuán pequeña, que pudiera conducir a una solución política, a la vez que también instaba a los vecinos de Afganistán a aumentar el comercio y los contactos a través de la frontera. Incluso animó a muchos de nuestros aliados y socios a designar representantes especiales, de manera que él tuviera homólogos directos con quienes negociar.

En febrero de 2009, pocas semanas después de posesionarnos, organizó un "grupo de contacto" internacional sobre Afganistán que reunió unos cincuenta países, junto con representantes de la ONU, la OTAN, la Unión Europea y la Organización de Cooperación Islámica. Quería que todas las naciones y grupos que aportaban tropas, donaban fondos o

ejercían influencia al interior de Afganistán compartieran la responsabilidad reuniéndose con frecuencia para coordinar. Un mes más tarde,
Holbrooke y su equipo ayudaron a las Naciones Unidas a planear una
conferencia internacional sobre Afganistán en La Haya, Holanda. Accedí a invitar a Irán para poner a prueba la posibilidad de cooperar en
intereses compartidos en Afganistán, tales como mejorar la seguridad
fronteriza y frenar el tráfico de drogas. En el almuerzo, Holbrooke se
encontró con el diplomático iraní y sostuvieron un breve intercambio.
Ese fue uno de los contactos directos de más alto nivel entre nuestros
países desde el 9/11.

Dentro de Afganistán mismo, Holbrooke abogó por un "poder civil"
que pusiera en práctica las recomendaciones del informe de Riedel de
un dramático aumento en la ayuda para mejorar la vida de los afganos
y fortalecer al gobierno en Kabul. Presionó para transferir las operaciones antinarcóticos de Estados Unidos en Afganistán de los agricultores,
que apenas se ganaban la vida cultivando opio, a los narcotraficantes que
se estaban enriqueciendo y utilizando sus riquezas para ayudar a financiar la insurgencia. Intentó reorganizar los programas de desarrollo de
la USAID en Afganistán y Pakistán alrededor de proyectos que hicieran
una impresión positiva en las personas, incluyendo represas hidroeléctricas que dieran energía a Pakistán, que tanto necesitaba de ella. Y llegó a
ser un apasionado de la guerra propagandística, que los talibanes estaban
ganando a pesar de nuestros inmensamente superiores recursos y tecnología. Los insurgentes usaban radiotransmisores móviles montados en
burros, motocicletas y camionetas para sembrar el miedo, intimidar a las
poblaciones locales y evitar ser detectados por las fuerzas de la Coalición.
Para Richard, ese era un problema irritante.

Este torbellino de actividad produjo algunos daños colaterales. En la
Casa Blanca, algunos vieron sus esfuerzos para coordinar a diversas agencias gubernamentales como una intrusión en su territorio. Los asesores
más jóvenes de la Casa Blanca ponían los ojos en blanco cuando invocaba
las lecciones aprendidas en Vietnam. Los funcionarios que trabajan en la
campaña militar no entendían ni apreciaban su enfoque en proyectos agrícolas o torres de telefonía celular. El estilo de diplomacia de la vieja escuela
de Holbrooke —la mezcla de improvisación, halagos y bravatas con que
había ganado la partida con Milošević— no encajaba con la intención de
la Casa Blanca de ejecutar un proceso político ordenado y con el menor
drama posible. Fue doloroso ver marginado y socavado a un diplomático

tan consumado. Lo defendí siempre que pude, incluso en varios intentos de obligarlo a dejar su cargo.

En un momento dado, los asesores de la Casa Blanca me dijeron de frente que me deshiciera de Richard. "Si el presidente quiere despedir a Richard Holbrooke, tendrá que decírmelo él mismo", les respondí. Luego, como sucedía a menudo con las cuestiones difíciles, hablé directamente con el presidente Obama y le expliqué por qué pensaba que Richard era valioso. El presidente aceptó mi recomendación de permitir a Richard continuar con su importante labor.

Estaba convencida de que Richard tenía razón sobre la necesidad de una seria campaña diplomática y una "oleada civil", pero diferí cuando sostuvo que no eran necesarias tropas adicionales para que funcionara.

—¿Cómo obligaremos a los talibanes a sentarse a la mesa de negociación si tienen toda la ventaja? —le pregunté—. ¿Cómo puede haber una oleada civil en Kandajar si los talibanes lo controlan?

En el transcurso de nuestras frecuentes reuniones en la Sala de Situaciones, el presidente parecía estar aceptando la idea de desplegar las decenas de miles de tropas adicionales que los militares querían, junto con los nuevos diplomáticos y expertos en desarrollo que Richard y yo recomendábamos. Pero aún tenía muchas preguntas. La principal de ellas era cómo evitaríamos un compromiso abierto en una guerra interminable. ¿Cuál sería el final del juego?

Esperábamos que el gobierno y el ejército afganos a la larga serían lo suficientemente fuertes para asumir la responsabilidad de garantizar la seguridad de su propio país y mantener controlada la insurgencia, momento en el cual la ayuda de Estados Unidos ya no sería necesaria y nuestras tropas podrían regresar a casa. Ese era el motivo por el que nosotros y nuestros aliados estábamos entrenando soldados afganos, modernizando los ministerios de gobierno afganos y persiguiendo a los insurgentes: con el fin de allanar el camino para la transición al control afgano. Pero para que ese escenario funcionara, necesitábamos un socio confiable en Kabul que estuviera dispuesto a asumir esas responsabilidades. Y en el otoño de 2009 nadie confiaba en que tuviéramos uno.

━━━━

Hablar con Hamid Karzai, el presidente de Afganistán, solía ser un ejercicio frustrante. Es encantador, erudito y apasionado respecto a sus creencias. También es orgulloso, terco y se enfurecía ante cualquier cosa que considerara un desaire. Sin embargo, no había manera de evitarlo o aceptar sólo esas características suyas con las que estábamos de acuerdo. Nos gustara o no, Karzai era una pieza clave de nuestra misión en Afganistán.

Karzai era descendiente de una prominente familia pashtún con una larga trayectoria en la política afgana. En 2001, fue instalado por las Naciones Unidas como líder de transición después de la caída de los talibanes y más tarde fue elegido como presidente interino por el gran consejo de ancianos de la tribu, la *loya jirga*. Posteriormente, en 2004, ganó las primeras elecciones presidenciales realizadas en el país. Responsable de un país desgarrado por las rivalidades étnicas, devastado por décadas de guerra y desestabilizado por una insurgencia continua, Karzai luchó para proporcionar seguridad y servicios básicos más allá de Kabul, la capital. Regularmente frustraba a sus socios estadounidenses con virulentos arrebatos en persona y en la prensa. Pero también era un verdadero sobreviviente político, que exitosamente enfrentaba entre sí a las facciones afganas rivales y logró formar un fuerte vínculo personal con el presidente George W. Bush. A pesar de su reputación de hombre voluble, Karzai era en realidad muy consistente cuando se trataba de sus prioridades básicas de mantener la soberanía, la unidad afgana… y su propio poder.

Desde el 9/11, yo había llegado a conocer bastante bien a Karzai. En junio de 2004 lo llevé a Fort Drum en Nueva York para que pudiera agradecer a los soldados de la 10ª División de Montaña, una de las divisiones más desplegadas del Ejército de Estados Unidos, por su servicio en Afganistán. A lo largo de los años tuve el privilegio de pasar tiempo con los hombres y mujeres de la 10ª División de Montaña, en Fort Drum así como en Irak y Afganistán. Como senadora, siempre que visité una de esas zonas de guerra intenté encontrar tiempo para hablar con los soldados de Nueva York sobre lo que realmente estaba pasando en el terreno. Escuché desgarradores informes sobre armadura corporal inadecuada y Humvees vulnerables, pero también historias de valentía y perseverancia. Cuando Karzai se reunió conmigo en Fort Drum, fue amable y respetuoso de los sacrificios que las tropas estaban haciendo en su país. Sin embargo, en otras ocasiones a lo largo de los años parecía culpar más a los estadounidenses que a los talibanes por la violencia en su país. Eso era difícil de tolerar.

Sin embargo, necesitábamos a Karzai, así que trabajé duro para relacionarme con él. Nos entendíamos bien a nivel personal y político. Y, como con muchos otros líderes del mundo, el respeto y cortesía personal funcionaban bien con Karzai. Así que siempre que venía a Washington, yo buscaba formas de hacerlo sentir como el invitado de honor que era. En esas condiciones él era un socio más productivo. Un día fuimos a pasear por el jardín de rosas en la hacienda Dumbarton Oaks en Georgetown y tomamos el té en la terraza. Me habló más francamente que de costumbre sobre los retos que enfrentaba en casa, particularmente las continuas amenazas que llegaban desde los refugios seguros en Pakistán. Agradeciendo mis gestos en Washington, se esforzaba por ser hospitalario cuando yo visitaba Kabul y me presentó a su esposa en los aposentos privados de la familia.

En agosto de 2009, Karzai se postuló para su reelección en unas votaciones que los observadores internacionales descubrieron estar plagadas de fraudes. La ONU pidió una segunda vuelta entre Karzai y su más cercano competidor, Abdullah Abdullah, pero Karzai se negó. Estaba enojado por lo que consideraba una injerencia extranjera en las elecciones (estaba convencido de que Holbrooke estaba conspirando para destituirlo) y desesperado por retener el poder. Su orgullo fue herido cuando no lo declararon vencedor en la primera vuelta. Para octubre la situación amenazaba con debilitar el apoyo internacional a su gobierno y acabar con la poca credibilidad que tenía con el pueblo afgano.

—Piense en las consecuencias históricas tanto para usted, como primer líder elegido democráticamente, como para su país —le rogué por teléfono, tratando de negociar un compromiso que preservara la estabilidad para el país y la legitimidad del régimen de Kabul—. Usted tiene la oportunidad de surgir con un gobierno más fuerte bajo su liderazgo, pero eso depende de las decisiones que tome de ahora en adelante.

Karzai se atrincheró. Estaba a la defensiva a causa de las alegaciones de fraude generalizado en las elecciones.

—¿Cómo podemos decirle a la población que todos sus votos fueron fraudulentos? —preguntó. Después de todo habían desafiado los intentos de intimidación de los talibanes para evitar que participaran en las elecciones—. Le cortaron los dedos y las narices a la gente, les dispararon, las mujeres jóvenes hicieron sacrificios, sus tropas hicieron sacrificios. Decir que todo eso fue malo y no tiene validez es una declaración aterradora.

Karzai tenía razón sobre los extraordinarios sacrificios que habían hecho los afganos, pero se equivocaba en su forma de honrarlos.

Durante los siguientes días seguimos discutiendo. Le expliqué a Karzai

que si aceptaba la votación de desempate —que probablemente ganaría—
ganaría moralmente y reforzaría su credibilidad ante la comunidad internacional y sus propios ciudadanos. Me alegró que el senador John Kerry, el
presidente de la Comisión de Relaciones Exteriores, estuviera planeando
visitar Kabul. Sería un valioso aliado en el terreno, ayudándome a convencer a Karzai de aceptar una segunda ronda de votaciones. Con Kerry
en la habitación con Karzai, y yo hablando por teléfono desde mi oficina
en el departamento de Estado, nos alternamos para convencerlo usando
nuestras propias experiencias para defender nuestros argumentos.

—Yo he sido candidata y mi esposo también —le recordé—. Sé lo que
es ganar y perder. Y el senador Kerry también lo sabe. Sabemos lo difíciles
que pueden ser estas decisiones.

Sentí que estábamos progresando así que, cuando llegó la hora de
que Kerry regresara a Washington para cumplir sus obligaciones en el
Senado, le pedí que permaneciera en Kabul un poco más. Me pidió que
me comunicara con el líder de la Mayoría del Senado, Harry Reid, para
solicitar que no se celebraran votaciones hasta que él regresara. Cuando
hablé con Reid, accedió a darle un período de gracia de un día pero dijo
que necesitaba a Kerry de regreso rápidamente.

Finalmente, tras cuatro días de presión, Karzai cedió. Aceptaría las
conclusiones de los observadores de la ONU y permitiría una segunda
votación que se celebraría a principios de noviembre. Al final, Abdullah
abandonaría la lucha y Karzai fue declarado ganador. No fue bonito,
pero al menos evitamos un golpe fatal a la legitimidad general de Karzai,
la probabilidad del colapso de su gobierno y grandes dudas acerca de la
democracia por parte de muchos afganos.

A mediados de noviembre asistí a la posesión de Karzai en Kabul.
La ciudad estaba bajo medidas excepcionales de seguridad pues líderes
del mundo entero se reunieron allí. Durante una larga cena en el Palacio
Presidencial la víspera de la ceremonia, presioné a Karzai en varios puntos. En primer lugar, recalqué que ya era hora de empezar a hablar en
serio sobre la forma de transferir la responsabilidad por la seguridad de la
Coalición Internacional liderada por Estados Unidos al Ejército Nacional
afgano. Nadie esperaba que esto sucediera de la noche a la mañana, pero
el presidente Obama quería garantías de que Estados Unidos no estaba
haciendo un compromiso abierto.

También hablé con Karzai sobre las posibilidades de un acuerdo político que algún día pudiera dar fin a la lucha. ¿Podrían las negociaciones

o incentivos alguna vez convencer a suficientes miembros de los talibanes de dejar sus armas y aceptar el nuevo Afganistán? O ¿nos enfrentamos a un grupo de extremistas implacables que nunca se comprometerían ni conciliarían? Los obstáculos para este tipo de proceso de paz parecían casi insuperables. Sin embargo, le recordé a Karzai que nadie iba a atravesar la puerta si no estaba abierta. Karzai siempre estaba dispuesto a entablar negociaciones con los talibanes en sus propios términos. Uno de nuestros problemas con él fue que no veía a los talibanes como su principal rival en la guerra. Para él, su rival era Pakistán. Era reacio incluso a visitar a sus propias fuerzas, que estaban luchando contra los talibanes en el campo. Pensaba que tanto las fuerzas de Coalición, como Afganistán debían dirigir la mayor parte de sus esfuerzos contra Pakistán, mientras él negociaba con sus compañeros pashtunes entre los talibanes. Desgraciadamente para él, los talibanes no querían corresponderle. Las fuerzas de defensa y los diplomáticos de Estados Unidos tendrían que sentar las bases y luego reunir a las partes. Entretanto, Karzai se acercaba a cualquiera que pretendiera representar a los talibanes.

Finalmente le dejé claro que, tras la polémica elección, era esencial que él demostrara más voluntad de combatir la corrupción. La corrupción era endémica en Afganistán: agotaba los recursos, alimentaba una cultura de la ilegalidad y alienaba al pueblo afgano. Necesitaba un plan para atacar la "corrupción cotidiana" del soborno —que es parte de la vida afgana— y la perniciosa corrupción de los altos funcionarios que regularmente desviaban ingentes recursos de ayuda y proyectos internacionales de desarrollo a sus propios bolsillos. El peor ejemplo de ello fue el saqueo del Banco de Kabul. No necesitábamos que Afganistán se convirtiera en una "ciudad en lo alto de una colina", pero reducir el robo y la extorsión a gran escala era vital para el esfuerzo bélico.

Al día siguiente, Karzai avanzó orgulloso por una alfombra roja flanqueada por una guardia de honor en uniforme de gala. Si uno veía solamente a esos soldados, con sus impecables guantes blancos y brillantes botas, no habría sabido que el naciente Ejército Nacional afgano distaba aún mucho de estar preparado para liderar la lucha contra los talibanes. Ese día, al menos, lucían confiados y al mando.

Al igual que Karzai. Como de costumbre, era una figura espectacular, con su distintiva capa y gallardo sombrero. Yo era una de las pocas mujeres presentes y Karzai me presentó a los líderes pashtunes de, como él decía, ambos lados de la frontera no reconocida entre Afganistán y Pakistán. Los pashtunes están entre las gentes más sorprendentemente atractivas del mundo. Sus rostros afilados y sus a menudo penetrantes ojos azules son resaltados por los elaborados turbantes. De estas gentes provenía Karzai y nunca lo olvidó.

Karzai pronunció su discurso inaugural en el Palacio, rodeado por banderas afganas y una enorme cama de flores rojas y blancas. Dijo casi todas las cosas correctas. Se comprometió convincentemente a atacar la corrupción. Anunció una nueva medida que habíamos discutido para exigir a los funcionarios del gobierno registrar sus bienes de forma que fuera más fácil rastrear el dinero e influencias. También esbozó los pasos para mejorar la prestación de servicios básicos, fortalecer el sistema de justicia y ampliar las oportunidades económicas y educativas. A los insurgentes, les hizo esta oferta: "Acogeremos y proporcionaremos la ayuda necesaria a todos los compatriotas desencantados que estén dispuestos a regresar a sus hogares, vivir en paz y aceptar la Constitución", con una advertencia que excluía a Al Qaeda y los combatientes directamente vinculados con el terrorismo internacional. Para demostrar que hablaba en serio, prometió convocar otra *loya jirga* para discutir el lanzamiento de un proceso de paz y reconciliación.

Más importante aún, Karzai se comprometió a agilizar los esfuerzos para crear una fuerza de seguridad nacional afgana capacitada y efectiva que fuera capaz de reemplazar a las tropas estadounidenses e internacionales con el tiempo.

—Estamos decididos a que, en los próximos cinco años, las fuerzas afganas sean capaces de tomar la iniciativa para garantizar la seguridad y la estabilidad en todo el país —dijo.

Eso era lo que el presidente Obama había estado esperando oír.

———

El 23 de noviembre me reuní con el presidente Obama, primero en una reunión del gabinete a mediodía, luego al final de la tarde en el Despacho Oval con el vicepresidente Biden y, finalmente, en una sesión nocturna del Consejo de Seguridad Nacional en la Sala de Situaciones de la Casa Blanca. Fue la culminación de meses de debate.

Informé al presidente sobre mi viaje a Kabul, incluídas mis conversaciones con Karzai. Entonces le expuse mi pensamiento, empezando por la premisa de que no podíamos abandonar Afganistán. Estados Unidos lo había intentado en 1989, después de que los soviéticos se retiraron, y pagó un precio doloroso al permitir que el país se convirtiera en un refugio seguro para terroristas. La situación actual tampoco era aceptable. Las tropas estadounidenses estaban muriendo y el gobierno en Kabul perdía terreno cada día. Algo tenía que cambiar.

Yo estaba de acuerdo con el aumento de tropas propuesto por los militares, combinado con una oleada civil y esfuerzos diplomáticos en Afganistán y la región para poner fin al conflicto. Estaba convencida de que más fuerzas militares eran cruciales para crear el espacio para un proceso de transición a la responsabilidad afgana, para proporcionar la estabilidad y seguridad necesarias para ayudar a construir y fortalecer al gobierno, y para asegurar una ventaja al buscar una solución diplomática.

Compartía la renuencia del presidente ante un compromiso abierto sin condiciones ni expectativas. Por eso presioné tanto a Karzai para que presentara en su discurso de posesión una visión de la transición de la responsabilidad por la seguridad a los afganos. Planear esa transición y ganar la confianza de la comunidad internacional tendrían que ser las prioridades en el futuro.

El presidente escuchó cuidadosamente todos los argumentos presentados por los que estábamos sentados alrededor de la mesa. Se estaba haciendo tarde y él aún no estaba listo para tomar una decisión. Pero en unos días, después de una revisión final de las opciones militares con Gates y Mullen, lo estaría.

El presidente Obama decidió anunciar su nueva política en un discurso en West Point. Después de llamar a los líderes extranjeros e informar a los miembros del Congreso, me reuní con él en el Marine One para el corto viaje en helicóptero hasta la base Andrews de la Fuerza Aérea, donde abordamos el Air Force One con destino al Aeropuerto Internacional Stewart de Nueva York. Luego subimos a otro Marine One con destino a West Point. Generalmente no soy muy aficionada a los helicópteros; son ruidosos y estrechos, y desafían la gravedad sólo con un esfuerzo feroz y discordante. Pero Marine One es diferente. La cabina del icónico helicóptero presidencial verde y blanco se siente más como un avión pequeño, con asientos de cuero blanco, cortinas azules y espacio para una docena de pasajeros. Y es tan silencioso como viajar en un coche. Despegar del jardín sur de la Casa Blanca, inclinarse sobre el National Mall, pasar tan cerca del monumento a Washington que parece que uno podría estirar la mano y tocar el mármol… es una experiencia única.

En este viaje me senté al lado de Gates y Mullen, frente a Jones y el presidente, quien releyó el borrador del discurso una vez más. Este era un presidente que había sido elegido en buena parte debido a su oposición a la guerra en Irak y su promesa de acabar con ella. Ahora se disponía a explicarle al pueblo estadounidense por qué iba a incrementar nuestra participación en otra guerra en un país lejano. Fue un debate difícil, pero yo consideraba que el presidente había tomado la decisión correcta.

Cuando llegamos a West Point, tomé asiento junto al secretario Gates en el teatro Eisenhower, frente a un mar de cadetes vestidos de gris. A la derecha de Gates estaba el general Eric Shinseki, el secretario de Asuntos Veteranos. Como jefe mayor del Ejército en 2003, había advertido proféticamente a la administración Bush que se necesitarían muchas más tropas de las que se estaban presupuestando para asegurar Irak después de una invasión. Como resultado de su honestidad, Shinseki fue criticado, marginado y finalmente se retiró. Ahora estábamos aquí, casi siete años más tarde, una vez más debatiendo cuántas tropas eran realmente necesarias para alcanzar nuestras metas.

El presidente comenzó recordando a la audiencia por qué Estados Unidos estaba en Afganistán.

"Nosotros no buscamos esta pelea", comenzó. "Pero cuando Al Qaeda atacó a Estados Unidos el 11 de septiembre de 2001, un ataque planeado bajo la protección de los talibanes en Afganistán, nos impuso la guerra". Luego explicó que la guerra en Irak había desviado los recursos y la atención de los esfuerzos en Afganistán. Cuando el presidente Obama asumió el cargo, había poco más de 32.000 tropas estadounidenses en Afganistán, en comparación con las 160.000 que hubo en Irak en el apogeo de la guerra. "Afganistán no está perdido, pero desde hace varios años se mueve en reversa", dijo. "Los talibanes han ganado ímpetu". Reafirmó nuestra más específica misión en Afganistán: desestabilizar, desmantelar y derrotar a Al Qaeda en Afganistán y Pakistán, y quitarle su capacidad para amenazar a Estados Unidos y a nuestros aliados en el futuro. Luego explicó que enviaría 30.000 tropas estadounidenses adicionales para cumplir la misión, junto con contribuciones adicionales de nuestros aliados. "Después de dieciocho meses, nuestras tropas comenzarán a regresar a casa", dijo.

Era un plazo más duro de lo que yo esperaba, y me preocupó que pudiera enviar señales equivocadas a amigos y enemigos por igual. Aunque creía firmemente en la necesidad de un aumento de tropas con plazos definidos y una transición rápida, pensé que había beneficios en jugar nuestras cartas más cuidadosamente. Sin embargo, con el ritmo de retirada no especificado, había suficiente flexibilidad para hacer el trabajo.

El presidente destacó la importancia de estimular el desarrollo económico en Afganistán y reducir la corrupción, ordenándonos a concentrar nuestra asistencia en áreas como la agricultura, que podrían tener un impacto inmediato en la vida del pueblo afgano, y establecer nuevas normas para la transparencia y rendición de cuentas.

El secretario adjunto Jack Lew estaba a cargo de dirigir al personal y fondos para nuestra "oleada civil". Holbrooke y su equipo, junto con nuestra embajada en Kabul, definieron sus prioridades: dar a los afganos participación en el futuro de su país y proporcionar alternativas creíbles al extremismo y la insurgencia. Durante el próximo año triplicaríamos el número de diplomáticos, expertos en desarrollo y otros especialistas civiles en Afganistán, a la vez que multiplicaríamos por seis nuestra presencia en el campo de batalla. Para cuando salí del departamento de Estado, los afganos habían progresado. El crecimiento económico había aumentado y la producción de opio había decaído. La mortalidad infantil había disminuido en un 22 por ciento. Bajo el gobierno talibán, solamente 900.000 niños —y ninguna niña— estaban inscritos en las escuelas. Para el año 2010, 7,1 millones de estudiantes estaban matriculados, y casi el 40 por ciento eran niñas. Las mujeres afganas recibieron más de 100.000 pequeños préstamos personales que les permitieron iniciar negocios y entrar en la economía formal. Cientos de miles de agricultores fueron entrenados y equipados con nuevas semillas y técnicas.

Ese día en West Point, yo no me engañaba acerca de lo difícil que sería darle la vuelta a esa guerra. Pero, al considerar todos los factores, creo que el presidente tomó la decisión correcta y nos puso en la mejor posición posible para tener éxito. Aún así, los desafíos que teníamos por delante eran enormes. Miré a los cadetes que llenaban todos los asientos del cavernoso teatro. Estaban sentados escuchando embelesados a su comandante en jefe que hablaba sobre una guerra en la que pronto muchos de ellos participarían. Eran rostros jóvenes, llenos de promesas y propósito, preparándose para enfrentar un mundo peligroso con la esperanza de hacer de Estados Unidos un lugar más seguro. Esperaba que no les estuviéramos fallando. Cuando el presidente terminó su discurso, caminó entre la multitud estrechando manos y los cadetes se arremolinaron a su alrededor.

8

Afganistán: Poner fin a una guerra

Richard Holbrooke era, por naturaleza, un mediador. En la década de 1990, como describió en su fascinante libro *To End a War* (*Acabar con una guerra*), acosó, amenazó, lisonjeó y bebió whisky con Slobodan Milošević —todo lo que fuera necesario para arrinconar al dictador serbio hasta lograr que cediera—. En un día difícil durante las conversaciones de paz auspiciadas por Estados Unidos en Dayton, Ohio, cuando Milošević se negaba a ceder un centímetro, Richard lo llevó a pasear a un hangar de la base Wright-Patterson de la Fuerza Aérea repleto de aviones de combate, dándole un recordatorio visual del poder militar estadounidense. El mensaje era claro: comprométase o enfrente las consecuencias. Todo el esfuerzo fue un deslumbrante despliegue de habilidad diplomática y acabó con una guerra que había parecido inmanejable.

Richard ansiaba hacer en Afganistán lo que había hecho por los Balcanes: reconciliar a las partes y negociar un final pacífico del conflicto. Era consciente de lo difícil que sería; le confió a sus amigos que esta era la tarea más difícil de una carrera llena de momentos de "misión: imposible". Pero como me dijo desde el principio, estaba convencido de que valía la pena intentar crear las condiciones para un proceso de paz. Si los talibanes podían ser persuadidos o presionados a cortar sus vínculos con Al Qaeda y reconciliarse con el gobierno en Kabul, la paz sería posible y las tropas estadounidenses podrían regresar a casa. A fin de cuentas, a pesar de toda la influencia y participación de Pakistán, Estados Unidos y otros, esta no era una guerra entre naciones; era una guerra entre afganos para definir el futuro de su país. Y como observó Richard alguna vez, "En toda guerra de este tipo, siempre hay una puerta abierta para quienes quieren entrar".

La historia nos dice que las insurgencias raramente terminan con una ceremonia de rendición en la cubierta de un buque de guerra. En su lugar, tienden a perder fuerza gracias a persistentes esfuerzos diplomáticos, constantes mejorías en la calidad de vida de la gente, y una perseverancia inquebrantable de aquellos que quieren la paz.

En mis primeras conversaciones con Holbrooke sobre las posibilidades de una solución política al conflicto, discutimos dos maneras de encarar el problema: del fondo hacia arriba y de arriba hacia abajo. La primera era más sencilla. Había buenas razones para pensar que muchos combatientes talibanes de bajo rango no eran particularmente ideológicos. Eran granjeros o campesinos que se unieron a la insurgencia porque ofrecía un ingreso estable y respeto, en un país asolado por la pobreza y la corrupción. Si se les ofrecía una amnistía y otros incentivos, algunos de estos combatientes abandonarían voluntariamente el campo de batalla y se reintegrarían a la vida civil, especialmente si se cansaban de absorber la creciente presión militar estadounidense. Si un número significativo se avinieran a hacerlo, quedarían los extremistas fanáticos para sostener la insurgencia: un desafío mucho más manejable para el gobierno en Kabul.

El enfoque descendente era más difícil pero potencialmente más decisivo. Los líderes de los talibanes eran fanáticos religiosos que habían pasado prácticamente toda su vida dedicados a la guerra. Tenían estrechos vínculos con Al Qaeda, relaciones con los oficiales de inteligencia paquistaníes y una oposición profundamente arraigada al régimen de Kabul. Era poco probable convencerlos de dejar de luchar. Pero con suficiente presión, tal vez se dieran cuenta de que la oposición armada era inútil y el único camino hacia un papel en la vida pública afgana estaba en las negociaciones. A pesar del grado de dificultad, Richard pensaba que debíamos seguir ambos enfoques simultáneamente y yo estuve de acuerdo.

En marzo de 2009, la revisión de la estrategia realizada por Riedel endosó un esfuerzo de reintegración de abajo hacia arriba, pero rechazó la posibilidad de un proceso de paz de arriba hacia abajo. Los líderes talibanes son "irreconciliables y no podemos hacer un acuerdo que los incluya", indicó. Aún así, la revisión estableció algunos principios básicos que serían guías importantes para cualquiera de los dos acercamientos. Para reconciliarse, los insurgentes tendrían que deponer las armas, rechazar a Al Qaeda y aceptar la Constitución afgana. Y la reconciliación no debería ser a expensas del progreso de Afganistán en temas como la igualdad de género y los derechos humanos, ni conducir a un retorno a las políticas sociales reaccionarias.

Eso siempre me había preocupado profundamente, desde mi época como primera dama y mientras estuve en el Senado. Tras la caída del régimen talibán en 2001, trabajé con otras mujeres senadoras para apoyar a la primera dama Laura Bush para crear un Consejo de Mujeres de Estados Unidos y Afganistán y otros programas que apoyaran a las mujeres afganas en su lucha por nuevos derechos y oportunidades. Cuando fui nombrada secretaria de Estado, exigí que todos nuestros proyectos políticos y de desarrollo en Afganistán tomaran en cuenta las necesidades y preocupaciones de las mujeres afganas. Crear oportunidades para las mujeres no era sólo una cuestión moral; era vital para la economía y la seguridad de Afganistán. Aunque la vida siguió siendo difícil para las mujeres afganas, vimos algunos resultados alentadores. En 2001, la esperanza de vida de las mujeres en Afganistán era de tan sólo cuarenta y cuatro años. Para 2012 había saltado a sesenta y dos. Las tasas de mortalidad de madres, bebés y niños menores de cinco años disminuyeron significativamente. Cerca de 120.000 niñas afganas se graduaron de la escuela secundaria en esos años, 15.000 se matricularon en las universidades, y casi 500 mujeres se unieron a las facultades universitarias. Esas cifras son sorprendentes si tenemos en cuenta que al principio del siglo xxi eran cercanas a cero en todos los ámbitos.

A pesar de esos avances, las mujeres afganas enfrentan constantes amenazas a su seguridad y estatus, y no sólo por parte de los talibanes. En la primavera de 2009, por ejemplo, el presidente Karzai firmó una terrible ley que restringía drásticamente los derechos de las mujeres pertenecientes a la minoría chiíta, y particularmente las del grupo étnico llamado hazara, que tenían tradiciones culturales conservadoras. La ley, que incluía disposiciones que efectivamente legalizaban la violación marital y exigían a las mujeres chiitas obtener permiso de sus maridos antes de salir de la casa, violó flagrantemente la Constitución afgana. Karzai había respaldado la medida como una forma de asegurar el apoyo de los intransigentes líderes hazara, pero sobra decir que esa no era una excusa válida. Quedé horrorizada y se lo hice saber a Karzai.

Llamé a Karzai tres veces en el transcurso de dos días para instarle a revocar la ley. Si la constitución podía ser ignorada y los derechos de esta minoría descartados, los derechos de todos —hombres y mujeres—

estarían en la cuerda floja. Debilitaría el peso moral de su régimen en la lucha contra los talibanes. Yo sabía cuánta importancia daba Karzai a las relaciones personales y el respeto, así que también le hice saber que esto era importante para mí personalmente. Le expliqué que si dejaba vigente esa escandalosa ley, me sería muy difícil justificar por qué las mujeres estadounidenses —incluyendo a mis antiguas colegas en el Congreso— debían continuar apoyándolo. Le estaba hablando en el idioma que él entendía. Karzai aceptó poner la ley en espera y enviarla de vuelta al ministerio de Justicia para su revisión. Finalmente se realizaron cambios. Aunque no era suficiente, era un paso en la dirección correcta. Para mantener un acuerdo con Karzai, generalmente mantuve este tipo de diplomacia personal en secreto. Quería que supiera que podíamos hablar —y discutir— sin que todo terminara en los periódicos.

Siempre que me reunía con mujeres afganas, ya fuera en Kabul o en conferencias internacionales alrededor del mundo, conmovedoramente me contaban cuánto querían ayudar a construir y dirigir su país, así como sus temores de que sus ganancias duramente obtenidas fuesen sacrificadas tan pronto como las tropas estadounidenses partieran o Karzai hiciera un trato con los talibanes. Eso sería una tragedia no sólo para las mujeres afganas sino para todo el país. Así que en todas las conversaciones sobre la reinserción de los insurgentes y la reconciliación con los talibanes, dejé muy claro que no sería aceptable canjear los derechos de las mujeres afganas para comprar la paz. Eso no sería paz.

Convertí los criterios de la revisión de Riedel para la reintegración —abandonar la violencia, romper relaciones con Al Qaeda y apoyar la Constitución— en un mantra de mi diplomacia. En nuestra primera Conferencia Internacional sobre Afganistán, en La Haya en marzo de 2009, hablé a los delegados reunidos de dividir a "los extremistas de Al Qaeda y de los talibanes de aquellos que se unieron a sus filas no por convicción sino por desesperación". En una conferencia internacional en Londres en enero de 2010, Japón acordó comprometer 50 millones de dólares en incentivos financieros para sacar a los combatientes de bajo rango del campo de batalla. Prometí que Estados Unidos también proporcionaría fondos sustanciales y convencimos a otros países de seguir nuestro ejemplo.

En una entrevista en Londres, me preguntaron si "sería una sorpresa y tal vez incluso perturbador" para los estadounidenses escuchar que estábamos tratando de reconciliarnos con algunos insurgentes al mismo tiempo que el presidente enviaba más tropas para luchar contra los mismos talibanes.

—No puedes tener lo uno sin lo otro —respondí—. No es probable que una oleada de fuerzas militares sin ningún esfuerzo político tenga éxito… Un esfuerzo para tratar de hacer la paz con tus enemigos sin fuerza que lo respalde no puede tener éxito. Así que, de hecho, esta es una estrategia combinada que tiene mucho sentido.

Ese había sido mi argumento durante los muchos debates sostenidos sobre el aumento de tropas en la Sala de Situaciones de la Casa Blanca y era coherente con mis creencias sobre el poder inteligente. Pero reconocí que aun si era una estrategia inteligente, podría ser difícil de aceptar. Así que añadí:

—Creo que tu pregunta surge de la preocupación de la gente que dice, "a ver, espera un momento, esos son los malos. ¿Por qué estamos hablando con ellos?".

La pregunta era justa, pero en ese momento no estábamos hablando de reconciliarnos con los cerebros terroristas o los líderes talibanes que protegían a Osama bin Laden. Expliqué que lo que estábamos intentando era acoger a los insurgentes que se unieron a los talibanes porque necesitaban un sueldo.

Hasta ahora, al menos, eso era cierto… para nosotros. Por su parte, Karzai hizo honor a las declaraciones de su discurso de posesión de 2009 sobre la reconciliación, y exploró la posibilidad de sostener conversaciones directas con los líderes talibanes. En el verano de 2010 convocó a una tradicional reunión de ancianos de las tribus de todo Afganistán para apoyar sus esfuerzos. Luego nombró un Consejo de Paz liderado por el ex presidente afgano Burhanuddin Rabbani para conducir las posibles negociaciones. (Trágicamente, Rabbani fue asesinado en septiembre de 2011 por un terrorista suicida que llevaba explosivos ocultos en su turbante. Su hijo accedió a tomar su lugar en el consejo).

Un obstáculo para estos primeros esfuerzos afganos fue la oposición de elementos del servicio de inteligencia paquistaní, o ISI. El ISI tenía una larga relación con los talibanes, remontándose a la lucha contra los soviéticos en la década de 1980. Continuaron proporcionándoles refugio para insurgentes dentro de Pakistán y apoyaron la insurgencia en Afganistán como una estrategia para mantener desequilibrado a Kabul y evitar una potencial influencia india allí. Los paquistaníes no querían ver a Karzai alcanzar una paz con los talibanes que no tomara en cuenta sus intereses. Y esa era sólo una de las complicaciones que enfrentaba Karzai. También tenía que preocuparse por la oposición de sus aliados en la antigua

Alianza del Norte, muchos de los cuales eran miembros de minorías étnicas como la tayiko y uzbeka, y sospechaban que Karzai los vendería a sus compañeros pashtunes en los talibanes. Era claro que alinear a todos estos jugadores e intereses para forjar una paz duradera iba a ser como armar el cubo de Rubik.

Para el otoño de 2010, Kabul estaba alborotada por los informes sobre un nuevo canal de comunicación entre Karzai y los dirigentes talibanes. Los asistentes de Karzai sostuvieron una serie de reuniones con un contacto que cruzó la frontera de Pakistán y al cual las tropas de la Coalición dieron un salvoconducto. En un momento dado fue llevado en un avión de la OTAN a Kabul para reunirse con Karzai mismo. El hombre afirmaba ser el Mullah Akhtar Muhammad Mansour, un alto comandante talibán, y dijo estar dispuesto a negociar. Supuestamente se les mostró una fotografía del hombre a algunos combatientes talibanes capturados y ellos confirmaron su identidad. Era un prospecto emocionante.

En octubre, en una cumbre de la OTAN en Bruselas, Bélgica, el secretario Gates y yo fuimos interrogados sobre esos informes. Ambos recalcamos nuestro apoyo para explorar cualquier probable esfuerzo de reconciliación, pero advertí: "Hay muchas presiones diferentes que pueden o no ser legítimas o resultar en una genuina reconciliación".

Desafortunadamente mi escepticismo estaba justificado. En Afganistán, la historia comenzaba a desmoronarse. Algunos afganos que habían conocido a Mansour durante años afirmaban que este negociador no se parecía en nada a él. En noviembre el *New York Times* informó que el gobierno afgano había determinado que después de todo el hombre era un impostor y no uno de los altos mandos de los talibanes. El *Times* se refirió a ello como "un episodio que podría haber sido sacado de una novela de espionaje". Para Karzai, fue una amarga decepción.

Mientras los afganos pasaban de un callejón sin salida a otro, Holbrooke y su equipo —incluyendo al conocido estudioso Vali Nasr— se concentraron en Pakistán, al que consideraban una de las piezas clave para descifrar el rompecabezas. Necesitábamos involucrar a los paquistaníes en el futuro de Afganistán y convencerlos de que tenían más que ganar de la paz que con la continuación del conflicto.

Richard se aferró a un estancado "tratado de comercio transitorio" entre Afganistán y Pakistán que había estado languideciendo inacabado desde la década de 1960. Si se completaba, se reducirían las barreras comerciales y los bienes de consumo y materias primas fluirían a través de una frontera que en los últimos años había visto más movimiento de tropas y envíos de armas que otra cosa. Él sostenía que si los afganos y paquistaníes podían comerciar juntos, tal vez aprenderían a trabajar juntos para luchar contra los militantes que los amenazaban a ambos. Y el aumento del comercio daría un impulso a la economía en ambos lados de la frontera y ofrecería a los pobladores alternativas al extremismo y la insurgencia, sin mencionar que cada uno de ellos tendría más interés en el éxito del otro. Richard presionó exitosamente a ambos países para reiniciar las negociaciones y resolver sus diferencias.

En julio de 2010 volé a Islamabad, la capital de Pakistán, para presenciar la firma formal del tratado. Los ministros de Comercio paquistaní y afgano se sentaron uno al lado del otro, con las miradas fijas en las gruesas carpetas verdes que contenían el acuerdo final. Richard y yo permanecimos de pie detrás de ellos, junto con el primer ministro pakistaní Yousaf Raza Gilani. Observamos a los hombres firmar cuidadosamente el acuerdo y luego estrecharse la mano. Todo el mundo aplaudió este paso tangible, con la esperanza de que terminara representando no sólo un nuevo negocio sino también una nueva mentalidad.

Ese fue la primera pieza de una visión que llegaríamos a llamar "la nueva ruta de la seda", una red de vínculos comerciales y de comunicación que uniría a Afganistán con sus vecinos, dándoles a todos ellos un interés en fomentar la paz y la seguridad. En los siguientes años, Estados Unidos comprometió 70 millones de dólares para mejorar significativamente las carreteras más importantes entre Afganistán y Pakistán, incluyendo la del famoso Paso Jáiber. También animamos a Pakistán a conceder a India el estatus de "nación más favorecida" y a India a liberar las barreras a la inversión pakistaní y los flujos financieros, ambas propuestas siguen avanzando. Dada la desconfianza que existe entre ellos, lograr algo en el frente Pakistán-India no era tarea fácil. Electricidad proveniente de Uzbekistán y Turkmenistán comenzó a alimentar a las empresas afganas; los trenes comenzaron a recorrer la nueva línea de ferrocarril de la frontera con Uzbekistán a la norteña ciudad afgana de Mazar-e-Sharif; progresaron los planes para un gasoducto que algún día podría enviar miles de millones de dólares de gas natural desde la rica en energía Asia Central, a través de Afganistán, al hambriento de energía sur de Asia. Todas estas mejoras eran inversiones a largo plazo en un futuro más pacífico y próspero para una región estancada durante mucho tiempo por los conflictos y rivalidades. Sin duda, era un proceso lento pero, incluso en el corto plazo, esta visión inyectaba un sentido de optimismo y progreso en lugares donde realmente lo necesitaban.

En Islamabad, en ese viaje en julio de 2010 (y en todas las otras visitas que hice allí), presioné fuertemente a los líderes de Pakistán para que entendieran la guerra de Afganistán como una responsabilidad compartida. Necesitábamos su ayuda para cerrar los refugios desde donde los insurgentes talibanes organizaban sus mortales ataques al otro lado de la frontera. Tal como Richard seguía enfatizando, sin el apoyo pakistaní nunca se daría una solución diplomática al conflicto. En una entrevista televisiva con cinco periodistas de la televisión pakistaní en casa de nuestro embajador —parte de mi plan para ser tratada como un saco de boxeo por la hostil prensa paquistaní para demostrarles lo seriamente que consideraba nuestro compromiso—, me preguntaron si era posible perseguir tal acuerdo mientras seguíamos aporreando al otro bando en el campo de batalla.

—No hay ninguna contradicción entre intentar derrotar a aquellos que están decididos a luchar y abrirle la puerta a aquellos que están dispuestos a reintegrarse y conciliar —respondí.

De hecho, Richard y yo aún albergábamos la esperanza de que los principales líderes talibanes algún día quisieran negociar. Y hubo algunos desarrollos intrigantes. En el otoño de 2009 Richard visitó El Cairo y altos funcionarios egipcios le informaron que varios representantes de los talibanes, incluyendo a un asistente del gran líder Mulá Omar, los habían visitado recientemente. A comienzos de 2010, un diplomático alemán informó que también se había reunido con el mismo asistente, esta vez en el golfo Pérsico, y que creía tener una línea directa con el elusivo jefe talibán. Más interesante aún, presuntamente quería encontrar una manera de hablar directamente con nosotros.

Richard consideró que esto era una apertura que tenía que ser probada, pero algunos de nuestros colegas en el Pentágono, la CIA y la Casa Blanca eran reacios. Muchos estaban de acuerdo con el análisis de la revisión de Riedel, según el cual los máximos dirigentes de los talibanes eran extremistas que nunca podrían reconciliarse con el gobierno en Kabul. Otros pensaban que aún no había llegado el momento de negociar. La oleada acababa de comenzar y necesitaba tiempo para ser efectiva. Algunos no querían aceptar el riesgo político de implicarse tan directamente con un adversario responsable de asesinar soldados estadounidenses. Yo entendía ese escepticismo, pero le ordené a Richard explorar discretamente las posibilidades.

Como fanático recalcitrante del béisbol, Richard comenzó a llamar a Agha, el contacto talibán que más adelante fue identificado en los reportes de los medios como Syed Tayyab Agha, por el nombre en clave "A-Rod" (Alex Rodríguez) y el apodo pegó. Los alemanes y egipcios afirmaron que era nuestro hombre, un representante autorizado para hablar en nombre del Mulá Omar y los altos mandos de los talibanes. Los noruegos, que tenían contactos entre los talibanes, estuvieron de acuerdo. No estábamos seguros, especialmente después de que otros posibles canales resultaron ser un fracaso, pero sentíamos que valía la pena proceder con cautela.

En el otoño, cuando el gobierno afgano estaba embrollado con el impostor talibán, avanzamos con una primera reunión exploratoria en Alemania bajo el más estricto secreto. En una tarde de domingo en octubre, Richard llamó a su asistente Frank Ruggiero, que había servido como consejero civil del Ejército en Kandajar, le pidió que se preparara para ir a Múnich a reunirse con A-Rod. Ruggiero se encontraba en el auto con su hija de siete años de edad, cruzando el puente Benjamín Franklin en Filadelfia. Richard le dijo que recordara el momento porque podíamos estar a punto de hacer historia. (Eso fue clásico de Holbrooke y su irrefrenable gusto por lo dramático. Se veía a sí mismo luchando con la historia, y siempre creyó que podía ganar).

El día después de Acción de Gracias, Richard le dio a Ruggiero sus instrucciones finales.

—El objetivo más importante de la primera reunión es tener una segunda reunión —le dijo—. Sé diplomático, expón claramente los límites autorizado por la secretaria de Estado y mantenlos negociando. La secretaria está siguiendo esto muy de cerca, así que llámame en cuanto salgas de la reunión.

Los límites eran las mismas condiciones que yo había estado repitiendo durante más de un año: si los talibanes querían reintegrarse tendrían que abandonar la lucha, romper con Al Qaeda y aceptar la constitución afgana, incluyendo sus clausulas de protección para las mujeres. Esas condiciones no eran negociables. Pero más allá de eso, como le dije a Richard, estaba abierta a la diplomacia creativa que nos permitiera acercarnos a la paz.

Dos días más tarde, Ruggiero y Jeff Hayes, del Consejo de Seguridad Nacional en la Casa Blanca, llegaron a una casa dispuesta por los alemanes en un pueblo de las afueras de Múnich. Michael Steiner, el representante especial alemán para Afganistán y Pakistán, era el anfitrión. A-Rod era joven, en sus treinta, pero había trabajado para Mulá Omar durante más

1

Rodeada de amigos y partidarios en el National Building Museum en Washington, D.C., termino mi campaña presidencial el 7 de junio de 2008 y respaldo a Barack Obama después de hacer "18 millones de grietas en el techo de cristal" más alto y más difícil.

2

Tras una larga noche de escritura y reescritura, Bill y yo hacemos los últimos cambios en mi discurso de despedida antes de salir de nuestra casa en Washington el 7 de junio de 2008.

A pesar de la reñida campaña, Barack y yo hablamos cómodamente en junio de 2008 en el autobús, de camino a nuestro primer evento conjunto en Unity, New Hampshire, un pueblo elegido no sólo por su nombre sino también porque habíamos obtenido exactamente el mismo número de votos en las primarias. El mitin en Unity fue diseñado para enviar el mensaje inequívoco de que la primaria había quedado atrás y ahora éramos un equipo.

5

IZQUIERDA: El 1 de diciembre de 2008, en Chicago, el presidente electo Obama me anuncia como su opción para servir como la sexagésima séptima secretaria de Estado, junto con el resto de su equipo de Seguridad Nacional. Detrás de nosotros están: el asesor de Seguridad Nacional designado, el general en retiro de Marina James Jones; el vicepresidente electo Joe Biden; el secretario de Defensa Robert Gates; la secretaria designada de Seguridad Nacional Janet Napolitano; y el fiscal general designado Eric Holder.

ABAJO: El vicepresidente Biden me toma el juramento ceremonial de cargo en el departamento de Estado el 2 de febrero de 2009, mientras Bill, Chelsea y mi madre, Dorothy, ayudan a sostener la Biblia. Oficialmente juré el cargo unas pocas semanas antes en mi oficina del Senado inmediatamente después de la votación de confirmación, para poder comenzar a trabajar inmediatamente.

6

Atravesando el vestíbulo del departamento de Estado por primera vez como secretaria de Estado, el 22 de enero de 2009, quedé abrumada por el recibimiento tan entusiasta.

La calidez y el humor del vicepresidente Biden serían bienvenidos durante las largas horas pasadas en la Sala de Situaciones de la Casa Blanca. También procurábamos reunirnos a desayunar todas las semanas en el Observatorio Naval, su residencia oficial.

Tuve el honor de servir en el gabinete del presidente Obama, fotografiado aquí con el presidente Obama y el vicepresidente Biden en el Grand Foyer de la Casa Blanca el 26 de julio de 2012. Sentados, de izquierda a derecha, están: el secretario de Transporte Ray LaHood; la secretaria interina de Comercio Rebecca Blank; la embajadora de Estados Unidos ante la ONU Susan Rice; y el secretario de Agricultura Tom Vilsack. De pie en la segunda fila, de izquierda a derecha: el secretario de Educación Arne Duncan; el fiscal general Eric H. Holder Jr.; la secretaria del Trabajo Hilda L. Solis; el secretario del Tesoro Timothy F. Geithner; el jefe de gabinete Jack Lew (que anteriormente se había desempeñado como mi secretario de Estado adjunto); yo; el secretario de Defensa Leon Panetta, el secretario de Asuntos de los Veteranos Eric K. Shinseki; la secretaria de Seguridad Nacional Janet Napolitano; y el representante comercial de Estados Unidos Ron Kirk. De pie en la tercera fila, de izquierda a derecha: el secretario de Vivienda y Desarrollo Urbano Shaun Donovan; el secretario de Energía Steven Chu; la secretaria de Salud y Servicios Sociales Kathleen Sebelius; el secretario del Interior Ken Salazar; la administradora de la Agencia de Protección Ambiental Lisa P. Jackson; el director interino de la Oficina de Administración y Presupuesto Jeffrey D. Zients; el presidente del Consejo de Asesores Económicos Alan Krueger; y la administradora de la Agencia Federal para el Desarrollo de las Pequeñas Empresas Karen G. Mills.

Con algunos de mis extraordinarios colegas del departamento de Estado. Mi equipo estaba compuesto por funcionarios del Servicio Diplomático, funcionarios de carrera y asesores.

La primera dama Michelle Obama y yo nos acercamos gracias a nuestras experiencias compartidas como primeras damas, algunas de ellas divertidas.

En mi primer día completo en el trabajo, el presidente Obama y el vicepresidente Biden visitan el departamento de Estado para anunciar el nombramiento de Richard Holbrooke (izquierda) como representante especial para Afganistán y Pakistán, y al senador George Mitchell (derecha) como enviado especial para la Paz en el Medio Oriente.

Tomando un rápido almuerzo en la cafetería del departamento de Estado. Intentaba comer con regularidad pero frecuentemente no era fácil, especialmente estando de viaje.

Mis consejeros superiores, de izquierda a derecha, Jake Sullivan, Philippe Reines y Huma Abedin, en nuestro hogar lejos de casa, un 757 azul y blanco de la Fuerza Aérea de los Estados Unidos. ¡En cuatro años pasamos un total de ochenta y siete días completos en el aire!

Un lindo día de abril de 2009, el presidente Obama sugirió que termináramos una reunión en la mesa de picnic fuera del Despacho Oval en el jardín sur. Intentábamos reunirnos por lo menos una vez a la semana. Sorprendentemente, visité la Casa Blanca más de setecientas veces durante mis cuatro años como secretaria del Estado.

Descendí del avión
por primera vez como
secretaria de Estado en
Tokio, Japón, el 16 de
febrero de 2009. Rompí
con la tradición al hacer
mi primer viaje a Asia,
demostrando nuestro
"giro" hacia la región.

Me encantó recuperar el contacto
con la emperatriz Michiko de
Japón, quien estaba encantada de
que yo hubiera escogido a Japón
para mi primera parada como
secretaria de Estado.

Con un adorable grupo de estudiantes de la escuela a la que asistió el presidente Obama cuando era niño en Yakarta, Indonesia, en febrero de 2009. Indonesia es una potencia regional emergente y el hogar de la Asociación de Naciones del Sudeste Asiático (ANSA), un importante socio en nuestro compromiso en Asia.

En agosto de 2009, tras negociar con el dictador norcoreano Kim Jong-il, Bill obtuvo la liberación de dos periodistas estadounidenses detenidas cuando trabajaban para Current TV, Laura Ling (centro) y Euna Lee (derecha). Su regreso a Estados Unidos fue un momento emotivo. De pie con Bill están los fundadores de Current TV Joel Hyatt y el ex vicepresidente Al Gore.

El secretario de Defensa Bob Gates y yo observamos a través de binoculares la aislada Corea del Norte desde un puesto de guardia en la zona desmilitarizada (DMZ), en julio de 2010.

Un soldado de Corea del Norte nos mira por la ventana mientras Bob Gates y yo recorremos un edificio en la zona desmilitarizada, la frontera más fortificada del mundo.

Observando a los bailarines tradicionales indios en la Fundación Kalakshetra en Chennai, India, en julio de 2011, me recordó la riqueza histórica y cultural del país.

23

El consejero de Estado chino Dai Bingguo y yo nos encontramos por primera vez en febrero de 2009 en Beijing. Una vez me mostró una foto de su nieta, comentando, "Por esto estamos en esto".

24

El ministro de Relaciones Exteriores chino, Yang Jiechi, me visita en el departamento de Estado en marzo de 2009. El ascenso de China es uno de los más significativos desarrollos estratégicos de nuestro tiempo. No es una relación que encaje perfectamente en categorías como amigo o rival, y probablemente nunca lo será. Es por ello que pasé tanto tiempo trabajando para alcanzar el equilibrio apropiado.

Con el presidente Obama y el secretario del Tesoro Tim Geithner junto con nuestros homólogos chinos en la residencia del embajador de Estados Unidos en Londres, donde todos asistíamos a una reunión del G-20 en abril de 2009. De izquierda a derecha: el consejero de Estado Dai Bingguo; el vice primer ministro Wang Qishan; el presidente Hu Jintao; el presidente Obama; yo; y el secretario Geithner.

Cuando me enteré de que Estados Unidos era uno de los únicos países que no participarían en la Exposición Mundial en Shanghái, China, reuní un equipo para asegurarme de que el pabellón de Estados Unidos fuera un éxito. La mejor parte de mi visita de mayo de 2010 a la Exposición fue conversar con los jóvenes estudiantes chinos y estadounidenses.

El mejor momento para la "MOTB" (siglas para *mother of the bride*, madre de la novia): el matrimonio de Chelsea el 31 de julio de 2010, en Rhinebeck, Nueva York. De izquierda a derecha: Bill, yo y mi madre, Dorothy, con Chelsea y su esposo, Marc. Significó mucho para Chelsea tener a su abuela con ella durante la planeación y la boda con Marc.

ARRIBA: El disidente chino Chen Guangcheng es escoltado fuera de la embajada de Estados Unidos en Beijing por, de izquierda a derecha: el asesor legal Harold Koh, el embajador de Estados Unidos ante China Gary Locke y el secretario de Estado adjunto para Asuntos de Asia Oriental y el Pacífico Kurt Campbell. ABAJO: Tuve la oportunidad de conocer a Chen en diciembre de 2013, en Washington, D.C.

Con el presidente Thein Sein de Birmania en su ornamentada oficina ceremonial en Nay Pyi Taw, a finales de 2011. Fui la primera secretaria de Estado estadounidense en visitar el país en más de cincuenta años, en un intento de fomentar el progreso democrático.

Maravillada con el entorno mientras recorro la exquisita Pagoda de Shwedagon durante mi visita a Rangún, Birmania, en diciembre de 2011.

32

La primera vez que conocí a la ganadora birmana del Premio Nobel de la Paz, Aung San Suu Kyi, en diciembre de 2011, ambas vestíamos de blanco. Me pareció una coincidencia favorable. Sentí como si nos hubiéramos conocido toda la vida, aunque acababan de presentarnos.

33

Cuando regresé a la Pagoda de Shwedagon con el presidente Obama, golpeé la enorme campana tres veces. Esperábamos enviar al pueblo de Birmania el mensaje de que Estados Unidos estaba interesado en involucrarse con ellos, así como con su gobierno. (¡Nótense mis pies descalzos!)

34

En noviembre de 2012, bajo la mirada del presidente Obama, Aung San Suu Kyi y yo nos despedimos con un emotivo abrazo. Suu Kyi es una inspiración para su país y para mí, y yo valoro profundamente la amistad que hemos desarrollado.

de una década. Hablaba inglés y, a diferencia de muchos líderes talibanes, tenía algo de experiencia con la diplomacia internacional. Todos los participantes estuvieron de acuerdo en la necesidad de mantener el secreto absoluto. No podría haber filtraciones; si los pakistaníes se enteraban de esta reunión, podrían socavar las negociaciones tal como lo habían hecho con los primeros esfuerzos de Karzai.

El grupo habló durante seis intensas horas, tanteándose unos a otros y tocando cuidadosamente cada uno de los enormes problemas. ¿Podrían los enemigos jurados realmente llegar a algún tipo de entendimiento que pusiera fin a una guerra y reconstruyera un país destrozado? Después de tantos años de lucha, era bastante difícil sentarse juntos y hablar cara a cara, ni hablar de confiar unos en otros. Ruggeiro expuso nuestras condiciones. La principal preocupación de los talibanes parecía ser el destino de sus combatientes presos en Guantánamo y otras cárceles. En todas las discusiones sobre prisioneros, nosotros exigíamos la liberación del sargento del Ejército Bowe Bergdahl, quien fue capturado en junio de 2009. No habría ningún acuerdo sobre prisioneros si el sargento no regresaba a casa.

Al día siguiente, Richard condujo hasta el Aeropuerto Dulles para esperar el avión de Ruggiero. No podía esperar para obtener el informe de primera mano que luego me transmitiría. Los dos se sentaron en Harry's Tap Room en el aeropuerto, y Ruggiero habló mientras Richard atacaba una hamburguesa con queso.

——

Unos días después del regreso de Ruggiero de Múnich, el 11 de diciembre de 2010, él y Richard vinieron a mi oficina en el séptimo piso del departamento de Estado para discutir con Jake Sullivan y conmigo la mejor forma de proceder. También estábamos en las etapas finales de la revisión de la política de un año que el presidente Obama había prometido cuando aprobó el aumento de tropas. Nadie diría que las cosas iban bien en Afganistán, pero había algunos avances alentadores. Las tropas adicionales estaban ayudando a atenuar el ímpetu de los talibanes. La seguridad mejoraba en Kabul y en provincias claves como Helmand y Kandajar. Nuestros esfuerzos de desarrollo estaban comenzando a hacer una diferencia en la economía, y nuestra diplomacia en la región y con la comunidad internacional estaba tomando impulso.

En noviembre había asistido con el presidente Obama a una cumbre de

líderes de la OTAN en Lisboa, Portugal. La Cumbre reafirmó la misión
compartida en Afganistán y acordó una trayectoria para transferir la responsabilidad por la seguridad a las fuerzas afganas a finales de 2014, junto
con un compromiso permanente de la OTAN para la seguridad y la estabilidad del país. Lo más importante, la Cumbre envió un fuerte mensaje
de que la comunidad internacional estaba unida en su apoyo a la estrategia
que el presidente Obama había anunciado en West Point. El aumento de
las fuerzas estadounidenses, complementado con las de nuestros socios de
la OTAN y la Coalición, estaba ayudando a crear las condiciones para la
transición política y económica, el traspaso de la seguridad, y la base para
una ofensiva diplomática. Había una hoja de ruta clara para el fin de las
operaciones de combate de Estados Unidos y el continuo apoyo que sabíamos sería necesario para que la democracia afgana sobreviviera. Ahora
teníamos un canal de comunicación secreto con los líderes talibanes que
parecía genuino y podría algún día conducir a verdaderas negociaciones
de paz entre los afganos. (Mi portavoz Toria Nuland, con su talento para
las líneas citables, empezó a abreviar nuestras tres líneas interdependientes
de trabajo en Afganistán como "Luchar, negociar, construir". Me pareció
que era una excelente forma de resumirlo).

Richard estaba entusiasmado con el apoyo recibido en Lisboa y, a lo
largo del proceso de revisión de la política, volvió a insistir ante todo el
que quiso escucharlo en que la diplomacia tiene que ser un elemento central de nuestra estrategia en el futuro. El 11 de diciembre llegó tarde a la
reunión en mi oficina, explicando que había estado ocupado primero con
el embajador pakistaní y luego en la Casa Blanca. Como de costumbre,
estaba lleno de ideas y opiniones. Pero a medida que hablábamos, guardó
silencio y repentinamente su rostro se tiñó de un alarmante rojo brillante.

—Richard, ¿qué te pasa? —pregunté. Supe inmediatamente que era
grave. Él me miró y dijo:

—Algo terrible está ocurriendo.

Era tal su sufrimiento físico que insistí en que fuera a ver al personal
médico del departamento de Estado, en la planta baja del edificio. Aceptó
a regañadientes y Jake, Frank y Claire Coleman, mi asistente ejecutiva,
lo ayudaron a bajar.

Los médicos lo remitieron de urgencia al cercano Hospital de George
Washington University. Tomó el ascensor hasta el garaje y subió a una
ambulancia para el corto trayecto. Dan Feldman, uno de sus asesores más
cercanos, fue con él. Cuando llegaron a la sala de emergencias, los médicos

encontraron un desgarro en la aorta y lo enviaron directamente a cirugía. La operación duró veintiún horas. El daño fue grave y su pronóstico no era bueno, pero los doctores no se rendían.

Yo estaba en el hospital cuando terminó la cirugía. Los doctores estaban "cautelosamente optimistas" y dijeron que las siguientes horas serían cruciales. La esposa de Richard, Kati, sus hijos y sus muchos amigos permanecían en el hospital. Su equipo del departamento de Estado se ofreció a hacer turnos en el vestíbulo para ayudar a atender a los visitantes y proteger a Kati de intromisiones. Durante horas interminables ninguno de ellos dejó el hospital. El Centro de Operaciones estaba recibiendo muchas llamadas de líderes extranjeros preocupados por Richard. El presidente pakistaní, Asif Ali Zardari, estaba particularmente ansioso por hablar con Kati y expresarle su preocupación. Anunció que había gente en todo Pakistán orando por su esposo.

A la mañana siguiente, con Richard aún aferrándose a la vida, los médicos decidieron que era necesaria otra cirugía para tratar de detener la hemorragia. Todos rezamos. Yo me mantuve cerca del hospital, como tantos otros que amaban a Richard. Alrededor de las once de la mañana, el presidente Karzai llamó por teléfono desde Kabul y habló con Kati.

—Por favor, dígale a su marido que lo necesitamos de regreso en Afganistán —le dijo. Mientras hablaban, Kati escuchó el repique de una llamada en espera. Era el presidente Zardari, quien prometió volver a llamar. Richard habría quedado encantado de que tantas personalidades pasaran hora tras hora hablando de él. Odiaría habérselo perdido.

Al final de la tarde, el cirujano de Richard que por coincidencia era de Lahore, Pakistán, informó que Richard estaba "avanzando en la dirección correcta" aunque seguía en estado crítico. Los médicos estaban impresionados por su resistencia y se maravillaron de la lucha que estaba dando por sobrevivir. Para aquellos de nosotros que lo conocíamos y amábamos, eso no era nada sorprendente.

En la tarde del lunes, sin cambios reales en la situación, Kati y la familia decidieron reunirse conmigo y el presidente Obama en el departamento de Estado para una recepción planeada mucho tiempo antes en honor del cuerpo diplomático. Di la bienvenida a todos a la Sala Benjamín Franklin en el octavo piso y comencé con unas palabras sobre nuestro amigo, que luchaba por su vida a unas pocas cuadras. Dije que los médicos estaban "aprendiendo lo que los diplomáticos y dictadores del mundo saben hace rato: que no hay nadie más resistente que Richard Holbrooke".

Sólo unas horas más tarde, la situación dio un vuelco. Richard Holbrooke murió alrededor de las ocho de la noche del 13 de diciembre de 2010. Tenía sólo sesenta y nueve años. Los médicos estaban visiblemente alterados por no haber podido salvar su vida, pero señalaron que Richard había entrado al hospital con una dignidad poco común para alguien que había sufrido un evento tan traumático. Acompañé a la familia —Kati, los hijos de Richard, David y Anthony; sus hijastros Elizabeth y Chris; y su nuera Sarah— y luego estuve con la multitud de amigos y colegas abajo. La gente lloraba, se agarraba de las manos y hablaba de la necesidad de celebrar la vida de Richard, además de continuar con la labor a la cual él había sido tan devoto.

Leí en voz alta a los reunidos la declaración formal que acababa de emitir: "Esta noche Estados Unidos ha perdido a uno de sus más feroces defensores y más dedicados funcionarios. Richard Holbrooke sirvió al país que amaba durante casi medio siglo, representando a Estados Unidos en remotas zonas de guerra y conversaciones de paz de alto nivel, siempre con genialidad y determinación sin precedentes. Fue único —un verdadero estadista— y eso hace aún más doloroso su fallecimiento". Agradecí al personal médico y a todos los que habían ofrecido sus oraciones y apoyo en los últimos días. "Fiel a sí mismo, Richard fue un luchador hasta el final. Sus médicos se maravillaban de su fortaleza y fuerza de voluntad, pero para sus amigos, eso era tan sólo Richard siendo Richard".

Todos empezaron a intercambiar sus historias y recuerdos favoritos de este hombre notable. Después de un rato, en una jugada que creo que Richard habría aprobado, un nutrido grupo de nosotros nos dirigimos al cercano bar del hotel Ritz-Carlton. Durante las siguientes horas mantuvimos un improvisado velorio y celebración de la vida de Richard. Todos tenían grandes historias que contar, y reímos y lloramos en igual medida, a veces todos a la vez. Richard había entrenado a toda una generación de diplomáticos y muchos de ellos hablaron conmovedoramente acerca de lo que había significado para sus vidas y sus carreras tenerlo como mentor. Dan Feldman nos contó que de camino al hospital Richard había dicho que consideraba a su equipo en el departamento de Estado "el mejor con el que había trabajado en su vida".

A mediados de enero, los muchos amigos y colegas de Richard en todo el mundo se reunieron en el Kennedy Center en Washington para su funeral. Entre los apologistas estuvieron el presidente Obama y mi esposo. Yo hablé de última. Mirando a la multitud, un testamento a la genialidad de Richard para forjar amistades, recordé lo mucho que lo echaría de menos.

"Hay pocas personas en cualquier momento, pero ciertamente en nuestro tiempo, que pueden decir 'Yo detuve una guerra. Hice la paz. Salvé vidas. Ayudé a sanar países'. Richard Holbrooke hizo esas cosas", dije. "Su muerte es una pérdida personal y es una pérdida para nuestro país. Tenemos delante grandes tareas y sería mejor si Richard estuviera aquí, enloqueciéndonos a todos con sus ideas sobre lo que tenemos que hacer".

═══

No podía dejar que la muerte de Richard echara por la borda el trabajo con el que él estuvo tan comprometido. Su equipo sentía lo mismo. Habíamos estado discutiendo la idea de pronunciar un importante discurso sobre las perspectivas de paz y reconciliación en Afganistán. Estaba segura de que Richard querría que siguiéramos adelante con eso. Así que dejamos de lado nuestro dolor y nos pusimos a trabajar.

Le pedí a Frank Ruggiero que sirviera como representante especial interino y lo envié a Kabul e Islamabad en la primera semana de enero de 2011 para informar a Karzai y Zardari lo que yo planeaba decir. Iba a poner mucho peso y énfasis en la idea de la reconciliación con los talibanes y quería que estuvieran preparados. Karzai estuvo comprometido, y fue alentador y sospechoso en igual medida.

—¿Qué es lo que ustedes están discutiendo en realidad con los talibanes? —preguntó. Al igual que los pakistaníes, le preocupaba que hiciéramos un trato sin él y lo dejáramos expuesto.

Mientras trabajaba con el equipo en Washington en el discurso, Ruggiero se dirigió a Catar para una segunda reunión con A-Rod, nuestro contacto talibán. Todavía teníamos dudas acerca de su legitimidad y su capacidad de obtener resultados, así que Ruggiero propuso una prueba. Le pidió a A-Rod que la sección de propaganda de los talibanes emitiera un comunicado con un lenguaje específico en él. Si lo hacían, sabríamos que realmente tenía acceso a los altos mandos. A cambio, Ruggiero le dijo a A-Rod que en mi próximo discurso abriría la puerta a la reconciliación con un lenguaje más fuerte que el usado por ningún funcionario estadounidense hasta entonces. A-Rod aceptó y prometió enviar el mensaje a sus superiores. Más tarde la declaración fue publicada con el lenguaje prometido.

Antes de finalizar mi discurso, tenía que escoger un sucesor permanente para Holbrooke. Sería imposible ocupar su lugar, pero necesitábamos otro diplomático con experiencia para liderar a su equipo y continuar con el esfuerzo. Recurrí a un embajador retirado ampliamente respetado, Marc Grossman, a quien había conocido cuando servía en Turquía. Marc es tranquilo y modesto, un contraste dramático con su predecesor, pero trajo una increíble habilidad y sutileza al cargo.

A mediados de febrero volé a Nueva York y fui a la Asia Society, donde Richard alguna vez había servido como presidente de la Junta, para dar una conferencia conmemorativa en su nombre, cosa que con el tiempo se convertiría en una tradición anual. Comencé dando una actualización sobre las oleadas militares y civiles que había anunciado el presidente Obama en West Point. Luego expliqué que estábamos llevando a cabo una tercera oleada, una oleada diplomática, destinada a llevar el conflicto hacia un resultado político que destruyera la alianza entre los talibanes y Al Qaeda, acabara con la insurgencia, y ayudara a estabilizar a Afganistán y la región. Esa había sido nuestra visión desde el principio y era lo que defendí en el proceso de revisión estratégica del presidente Obama en 2009. Ahora estaba comenzando a ocupar su sitio en nuestra estrategia.

Para entender nuestra estrategia, era importante que los estadounidenses tuvieran clara la diferencia entre los terroristas de Al Qaeda —quienes nos atacaron el 9/11— y los talibanes —los extremistas afganos que lideraban un levantamiento contra el gobierno en Kabul—. Los talibanes habían pagado un alto precio por su decisión, en 2001, de desafiar a la comunidad internacional y proteger a Al Qaeda. Ahora la creciente presión de nuestra campaña militar los estaba obligando a tomar una decisión similar. Si los talibanes cumplían nuestras tres condiciones, podrían reincorporarse a la sociedad afgana.

"Este es el precio para alcanzar una solución política y poner fin a las acciones militares que van dirigidas contra su liderazgo y están diezmando sus filas", dije, incluyendo un cambio sutil pero importante en el lenguaje, al describir estos pasos como "resultados necesarios" de cualquier negociación en lugar de como "condiciones previas". Fue un cambio matizado, pero que despejaría el camino para sostener conversaciones directas.

Reconocí, como muchas veces antes, que abrir la puerta a las negociaciones con los talibanes sería algo difícil de aceptar para muchos estadounidenses después de tantos años de guerra. Reinsertar a los combatientes de bajo rango ya era odioso; negociar directamente con los altos mandos era algo totalmente diferente. Pero la diplomacia sería fácil si sólo tuviésemos que hablar con nuestros amigos y la paz no se hace así. Los presidentes durante la Guerra Fría lo comprendieron cuando negociaron acuerdos de control de armas con los soviéticos. Como el presidente Kennedy aconsejó: "Jamás negociemos por temor. Pero jamás temamos negociar". Richard Holbrooke había hecho de ello su vida, negociando con un desagradable tirano como Milošević porque era la mejor manera de poner fin a una guerra.

Cerré el discurso instando a Pakistán, India y otras naciones de la región a apoyar un proceso de paz y reconciliación que aislara a Al Qaeda y diera a todos un nuevo sentido de seguridad. Si los vecinos de Afganistán lo seguían viendo como un escenario para sus propias rivalidades, la paz nunca sería realidad. Esto iba a exigir un montón de laboriosa diplomacia, pero teníamos que jugar un juego al interior de Afganistán y otro con la región.

El discurso apareció en unos cuantos titulares en casa, pero su verdadero impacto fue en capitales extranjeras, especialmente Kabul e Islamabad. Ahora todas las partes implicadas sabían que realmente pretendíamos iniciar un proceso de paz con los talibanes. Un diplomático en Kabul le describió el efecto como un "cambio sísmico" que estimularía a todas las partes a buscar más activamente la paz.

—————

La exitosa incursión de los Navy SEALs que mató a Osama bin Laden en su complejo en Abbottabad, Pakistán, en mayo de 2011, fue una gran victoria en la batalla contra Al Qaeda y otro punto en contra en nuestra ya difícil relación con Pakistán, pero pensé que podría también darnos una nueva ventaja con los talibanes. Cinco días después de la redada, Ruggiero se reunió por tercera vez con A-Rod, esta vez en Múnich. Le pedí que le transmitiera un mensaje a nombre mío: bin Laden estaba muerto; había llegado el momento de que los talibanes rompieran de una vez por todas con Al Qaeda, se salvaran a sí mismos y se reconciliaran. A-Rod no parecía estar angustiado por la pérdida de bin Laden y seguía interesado en negociar con nosotros.

Comenzamos a discutir medidas que ambas partes pudieran aceptar para fomentar la confianza. Queríamos que los talibanes hicieran declaraciones públicas desvinculándose de Al Qaeda y el terrorismo internacional, y comprometiéndose a participar en un proceso de paz con Karzai y su gobierno. Los talibanes querían que se les permitiera abrir una oficina política en Catar que fuera un lugar seguro para las negociaciones y el futuro compromiso. Estábamos abiertos a esa idea, pero ponerla en práctica planteaba una serie de desafíos. Muchos líderes talibanes eran considerados terroristas por la comunidad internacional y no podían aparecer en público sin enfrentar un peligro legal. Pakistán también tendría que aceptar que fueran y vinieran abiertamente. Y era muy probable que Karzai viera una sede talibán en Catar como una amenaza directa a su legitimidad y autoridad. Todas esas preocupaciones parecían manejables, pero requerían mucha diplomacia.

Como primer paso, decidimos comenzar a trabajar con las Naciones Unidas para eliminar a algunos talibanes clave de la lista de sanciones a terroristas que impone una prohibición de viajar. Pronto el Consejo de Seguridad de la ONU aceptó dividir las listas de los talibanes y Al Qaeda y tratarlos por separado —una manifestación directa de la distinción planteada en mi discurso— lo cual nos dio mucha más flexibilidad. Los talibanes todavía querían que se liberara a sus hombres de Guantánamo, pero ese era un paso que aún no estábamos dispuestos a dar.

A mediados de mayo, funcionarios afganos en Kabul filtraron información a el *Washington Post* y *Der Spiegel*, un semanario alemán, sobre nuestras conversaciones secretas e identificaron a A-Rod como nuestro contacto con los talibanes. En privado los talibanes comprendieron que la fuga no había venido de nosotros, pero públicamente expresaron su indignación y suspendieron las futuras conversaciones. Las autoridades pakistaníes, ya furiosas por el ataque a bin Laden, quedaron lívidas al enterarse de que las habíamos dejado fuera de nuestras conversaciones con los talibanes. No fue fácil recoger los pedazos. Fui a Islamabad y hablé a los pakistaníes por primera vez acerca de la magnitud de nuestros contactos y les solicité que no hubiera represalias contra A-Rod. También le pedí a Ruggiero volar a Doha y pasar, a través de los cataríes, un mensaje a los talibanes instándolos a volver a la mesa de negociación. A principios de julio los cataríes informaron que Agha estaba dispuesto a volver.

Las conversaciones se reanudaron en Doha en agosto. A-Rod le entregó a Ruggiero una carta para el presidente Obama afirmando que era del Mulá Omar mismo. En la administración se debatía si el Mulá Omar aún estaba vivo, y aún más si realmente seguía a cargo de los talibanes y dirigiendo la insurrección. Pero sin importar si era de Omar o de otros altos dirigentes, su tono y contenido eran alentadores. La carta decía que había llegado el momento de que ambas partes tomaran decisiones difíciles sobre la reconciliación y trabajaran para poner fin a la guerra.

Hubo discusiones constructivas sobre una oficina en Doha y posibles canjes de prisioneros. Marc Grossman se unió a los diálogos por primera vez y su toque personal ayudó a agilizar las cosas.

En octubre, durante una visita a Kabul, Karzai nos dijo a mí y a nuestro respetado y experimentado embajador Ryan Crocker, con quien tenía una buena relación, que estaba entusiasmado con lo que estábamos haciendo.

—Vayan más rápido —nos dijo.

En Washington comenzaron a darse serias discusiones sobre la viabilidad de una limitada liberación de prisioneros, aún cuando el Pentágono no estaba de acuerdo y yo dudaba de que lográramos conseguir las condiciones necesarias para seguir adelante con la idea de la oficina de los talibanes en Catar. Sin embargo, para finales del otoño parecían que las piezas finalmente estaban en su lugar. Una importante conferencia internacional sobre Afganistán estaba programada para tener lugar en Bonn, Alemania, en la primera semana de diciembre. Nuestra meta era anunciar la apertura de la oficina después de la conferencia. Sería la señal más tangible hasta el momento de que un verdadero proceso de paz estaba en marcha.

Bonn formaba parte de la ofensiva diplomática a la que me había referido en mi discurso en la Asia Society, destinada a movilizar a la comunidad internacional para ayudar a Afganistán a responsabilizarse de sus muchos desafíos. Grossman y su equipo ayudaron a organizar una serie de cumbres y conferencias en Estambul, Bonn, Kabul, Chicago y Tokio. En Tokio, en 2012, la comunidad internacional comprometió 16 mil millones de dólares en asistencia económica hasta 2015 para ayudar a Afganistán a prepararse para una "década de transformación" marcada menos por la ayuda y más por el comercio. A partir de 2015, la financiación estimada para las Fuerzas de Seguridad Nacional afganas sería de más de 4 mil millones de dólares por año. La capacidad de los afganos para asumir la responsabilidad de su propia seguridad fue y sigue siendo un prerrequisito para todo lo que esperan lograr en el futuro.

La conferencia de Bonn en diciembre de 2011 se convirtió en un desastre para nuestros esfuerzos de paz. Karzai, siempre impredecible, rechazó la idea de una oficina de los talibanes y reprendió fuertemente a Grossman y Crocker.

—¿Por qué no me han mantenido informado de estas conversaciones?
—reclamó, a pesar de que sólo unos meses antes nos había instado a acele-
rarlas. Una vez más, Karzai temía quedar rezagado y debilitado. Nuestro
plan siempre había sido que las conversaciones entre Estados Unidos y los
talibán dieran lugar a negociaciones paralelas entre el gobierno afgano y
los insurgentes. Esa era la secuencia que habíamos acordado con A-Rod y
discutido con Karzai. Pero ahora Karzai insistía en que su gente estuviera
presente en las futuras reuniones entre los talibanes y nosotros. A-Rod se
opuso cuando Grossman y Ruggiero plantearon esa propuesta. Para él,
estábamos cambiando las reglas del juego. En enero de 2012, los talibanes
volvieron a retirarse de la mesa de diálogo.

Esta vez no fue tan fácil persuadirlos de regresar. El proceso de
paz quedó congelado. Aún así, de acuerdo con diversas declaraciones
públicas a lo largo de 2012, dentro de las filas de los talibanes parecía
estar en marcha un renovado debate sobre los beneficios de dialogar o
luchar. Algunas figuras clave aceptaron públicamente que una solución
negociada era inevitable, contradiciendo casi una década de rechazo.
Otros, sin embargo, estaban comprometidos con la oposición violenta.
A finales de 2012, la puerta a la reconciliación permanecía abierta, pero
sólo parcialmente.

———

En enero de 2013, justo antes de dejar mi cargo, invité al presidente Karzai
a cenar conmigo, con el secretario de Defensa Leon Panetta y otros altos
funcionarios en el departamento de Estado en Washington. Karzai asistió
con el presidente de su Alto Consejo de Paz y otros asesores clave. Nos
reunimos en la elegante Sala James Monroe, en el octavo piso, rodeados
de antigüedades de los primeros días de la república estadounidense, y
hablamos sobre el futuro de la democracia en Afganistán.

Habían pasado más de tres años desde que Karzai y yo habíamos ce-
nado en vísperas de su posesión. Ahora, yo estaba a punto de entregar las
riendas del departamento de Estado al senador Kerry y otras elecciones en
Afganistán pronto señalarían al sucesor de Karzai o, al menos, ese era el
plan. Karzai había prometido públicamente acatar la constitución y dejar
la presidencia en 2014, pero muchos afganos se preguntaban si cumpliría
su promesa. La transferencia pacífica del poder de un gobernante al siguiente es una prueba crucial en cualquier democracia y en esa parte del

mundo (y muchas otras) no es inusual que los líderes encuentren la forma de extender su mandato.

Antes de la cena, en una larga reunión a solas, insté a Karzai a cumplir su palabra. Si el gobierno de Kabul lograba ganar credibilidad con sus ciudadanos, prestar servicios y administrar justicia eficazmente, ayudaría a socavar el atractivo de la insurgencia y mejorar las perspectivas de una reconciliación nacional. Eso dependía de que todos los empleados gubernamentales, pero sobre todo Karzai, defendiera la Constitución y el estado de derecho. Presidir una transición constitucional sería la oportunidad de Karzai para cimentar su legado como el padre de un Afganistán más tranquilo, seguro y democrático.

Reconocí cuán difícil podía ser para él. La rotonda del Capitolio en Washington hospeda una serie de imponentes pinturas patrióticas que representan momentos de orgullo de los primeros tiempos de nuestra propia democracia, desde el viaje de los peregrinos hasta la victoria en Yorktown. Hay una pintura en particular que siempre he pensado simboliza el espíritu democrático de nuestro país. Representa al general Washington dando la espalda al trono y renunciando a su cargo como comandante en jefe del Ejército. Posteriormente sirvió dos términos como presidente civil y luego renunció voluntariamente. Más que cualquier victoria en las elecciones o desfile de posesión, ese acto desinteresado es el sello distintivo de nuestra democracia. Si Karzai quería ser recordado como el George Washington de Afganistán, tendría que seguir su ejemplo y renunciar al trono.

El otro tema del que hablé con Karzai fue del estancado proceso de paz con los talibanes. Karzai había cortado la relación a finales de 2011; yo quería que reconsiderara. Si esperábamos hasta después de que las tropas estadounidenses comenzaran a regresar a casa, él y nosotros tendríamos menos ventaja con los talibanes. Era mejor negociar desde una posición de fuerza.

Durante la cena, Karzai se extendió en una letanía de preocupaciones que ya conocíamos: ¿Cómo verificaríamos que los negociadores talibanes realmente hablaban en nombre de sus líderes? ¿Pakistán estaría moviendo los hilos desde Islamabad? ¿Quién lideraría las conversaciones? ¿Los estadounidenses o los afganos? Respondí sus preguntas una por una. Intenté transmitirle el sentido de urgencia que sentía de que el proceso comenzara a moverse otra vez y le sugerí un plan que no le obligaba a llegar directamente a un acuerdo con los talibanes sobre la apertura de la oficina. Todo lo que tenía que hacer, le dije, era hacer una declaración pública apoyando la idea. Luego, yo hablaría con el emir de Catar para que invitara a los talibanes a seguir adelante. El objetivo era abrir la oficina y organizar una reunión entre el Alto Consejo de Paz afgano y representantes de los talibanes en menos de treinta días. Si eso no sucedía, se cerraría la oficina. Después de mucha discusión, Karzai aceptó.

En junio de 2013, unos pocos meses después de abandonar el departamento de Estado, finalmente se abrió la oficina de negociación de los talibanes pero el nuevo entendimiento, que nos había tomado años conseguir, se desplomó en poco más de un mes. Los talibanes organizaron una ceremonia de izada de bandera en la oficina y proclamaron que representaba al "Emirato Islámico de Afganistán", el nombre oficial del país en la década de 1990 cuando los talibanes estaban en el poder. Desde el principio habíamos dejado claro que utilizar la oficina de esa manera sería inaceptable. Nuestro objetivo siempre había sido fortalecer el orden constitucional de Afganistán y, tal como lo había prometido a Karzai, estábamos comprometidos con la soberanía y la unidad del país. Entendiblemente, Karzai estaba furibundo. Y yo también. Para él esto parecía más la sede de un gobierno en el exilio que un lugar de negociación. Era todo lo que él siempre había temido. Los talibanes se negaron a cejar, rompieron las relaciones y la oficina fue obligada a cerrar.

Viendo todo esto ahora como ciudadano privado, me siento decepcionada pero no sorprendida. Si hacer la paz fuera fácil, hace mucho tiempo se habría hecho. Sabíamos que el canal secreto con los talibanes era una apuesta arriesgada, con más probabilidades de fracaso que de éxito. Pero valía la pena probarlo. Creo que sentamos una base positiva que podría ayudar a los futuros esfuerzos de paz. Ahora hay una serie de contactos entre los talibanes y los afganos, y nosotros sacamos a la luz los debates existentes entre los talibanes. Sospecho que se intensificarán con el tiempo. La necesidad de una reconciliación y un acuerdo político no va a desaparecer. Por el contrario, es más urgente que nunca. Los puntos de referencia que fijamos todavía podrían servir de guía.

Me pregunto qué habría pensado Richard. Hasta el final, jamás perdió la confianza en el poder de la diplomacia para desenredar incluso los nudos más difíciles. Desearía que estuviera todavía con nosotros, torciendo brazos, dando palmadas en las espaldas y recordándole a todos que la mejor manera de comenzar a poner fin a una guerra es comenzando a hablar.

9

Pakistán: Honor nacional

La sala de videoconferencias seguras, en el sótano del Ala Oeste, quedó en silencio. Sentado a mi lado estaba el secretario Bob Gates, en mangas de camisa, con los brazos cruzados y los ojos fijos en la pantalla. La imagen era borrosa pero inconfundible. Uno de dos helicópteros Black Hawk había golpeado la parte superior de la pared de piedra que rodeaba el recinto y se estrelló contra el suelo. Nuestros peores temores se estaban haciendo realidad.

Aunque el presidente Obama observaba estoicamente la pantalla, todos estábamos pensando lo mismo: Iran, 1980, cuando una misión de rescate de rehenes terminó con un ardiente estrellón de helicóptero en el desierto, dejando ocho estadounidenses muertos y terribles cicatrices a nuestra nación y nuestro ejército. ¿Terminaría esto de la misma manera? Por entonces Bob era un alto funcionario de la CIA. La memoria seguramente pesaba sobre él. Y también sobre el hombre al otro lado de la mesa: el presidente Obama. Él había dado la orden final, apostando al éxito de esta operación las vidas de un equipo de Navy SEALs, los pilotos de helicóptero de Operaciones Especiales y, tal vez, el destino de su presidencia. Ahora, todo lo que podía hacer era observar las borrosas imágenes que brillaban frente a nosotros.

Era el 1 de mayo de 2011. Fuera de la Casa Blanca, Washington disfrutaba de una primaveral tarde de domingo; dentro, la tensión había estado aumentando desde que los helicópteros despegaron de una base en Afganistán oriental, aproximadamente una hora antes. Su objetivo era un complejo fortificado en Abbottabad, Pakistán, que la CIA creía que podría estar albergando a Osama bin Laden, el hombre más buscado del mundo. Años de arduo trabajo por parte de la comunidad de inteligencia, seguidos por meses de debate en los niveles más altos de la administración Obama, nos habían llevado a ese día. Ahora todo dependía de los pilotos de esos modernos helicópteros y de los Navy SEALs que viajaban en ellos.

La primera prueba había sido cruzar la frontera pakistaní. Los Black Hawks estaban equipados con avanzada tecnología diseñada para permitirles operar sin ser detectados por los radares pero, ¿funcionaría? Nuestra relación con Pakistán, aliado nominal de Estados Unidos en la lucha contra el terrorismo, ya era turbulenta. Si el ejército pakistaní —siempre nervioso por temor a un ataque sorpresa de India— descubría una incursión secreta en su espacio aéreo, era posible que respondieran con la fuerza.

Habíamos discutido si informar con anticipación a Pakistán sobre la redada para evitar este escenario y el posible resultado de un absoluto rompimiento de las relaciones. Después de todo, como Bob Gates a menudo nos recordaba, seguiríamos necesitando la cooperación paquistaní para reabastecer a nuestras tropas en Afganistán y perseguir a otros terroristas en la región fronteriza. A lo largo de los años yo había invertido mucho tiempo y energía en la relación con Pakistán y sabía lo ofendidos que estarían si no compartíamos esta información con ellos. Pero también sabía que algunos en el servicio de inteligencia pakistaní, el ISI, mantenían vínculos con los talibanes, Al Qaeda y otros extremistas, y ya en otras ocasiones habíamos tenido problemas debido a la filtración de información. Los riesgos de hacer fracasar toda la operación eran demasiado grandes.

En un momento dado, otro alto funcionario de la administración preguntó si debíamos preocuparnos por la posibilidad de herir irremediablemente el honor nacional pakistaní. Tal vez fuera la frustración acumulada de lidiar con demasiadas evasivas y engaños por parte de Pakistán, o los todavía abrasadores recuerdos de las columnas de humo en el Bajo Manhattan pero no había riesgo de que permitiera a Estados Unidos perder su mejor oportunidad de atrapar a bin Laden desde que lo perdimos en Tora Bora, Afganistán en 2001.

—Y ¿qué hay de *nuestro* honor nacional? —respondí con exasperación—. ¿Qué pasa con *nuestras* pérdidas? ¿Qué mal hay en ir tras un hombre que mató a tres mil personas inocentes?

El camino hasta Abbottabad había recorrido los pasos de montaña de Afganistán, pasando por las ruinas humeantes de nuestras embajadas en África Oriental y el casco destrozado del USS *Cole*, la devastación del 9/11 y la tenaz determinación de un puñado de funcionarios de inteligencia de Estados Unidos que nunca se dieron por vencidos. La operación bin Laden no ponía fin a la amenaza del terrorismo ni derrotaba la odiosa ideología que lo alimenta. Esa lucha continúa. Pero era un momento fundamental en la larga batalla de Estados Unidos contra Al Qaeda.

═════

El 11 de septiembre de 2001 está grabado indeleblemente en mi mente, como en la de todos los estadounidenses. Quedé horrorizada por lo que vi ese día y, como senadora por Nueva York, sentí una intensa responsabilidad de estar con la gente de nuestra ciudad herida. Después de una larga noche sin dormir en Washington, volé a Nueva York con Chuck Schumer, mi compañero en el Senado, en un avión especial operado por la Agencia Federal para la Gestión de Emergencias (FEMA, por sus siglas en inglés). La ciudad estaba cerrada y éramos los únicos en el cielo ese día, con excepción de los combatientes de la Fuerza Aérea que patrullaban el aérea. En el aeropuerto LaGuardia abordamos un helicóptero y nos dirigimos al bajo Manhattan.

El humo seguía elevándose de los ardientes escombros en donde una vez había estado el World Trade Center. Mientras girábamos sobre Ground Zero, pude ver vigas retorcidas y destrozadas cernirse sobre los rescatistas y trabajadores de la construcción que buscaban desesperadamente sobrevivientes entre los escombros. Las imágenes de televisión que había visto la noche anterior no captaban todo el horror de la escena. Era como una escena sacada del *Infierno* de Dante.

Nuestro helicóptero aterrizó en el lado oeste, cerca al río Hudson. Chuck y yo nos reunimos con el gobernador George Pataki, el alcalde Rudy Giuliani y otros funcionarios, y nos dirigimos al lugar. El aire era punzante y el humo hacía difícil respirar o ver. Llevaba una máscara quirúrgica, pero el aire quemaba mi garganta y pulmones y los ojos se me llenaron de lágrimas. De vez en cuando un bombero aparecía entre el polvo y la penumbra y caminaba hacia nosotros, exhausto, arrastrando un hacha, cubierto de hollín. Algunos de ellos habían estado de servicio sin descanso desde que los aviones impactaron las Torres, y todos habían perdido amigos y camaradas. Cientos de valientes socorristas de Nueva York perdieron sus vidas mientras trataban de salvar a otros, y muchos más sufrirían dolorosos problemas de salud durante muchos años. Quería abrazarlos, agradecerles y decirles que todo iba a estar bien. Pero aún no estaba segura de que fuera cierto.

En el centro de comando improvisado en la Academia de Policía de la Calle 20, Chuck y yo fuimos informados sobre los daños. Era apabullante. Los neoyorquinos iban a necesitar mucha ayuda para recuperarse y ahora nuestro trabajo era asegurarnos de que la recibieran. Esa noche tomé el último tren hacia el sur, antes de que cerraran Penn Station. Ya en Washington, a primera hora fui a ver al senador Robert Byrd de Virginia Occidental, el legendario presidente de la Comisión de Asignaciones, para presentar el caso para la financiación de la emergencia. Me escuchó y luego respondió: "Piensa en mí como el tercer senador de Nueva York". En los días siguientes cumplió su palabra.

Esa tarde Chuck y yo fuimos a la Casa Blanca y, en el Despacho Oval, informamos al presidente Bush que nuestro estado necesitaría 20 mil millones de dólares. Aceptó rápidamente. También nos respaldó a lo largo de todas las maniobras políticas necesarias para prestar la asistencia de emergencia.

En mi oficina, los teléfonos no dejaban de timbrar con llamadas pidiendo ayuda para localizar familiares desaparecidos u otras necesidades. Mi extraordinaria jefe de gabinete, Tamera Luzzatto, y mis equipos del Senado en Washington, D.C., y Nueva York trabajaban sin parar, y otros senadores comenzaron a enviar asistentes a ayudarnos.

Al día siguiente, Chuck y yo acompañamos al presidente Bush en el Air Force One a Nueva York, donde lo escuchamos gritar desde la cima de una pila de escombros a una multitud de bomberos:

—¡Los escucho, y el resto del mundo los escucha! ¡Y las personas que tumbaron estos edificios nos escucharán a todos nosotros muy pronto!

Durante los días que siguieron, Bill, Chelsea y yo visitamos un improvisado centro de personas desaparecidas en el 69° Regiment Armory y un centro de asistencia familiar en Pier 94. Nos reunimos con familias que acunaban fotos de sus seres queridos desaparecidos, con la esperanza de que aún fuesen encontrados. Visité a los sobrevivientes heridos en el Hospital St. Vincent y en un centro de rehabilitación en el Condado de Westchester, donde se encontraban muchas de las víctimas de quemaduras. Conocí a una mujer llamada Lauren Manning. Aunque más del 82 por ciento de su cuerpo estaba terriblemente quemado, dejándole menos de 20 por ciento de probabilidad de sobrevivir, con su feroz fuerza de voluntad y un intenso esfuerzo se defendió y reclamó su vida. Lauren y su esposo, Greg, que tienen dos hijos, se convirtieron en los defensores de otras familias damnificadas del 9/11. Otra sobreviviente increíble fue Debbie Mardenfeld, quien fue llevada al New York University Downtown Hospital sin ser identificada después de que los escombros del segundo avión aplastaron sus piernas y le causaron extensas lesiones. La visité varias veces y llegué a conocer a su prometido, Gregory St. John. Debbie me dijo que quería bailar en su boda, pero los médicos dudaban de que sobreviviera y mucho menos que volviera a caminar. Después de casi treinta cirugías y quince meses en el hospital, Debbie contradijo todas las expectativas. Sobrevivió, volvió a caminar y, milagrosamente, bailó en su boda. Debbie me pidió que hiciera una lectura en la ceremonia y siempre recordaré la alegría en su rostro cuando recorrió el pasillo caminando.

Con iguales medidas de indignación y determinación, pasé mis años en el Senado peleando para financiar cuidados de salud para los socorristas afectados mientras cumplían su labor en Ground Zero y ayudé a crear el Fondo de Indemnización de las Víctimas del 9/11 y la Comisión del 9/11, y la implementación de sus recomendaciones. Hice todo lo posible para alentar la persecución de bin Laden y Al Qaeda y para mejorar el desempeño de nuestra nación contra el terrorismo.

Durante la campaña de 2008, tanto el senador Obama como yo criticamos a la administración Bush por bajar la guardia en Afganistán y restarle intensidad a la cacería de bin Laden. Después de las elecciones, acordamos que ir tras Al Qaeda era definitivo para nuestra seguridad nacional y que haríamos un renovado esfuerzo para encontrar a bin Laden y llevarlo ante la justicia.

Yo consideraba que necesitábamos una nueva estrategia en Afganistán y Pakistán, y un nuevo enfoque de la lucha contra el terrorismo en el mundo: uno que aprovechara toda la gama del poder de Estados Unidos para atacar las finanzas, reclutamiento y refugios de las redes terroristas, así como a sus miembros y comandantes. Eso exigiría una audaz acción militar, cuidadosa recopilación de inteligencia, perseverante aplicación de la ley y delicada diplomacia, todas trabajando a la vez: en pocas palabras, poder inteligente.

Todos estos recuerdos estaban en mi mente cuando los SEALs se acercaron al complejo en Abbottabad. Pensé nuevamente en todas las familias que había conocido y con las que había trabajado, que habían perdido seres queridos en los ataques del 9/11 casi una década antes. Se les había negado la justicia durante una década. Ahora, tal vez se hiciera justicia.

═══

Nuestro equipo de seguridad nacional comenzó a forcejear con la urgencia de la amenaza de los terroristas incluso antes de que el presidente Obama entrara al Despacho Oval por primera vez.

El 19 de enero de 2009, en vísperas de la posesión, me uní a los altos oficiales de seguridad nacional salientes y entrantes en la Sala de Situaciones de la Casa Blanca para pensar en lo impensable: ¿Y si explota una bomba en el National Mall durante el discurso del presidente? ¿El servicio secreto lo sacará corriendo del podio con el mundo entero mirando? Podía ver en los rostros del equipo saliente de Bush que nadie tenía una buena respuesta. Durante dos horas discutimos cómo responder a los informes de una amenaza terrorista en la posesión. Los cuerpos de inteligencia creían que extremistas somalíes asociados con Al Shabaab, una filial de Al Qaeda, estaban intentando colarse por la frontera canadiense con planes para asesinar al nuevo presidente.

¿Sería conveniente realizar la ceremonia en el interior? ¿Cancelarla? No podíamos hacer nada de eso. La toma de posesión tenía que seguir adelante según lo planeado; la transferencia pacífica del poder es un símbolo demasiado importante de la democracia estadounidense. Pero eso significaba que todo el mundo tendría que redoblar sus esfuerzos para evitar un ataque y garantizar la seguridad del presidente.

Finalmente, la posesión transcurrió sin incidentes y la amenaza somalí resultó ser una falsa alarma. Pero el episodio sirvió para recordarnos que aun cuando estábamos tratando de dar vuelta a la página sobre muchos aspectos de la era Bush, el espectro del terrorismo que definió esos años requería una vigilancia constante.

Los informes de inteligencia pintaban un cuadro preocupante. La invasión de Afganistán, liderada por Estados Unidos en 2001, había derrocado al régimen talibán en Kabul y asestado un golpe a sus aliados de Al Qaeda. Pero los talibanes se habían reagrupado, realizando ataques insurgentes contra las fuerzas de Estados Unidos y Afganistán desde refugios al otro lado de la frontera, en las anárquicas áreas tribales de Pakistán. Lo más probable era que los líderes de Al Qaeda también estuvieran escondidos allí. La región fronteriza se había convertido en el epicentro de un sindicato terrorista global. Mientras esos refugios permanecieran abiertos, nuestras tropas en Afganistán estarían luchando una batalla cuesta arriba y Al Qaeda tendría la oportunidad de planear nuevos ataques internacionales. Esa fue la lógica que seguí al nombrar a Richard Holbrooke como representante especial para Afganistán y Pakistán. Los refugios también estaban alimentando una creciente inestabilidad en Pakistán mismo. Un grupo pakistaní de los talibanes estaba librando su propia sangrienta batalla contra el frágil gobierno democrático en Islamabad. Una toma del poder por los extremistas convertiría a la región y el mundo en un escenario de pesadilla.

En septiembre de 2009 el FBI arrestó a un inmigrante afgano de veinticuatro años llamado Najibullah Zazi. Se creía que había sido entrenado por Al Qaeda en Pakistán y que planeaba un ataque terrorista en Nueva York. Más tarde se declaró culpable de conspiración para usar armas de destrucción masiva, conspiración para cometer asesinato en un país extranjero y de proveer apoyo material a una organización terrorista. Otra razón para estar preocupados por lo que estaba sucediendo en Pakistán.

=====

Miré los ojos tristes de Asif Ali Zardari, el presidente de Pakistán, y luego la vieja fotografía que me ofrecía. Tenía catorce años, pero los recuerdos que evocaba eran tan vivos como el día en que fue tomada en 1995. Allí estaba su fallecida esposa, Benazir Bhutto, la astuta y elegante ex primer ministro de Pakistán, resplandeciente en su brillante traje rojo y pañuelo blanco en la cabeza, sosteniendo la mano de sus dos hijos pequeños. De pie a su lado estaba mi propia hija adolescente, Chelsea, su cara llena de asombro y emoción por conocer a esta fascinante mujer y explorar su país. Y ahí estaba yo, en mi primer viaje al extranjero sin Bill, como primera dama. Qué joven era entonces, con un corte de pelo diferente y un papel diferente, pero igual de orgullosa de estar representando a mi país en un lugar difícil en el otro extremo del mundo.

Muchas cosas habían sucedido en los años transcurridos desde 1995. Pakistán había soportado golpes de estado, una dictadura militar, una brutal insurgencia extremista y crecientes dificultades económicas. Y lo más doloroso; Benazir fue asesinada en 2007, cuando hacía campaña para restaurar la democracia en Pakistán. Ahora, en el otoño de 2009, Zardari era el primer presidente civil en una década y quería renovar la amistad entre nosotros y nuestras naciones. Y yo también. Por eso había ido a Pakistán como secretaria de Estado en un momento en que los sentimientos antiestadounidenses estaban disparados en todo el país.

Zardari y yo estábamos a punto de entrar a una cena formal con muchos miembros de la élite pakistaní pero, primero, nos dimos tiempo para recordar. En 1995, el departamento de Estado me había pedido que fuera a India y Pakistán para demostrar que esa parte estratégica y volátil del mundo era importante para Estados Unidos y para apoyar los esfuerzos por fortalecer la democracia, ampliar los mercados libres y promover la tolerancia y los derechos humanos, incluidos los derechos de las mujeres. Pakistán, que se separó de la India en una partición tumultuosa en 1947, el año en que yo nací, había sido aliado de Estados Unidos durante la Guerra Fría pero nuestra relación era rara vez amistosa. Tres semanas antes de mi llegada en ese viaje de 1995, los extremistas asesinaron a dos empleados del consulado de Estados Unidos en Karachi. Uno de los principales conspiradores en el atentado del World Trade Center en 1993, Ramzi Yousef, posteriormente fue arrestado en Islamabad y extraditado a Estados Unidos. Así que el Servicio Secreto estaba comprensiblemente nervioso por mi intención de abandonar la seguridad de los edificios del gobierno y visitar escuelas, mezquitas y centros de salud, pero el departamento de Estado estuvo de acuerdo conmigo en que ese tipo de contacto directo con el pueblo pakistaní sería verdaderamente valioso.

Yo estaba deseando conocer a Benazir Bhutto, quien había sido elegida primera ministra en 1988. Su padre, Zulfikar Ali Bhutto, había servido como primer ministro en la década de 1970 antes de ser derrocado y ahorcado en un golpe militar. Tras años de arresto domiciliario, Benazir surgió en la década de 1980 como la cabeza de su partido político. Su autobiografía aptamente titulada *Hija del destino*, cuenta una fascinante historia de cómo la determinación, el trabajo duro y la inteligencia política le permitieron llegar al poder en una sociedad donde muchas mujeres todavía vivían en un estricto aislamiento llamado *purdah*. Nunca eran vistas por hombres ajenos a su familia inmediata y, si alguna vez abandonaban sus hogares, era completamente ocultas bajo la cortina. Experimenté eso de primera mano cuando quise ver a Begum Nasreen Leghari, la tradicionalista esposa del presidente Farooq Ahmad Khan Leghari.

Benazir era la única celebridad a la que esperé para ver desde detrás de una cuerda de seguridad. Durante unas vacaciones familiares en Londres durante el verano de 1987, Chelsea y yo notamos una gran multitud reunida afuera del Hotel Ritz. Nos dijeron que se esperaba que Benazir Bhutto llegara en cualquier momento. Intrigadas, esperamos entre la multitud la llegada de su caravana. Ella bajó de la limusina, elegantemente envuelta de la cabeza a los pies en raso amarillo, e ingresó al vestíbulo del hotel luciendo agraciada, compuesta y resuelta.

Tan sólo ocho años más tarde, en 1995, yo era primera dama de Estados Unidos y ella primera ministra de Pakistán. Resultó que Benazir y yo teníamos amigos en común de la época en que estuvo en Oxford y Harvard. Me dijeron que tenía una chispa en su interior: ojos brillantes, una sonrisa siempre lista y muy buen sentido del humor, así como un agudo intelecto. Todo eso era verdad. Me habló cándidamente acerca de los desafíos políticos y de género que enfrentaba y sobre su compromiso con la educación para las niñas, entonces y ahora una oportunidad limitada en gran medida a la clase alta y adinerada. Benazir llevaba un *salwar kameez*, el traje nacional de Pakistán —una práctica y atractiva túnica que fluye sobre pantalones sueltos—, y cubría su cabello con preciosos pañuelos. Chelsea y yo quedamos tan impresionadas con ese estilo que lo lucimos para una cena formal celebrada en nuestro honor en Lahore. El mío en seda roja y el de Chelsea verde turquesa. En la cena me senté entre Benazir y Zardari. Mucho se ha escrito y murmurado sobre su matrimonio, pero yo fui testigo de su afecto y sus bromas, y vi cuán feliz la hizo él esa noche.

Los años siguientes estuvieron marcados por el dolor y el conflicto. El general Pervez Musharraf tomó el poder en un golpe militar en 1999, mandando a Benazir al exilio y a Zardari a la cárcel. Ella y yo seguimos en contacto y ella me pidió ayuda para obtener la liberación de su marido. Zardari nunca fue juzgado por algunos de los múltiples cargos en su contra y finalmente fue liberado en 2004. Después del 9/11, bajo una fuerte presión de la administración Bush, Musharraf se alió con Estados Unidos en la guerra en Afganistán. Aún así tenía que saber que los miembros de los servicios de inteligencia y seguridad de Pakistán mantenían vínculos con los talibanes y otros extremistas en Afganistán y Pakistán, vínculos que se remontaban a la lucha contra la Unión Soviética en la década de 1980. Como a menudo le dije a mis homólogos pakistaníes, eso era buscarse problemas, como mantener serpientes en el patio trasero y esperar que sólo muerdan a los vecinos. Efectivamente, la inestabilidad, la violencia y el extremismo aumentaron y la economía se desmoronó. Amigos pakistaníes que había conocido en la década de 1990 me decían "no te puedes imaginar lo que es esto ahora. Es tan diferente. Tememos ir a algunas de las partes más bellas de nuestro país".

En diciembre de 2007, después de regresar de ocho años en el exilio, Benazir Bhutto fue asesinada en un mitin de campaña en Rawalpindi, no lejos de la sede de las fuerzas armadas pakistaníes. Tras su asesinato, Musharraf fue forzado a dimitir por las protestas públicas y Zardari se posesionó como presidente en medio de una oleada de duelo nacional. Pero su gobierno civil luchaba para manejar la creciente inseguridad de Pakistán y los desafíos económicos, y los talibanes de Pakistán comenzaron a ampliar su área de influencia de la remota región fronteriza hasta el densamente poblado valle de Swat, a unas cien millas de Islamabad. Cientos de miles de personas huyeron de sus hogares cuando el ejército pakistaní entró a repeler a los extremistas. Un acuerdo de alto el fuego entre el gobierno del presidente Zardari y los talibanes, en febrero de 2009, se vino abajo después de unos pocos meses.

A medida que los problemas de su país empeoraban, muchos pakistaníes dirigieron su ira contra Estados Unidos, alentados por unos medios de comunicación revoltosos que traficaban con absurdas teorías de conspiración. Nos culpaban de sus problemas con los talibanes, de explotar a Pakistán para nuestros fines estratégicos y de mostrar favoritismo hacia su tradicional rival, India. Y esas eran las quejas más racionales. En algunas encuestas, la aprobación de Estados Unidos cayó por debajo del 10 por ciento, a pesar de los miles de millones de dólares que habíamos contribuido en ayudas durante años. En realidad un nuevo y enorme paquete de ayuda aprobado por el Congreso se convirtió en el pararrayos de la crítica en Pakistán porque consideraron que exigía demasiados compromisos. Era enloquecedor. La ira pública hacía más difícil para el gobierno de Pakistán cooperar con nosotros en las operaciones de lucha contra el terrorismo y facilitaba a los extremistas encontrar refugio y nuevos reclutas. Pero Zardari comprobó ser mejor político de lo esperado. Logró establecer un *modus vivendi* con el Ejército, y el suyo fue el primer gobierno electo democráticamente que completó su mandato en toda la historia de Pakistán.

En el otoño de 2009 decidí ir a Pakistán y asumir los sentimientos antiestadounidenses. Le ordené a mi personal planear un viaje plagado de reuniones en ayuntamientos, mesas redondas con los medios de comunicación y otras formas de participación pública. Me advirtieron:

—Serás un saco de boxeo.

Sonreí y respondí:

—Que empiecen a golpear.

A lo largo de los años he enfrentado mi dosis de opinión pública hostil y he aprendido que no sirve desear que desaparezca ni mimarla con esperanzadas conversaciones. Siempre habrá diferencias sustantivas entre los pueblos y las naciones, y eso no debería sorprendernos. Tiene sentido interactuar directamente con la gente, escucharla y aceptar un intercambio respetuoso de opiniones. Tal vez eso no cambie muchas mentes, pero es la única manera de avanzar hacia un diálogo constructivo. En el mundo hiperconectado de hoy, nuestra capacidad para comunicarnos con el público, así como con los gobiernos, tiene que ser parte de nuestra estrategia de seguridad nacional.

Mis años en la política me prepararon para esta etapa de mi vida. A menudo me preguntan cómo tomo las críticas contra mí. Tengo tres respuestas: primero, si uno decide participar en la vida pública, debe recordar el consejo de Eleanor Roosevelt y tener una piel tan gruesa como la de un rinoceronte. Segundo, debe aprender a tomar las críticas seria pero no personalmente. Los críticos de hecho nos pueden enseñar lecciones que los amigos no pueden o no quieren enseñarnos. Trato de definir la motivación de las críticas, ya sea partidista, ideológica, comercial o sexista, analizarla para ver qué puedo aprender de ella y desechar el resto. Tercero, hay un persistente doble estándar aplicado a las mujeres en la política —en cuanto a la ropa, tipos de cuerpo y, por supuesto, peinados— y uno no puede permitir que eso le haga perder el enfoque. Sonría y siga adelante. Cierto, estos consejos son el resultado de años de ensayo y error... y muchos errores, pero me han servido en todo el mundo tanto como en casa.

Para ayudarnos a contar mejor la historia de Estados Unidos y enfrentar a los críticos, recurrí a uno de los ejecutivos de medios más inteligentes del país, Judith McHale, a quien contraté como subsecretaria para Diplomacia y Asuntos Públicos. Ella había ayudado a fundar y dirigir MTV y Discovery Channel, y es hija de un funcionario de carrera del servicio diplomático. En esa capacidad nos ayudó a explicar nuestras políticas a un mundo escéptico, contrarrestar la propaganda y reclutamiento de los extremistas e integrar nuestra estrategia global de comunicaciones con el resto de nuestra agenda de poder inteligente. También era mi representante ante la Broadcasting Board of Governors, que supervisa la Voice of America y otros medios de comunicación financiados por Estados Unidos alrededor del mundo. Durante la Guerra Fría, esa era una parte

importante de nuestro compromiso, darles a las personas encerradas tras
la Cortina de Hierro acceso a información y noticias sin censura. Pero
no nos habíamos mantenido al día con el cambiante paisaje tecnológico
y de mercado. Judith y yo acordamos que debíamos revisar y actualizar
nuestras capacidades, pero convencer al Congreso o la Casa Blanca de que
esto era una prioridad resultó ser una lucha cuesta arriba.

═══

Quería presionar a Pakistán para que se comprometiera y cooperara más
en la lucha contra los terroristas, y ayudar al gobierno a fortalecer la democracia y realizar las reformas económicas y sociales que darían a los
ciudadanos una alternativa viable al radicalismo. Tenía que presionar y
criticar sin por ello perder la ayuda de Pakistán en la lucha que era fundamental para nuestros futuros.

Poco después de que llegué a Islamabad a finales de octubre de 2009,
un coche bomba explotó en un concurrido mercado en Peshawar, una
ciudad a sólo noventa millas al noroeste de donde estábamos. Más de un
centenar de personas murieron, muchas de ellas mujeres y niños. Los
extremistas locales habían exigido que se prohibiera a las mujeres ir de
compras al mercado y la explosión parecía diseñada para castigar a quienes se habían negado a dejarse intimidar. Fotografías de cuerpos gravemente quemados y ruinas humeantes llenaron las pantallas de televisión
de Pakistán. ¿Fue una coincidencia o un mensaje de los extremistas? De
cualquier manera, las apuestas acababan de aumentar en un viaje ya de
por sí delicado.

La primera parada de mi itinerario era un encuentro con el ministro
de Relaciones Exteriores de Pakistán Shah Mahmood Qureshi, a poca distancia de la embajada de Estados Unidos en el cuidado barrio diplomático
de Islamabad. Islamabad es una ciudad planificada, de amplias avenidas
bordeadas por bajas montañas verdes, construida en la década de 1960
para alejar al gobierno del centro comercial en Karachi y acercarlo a la
sede de las fuerzas militares en Rawalpindi. Incluso cuando un gobierno
civil está nominalmente al mando, la influencia del Ejército sigue siendo
generalizada. Uno de nuestros periodistas me preguntó antes de aterrizar:

—¿Está convencida de que las fuerzas militares y de inteligencia paquistaníes han cortado todos sus vínculos con los terroristas?

—No —respondí—, no estoy convencida.

Durante años, la mayoría de los paquistaníes habían visto los disturbios en su frontera noroeste como algo distante. La región nunca había estado completamente bajo el control del gobierno nacional, y les habían preocupado más los problemas prácticos e inmediatos de escasez de energía eléctrica y desempleo. Pero ahora que la violencia se extendía, las actitudes comenzaban a cambiar.

En la conferencia de prensa tras la reunión, Qureshi estaba angustiado por la bomba y se dirigió a los extremistas.

—No cederemos. Lucharemos —dijo—. ¿Creen que atacando a personas inocentes y quitándoles la vida, lograrán hacer flaquear nuestra determinación? No, señores, no lo lograrán.

Me uní a él y condené el atentado en términos fuertes:

—Quiero que sepan que esta lucha no es sólo de Pakistán.

También anuncié un nuevo proyecto de asistencia para ayudar con la escasez crónica de energía que tanto afectaba a la economía pakistaní.

Más tarde esa noche me senté con un grupo de reporteros de la televisión pakistaní para continuar la discusión. Desde el primer momento, sus preguntas fueron sospechosas y hostiles. Como muchos otros que conocí esa semana, me presionaron sobre las condiciones del nuevo paquete de ayuda aprobado por el Congreso. Uno podría haber pensado, dada la generosidad del paquete —especialmente en un momento en que nosotros teníamos dificultades económicas—, que habría habido declaraciones de agradecimiento. En cambio, lo único que oí fue ira y sospechas porque el dinero venía con "compromiso adjuntos". El proyecto de ley triplicó la asistencia, sin embargo, muchos pakistaníes estaban en desacuerdo por el requisito de que la ayuda militar estuviera ligada a los esfuerzos del país en la lucha contra los talibanes. Parecía una petición razonable, pero los militares pakistaníes reaccionaron negativamente al hecho de que les dijéramos lo que podían y no podían hacer con nuestro dinero. La condición fue vista por muchos pakistaníes como un insulto a su soberanía y su orgullo. Me sorprendió el grado de resentimiento y malentendido generado alrededor del tema, y cuántas personas parecían estar escudriñando cada palabra de la legislación para detectar posibles desaires. Muy pocos estadounidenses leen nuestras propias leyes tan cuidadosamente.

—Creo que su ofensiva de relaciones públicas y encanto está bien; está bien que quiera explicar su posición —dijo uno de los periodistas—, pero creemos que el proyecto de ley tiene una especie de agenda oculta.

Intenté mantener la calma y ser paciente. Era una ayuda para su pueblo, nada más.

—Lamento mucho que piensen eso, porque esa no era la intención —le respondí—. Voy a ser muy clara: ustedes no tienes que recibir este dinero. No tienen que recibir ninguna ayuda de nosotros.

Era evidente que nuestra estrategia de ayuda al desarrollo en Pakistán no estaba funcionando. O la tóxica política de nuestra relación había infectado la ayuda, o la ayuda no estaba siendo asignada y gastada de manera que causara una impresión positiva en el pueblo pakistaní, o ambos.

Cuando fui nombrada secretaria de Estado, Estados Unidos financiaba más de un centenar de proyectos en Pakistán, la mayoría de ellos relativamente pequeños y específicos. Algunos eran administrados directamente por USAID, pero la mayoría subcontrataba para su implementación a contratistas con o sin ánimo de lucro, incluyendo ONGs privadas, organizaciones benéficas religiosas e institutos de investigación. Los contratistas eran pagados sin importar si sus programas producían o no resultados verificables o si contribuían a los intereses y valores de nuestro país. Había tantos proyectos financiados por Estados Unidos que nuestra embajada no podía determinar el número total. No era de extrañar que los pakistaníes me dijeran que no veían el impacto de los esfuerzos estadounidenses.

Antes y después de mi viaje, trabajé con Richard Holbrooke en una estrategia para abordar estas preocupaciones. Estuvimos de acuerdo en que todo el esfuerzo tenía que simplificarse y en que USAID debía consolidar los programas en proyectos definidos, que contaran con el apoyo del pueblo pakistaní y tuvieran un impacto mensurable para ambos países. Dado que estábamos gastando diez veces más dinero en Pakistán que todos los demás países juntos, ese parecía ser un objetivo fácilmente alcanzable.

Nada se movía con suficiente rapidez para mi gusto, pero USAID anunció en abril 2012 que había desarrollado un plan más específico y estratégico para Pakistán, centrado en una reducción en el número de programas, de 140 en 2009 a 35 en septiembre de 2012, haciendo énfasis en la energía, el crecimiento económico, la estabilización, salud y educación. Al menos era un paso en la dirección correcta.

A lo largo de mi visita de octubre de 2009, los pakistaníes enfatizaron los costos humanos y financieros que estaban asumiendo en la lucha contra el terrorismo, que muchos consideraban como una guerra de Estados Unidos que les había sido injustamente impuesta. ¿Justificaba las vidas de sus treinta mil víctimas civiles y militares? ¿No podrían firmar una paz separada con los extremistas y vivir en paz?

—Ustedes tuvieron un 9/11. Nosotros tenemos un 9/11 diario en Pakistán —me dijo una mujer en Lahore. Reconocí sus sentimientos, y dondequiera que fui rendí homenaje a los sacrificios del pueblo pakistaní. También intenté explicar por qué esta lucha era tan importante para el futuro de Pakistán como para el nuestro, especialmente ahora que los extremistas estaban ampliando su alcance más allá de la región fronteriza.

—No conozco ningún país que se pueda sentar y observar a una fuerza de terroristas intimidando a su gente y apoderándose de gran parte de su territorio —le dije a los estudiantes y les pedí que imaginaran cómo reaccionaría Estados Unidos si unos terroristas cruzaran la frontera de Canadá y tomaran el control de Montana. ¿Lo aceptaríamos porque Montana es remota y está escasamente poblada? Obviamente, nunca permitiríamos que tal cosa sucediera en ninguna parte de nuestro país y Pakistán tampoco debía permitirlo.

Escuché muchísimas preguntas sobre los aviones no tripulados (drones). El uso de vehículos aéreos no tripulados se estaba convirtiendo rápidamente en uno de los elementos más eficaces y controvertidos de la estrategia de la administración Obama contra Al Qaeda y otros grupos terroristas similares en áreas de difícil acceso. El presidente Obama con el tiempo desclasificó muchos de los detalles del programa y explicó sus políticas al mundo, pero en 2009 lo único que yo podía decir cuando surgía el tema era, "Sin comentarios". Sin embargo, era ampliamente sabido que docenas de terroristas habían sido eliminados del campo de batalla, y más tarde nos enteramos de que bin Laden mismo había estado preocupado por las grandes pérdidas que le estaban infligiendo los drones.

Dentro de la administración, discutíamos intensamente las implicaciones legales, éticas y estratégicas de los ataques con drones y trabajamos muy duro para establecer directrices claras y métodos de supervisión y rendición de cuentas. El Congreso proporcionó una base jurídica interna para las operaciones de lucha contra el terrorismo cuando autorizó el uso de la fuerza militar contra Al Qaeda después del 9/11, y teníamos una base jurídica internacional bajo las leyes de guerra y autodefensa. La administración comenzó a informar de todos los ataques fuera de Irak y Afganistán a las comisiones competentes del Congreso. La preferencia seguía siendo detener, interrogar y enjuiciar a los terroristas cuando esas opciones estaban disponibles. Pero cuando no era posible capturar a terroristas individuales que representaban una amenaza al pueblo estadounidense, los *drones* proporcionaban una alternativa importante.

Estuve de acuerdo con el presidente cuando dijo que "esta nueva tecnología plantea serias preguntas: sobre contra quién actúa y por qué; sobre las bajas civiles y el riesgo de crear nuevos enemigos; sobre la legalidad de tales ataques bajo la ley estadounidense y el derecho internacional; sobre la responsabilidad y la moral". Pasé tiempo hablando sobre la complejidad de estas cuestiones con el Asesor Legal del departamento de Estado, Harold Koh, ex decano de la Facultad de Derecho de Yale y reconocido experto en derecho internacional. Harold sostenía que como con cualquier nueva arma, teníamos que establecer procesos transparentes y normas que rigieran su uso, de acuerdo con la ley nacional e internacional y los intereses de seguridad nacional de Estados Unidos. Que Estados Unidos sea una nación de leyes es una de nuestras grandes fortalezas y la Corte Suprema ha dejado claro que la lucha contra el terrorismo no puede darse en un "agujero negro legal".

La decisión de cada ataque individual era sometida a una rigurosa revisión jurídica y política. Hubo momentos en que apoyé un ataque en particular porque consideraba que era importante para la seguridad nacional de Estados Unidos y cumplía con los criterios establecido por el presidente. Otras veces no estuve de acuerdo; mi buen amigo Leon Panetta, el director de la CIA, y yo tuvimos grandes discusiones sobre un ataque propuesto. Pero en todos los casos siempre pensé que era crucial que esos ataques fueran parte de una estrategia contraterrorista más grande del poder inteligente, que incluyera la diplomacia, la aplicación de la ley, sanciones y otras herramientas.

La administración hizo todo lo posible para tener casi total certeza de que los civiles no serían asesinados o heridos. A pesar de esos esfuerzos, los informes de víctimas civiles tras los ataques con *drones* —frecuentes, pero no siempre falsos— alimentaron la rabia y los sentimientos antiestadounidenses. Debido a que el programa se mantuvo secreto, no podía confirmar o negar la veracidad de esos informes. Tampoco estaba en libertad de expresar las condolencias de Estados Unidos por la pérdida de vidas inocentes, o explicar que nuestro curso de acción era el que menos daño haría a los civiles, especialmente si se compara con la acción militar más convencional, como misiles y bombarderos, o los costos de dejar a los terroristas en el lugar.

Otra pregunta común en Pakistán fue cómo podía Estados Unidos, tras respaldar a Musharraf por tanto tiempo, esperar ser tomado en serio cuando decía querer promover el desarrollo y la democracia. Un periodista de televisión se refirió a nuestro comportamiento como "desplegar la alfombra roja para un dictador". Él y yo discutimos acerca de George Bush, Musharraf y quién era responsable de qué. Finalmente le dije:

—Mira, podemos discutir sobre el pasado, lo cual siempre es divertido pero no puede cambiarse, o podemos decidir formar un futuro diferente. Ahora, yo voto por forjar un futuro diferente.

No estoy segura de haberlo convencido pero, al final de la sesión, el grupo parecía estar algo menos furioso.

Después de terminar con los periodistas, tenía reuniones y la cena con el presidente Zardari. Fue entonces cuando, en un momento de tranquilidad antes de entrar al comedor formal del Palacio Presidencial, él sacó la foto de catorce años antes en la que aparecíamos Chelsea y yo con Benazir y sus hijos.

Al día siguiente volé a Lahore, una antigua ciudad llena de fantástica arquitectura Mogol. Cuando entramos a la ciudad, miles de policías formaban a los lados del camino. Vi algunas pancartas de bienvenida a lo largo de las calles, pero también pasamos al lado de multitudes de jóvenes que sostenían carteles con mensajes como "Hillary vete a casa" y "Los ataques con *drones* son terrorismo".

En una reunión con estudiantes universitarios, respondí más preguntas: ¿Por qué Estados Unidos siempre apoya a India y no a Pakistán? ¿Qué puede hacer Estados Unidos para ayudar en la escasez de energía y deficiente educación en Pakistán? y, una vez más, ¿por qué el paquete de ayuda tiene tantas condiciones? ¿Por qué son estereotipados como terroristas los estudiantes de intercambio pakistaníes en Estados Unidos? ¿Cómo podemos confiar en Estados Unidos cuando nos ha decepcionado tantas veces? Intenté dar respuestas completas y respetuosas.

—Es difícil seguir adelante si siempre estamos mirando el espejo retrovisor —señalé. El ambiente en la sala era huraño y ofendido, con poca de la energía positiva que me había topado en otras visitas a universidades en el mundo.

Luego, una joven se levantó. Era estudiante de medicina y miembro de Semillas de Paz, una organización que siempre he apoyado dedicada a acercar a los jóvenes por encima de los conflictos y las divisiones culturales. Generosamente me agradeció por servir de inspiración a las mujeres jóvenes alrededor del mundo. Luego giró hacia una cortante pregunta sobre el uso de *drones*. Señaló el daño colateral infligido a los civiles pakistaníes y preguntó por qué, si estos ataques eran tan importantes, Estados Unidos no compartía con los militares pakistaníes la tecnología y la inteligencia necesarias para llevarlos a cabo y dejaba que ellos se encargaran. Quedé un poco desconcertada por el cambio de tono. Pero observándola, recordé mis días como estudiante que no dejaba pasar la oportunidad de cuestionar a las figuras de autoridad. A menudo, los jóvenes dicen sin temor lo que todos estamos pensando pero somos demasiado prudentes para decir en voz alta. Si yo hubiera nacido en Pakistán, quien sabe, tal vez estaría donde ella estaba ahora.

—Bueno, no hablaré de eso específicamente —le respondí, consciente de los límites de lo que podía legalmente decir en ese momento sobre los *drones*— pero, en términos generales, permítanme decirles que hay una guerra en curso. Y afortunadamente, hay un esfuerzo militar muy profesional y exitoso que ha sido asumido por los militares pakistaníes. Y espero que el apoyo de Estados Unidos y el valor del ejército pakistaní nos lleven a una conclusión. Ahora, por desgracia, siempre habrá quienes pretenden causar terror, pero a la larga pueden ser eliminados y pueden ser disuadidos si la sociedad se vuelve contra ellos abruptamente. Así que creo que la guerra que su gobierno y su ejército están librando ahora mismo es muy importante para el futuro de Pakistán, y seguiremos ayudando al gobierno y al ejército para que tengan éxito en esa guerra.

Dudo que esa respuesta la dejara satisfecha. Era verdad, pero yo no podía decir todo lo que tenía en mi cabeza: sí, los pakistaníes habían pagado un precio terrible en esta lucha contra el extremismo, civiles y militares por igual. Esos sacrificios nunca deberían ser olvidados. Y, afortunadamente, el ejército pakistaní finalmente estaba desplegándose en zonas disputadas como el valle del Swat. Pero demasiados líderes del ejército y la inteligencia pakistaníes estaban obsesionados con India y se hacían los de la vista gorda ante la insurgencia de los talibanes y otros grupos terroristas o, peor aún, les ayudaban y eran sus cómplices. Al Qaeda estaba operando desde suelo pakistaní con aparente impunidad. Así que los pakistaníes tenían algunas decisiones difíciles que tomar sobre el tipo de país en que querían vivir y lo que estaban dispuestos a hacer para hacerlo realidad.

Contesté todas las preguntas que pude. Incluso si no les gustaba lo que yo tenía que decir, quería que todo el mundo entendiera que Estados Unidos estaba escuchando y respondiendo a sus preocupaciones.

Luego tuve otra reunión con periodistas locales y una vez más jugué el papel de saco de boxeo. Escuché las mismas preguntas sobre la falta de respeto de Estados Unidos a la soberanía pakistaní y respondí tan honesta y respetuosamente como pude. Como lo describió la prensa, "sonaba más como una consejera matrimonial que como una diplomática". La confianza y el respeto son calles de dos vías, le recordé a mis interrogadores. Yo estaba preparada para mirar honestamente el historial de Estados Unidos en la región y para asumir la responsabilidad por las consecuencias de nuestras acciones. Por ejemplo, Estados Unidos se había apresurado demasiado a abandonar Afganistán después de que los soviéticos se retiraron en 1989. Los pakistaníes también tenían que asumir la responsabilidad y someter a sus propios líderes al mismo escrutinio que nos aplicaban a nosotros.

—No creo en la opción de eludir las cuestiones difíciles, porque no creo que beneficie a nadie —dije.

Después de responder a una pregunta acerca de por qué estábamos forzando a Pakistán a pelear la guerra de Estados Unidos sin suficiente ayuda, eché una mirada a esos periodistas, muchos de los cuales no dudaban en culpar a Estados Unidos de todos sus problemas.

—Permítanme *preguntarles* algo —dije—. Al Qaeda ha tenido su refugio en Pakistán desde el año 2002. Me resulta difícil creer que nadie en su gobierno sabe donde están y que no podrían atraparlos si realmente quisieran hacerlo… El mundo quiere ver la captura y muerte de los autores intelectuales de esta organización terrorista y, hasta donde sabemos, están en Pakistán.

Por un momento la habitación quedó totalmente en silencio. Acababa de decir lo que todo funcionario estadounidense considera es la verdad pero nunca pronuncia en voz alta. Bin Laden y sus principales lugartenientes, con toda probabilidad, se ocultaban en Pakistán. Alguien tenía que saber dónde. Esa noche, mi declaración fue repetida sin cesar en la televisión pakistaní y funcionarios del gobierno en Islamabad se apresuraron a negar que supieran nada en absoluto. En Washington, le preguntaron a Robert Gibbs, el secretario de Prensa de la Casa Blanca, si la Casa Blanca consideraba apropiado que la secretaria Clinton hubiera sido tan directa en los comentarios que hizo sobre la falta de voluntad de Pakistán para encontrar a los terroristas dentro de sus fronteras. Gibbs respondió:

—Totalmente apropiado.

Al día siguiente, en otra ronda con la prensa pakistaní, volví a recalcar el punto:

—Alguien, en algún lugar de Pakistán, debe saber dónde están.

═══

Unos meses después de mi regreso de Pakistán, Leon Panetta me invitó a visitarlo en la sede de la CIA en Langley, Virginia. Yo había conocido a Leon y a su esposa, Sylvia, durante décadas. Como director de la Oficina de Administración y Presupuesto en la administración Clinton, Leon jugó un papel importante en la elaboración y aprobación del exitoso plan económico de Bill. Luego, como jefe de gabinete, ayudó a dirigir la Casa Blanca de Clinton durante el difícil período entre la toma republicana del Congreso en 1994 y la reelección de Bill en 1996. Además de un orgulloso italo-americano, Leon es un sagaz, contundente y colorido funcionario de Washington con excelentes instintos y juicio. Me alegré cuando el presidente Obama le pidió regresar al gobierno como director de la CIA y luego como secretario de Defensa. Ahora, Leon quería hacer planes para nuestra lucha contra Al Qaeda. Las operaciones militares, diplomáticas y de inteligencia de la administración contra la red terrorista estaban dando resultados, pero él y yo pensábamos que debíamos hacer un mejor trabajo en la lucha contra la propaganda extremista cortando el acceso de Al Qaeda a las finanzas, los reclutas y los refugios.

Conduje hasta Langley a principios de febrero de 2010. El celebrado lobby de la sede, recreado en incontables películas de espionaje, contiene un homenaje solemne. Cerca de un centenar de pequeñas estrellas están talladas en el mármol, cada una conmemorando a un agente de la CIA que murió en cumplimiento del deber, incluyendo muchos cuyas identidades siguen siendo secretas. Recordé mi primera visita a Langley, cuando representé a mi esposo en un servicio fúnebre a principios de 1993 por dos agentes de la CIA asesinados a bala en un semáforo al final de la calle. El asesino fue un inmigrante paquistaní llamado Mir Aimal Kansi, quien huyó del país pero fue posteriormente capturado en Pakistán, extraditado, condenado y ejecutado. Yo era primera dama desde hacía apenas unas semanas, y el servicio en Langley me dejó una impresión duradera de la silenciosa dedicación de aquellos que sirven en la CIA.

Ahora, diecisiete años después, la CIA estaba de luto otra vez. El 30 de diciembre de 2009, siete oficiales fueron asesinados en un atentado suicida en una base en el oriente de Afganistán. Los oficiales de seguridad e inteligencia del recinto estaban a punto de reunirse con un informante de Al Qaeda potencialmente valioso cuando éste escondió sus explosivos. El ataque fue un golpe terrible para la agencia y para Leon mismo, quien recibió los ataúdes de los caídos envueltos en banderas en la base Dover de la Fuerza Aérea, en Delaware.

Leon publicó un artículo de opinión en el *Washington Post* defendiendo a sus funcionarios de las críticas injustificadas de "incompetencia" y explicando que "nuestros oficiales participaban en una importante misión en un lugar muy peligroso del mundo. Llevaron a esa misión sus habilidades, conocimientos y voluntad de asumir riesgos. Así es cómo alcanzamos el éxito en lo que hacemos. Y a veces en la guerra, eso tiene un precio muy alto". Leon tenía razón acerca de la importancia de servir a nuestro país en lugares peligrosos y la realidad de los riesgos involucrados. La mayoría de los estadounidenses entiende que nuestras tropas a menudo deben enfrentar peligros. Pero lo mismo sucede a nuestros oficiales de inteligencia, diplomáticos y expertos en desarrollo, como nos lo recordaron trágicamente durante mis años en el departamento de Estado.

Cuando llegué a Langley para nuestra reunión, Leon me llevó a su oficina del séptimo piso, que daba hacia los bosques y la expansión suburbana de Virginia y el río Potomac.

Pronto se nos unieron los analistas del Centro de Contraterrorismo de la Agencia para una reunión informativa sobre la lucha contra Al Qaeda. Hablamos de cómo el departamento de Estado podría trabajar más estrechamente con la comunidad de inteligencia para contrarrestar el extremismo violento en Afganistán, Pakistán y otros lugares del mundo. El equipo de la CIA estaba especialmente ansioso de recibir nuestra ayuda en las guerras de información en línea y en las ondas de radio. Estuve de acuerdo. Aún tenía las airadas quejas de los pakistaníes zumbándome en los oídos. Y me enloquecía que, como lo dijo Richard Holbrooke alguna vez, estuviéramos perdiendo la batalla de las comunicaciones frente a extremistas que vivían en cuevas. Más importante aún, si no encontrábamos la manera de reducir la propagación de una radicalización, más terroristas se unirían para reemplazar a los que sacábamos del campo de batalla. También necesitábamos atraer más países a la lucha contra Al Qaeda, especialmente las naciones de mayoría musulmana que podrían ayudar a contrarrestar la propaganda extremista y el reclutamiento. Leon y yo ordenamos a nuestros equipos trabajar juntos para elaborar propuestas concretas que pudiéramos presentarle al presidente. En los siguientes meses, gracias al liderazgo de Danny Benjamin —mi asesor antiterrorismo—, desarrollamos una estrategia en cuatro frentes.

En primer lugar, para competir mejor en Internet, incluyendo sitios web de medios de comunicación y salas de chat donde Al Qaeda y sus afiliados difundían su propaganda y reclutaban seguidores, queríamos crear un nuevo Centro de Comunicaciones Estratégicas Contra el Terrorismo, ubicado en el departamento de Estado pero contando con expertos de todo el gobierno. Este centro neurálgico en Washington podría enlazar con equipos militares y civiles alrededor del mundo y servir como un multiplicador de los esfuerzos de nuestras embajadas por adelantarse, desacreditar y aventajar a los propagandistas extremistas en los medios. Ampliaríamos nuestro pequeño "equipo digital" hasta convertirlo en un batallón de especialistas en comunicaciones, que hablaran urdu, árabe, somalí y otros idiomas, y pudieran luchar contra los extremistas en línea y responder a la información errónea contra Estados Unidos.

En segundo lugar, el departamento de Estado lideraría una ofensiva diplomática para coordinar mejor las acciones con socios y aliados en todo el mundo que compartían nuestro interés en la lucha contra el extremismo violento. Sorprendentemente, casi una década después del 9/11, aún no existía un escenario internacional dedicado a convocar regularmente a los legisladores y profesionales del contraterrorismo. Así que concebimos un Foro Global de Lucha Contra el Terrorismo que reuniría a docenas de países, incluyendo muchos del mundo musulmán, para compartir las mejores prácticas y abordar los retos comunes, tales como el fortalecimiento de las fronteras porosas y responder a las demandas de rescate por parte de secuestradores.

Tercero, queríamos acelerar el entrenamiento de las autoridades y las fuerzas de contraterrorismo extranjeras. El departamento de Estado ya trabajaba cada año con casi siete mil funcionarios de más de sesenta países y hemos tenido la experiencia de fomentar la capacidad de lucha contra el terrorismo en Yemen, Pakistán y otros estados de primera línea. Pero queríamos hacer aún más.

En cuarto lugar, queríamos usar programas de desarrollo enfocados y asociaciones con la sociedad civil local para tratar de inclinar la balanza lejos del extremismo en las zonas de reclutamiento de los terroristas. Con el tiempo habíamos aprendido que los reclutas solían llegar en grupos, influenciados por la familia y las redes sociales. Tal vez nunca podamos acabar con la pobreza o llevar la democracia a todos los países del mundo pero, si nos enfocamos en escuelas, aldeas, cárceles y barrios específicos, tal vez seamos capaces de romper el ciclo de radicalización e interrumpir las cadenas de reclutamiento.

Pensé que estas cuatro iniciativas, junto con los agresivos esfuerzos del departamento del Tesoro para desbaratar las redes de financiación del terrorismo, constituían un enfoque coherente —de poder inteligente— de la lucha contra el terrorismo y complementarían lo que estaban haciendo inteligencia y las fuerzas armadas. Le pedí a Danny Benjamin informar al personal de la Casa Blanca de nuestros planes y encontrarme un momento para presentarle nuestra estrategia al presidente y el resto del Consejo de Seguridad Nacional.

Algunos de los asesores de Seguridad Nacional de la Casa Blanca apoyaban nuestro plan, pero otros estaban preocupados por nuestro plan. Querían asegurarse de que el departamento de Estado no estaba tratando de usurpar el papel de la Casa Blanca como principal coordinador de la actividad conjunta de los diversos organismos, especialmente cuando se trataba de las comunicaciones. Danny explicó pacientemente que nuestra estrategia solamente pretendía ser una iniciativa altamente específica para combatir la propaganda extremista. Para aclarar la situación, como ya había sido necesario en numerosas ocasiones, decidí presentarle el proyecto directamente al presidente.

A principios de julio, en una reunión programada con el presidente Obama y todos sus equipos de seguridad nacional y lucha contra el terrorismo, presenté nuestra estrategia. Danny llevó una detallada presentación de PowerPoint que describía las cuatro iniciativas y los recursos y autoridades que necesitaríamos para llevarlas a cabo. Panetta me apoyó inmediatamente, diciéndole al presidente que eso era exactamente lo que necesitábamos. El secretario Gates estuvo de acuerdo. El Fiscal General, Eric Holder, y la secretaria de Seguridad Nacional, Janet Napolitano, también apoyaron la propuesta. Luego miramos al presidente. Lo noté un poco molesto.

—No sé qué tengo que hacer para que la gente me escuche —dijo con exasperación. No era un buen comienzo—. ¡Llevo más de un año pidiendo un plan como este!

Esa era la luz verde de nuestro superior.

—Tenemos todo lo que necesitamos —le dije después a Danny—. Comencemos.

—Tenemos una pista.

Era principios de marzo de 2011, y Leon Panetta y yo estábamos almorzando en un comedor privado en el octavo piso del departamento de Estado.

No mucho antes, me había sacado aparte después de una reunión en la Sala de Situaciones para decirme que tenía algo importante que hablar en privado. Sin personal, sin notas. Le ofrecí visitarlo nuevamente en su oficina en Langley, pero esta vez él insistió en venir al departamento de Estado. Así que ahí estábamos almorzando. Yo estaba ansiosa por escuchar lo que tenía en mente.

Leon se inclinó y me dijo que la CIA había estado rastreando la mejor pista que había tenido en años sobre el posible paradero de Osama bin Laden. La Agencia había estado trabajando discretamente en eso durante algún tiempo. Leon había empezado a informar a los principales funcionarios de la administración, empezando por la Casa Blanca. En diciembre, visitó a Bob Gates en el Pentágono. En febrero, puso al tanto al Estado Mayor Conjunto y al almirante Bill McRaven, comandante del Mando Conjunto de Operaciones Especiales, cuyas tropas podrían ser llamadas a liderar un ataque si la inteligencia era lo suficientemente fuerte. Ahora me lo estaba contando a mí porque quería que me reuniera con un pequeño grupo en la Casa Blanca para discutir qué hacer a continuación.

Sabía que el presidente Obama le había dicho a Leon poco después de la posesión que quería que la CIA concentrara nuevamente sus esfuerzos en Al Qaeda y en encontrar a bin Laden. Los agentes y analistas trabajaron jornadas triples en Langley y en el terreno, y ahora parecía que sus esfuerzos habían dado resultado. Había pasado casi una década desde que estuve al lado de la pila ardiente en Ground Zero y los estadounidenses aún querían justicia. Pero también sabía que la inteligencia es un negocio incierto y que pistas anteriores no habían resultado en nada.

No podía contarle a nadie en el departamento de Estado o en ningún otro lugar, de hecho, lo que estaba sucediendo, lo cual me causó algunos momentos incómodos con mi personal. Han pasado más de veinte años desde que he podido hacer algo sin que al menos una docena de personas se den cuenta, pero con una pequeña distracción lo logré.

El pequeño grupo se reunió varias veces en la Casa Blanca durante marzo y abril. Leon y su equipo presentaron los detalles que los llevaron a sospechar que un "objetivo de alto valor", posiblemente bin Laden, vivía en un recinto amurallado en la ciudad pakistaní de Abbottabad, no muy lejos de la principal academia de entrenamiento militar del país, el equivalente de nuestro West Point. Algunos de los analistas de inteligencia estaban muy confiados en que finalmente tenían a su hombre. Otros estaban mucho menos seguros, especialmente aquellos que habían vivido el fallido proceso de inteligencia que concluyó que Saddam Hussein poseía armas de destrucción masiva. Revisamos a conciencia los informes, escuchamos a los expertos y sopesamos las probabilidades.

También discutimos nuestras opciones. Una era compartir la información con los pakistaníes y realizar una redada conjunta, pero varios pensábamos que no podíamos confiar en Pakistán. El presidente descartó esa opción inmediatamente. Otra era bombardear el complejo desde el aire. Esa opción representaría poco riesgo para el personal de Estados Unidos pero probablemente causaría importantes daños colaterales en un vecindario densamente poblado, y no tendríamos ninguna forma de determinar con absoluta certeza si bin Laden realmente había estado allí. Utilizar un misil dirigido desde un *drone* u otra plataforma podría limitar el daño, pero tampoco podríamos recuperar e identificar el cuerpo o recoger otra inteligencia útil en las instalaciones. Peor aún, podría no dar en el blanco o no resolver el problema. La única manera de tener la certeza de que estaba allí y sería capturado o asesinado, era introducir fuerzas de Operaciones Especiales en Pakistán para atacar el recinto. Las fuerzas especiales del almirante McRaven eran altamente cualificadas y experimentadas, pero no había duda de que esta opción planteaba de lejos el mayor riesgo, especialmente si nuestros hombres —a cientos de millas de un refugio seguro— terminaban entrando en conflicto con las fuerzas de seguridad pakistaníes.

Los principales asesores del presidente estaban divididos en su opinión sobre qué tan sabio era hacer una redada. Leon y Tom Donilon, por entonces consejero de Seguridad Nacional, finalmente recomendaron lanzar la operación. Bob Gates, que había pasado décadas como analista de la CIA, no estaba convencido. Consideraba que la inteligencia era circunstancial y le preocupaba que un conflicto con los pakistaníes pusiera en peligro el esfuerzo de guerra en Afganistán. Bob también tenía dolorosos recuerdos de la Operación Garra de Águila, el desastroso intento fallido de rescate de los rehenes en Irán en 1980, que dejó ocho soldados estadounidenses muertos cuando un helicóptero chocó con un avión de transporte. Esa había sido una pesadilla que nadie quería ver repetida. Consideraba que los riesgos de un ataque eran demasiado altos y prefería un ataque desde el aire, aunque al final cambió de opinión. El vicepresidente Biden seguía escéptico.

Eran discusiones difíciles y emocionales. A diferencia de la mayoría de los asuntos que manejaba como secretaria de Estado, debido al extremo secretismo de este caso, no podía recurrir a ningún asesor de confianza o experto.

Yo tomaba eso muy en serio, como el presidente Obama descubrió cuando, después de la incursión pero antes de que apareciera en televisión para informar al país, llamó a los cuatro ex presidentes vivos para informarles personalmente. Cuando se comunicó con Bill, comenzó diciéndole:

—Supongo que Hillary ya te contó… —Bill no tenía idea de lo que le estaba hablando. Me habían ordenado no decirle nada a nadie, así que no se lo conté a nadie. Posteriormente, Bill bromeó:

—¡Nunca nadie dudará de que puedes guardar un secreto!

Respetaba la preocupación de Bob y Joe por los riesgos de un ataque, pero llegué a la conclusión de que la información era convincente y los riesgos estaban compensados por los beneficios del éxito. Tan sólo teníamos que asegurarnos de que funcionara.

Ese era el oficio del almirante McRaven. Era un marino que había ascendido en el escalafón e incluso había pasado una temporada liderando un equipo SEAL de demolición submarina. Mientras más lo conocía y lo observaba planear esta misión, más confiada me sentía. Cuando le pregunté sobre los peligros del ataque al complejo, el almirante McRaven me aseguró que sus fuerzas de Operaciones Especiales habían llevado a cabo cientos de misiones similares en Irak y Afganistán, algunas veces dos, tres o más en una sola noche. La Operación Garra de Águila había sido un desastre, pero las fuerzas de Operaciones Especiales aprendieron de ella. La parte complicada sería llegar a Abbottabad sin ser detectados por los radares pakistaníes y ser atacados por las fuerzas de seguridad apostadas cerca. Una vez sus Navy SEALs estuvieran en tierra, harían su trabajo.

Los SEALs y los Night Stalkers (Furtivos de la noche), los pilotos del 160º Regimiento de Aviación de Operaciones Especiales, se habían entrenado ampliamente para la misión, incluyendo dos ensayos en réplicas de tamaño real del recinto, llevadas a cabo en dos lugares secretos en Estados Unidos. También tenían a Cairo, un perro pastor belga malinois especialmente entrenado para trabajar con los SEALs.

El 28 de abril de 2011, el presidente Obama convocó a nuestro grupo para una última reunión en la Sala de Situaciones de la Casa Blanca. Recorrió la mesa y pidió a todos su recomendación final. El presidente y yo somos abogados, y con el tiempo yo había aprendido a apelar a su mente altamente analítica. Así que expuse el caso metódicamente, incluyendo el daño potencial a nuestra relación con Pakistán y los riesgos de una operación fracasada. Pero, concluí, la oportunidad de agarrar a bin Laden valía la pena. Como había experimentado personalmente, nuestra relación con Pakistán era estrictamente transaccional, basada en intereses mutuos, no en la confianza. Sobreviviría. Estaba convencida de que debíamos lanzar el ataque.

Había también la cuestión de la logística y la elección del momento oportuno. Debido a que la incursión tenía que llevarse a cabo al amparo de la oscuridad, el Almirante McRaven recomendó hacerla en la próxima noche sin luna, que sería el sábado 30 de abril… dos días después. Algunos funcionarios plantearon una preocupación inesperada. La Cena Anual de Corresponsales en la Casa Blanca, un evento de alto perfil en el cual el presidente generalmente cuenta chistes frente a una sala llena de periodistas y celebridades, estaba programada para el sábado por la noche. A esos funcionarios les preocupaba cómo se vería que el presidente hiciera una comedia cuando podría ser necesitado durante una misión tan importante. Y si la cancelaba o se iba temprano, sería sospechoso y podría poner en peligro el secreto de la operación. El almirante McRaven, siempre el buen soldado, valientemente prometió llevar a cabo la misión el domingo si esa era la decisión final, pero advirtió que cualquier demora adicional sería un gran problema.

He tomado parte en muchas conversaciones absurdas, pero esta era demasiado. Estábamos hablando de una de las misiones de seguridad nacional más importantes que el presidente ordenaría en su ejercicio. La misión ya era suficientemente peligrosa y complicada. Si el comandante de Operaciones Especiales pensaba que el sábado era la mejor opción, entonces debía hacerse el sábado. Aunque no recuerdo exactamente lo que dije, algunos medios de comunicación me han citado utilizando una palabra de cuatro letras para descartar la Cena de Corresponsales como motivo de preocupación. No he buscado una corrección.

El presidente estuvo de acuerdo. Dijo que en el peor de los casos, si tenía que abandonar la cena antes de tiempo, podríamos achacárselo a un dolor de estómago. Al final, se pronosticó niebla sobre Abbottabad el sábado en la noche y la misión tuvo que ser aplazada al domingo. Pero al menos no fue a causa de una fiesta en Washington.

Después de la reunión final, el presidente se tomó tiempo para pensarlo. El equipo todavía estaba dividido. Era una decisión que sólo él podía tomar. Luego dio la orden. La operación, con el nombre en clave Lanza de Neptuno, era un hecho.

═══

Pasé la noche del sábado en la boda de un amigo íntimo de mi hija. La novia —una brillante estratega militar con fluidez en mandarín y especialista en el Ejército chino— y sus amigos son todos jóvenes inteligentes y atractivos. Era una noche fresca de primavera y, durante la recepción en una azotea con vista sobre el Potomac, me hice a un lado observando el río y pensando en lo que nos depararía el día siguiente. Los invitados se acercaban a hablar conmigo y pronto tuve alrededor de una docena a mi alrededor. Uno de ellos preguntó:

—Secretaria Clinton, ¿cree que alguna vez atraparemos a bin Laden?

Apenas logré suprimir una mirada de sorpresa, azorada ante la pregunta hecha precisamente esa noche de todas las noches. Le respondí:

—Sin duda espero que sí.

A las 12:30 p.m. del día siguiente, domingo 1 de mayo, conduje los quince minutos desde mi casa a la Casa Blanca y me reuní con otros altos funcionarios del equipo de seguridad nacional en la Sala de Situaciones. El personal de la Casa Blanca había traído comida de un mercado local y todos estábamos vestidos informalmente. Dos de los agentes de la CIA que habían perseguido a bin Laden durante más de una década se unieron a nosotros; era difícil creer que su cacería podría terminar muy pronto. Repasamos una vez más los detalles de la operación, incluyendo las llamadas que haríamos después.

A las dos y media de la tarde, hora de Washington, dos helicópteros Black Hawk llevando a Navy SEALs despegaron de una base en Jalalabad, al este de Afganistán, donde eran las once de la noche. Una vez ingresaron a Pakistán, tres grandes helicópteros Chinook de transporte los siguieron con refuerzos listos para desplegarse en caso de necesidad.

El zumbido de los rotores de los Black Hawks cortó el silencio de la noche de Abbottabad aproximadamente dos minutos antes de que descendieran sobre el recinto. Su acercamiento fue muy rápido y visible en la pantalla de video frente a la que estábamos reunidos, en una pequeña sala de conferencias al otro lado de la Sala de Situaciones. Luego, en lugar de sobrevolar mientras los SEALs descendían a tierra, como se había planeado, uno de los Black Hawks comenzó a perder rápidamente altura. El piloto aterrizó bruscamente y la cola del helicóptero golpeó el muro del recinto. (Posteriormente el ejército fue capaz de identificar el problema: el modelo de práctica a escala real del recinto tenía una alambrada en lugar de un muro de piedra. Eso cambió la dinámica del flujo de aire lo suficiente para comprometer la operatividad del Black Hawk). Como si esto no fuera suficientemente alarmante, un segundo helicóptero, que se suponía que aterrizaría y dejaría a los SEALs en el techo del recinto, tuvo que improvisar y pasó de largo sin detenerse y aterrizó fuera del recinto.

Ese fue el momento más tenso imaginable. Conjuró los fantasmas, no sólo del trágico accidente en Irán que Bob había temido proféticamente desde el principio, sino también el infame incidente del "Black Hawk Down" en Somalia en 1993, en el que dieciocho soldados estadounidenses murieron en Mogadiscio. ¿Estábamos a punto de ser testigos de otro desastre para Estados Unidos? Pensé en los hombres que estaban arriesgando sus vidas en medio de la noche al otro lado del mundo y contuve la respiración. Hay una famosa fotografía de aquel día que me muestra con la mano sobre mi boca mientras todos observamos fijamente la pantalla. No sé con certeza en qué momento fue tomada esa foto pero capta exactamente lo que sentía.

Finalmente pudimos volver a respirar: el Black Hawk averiado aterrizó y los SEALs saltaron fuera, listos para comenzar el asalto. Fue el primero de muchos actos heroicos esa noche. El almirante McRaven tenía razón: su equipo sabía cómo manejar cada bache del camino. La operación seguía adelante.

En el video vimos cómo los SEALs improvisaban, avanzando por el patio del recinto y dirigiéndose al interior en busca de bin Laden. Contrariamente a algunos informes de prensa y lo que muestran en las películas, nosotros no teníamos cómo ver lo que sucedía dentro del edificio. Lo único que podíamos hacer era esperar noticias del equipo que estaba en tierra. Miré al presidente. Estaba tranquilo. Rara vez me he sentido tan orgullosa de servir a su lado como ese día.

Después de lo que pareció una eternidad, pero fue en realidad unos quince minutos, McRaven informó que el equipo había encontrado a bin Laden y era un enemigo muerto en acción. Osama bin Laden estaba muerto.

Uno de los helicópteros de apoyo había llegado para ayudar a transportar los SEALs, junto con el cuerpo de bin Laden y un gran tesoro de información. Pero primero tenían que hacer explotar el helicóptero dañado para evitar que su avanzada tecnología fuera recuperada y estudiada. Mientras parte del equipo colocaba los explosivos, otros reunieron a todas las mujeres y niños que vivían en el complejo —las familias de bin Laden y los demás— y los llevaron detrás de una pared para protegerlos de la explosión. En medio de todos los peligros y presiones del día, este gesto humanitario de nuestros soldados decía mucho sobre los valores estadounidenses.

===

Una vez se supo que los SEALs estaban de regreso en Afganistán y el cuerpo había sido confirmado como el de bin Laden, llegó la hora de que el presidente se dirigiera a la nación. Caminé con él, Biden, Panetta, Donilon, Mike Mullen y Jim Clapper, director de Inteligencia Nacional, a la Sala Este, un lugar en el cual había estado innumerables veces en cenas oficiales, conciertos y anuncios. Ahora formaba parte de un pequeño público viendo al presidente dar una noticia histórica. Me sentía extenuada por tantas emociones, sin mencionar las semanas y meses que habían llevado a ella. Escuchar al presidente describir la exitosa operación me hizo sentir orgullosa y agradecida. Cuando caminamos de regreso por la columnata que bordea el jardín de rosas, escuchamos un inesperado rugido proveniente de más allá de las puertas. Entonces vi una gran multitud de jóvenes, muchos de ellos estudiantes de universidades cercanas, reunidos afuera de la Casa Blanca en una espontánea celebración, ondeando banderas estadounidenses y cantando "¡Estados Unidos! ¡Estados Unidos!". La mayoría habían sido niños cuando Al Qaeda atacó Estados Unidos el 9/11. Habían crecido a la sombra de la Guerra contra el Terror; había sido parte de sus conciencias desde que tenían uso de razón. Ahora expresaban la liberación emocional que todo el país sentía después de tantos años esperando justicia.

Me quedé inmóvil y dejé que los gritos y aplausos me invadieran. Pensé en las familias que conocía en Nueva York que todavía llevaban luto por sus seres queridos perdidos en aquel fatídico día. ¿Encontrarían algún consuelo esta noche? Sobrevivientes como Lauren Manning y Debbie Mardenfeld, que habían sido tan gravemente heridas, ¿enfrentarían el futuro con renovado optimismo y confianza? También pensé en los agentes de la CIA que nunca habían abandonado la cacería, incluso cuando la pista se enfriaba, y en los SEALs y los pilotos que se desempeñaron incluso mejor de lo que había prometido el almirante McRaven. Y cada uno de ellos regresó a casa.

═══

No esperaba con anhelo las difíciles conversaciones que se avecinaban con los pakistaníes. Como era de esperar, cuando la noticia se difundió, el país se alborotó. Los militares habían sido humillados y el público estaba enfurecido por lo que consideraba una violación de la soberanía paquistaní. Pero cuando hablé con el presidente Zardari, encontré que estaba más filosófico que hostil.

—La gente piensa que soy débil —dijo—, pero no soy débil. Conozco a mi país y he hecho todo lo posible. No puedo negar el hecho de que el hombre más buscado del mundo estaba en mi país. Fallamos todos por no saberlo.

Destacó que Pakistán había sido amigo de Estados Unidos por seis décadas, y describió la lucha contra el terrorismo en términos profundamente personales.

—Estoy luchando por mi vida y por la vida futura de mis hijos —dijo—. Estoy luchando contra la gente que mató a la madre de mis hijos.

Me compadecí de Zardari y le informé que varios altos funcionarios estadounidenses iban en camino para reunirse personalmente con él. Yo iría en el momento oportuno. Pero también fui firme con él:

—Señor Presidente, creo firmemente que puede haber un camino que satisfaga sus intereses y los nuestros. Ambos estaríamos peor si nuestra estrecha cooperación se da por terminada. Pero quiero ser clara, como amiga cercana y alguien que lo respeta: encontrar ese camino exigirá que su país tome decisiones. Queremos una mayor cooperación.

En los meses siguientes, dediqué mucha energía a mantener en pie nuestra frágil relación, tal como lo hizo Cameron Munter, nuestro embajador en Islamabad y su equipo. Estuvimos cerca de una ruptura grave varias veces más, pero los intereses fundamentales compartidos que yo les había descrito a mis colegas en nuestras deliberaciones en la Casa Blanca continuaron manteniendo unidos a nuestros dos países. Aun sin bin Laden, el terrorismo seguiría siendo una amenaza que ninguna de las dos naciones podía ignorar. Pakistán aún enfrentaba una mortal insurgencia talibán y crecientes problemas económicos y sociales.

En noviembre de 2011, seis meses después de la operación de Abbottabad, veinticuatro soldados pakistaníes fueron asesinados por fuerzas estadounidenses en un trágico accidente en la frontera con Afganistán. Estados Unidos rápidamente ofreció sus condolencias, pero Pakistán estaba alterado. En respuesta, el gobierno de Pakistán cerró las líneas de suministro de la OTAN en Afganistán y el Parlamento se lanzó a una revisión de las relaciones con Estados Unidos. Los pakistaníes querían una disculpa directa y la Casa Blanca no estaba dispuesta a dársela. Cantidades de contenedores militares estuvieron abandonados durante meses, creando problemas logísticos a nuestras tropas, incrementando nuestros costos —100 millones de dólares al mes— y privando a los pakistaníes de ingresos muy necesarios.

Sin ningún avance para la reapertura de las líneas de suministro en el momento de la Cumbre de la OTAN en Chicago, en mayo de 2012, le sugerí al presidente Obama que debíamos cambiar de enfoque para resolver el *impasse*. Me dio vía libre para intentarlo, a pesar de las objeciones de los consejos nacionales de Seguridad y Defensa. Algunos de los consejeros del presidente, manteniendo sus ojos en la campaña de reelección, eran alérgicos a la idea de cualquier disculpa, especialmente al país que había albergado a bin Laden. Pero, para ayudar a abastecer las tropas de la Coalición, necesitábamos resolverlo. Le dije al presidente que absorbería cualquier ataque político que surgiera como consecuencia de lo que iba a hacer. Me reuní con el presidente Zardari en Chicago y le dije que necesitaba su ayuda para abrir las líneas de suministro, tanto como su gobierno necesitaba los pagos recibidos por permitir que los convoyes atravesaran Pakistán. Despaché al secretario adjunto Tom Nides, un experimentado negociador, a sentarse en privado con el ministro de Finanzas de Pakistán. Esta era una de esas ocasiones en que la voluntad de reconocer el error no es una señal de debilidad sino un signo de un compromiso pragmático. Así que le di instrucciones claras a Tom: sé discreto, sé razonable y haz un trato.

La visita extraoficial ayudó a calmar los sentimientos pakistaníes y en junio, cuando me reuní en Estambul con el ministro de Relaciones Exteriores Hina Rabbani Khar, quien había reemplazado a Qureshi, supe que estábamos cerca de una resolución. A principios de julio cerramos un acuerdo. Reconocí los errores que resultaron en la pérdida de vidas militares pakistaníes y ofrecí nuevamente nuestras sinceras condolencias. Ambos lados estaban apenados por las pérdidas sufridas en la lucha contra el terrorismo. Los pakistaníes reabrieron la frontera, permitiéndonos llevar a cabo la retirada prevista de las fuerzas de la Coalición a un costo mucho menor que si hubiéramos tenido que tomar otra ruta. Tom y el ministro de Finanzas continuaron dialogando e incluso publicaron un editorial de opinión conjunto explorando posibles áreas de cooperación, especialmente en desarrollo económico.

Las negociaciones y el eventual acuerdo sobre las líneas de suministro ofrecen lecciones sobre la forma en que Estados Unidos y Pakistán pueden trabajar juntos en el futuro para perseguir intereses compartidos. La naturaleza de nuestra relación cambiará cuando las tropas de combate estadounidenses salgan de Afganistán pero ambos países seguirán teniendo intereses que dependen del otro. Así que tendremos que encontrar formas constructivas de trabajar juntos. Las distracciones y futuros desacuerdos son inevitables pero, si queremos resultados, no tenemos más opción que permanecer concentrados y ser pragmáticos.

Mientras tanto, Al Qaeda ha recibido un duro golpe, aunque aún no está derrotado. Gracias a la operación en Abbottabad, los SEALs regresaron con nueva inteligencia sobre el funcionamiento interno de Al Qaeda que contribuirá a que entendamos mejor la propagación de sus organizaciones afiliadas: Al Shabaab en Somalia, Al Qaeda en el norte de África en el Magreb islámico, y Al Qaeda en la península arábiga, que cada día se convierten en mayores amenazas. La muerte de bin Laden y la pérdida de muchos de sus lugartenientes ciertamente reducirá la capacidad del núcleo de Al Qaeda en Afganistán y Pakistán para lanzar nuevos ataques contra Occidente. Sin embargo, al mismo tiempo transferirá la influencia e impulso a sus afiliados, creando una amenaza más difusa y compleja.

Ante este creciente desafío, me sentí aún más segura de que debíamos seguir el enfoque de poder inteligente contra el terrorismo que le había descrito al presidente en 2010. En el departamento de Estado habíamos estado trabajando discretamente en el desarrollo de las herramientas y capacidades que necesitaríamos, incluyendo la ampliación de nuestra oficina de lucha contra el terrorismo hasta convertirla en una oficina real e independiente encabezada por un secretario de Estado adjunto. Pero trabajar con el resto del gobierno podía ser desesperantemente lento. Teníamos que luchar por cada centavo de financiación y, a pesar de los incisivos comentarios del presidente en julio de 2010, tomó más de un año que la Casa Blanca emitiera una orden ejecutiva estableciendo el Centro de Comunicaciones Estratégicas de Lucha contra el Terrorismo. Finalmente la recibimos el 9 de septiembre de 2011. Ese mismo día visité el John Jay College of Criminal Justice en Nueva York y pronuncié un importante discurso explicando nuestra estrategia para reforzar el aspecto civil de la lucha contra el terrorismo.

Doce días después, paralelamente a la Asamblea General de las Naciones Unidas, inauguré el Foro Mundial de Lucha Contra el Terrorismo. Turquía sirvió como copresidente y cerca de treinta naciones se unieron a nosotros, incluyendo países del Medio Oriente y otros países de mayoría musulmana. Los primeros resultados en los siguientes dos años fueron alentadores. Los Emiratos Árabes Unidos aceptaron acoger un centro internacional dedicado a la lucha contra el extremismo violento, y se prevé abrir un centro de justicia y fomento del estado de derecho en Malta. Esas instituciones entrenarán a policías, educadores, líderes religiosos y comunitarios, y legisladores. Reunirán expertos en comunicaciones que entienden cómo socavar la propaganda extremista y agentes de la ley que pueden ayudar a los gobiernos y comunidades a aprender a protegerse de los terroristas. También trabajarán con los educadores para diseñar planes de estudio libres de odio y darles a los maestros las herramientas necesarias para proteger a los niños en riesgo de ser reclutados por extremistas.

En el Foro Global de Lucha Contra el Terrorismo muy pronto nos enfocamos en el secuestro extorsivo, que representaba una de las principales herramientas de financiación de los afiliados a Al Qaeda en el norte de África y el resto del mundo, especialmente debido a que otras vías de financiación estaban cerradas para ellos. Con fuerte apoyo de Estados Unidos, el foro desarrolló un código de conducta que impediría que las naciones paguen rescates que sólo fomentan más secuestros. El Consejo de Seguridad de las Naciones Unidas apoyó el código, y la Unión Africana instaló centros de entrenamiento para ayudar a las fuerzas de seguridad de la región a desarrollar tácticas alternativas.

También hicimos algunos progresos en el frente de comunicaciones. Por ejemplo, cuando la Primavera Árabe se extendió por el Oriente Medio, el nuevo Centro de Comunicaciones Estratégicas de Lucha Contra el Terrorismo trabajó arduamente para demostrar que Al Qaeda estaba del lado equivocado de la historia. Un breve video clip producido y distribuido en Internet por el equipo comenzaba con una grabación del nuevo líder de Al Qaeda, Ayman al-Zawahiri, alegando que la acción pacífica nunca traería un cambio en el Medio Oriente, seguida por imágenes de las protestas pacíficas en Egipto y las celebraciones tras la caída de Mubarak. El video provocó un aluvión de respuestas en toda la región. "Zawahiri no tiene nada que ver con Egipto; vamos a resolver nuestros problemas nosotros mismos", escribió un comentarista en el sitio web de Egypt Forum.

Este tipo de batalla ideológica es lenta y gradual pero importante, porque Al Qaeda y sus afiliados terroristas no pueden sobrevivir sin un flujo constante de nuevos reclutas para reemplazar a los terroristas que mueren o son capturados, y porque la propaganda descontrolada puede fomentar la inestabilidad e inspirar ataques. Lo vimos en septiembre de 2012, cuando los extremistas atizaron la indignación en todo el mundo musulmán por un ofensivo pero oscuro video sobre el profeta Mahoma divulgado en Internet. Como resultado, embajadas y consulados de Estados Unidos en muchos países fueron atacados.

Si tomamos distancia y tenemos una visión más amplia, podemos ver que el extremismo violento está ligado a casi todos los problemas complejos del mundo de hoy. Puede echar raíces en zonas de crisis y pobreza, florecer bajo la represión y en ausencia de un estado de derecho, despertar el odio entre las comunidades que han vivido juntas por generaciones, y explotar los conflictos internos y entre estados. Eso justifica que Estados Unidos esté involucrado en los lugares más duros y con los desafíos más difíciles del mundo.

CUARTA PARTE

Entre la esperanza y la historia

10

Europa: Lazos que atan

Hay una canción de las *Girl Scouts* que recuerdo de mis tiempos de escuela primaria: "Hagan nuevos amigos pero conserven los viejos. Unos son plata y los otros oro". Para Estados Unidos, la alianza transatlántica resultó ser más valiosa que el oro.

El 11 de septiembre de 2001, cuando Estados Unidos fue atacado, Europa nos respaldó sin vacilaciones. Un titular del periódico francés *Le Monde* proclamó, "Todos somos americanos". Un día después del ataque, por primera vez en la historia, la OTAN invocó el Artículo V del Tratado de Washington, el cual estipula que un ataque contra un aliado es un ataque contra todos los aliados. Después de décadas de respaldo de los estadounidenses a los europeos en lugares que abarcaron desde Utah Beach hasta Checkpoint Charlie y Kosovo, los europeos nos estaban diciendo que estaban con nosotros ahora que los necesitábamos.

Lamentablemente, la relación se deterioró después de ese período crítico. La mayoría de nuestros aliados europeos no estuvieron de acuerdo con la decisión de invadir Irak. El estilo de "quien no está con nosotros está contra nosotros" de la administración del presidente George W. Bush, ilustrado por la desdeñosa descripción del secretario de Defensa Donald Rumsfeld quien denominó a Francia y Alemania la "Vieja Europa" en el punto álgido del debate sobre Irak a principios de 2003, generó rechazo en muchos de ellos. En 2009, la visión positiva de Estados Unidos en toda Europa había experimentado una significativa caída desde un 83 por ciento de aprobación en el Reino Unido y un 78 por ciento en Alemania en el año 2000, al 53 y 31 por ciento respectivamente a finales de 2008. Claramente, el nuevo gobierno del presidente Obama tenía una ardua tarea por delante.

Tal vez nuestra gran baza para el cambio de la opinión pública europea fuera "el efecto Obama". En todo el continente, muchos europeos se mostraban muy entusiasmados por nuestro nuevo presidente, quien en julio de 2008 siendo aún candidato, había electrizado una multitud de casi 200.000 personas en Berlín. El día después de su elección, el titular de un diario francés fue "Un sueño americano". De hecho, las expectativas eran tan altas que manejarlas y canalizar toda esa energía positiva se convirtió en todo un reto.

A pesar de las tensiones de la era Bush, los valores e intereses que compartíamos con nuestros aliados europeos nos unían a un nivel mucho más profundo que los desacuerdos por algunas políticas. Nuestros aliados europeos siguieron siendo socios de primera línea en cada reto. Más que nada, esta era una alianza de valores, arraigada en un profundo compromiso con la libertad y la democracia. Las cicatrices de las dos guerras mundiales y la Guerra Fría, empezaban a cerrarse pero muchos europeos aún tenían presentes los enormes sacrificios asumidos por los americanos para mantener su libertad. Solo en Francia, están sepultados más de sesenta mil soldados americanos.

Desde el final de la Guerra Fría, la visión de una Europa integral, libre y en paz, había sido el objetivo de los gobiernos estadounidenses. En el centro de esa visión estaba la idea de que pueblos y naciones dejaran atrás viejos conflictos para trazarse un futuro próspero en paz. Había visto lo difícil que puede ser eso y lo apretadas que pueden estar las cadenas de la historia que atan a generaciones y comunidades enteras. Alguna vez pregunté a una funcionaria del sur de Europa cómo iban las cosas en su país y ella inició su respuesta diciendo: "Desde las Cruzadas…". Así de lejos corren los recuerdos en muchas partes de Europa y de hecho en todo el mundo, como si los siglos xx y xxi fueran apenas una capa superficial del tiempo. Y aunque los recuerdos mantuvieron unidos a vecinos y aliados y en tiempos difíciles los ayudaron, también mantuvieron vivos sus viejos odios evitando que los pueblos se concentraran en su futuro. No obstante, al reconciliarse en los años posteriores a la Segunda Guerra Mundial, los pueblos de Europa Oriental demostraron que es posible soltar las cargas del pasado. Y lo vimos de nuevo después de la caída del muro de Berlín, cuando en Europa Central y Oriental se inició el proceso de integración de unos con otros y también con las naciones de la Unión Europea.

Para 2009, en buena parte del continente se había logrado un avance trascendental y en muchas formas estábamos más cerca que nunca de una Europa integral, libre y en paz. Pero esa visión era más frágil de lo que muchos americanos imaginaban. A lo largo de su periferia, las economías del sur de Europa no se recuperaban de la crisis financiera, los Balcanes aún no se recuperaban de las heridas de la guerra, y en muchas de las antiguas repúblicas soviéticas la democracia y los derechos humanos seguían amenazados, y la Rusia de Putín había invadido Georgia reavivando viejos temores. Mis predecesores habían trabajado para cimentar nuestras alianzas en Europa y apoyar el tránsito a una mayor unidad, libertad y paz de todo el continente. Ahora yo debía asumir esa responsabilidad y hacer todo lo que pudiera para renovar viejos lazos y atemperar antiguos conflictos.

=====

Las relaciones entre los países se apoyan en intereses y valores compartidos; pero también en las personalidades. Para bien o para mal, en los asuntos internacionales el elemento personal importa más de lo que muchos creen. Recordemos la famosa amistad entre Ronald Reagan y Margaret Thatcher que ayudó a ganar la Guerra Fría o la enemistad entre Kruschev y Mao que ayudó a perderla. Con esto en mente, desde mi primer día de trabajo en el departamento de Estado empecé a acercarme a prominentes líderes europeos. A algunos ya los conocía de mis épocas de senadora y primera dama. Otros serían nuevos amigos. Pero todos ellos serían socios valiosos en la labor que esperábamos llevar a cabo.

Empecé cada una de mis llamadas con un mensaje de apoyo y compromiso renovado. David Miliband del Reino Unido, dijo: "Válgame Dios, sus predecesores le han dejado un mundo de problemas. Es un trabajo herculeo, pero veo en usted al Hércules indicado para esta tarea". Me sentí halagada (como correspondía), pero dejé en claro que lo que necesitábamos era una asociación renovada y acciones en común, no un solitario héroe mitológico.

David resultó ser un socio invaluable. Era joven, enérgico, inteligente y creativo, y encontramos que nuestros puntos de vista respecto a los cambios que se estaban dando en el mundo eran muy parecidos. David creía en la importancia de la sociedad civil y compartía mi preocupación por el creciente número de jóvenes desconectados y desempleados en Europa, Estados Unidos y todo el mundo. Además de convertirnos en colegas profesionales muy cercanos, forjamos una amistad verdadera en el año y medio que trabajamos juntos.

El jefe de David era el primer ministro Gordon Brown, laborista sucesor de Tony Blair, que fue asediado por muchos problemas. Gordon, escocés inteligente y obstinado, terminó lidiando con la dura recesión económica que golpeó a Gran Bretaña. No tuvo suerte y debió cargar con todo el bagaje de Tony, principalmente su apoyo a la decisión de Bush de invadir Irak. En abril de 2009, cuando Gordon fue anfitrión de la reunión del G-20 en Londres, pude ver de cerca la presión que soportaba. Perdió la siguiente elección y fue reemplazado por David Cameron, un *tory* o conservador. El presidente Obama y Cameron simpatizaron desde su primera reunión privada en abril de 2009, antes de la victoria electoral. Se compenetraron fácilmente y disfrutaban la mutua compañía. Cameron y yo nos reunimos varias veces, con y sin el presidente Obama, a lo largo de los años. Cameron era pragmático, intelectualmente curioso y deseoso de intercambiar ideas acerca de sucesos mundiales, los que abarcaban desde el desarrollo de la Primavera Árabe hasta la crisis de Libia y el debate entonces en curso, sobre austeridad versus crecimiento.

Cameron escogió como ministro de Relaciones Exteriores a William Hague, antiguo líder del Partido Conservador e implacable enemigo político de Tony Blair desde finales de la década de 1990. Antes de la elección, siendo el portavoz parlamentario de la oposición en materia de asuntos extranjeros, me visitó en Washington. Ambos empezamos esa reunión con algo de cautela pero con gran placer encontré en él un estadista reflexivo, con mucho sentido común y buen humor. Hague también se convirtió en un buen amigo y, por mi parte, ya era admiradora de su biografía de William Wilberforce, el principal abogado abolicionista de la esclavitud en la Inglaterra del siglo XIX. William Hague incorporó a su trabajo el concepto de que la diplomacia es lenta y a menudo tediosa, pero absolutamente necesaria. En una cena de despedida que ofreció en mi honor en 2013, en la embajada Británica en Washington, incluyó en su brindis el siguiente ejemplo perfecto:

"El antiguo secretario de Relaciones Exteriores y primer ministro británico Lord Salisbury dijo que las victorias diplomáticas 'están compuestas por una serie de microscópicas ventajas: una acertada sugerencia aquí, un oportuno cumplido allá, una sabia concesión en un momento y una persistencia con visión de futuro en otro, una sensibilidad y tacto a toda prueba, una calma inamovible, y una paciencia que ninguna insensatez o provocación o error garrafal, logren afectar' ".

Eso resumía bastante bien mi experiencia como jefe diplomática de Estados Unidos. ¡También me recordó que Hague era el David Beckham del brindis!

Al otro lado del Canal de la Mancha, encontré otros socios memorables. Bernard Kouchner, el ministro de Relaciones Exteriores francés, era un médico socialista al servicio de Nicolás Sarkozy, un presidente conservador. Bernard había creado Médecins Sans Frontières, o Médicos sin Fronteras, que presta servicios médicos en zonas de desastre y conflicto y también en algunos de los sitios más pobres del planeta. Fue un socio clave después del devastador terremoto que asoló Haití en 2010. También trabajé muy de cerca con su sucesor, Alain Juppé, y después con Laurent Fabius, nombrado por el sucesor de Sarkozy, François Hollande, elegido en mayo de 2012. Aunque pertenecían a partidos políticos opuestos, ambos, Juppé y Fabius, eran profesionales consumados y una buena compañía.

La mayoría de los líderes son mucho más tranquilos en persona de lo que parecen ser en escena. No así Nicolás Sarkozy, el presidente de Francia, quien en persona era aún mucho más dramático y divertido. Participar en una reunión con él, siempre era una aventura. Saltaba y gesticulaba con gran dramatismo para expresar sus ideas, mientras su intrépida intérprete luchaba por seguirle el paso y por lo general acababa imitándolo a la perfección, con inflexiones y todo. El fuego graneado, la corriente del pensamiento de los soliloquios de Sarkozy inundaba las riberas de la política exterior, lo que a veces suponía un verdadero reto para participar en la conversación, pero aun así, no me cansaba de intentarlo. Chismorreaba, y tranquilamente tachaba a otros líderes mundiales de locos o enfermizos, uno era un "maníaco incapaz de pensar con claridad", otro tenía un ejército "que no sabía pelear", otro provenía de un antiguo linaje de "bestias", y se preguntaba por qué todos los diplomáticos que lo visitaban eran tan imperdonablemente viejos, canosos y hombres. Nos reíamos, debatíamos y también discutíamos, pero la mayoría de las veces acabábamos estando de acuerdo con lo que era necesario hacer. Sarkozy estaba resuelto a reiterar la posición de Francia como gran potencia mundial, y deseoso de echarse al hombro algo más de la carga internacional, lo cual vi en acción en el tema de Libia. Pero, no obstante su exuberancia, Sarkozy siempre fue un caballero. Un helado día de enero de 2010, cuando subía las gradas del Palacio Elíseo en París para saludarlo, se me salió un zapato y quedé descalza frente a los periodistas quienes alegremente comenzaron a tomar fotografías. Con mucho garbo me tomó de la mano y me ayudó a restablecer el equilibrio. Más adelante, le envié una copia de la fotografía con una nota en ella: "Tal vez no sea yo una Cenicienta, pero usted siempre será mi Príncipe Azul".

Sin embargo, el líder más poderoso de Europa era una mujer y con un temperamento totalmente opuesto al de Sarkozy: la canciller de Alemania, Angela Merkel. Conocí a Angela en 1994, en una visita con Bill a Berlín. Angela proviene de la antigua Alemania del Este, y fue Ministra de la Mujer y la Juventud con el canciller Helmut Kohl. Fue descrita por quienes me la presentaron como "una mujer joven que llegará lejos", palabras proféticas. Las dos nos mantuvimos en contacto a través de los años, y en 2003 aparecimos juntas en un programa de televisión alemana. En 2005 Angela fue elegida canciller, la primera líder femenina de su país. Con todo su cacareado progresismo en materia de asistencia médica y cambio climático, Europa aún se asemejaba a un club mundial de venerables chicos, y ver a Angela dándole una buena sacudida a esos asuntos resultaba alentador.

Mi admiración por ella aumentó mientras fui secretaria de Estado. Angela es una persona decidida, sagaz, franca, y siempre me dijo exactamente lo que pensaba. Estudió Física y había obtenido un doctorado en Química cuántica y, como buena científica, sabía mucho de temas técnicos como el cambio climático y la energía nuclear. Angela aportaba su curiosidad por el mundo a todas las discusiones, las que abordaba armada con preguntas sobre acontecimientos, gentes e ideas, un cambio refrescante frente a otros líderes mundiales que parecían creer que ellos ya sabían todo lo que valía la pena saberse.

Cuando la canciller realizó una visita de estado a Washington en junio de 2011, ofrecí un almuerzo en su honor en el departamento de Estado y pronuncié un cálido brindis en su honor. Ella respondió entregándome un obsequio; una página de un diario alemán enmarcada, que había sido publicada con ocasión de una reciente visita mía. Y yo empecé a reírme apenas la miré. Esa primera página traía una gran fotografía de nosotras dos de pie una junto a la otra, pero con las cabezas recortadas... y dos pares de manos igualmente entrelazadas frente a dos trajes de chaqueta y pantalón muy similares. El diario retaba a sus lectores a que adivinaran cuál era Angela Merkel y cuál era yo. Tuve que admitir que era difícil hacerlo. Esa primera plana del periódico enmarcada, estuvo colgada en mi despacho por el resto de mi tiempo como secretaria de Estado.

Durante los peores años de la crisis financiera mundial, la determinación de Angela fue puesta a prueba. El impacto de ese crac sobre Europa fue fuerte y la enfrentó a retos excepcionales por causa del euro, la moneda única que comparten la mayoría de sus naciones. Las economías más débiles, como Grecia, España, Portugal, Italia e Irlanda, abrumadas por unas astronómicas deudas públicas, un débil crecimiento y altos índices de desempleo, carecían de las herramientas de política monetaria inherentes al control de una moneda propia. A cambio de prestar ayuda de emergencia, Alemania, la economía más fuerte de la eurozona, insistió en que esos países adoptaran medidas drásticas para reducir el gasto y reformaran sus presupuestos.

Esta crisis planteó un espinoso dilema político. Si esas economías débiles no lograban salir de sus deudas, la eurozona completa podía colapsar, lo que sumiría al mundo en el caos. Sin embargo, me preocupaba que demasiada austeridad en Europa ralentizara aún más el crecimiento, dificultándoles a ellos y al resto del mundo su salida del aprieto. En Estados Unidos, el presidente Obama respondió a la recesión impulsando a través del Congreso un agresivo programa de inversión para lograr que el crecimiento no se detuviera, mientras se trabajaba en la reducción de la deuda nacional en el largo plazo. De modo que era razonable sugerir que Europa tomara medidas semejantes, en lugar de sólo recortar el gasto, lo cual provocaría una mayor contracción de la economía.

Pasé mucho tiempo hablando respecto a estas acuciantes dificultades con varios líderes europeos, Merkel entre ellos. Se podía estar o no de acuerdo con las políticas de ella, pero resultaba imposible no impresionarse con su férreo liderazgo. Como observé en 2012, ella "llevaba a Europa sobre sus hombros".

═══

El eslabón más fuerte de la cadena transatlántica era la OTAN, nuestra alianza militar que incluye a Canadá y a otros socioes europeos. (Muchos estadounidenses subestiman nuestras relaciones con Canadá, pero nuestro vecino del norte es un aliado fundamental en prácticamente todo lo que hacemos alrededor del mundo). Desde su inicio al comienzo de la Guerra Fría, la OTAN consiguió contener a la Unión Soviética y el Pacto de

Varsovia durante cuatro décadas. Finalizada la Guerra Fría, la Alianza se preparó para afrontar nuevas amenazas a la seguridad de la comunidad transatlántica. Prácticamente todas las antiguas repúblicas soviéticas, a excepción de la propia Rusia, se sentían vulnerables sin alguna garantía de seguridad por parte de Occidente, debido a su temor de que algún día Rusia retomara su agresivo comportamiento expansionista. La OTAN, liderada por Estados Unidos, decidió abrir sus puertas a cualquiera de los países situados al Oriente. La Alianza también estableció una red de asociaciones con muchas de las antiguas repúblicas socialistas soviéticas y un consejo consultivo con la propia Rusia. Como la administración Clinton dejó claro en ese tiempo, la OTAN conservaría la llamada capacidad de "salvaguardia" para lidiar con una futura Rusia que en alguna otra ocasión llegara a amenazar a sus vecinos.

Mientras las fuerzas de la OTAN luchaban por llevar la paz a Kosovo, en abril de 1999, Bill y yo celebramos el 50 aniversario de la OTAN con una cumbre de líderes en Washington, y fuimos anfitriones de la reunión en honor del mayor número de jefes de Estado más grande en la historia de Washington. El encuentro estuvo marcado por un gran optimismo por el futuro de Europa y de la OTAN. Václav Havel, primer presidente de la República Checa después de la Guerra Fría y un acérrimo y convincente defensor de la democracia anotó que "Esta es la primera cumbre de la Alianza a la cual asisten representantes de… países que fueron miembros del Pacto de Varsovia hace apenas diez años… Esperemos que así estemos ingresando a un mundo en el cual el destino de las naciones no es decidido por poderosos dictadores extranjeros sino por las propias naciones". Pero, si no fuera así, habría podido agregar él, estemos preparados para defender la libertad que hemos obtenido.

En 2004, otras siete antiguas naciones del bloque oriental ingresaron a la OTAN, expandiendo aún más su alcance. Dos más, Albania y Croacia, hicieron lo propio el 1 de abril de 2009, y se completó un total de 28 países miembros. Otros, entre ellos Ucrania, Bosnia, Moldavia y Georgia, estaban explorando las posibilidades de un futuro ingreso a la UE y la OTAN, perspectivas sujetas a muchas dificultades internacionales y externas.

Tras la agresión de Rusia contra Ucrania y su anexión ilegal de Crimea a principios de 2014, hubo quienes argumentaron que el crecimiento de la OTAN causó o exacerbó la actuación de Rusia. Estoy en desacuerdo con ese argumento, pero las voces más convincentes para refutarlo son las de aquellos pueblos y líderes europeos que expresan gratitud por su ingreso a la OTAN. Ingreso que, a la luz de las ambiciones del presidente de Rusia, Vladimir Putin, les proporciona una mayor confianza en su futuro. Ellos son conscientes de que la queja de Putin de que la política de puertas abiertas de la OTAN constituye una amenaza para Rusia, refleja su negativa a aceptar la idea de que las relaciones de Rusia con Occidente podrían apoyarse en la asociación y mutuos intereses, como lo creían Boris Yeltsin y Mikhail Gorbachev. Quienes aceptan la retrógrada posición de Putin deberían sopesar cuánto más grave sería la crisis actual, y cuánto más difícil contener más agresiones de Rusia si los países de Europa Oriental y Central no fueran ahora aliados de la OTAN. Las puertas de la OTAN deben permanecer abiertas y nosotros debemos ser claros e inflexibles al lidiar con Rusia.

Para cuando el presidente Obama se posesionó, la OTAN se había convertido en una comunidad democrática de casi mil millones de personas que habitan desde el Báltico en el Este hasta Alaska en el Oeste. Cuando realicé mi primera visita a la OTAN en 2009, en los corredores de su sede en Bruselas resonaba el entusiasmo por el "retorno" del compromiso estadounidense. Compartía ese sentimiento y pasé muchas horas con los ministros de Relaciones Exteriores y el secretario general de la OTAN, Anders Fogh Rasmussen, antiguo primer ministro de Dinamarca, quien era el tipo de líder diestro y experimentado que necesitaba la alianza.

A veces hubo dificultades iniciales, pero no todas serias, como por ejemplo, en Bulgaria, que ingresó a la OTAN en 2004 y fue un fiel socio en Afganistán y otras misiones. Pero cuando visité su capital, Sofía, en febrero de 2012, fue evidente que el primer ministro Boyko Borissov se encontraba nervioso por nuestra reunión. Yo sabía que teníamos asuntos graves para discutir y esperaba que todo fuera bien. Después de todo, ya éramos aliados. "Señora secretaria, estoy muy preocupado desde que vi por televisión su llegada", empezó. "Mi jefe de Estado mayor me ha advertido que cuando usted se peina hacia atrás, significa que está de mal genio". En efecto, en ese preciso momento llevaba el cabello recogido hacia atrás, lo que tal vez despertó malos recuerdos de agentes de la KGB y *apparatchiks* o miembros del Partido Comunista. Miré al bastante calvo primer ministro, sonreí y le dije, "Lo que pasa es que arreglarme el cabello me toma un poco más de tiempo que a usted". Él se rió, y superado el obstáculo, sostuvimos una productiva reunión.

La prolongada guerra en Afganistán ha puesto a prueba las capacidades de OTAN y ha expuesto brechas de su preparación. Algunos aliados estaban recortando drásticamente sus presupuestos de defensa, dejando a otros (más que todo a Estados Unidos) que se ocuparan de lo que faltaba por hacer. Todo el mundo estaba sufriendo los efectos de la crisis económica. A ambos lados del Atlántico había voces que preguntaban si veinte años después de finalizada la Guerra Fría, todavía la OTAN tendría validez.

Considero que la OTAN sigue siendo esencial para afrontar la evolución de las amenazas del siglo XXI. Estados Unidos no puede y no debe hacerlo todo por sí solo; es por esa razón que para la administración Obama es tan importante construir asociaciones apoyadas en intereses y objetivos comunes. La OTAN sigue siendo de lejos nuestro socio más competente, en particular después de que sus miembros por primera vez votaron por actuar "fuera del área" sobre el tema de Bosnia en 1995, un reconocimiento de que nuestra seguridad colectiva podría verse amenazada por otras causas que no sean ataques directos a los propios países miembros de la OTAN. Y nuestros aliados de la OTAN sacrificaron vidas y recursos en Afganistán, un compromiso que nunca debemos olvidar.

En 2011, quedó demostrada la importancia de la OTAN del siglo XXI cuando la alianza encabezó la intervención militar para proteger vidas civiles en Libia, y por primera vez se trabajó en conjunto con la Liga Árabe y sus países miembros. Catorce aliados y cuatro socios árabes aportaron a la misión fuerzas navales y aéreas. Contrario a la opinión de algunos críticos, esta demostró ser una exitosa operación conjunta en la cual Estados Unidos aportó capacidades excepcionales, en tanto que nuestros aliados —no nosotros— volaron el 75 por ciento de las misiones de combate y fueron responsables de atinarle al 90 por ciento de los más de 6.000 blancos destruidos en Libia. Casi exactamente lo contrario de la distribución de las cargas una década atrás en la intervención de la OTAN en Kosovo, en la cual Estados Unidos fue responsable del 90 por ciento del bombardeo a las defensas aéreas y los blancos militares. Aunque Gran Bretaña y Francia, llevaron la delantera con sus competentes ejércitos, el esfuerzo iba más allá que ellos. Italia dedicó siete bases aéreas a recibir cientos de naves aliadas. Aviones belgas, canadienses, daneses, holandeses y noruegos, así como bombarderos de los Emiratos Árabes Unidos, Catar y Jordania, todos contribuyeron a las más de 26.000 misiones de combate. Las respectivas armadas de Grecia, España, Turquía y Rumania ayudaron hacer cumplir en el mar el embargo de armas. Fue un verdadero trabajo en equipo, tal como debe ser el de la OTAN.

Si la OTAN ha sido una de las alianzas militares más exitosas de la historia, la UE es una de las organizaciones políticas y económicas más positivas. En un período de tiempo notablemente corto, países que en el siglo xx habían peleado dos guerras mundiales, acordaron tomar decisiones por consenso y elegir representantes a un Parlamento compartido. Y a pesar de su enorme burocracia, es un verdadero milagro que la Unión Europea exista y persista.

Los numerosos aportes de la UE a la paz y la prosperidad más allá de sus fronteras fueron honrados con un merecido Premio Nobel de la Paz en 2012. Individual y colectivamente, nuestros socios europeos han logrado mucho en todo el mundo. El apoyo de Noruega a proyectos de salud pública alrededor del mundo ha sido insuperable. Irlanda, país una vez devastado por la hambruna, encabeza la erradicación del hambre. Los Países Bajos marcan la pauta del trabajo sobre la pobreza y el desarrollo sostenible. Estonia, Letonia y Lituania, los estados bálticos, aportan su invaluable apoyo y experiencia a activistas de la democracia en todo el mundo. Daneses, suecos y finlandeses son campeones en asuntos del cambio climático. Y la lista podría continuar.

Deseaba expandir nuestra asociación con la UE, especialmente en cuanto a energía y economía. A comienzos del primer período Obama, creamos el Consejo de Energía UE-Estados Unidos para coordinar las labores de ayuda a países vulnerables del otro lado del Atlántico, en particular los de Europa Oriental y Central, para reducir su dependencia del gas ruso. Hacia el final del período, empezamos a discutir un acuerdo económico amplio que incrementaría el comercio y estimularía el crecimiento a ambos lados del Atlántico.

———

Ninguna relación con Europa requería más cuidados que nuestros lazos con Turquía, país de más de 70 millones de habitantes, musulmán en su inmensa mayoría, que tiene un pie en Europa y el otro en Asia. La Turquía de los tiempos modernos fue establecida por Mustafá Kemal Atatürk cuando la desintegración del Imperio Otomano tras la Primera Guerra Mundial, con el propósito de ser una democracia laica orientada a Occidente. Ingresó a la OTAN en 1952, fue un confiable aliado a lo largo de la Guerra Fría, envió tropas a luchar junto a las nuestras en Corea y durante décadas albergó fuerzas de Estados Unidos. Sin embargo el Ejército turco, que se consideraba a sí mismo garante de la visión de Atatürk, intervino varias veces para derrocar gobiernos que le parecieron demasiado islamitas, demasiado izquierdistas o demasiado débiles, lo cual fue bueno para la Guerra Fría pero no para el progreso de la democracia.

Por desgracia, los años Bush afectaron nuestras relaciones, y para 2007, la aprobación de Estados Unidos por parte de Turquía había colapsado a apenas un 9 por ciento, el nivel más bajo del total de 47 países encuestados ese año por el *Global Attitudes Project* del Pew Research Center.

Entretanto, la economía turca estaba en auge, con una de las tasas de crecimiento más rápidas del mundo. Con el resto de Europa debilitado por la crisis financiera y el Medio Oriente estancado, Turquía emergió como el motor de la región. Tal como Indonesia, Turquía estaba haciendo la prueba para saber si democracia, modernidad, laicismo e Islam podían coexistir, mientras las naciones del Medio Oriente observaban. A Estados Unidos le convenía muchísimo el éxito de ese experimento y también que las relaciones entre nuestros países recuperaran una base firme.

Visité Turquía en mi primer viaje a Europa como secretaria de Estado. Además de sostener reuniones con altos funcionarios turcos entre ellos el primer ministro Recep Tayyip Erdoğan y el presidente Abdullah Gül, me había propuesto llegar directamente al pueblo turco como lo hice en todos lados. Esto era de particular importancia en países donde los gobiernos deseaban trabajar con nosotros, pero grandes segmentos de su población desconfiaban de Estados Unidos o simplemente eran antiestadounidenses. Al plantearle mis argumentos directamente a la gente, a través de los medios de comunicación masiva, estaba tratando de que modificaran sus actitudes, lo cual, a su vez, podría brindar a los gobiernos una mayor cobertura política para cooperar con nosotros.

Un popular programa de entrevistas por televisión llamado *Hadi Gel Bizimle Ol* o "Ven y únete a nosotros", me propuso participar como invitada. Parecido a *The View*, ese programa va dirigido a un amplio sector de la sociedad turca, en especial a su población femenina. Las presentadoras, un heterogéneo grupo de mujeres, me formularon preguntas sobre asuntos políticos serios, pero también sobre temas más personales y la conversación resultó cálida, divertida y muy variada.

"¿Cuándo fue la última vez que se enamoró y se sintió como una persona sencilla con una vida sencilla?" quiso saber una de ellas. Ese no era un tema usual para ser tratado con una secretaria de Estado, pero sí era exactamente el tipo de tema que podía ayudar a conectarme con la audiencia. Les hablé de cuando conocí a mi esposo en la escuela de leyes y de cómo nos enamoramos y construimos una vida juntos, y también de la dificultad de criar una familia a la luz pública. "Creo que mis momentos favoritos son aquellos en los que mi esposo, mi hija y yo estamos juntos y hacemos cosas sencillas", les dije. "Quiero decir, vamos al cine, hablamos y jugamos juntos, juegos de mesa, de cartas. Disfrutamos largas caminatas. Siempre que puedo, trato de hacer todo eso con mi esposo. Ahora mi hija vive ocupada con sus propios asuntos, pero cuando puede, ella se reúne con nosotros. Así que no es fácil, pero yo realmente me esfuerzo por encontrar, lejos de los reflectores, momentos tranquilos en los que simplemente pueda ser yo misma y estar con la gente que amo y disfruto. Y esos son los mejores momentos de la vida".

En el set, el público aplaudió con mucha calidez y su reacción, comprobada más tarde por personal de nuestra embajada, fue alentadora. Para muchos turcos que habían llegado a desconfiar de Estados Unidos y sus líderes, fue por lo visto una placentera sorpresa ver a la secretaria de Estado de los Estados Unidos como una persona normal con inquietudes y preocupaciones similares a las suyas. Y, yo por supuesto esperaba que como resultado, ellos se volvieran más receptivos a lo que debía decir acerca del futuro de las relaciones entre Estados Unidos y Turquía.

Un hombre en particular guardaba la llave del futuro de Turquía y de nuestra relación: el primer ministro Erdoğan (en el sistema turco, el de presidente es más que todo un cargo ceremonial y quien realmente gobierna es el primer ministro). Lo había conocido siendo alcalde de Estambul, en la década de 1990, un político ambicioso, de carácter fuerte, intenso y sagaz. Los turcos eligieron por primera vez a su partido islamita en 2002 y lo reeligieron en 2007 y 2011. El primer ministro Erdoğan consideraba esas tres elecciones como mandatos para un cambio radical. Su gobierno persiguió agresivamente a militares presuntos conspiradores de un golpe de estado y se las arregló para aferrarse aún más al poder que cualquiera de sus antecesores civiles. (Por lo general el término "islamista" se refiere a las personas y partidos que apoyan que el Islam haga las veces de guía en la política y el gobierno. Cubre un amplio espectro, desde quienes piensan que los valores islámcos deben informar las decisiones de política pública hasta aquellos que consideran que todas las leyes deben ser juzgadas e incluso formuladas por las autoridades islámicas para ceñirse a la ley islámica. No todos los islamistas son iguales. En algunos casos los líderes y las organizaciones islamistas se han opuesto a la democracia, incluyendo algunos que han apoyado acciones e ideologías radicales, extremistas y terroristas. Pero en todo el mundo existen partidos políticos con afiliaciones religiosas —hindúes, cristianos, judíos, musulmanes— que respetan las normas de la democracia política y está en el interés de Estados Unidos alentar a los líderes y los partidos políticos que tienen bases religiosas a que abracen una democracia incluyente y a que rechacen la violencia. Cualquier sugerencia de que los fieles musulmanes o personas de cualquier fe no pueden prosperar en una democracia es insultante, peligrosa y errónea. (En nuestro propio país esto ocurre todos los días).

Algunos de los cambios impulsados por Erdoğan fueron positivos. Bajo su liderazgo y motivada por los requisitos de ingreso a la UE (que hasta entonces siempre quedaban justo fuera de su alcance), Turquía abolió los tribunales de seguridad estatales, reformó el código penal, amplió el derecho a la asesoría jurídica y redujo las restricciones para la enseñanza, la radiodifusión y la televisión en kurdo. Erdoğan también anunció la intención de llegar a una política exterior de "Cero problemas con los vecinos", iniciativa defendida por Ahmet Davutoğlu, uno de sus asesores, quien más adelante se convirtió en ministro de Relaciones Exteriores. Lo de Cero Problemas sonaba bien, y en muchos casos fue una actitud muy constructiva. Pero también hizo que Turquía se mostrara demasiado ansiosa por aceptar un inadecuado acuerdo diplomático con Irán, su vecino, que poco atenuaría la preocupación de la comunidad internacional por el programa nuclear de Teherán.

A pesar de los positivos avances bajo Erdoğan, existía una creciente causa de preocupación, incluso alarma, por el tratamiento de su gobierno a sus opositores políticos y periodistas. El cada vez más reducido espacio para disentir públicamente fue generando interrogantes acerca de la dirección en que Erdoğan estaba llevando al país y de su compromiso con la democracia. Sus opositores sospechaban que su objetivo final era convertir a Turquía en un estado islamita sin espacios para disentir, y algunas de sus acciones corroboraban ese temor. En su segundo y tercer períodos, su gobierno encarceló periodistas a una velocidad preocupante, y tomó medidas enérgicas contra los que protestaban cuestionando ciertos decretos. La corrupción seguía siendo un problema enorme y el gobierno no podía satisfacer las rápidamente crecientes expectativas de sus cada vez más sofisticados ciudadanos de clase media.

Los temas religiosos y culturales eran particularmente delicados en un país donde por largo tiempo el Islam y el laicismo habían mantenido un inestable equilibrio y coexistido con diferentes tradiciones religiosas. Con el tiempo llegué a conocer al Patriarca de la Iglesia Ortodoxa Griega, Su Santidad el Patriarca Ecuménico Bartolomé, y respetaba su sincero compromiso con el diálogo entre creyentes y la libertad de cultos. El Patriarca Bartolomé veía a Erdoğan como un socio constructivo, pero la Iglesia aún esperaba que el gobierno le devolviera propiedades confiscadas y que se permitiera la reapertura del Seminario Halki clausurado mucho tiempo atrás. Realicé diversos intentos para que se reabriera Halki, lo que aún no ha ocurrido.

Cuando Erdoğan habló de dar a las jóvenes estudiantes el derecho a cubrirse la cabeza en la universidad, hubo quienes lo consideraron un paso adelante hacia la libertad de cultos y el derecho de las mujeres a elegir su propio camino. Y otros lo vieron como un golpe al laicismo, aviso de una creciente teocracia que acabaría por restringir los derechos a las mujeres. Prueba de las profundas contradicciones de la Turquía del siglo XXI es que ambos puntos de vista podrían estar en lo cierto. El propio Erdoğan se sentía muy orgulloso de sus talentosas hijas, quienes eligieron usar velo, e incluso me pidió consejo sobre la idea de una de ellas de ir a la universidad en Estados Unidos.

Pasé horas hablando con Erdoğan, a menudo acompañados solamente por Davutoğlu, quien nos servía de intérprete. Ahmet, un académico desbordante de vida y entusiasmo, se convirtió en diplomático y político, y sus escritos sobre cómo Turquía podía recuperar una posición de importancia mundial coincidían con el pensamiento del propio Erdoğan. Davutoğlu aportó erudición y pasión a su cargo y ambos entablamos una productiva y amistosa relación de trabajo que jamás se rompió, no obstante los numerosos momentos de tirantez.

En mis cuatro años como secretaria de Estado, Turquía fue un socio importante, pero en ocasiones frustrante, a veces coincidíamos (trabajamos muy de cerca sobre Afganistán, el antiterrorismo, Siria y otros temas), pero otras no (el programa nuclear de Irán).

El tiempo y la atención dedicados por el presidente Obama y por mí, ayudaron a estabilizar nuestra relación, pero eventos externos, en especial el recrudecimiento de las tensiones con Israel, crearon dificultades. Además, la dinámica interna de Turquía seguía siendo turbulenta. En 2013 estallaron grandes protestas contra el régimen cada vez más endurecido de Erdoğan, seguidas por una amplia investigación sobre corrupción que implicó a varios de sus principales ministros. Al momento de escribir estas líneas, el futuro de Erdoğan es incierto, y también el de Turquía. Lo que sí es seguro es que el rol de Turquía en el Medio Oriente y Europa, será significativo. De modo que nuestra relación, también seguirá siendo de vital importancia para Estados Unidos.

La política exterior de "Cero Problemas" fue un objetivo ambicioso, sobre todo porque Turquía venía enredada en una cantidad de viejas disputas con sus vecinos. Estaba el enconado *impasse* con Grecia por la isla y nación de Chipre, en el Mediterráneo, que ya sumaba décadas. Y también el conflicto cargado de emotividad, con Armenia, pequeña ex república soviética sin salida al mar, situada en el Cáucaso, al este de Turquía. Ambos ejemplos patentes de cómo viejas enemistades pueden frenar nuevos avances.

Después de que Armenia surgió como nación independiente tras la desintegración de la Unión Soviética, Armenia y Turquía no establecieron relaciones diplomáticas oficiales. Las tensiones aumentaron a principios de la década de 1990 por la guerra de Armenia contra Azerbaiyán, país aliado de Turquía, por una franja de tierra en disputa llamada Nagorno-Karabakh. Diferendo este por el que de vez en cuando estallaban hostilidades entre soldados de ambos lados de la frontera.

Disputas como las de Turquía-Armenia y Nagorno-Karabakh a veces se denominan "conflictos congelados" porque llevan mucho tiempo y hay pocas esperanzas de que se resuelvan. Viendo tantas dificultades que afrontábamos en Europa y en todo el mundo, a veces me sentía tentada a ignorar esos sitios problema. Pero las consecuencias estratégicas de cada uno de ellos iban más allá. El conflicto del Cáucaso, por ejemplo, afectaba nuestros planes de llevar gas natural desde Asia Central hasta los mercados europeos a fin de reducir la dependencia del suministro ruso. Además, colectivamente los conflictos representaban un obstáculo para la Europa que estábamos tratando de ayudar a construir. Pensé que la estrategia "Cero Problemas" de Turquía podría crear la apertura para negociar —y tal vez resolver— algunos de esos conflictos congelados, así que le pedí a Phil Gordon, mi secretario adjunto para Asuntos Europeos y Eurasiáticos, ver qué podíamos hacer al respecto.

Durante todo 2009, trabajamos muy de cerca con los socios europeos, como Suiza, Francia, Rusia y la UE, para apoyar las negociaciones entre Turquía y Armenia con la esperanza de que llevaran al establecimiento de relaciones diplomáticas formales y la apertura de sus fronteras al comercio. En mis primeros meses como secretaria de Estado sostuve unas treinta conversaciones telefónicas con funcionarios de ambos países y realicé consultas personales con Davutoğlu y con el ministro de Relaciones Exteriores armenio, Edouard Nalbandian.

La implacable línea dura de ambos países se oponía a ceder y presionaba duramente a los dos gobiernos para que no llegaran a un trato. Sin embargo, y sobre todo gracias al trabajo de los suizos, pasado el verano empezaron a vislumbrarse los términos de un acuerdo conjunto para abrir las fronteras. Se planeó discretamente para octubre, en Suiza, la ceremonia formal de firma del tratado, después de la cual el acuerdo sería sometido a los parlamentos de ambos países para su ratificación. A medida que se acercaba la fecha redoblamos nuestros esfuerzos, entre ellos una llamada del presidente Obama al presidente de Armenia. Todo parecía estar empezando a aclararse.

El 9 de octubre volé a Zurich para asistir a la firma del acuerdo, junto con los ministros de Relaciones Exteriores de Francia, Rusia y Suiza y el Alto Comisionado de la UE. En la tarde del día siguiente dejé mi hotel y me dirigí a la Universidad de Zurich para la ceremonia. Pero surgió un problema. Nalbandian, el ministro armenio, se plantó y no hubo quien lo moviera: preocupado por lo que Davutoğlu planeaba decir en la ceremonia, se negaba a abandonar el hotel. Parecía que todos los meses de cuidadosas negociaciones podían irse a pique. Mi caravana de vehículos giró a toda marcha hacia el Dolder Grand Hotel de Zurich. Mientras yo esperaba en el auto, Phil subió con el principal negociador suizo para hablar con Nalbandian, quien no cedió un ápice. Phil bajó a reportarse y se quedó conmigo en el auto, ahora parqueado detrás del hotel, y yo empecé a usar los teléfonos. Por un celular llamé a Nalbandian y por una segunda línea, conseguí a Davutoğlu. Estuvimos una hora de allá para acá, tratando de cerrar la brecha y convencer a Nalbandian de que abandonara su habitación. "Esto es demasiado importante, esto debe llevarse a buen término, ya hemos llegado muy lejos", les dije.

Finalmente, subí para hablar con él personalmente. ¿Qué tal si simplemente cancelábamos la parte de la oratoria del evento? Se firmaría el documento, no habría declaraciones y se marcharían. Ambas partes accedieron y, por fin, Nalbandian salió. Bajamos todos y él se embarcó en mi automóvil para ir a la universidad. Pasamos otra hora y media en el sitio, presionándolos, hasta que logramos hacerlos salir a escena. Teníamos tres horas de retraso, pero al menos estábamos allí. Fue una ceremonia rápida, escueta, y luego, con gran alivio, todo el mundo salió de ahí lo más rápido que pudo. El presidente de Armenia, Serzh Sargsyan, cumplió lo estipulado y sometió el acuerdo a su parlamento. Pero ninguno de los dos países ha ratificado los protocolos y el proceso sigue estancado; sin embargo, en una conferencia realizada en diciembre de 2013, los ministros de Relaciones Exteriores de Turquía y Armenia sostuvieron una reunión de dos horas.

Íbamos camino al aeropuerto cuando el presidente Obama llamó a dar la enhorabuena. No había sido agradable, pero sí un gran paso adelante para una región tan delicada. Más tarde, el *New York Times* describió mis esfuerzos como "diplomacia de limusina, hasta-los-cables". Mi auto no era una limusina, pero salvo eso, fue una buena descripción.

═══════

La guerras balcánicas de la década de 1990 fueron un punzante recordatorio de cómo viejos odios pueden generar nueva y devastadora violencia.

Cuando visité Bosnia en octubre de 2010, en un viaje de tres días por los Balcanes, me asombró el progreso que vi a mi alrededor, pero también me hizo pensar en todo lo que aún había por hacer. Ahora los niños podían ir seguros a la escuela, y los padres a trabajar, pero los buenos empleos escaseaban mientras las dificultades económicas y el descontento crecían. Los virulentos odios étnicos y religiosos que alimentaron las guerras se habían calmado, pero persistían las peligrosas corrientes sectarias y nacionalistas. El país era una federación de dos repúblicas, una dominada por bosnios musulmanes y croatas y la otra por bosnios serbios. Los bosnios serbios frustraban todos los intentos de eliminar los bloqueos al crecimiento y el buen gobierno, con la obstinada esperanza de que algún día ellos pudieran convertirse en una parte de Serbia. Así que la promesa de mayor estabilidad y oportunidades que representaba la integración a instituciones europeas como la UE o la OTAN, aún estaba fuera de su alcance.

En Sarajevo participé en una discusión abierta con estudiantes y líderes de la sociedad civil, en el histórico Teatro Nacional, que se había salvado de sufrir daños graves durante la guerra. Un joven pidió la palabra para referirse a su visita a Estados Unidos dentro de un programa de intercambio patrocinado por el departamento de Estado, cuyos anfitriones eran *colleges* y universidades estadounidenses. Dijo que "de lejos [había sido] una de las mejores experiencias" de su vida y me rogó que no dejara de apoyar y expandir esos intercambios académicos. Cuando le pedí explicarnos por qué los consideraba tan importantes, respondió: "Lo más importante fue que aprendimos a elegir la tolerancia por encima de la intolerancia, a trabajar unos con otros, a respetar a cada quien por igual… teníamos participantes de Kosovo y Serbia al mismo tiempo, y a nadie le importaron los problemas por los que sus países están atravesando porque comprendieron… que somos amigos, podemos sostener un diálogo, podemos interactuar; no es difícil si uno realmente quiere hacerlo". Me encantó la sencilla frase "elegir la tolerancia por encima de la intolerancia", porque captaba perfectamente la transición que continuábamos ayudándole a hacer a la gente de los Balcanes. Era la única manera de sanar sus viejas heridas, o las de cualquiera.

Después vino Kosovo. En la década de 1990, Kosovo era parte de Serbia y su población de etnia albanesa, en su mayoría, fue blanco de brutales ataques y expulsiones a manos de las fuerzas de Milošević. En 1999, una campaña aérea de la OTAN liderada por Estados Unidos bombardeó tropas y ciudades serbias, entre ellas Belgrado, para detener la purga étnica. Serbia aún se negaba a reconocer la independencia de Kosovo y ejercía gran influencia en la norteña región fronteriza, donde la mayor parte de los habitantes pertenecía a la etnia serbia. La mayoría de hospitales, escuelas e incluso los tribunales seguían siendo administrados y financiados desde Belgrado, y las fuerzas de seguridad serbias prestaban protección, todo lo cual debilitaba la soberanía de Kosovo, agudizando la división interna del país y ejerciendo demasiada presión sobre las relaciones entre los dos vecinos. Esa tensa situación no sólo obstaculizaba el progreso económico y social que ambos países trataban de conseguir por sí mismos, y también la posibilidad de obtener su ingreso a la UE, sino que constituía una prueba de lo difícil que es superar viejas rencillas y odios. Uno de los objetivos de mi visita era ayudar a ambas partes a obtener una solución.

Cuando llegué a Pristina, la capital, entusiastas multitudes alineadas a ambos lados de la vía al aeropuerto ondeaban banderas estadounidenses y aplaudían al paso de nuestra caravana, a menudo con sus niños a horcajadas sobre los hombros de adultos, para que pudieran ver. Cuando llegamos a la plaza en la cual se levanta una monumental estatua de Bill, la multitud era tan densa que nuestra caravana debió detenerse. Me gustó que lo hiciéramos, porque yo quería saludarlos, de modo que bajé del auto y empecé a estrechar manos, a dar y recibir abrazos. Al otro lado de la plaza vi una adorable boutique pequeñita con un nombre familiar: Hillary. No pude resistirme e hice una visita rápida. La dependienta dijo que le habían puesto mi nombre a la tienda "para que Bill no se sintiera solitario en la plaza".

Pocos meses más tarde, en marzo de 2011, representantes de Kosovo y Serbia se reunieron en Bruselas bajo los auspicios de la Unión Europea. Era la primera vez que hablaban directa y largamente unos con otros. En cada reunión hubo diplomáticos estadounidenses exhortando a ambas partes a llegar a los acuerdos que podían llevar a la normalización de las relaciones, así como a abrir las puertas a un posterior ingreso a la UE, lo cual sólo sería posible si se resolvían los problemas fronterizos. Las conversaciones continuaron durante dieciocho meses. Los negociadores lograron modestos acuerdos sobre libertad de movimiento y administración de aduanas y fronteras. Aunque Serbia seguía sin reconocer la independencia de Kosovo, olvidó sus objeciones a la participación de Kosovo en las conferencias regionales. Al mismo tiempo, yo trabajaba duramente para convencer a la OTAN de que continuara su misión militar en Kosovo, donde unos 5.000 soldados de 31 países permanecen desde junio de 1999.

Los principales problemas seguían sin solución cuando Serbia eligió un nuevo gobierno nacionalista, en la primavera de 2012. Cathy Ashton, la más alta funcionaria de política exterior de la UE (y primera alta representante de la UE para Asuntos Exteriores y Política de Seguridad) y yo decidimos visitar juntas ambos países a ver si conseguíamos poner fin al *impasse* y acelerar un acuerdo definitivo.

Cathy fue una compañera invaluable en este y muchos otros asuntos. En Gran Bretaña, había sido líder de la Cámara de los Lores y lord presidente del Consejo Privado bajo el primer ministro Gordon Brown. Después de un año como comisaria europea de Comercio, fue seleccionada para el cargo de Asuntos Exteriores de la UE; un nombramiento en cierta manera algo sorpresivo, porque ella, igual que yo, no era diplomática de carrera, pero resultó ser una socia estupenda. Práctica, lo que normalmente no se espera de una baronesa, Cathy es una persona con la que es fácil llevarse, y trabajamos muy de cerca no sólo sobre temas europeos sino también de Irán y el Medio Oriente. También atrapamos nuestra atención mutua durante una reunión muy concurrida cuando uno de nuestros colegas del sexo masculino, sin quererlo —quizá sin darse cuenta— hizo un comentario sexista, y ambas pusimos los ojos en blanco lentamente.

En octubre de 2012 visitamos juntas los Balcanes. Pedimos a cada país poner en marcha los convenios logrados hasta la fecha, llegar a nuevos acuerdos en nuevas áreas y promover medidas concretas para normalizar las relaciones. "Hoy día, Kosovo aún no es el Kosovo de nuestros sueños. Trabajamos sin descanso por un Kosovo europeo, un Kosovo euroatlántico. Somos conscientes de que debemos hacer más", nos dijo Hashim Thaçi, primer ministro kosovar. También nos reunimos con representantes de la minoría étnica serbia en una iglesia ortodoxa serbia en Pristina, que había sido incendiada en las revueltas antiserbias de 2004. Hablé con el párroco y otras personas a quienes preocupaba su futuro en un Kosovo independiente. Ellos estaban agradecidos por los recientes esfuerzos del gobierno por ser más incluyente y ofrecer empleos a la etnia serbia; y era ese tipo de reconciliación a nivel de las bases lo que deseábamos promover. La impactante presidenta musulmana de Kosovo, Atifete Juhiaga fue nuestra aliada para impulsar el cambio y la reconciliación en su país. Como lo expresó Cathy Ashton, esta diplomacia no trataba sólo de normalizar las relaciones entre países, trataba de "normalizar la vida de manera que la gente que habita en el norte pueda hacer su vida diaria sintiéndose parte de una comunidad".

En abril de 2013, y en buena medida gracias a la continua labor de Cathy construyendo sobre los cimientos que juntas habíamos dejado, el primer ministro de Kosovo, Thaçi y el primer ministro de Serbia, Ivica Dačić, llegaron a un acuerdo histórico para resolver las disputas fronterizas, avanzar hacia la normalización y abrir las puertas al ingreso a la UE. Kosovo accedió a dar mayor autonomía a las comunidades serbias locales en el norte y Serbia accedió a retirar sus fuerzas. Ambas partes se comprometieron a no interferir en su mutua búsqueda de una mayor integración con el resto de Europa. Todavía falta mucho trabajo para poder implementar el acuerdo, pero las gentes de Kosovo y Serbia por fin tienen la oportunidad de construir el próspero y pacífico futuro que merecen.

=====

Mi último viaje como secretaria de Estado, en diciembre de 2012, me llevó nuevamente a Irlanda del Norte, un lugar donde la gente ha tomado difíciles decisiones para dejar atrás sus conflictos del pasado. De ambos lados de su sectaria división católica-protestante, su gente es la primera en reconocer que todavía su trabajo está lejos de terminarse. Y que su mayor desafío es estimular una actividad económica suficiente para crear la incluyente prosperidad que beneficie a cada comunidad. De todos modos, durante un almuerzo en Belfast y felizmente rodeada de viejos amigos y conocidos, estuvimos recordando cuánto hemos logrado juntos.

Cuando Bill fue elegido presidente por primera vez, *the Troubles* o los Problemas llevaban décadas causando estragos en Irlanda del Norte. La mayoría de los protestantes deseaban seguir siendo parte del Reino Unido, mientras la mayoría de los católicos deseaba unirse a la República de Irlanda en el sur, y largos años de violencia habían amargado y distanciado a ambas partes. Irlanda del Norte era una isla dentro de una isla. Calle a calle, viejas piedras de toque de su identidad lo señalaban todo; la iglesia a la que asistía una familia, la escuela de los niños, la camiseta del equipo de fútbol que llevaban puesta, la calle que transitaban, a qué horas del día y con cuáles amigos. Todo el mundo se fijaba en todo. Eso, en un día normal. Pero cuando las aguerridas marchas colmaban las calles, las emociones se caldeaban aún más.

En 1995, Bill nombró enviado especial para Irlanda del Norte al antiguo senador George Mitchell y, cuando estuvimos juntos en Belfast más adelante ese mismo año, el propio Bill se convirtió en el primer presidente de los Estados Unidos en visitar Irlanda del Norte, y encendimos las luces del árbol de navidad ante una enorme multitud.

Volví a Irlanda del Norte casi cada año del resto de esa década, y como senadora permanecí involucrada activamente en los años que siguieron. En 1998 ayudé a organizar una conferencia de mujeres en Belfast, *Vital Voices* (Voces de vida), que presionaban por un acuerdo de paz. Sus murmullos de "¡Basta!" se habían convertido en un grito unánime que ya no podía ser ignorado. Mientras hablaba desde el podio, alcé la mirada y vi a Gerry Adams, Martin McGuinness y otros líderes del Sinn Féin, sentados en primera fila. Tras ellos vi importantes unionistas que rehusaban conversar con el Sinn Féin. Pero el solo hecho de que todos estuvieran allí —en una conferencia de mujeres por la paz— fue muy diciente de su disposición para llegar a un acuerdo.

El Acuerdo del Viernes Santo firmado ese año ubicó a Irlanda del Norte en el camino hacia la paz. Fue el triunfo de una concienzuda diplomacia, en particular de Bill y George Mitchell, quien hizo mucho para que los dos lados se reunieran. Pero más que todo, fue un testimonio del coraje de la gente de Irlanda del Norte. Se sentía como uno de esos momentos en que "la esperanza y la historia riman", para usar las palabras del gran poeta irlandés Seamus Heaney. Su implementación estaría llena de baches, pero la paz empezó a traer beneficios. A partir del cese al fuego cayó el desempleo, aumentó el valor de la vivienda y el número de compañías estadounidenses que invertían en Irlanda del Norte se incrementó.

Para cuando volví como secretaria de Estado en 2009, la crisis financiera mundial había afectado mucho al famoso "Tigre Celta". Los puntos de control y el alambre de púas habían desaparecido de las calles, pero el proceso de desarme y "transferencia de poderes" que se esperaba garantizaría la creciente autonomía de Irlanda del Norte, corría peligro de estancarse. Muchos católicos y protestantes aún llevaban sus vidas segregadas, con barrios separados, algunos divididos por muros reales que ostentaban el orwelliano nombre de "muros de la paz".

En marzo de 2009, fueron muertos dos soldados británicos en el Condado de Antrim y un policía en el Condado de Armagh. Pero, en lugar de desatar un nuevo período de violencia, los asesinatos tuvieron el efecto contrario. Católicos y protestantes por igual, marcharon juntos en vigilias, asistieron a servicios mezclados de ambas religiones y expresaron a una sola voz su negativa a volver a las viejas prácticas y su decisión de labrarse un futuro mejor. Los asesinatos habrían podido ser el inicio de un retroceso, pero en lugar de eso probaron cuán lejos había llegado Irlanda del Norte. En una visita realizada en octubre de 2009 y en frecuentes llamadas telefónicas al primer ministro de Irlanda del Norte Peter Robinson, al primer ministro adjunto Martin McGuinness y a otros líderes, los exhorté a llegar a un nuevo acuerdo sobre las etapas finales de la transferencia de poderes, en especial las de entregar al gobierno de Irlanda del Norte el control de áreas vitales como las de policía y de justicia. También para los diferentes grupos paramilitares era crucial continuar el desarme.

Dirigiéndome a una sesión plena de la Asamblea de Irlanda del Norte, les recordé en mi discurso: "En el viaje de Irlanda del Norte hacia la paz ha habido muchos momentos en que el progreso parecía difícil, cuando cada ruta de avance era bloqueada y parecía que ya no habría a dónde ir. Pero ustedes siempre han encontrado la forma de hacer lo que creían correcto para el pueblo de Irlanda del Norte". Y debido a esa perseverancia es que "para el mundo Irlanda del Norte es un ejemplo de cómo hasta los más acérrimos adversarios pueden superar sus diferencias para trabajar juntos por el mayor bien común. Así que ahora los exhorto a seguir adelante con ese mismo espíritu pleno de coraje y resolución imparables. Y les prometo que Estados Unidos seguirá respaldándolos todo el camino mientras ustedes trabajan hacia una paz y una estabilidad duraderas".

Pocas semanas después de mi visita, un carro bomba causó graves heridas a otro policía y de nuevo pareció que el tejido de la paz tan cuidadosamente entrelazado, fuera a deshacerse. Pero una vez más, resistió. En febrero de 2010, los partidos llegaron a un nuevo acuerdo sobre los poderes del servicio policial que denominaron Acuerdo de Hillsborough. El progreso hacia una paz duradera de nuevo iba por buen camino, a pesar de los esfuerzos de los extremistas de ambas partes por descarrilarla. En junio de 2012, vimos quizá el signo de cambio más notable hasta ese momento: la Reina Isabel visitó Irlanda del Norte y estrechó la mano de Martin McGuinness. Un gesto sencillo que pocos años atrás habría sido inimaginable.

En diciembre de 2012, diecisiete años después mi primera visita a Belfast, regresé a la ciudad una vez más y me encontré con una vieja amiga, Sharon Haughey. En 1995, cuando ella tenía sólo catorce años, le envió a Bill una carta muy conmovedora acerca del futuro que soñaba para ella y para Irlanda del Norte. Bill leyó un pasaje de la carta cuando presidimos la iluminación del árbol de Navidad en Belfast. "Ambas partes han resultado lastimadas. Ambas partes tendrán que perdonar", había escrito ella. Ya un poco mayor, Sharon hizo sus prácticas en mi oficina del Senado, y trabajó por Nueva York con su grande y orgullosa comunidad irlandesa-americana. Aprendió mucho en Washington y cuando finalmente regresó a casa, se lanzó como candidata y resultó elegida alcaldesa de Armagh. Sharon se presentó a ese almuerzo en 2012 luciendo la cadena ceremonial del cargo y me contó que planeaba casarse más adelante ese mes. Pensé en la familia que Sharon empezaría y en todos los niños que estaban creciendo en Irlanda del Norte cuyas vidas se habían desarrollado después de los Acuerdos del Viernes Santo. Ellos tenían la oportunidad de vivirlas sin la dolorosa influencia de *the Troubles*. Y abrigué la esperanza de que jamás tengan que volver atrás y que su paz y progreso sean una inspiración para el resto de Europa y el mundo.

11

Rusia: Reinicio y regresión

Los hombres difíciles presentan decisiones difíciles, y ninguno más que Vladimir Putin, el presidente de Rusia. Putin tiene una visión del mundo moldeada por la admiración que profesa a los zares poderosos de la historia de Rusia, la arraigada determinación de Rusia de controlar las naciones fronterizas y por su resolución de que su país jamás vuelva a verse débil o a merced de Occidente, como él cree que se vio después del colapso de la Unión Soviética. Putin desea reafirmar el poder ruso dominando a sus vecinos y controlando el acceso de ellos a la energía. También pretende jugar un papel más importante en el Medio Oriente para aumentar la influencia de Moscú en esa región y reducir la amenaza de musulmanes descontentos que habitan dentro y fuera de las fronteras del sur de Rusia. Para conseguir estos objetivos, Putin busca reducir la influencia de Estados Unidos en Europa Central y Oriental y otras áreas que considera parte de la esfera de Rusia, así como contrarrestar o al menos ponerle sordina a nuestros esfuerzos en los países agitados por la Primavera Árabe.

Lo anterior ayuda a entender las razones por las cuales a fines de 2013 Putin presionó al presidente de Ucrania, Viktor Yanukovych, para que desechara los acercamientos a la Unión Europea, y por qué, una vez desintegrado el gobierno de Yanukovych, Putin invadió y anexó Crimea a Rusia. Si se le detiene, no será porque haya perdido su apetito de más poder, territorio e influencia.

Putin considera la geopolítica un juego de suma cero, en el cual todo lo que alguien gana otro lo pierde. Desactualizado pero aún peligroso concepto que requiere que Estados Unidos muestre fortaleza y paciencia. Para manejar nuestra relación con los rusos, debemos trabajar con ellos en temas específicos siempre que sea posible y que reúnan otras naciones a fin de que trabajen con nosotros para evitar o limitar su comportamiento negativo cuando sea necesario. Equilibrio difícil de encontrar pero indispensable, como lo comprobé en mis cuatro años como secretaria de Estado.

———

Winston Churchill una vez observó, "En una verdadera unidad de Europa, Rusia debe tener su parte", y en 1991, cuando colapsó la Unión Soviética, renació una gran esperanza de que así fuera. Recuerdo la emoción de ver a Boris Yeltsin de pie sobre un tanque en Moscú cuando rechazó un golpe de viejos exponentes de la línea dura soviética que amenazaban la nueva democracia rusa. A lo largo de la década de 1990, Yeltsin estuvo dispuesto a que las armas nucleares dejaran de apuntar a ciudades estadounidenses, a destruir cincuenta toneladas de plutonio y a firmar un pacto de cooperación con la OTAN. Pero afrontó una férrea oposición a sus políticas internas por parte de aquellos que deseaban mantener su distancia de Europa y Estados Unidos, acaparar todo control sobre sus vecinos y mantener a raya la perturbadora fuerza de la democracia rusa.

Después de una cirugía de corazón a la que se sometió en 1996, Yeltsin jamás recuperó la energía y el poder de concentración que necesitaba para manejar el rebelde sistema político ruso. Se retiró inesperadamente la noche de Año Nuevo de 1999, seis meses antes de expirar su período, y dejó abierto el camino a su sucesor escogido, un poco conocido ex oficial de la KGB de San Petersburgo, llamado Vladimir Putin.

La mayoría de la gente supuso que Putin había sido escogido porque sería leal, protegería a Yeltsin y su familia, y gobernaría más vigorosamente de lo que Yeltsin lo había hecho. Hombre disciplinado que practica el judo y se mantiene en forma, Putin inspiró esperanza y confianza entre los rusos que aún no se recuperaban del impacto de tanta adversidad política y económica. Pero con el tiempo demostró ser una persona susceptible y autocrática, que no admite críticas, y empezó a tomar duras medidas contra la inconformidad y el debate, inclusive si se trataba de la prensa libre y las ONG.

En junio de 2001, cuando el presidente Bush conoció a Putin, dijo: "Pude hacerme una idea de su alma". Los dos líderes hicieron causa común con la "Guerra Global contra el Terror" y Putin consideró provechoso alinear su brutal campaña en la mayoritariamente musulmana y descontenta república de Chechenia, con la lucha de Estados Unidos contra Al Qaeda. Pero al poco tiempo las relaciones se agriaron, entre otras causas por la Guerra de Irak, el creciente autoritarismo de Putin en su propio país y la invasión rusa a Georgia en agosto de 2008.

Mientras la economía rusa crecía impulsada por los ingresos provenientes del petróleo y el gas, Putin permitió que la riqueza se concentrara en las manos de oligarcas con conexiones políticas, en lugar de invertir más ampliamente en los talentos del pueblo ruso y en la infraestructura del país. Mantuvo su agresiva visión de la "Gran Rusia" que incomodaba a sus vecinos y evocaba malos recuerdos del expansionismo soviético. Utilizó la exportación de gas ruso para intimidar a Ucrania y otros países, en enero de 2006, y de nuevo en enero de 2009 cuando cortó el suministro y aumentó los precios.

Algunos de los más indignantes aspectos de la nueva Rusia fueron los ataques contra la prensa. Periódicos, estaciones de televisión y blogueros quedaron bajo intensa presión para que acataran la línea del Kremlin. En las dos últimas décadas, Rusia ha sido el cuarto lugar más peligroso del mundo para ser periodista; no tan malo como Irak pero peor que Somalia o Pakistán. Entre los años 2000 y 2009, en Rusia fueron asesinados cerca de veinte periodistas, y sólo en un caso el asesino fue condenado.

Cuando visité Moscú en octubre de 2009, lo hice decidida a hablar en apoyo de la libertad de prensa en Rusia y en contra de la campaña oficial de intimidación. En una recepción en Casa Spaso, la señorial residencia de los embajadores estadounidenses ante Rusia desde 1933, me reuní con periodistas, abogados y otros líderes de la sociedad civil, entre ellos un activista que me contó de la terrible paliza que le propinaron matones no identificados. Estos rusos habían visto a sus colegas y amigos ser acosados, intimidados e incluso asesinados, y sin embargo ellos seguían trabajando, escribiendo y hablando, negándose a ser silenciados. Les aseguré que Estados Unidos continuaría planteando al gobierno ruso en público y en privado, las preocupaciones por los derechos humanos.

El sitio donde se dice algo puede ser tan importante como lo que se dice. En Casa Spaso yo podía hablar con activistas todo lo que quisiera, pero mis palabras jamás serían escuchadas por la mayoría de los rusos. De modo que pregunté a la embajada si podrían conseguir un presentador independiente que me invitara a su programa. Una opción, la estación de radio llamada Ekho Moskvy, o "Ecos de Moscú", daba la impresión de ser más un punto de propaganda con nombre intranscendente, que un baluarte de la prensa libre. Pero nuestros diplomáticos allá me aseguraron que la estación era una de las más independientes, imparciales y de mayor impacto en Rusia.

En mi entrevista en vivo me preguntaron sobre algunos de los temas más apremiantes en la relación de Estados Unidos y Rusia, entre ellos Georgia e Irán, y después volvimos a la cuestión de los derechos humanos en Rusia. "No tengo la menor duda de que la democracia es lo más conveniente para Rusia", respondí, "y que el respeto a los derechos humanos, un poder judicial independiente y unos medios de comunicación libres son indispensables para la construcción de un sistema político sólido y estable que provea la plataforma para una prosperidad ampliamente compartida. Seguiremos repitiendo esto y continuaremos apoyando a quienes también defienden esos valores". Hablamos sobre los encarcelamientos, golpizas y asesinatos de algunos periodistas. "Pienso que la gente quiere que su gobierno dé la cara y diga que esto no está bien, que tratará de evitarlo y se asegurará de que quienes practican esos comportamientos respondan ante la justicia", dije. La estación sigue al aire y mantiene su independencia. Sin embargo, cuando se desató la ofensiva contra la disidencia que se oponía a la invasión a Crimea en 2014, el sitio web de esa estación de radio fue bloqueado temporalmente. Parece que el Kremlin se está movilizando para acallar todas las voces disidentes.

═══

Después de sus ocho años de presidencia, Putin afrontaba unos límites constitucionales de período e intercambió cargos con su primer ministro Dmitry Medvedev. En un principio, el intercambio parecía una farsa —una forma de que Putin pudiera ejercer el mando desde otro alto cargo— y por supuesto que había algo de eso. Pero Medvedev sorprendió a muchos en Rusia y en todo el mundo al marcar una nueva pauta en el Kremlin. Parecía más abierto a la disidencia interna, más conciliatorio hacia el exterior y más interesado en diversificar la economía rusa más allá del petróleo, gas y otros productos básicos.

Accedí a mi cargo con algún escepticismo respecto al liderazgo a dúo en Rusia, pero esperando encontrar áreas de interés común sobre las que pudiéramos trabajar juntos. Como senadora, había sido frecuente crítica del régimen de Putin, pero sabía que sería errado ver a Rusia sólo como una amenaza cuando había intereses que podrían alinearse.

La cuestión de trabajar juntos en algunos asuntos mientras se está en pugna por otros es un debate clásico en los círculos de la política exterior. ¿Debería Estados Unidos dejar de negociar sobre el control o comercio de armas porque nos oponíamos a la agresión rusa a Georgia? ¿O ambos asuntos deberían tramitarse por caminos paralelos? La diplomacia abiertamente transaccional no es bonita, pero a menudo es necesaria.

En 2009, el presidente Obama y yo pensamos que podíamos salvaguardar intereses clave para Estados Unidos, con tres acciones: buscando áreas de cooperación específicas con las cuales alinear nuestros intereses, manteniéndonos firmes donde nuestros intereses discreparan y tener un intercambio permanente con el propio pueblo ruso. Esta estrategia llegó a conocerse como "el reinicio".

Mientras formulábamos este enfoque en el departamento de Estado, Bill Burns, que durante tres años había sido embajador de Estados Unidos ante Rusia, después subsecretario de Asuntos Políticos del departamento de Estado (y luego secretario adjunto), nos facilitó información práctica sobre las turbias maquinaciones de personalidades del Kremlin. Medvedev era un joven líder que había llegado al poder sin demasiado bagaje de la Guerra Fría. En cambio Putin había empezado su carrera en la KGB de la década de 1970 y 1980; su hoja de vida personificaba la Guerra Fría. Desde mi punto de vista, a pesar del cambio de oficinas, me parecía que Putin seguía siendo un poder formidable que haría que cualquier intento de ampliar la colaboración se hiciera más difícil. Si había oportunidades para hacerlo —y yo pensaba que en efecto las había— sería porque ambos lados estaban haciendo una evaluación fría y calculada de los intereses comunes.

Mi primera reunión con Serguéi Lavrov, ministro de Relaciones Exteriores de Rusia, fue en marzo de 2009. Richard Holbrooke, quien lo había conocido cuando ambos eran embajadores ante la ONU a fines de la década de 1990, me dijo que Lavrov era un consumado diplomático que servía a sus amos de Moscú con inteligencia, energía y una buena dosis de arrogancia (y viniendo de Richard, ¡eso era algo!). Lavrov, eternamente bronceado y bien vestido, hablaba inglés con soltura y era amante del buen whisky y de la poesía de Pushkin. Su relación con mi antecesora, Condoleezza Rice, había sido turbulenta, especialmente (y con razón) después de que Rusia invadió Georgia. Las tensiones no habían desaparecido, pero si deseábamos avanzar en otras áreas como el control de armas nucleares, nuevas sanciones para Irán y el acceso a la frontera norte de Afganistán, necesitábamos encontrar la manera de trabajar juntos. Tal vez una broma rompería el hielo.

En política, el sentido del humor es esencial. Hay muchas razones por las cuales es necesario poder reírse de sí mismo. ¿Cuántas veces, siendo senadora por Nueva York, fui al programa de David Letterman a reírme de los trajes pantalón? (La respuesta es tres). En una aparición sorpresa en *Saturday Night Live* durante mi campaña de 2008, me divertí junto a Amy Poehler, quien había perfeccionado el divertido personaje de "Hillary Clinton" con una inolvidable y estrepitosa carcajada. En la diplomacia, con tantas culturas e idiomas diferentes y conversaciones preparadas de antemano, hay menos espacio para el humor. Sin embargo, de vez en cuando un poco de humor viene muy bien y éste parecía ser uno de esos momentos.

En un discurso en la Conferencia de Seguridad de Múnich realizada en febrero, el vicepresidente Biden había dicho, "Es tiempo de oprimir el botón de reinicio y volver a explorar muchas áreas en las que podemos y deberíamos estar trabajando junto con Rusia". La idea del "reinicio" me gustó; no como una manera de ignorar nuestros verdaderos desacuerdos sino de insertarlos en una agenda más amplia junto con áreas en las cuales podríamos realizar un trabajo conjunto. Conversando al respecto cuando nos preparábamos para la reunión con Lavrov en Ginebra, Suiza, surgió una idea. ¿Por qué no entregarle a Lavrov un verdadero botón de reinicio? Tal vez a la gente y a Lavrov les haría gracia y así nos asegurábamos de que fuera nuestra intención de un nuevo comienzo, y no nuestros desacuerdos, lo que desplegaran los titulares. Poco convencional, quizás, pero valía la pena intentarlo.

Lavrov y yo nos encontramos en el Salón Panorama del Hotel Inter-Continental, llamado así por su preciosa vista de Ginebra. Antes de sentarnos, le entregué una pequeña caja verde, con cinta y todo. Mientras las cámaras relampagueaban, la abrí y saqué un brillante botón rojo que habíamos retirado de una piscina de hidromasaje del hotel. Tenía pegada una etiqueta con la palabra rusa *peregruzka*. Ambos nos reímos y juntos oprimimos el botón.

—Nos costó mucho trabajo dar con la palabra rusa correcta. ¿Cree que lo logramos? —le pregunté.

El ministro miró el botón con más atención. Los demás estadounidenses, especialmente los que hablaban ruso y habían escogido la palabra, contuvieron la respiración.

—Se equivocaron —dijo él. ¿Acaso este momento de desenfado estaba a punto de convertirse en un incidente internacional? Yo simplemente seguí riéndome. Entonces Lavrov se rió, y todo el mundo descansó—: Debería ser *perezagruzka* —explicó—, esto significa "sobrecargado".

—Bueno —le respondí—, no permitiremos que usted nos haga eso a nosotros, lo prometo.

No fue el mejor momento para las habilidades lingüísticas estadounidenses. Pero si nuestro objetivo era romper el hielo y asegurarnos de que nadie olvidara el "reinicio", nuestro error de traducción ciertamente lo había logrado. Lavrov dijo que se llevaría el botón a casa para ponerlo en su escritorio. Más tarde esa misma noche, Philippe Reines, a quien se le había ocurrido la broma primero, hizo un último intento desesperado por corregir el error de ortografía. Se acercó al embajador ruso en Suiza, quien tenía el botón, y le pidió cambiar la etiqueta.

—No creo que pueda hacerlo sin hablarlo con mi ministro —replicó el prudente embajador.

—Bueno, si su ministro no nos lo devuelve, ¡mi ministra me enviará a Siberia! —exclamó Philippe. Una idea tentadora, debo admitirlo.

En la primera reunión de Obama con Medvedev en Londres, en abril de 2009, las delegaciones rusa y estadounidense quedaron frente a frente en la mesa de comedor de Winfield House, la residencia de nuestro embajador. La única mujer en la mesa era yo. Como primer viaje del presidente Obama al exterior desde su posesión, este era un tour estratégico por Europa para asistir a una reunión del G-20, una cumbre de la OTAN y visitar aliados clave y me alegraba estar a su lado. El tiempo que pasamos juntos en giras todos esos años, desde esa visita a Londres hasta nuestro último e histórico viaje a Birmania a finales de 2012, nos dio oportunidad de consultar y planear estrategias lejos del diario bullicio de Washington. En ese mismo viaje de abril, antes de una de nuestras reuniones en Praga, él me apartó.

—Hillary —dijo—, necesito hablar contigo. —Y rodeándome con un brazo me condujo hasta una ventana. Me preguntaba qué delicado tema político querría discutir, cuando me susurró al oído—: Tienes algo entre los dientes. —Fue un poco embarazoso, sin duda, pero también fue un gesto que sólo un amigo tendría, y una señal de nuestro mutuo respaldo.

En esa primera reunión, los dos presidentes mencionaron la idea de un nuevo tratado para recortar el número de armas nucleares de ambas partes y, a pesar de los desacuerdos sobre la defensa con misiles y sobre Georgia, se las arreglaron para encontrar terrenos en común respecto a Afganistán, el terrorismo, el comercio e incluso Irán. Medvedev dijo que la experiencia de Rusia en Afganistán en los años ochenta había sido "lastimosa", y que estaban dispuestos a permitir que Estados Unidos transportara carga a través de su territorio para aprovisionar nuestras tropas en Afganistán. Esto era bien importante porque nos daba ventaja sobre Pakistán, que de otra manera controlaría la única ruta para llevar tropas y equipo a Afganistán. Para sorpresa mía, Medvedev también reconoció que Rusia había subestimado la creciente capacidad nuclear de Irán. "Resulta que ustedes tenían razón", dijo. Rusia tenía una relación complicada con Irán. Le estaba vendiendo armas a Teherán e incluso ayudándoles a construir una planta de energía nuclear. Pero los rusos no deseaban ver proliferación o inestabilidad nuclear alguna en su ya volátil flanco del sur. Como se verá más adelante en el libro, el comentario de Medvedev abrió la puerta a una mayor cooperación suya con lo de Irán y finalmente llevó a un voto histórico en la ONU para imponer nuevas y duras sanciones. Sin embargo, Medvedev no cedió en su oposición a nuestros planes de una defensa de Europa con misiles, a pesar de que estaba diseñada, como muchas veces lo dijimos, para proteger contra posibles amenazas de Irán más que de Rusia.

El presidente Obama destacó lo positivo, y prometió un pronto seguimiento a un nuevo tratado de armas nucleares, así como una cooperación más estrecha en lo concerniente a Afganistán, el terrorismo y el ingreso de Rusia a la Organización Mundial del Comercio. En términos generales, fue una franca y minuciosa discusión de temas difíciles; y eso era lo que esperábamos de Medvedev. El reinicio parecía estar funcionando.

Un equipo de negociadores del departamento de Estado liderado por la subsecretaria Ellen Tauscher y la secretaria asistente Rose Gottemoeller, trabajó durante un año con sus homólogos rusos para pulir cada detalle del Nuevo Tratado de Reducción de Armas Estratégicas, o New START, que ponía límites al número de ojivas nucleares en misiles y bombas rusas y estadounidenses. Después de que el presidente Obama y Medvedev lo firmaran en abril de 2010, empecé a exponer los argumentos para persuadir a mis antiguos colegas del Senado de que apoyaran su ratificación, trabajando en estrecha colaboración con mi secretario asistente para Asuntos Legislativos Rich Verma, asesor por muchos años del Líder de la Mayoría del Senado Harry Reid y sagaz estudioso de las a menudo incomprensibles prácticas del Congreso de los Estados Unidos. Llamé a republicanos clave en el Senado, quienes me dijeron que no confiaban en los rusos y les preocupaba que Estados Unidos no pudiera verificar la conformidad. Les aseguré que el propio tratado nos daba los mecanismos para hacerlo y que si los rusos no cumplían su palabra, siempre podíamos retirarnos. Les recordé que hasta Ronald Reagan, con su filosofía de "confíe pero verifique", había firmado acuerdos de desarme con los soviéticos. Y enfaticé que el tiempo era de fundamental importancia, el viejo START había expirado, así que en todo un año no habíamos tenido ni un inspector de armas en Rusia verificando sobre el terreno lo que estaba ocurriendo en sus silos de misiles. Era una omisión peligrosa y no podíamos permitir que se prolongara.

En las semanas anteriores a la votación, hablé con dieciocho senadores, casi todos republicanos. Como secretaria de Estado, debía trabajar con el Congreso en muchos asuntos, especialmente en el presupuesto del departamento, pero esta era mi primera experiencia de presionar a gran escala en nombre de la Casa Blanca, desde que yo misma había dejado el Senado. Me fue útil poder recurrir a las relaciones forjadas con mis antiguos colegas en más de ocho años de atravesar el pasillo para redactar legislación y consultar comités. Por fortuna también teníamos de nuestra parte a un maestro operador del Senado, el vicepresidente Joe Biden, y el equipo bipartidista que llevaba las riendas del Comité de Relaciones Exteriores del Senado, su presidente John Kerry, de Massachusetts, y su miembro de alto rango Richard Lugar, de Indiana.

Seguíamos acercándonos a la mayoría de dos tercios del Senado requerida por la Constitución para ratificar un tratado, pero se nos estaba dificultando conseguir los últimos votos. Nuestros prospectos se debilitaron después de las elecciones de la mitad del período de gobierno en noviembre de 2010, cuando los republicanos obtuvieron el control de la Cámara con sesenta y tres escaños y redujeron la mayoría demócrata del Senado, tomándose seis. A pesar de ese revés, el senador Lugar me instó a ir al Congreso en persona una vez más. A pesar de las desalentadoras perspectivas sobre la discusión del proyecto, seguí trabajando por teléfono y realicé otra visita al Capitolio justo antes de Navidad para hacer un último llamamiento. Esa noche el Senado votó satisfactoriamente para poner fin al debate y al día siguiente el tratado fue aprobado 71 a 26. Fue una victoria del bipartidismo, las relaciones de Estados Unidos con Rusia y un mundo más seguro.

Con el tiempo, el presidente Obama y el presidente Medvedev desarrollaron una relación personal que generó más oportunidades de cooperación. En una prolongada reunión que sostuve con Medvedev fuera de Moscú en octubre de 2009, discutimos su plan de construir un corredor de alta tecnología en Rusia tomando como modelo nuestro propio Silicon Valley. Cuando le sugerí visitar el original en California, él pidió a sus funcionarios que hicieran seguimiento a esa propuesta. En su visita a Estados Unidos en 2010 incluyó una parada allí y, según dicen, se mostró impresionado por lo que vio. Tal vez ese habría sido el momento en el que habría podido empezar a cobrar vida la visión de Medvedev de un futuro diferente para Rusia, si Putin lo hubiera permitido.

El reinicio nos ayudó para algunos tempranos éxitos, entre ellos la imposición de fuertes sanciones nuevas sobre Irán y Corea del Norte, la apertura de una ruta en el norte para el aprovisionamiento de nuestras tropas en Afganistán, el ingreso de Rusia a la Organización Mundial del Comercio, el respaldo de la ONU a la zona de no vuelo en Libia y la expansión de la cooperación contra el terrorismo. Pero a finales de 2011 la tónica empezó a cambiar. En septiembre de ese año, Medvedev anunció que no sería candidato a la reelección en 2012, por su parte, Putin recuperaría su antiguo empleo. Esta reorganización parecía confirmar lo que yo había dicho cuatro años atrás, que Medvedev sólo estaba calentándole la silla a Putin.

Luego, en diciembre, las elecciones parlamentarias de Rusia se vieron empañadas por generalizados reportes de fraude. A los partidos políticos independientes se les negó el derecho a registrarse, se reportaron intentos de rellenar urnas de votación, manipular listados de votantes y otras flagrantes irregularidades. Observadores electorales rusos independientes fueron objeto de acosos y sus sitios web, de ciber-ataques. En una conferencia internacional en Lituania, expresé serias preocupaciones por los informes. "El pueblo de Rusia como todos los pueblos de todas partes, tiene derecho a que se oiga su voz y se cuenten sus votos", dije, "y eso significa que merece unas elecciones imparciales, libres y transparentes y líderes que le respondan al pueblo". Decenas de miles de ciudadanos rusos llegaron a la misma conclusión y salieron a las calles a protestar. Cuando las consignas de "Putin ladrón" llenaron los aires, Putin se vino directamente y lanza en ristre… hacia mí. "Ella impuso la pauta para algunos en nuestro país y les dio una señal", sostenía. ¡Ojalá tuviera yo ese poder! Tan pronto volví a ver al presidente Putin, lo reprendí por sus comentarios: "Puedo ver a la gente de Moscú levantarse diciendo, Hillary Clinton quiere que vayamos a protestar contra el presidente Putin. Pero no funciona así, Señor Presidente". Claro que si yo había ayudado a algunas personas a hacer acopio de valor para defender la verdadera democracia, pues tanto mejor.

En mayo de 2012, Putin reclamó formalmente el título de presidente de Rusia y poco después declinó la invitación del presidente Obama a una cumbre del G-8 en Camp David. Vientos fríos empezaron a soplar del este. En junio, envié un memo al presidente Obama exponiéndole mis inquietudes, ya no estaba tratando con Medvedev y necesitaba alistarse para asumir una línea más dura. Putin estaba "profundamente resentido con Estados Unidos y sospechoso de nuestras acciones" y decidido a recuperar la influencia rusa sobre su vecindario, desde Europa Oriental hasta Asia Central. Putin podía llamar "integración regional" a su proyecto, pero lo que en realidad buscaba era la reconstrucción de un imperio perdido. Yo estaba con el presidente Obama cuando se sentó con Putin por primera vez, ambos en calidad de jefes de Estado, al margen de una reunión del G-20 en Los Cabos, México. "Negocie duro" le aconsejé, porque Putin "no regalará nada".

Pronto Rusia asumió un enfoque menos constructivo con respecto a muchos temas importantes, en especial el conflicto de Siria, donde ayudó a mantener en el poder al régimen de Assad con su guerra brutal, y además bloqueó en las Naciones Unidas todo intento de organizar una dura respuesta internacional. Internamente, el Kremlin acalló con dureza a los disidentes, las ONG y los ciudadanos LGBT, y reanudó el acoso a sus vecinos.

Para quienes esperaban que abriera una nueva era de buena voluntad entre Rusia y Estados Unidos, el reinicio fue una decepción. Para quienes teníamos expectativas más modestas —como desvincular asuntos difíciles y bajar el tono a la retórica de ambas partes para crear un espacio para el progreso de prioridades específicas— el reinició cumplió. Más tarde, después de la invasión a Crimea en 2014, en el Congreso hubo quienes culparon al reinicio de envalentonar a Putin. A fin de cuentas él había invadido Georgia en 2008 y enfrentado pocas consecuencias de parte de Estados Unidos y de otros países. Pero creo que ese punto de vista malinterpreta a Putin y al reinicio. Putin invadió Georgia y Crimea por razones estratégicas propias, según cronograma propio, en respuesta a eventos en el terreno. Ni la dura retórica y doctrina de guerra preventiva de la administración Bush, ni el enfoque de la administración Obama sobre la cooperación pragmática en intereses clave, disuadieron o favorecieron esos actos de agresión. El reinicio no era un premio, era el reconocimiento de que Estados Unidos tiene muchos intereses estratégicos importantes y necesitamos progresar en lo que podamos. Y eso sigue siendo cierto hoy día.

Para entender las complejidades de nuestra relación con Rusia durante el reinicio y lo que estábamos tratando de conseguir, hay que ver como ejemplo Asia Central y el complejo tema de aprovisionar nuestras tropas en Afganistán.

En el período que siguió al 9/11, cuando Estados Unidos se preparaba para invadir Afganistán, la administración Bush alquiló unas antiguas bases aéreas soviéticas en dos países remotos pero estratégicamente ubicados, Uzbekistán y Kirguistán, que se usaban para el transporte de soldados y suministros al sitio de operaciones en Afganistán. Dada la extraordinaria dinámica internacional del momento, Rusia no puso objeciones, a pesar de que consideraba esas antiguas y subdesarrolladas repúblicas socialistas como parte de su esfera de influencia. Pero pronto el Kremlin empezó a instar a los gobiernos uzbeko y kirguistano a que se aseguraran de que los estadounidenses no se quedaran permanentemente. Para Putin, Asia Central es el patio trasero de Rusia, e igual recelo le causa la creciente influencia económica de la China y la presencia militar estadounidense.

Ya para 2009, el presidente Obama se encontraba en las primeras etapas de la planeación de un movimiento de tropas en el país, al que seguiría un retiro gradual a principios de 2011. Eso significaba que el Ejército estadounidense nuevamente necesitaría movilizar grandes cantidades de tropas y material bélico dentro y fuera de ese país montañoso y sin salida al mar. La línea más directa de abastecimiento a Afganistán era a través de Pakistán, ruta vulnerable a ataques de insurgentes talibanes y pataletas de oficiales pakistaníes. Los estrategas del Pentágono querían una segunda ruta por tierra, aunque fuera más larga y costosa, para asegurarse de que el paso de nuestras tropas no fuera interrumpido. El lugar natural para eso era Asia Central. Podíamos descargar en puertos del mar Báltico, luego despachar la carga por tren miles de millas a través de Rusia, Kazajistán y Uzbekistán y por último atravesar la frontera norte de Afganistán. Entre tanto las tropas se transportarían por avión desde la base aérea aún abierta de Kirguistán. La Red de Distribución del Norte, como se denominó, suministraría jugosos ingresos a regímenes corruptos, pero también una significativa ayuda al esfuerzo bélico —uno de esos clásicos compromisos de la política exterior—. Pero antes de poder echarla a andar, debíamos conseguir que Rusia accediera a dejarnos transportar equipo militar a través de su territorio.

En su primera reunión con Medvedev, el presidente Obama recalcó que como parte del reinicio, la Red de Distribución del Norte sería de alta prioridad para nosotros. En respuesta, Medvedev dijo que Rusia estaba presta a colaborar (y a beneficiarse de los derechos de tránsito). En julio, cuando el presidente Obama visitó Moscú, se realizó la firma formal de un acuerdo que permitiría el transporte de equipo militar mortífero a través de Rusia hasta Afganistán.

El acuerdo de Medvedev sobre el tránsito mortífero, sin embargo, encubría otra agenda. Para el Kremlin, la influencia sobre Asia Central seguía siendo territorio que debía resguardar celosamente. De modo que mientras Rusia permitía que la carga de Estados Unidos se movilizara a través de su territorio, trabajaba para expandir su propia impronta militar en toda Asia Central, utilizando nuestra presencia como excusa para aumentar el control sobre los regímenes de la región y debilitar los crecientes lazos de ellos con Washington. Era la versión en nuestros días, del "Gran Juego" del siglo xix, elaborado pulso diplomático entre Rusia y Gran Bretaña por la supremacía en Asia Central, salvo que el interés de Estados Unidos en la región era limitado y concreto y no buscaba una dominación.

A principios de diciembre de 2010, viajé a Kirguistán, Kazajistán y Uzbekistán, para reunirme con sus líderes a fin de mantener las cosas al día. En una reunión realizada en la alcaldía de Bishkek con estudiantes y periodistas, respondí preguntas sobre las relaciones con Moscú. "¿Qué pasa con Kirguistán en el reinicio de ustedes con Rusia?", preguntó un muchacho joven. Les expliqué que aunque Estados Unidos y Rusia estaban en desacuerdo sobre muchos temas —y mencioné Georgia y los derechos humanos en particular— nuestro objetivo era trabajar juntos sobre una agenda positiva y superar un largo legado de desconfianza.

Uno de los periodistas preguntó entonces si el reinicio sería a expensas de Kirguistán y Asia Central. "¿Existe alguna rivalidad actualmente entre Rusia y Estados Unidos, quiero decir, en la región, particularmente en Kirguistán?". Le respondí que estábamos tratando de evitar tal escenario y que el objetivo del reinicio era reducir las tensiones entre Washington y Moscú, lo cual debería ayudar a países como Kirguistán que a veces se sentían atrapados en la mitad. Pero, agregué, lo cierto es que Kirguistán es una democracia en ciernes en una región de autocracias. En Rusia la democracia se batía en retirada. En China, el otro gran actor de la región, no existía. Así que esto no iba a ser fácil. "Creo que para ustedes es importante tener relaciones con muchos, pero no depender de ninguno", dije. "Tratar de equilibrar todas las diferentes relaciones que establezcan, y obtener la mejor ayuda que puedan".

Mientras Putin se preparaba para asumir nuevamente la presidencia, en el otoño de 2011 publicó un ensayo en un diario ruso anunciando planes para recuperar la perdida influencia sobre las antiguas repúblicas soviéticas y crear "una poderosa unión supranacional capaz de convertirse en un polo del mundo moderno". Dijo que esa nueva Unión Eurasiática "cambiaría la configuración geopolítica y geoeconómica del continente entero". Algunos tomaron esas palabras como bravuconeos de campaña, pero yo pensé que revelaban la verdadera agenda de Putin, que de hecho era "re-sovietizar" la periferia de Rusia. Una expandida unión aduanera sería apenas el primer paso.

Las ambiciones de Putin no se limitaban a Asia Central. En Europa, utilizó todas las herramientas que pudo para impedir que las antiguas repúblicas soviéticas estrecharan sus lazos con Occidente, como cortar el suministro de gas a Ucrania, prohibir las importaciones de vino de Moldavia y boicotear los productos lácteos de Lituania. Su codiciosa mirada siguió al norte hasta el Círculo Polar Ártico, donde el deshielo estaba abriendo nuevas rutas al comercio y oportunidades de exploración de gas y petróleo. En 2007, en un gesto simbólico, un submarino ruso depositó una bandera rusa en el suelo del océano cerca al Polo Norte. En una movida que no presagiaba nada bueno, Putin empezó a reabrir viejas bases militares soviéticas en el Ártico.

El presidente Obama y yo analizamos las amenazas de Putin y las formas de contrarrestarlas. Me empeñé en viajar a países que se sentían amenazados. En Georgia, país que visité dos veces, exhorté a Rusia a poner fin a su "ocupación", una palabra que causaba algo de consternación en Moscú, y retirarse de territorios de los que se había apoderado en 2008.

———

Para muchos estadounidenses, la crisis en Ucrania y la invasión rusa de Crimea a principios de 2014 fue una llamada de alerta. Una parte del mundo en la que muchos no habían pensado desde el fin de la Guerra Fría de repente apareció de nuevo en el radar. Pero lejos de ser una sorpresa, la crisis ucraniana de hecho fue el recordatorio más reciente de los viejos objetivos de Putin. Con esas ambiciones en mente, la administración Obama y nuestros aliados europeos habían trabajado calladamente durante años para reducir la influencia de Putin y contrarrestar sus maquinaciones.

El 1 de enero de 2009, Gazprom, el poderoso conglomerado de energía estatal ruso, suspendió la exportación de gas natural a Ucrania, lo que a su vez restringió el flujo de energía a buena parte de Europa. En los primeros diez días, once personas murieron congeladas, diez de ellas en Polonia, donde las temperaturas cayeron a -10 grados Fahrenheit. No era la primera vez que esto ocurría. De hecho había pasado exactamente tres años antes, en medio de otro frío invierno.

Ucrania, que tiene una considerable minoría étnica rusa y ruso-parlante, ha tenido una estrecha pero conflictiva relación con Moscú durante siglos. La Revolución Naranja, que siguió a las disputadas elecciones ucranianas de 2004, llevó al poder a un gobierno pro-Occidente que buscó estrechar sus vínculos con la Unión Europea, lo que encolerizó a Putin. El corte del suministro de gas en 2006 fue su manera de enviar un poco sutil mensaje a los líderes pro-independentistas de Kiev. En 2009, él estuvo tratando de aumentar los precios de la energía rusa y recordar su poder a todo el mundo. La medida produjo un escalofrío en toda Europa. Gran parte del continente se apoyaba en el gas ruso. Si se lo podían quitar a Ucrania, a cualquier otro también. A los diecinueve días, se firmó un nuevo acuerdo y el gas volvió a llegar a Ucrania al mismo tiempo que tomaba posesión el presidente Obama.

Ese mismo enero, en medio de la crisis, en mi testimonio de confirmación ante el Comité de Relaciones Exteriores del Senado, hablé de la importancia del fortalecimiento de la OTAN y de la alianza transatlántica y enfaticé mi intención de dar a la seguridad energética "una prioridad mucho mayor en nuestra diplomacia". Mencioné los problemas de Europa del este como "sólo el ejemplo más reciente de cómo la vulnerabilidad energética limita nuestras opciones de política exterior en todo el mundo, lo que limita la efectividad en algunos casos, y nos forza la mano en otros".

En mi primera conversación telefónica con el ministro de Relaciones Exteriores de Polonia Radoslaw Sikorski, una semana después de la posesión, ambos discutimos el reto. "Queremos una nueva política y una nueva fuente", me dijo Sikorski, quien era partidario de un gasoducto que atravesara los Balcanes y Turquía, por el cual Europa pudiera acceder a los yacimientos de gas natural del mar Caspio. Este llegó a conocerse como el gasoducto del "Corredor del Sur" y resultó ser una de nuestras más importantes iniciativas diplomáticas sobre energía. Nombré al embajador Richard Morningstar como mi enviado especial para negociar los acuerdos necesarios para echar a andar el proyecto. Esto se hizo más complicado por el hecho de que Azerbaiyán, el país clave en el mar Caspio,

tenía un conflico desde hace tiempo con Armenia, país vecino. Morningstar desarrolló una relación constructiva de trabajo con el presidente de
Azerbaiyán, Ilham Alijev, a tal punto que recomendé que Morningstar
fuera nombrado como nuestro embajador en ese país. Dos veces visité
Azerbaiyán, para animar los esfuerzos locales para conseguir la paz, promocionar reformas democráticas e impulsar el proyecto del gasoducto,
reuniéndome con líderes industriales en la Reunión Anual de Petróleo y
Gas de Caspia celebrada en Baku en 2012. Cuando dejé el departamento
de Estado, los acuerdos se estaban cerrando y se esperaba comenzar la
construcción en 2015 con el fin de terminarla para 2019.

Cuando me reuní con los líderes de la UE en marzo de 2009, los exhorté a poner la energía como prioridad urgente para tomar acción. Luego
trabajé con la alta representante de la UE para Asuntos Exteriores y Políticas de Seguridad, Cathy Ashton, para crear el Consejo de Energía de
la UE y Estados Unidos. Equipos de expertos en energía estadounidenses
se dispersaron por toda Europa para ayudar a los países a explorar alternativas al gas ruso. Cuando visité Polonia en julio de 2010, Sikorski y yo
anunciamos nuestra cooperación en la iniciativa a escala mundial para
capitalizar las nuevas tecnologías de extracción en forma segura y am-
bientalmente sostenible. Ya la exploración ha empezado.

Las propias provisiones de gas natural de Estados Unidos también
ayudaron a aliviar el dominio de Putin sobre la electricidad de Europa. No
porque empezáramos a exportar gas en grandes cantidades, sino porque
ya no necesitábamos importarlo para nosotros. El gas antes destinado a Estados Unidos empezó a irse a Europa. Los consumidores de allá obtenían
gas más barato, Gazprom se vio forzado a competir realmente, perdió el
manejo de la oferta y la demanda.

Estos esfuerzos no fueron grandes noticias en casa, pero para Putin
no cayeron en saco roto. En 2013, cuando Ucrania negociaba lazos más
estrechos con la UE, Putin debe haber sentido que la influencia de Rusia se
le estaba escapando, y amenazó con aumentar los precios del gas si el trato
se hacía efectivo. La deuda de Ucrania con Rusia ya sobrepasaba los 3 mil
millones de dólares y las finanzas del país eran caóticas. En noviembre,
el presidente de Ucrania Viktor Yanukovych se retiró abruptamente del
cuasi-finalizado acuerdo de la UE y pronto aceptó un paquete de rescate
de 15 mil millones de dólares del Kremlin.

Ante ese cambio radical de postura muchos ucranianos se enfurecieron, especialmente los habitantes de su capital Kiev y de las regiones no

ruso-parlantes del país. Ellos soñaban con vivir en una próspera democracia europea y ahora se enfrentaban a la perspectiva de volver a quedar bajo el dominio de Moscú. Estallaron masivas protestas que se intensificaron cuando el gobierno disparó contra los manifestantes. Bajo presión, Yanukovych accedió a reformas constitucionales y nuevas elecciones. Se llegó a un acuerdo entre el gobierno y los líderes de la oposición, con la mediación de diplomáticos de Polonia, Francia y Alemania (los rusos participaron en las conversaciones pero después se negaron a firmarlo). Sin embargo, las multitudes en las calles rechazaron el compromiso y exigieron la renuncia de Yanukovych. Sorpresivamente él abandonó su palacio, salió de Kiev por el este, y por último llegó a Rusia. En respuesta, el parlamento ucraniano pidió a los líderes de la oposición configurar un nuevo gobierno.

Todo esto causó consternación en Moscú. Con el pretexto de proteger a los ciudadanos rusos y ucranianos de ascendencia rusa de lo que denominó la anarquía y violencia de Ucrania, Putin envió tropas rusas a ocupar la península de Crimea sobre el mar Muerto, que había formado parte de Rusia hasta la década de 1950 y todavía albergaba muchos rusos étnicos y grandes instalaciones navales rusas. A pesar de las advertencias del presidente Obama y los líderes europeos, el Kremlin fraguó un referéndum remanente por la secesión de Crimea, que fue ampliamente boicoteado por los ciudadanos no ruso-parlantes. A finales de marzo, la Asamblea General de la ONU condenó el referéndum con una votación abrumadora.

Al momento de escribir estas líneas, el futuro de Ucrania es incierto. El mundo entero estará observando el desenlace de todo esto, en especial otros estados y satélites soviéticos que temen por su propia independencia. Todo nuestro trabajo de 2009 en adelante para revitalizar a la OTAN, restaurar las tensas relaciones transatlánticas y reducir la dependencia de Europa de la energía rusa, nos ha colocado en una posición más fuerte para afrontar este reto, aunque Putin también tiene muchas cartas para jugar. Y tenemos que seguir trabajando en ella.

———

En todos esos años dediqué tiempo a pensar en formas de entender a Putin.

En una visita a su *dacha* fuera de Moscú en marzo de 2010, sostuvimos un debate sobre comercio y la Organización Mundial del Comercio que todo el tiempo se fue en círculos. Putin no cedía un ápice. Casi ni escuchaba. Exasperada, probé enfocar las cosas de otra manera. Sabía que una de las pasiones de Putin es la conservación de la vida salvaje, lo cual también a mí me preocupa mucho. De modo que cuando menos lo esperaba, le dije:

—Primer Ministro Putin, cuénteme lo que está haciendo para salvar los tigres en Siberia.

Alzó la mirada sorprendido. Por fin me puso atención.

Putin se levantó y me pidió que lo siguiera. Dejando nuestros asesores atrás, me llevó por un largo corredor hasta su oficina privada. Sorprendimos una cantidad de fornidos guardias de seguridad que holgazaneaban por ahí, y se cuadraron en posición de firmes mientras pasábamos. Tras una puerta blindada, llegamos a su escritorio y una pared cercana con un enorme mapa de Rusia. Inició un animado discurso en inglés sobre la suerte de los tigres en el este, los osos polares en el norte y otras especies en peligro de extinción. Fue fascinante ver el cambio en su comportamiento y modales. Me preguntó si mi esposo querría acompañarlo unas cuantas semanas más tarde, a etiquetar osos polares en la isla Franz Josef. Dije que le preguntaría, y si él no podía ir, yo revisaría mi propia agenda. En respuesta Putin alzó una ceja. (Al final ninguno de nosotros dos fue).

Otra memorable conversación no preparada tuvo lugar en septiembre de 2012, en la reunión de Cooperación Económica Asia-Pacífico (APEC) de la cual Putin fue anfitrión en Vladivostok. El presidente Obama no pudo asistir por el calendario de su campaña de modo que yo fui en representación suya. A Putin y Lavrov les molestó la ausencia del presidente y mi dura crítica al apoyo de Rusia a Bashar al-Assad en Siria. Ellos no accedieron a que Putin y yo nos reuniéramos, sino hasta quince minutos antes de que empezara la cena. Pero, por protocolo, el representante de Estados Unidos, como antiguo anfitrión de la APEC, se sentaría junto al anfitrión de ese año, lo que significaba que Putin y yo nos sentaríamos juntos.

Discutimos sus retos, desde la larga frontera de Rusia con China en el este, hasta los descontentos estados musulmanes al interior de Rusia y al otro lado de sus fronteras. Le comenté mi reciente visita en San Petersburgo a un monumento en memoria de las víctimas del sitio nazi de la ciudad (entonces llamada Leningrado) que duró de 1941 a 1944 y mató a más de 600.000 personas. Eso tocó la fibra sensible de este líder ruso muy versado en historia y Putin me relató algo acerca de sus padres que yo jamás había escuchado o leído. Durante la guerra, en un breve descanso, el padre de Putin llegó a casa desde el frente de primera línea. Muy cerca del apartamento en el que vivía con su esposa, vio una pila de cuerpos amontonados en la calle y unos hombres que los estaban cargando en un camión de remolque. Cuando se acercó más, alcanzó a ver unas piernas de mujer con unos zapatos que reconoció como los de su esposa. Entonces exigió que le entregaran el cuerpo de su esposa. Después de discutirlo, los hombres cedieron y el padre de Putin tomó a su esposa en brazos y, después de examinarla, se dio cuenta de que aún vivía. Entonces la cargó hasta el apartamento y cuidó de ella hasta que se repuso. Ocho años más tarde, en 1952, nació su hijo Vladimir.

Cuando le conté esa historia a nuestro embajador en Rusia Mike McFaul, eminente experto en Rusia, dijo que él tampoco la había escuchado antes. No tengo forma de verificar la historia de Putin, pero he pensado en ella. Para mí, dice algo del hombre en el que se ha convertido y el país que gobierna. Siempre te está poniendo a prueba, siempre extralimitándose.

En enero de 2013, mientras me preparaba para dejar el departamento de Estado, escribí al presidente Obama un último memo acerca de Rusia y lo que él podría esperar de Putin en el segundo período. Habían pasado cuatro años desde que el reinicio nos permitió por primera vez algunos avances en intereses clave como el control de armas nucleares, las sanciones a Irán y Afganistán y otros asuntos clave. Todavía pensaba que en el largo plazo lo más conveniente para Estados Unidos es tener con Rusia una relación de trabajo constructiva, y ser realistas respecto a las intenciones de Putin y el peligro que él representa para sus vecinos y el orden mundial, para diseñar nuestra política de acuerdo con eso. En términos escuetos le dije al presidente que nos esperan tiempos difíciles y que nuestra relación con Moscú probablemente empeore antes de mejorar. Tal vez a Medvedev le interesaba mejorar las relaciones con Occidente, pero Putin tenía la impresión equivocada de que nosotros necesitamos a Rusia más de lo que Rusia nos necesita a nosotros. Putin veía a Estados Unidos antes que nada como un competidor. Y lo estaba empezando a atemorizar el resurgimiento de la oposición en su país, así como el colapso de las autocracias en el Medio Oriente y en todas partes. Todo lo cual no es una buena fórmula para una relación positiva.

Con todo eso en mente, le sugería que estableciéramos un nuevo derrotero. El reinicio nos había permitido cosechar fruta de las ramas bajas en términos de cooperación bilateral. Y no necesitábamos exagerar nuestra colaboración respecto a Irán o Afganistán. Pero sí pensaba que debíamos hacer una pausa en cuanto a nuevos esfuerzos. No mostrarnos ansiosos por trabajar juntos. No adular a Putin con un alto nivel de atención. Declinar su invitación a una cumbre a nivel presidencial en septiembre, en Moscú. Y dejar claro que la intransigencia rusa no impedirá que adelantemos nuestros intereses y políticas respecto a Siria y otros puntos conflictivos. Mi idea es que fuerza y resolución constituyen el único lenguaje que Putin podría entender, y que deberíamos enviarle el mensaje de que sus acciones tienen consecuencias y también asegurar a nuestros aliados que Estados Unidos siempre defenderá a sus valores y sus aliados.

No todos en la Casa Blanca estuvieron de acuerdo con mi análisis relativamente descarnado. El presidente aceptó la invitación de Putin a la cumbre bilateral en otoño. Pero pasado el verano, con el filtrador de la NSA Edward Snowden que recibió asilo en Rusia, se ha tornado más difícil ignorar la trayectoria negativa. El presidente Obama canceló la cumbre de Moscú y empezó a asumir una línea más dura con Putin. Ya para el año 2014 y con la crisis ucraniana, las relaciones se fueron a pique.

Más allá de Crimea y otras consecuencias internacionales del régimen de Putin, Rusia se ha convertido en un estudio de potencial desperdiciado. Hay una fuga de dinero y de personas talentosas. Y no tendría que ser así. Rusia es un país bendecido no sólo con vastos recursos naturales, sino con una bien educada fuerza de trabajo. Como lo he discutido con Putin, Medvedev y Lavrov todos estos años, Rusia podría estar trazando un futuro próspero y en paz siendo parte de Europa y no su antagonista. Podría estar pensando en los más amplios tratados comerciales que podría pactar si asumiera una actitud diferente. En lugar de intimidar a Ucrania y otros vecinos, Rusia podría dedicarse a una mayor cooperación en el área científica con socios de la UE y Estados Unidos, expandiendo la innovación y desarrollando tecnologías avanzadas, tratando de construir su propio centro empresarial de alta tecnología a nivel mundial que Medvedev imaginó. Podría estar pensando también en los intereses estratégicos que podría desarrollar en el largo plazo si Putin no tuviera la idea fija de recuperar el imperio soviético y aplastar la disidencia interna. Él podría ver que el manejo de Rusia para con extremistas de su flanco sur, así como el de China en el este, se fortalecería si tuviera lazos más estrechos con Europa y Estados Unidos. Podía ver a Ucrania como esta quiere ser vista: como un puente entre Europa y Rusia que incrementará la prosperidad y la seguridad de todos los involucrados. Bajo Putin, lamentablemente, Rusia permanece congelada entre el pasado que no puede dejar ir y un futuro que no puede decidirse a abrazar.

12

Latinoamérica:
Demócratas y demagogos

Esta es una pregunta cuya respuesta podría sorprenderle: ¿A qué parte del mundo van más del 40 por ciento de las exportaciones de Estados Unidos? China no es, pues recibe apenas el 7 por ciento. Tampoco la Unión Europea, con el 21 por ciento. La respuesta es las Américas. De hecho, los dos principales destinos de nuestras exportaciones están en nuestro propio hemisferio: Canadá y México.

Si no lo sabía, no es el único. En Estados Unidos, todavía muchos de nosotros tenemos una idea obsoleta de lo que ocurre en nuestro propio hemisferio. Seguimos pensando en Latinoamérica como un territorio de golpes de estado y delincuencia más que una región en la cual mercados libres y pueblos libres están prosperando; como una fuente de inmigrantes y drogas más que un destino para el intercambio comercial y la inversión.

Pero lo cierto es que en los últimos veinte años nuestros vecinos del sur han hecho notables progresos económicos y políticos. Latinoamérica es una región con treinta y seis países y territorios (casi todos democracias), cerca de 600 millones de habitantes, una clase media en rápida expansión, abundantes fuentes de energía y un PIB combinado de más de 5 billones de dólares.

Dada nuestra proximidad, hace mucho tiempo que las economías de Estados Unidos y nuestros vecinos del sur están profundamente entrelazadas y son interdependientes. Cadenas de suministro entrecruzan la región y lo mismo ocurre con las redes familiares, sociales y culturales. Hay quienes consideran esos estrechos lazos una amenaza para nuestra soberanía o identidad. Pero yo veo nuestra interdependencia como una ventaja comparativa que aceptar, especialmente en estos tiempos en los que necesitamos aumentar el crecimiento en casa. Tenemos mucho que aprender de la transformación de Latinoamérica y de lo que significa para Estados Unidos y el mundo; sobre todo si queremos aprovechar este "poder de la cercanía" en los años venideros.

═══

Muchas de nuestras actuales ideas falsas acerca de Latinoamérica tienen sus raíces en un siglo de difícil historia. Latinoamérica fue campo de batalla de la competencia ideológica entre Estados Unidos y la Unión Soviética. Cuba es el más destacado ejemplo de punto álgido en la Guerra Fría, pero de arriba a abajo el hemisferio fue asolado por encarnizadas batallas.

El colapso de la Unión Soviética y el fin de la Guerra Fría marcaron el comienzo de una nueva era en la región. Las brutales y prolongadas guerras civiles fueron acabándose paulatinamente, nuevos gobiernos democráticos accedieron al poder mediante elecciones y el crecimiento económico empezó a sacar de la pobreza a la gente. En 1994 mi esposo invitó a las democracias de la región a la primera Cumbre de las Américas en Miami, que se repetiría cada cuatro años para apoyar una integración económica y una cooperación política continuadas.

La cumbre fue sólo uno de los muchos esfuerzos de la administración Clinton para forjar una asociación más amplia con nuestros vecinos. Estados Unidos prestó ayuda económica crucial a Brasil y México durante sus crisis financieras, lo que ayudó a mantener el ritmo del progreso económico de la región. Con respaldo bipartidista en el Congreso, desarrollamos y financiamos el Plan Colombia, ambiciosa campaña para ayudar a la más antigua democracia de Suramérica, a defenderse de grupos narcotraficantes y guerrilleros, y en Haití ayudamos a echar atrás un golpe de estado y restablecer la democracia constitucional. Muestra del gran avance de la región fue el envío de tropas de muchas democracias de Latinoamérica para la misión de la ONU en Haití. Según el centro de investigaciones Pew, en 2001 la aprobación de Estados Unidos en Latinoamérica alcanzó el 63 por ciento.

Como gobernador de Texas que había apoyado la reforma migratoria y el aumento del comercio, el presidente George W. Bush tuvo una buena acogida en la región. Entabló estrechas relaciones personales con el presidente de México Vicente Fox y con su sucesor Felipe Calderón. La administración Bush apoyó y fortaleció el Plan Colombia y dio comienzo a la Iniciativa Mérida para ayudar a México en su lucha contra los carteles de la droga. Sin embargo, ni su estrategia de una política exterior más amplia, ni su tendencia a ver el hemisferio a través de una vieja lente ideológica de Guerra Fría, le ayudaron a ganar muchos amigos en Latinoamérica. Para 2008, sólo el 24 por ciento de los mexicanos y un 23 por ciento de los brasileños aprobaban a Estados Unidos. El promedio de toda la región, según Gallup, fue de un 35 por ciento. Con la llegada de la administración Obama a principios de 2009, sabíamos que era hora de un nuevo comienzo.

El presidente Obama expuso nuestra estrategia de integrar una "asociación de iguales" en su discurso de abril de 2009, en la Cumbre de las Américas reunida en Trinidad y Tobago. Prometió que no habría más "socio mayoritario y socio minoritario en nuestras relaciones" y que la gente de Latinoamérica podía esperar en cambio un "compromiso basado en el respeto mutuo, los intereses comunes y los valores compartidos". Como a menudo lo hacía en muchos contextos, el presidente reflexionó sobre la necesidad de dejar atrás "viejos debates" y "falsas alternativas", en este caso entre "rígidas economías administradas por el Estado o un capitalismo salvaje y no regulado; entre culpar a paramilitares de derecha o insurgentes de izquierda; entre aferrarse a políticas inflexibles con Cuba o negar los plenos derechos humanos que se deben al pueblo cubano". Sobre Cuba en particular, prometió un nuevo comienzo. Como primera medida para modernizar una política que había "fracasado en lograr que avanzaran las libertades u oportunidades del pueblo cubano", Estados Unidos empezaría a permitir que cubano-americanos visitaran la isla y enviaran mayores sumas de dinero a sus familias allí. El presidente también dijo estar preparado para tratar directamente con el gobierno cubano una amplia gama de asuntos —desde la implementación de reformas democráticas hasta el trabajo conjunto sobre problemas de narcotráfico y migración— siempre que hacerlo así llevara a avances concretos.

—No he venido aquí a discutir el pasado —dijo el presidente Obama—. Vine a ocuparme del futuro.

Acompañada por un grupo de eminentes expertos en Latinoamérica del departamento de Estado, mi labor sería poner en práctica la promesa del presidente. Decidí empezar con un gesto enérgico que mostrara nuestra seriedad respecto a una nueva pauta en el hemisferio, y el lugar para hacerlo era México, nuestro vecino sureño más cercano que representaba la promesa y el peligro a la vez de una región en la encrucijada.

Estados Unidos y México no sólo compartimos una frontera de casi 2.000 millas de largo: nuestras economías y culturas están muy integradas, especialmente en las áreas fronterizas. Después de todo, buena parte del suroeste de Estados Unidos una vez fue parte de México, y décadas de inmigración sólo han estrechado los lazos familiares y culturales entre nuestras naciones. Mi experiencia directa en esta región empezó en 1972, cuando el Comité Nacional Demócrata me envió a registrar votantes en el valle del Río Grande en Texas, en apoyo de la campaña presidencial de George McGovern. Naturalmente, hubo quienes vieron con recelo a una chica rubia de Chicago que no hablaba una palabra de español. Pero pronto fui bien recibida en hogares y comunidades donde ciudadanos de ascendencia mexicana se mostraban deseosos de participar plenamente en nuestra democracia.

En esos tiempos era mucho más fácil ir y venir y varias veces crucé la frontera con mis nuevos amigos para cenar y bailar. Por último empecé a trabajar junto a un tipo de Yale con quien había estado saliendo, llamado Bill Clinton. McGovern perdió la elección por una aplastante victoria electoral, y Bill y yo decidimos tomar unos días de descanso en un pequeño balneario de la costa pacífica, y descubrimos que México nos encantaba. Con el tiempo hemos regresado muchas veces, una de ellas a Acapulco en 1975, en viaje de luna de miel.

Debido a la acalorada retórica de nuestro debate interno sobre inmigración, muchos estadounidenses siguen pensando en México como una nación empobrecida que la gente ansía dejar atrás para irse al norte. Pero lo cierto es que la economía de México ha prosperado en los últimos años, su clase media ha crecido y su democracia ha dado pasos agigantados. Me impresionó, por ejemplo, que bajo el mando del presidente Felipe Calderón, México construyó 140 universidades gratuitas para satisfacer las necesidades de su creciente economía.

Al principio de la administración Obama, uno de los mayores obstáculos para el continuado desarrollo democrático y económico de México fue una epidemia de violencia relacionada con la droga. Carteles rivales luchaban entre ellos y contra las fuerzas de seguridad de la nación, a menudo atrapando comunidades enteras en el fuego cruzado. Después de asumir el cargo en diciembre de 2006, el presidente Felipe Calderón había lanzado una ofensiva contra los carteles, desplegando el ejército para llevar el orden a áreas afectadas por la violencia. Sin embargo, la violencia aumentó y, a pesar de algunos éxitos por parte del gobierno, los carteles siguieron operando. Para la éoca en que me convertí en secretaria de Estado, las bandas de narcotraficantes se convirtieron en organizaciones paramilitares y miles de personas morían cada año. Aunque la tasa de criminalidad se redujo en zonas donde no había llegado el narcotráfico, los lugares en donde sí operaban los carteles, bombas y secuestros se volvieron pan de todos los días, ciudades fronterizas como Tijuana y Ciudad Juárez parecían zonas de guerra y la amenaza de la violencia amenazaba extenderse a El Paso y otras cercanas comunidades estadounidenses.

En 2008 el consulado de Estados Unidos en Monterrey fue atacado por pistoleros con armas de corto alcance y una granada; afortunadamente nadie resultó herido. Sin embargo, en marzo de 2010, tres personas vinculadas a nuestro Consulado en Ciudad Juárez fueron asesinadas. Una empleada estadounidense del consulado, Lesley Enríquez, y su esposo estadounidense, Arthur Redelf, fueron baleados cuando iban en su auto. Casi al mismo tiempo al otro lado de la ciudad, también fue asesinado Jorge Alberto Salcido Ceniceros, esposo mexicano de una funcionaria de planta del consulado. Esos asesinatos fueron otros tantos recordatorios de los riesgos que hombres y mujeres que representan nuestro país enfrentan en todo el mundo, no sólo en sitios como Irak, Afganistán o Libia. Los incidentes también enfatizaron la necesidad de ayudar a México a restablecer el orden y la seguridad.

El hecho básico de la guerra de la droga es que los carteles se estaban peleando entre ellos el derecho de exportar narcóticos a Estados Unidos. Se calcula que el 90 por ciento de las drogas utilizadas en Estados Unidos entraban por México y casi el 90 por ciento de las armas utilizadas por los carteles provenían de Estados Unidos (la prohibición de armas de asalto que Bill firmó en 1994 expiró diez años más tarde en 2004 y no fue renovada, abriendo así la puerta a un incremento del tráfico de armas a través de la frontera). Ante estos hechos era difícil no concluir que Estados Unidos tenía una responsabilidad compartida de ayudar a México a detener la violencia. En marzo de 2009, en uno de mis primeros viajes como secretaria de Estado, volé a la Ciudad de México para llevar a cabo consultas sobre cómo se podría expandir nuestra cooperación en medio de la creciente violencia.

Me reuní con Calderón y su secretaria de Relaciones Exteriores, Patricia Espinosa, diplomática de carrera con quien trabajé muy de cerca y se convirtió en una de mis colegas favoritas y buena amiga. El presidente y Espinosa esbozaron sus necesidades, entre ellas más helicópteros Black Hawk para responder a los cada vez mejor armados carteles. Decidido a detener la violencia contra su gente, Calderón irradiaba la pasión e intensidad de un hombre entregado a una misión muy personal. El descaro de los carteles de la droga lo ofendía y debilitaba sus proyectos para el empleo y la educación. También lo enojaban mensajes recibidos de Estados Unidos que encontraba ambivalentes. ¿Cómo se supone que detenga a narcotraficantes armados hasta los dientes, si ustedes no detienen las armas que ellos compran al otro lado de la frontera y hay estados que están empezando a legalizar el uso de la marihuana? ¿Por qué mis ciudadanos, agentes de la ley y militares deben poner sus vidas en peligro bajo esas circunstancias? Preguntas todas incómodas pero justas.

Les dije a Calderón y a Espinosa que expandiríamos la Iniciativa Mérida puesta en marcha por la administración Bush en 2007 para ayudar a hacer cumplir la ley. Solicitamos al Congreso adjudicar más de 80 millones de dólares para helicópteros, gafas de visión nocturna, equipos de protección corporal y otros equipos. También pediríamos financiación para medidas enérgicas contra el tráfico de armas y el contrabando de drogas, como el despliegue de centenares de nuevos guardias fronterizos en nuestro lado de la frontera. Este era un esfuerzo de la administración, en el que participaban la secretaria de Seguridad Nacional Janet Napolitano, el fiscal general Eric Holder y John Brennan, asistente especial del presidente para Asuntos de Antiterrorismo.

Después de nuestra reunión, Espinosa y yo dimos una conferencia de prensa conjunta. Expliqué que la administración Obama veía el narcotráfico como un "problema compartido" y que reconocíamos el reto de reducir la demanda de drogas ilícitas en Estados Unidos y detener el flujo de armas ilegales a través de la frontera con México. Al día siguiente volé al norte, a Monterrey y reiteré ese compromiso en un discurso pronunciado en la Universidad TecMilenio.

—Estados Unidos reconoce que el narcotráfico no es problema de

México únicamente —dije a los estudiantes—. También es un problema estadounidense. Y nosotros, en Estados Unidos, tenemos la responsabilidad de ayudarlos a afrontarlo.

Pensé que decir eso era mencionar algo bastante obvio que, además de ser un principio clave de la nueva estrategia que la administración Obama se proponía poner en práctica en Latinoamérica, al fin y al cabo eran todas verdades demostrables. Sin embargo, sabía que este tipo de franqueza tendría un costo en mi país. De ciertos medios de comunicación podía esperarse que reaccionaran emocionalmente y hablaran de estar "pidiendo perdón por Estados Unidos". Los asuntos de la política no son irrelevantes en la política exterior —y Estados Unidos es más fuerte si enfrentamos al mundo unidos, de manera que construir y mantener el apoyo público para nuestras políticas en casa es importante—, pero en este caso yo estaba lista a absorber los golpes con tal de hacer lo correcto y de que nuestros planes avanzaran. En efecto, los titulares del *New York Post* desplegaron en grandes caracteres el "Choque de drogas de Hillary". Mucho tiempo atrás me había propuesto no tomar ese tipo de críticas personalmente, y bien sabía que si deseábamos mejorar nuestra posición en el mundo y realmente resolver problemas, tendríamos que decir algunas verdades difíciles y enfrentar al mundo tal como es, y no como nos gustaría que fuera.

Nuestra expandida cooperación pronto empezó a dar frutos. México extraditó más de cien fugitivos a Estados Unidos en 2009. Casi dos docenas de narcotraficantes de alto nivel fueron capturados o dados de baja gracias a una mejorada labor de inteligencia y selección de objetivos. La administración Obama triplicó los fondos para reducir la demanda de drogas ilegales en Estados Unidos a más de 10 mil millones de dólares al año y el FBI incrementó los arrestos de miembros del cartel que operaban al norte de la frontera. Ayudamos a entrenar miles de funcionarios de policía, jueces y fiscales mexicanos y conformamos nuevas asociaciones de seguridad en toda América Central y el Caribe para convertir la seguridad ciudadana en una prioridad de nuestra diplomacia en toda Latinoamérica.

Nuestra relación se vio afectada a finales de 2010 cuando informes secretos de nuestro embajador en México, Carlos Pascual, fueron publicados como parte del asunto Wikileaks. En enero de 2011, cuando realicé otra visita, Calderón estaba furioso. Como lo había reportado el *New York Times*, estaba particularmente disgustado por un informe "que citaba al Sr. Pascual cuestionando la renuncia del Ejército mexicano a actuar con respecto a informes de inteligencia estadounidense sobre un líder del cartel de la droga". Calderón dijo a la prensa que las filtraciones habían causado "graves perjuicios" a la relación de México con Estados Unidos. "Es difícil si de repente encuentras que la valentía del ejército [es cuestionada]. Por ejemplo, ellos han perdido probablemente trescientos hombres… y de repente alguien en la embajada de Estados Unidos, ellos [dicen], que a los soldados mexicanos les falta coraje", se quejó al *Washington Post*. Espinosa me aconsejó reunirme con el presidente para dar explicaciones y presentarle disculpas. Cuando lo hice, Calderón me dijo que ya no deseaba trabajar con Carlos e insistió en que fuera reemplazado. Fue una de las reuniones más difíciles que he tenido jamás. A continuación le dije a Carlos le dije que no tenía más remedio que traerlo a casa, pero que buscaría otra buena posición en la que sus habilidades y experiencia nos ayudaran. En marzo renunció a su cargo oficialmente, y poco después se encargó de nuestro nuevo departamento de asuntos de energía global. Espinosa y yo nos esforzamos mucho por reparar el daño y nuestra cooperación continuó.

━━━

Ya existía un buen modelo de cómo un esfuerzo ambicioso como el de México podía tener éxito: Colombia. Ese país había cautivado mi imaginación desde que mi hermano Hugh trabajó allí con los Cuerpos de Paz a principios de la década de los setenta. Convencido de que esa había sido la mejor experiencia de su vida y ya de regreso en casa, acostumbraba a contarnos sus aventuras. Bill decía que parecían sacadas directamente de su novela favorita, *Cien años de soledad* de Gabriel García Márquez, pero Hugh juraba que todas eran ciertas. Lamentablemente, en la década de 1990 Colombia era uno de los países más violentos del mundo, aterrorizado por narcotraficantes y guerrillas que controlaban vastas franjas de territorio y tenían la capacidad para lanzar ataques a voluntad en cualquier ciudad importante. Y los expertos en política exterior usualmente se referían a Colombia como un estado fallido.

Bill trabajó con el presidente Andrés Pastrana en el suministro de más de mil millones de dólares para financiar la campaña de Colombia contra los carteles de la droga y la facción rebelde izquierdista conocida como las FARC. A lo largo de la década siguiente, su sucesor el presidente Álvaro Uribe, cuyo padre fue asesinado por las FARC en la década de 1980, expandió el Plan Colombia con un fuerte apoyo de la administración Bush. Pero mientras el gobierno hacía progresos, fueron surgiendo nuevos temores por la violación de derechos humanos, la violencia contra sindicalistas, los asesinatos selectivos y las atrocidades de los grupos paramilitares de derecha. Cuando la administración Obama llegó al poder, habíamos tomado la decisión de continuar con el apoyo bipartidista estadounidense al Plan Colombia, pero también habíamos decidido extender nuestra asociación con el gobierno colombiano a otros campos además de la seguridad, para trabajar más en los de gobierno, educación y desarrollo.

Cuando visité Bogotá en junio de 2010, la violencia había disminuido radicalmente, la insurgencia iba camino de ser derrotada y los ciudadanos disfrutaban de unas medidas de seguridad y prosperidad sin precedentes. Por una feliz coincidencia de nuestras agitadas agendas, Bill estaría viajando por Colombia por asuntos de la Fundación Clinton al mismo tiempo que yo iba a estar allá. Nos encontramos en Bogotá y fuimos a cenar con amigos y funcionarios a un restaurante especializado en carnes, donde brindamos por los avances de Colombia. Caminando por las calles nos asombró ver cuánto había progresado el país. Un tranquilo paseo nocturno como este habría sido inimaginable pocos años atrás.

Cuando me senté a hablar con el presidente Uribe, discutimos los restantes problemas de seguridad en Colombia, pero esos fueron sólo una parte de la agenda. Dedicamos un tiempo a ver de qué manera Colombia y Estados Unidos podrían trabajar juntos en el Consejo de Seguridad de la ONU en asuntos mundiales, en cómo seguir expandiendo el comercio y también en los preparativos para la próxima Cumbre de las Américas. Uribe era un líder duro, pragmático. Se aproximaba el final de su período y evocó el largo camino recorrido por su país. "Sabe usted, cuando me posesioné hace ocho años", me dijo, "ni siquiera pudimos realizar la ceremonia al aire libre porque había tantos ataques, había francotiradores y bombas. Hemos avanzado bastante".

El sucesor de Uribe, Juan Manuel Santos, que estudió en Estados Unidos en 1980 gracias a una beca Fullbright, se ocupó de consolidar ese avance y con lo que quedó de las FARC en 2012 inició negociaciones que abrieron la posibilidad de una paz duradera en Colombia. Hablé por teléfono con el presidente Santos para felicitarlo. "Es muy importante y simbólico y espero que podamos llevar este proceso a buen término", explicó.

La mayor parte del mérito del progreso de Colombia corresponde al coraje de su gente. Pero yo me siento orgullosa del papel de Estados Unidos con tres de sus administraciones. Nuestro apoyo ha contribuido a detener la desintegración del país, al fortalecimiento de los derechos humanos y del imperio de la ley y la promoción del desarrollo económico.

=====

Después de mis comentarios de marzo de 2009 en México sobre la responsabilidad compartida y del discurso del presidente Obama en Trinidad y Tobago en abril acerca de una asociación igualitaria, parecía que por fin teníamos la base para un nuevo capítulo del compromiso que buscábamos en el hemisferio. Nunca imaginamos que el mes de junio agitaría la región y pondría a prueba nuestros esfuerzos e intenciones en formas inesperadas.

Para mí, junio empezó en el país más pequeño de Centroamérica, El Salvador, donde asistí a la toma de posesión de su nuevo presidente y una conferencia regional para la promoción del crecimiento sobre una amplia base económica y la reducción de la desigualdad económica. Ambos eventos tenían que ver con las prometedoras capacidades que esperábamos llegarían a definir nuestra relación con Latinoamérica.

La economía combinada de Latinoamérica casi triplicaba el tamaño de la de India o la de Rusia y no estaba muy lejos de las de China y Japón. La región estaba lista para su rápida salida de la recesión mundial con un crecimiento de casi el 6 por ciento en 2010 y unos índices de desempleo que en 2011 alcanzarían su nivel más bajo en décadas. Según el Banco Mundial, la clase media de Latinoamérica había crecido un 50 por ciento desde 2000, incluido un aumento de más del 40 por ciento en Brasil y del 17 por ciento en México. Eso se traducía en un incremento de su prosperidad, y en más de 50 millones de nuevos consumidores de clase media deseosos de comprar bienes y servicios de Estados Unidos.

Entonces trabajamos duro para mejorar y ratificar tratados de comercio con Colombia y Panamá, y animamos a Canadá y al grupo de países que se conoció como la Alianza del Pacífico —México, Colombia, Perú y Chile, todos ellos democracias de mercados abiertos en busca de un futuro más próspero— a participar en negociaciones con naciones asiáticas en el acuerdo de comercio transpacífico (TPP). La Alianza marca un agudo contraste con Venezuela y su economía controlada por el autoritarismo y el Estado.

Sin embargo, con todo su progreso, en Latinoamérica la desigualdad económica seguía siendo una de las peores del mundo. A pesar del rápido desarrollo en muchas áreas, una persistente pobreza mantenía atrapada a buena parte de Latinoamérica. En la conferencia de El Salvador, organizada bajo la bandera de una iniciativa regional iniciada por la administración Bush y conocida como "Caminos hacia la Prosperidad" yo dije que un reto clave para Latinoamérica en los años venideros sería asegurarse de que los beneficios del crecimiento económico fueran compartidos ampliamente y que las democracias de la región presentaran resultados concretos a sus ciudadanos. "En lugar de definir el progreso económico simplemente por márgenes de utilidad y PIB, nuestro criterio para medirlo debería ser la calidad de la vidas humana", sugerí, así que deberíamos estar midiendo "si las familias tienen suficiente alimento en la mesa, si los jóvenes tienen acceso a educación desde la temprana niñez hasta la universidad, si los trabajadores devengan salarios decentes y tienen condiciones de seguridad en sus empleos".

Varios de los países latinoamericanos, sobre todo Brasil, México y Chile, ya han tenido éxito en la reducción de la desigualdad y en sacar gente de la pobreza; una de las herramientas más efectivas fue la "transferencia condicional de efectivo". En la década de 1990, bajo el presidente Fernando Cardoso, Brasil empezó a entregar pequeños pagos a millones de familias pobres si mantenían a sus hijos en la escuela. El presidente Luiz Inácio Lula da Silva expandió el programa para incluir los chequeos médicos y la asistencia a clases de nutrición y prevención de enfermedades. Esos incentivos empoderaron a las mujeres, incrementaron la asistencia a la escuela, mejoraron la salud infantil y estimularon el crecimiento económico. A medida que el programa se expandía, los resultados también lo hicieron. En Brasil la tasa de población que vive por debajo de la línea de pobreza cayó del 22 por ciento en 2003 a sólo un 7 por ciento en 2009, y la idea se propagó por todo el hemisferio.

La energía es un área de cooperación económica que consideré de particular importancia. Más del 50 por ciento de la energía que importa Estados Unidos ya proviene de nuestro propio hemisferio. Una mayor expansión de la cooperación en energía y cambio climático podría convertirse en un medio para cerrar brechas entre las naciones, creando oportunidades económicas y mejorando el medio ambiente al mismo tiempo. Mi equipo ayudó a estructurar una propuesta para que el presidente Obama la diera a conocer en Trinidad y Tobago, donde propuso esta "Alianza de las Américas en Energía y Clima" que apoya la innovación y aprovecha las fortalezas de la región. Teníamos muchos ejemplos de los cuales aprender. Brasil era líder en biocombustibles. Costa Rica generaba casi toda su energía en centrales hidroeléctricas. Colombia y Perú estaban desarrollando sistemas de transporte masivo con energía limpia. México estaba tapando vertederos y capturando el gas metano para generar energía, y mejorando la calidad del aire de la Ciudad de México al construir techos y paredes verdes en sus edificio y sembrar cantidades de árboles nuevos. Barbados estaba explorando el potencial de calentadores de agua solares, e islas como St. Kitts, Nevis y Dominica estaban desarrollando sus recursos geotérmicos.

A lo largo de los años venideros construiríamos sobre esos cimientos con especial énfasis en el enlace de distintas redes eléctricas nacionales y regionales desde el norte de Canadá hasta el extremo austral de Chile, así como en todo el Caribe, donde los costos de electricidad son de los más altos del mundo. Debido a que los costos son tan altos, el Caribe podría lograr el acceso y la independencia a través de energía solar, eólica y la producción de combustible de biomasa con cero subsidios si los gobiernos tienen la voluntad de transformar sus gastos de petróleo importado a la energía limpia producida en casa. Lo mismo ocurre en Centroamérica. Todo esto fue particularmente importante en Latinoamérica porque en el hemisferio occidental 31 millones de personas (que en todo el mundo suman 1,3 mil millones) aún no tienen acceso a una energía confiable con precios asequibles, lo cual frena el progreso en muchas formas porque en pleno siglo XXI ¿cómo se administran un negocio o una escuela pujantes sin energía eléctrica? Cuanto más personas tengan acceso a energía, más posibilidades habrá de que puedan salir de la pobreza, educar a sus hijos y mantenerse saludables. Así que establecimos el objetivo de que en el año 2022 todas las comunidades de la región ya tengan acceso a la energía.

Otra actividad relevante de mi visita a El Salvador a principios de junio de 2009 fue la posesión de su nuevo presidente, Mauricio Funes. Fue una ocasión para reflexionar sobre la profunda transformación política experimentada en toda Latinoamérica desde el fin de la Guerra Fría. Donde dictaduras militares de derecha y demagogias de izquierda una vez habían dominado el panorama político, ya había democracias constitucionales arraigadas. En 2013, la ONG Freedom House catalogó a las Américas (que incluyen Estados Unidos y Canadá) como "superadas únicamente por Europa Occidental en niveles de libertad y respeto por los derechos humanos".

El éxito político y económico de la región (salvo unos pocos reductos) la convirtió en un modelo para democracias emergentes en otros lugares, incluso en el Medio Oriente. Y, para gran satisfacción mía, Latinoamérica también se estaba convirtiendo en un exponente del poder de las mujeres líderes. En una región del mundo con frecuencia conocida por su cultura machista, en los últimos años, mujeres de gran poder y talento han gobernado a Argentina, Brasil, Chile, Costa Rica, Jamaica, Panamá, Nicaragua, Guyana y Trinidad y Tobago, y también se han desempeñado como gobernantes interinas en Ecuador y Bolivia.

———

Dejé El Salvador y volé a Honduras para la reunión anual de la Organización de Estados Americanos. Honduras, que apenas alcanza el tamaño del estado de Mississippi, alberga a unos ocho millones de las personas más pobres de Latinoamérica. Su historia ha sido marcada por un desfile casi interminable de discordia y desastres. Manuel Zelaya, presidente de Honduras, con su blanco sombrero de vaquero, su poblado bigote oscuro y su devoción por Hugo Chávez y Fidel Castro, era una evocación del prototipo del hombre fuerte centroamericano.

Ese 2 de junio me levanté temprano y me preparé para un largo día de diplomacia multilateral, la cual, gracias a los discursos prefabricados y el galimatías procedimental, a menudo puede resultar aburridísima. Sin embargo, ese día en la OEA prometía algo de dramatismo. Esperábamos que un número de naciones presentaran una resolución levantando la suspensión a Cuba en 1962 de su calidad de miembro de la organización. Por tradición, la OEA opera por consenso, o sea que un solo país puede objetar una medida y detenerla. Pero, técnicamente y llegado el caso, una resolución se podía aprobar con una mayoría de sólo dos tercios. Quienes contaban votos creían que la mayor parte de las naciones apoyaría el levantamiento de la prohibición porque en general la consideraban un dispositivo de la Guerra Fría desactualizado y creían que comprometer a Cuba y traerla al seno de la familia de naciones sería la mejor manera de estimular reformas en la isla. Unos cuantos países, entre ellos Venezuela, Nicaragua, Bolivia y Ecuador, calificarían más crudamente la prohibición como un ejemplo del acoso de Estados Unidos, y veían aquello de traer a Cuba de regreso a la OEA como una forma de darle duro a Estados Unidos y debilitar las normas democráticas de la región. Eso me preocupó. La

OEA había adoptado en 2001 una carta constitucional que establecía unos fuertes principios democráticos y constituía un hito del alejamiento de la región de su pasado dictatorial. No podíamos permitir que Chávez y sus compinches hicieran un espectáculo de acabar con el espíritu de esa carta.

Para la nueva administración Obama, esto representaba un primer reto. Podíamos continuar con nuestra vieja política y negarnos a apoyar el levantamiento de la suspensión de la participación de Cuba porque una dictadura no tiene lugar en una asociación de democracias, lo que alienaría a muchos de nuestros vecinos y haría que Estados Unidos pareciera estar aislado en nuestro propio patio trasero. O podíamos ceder y admitir que la suspensión de cuba era un anacronismo de la Guerra Fría, pero eso podría convertirse en una burla a las normas democráticas de la región que tanto trabajo habían costado, creando una tormenta en nuestra casa. Ninguna opción era atractiva.

Mientras me alistaba en mi habitación del hotel, sintonicé CNN y atiné a ver la historia de un padre cubano que vivía y trabajaba en Estados Unidos, y no había visto a su bebé en año y medio debido a las restricciones de viaje entre ambos países. Gracias a que la administración Obama había suavizado esas restricciones, padre e hijo finalmente pudieron reunirse. Siguiendo con esos cambios, nosotros habíamos ofrecido iniciar conversaciones con el gobierno cubano para el restablecimiento del servicio de correo directo y la cooperación en procesos migratorios. En el período previo a esta cumbre en Honduras, los cubanos habían aceptado. Para resumir, Estados Unidos estaba honrando la promesa de su presidente de un nuevo comienzo, pero sin unas reformas democráticas concretas, no había el más mínimo chance de que diera la bienvenida a Cuba en la OEA.

Durante cincuenta años, Cuba ha sido gobernada por Fidel Castro como una dictadura comunista. Castro y su régimen han negado a su pueblo libertades fundamentales y derechos humanos, han reprimido la disidencia, han mantenido un riguroso dominio de la economía controlada por el estado, y han trabajado para propagar "la revolución" a otros países en toda la región y aún más allá. A pesar de su avanzada edad y quebrantos de salud, Castro y su hermano Raúl siguen gobernando a Cuba con un poder absoluto.

Desde 1960, Estados Unidos ha mantenido un embargo contra la isla con la esperanza de sacar a Castro del poder, pero sólo han conseguido darle un pretexto para atribuirles la culpa de los problemas económicos de Cuba. A fines de 1995, la administración Clinton propuso a Castro efectuar discretas conversaciones con miras a explorar la posibilidad de que se mejoraran las relaciones. Esas discusiones estaban en curso en febrero de 1996, cuando un avión de la Fuerza Aérea cubana derribó dos pequeños aviones desarmados, matando a cuatro tripulantes. Los aviones pertenecían a un grupo de exiliados cubanos en Miami, llamado Hermanos al Rescate, que periódicamente dejaban caer en la isla panfletos anticastristas. Mi esposo denominó al incidente "una flagrante violación del derecho internacional", el Consejo de Seguridad de la ONU censuró las acciones de Cuba, y el Congreso de los Estados Unidos aprobó con grandes mayorías bipartidistas en ambas cámaras, una legislación que fortaleció el embargo contra Cuba y requiere la aprobación del Congreso para cambios futuros. Esa experiencia me enseñó a mantener los ojos bien abiertos cuando haya que tratar con los Castro.

Como los hermanos Castro se oponían implacablemente a los principios democráticos consagrados en la carta de la OEA y no ocultaban su desdén por la institución, era difícil ver las bondades que, para la democracia o la OEA, tendría darles asiento en la mesa. De hecho, dada la tradición de tomar decisiones por consenso, eso le daría a Cuba un efectivo poder de veto sobre importantes asuntos regionales.

Los hermanos Castro no estaban en Honduras para defender su caso (y, de hecho, no habían expresado interés alguno por integrarse a la OEA). La acusación era dirigida más que todo por el gobierno de Hugo Chávez en Venezuela (aunque contaba con amplio apoyo de otros). Megalómano dictador y más un fastidio que una verdadera amenaza, excepto para sus propios conciudadanos, Chávez había vociferado e intrigado contra Estados Unidos durante años y se había dedicado a socavar las bases de la democracia en su propio país y en toda la región. Él representaba buena parte de la historia negativa que la región estaba tratando de dejar atrás. Chávez había reprimido la oposición política y la prensa en Venezuela, había nacionalizado compañías y confiscado sus activos, despilfarrado la riqueza petrolera del país y estaba ocupado convirtiéndolo en una dictadura.

En abril, el presidente Obama se había cruzado con Chávez en la Cumbre de las Américas. En el momento, a Chávez pareció deleitarle estrechar la mano del presidente Obama y con grandes aspavientos le ofreció un obsequio como gesto de buena voluntad. El regalo para el presidente resultó ser un libro sobre el imperialismo y la explotación de Latinoamérica por parte de Estados Unidos, y ese fue el gran gesto.

Yo criticaba a Chávez todo el tiempo y defendía a quienes en Venezuela tenían el coraje de enfrentársele. Pero también trataba de no decir nada que pudiera dar a Chávez la excusa para inflarse y pontificar en toda la región quejándose del matoneo de Estados Unidos. En una de sus apariciones en la televisión venezolana, una vez cantó a una multitud, "No soy amado por Hillary Clinton… y tampoco la quiero a ella", con la melodía de una canción popular local. Difícil discutirlo.

Mi día en Honduras empezó desayunando temprano con ministros de Relaciones Exteriores de todo el Caribe. Teníamos mucho de qué hablar, especialmente de planes para responder a la creciente violencia de la droga y de una mayor cooperación en energía. La mayoría de las naciones caribeñas necesitaban energía y eran vulnerables a los efectos del cambio climático, desde los crecientes niveles del mar hasta el clima extremo. Así que estaban deseosos de trabajar con nosotros en busca de soluciones. Y, por supuesto, la conversación también llegó al tema de Cuba. "Nosotros esperamos que un día Cuba pueda reintegrarse a la OEA", le aseguré a los ministros, "pero creemos que el ingreso a la OEA debe hacerse con responsabilidad. Y nos debemos unos a otros la defensa de nuestros estándares de democracia y gobierno que tanto progreso han traído a nuestro hemisferio. No se trata de revivir el pasado, se trata del futuro y de ser fieles a los principios fundamentales de esta organización".

Después del desayuno seguía el evento principal, la Asamblea General de la OEA.

El secretario general José Miguel Insulza, diplomático chileno, y el presidente Zelaya, nuestro anfitrión, nos dieron la bienvenida al salón e invitaron a todos los ministros a posar para una "foto familiar". ¿Cuántos de estos líderes se unirán a nosotros en la defensa de los principios democráticos de la organización?

Brasil era un actor clave. Bajo el liderazgo del presidente Luiz Inácio Lula da Silva, Brasil había surgido como actor importante a nivel mundial. Lula, como se le conoce, carismático ex líder sindical elegido en 2002, era la cara del dinámico nuevo Brasil, que se ufanaba de ser una de las economías de más rápido crecimiento del mundo y tener una clase media en veloz expansión. El crecimiento de Brasil más que el de cualquier otro país, simbolizaba la transformación de Latinoamérica y su prometedor futuro.

Cuando viajé por primera vez a Brasil como primera dama en 1995, todavía era una nación relativamente pobre, que tenía una democracia frágil y una descomunal desigualdad económica. Años de dictadura militar y de insurgencia de izquierda habían dado paso a una sucesión de débiles gobiernos civiles que no habían producido muchos resultados para el pueblo. Brasil empezó a modernizarse con la elección del presidente Fernando Henrique Cardoso, quien se había posesionado pocos meses antes de mi visita. Él puso en marcha el despertar económico y su esposa Ruth, brillante socióloga, creó una entidad de reducción de la pobreza y transferencias de efectivo condicionales para mejorar la vida de mujeres y familias pobres. A Cardoso lo sucedió el popularísimo Lula, quien continuó las políticas económicas de su antecesor, expandió la red de seguridad social para reducir la pobreza y desaceleró la destrucción del bosque tropical de la Amazonia en un 75 por ciento.

A medida que la economía de Brasil crecía, también crecía la seguridad de Lula en política exterior. Veía a Brasil convertido en una gran potencia mundial, y sus acciones condujeron a una cooperación constructiva y también a algunas frustraciones. Por ejemplo, en 2004, Lula envió tropas a liderar la misión de la ONU para mantener la paz en Haití, donde hicieron un excelente trabajo proporcionando orden y seguridad en circunstancias difíciles. Pero por otra parte, Lula insistía en trabajar con Turquía para llegar a un acuerdo indirecto con Irán sobre su programa nuclear, que no cumplía con los requisitos de la comunidad internacional.

De todos modos, yo agradecía la creciente influencia y considerables capacidades de Brasil para resolver problemas. Más adelante disfrutaría trabajando con Dilma Rousseff, protegida de Lula, su jefa de gabinete y finalmente sucesora como presidenta. El 1 de enero de 2011, asistí en Brasilia a su toma de posesión, en un día lluvioso pero alegre. Decenas de miles de personas bordearon las calles que la primera mujer presidente de ese país recorrió a bordo de un Rolls Royce modelo 1952. Rousseff prestó juramento y recibió de su mentor Lula la tradicional banda presidencial verde y oro, comprometiéndose a continuar su trabajo para erradicar la pobreza y la desigualdad. También reconoció que ella estaba haciendo historia: "Hoy, todas las mujeres brasileñas deben sentirse orgullosas y felices", dijo. Dilma es una líder formidable que me gusta y admiro. A principios de 1970, ella pertenecía a un grupo guerrillero de izquierda y fue encarcelada y torturada por la dictadura militar. Aunque tal vez le falten la colorida bravuconería de Lula o la experiencia técnica de Cardoso, como argumentaban algunos observadores, ella es dueña de un sólido intelecto y un temple de acero, dos características necesarias para ejercer liderazgo en estos tiempos difíciles. Dilma mostró su valía en 2013, cuando los brasileños, frustrados por la desaceleración del crecimiento, el aumento de precios y la percepción de que el gobierno estaba más centrado en la preparación de eventos de alto perfil como la Copa Mundial de 2014 y los Juegos Olímpicos de 2016 que en mejorar la vida de sus ciudadanos, salieron a las calles en señal de protesta. En lugar de desairar o golpear y encarcelar a los manifestantes, lo cual habrían hecho muchos otros países, incluyendo Venezuela, Dilma se reunió con ellos, reconoció sus preocupaciones y les pidió trabajar con el gobierno para resolver los problemas.

Sobre Cuba, yo sabía que convencer a los brasileños sería una batalla cuesta arriba. Lula se inclinaría por apoyar el levantamiento de la suspensión de la OEA. Pero yo me preguntaba si su deseo de representar el papel de hombre de estado en la región podría ser un punto a favor nuestro y lo animaría a que nos ayudara a llegar a un acuerdo. Tendría que tantear el terreno con Amorim, su ministro de Relaciones Exteriores, para ver las posibilidades.

Otro actor importante sería Chile. Como el caso de Brasil, otra exitosa historia latinoamericana era la de Chile, que en la década de 1990 hizo su transición a la democracia desde la brutal dictadura militar del general Augusto Pinochet. El papel de Estados Unidos en el golpe de estado de 1973 que llevó a Pinochet al poder y nuestro apoyo a su régimen de derecha fue un capítulo oscuro de nuestra participación en la región, pero en los tiempos actuales nuestra relación era sólida y productiva. Michelle Bachelet, elegida en 2006 primera mujer presidente de Chile, era pediatra. Como Dilma Rousseff en Brasil, fue objeto de persecución por parte de la dictadura militar de su país y finalmente partió al exilio político. Regresó después de la caída de Pinochet y empezó su ascenso en las filas políticas de Chile. Como presidenta trabajó para unificar el país y confrontar las violaciones a los derechos humanos del pasado, para lo cual abrió un Museo de la Memoria y estableció el Instituto Nacional para los Derechos Humanos. Los esfuerzos de Bachelet en pro de las mujeres de su país fueron ampliamente elogiados y, finalizado su período presidencial en 2010, llevaron a su nombramiento como directora ejecutiva de la recién creada Entidad de las Naciones Unidas para la Igualdad de Género y el Empoderamiento de las Mujeres, conocida como ONU Mujeres. Ella y yo nos convertimos en aliadas y amigas en la lucha que sigue en curso por los derechos de mujeres y niñas. Bachelet volvió a Chile y a finales de 2013 fue elegida para su segundo período presidencial.

Chile estaba a favor de reducir el aislamiento de Cuba y había instado a Estados Unidos a levantar el embargo. En los primeros meses de 2009, Bachelet se convirtió en la primera presidenta chilena en décadas, en visitar La Habana y reunirse con los hermanos Castro. Después de eso, Fidel publicó una columna tomando partido por Bolivia en una disputa territorial con Chile que data de 1870, y criticó a la "oligarquía chilena" por explotar a los bolivianos; clásico recordatorio de lo caprichoso y avieso que puede ser Castro. Guardaba yo la esperanza de que Chile decidiera atenerse a sus principios democráticos y nos ayudara a desactivar esta crisis.

Mi principal asesor para Latinoamérica era el secretario asistente para Asuntos del Hemisferio Occidental Tom Shannon, un reconocido alto funcionario del Servicio Exterior que había trabajado para cinco administraciones. Tom ocupó el más alto cargo para Latinoamérica bajo la secretaria de Estado Rice, y le pedí quedarse hasta que se confirmara su nombramiento como embajador nuestro en Brasil. Desde que Tom expuso los pros y los contras de que Cuba reingresara a la OEA y explicó la difícil posición diplomática en la que nos encontrábamos, él y yo nos habíamos devanado los sesos en busca de una manera de calmar la crisis. Finalmente, se fue concretando el esquema de un plan.

Dado lo que el presidente Obama había dicho de dejar atrás los viejos debates de la Guerra Fría, de parte nuestra sería hipócrita seguir insistiendo en que Cuba se mantuviera por fuera de la OEA por las razones por las cuales fue suspendida en primer lugar en 1962, aparentemente su adhesión al "marxismo-leninismo" y su alineamiento "con el bloque comunista". Sería más creíble y preciso concentrarnos en las actuales violaciones de los derechos humanos, que eran incompatibles con la carta de la OEA. ¿Y qué tal si acordábamos levantar la suspensión pero con la condición de que Cuba sólo reingresara como miembro si hacía suficientes reformas democráticas que la pusieran en línea con la carta? Y, para poner en evidencia el desprecio de los hermanos Castro por la propia OEA, ¿por qué no requerir que Cuba solicitara formalmente su readmisión? Tal vez ese sería el tipo de compromiso que Brasil, Chile y otros aceptarían. No necesariamente necesitábamos ganarnos a los de línea dura, como Venezuela, porque mantener el statu quo ya sería ganancia, pero si veían a la región avanzando hacia un compromiso hasta ellos querrían embarcarse.

Finalizada la pompa y circunstancias de la sesión de apertura, entré a una reunión de varios ministros de Relaciones Exteriores y presenté nuestra resolución de compromiso como una alternativa a la versión que levantaba la suspensión sin condiciones. La propuesta fue recibida con considerable sorpresa en la sala porque era muy diferente de la línea que Estados Unidos había tomado previamente, aunque a mi modo de ver buscaba los mismos objetivos. Tom y yo empezamos a hacer las rondas, acorralando ministros de Relaciones Exteriores y defendiendo nuestro plan. A mediodía, me dirigí a la Asamblea General y argumenté que los principios democráticos de la organización y el progreso democrático de Latinoamérica eran demasiado importantes para renunciar a ellos. También les recordé a mis colegas que la administración Obama ya estaba dando los pasos para comprometer a Cuba.

Los que respaldaban a Cuba también expusieron sus argumentos. Zelaya llamó "ese otro día que vivirá en la infamia" al día de la votación original de 1962 que suspendió a Cuba, y exhortó a las naciones a "corregir ese error". El presidente nicaragüense Daniel Ortega dijo que la suspensión era "impuesta por tiranos" y, mostrando su verdadero talante, declaró que "la OEA sigue siendo un instrumento de dominación de Estados Unidos". Junto con los venezolanos, los nicaragüenses estaban amenazando con pedir una votación, lo cual pondría en aprietos a todos, o con salirse y abandonar la organización.

A medida que avanzaba el día, yo estaba más pendiente del reloj. En las primeras horas de esa noche debía salir de Honduras y volar a El Cairo, donde me encontraría con el presidente Obama para su gran alocución al mundo islámico. Antes de irme, debíamos asegurarnos de que no hubiera una mayoría de dos tercios lista para admitir a Cuba sin condiciones. Dijimos a todo el que quisiera oírnos que eso no le convenía a la OEA. En un punto, el presidente Obama se comunicó directamente con Lula, para animarlo a ayudar a que nuestro compromiso fuera aprobado. Me llevé a Zelaya a un pequeño salón y exageré su rol y sus responsabilidades como anfitrión de la conferencia. Si respaldaba nuestro compromiso, él ayudaría a que se salvara no sólo esta cumbre sino la propia OEA. Si no, se le recordaría como el líder que presidió el colapso de la organización. Estos llamados al parecer hicieron mella. Finalizando la tarde, el consenso estaba lejos, pero yo confiaba en que las cosas iban por buen camino. Aún si nuestra resolución no era aprobada, tampoco se aprobaría la otra, y pensaba que era poco probable que la OEA se desintegrara por este problema. Me dirigí al aeropuerto y pedí a Tom mantenerme minuciosamente informada. "Haz que vean la importancia", le dije cuando entré al auto.

Unas horas más tarde, Tom llamó para decirme que ya parecía estar próximo un acuerdo. Nuestro equipo estaba negociando el lenguaje final para las condiciones pero al parecer nuestro compromiso estaba ganando apoyo. Hacia el final de la noche, sólo Venezuela, Nicaragua, Honduras y unos pocos aliados se sostenían en su resolución sin condiciones. En lugar de que se aislara a Estados Unidos, como temíamos al principio, ahora eran Chávez y su cuadrilla los que se enfrentaban a una región unificada. Según algunos informes, Zelaya llamó a Chávez y sugirió plegarse a la voluntad de la mayoría y aceptar el compromiso. Por la razón que fuera, en la mañana cambiaron el rumbo y pudimos obtener el consenso para nuestra resolución. Los ministros prorrumpieron en aplausos cuando fue adoptada.

En La Habana, el régimen de Castro reaccionó airadamente y se negó a elevar la petición de ingreso a la OEA o aceptar ninguna condición o reforma política. Así que, efectivamente, la suspensión siguió en vigor. Mientras, nosotros habíamos logrado reemplazar un razonamiento obsoleto con un proceso moderno que fortalecería aún más el compromiso de la OEA con la democracia.

Como de costumbre, los Castro se las ingeniaron para crear nuevos problemas al arrestar un contratista de USAID llamado Alan Gross por llevar computadoras a la pequeña comunidad de adultos mayores judíos de La Habana, en diciembre de 2009. Las autoridades cubanas lo sometieron a un juicio espurio y fue sentenciado a quince años de prisión. Una de las cosas que lamento de mi trabajo siendo secretaria de Estado es que no conseguimos traer a Alan a casa. El departamento de Estado y yo nos mantuvimos en estrecho contacto con su esposa, Judy, y sus hijas, y yo misma me referí públicamente a Alan y pedí a muchos otros países que intercedieran ante Cuba. A pesar de contactos directos con funcionarios cubanos y de numerosos esfuerzos de terceras personas, los cubanos se negaron a liberarlo a menos que Estados Unidos liberara a cinco convictos espías cubanos que estaban en prisión. Es posible que al interior del régimen los de su línea dura vieran en el caso Gross una oportunidad de poner freno a cualquier posible acercamiento con Estados Unidos y las reformas internas que eso implicaría. De ser así, tenemos aquí una doble tragedia porque también se relega a millones de cubanos a una especie de encarcelamiento continuado.

Ante las tácticas obstruccionistas del régimen de La Habana, el presidente Obama y yo decidimos tratar de acercarnos a la gente más que al gobierno. Basándonos en lecciones aprendidas en todo el mundo, se nos ocurrió que la mejor manera de llevar un cambio a Cuba sería poner al alcance de su gente los valores, el conocimiento y las comodidades materiales del mundo exterior. El aislamiento sólo había fortalecido el control del régimen sobre el poder, pero brindarle al pueblo cubano inspiración y confianza en sus capacidades tal vez lograría el efecto contrario. A principios de 2011, anunciamos nuevas normas para facilitar la visita de grupos religiosos y de estudiantes estadounidenses a Cuba y autorizar el despegue de vuelos chárter desde aeropuertos estadounidenses. También elevamos el límite para las remesas que cubano-americanos podían enviar a miembros de sus familias en la isla. En la actualidad, cientos de miles de estadounidenses, testimonios andantes de Estados Unidos y de los beneficios de una sociedad más abierta, visitan la isla anualmente.

En todo momento, hemos enfrentado la vociferante oposición de algunos miembros del Congreso partidarios de mantener a Cuba en el congelador. Pero yo seguí convencida de que este tipo de encuentros interpersonales son la mejor manera de estimular la reforma en Cuba y además muy convenientes para Estados Unidos y para la región. De modo que me alegré mucho cuando empezamos a ver el cambio adentrarse lentamente en la isla, sin importar todo lo que hicieran por impedirlo los de la línea dura del régimen. Blogueros y personas en huelga de hambre sumaron sus voces y ejemplos a las exigencias de libertad. Y me conmovió particularmente el coraje y la determinación de las mujeres cubanas conocidas como las Damas de Blanco. A partir de 2003, marchaban todos los domingos después de la misa católica para protestar la detención de presos políticos. Aguantaban acosos, golpizas y arrestos pero seguían marchando.

Cerca del fin de mi período, recomendé al presidente Obama reconsiderar nuestro embargo. No estaba consiguiendo sus objetivos y en cambio frenaba nuestra amplia agenda en toda Latinoamérica. Después de veinte años de lidiar y estudiar la relación Estados Unidos-Cuba, pensaba que deberíamos dejar a los Castro la responsabilidad de explicar por qué seguían siendo no democráticos y abusivos.

———

El final de la cumbre en San Pedro Sula no marcó el final del drama en ese mes de junio. Pocas semanas más tarde, los fantasmas del turbulento pasado de Latinoamérica resurgieron en Honduras. El domingo 28 de junio, la Corte Suprema de Honduras ordenó el arresto del presidente Zelaya en medio de acusaciones de corrupción y temores de que se estuviera preparando para burlar la Constitución y extender su período en el cargo. Zelaya fue capturado y, todavía en pijama, embarcado en un avión para Costa Rica. Un gobierno temporal encabezado por el presidente del Congreso Nacional Roberto Micheletti asumió el poder.

Estaba en casa en Chappaqua disfrutando una tranquila mañana de domingo cuando Tom Shannon me informó de la crisis. Tom me dijo lo que sabía, que aún no era mucho, y discutimos cómo responder. Un problema inmediato eran la esposa y las hijas de Zelaya, quienes solicitaban asilo en la residencia de nuestro embajador en Honduras. Le pedí a Tom asegurarse de que estuvieran protegidas y bien cuidadas hasta que se pudiera resolver la crisis. También hablé con el general Jones y con Tom Donilon en la Casa Blanca, y llamé al ministro de Relaciones Exteriores de España, para una consulta rápida.

El forzoso exilio de Zelaya planteaba un dilema para Estados Unidos. Micheletti y la Corte Suprema alegaban estar protegiendo la democracia hondureña de una ilegal toma del poder y advirtió que Zelaya quería convertirse en otro Chávez o Castro. La región, por supuesto, no necesitaba otro dictador, y muchos conocíamos lo suficiente a Zelaya como para dar crédito a los cargos que se le imputaban. Pero Zelaya había sido elegido por el pueblo hondureño y exiliarlo bajo un manto de oscuridad provocó escalofríos en toda la región. Nadie quería un regreso a los viejos tiempos de frecuentes golpes de estado e inestables gobiernos. Yo no veía otra opción que censurar la destitución de Zelaya. En una declaración pública, convoqué a todos los partidos de Honduras a respetar el orden constitucional y el régimen de derecho, así como a comprometerse a resolver las disputas políticas pacíficamente y mediante el diálogo. Como lo requieren nuestras leyes, nuestro gobierno empezó a movilizarse para suspender la ayuda a Honduras hasta que se restableciera la democracia. Nuestra opinión, compartida por otros países de la región, entre ellos Brasil, Colombia y Costa Rica, pronto se convirtió también en la posición oficial de la OEA.

En los días que siguieron, hablé con mis homólogos de todo el hemisferio, incluida la secretaria de Estado Espinosa en México. Estructuramos un plan para restablecer el orden en Honduras y asegurar que se pudieran realizar unas elecciones imparciales con toda premura y legitimidad, que resolvieran la cuestión de Zelaya y dieran al pueblo hondureño la posibilidad de elegir su propio futuro.

Empecé a buscar un estadista respetado y ya mayor, que pudiera servir de mediador. Óscar Arias, el presidente de Costa Rica, el país con uno de los mayores ingresos per cápita y una de las economías más verdes de Centroamérica, era la opción natural. Líder experimentado, se había ganado el respeto del mundo entero y el Premio Nobel de la Paz de 1987 por su trabajo para poner fin a los conflictos de toda Centroamérica. Después de dieciséis años de haber dejado el poder, se candidatizó y ganó las elecciones presidenciales para el año 2006 y se convirtió en una voz importante del gobierno responsable y el desarrollo sostenible en toda la región. A principios de julio, llamé a Arias. Discutimos la necesidad de asegurarnos de que las elecciones se efectuaran en noviembre, según lo programado. Estaba dispuesto a tratar de conseguir un acuerdo, pero le preocupaba que Zelaya no lo aceptara como mediador y me pidió insistir al depuesto presidente que hiciera un acto de fe.

Esa tarde recibí a Zelaya en el departamento de Estado. Llegó en mejor forma que cuando se dirigió al mundo desde Costa Rica, el pijama había desparecido y el sombrero de vaquero estaba de regreso. Incluso bromeó un poco acerca de su vuelo forzoso. "¿Qué han aprendido de Honduras los presidentes latinoamericanos", me preguntó. Yo sonreí y sacudí la cabeza. "A dormir con nuestros vestidos puestos y nuestras valijas hechas", replicó él.

Dejando a un lado las bromas, Zelaya lucía frustrado e impaciente. Informes de Honduras sobre choques entre manifestantes y fuerzas de seguridad sólo aumentaban la tensión. Le dije que debíamos hacer todo lo posible por evitar el derramamiento de sangre, y le pedí participar en el proceso de mediación que Arias lideraría. Para el final de la conversación, Zelaya estaba convencido. Yo sabía que Micheletti no aceptaría la mediación si pensaba que Zelaya le llevaba ventaja, así que quería anunciar el nuevo esfuerzo diplomático sola, sin Zelaya a mi lado. Tan pronto acabamos de hablar, le pedí a Tom Shannon que se llevara a Zelaya a una oficina desocupada y que el Centro de Operaciones hiciera una llamada para que ellos dos pudieran hablar. Entretanto, me dirigí rápidamente a la sala de información de prensa del departamento de Estado para hacer un anuncio oficial.

Los primeros días no hubo avances rápidos. Arias reportó que Zelaya insistía en ser plenamente restablecido como presidente mientras Micheletti aun sostenía que Zelaya había violado la Constitución y rehusaba hacerse a un lado hasta las siguientes elecciones programadas. En otras palabras, ninguna de las partes se mostraba inclinada a ceder.

Le recalqué a Arias que para nosotros "lo esencial es que haya elecciones libres, imparciales y democráticas con una transferencia de poder en paz". Arias estaba de acuerdo en que se requería hablar con firmeza y expresó su frustración ante la intransigencia que estaba encontrando. "Ellos no están dispuestos a hacer concesiones", explicó. Después hizo eco de un sentimiento que creo experimentábamos muchos de nosotros: "Estoy haciendo esto, y estoy a favor de que se restablezca a Zelaya por principios, señora Clinton, no porque me guste esa gente… Si permitimos que se quede el gobierno de facto, en toda América habrá un efecto dominó". Una interesante reformulación de la teoría del dominó; la famosa idea de la Guerra Fría de que si una nación pequeña se volvía comunista, los vecinos pronto harían lo mismo.

Zelaya volvió al departamento de Estado a principios de septiembre para llevar a cabo otras negociaciones. Posteriormente, el 21 de septiembre, regresó secretamente a Honduras y reapareció en la embajada de Brasil, en una evolución potencialmente explosiva.

Las negociaciones se alargaron. Para finales de octubre, era claro que Arias estaba haciendo mínimos progresos en llevar ambas partes a un acuerdo. Decidí enviar a Tom Shannon a Honduras para dejar claro que la paciencia de Estados Unidos se había agotado. El 23 de octubre, justo después de las nueve de la noche recibí una llamada de Micheletti. "En Washington y en todas partes crece la frustración", le advertí. Micheletti trató de justificar que estaban "haciendo todo lo que estaba a [su] alcance para llegar un acuerdo con el señor Zelaya".

Casi una hora más tarde, encontré a Zelaya todavía refugiado en la embajada de Brasil. Le informé que Tom llegaría pronto para ayudar a resolver el tema. Le prometí mantenerme al tanto y que trataríamos de resolver esta crisis lo más pronto posible. Sabíamos que tendríamos que coreografiar una secuencia de negociación que permitiera a los hondureños resolver este problema a través de un proceso democrático propio en una forma que ambas partes pudieran aceptar, lo cual era mucho pedir, pero como se vio después, no imposible. Finalmente, el 29 de octubre, Zelaya y Micheletti firmaron un acuerdo para establecer un gobierno de unidad nacional que gobernara Honduras hasta las elecciones que se acercaban y conformara una comisión de "verdad y reconciliación" para investigar los eventos que llevaron a retirar a Zelaya del cargo. Ellos aceptaron dejar la cuestión del regreso de Zelaya al cargo como parte del gobierno de unidad nacional al Congreso hondureño.

Casi inmediatamente se generaron discusiones por la estructura y propósito del gobierno de unidad y ambos bandos trataron de retirarse del acuerdo. Luego el Congreso hondureño votó abrumadoramente para que no se restableciera a Zelaya en el cargo, propinándole así un doloroso e inesperado revés. Zelaya había sobreestimado en mucho la profundidad del apoyo a su causa en todo el país. Después de esa votación, se marchó airadamente del país para República Dominicana, donde vivió un año en el exilio. Las elecciones, sin embargo, siguieron adelante. A finales de noviembre, los votantes eligieron nuevo presidente de Honduras a Porfirio Lobo, que había sido candidato junto con Zelaya en 2005. Muchos países suramericanos no aceptaron este resultado, y se requirió un año más de diplomacia para que Honduras fuera admitida de nuevo en la OEA.

Esta fue la primera vez en la historia centroamericana que un país después de sufrir un golpe de estado y de haber llegado a estar al borde de un terrible conflicto civil pudo restablecer sus procesos constitucionales y democráticos a través de una negociación, sin imposiciones del exterior.

Si alguna vez hubo una región en la que tenemos que mirar más allá de los titulares para enfocarnos en las tendencias, es Latinoamérica. Sí, todavía hay grandes problemas que tienen que ser resueltos. Pero, en general, las tendencias son hacia la democracia, la innovación, las oportunidades más ampliamente compartidas y asociaciones positivas entre los países latinoamericanos y Estados Unidos. Ese es el futuro que queremos.

13

África: ¿Armas o crecimiento?

¿El futuro de África será definido por las armas y la corrupción o por su crecimiento y su buen gobierno? A través de este vasto continente, existe una creciente prosperidad y terrible pobreza, existen gobiernos responsables y anarquía total, exuberantes campos y bosques al igual que estados afectados por la sequía. Que una región puede abarcar todos estos extremos nos lleva a la pregunta que ha guiado nuestro trabajo en el departamento de Estado: ¿Cómo podemos ayudar a apoyar el enorme progreso que sucede en muchos lugares a través de África, mientras también ayudamos a cambiar el rumbo de aquellos lugares donde todavía prevalecen el caos y las privaciones?

El legado histórico pesa sobre esta pregunta. Muchos de los conflictos y dificultades del continente son resultado de decisiones de una era colonial que trazó fronteras sin tener en cuenta diferencias étnicas, tribales o religiosas. Los malos gobiernos y erradas teorías económicas de la época poscolonial perpetuaron las divisiones y promovieron la corrupción. Los líderes rebeldes, como ocurre a menudo en todas partes, saben pelear pero no gobernar. La Guerra Fría convirtió a África en el campo de batalla ideológico, y a veces real, de unas fuerzas respaldadas por Occidente y otras respaldadas por la Unión Soviética.

Las dificultades del continente siguen siendo graves, sin duda, pero hay otra cara de la moneda en la África del siglo XXI. Varias de las economías de más rápido crecimiento en el mundo se encuentran en África subsahariana. Desde 2000, el comercio entre África y el resto del mundo se triplicó. La inversión privada extranjera sobrepasó la ayuda oficial, y se espera que siga creciendo. Entre 2000 y 2010, las exportaciones no petroleras de África a Estados Unidos se cuadruplicaron, de 1 a 4 mil millones de dólares, entre ellas prendas de vestir y artesanías de Tanzania, flores de Kenia, ñames de Ghana y finos productos de cuero de Etiopía. En el mismo período, las tasas de mortalidad infantil decrecieron y el número de matrículas en la escuela primaria aumentó. Mucha gente obtuvo acceso a agua limpia y hubo menos muertos por causa de conflictos violentos. Ahora, África se ufana de tener más usuarios de teléfonos celulares que Estados Unidos o Europa. Los economistas esperan que en los años venideros el gasto del consumidor en África subsahariana crezca de 600 millones de dólares en 2010 a 1 billón de dólares para 2020. Todo esto quiere decir que un futuro diferente es posible. En muchos lugares, ese futuro ya está aquí.

El presidente Obama y yo sabíamos que ayudar a África a inclinarse por las oportunidades y no por el conflicto, probablemente no generaría grandes titulares en casa, pero sí rendiría enormes beneficios para Estados Unidos más adelante. El presidente hizo un viaje a Ghana en julio de 2009, la visita más temprana de un término de gobierno hecha por un presidente estadounidense a África subsahariana. En Acra, esbozando una nueva visión del apoyo de Estados Unidos a la democracia y al expandido comercio de África en un discurso ante el parlamento, el presidente dijo algo memorable: "África no necesita hombres fuertes. Necesita instituciones fuertes". El presidente Obama también reconoció que históricamente, las potencias occidentales habían visto demasiado a menudo a África como una fuente de recursos para ser explotados o como una causa caritativa necesitada de patrocinio. Y desafió a africanos y occidentales por igual: África necesita asociados no patrocinadores.

Con todo el progreso alcanzado, todavía había demasiadas naciones africanas cuyos trabajadores ganaban menos de un dólar diario, madres y padres morían de enfermedades evitables, los niños aprendían de armas en lugar de libros, mujeres y niñas eran violadas como táctica de guerra y la codicia y el soborno eran la moneda dominante.

El compromiso de la administración Obama en África se construiría sobre cuatro pilares: promover la oportunidad y el desarrollo; estimular el crecimiento económico, el comercio y la inversión; fomentar la paz y la seguridad; y fortalecer las instituciones democráticas.

Nuestro enfoque mostraba un marcado contraste con la forma en que otras naciones intervenían en toda África. Compañías chinas, en su mayoría de propiedad del Estado, en respuesta a una inmensa demanda nacional de recursos naturales, estaban comprando concesiones para minas y bosques de África. Desde 2005 a esta parte, su inversión directa en todo el continente se había multiplicado treinta veces, y para 2009, China había reemplazado a Estados Unidos como mayor socio comercial. Y se desarrolló un patrón: Las compañías chinas entraban a un mercado y firmaban lucrativos contratos para extraer los recursos y despacharlos a Asia. A cambio, construían atractivos proyectos de infraestructura como estadios de fútbol y supercarreteras (que a menudo iban de una mina de propiedad china a un puerto de propiedad china). Incluso llegaron a construir una sede monumental para la Unión Africana en Addis Abeba, Etiopía.

No había duda de que estos proyectos eran bienvenidos por muchos líderes africanos y de que estaban ayudando a modernizar la infraestructura en un continente en el que sólo el 30 por ciento de las carreteras estaban pavimentadas. Pero los chinos importaban sus propios obreros en lugar de contratar trabajadores locales que necesitaban los empleos e ingresos sostenibles, y prestaban poca atención a las dificultades de salud y desarrollo que preocupaban a las naciones occidentales y a las organizaciones internacionales. Además también se hacían los de la vista gorda en cuanto a derechos humanos y comportamientos antidemocráticos. Por ejemplo, el fuerte apoyo chino al régimen de Omar al-Bashir en Sudán redujo significativamente la efectividad de la presión y sanciones internacionales, lo cual llevó a algunos activistas preocupados por el genocidio en Darfur a pedir un boicoteo a los Juegos Olímpicos de 2008.

Me preocupaban cada vez más los efectos negativos de la irresponsable inversión extranjera en África y con frecuencia saqué a colación el tema en conversaciones con líderes chinos y africanos. En una visita a Zambia en 2011, un periodista de televisión me preguntó sobre los efectos de este tipo de inversión. "Pensamos que en el largo plazo, las inversiones en África ya deberán ser sostenibles y para beneficio de los pueblos de África", respondí. Nos encontrábamos en un centro médico financiado por Estados Unidos y dedicado al VIH y sida pediátricos, y yo acababa de conocer una joven madre que era VIH positiva pero debido al tratamiento que podía recibir en el centro, su hija de once meses era VIH negativa. Para mí, ese fue un gran ejemplo del tipo de inversión en África que Estados Unidos estaba haciendo. ¿Estábamos haciendo eso para ganar dinero? No. Lo estábamos haciendo porque queríamos ver un pueblo zambiano sano y

prosperando, lo cual en últimas va en favor de los intereses estadounidenses. "Los Estados Unidos están invirtiendo en la gente de Zambia, no sólo
en las élites, y estamos invirtiendo para el largo plazo".

El periodista formuló entonces una pregunta sobre China en particular. ¿Podría el sistema económico y político de China servir de modelo
para naciones africanas, "comparado con la idea del buen gobierno, el
cual en África mayoritariamente se considera impuesto por Occidente"?
Yo sería la primera en aplaudir el trabajo que China ha hecho al sacar a
millones de personas de la pobreza, pero en términos de buen gobierno
y democracia, deja mucho que desear. Por ejemplo, la política china de
no intervenir en los asuntos internos de una nación significaba ignorar
o instigar la corrupción le estaba costando a las economías de África un
estimado de 150 mil millones de dólares al año, estaba ahuyentando la inversión, sofocando la innovación y ralentizando el comercio. Un gobierno
responsable, transparente, efectivo y democrático era un modelo mejor.
Pero para dar a los chinos lo que les corresponde, tienen la capacidad de
llevar a cabo grandes proyectos tanto en casa como en el extranjero. Si
quisiéramos mejorar la creación de oportunidades y la reducción de la
corrupción, tendríamos que hacer más para aumentar la capacidad de los
países para lograr resultados.

Hablé acerca de algunos de estos retos en un discurso en Senegal en
el verano de 2012. Insistí en que Estados Unidos estaba siguiendo "un
modelo de sociedad sostenible que aporta un valor añadido en lugar de
extraerlo". Tenía la esperanza de que los líderes africanos se convertirían
en compradores inteligentes y en que darían prioridad a las necesidades
a largo plazo de sus pueblos antes que a los beneficios a corto plazo de un
pago rápido.

La democracia estaba bajo presión en buena parte de África. Entre
2005 y 2012, el número de democracias electorales cayó de 24 a 19 en África
subsahariana, lo cual seguía siendo mucho mejor que veinte años atrás
cuando casi no las había, pero no era una tendencia alentadora. En mis
años como secretaria de Estado, vimos golpes de estado en Guinea-Bissau,
donde ningún presidente electo jamás ha gobernado un período de cinco
años completo, en la República Africana Central y también en Costa de
Marfil, Malí y Madagascar.

Estados Unidos dedicó un considerable esfuerzo diplomático a resolver estas crisis. En junio de 2011, visité la sede de la Unión Africana en
Etiopía y lancé un reto directo a los líderes del continente: "El statu quo ha

sido roto; las viejas formas de gobernar ya no son aceptables; es tiempo de que los líderes gobiernen con obligación de rendir cuentas, de que traten a su gente con dignidad, respeten sus derechos y les den oportunidades económicas. Y si no lo hacen, entonces es tiempo de que se marchen". Invoqué el levantamiento de la Primavera Árabe, que en todo el Medio Oriente estaba arrasando con gobiernos estancados, y sugerí que sin cambios y una positiva visión del futuro, la ola podría arrasar África también.

Cuando visité Senegal, largamente considerado un modelo de democracia africana que jamás había sufrido un golpe de estado militar, el país acababa de sortear una crisis constitucional. En 2011, el presidente Abdoulaye Wade, idiosincrásico líder de ochenta y cinco años, intentó evadir los límites constitucionales y se candidatizó para un tercer período, provocando generalizadas protestas. Este era un problema muy familiar en África, líderes ancianos, sobre todo antiguos héroes de movimientos de liberación nacional que se consideraban padres de la patria, rehusaban retirarse cuando era tiempo de hacerlo o permitir que su país siguiera adelante en un futuro sin ellos. El ejemplo más famoso es Robert Mugabe, en Zimbabue, quien se aferra al poder mientras que su país sufre.

En Senegal, cuando Wade decidió permanecer en el cargo, un puñado de músicos y jóvenes activistas ayudaron a configurar un movimiento con un simple slogan: "Estamos hartos". Johnnie Carson, mi secretario asistente para Asuntos Africanos, y otros trataron de convencer a Wade de que antepusiera el bien del país, pero él no escuchaba. La sociedad civil de Senegal exigió al presidente honrar la constitución y hacerse a un lado. Se dieron a la tarea de registrar y educar votantes. Los estudiantes marcharon por las calles proclamando: "Mi credencial de elector es mi arma". El Ejército senegalés, fiel a su tradición, permaneció apartado de la política.

En las elecciones de febrero de 2012, largas filas de ciudadanos esperaban para votar. Activistas de la sociedad civil se dispersaron para observar más de 11.000 mesas de votación, enviando por mensajes de texto el conteo de votos e informes de irregularidades a un centro independiente de intercambio de información en Dakar, llamado la Sala de Situaciones por las mujeres senegalesas que lo operaban. En términos generales, fue quizás el programa de monitoreo de elecciones más sofisticado jamás desplegado en África. Finalizado el día, Wade resultó derrotado, finalmente cedió a la voluntad de los votantes y hubo una transferencia pacífica de poder. Llamé al presidente electo Macky Sall para elogiar su victoria y le dije: "Más aún que su victoria personal, la transferencia pacífica del poder constituye una victoria histórica para la democracia". El día después de la votación, Sall visitó la Sala de Situaciones para agradecer a las activistas que tanto se habían esforzado por proteger la Constitución de Senegal.

Ese agosto, en mi discurso en Dakar, felicité al pueblo de Senegal y enfaticé que la promoción del progreso democrático es el núcleo de la postura de Estados Unidos en África:

> *Sé que a veces surge la idea de que la democracia es un privilegio de los países ricos y que las economías en desarrollo deben anteponer el crecimiento económico y preocuparse de la democracia después. Pero eso no es lo que nos enseña la historia. A la larga, sin la liberalización política, resulta imposible alcanzar una efectiva liberalización económica... Estados Unidos defenderá la democracia y los derechos humanos aun cuando podría ser más fácil o más rentable hacerse de la vista gorda para mantener el flujo continuado de recursos. No todos los socios eligen esa opción, pero nosotros sí lo hacemos y lo seguiremos haciendo.*

Al igual que muchos otros lugares, Liberia representa la constante lucha de muchos países africanos entre un pasado doloroso y un futuro lleno de esperanza: entre armas o crecimiento.

A menudo los estadounidenses se preocupan por la guerra entre partidos que tiene lugar en Washington y se preguntan por qué los líderes que hemos elegido parecen no poder llevarse bien. Pero nuestras contiendas en el Congreso palidecen junto a las peleas libradas entre los miembros de la Asamblea Legislativa de Liberia en agosto de 2009. Cuando estuve de visita, la cámara estaba llena de legisladores que durante años literalmente habían empuñado armas unos contra otros. Ahí estaba la senadora Jewel Taylor, ex esposa del antiguo dictador liberiano Charles Taylor, quien estaba siendo juzgado en La Haya por crímenes de guerra. Estaba el antiguo caudillo convertido en senador Adolphus Dolo, conocido en el campo de batalla como el general Mantequilla de Maní (muchos generales liberianos tienen apodos bastante pintorescos), cuyo slogan electoral era "Permítele untar la mantequilla a tu pan". El hecho de que todos ellos estuvieran reunidos como representantes electos de una nación finalmente en paz habría sido difícil de imaginar durante la prolongada y sangrienta guerra civil de Liberia. Entre 1989 y 2003, unos 250.000 liberianos fueron muertos y millones huyeron de sus hogares. La historia de cómo se las arreglaron los liberianos para finalmente dejar atrás ese capítulo oscuro, constituye una esperanza para África y un testimonio del papel que las mujeres pueden (y a menudo deben) desempeñar en hacer la paz, recomponer el desgarrado tejido de la sociedad y trabajar juntos para un futuro mejor.

En 2003, las mujeres liberianas empezaron a decirse unas a otras, "Basta". Activistas como la futura ganadora del Premio Nobel de la Paz, Leymah Gbowee, conformaron un movimiento. Para la primavera, miles de mujeres de todas las clases sociales, cristianas y musulmanas por igual, inundaron las calles marchando, cantando y rezando. Todas vestidas de blanco, ellas se sentaron al sol en un mercado de pescado, bajo una pancarta que decía: "Las mujeres de Liberia quieren la paz ahora". Los jefes militares trataron de ignorarlas. Intentaron dispersarlas. Las mujeres no se fueron. Finalmente, esos mismos caudillos acordaron iniciar negociaciones de paz. Pero las conversaciones se alargaban interminablemente, y un grupo de mujeres viajó a la conferencia de paz que se estaba celebrando en el vecino país de Ghana y protagonizaron una sentada. Tomadas de los brazos bloquearon puertas y ventanas hasta que los hombres que estaban adentro llegaron a un acuerdo. Esta historia se conserva en un notable documental llamado *Pray the Devil Back to Hell* (Oremos para que el demonio regrese al infierno), que recomiendo sin reservas.

Finalmente se firmó un acuerdo de paz y el dictador Charles Taylor huyó. Pero las mujeres de Liberia no descansaron. Concentraron su energía en asegurarse de que la paz perdurara y trajera resultados para sus familias y reconciliación a su país. En 2005, ayudaron a elegir a una de ellas mismas —y otra futura ganadora del Premio Nobel, Ellen Johnson Sirleaf— primera mujer presidente de África.

Al igual que Nelson Mandela, la presidenta Johnson Sirleaf creció siendo nieta de un comandante. De joven, estudió Economía y Política Pública en Estados Unidos y recibió una maestría en Administración Pública de la Escuela Kennedy de la Universidad de Harvard en 1971. Su carrera en la política fue un ejercicio en la cuerda floja. Fue ministra asistente de Finanzas, pero escapó del país cuando un golpe militar derrocó el gobierno en 1980. Después de trabajar un tiempo en el Banco Mundial y en Citibank, regresó en 1985 y se postuló a la vicepresidencia. Pero muy pronto fue metida a la cárcel por criticar el régimen represivo del dictador Samuel Doe. Fue perdonada en medio de la protesta internacional y luego se lanzó al Senado y ganó, pero luego rechazó el puesto como forma de protesta. Después de ser arrestada y encarcelada una vez más, pidió el asilo en Estados Unidos en 1986. En 1997 estaba de regreso, y esta vez se lanzó a la presidencia de Liberia contra Charles Taylor. Perdió por mucho y una vez más se vio obligada al exilio. Después del final de la guerra civil en 2003 y la renuncia de Taylor, Johnson Sirleaf regresó y ganó finalmente la presidencia en 2005. Fue reelegida en 2011.

Bajo el liderazgo de Johnson Sirleaf y con el pleno apoyo de las mujeres de Liberia, el país empezó a reconstruirse. El gobierno adoptó políticas fiscales sensatas y empezó por atacar la corrupción y promover la transparencia. Liberia logró avances en el alivio de la deuda y en reforma agraria, y su economía creció a pesar de la crisis económica mundial. Pronto hubo educación gratis y obligatoria para la infancia, incluidas las niñas, en la escuela primaria. Johnson Sirleaf se dedicó a reformar los servicios de seguridad y asegurar un régimen de derecho en el cual los ciudadanos pudieran confiar.

Cuando me presenté en la Asamblea Legislativa en 2009, pude felicitar al pueblo de Liberia y declarar que, si perseveraban en sus avances, su país llegaría a "ser modelo no sólo para África, sino para el resto del mundo".

=====

Ese agosto también visité Kenia. Llegué con el representante comercial de Estados Unidos, Ron Kirk, al Aeropuerto Internacional Jomo Kenyatta en Nairobi, así llamado en honor al fundador de la Kenia moderna. El día que este país nació, 12 de diciembre de 1963, él pronunció un discurso famoso en el cual usó la palabra swahili *harambee*, que significa "todos a una" y pidió a los ciudadanos de su recién independizado país trabajar como si fueran uno solo. La frase resonaba en mi cabeza mientras íbamos del aeropuerto a la ciudad y observaba cientos de pequeños negocios familiares que bordeaban la calle, y enseguida las torres de oficinas del centro de Nairobi.

Ron y yo estábamos allí para ir a una conferencia regional de comercio e inversión enfocada en la Ley de Crecimiento y Oportunidad para África o *African Growth and Opportunity Act* (AGOA), una legislación dirigida a incrementar las exportaciones africanas a Estados Unidos que, en el año 2000, mi esposo firmó. Cada día, Estados Unidos importaba cientos de miles de barriles de petróleo de Nigeria y Angola y trabajamos persistentemente para apoyar mayor transparencia y responsabilidad para los ingresos provenientes del petróleo. Pero también queríamos alentar las exportaciones no petroleras, sobre todo por parte de pequeñas y medianas empresas.

La corrupción es uno de los impedimentos más grandes al crecimiento de África entonces no pude sino sonreír cuando entré al campus de la Universidad de Nairobi y vi grandes multitudes cargando letreros de bienvenida, uno de los cuales decía: "Usted está ingresando a una zona de no corrupción". Adentro, sostuvimos una bulliciosa reunión abierta con estudiantes y activistas, moderada por el periodista estadounidense Fareed Zakaria.

Una de las participantes fue Wangari Maathai, keniana ganadora del Premio Nobel de la Paz que había liderado un movimiento comunitario de mujeres pobres para plantar árboles en toda África y reforestar el continente. Como admiradora y amiga de Wangari, a mí me encantó que ella hubiera decidido asistir en esta oportunidad, y en igual medida lamenté su fallecimiento en 2011. En esta oportunidad, Zakaria le pidió sus comentarios sobre las crecientes influencias e inversiones de China en África, anotando que ella había dicho a la prensa que China estaba "dispuesta a hacer negocios sin condiciones como las de respeto a los derechos humanos". En su respuesta, Wangari dijo algo que jamás he olvidado. "Estamos en un continente que es extremadamente rico. África no es un continente pobre. Lo que sea que a uno se le antoje en el mundo, está en este continente. Es como si los dioses hubieran estado de nuestro lado cuando el mundo fue creado", dijo mientras la aplaudían. "Y sin embargo se nos ubica entre los pueblos más pobres del planeta. Algo anda muy mal". Los africanos, insistió, tienen que exigir a sus líderes un buen gobierno y la responsabilidad de rendir cuentas, así como también a los inversionistas y socios extranjeros que busquen hacer negocios aquí.

Yo estaba totalmente de acuerdo y traje a colación el ejemplo de Botswana como prueba de que buenas decisiones podían llevar a buenos resultados. Cuarenta años atrás, esta nación sin salida al mar, justo al norte de Sudáfrica, era uno de los lugares más pobres del mundo. Cuando obtuvo su independencia de Gran Bretaña en 1966, tenía sólo dos millas de carreteras pavimentadas y una sola escuela secundaria pública. Al año siguiente, el futuro del país cambió para siempre cuando se descubrió una descomunal mina de diamantes. El nuevo gobierno de Botsuana liderado por el presidente Seretse Khama, debió afrontar cantidades de opciones sobre qué hacer frente al flujo de nuevas riquezas y poderosos actores extranjeros con agendas propias.

Muchos países en situación similar han caído víctimas de lo que se denomina la "maldición de los recursos" y han despilfarrado sus potenciales ganancias debido a la corrupción y falta de buen gobierno. Los líderes se han llenado sus propios bolsillos o se han abalanzado sobre utilidades a corto plazo a expensas de la sostenibilidad en el largo plazo. Gobiernos y conglomerados extranjeros han explotado la debilidad de las instituciones dejando a la mayoría de la gente tan pobre como antes. Pero no así en Botsuana: sus dirigentes establecieron un fideicomiso nacional que invierte las utilidades de los diamantes en la gente y la infraestructura del país. Como resultado, Botsuana ha prosperado. USAID y los Cuerpos de Paz pudieron empacar valijas y volver a casa. La democracia se arraigó, con periódicas elecciones libres e imparciales y un sólido récord de respeto a los derechos humanos. El país se ufana de tener algunas de las mejores carreteras de África —que conocí cuando Bill y yo lo visitamos en 1998— una educación primaria prácticamente universal, agua limpia y una de las más largas expectativas de vida del continente. Los líderes de Botsuana se han enfocado en las 5 Ds: Democracia, Desarrollo, Dignidad, Disciplina y Distribución.

Si más naciones siguieran el ejemplo de Botsuana, muchas de las dificultades de África finalmente se podrían superar. Como les conté a los estudiantes en Nairobi, "Si logramos dar en el clavo con todo este asunto del uso de los recursos naturales y quién se beneficia y a dónde van los ingresos, los mejores tiempos de África están por venir".

Después de muchas otras preguntas sobre las alternativas que enfrenta la gente de África, Zakaria se dedicó a un tema más ligero. Cinco años antes, un concejal keniano había escrito a Bill una carta ofreciendo cuarenta cabras y veinte vacas a cambio de la mano de nuestra hija en matrimonio. Ahora, cuando me preparaba para regresar a Nairobi, el hombre había causado revuelo en la prensa local al anunciar que la oferta seguía sobre la mesa. Para deleite de todos, Zakaria quiso saber qué pensaba yo de esa propuesta. Hice una pausa. Había respondido muchas preguntas en todo el mundo, pero esta era totalmente diferente.

—Bueno, mi hija tiene sus propias ideas. Ella es bastante independiente —dije—, así que le transmitiré este ofrecimiento tan amable.

Los estudiantes se rieron y aplaudieron.

No obstante los buenos sentimientos que imperaban en el salón, el estado de ánimo era mucho más complejo afuera, en el resto el país. Aún no se habían extinguido los recuerdos del paroxismo de violencia que siguió a las controvertidas elecciones de diciembre de 2007 que llevó a una precaria alianza de los adversarios electorales Mwai Kibaki y Raila Amolo Odinga como presidente y primer ministro (cargo recién creado) respectivamente. Su gobierno incluía un vice primer ministro, Uhuru Kenyatta, quien más adelante sería elegido presidente a pesar de una acusación de la Corte Penal Internacional en su contra.

El presidente Kibaki y el primer ministro Odinga trajeron a la mayoría de su gabinete a reunirse conmigo. Esperaban que yo les anunciara una próxima visita del presidente Obama. En lugar de eso, les expliqué que al presidente y a mí nos preocupaba la elección viciada, la violencia política, la rampante corrupción y el presidente esperaba más de ellos. Mis comentarios desataron una fogosa discusión, y yo les ofrecí ayuda de Estados Unidos para mejorar el sistema electoral de Kenia. Con el Reino Unido, Estados Unidos ofreció ayuda para registrar votantes y contar votos electrónicamente lo cual sirvió para cuando el país votó en favor de una nueva Constitución en 2010 y Kenyatta ganó la elección de 2013. Estados Unidos también prestó su apoyo al Ejército de Kenia cuando se integró en Somalia a la lucha contra al Shabaab, grupo terrorista vinculado a Al Qaeda.

Kenia es un eje económico y estratégico para el este de África, entonces lo que sucede allí no sólo afecta a los kenianos. Mejorar el gobierno y el crecimiento es clave a la estabilidad y la prosperidad. Y una prioridad es mejorar la productividad agrícola. Por eso visité el Instituto de Investigaciones Agrícolas de Kenia con el secretario de Agricultura de Estados Unidos Tom Vilsack. Recorrimos un laboratorio de pruebas de suelo y exposiciones sobre mejoras agrícolas posibilitadas por la ayuda de Estados Unidos para el desarrollo. Durante tres décadas, a pesar de que la agricultura era la forma de empleo dominante en toda África, las exportaciones agrícolas habían declinado. La falta de carreteras, inconsistencias del riego, inadecuadas instalaciones de bodegaje y deficientes prácticas agrícolas, entre ellas el uso de semillas y fertilización de mala calidad, minaban la dura labor de los granjeros en el campo y amenazaban la provisión de alimentos. Si no se solucionaba ese problema, África jamás alcanzaría su pleno potencial.

Históricamente, el gobierno de Estados Unidos ha enviado grandes cantidades de ayuda alimentaria para luchar contra el hambre en países en desarrollo de África y otros lugares del mundo. La entrega gratis de arroz, trigo y otros productos de primera necesidad ayudaba a alimentar familias hambrientas, pero también debilitaba la viabilidad del mercado para la agricultura nativa, fomentaba la dependencia y hacía poco para crear soluciones de cultivos locales sostenibles. Decidimos probar otra estrategia, más enfocada a reforzar la capacidad de los granjeros locales y asegurarnos de que existiera la infraestructura adecuada para llevar su producto a los consumidores. El resultado fue un programa llamado *Feed the Future* o Alimentar el Futuro. Más adelante visité programas exitosos en Tanzania, donde contaba con el fuerte apoyo del presidente Jakaya Kikwete, y en Malaui donde la presidenta Joyce Banda hizo hincapié en la importancia de mejorar la productividad agrícola del país. Hasta la fecha, *Feed the Future* ha llegado a más de 9 millones de hogares y sus programas de nutrición han atendido a más de 12 millones de niños menores de cinco años. Tengo la esperanza de que vamos a ver el momento en que los agricultores africanos (la mayoría de los cuales son mujeres) llegarán al punto en que puedan alimentar a todo el continente y exportar el resto.

———

A pesar de mucho progreso, en África todavía había demasiados ejemplos de países que se habían inclinado por el conflicto y el caos, pero en el mapa probablemente no había lugar más desalentador que el Congo oriental.

En mayo de 2009, la senadora Bárbara Boxer, defensora de vieja data de los derechos de la mujer, presidió ante el Comité del Senado para Relaciones Exteriores una audiencia sobre la violencia contra las mujeres en zonas de guerra. Ella se concentró en la prolongada guerra civil de la República Democrática del Congo (RDC), en la cual soldados de ambos bandos violan a las mujeres como una forma de dominar comunidades y obtener ventajas tácticas. En quince años de lucha, no menos de 5 millones de personas han muerto, y millones de refugiados han huido dejando sus hogares y desestabilizando toda la región de los Grandes Lagos en África Central. La ciudad de Goma, al este, estaba llena de desplazados y había llegado a conocerse como la capital de la violación en el mundo. Unas 36 mujeres al día, o 1.100 al mes, reportaban violaciones, y era imposible saber cuántas más no se reportaban.

Después de la audiencia, la senadora Boxer y dos de sus colegas, el senador Russ Feingold y la senadora Jeanne Shaheen, me escribieron con una serie de recomendaciones sobre cómo Estados Unidos podría liderar una ayuda más efectiva para la RDC. Horrorizada por los informes provenientes de Goma y preocupada por lo que estaba en juego desde un punto de vista más amplio y estratégico, pregunté a Johnnie si una visita mía podría ayudar a obtener resultados tangibles para las mujeres de Goma. A él se le ocurrió que si yo podía convencer al presionado presidente congolés Joseph Kabila de que aceptara emprender una campaña sobre la violencia de género, eso ameritaría el viaje. Además, era la mejor forma de captar la atención del mundo e impulsar una respuesta más enérgica de las instituciones internacionales y de las organizaciones de ayuda. Así que decidimos ir.

En agosto de 2009 aterricé en Kinshasa, ciudad capital de la RDC sobre el río Congo, con sus barrios periféricos de crecimiento descontrolado. Dikembe Mutombo, basquetbolista estrella de la NBA y enormemente alto, me hizo un tour por la sala pediátrica del Hospital Biamba Marie Mutombo, que él construyó y bautizó en honor de su difunta madre.

En una reunión abierta realizada en St. Joseph's School, encontré a los jóvenes de Kinshasa sumidos en una atmósfera de huraña resignación. Tenían razón de sentirse desesperanzados. El gobierno era corrupto y sin objetivos, las carreteras inexistentes o apenas transitables, y los hospitales y escuelas eran totalmente inadecuados. Durante generaciones, las riquezas de su país habían sido saqueadas, primero por los belgas y luego por el notorio dictador Mobutu (quien, me duele decirlo, manipuló bastante la ayuda de Estados Unidos en provecho propio), y después por los gobernantes que lo sucedieron.

En el auditorio se sentía calor y amargura, en un ambiente muy cargado. Un muchacho joven se levantó e hizo una pregunta acerca de un polémico préstamo chino al gobierno. Estaba nervioso y tartamudeó un poco, pero en la traducción que yo estaba escuchando resultó algo así como "¿Qué piensa el Sr. Clinton por boca de la Sra. Clinton?". Sonaba como si él quisiera que yo compartiera el pensamiento de mi esposo, no el mío. Estando en un país donde tantas mujeres eran maltratadas y marginadas, la pregunta me enfureció.

—Un momento, ¿usted quiere que yo le diga lo que mi esposo piensa? —dije bruscamente—. Mi esposo no es el secretario de Estado. Soy yo. Así que pregúnteme mi opinión y se la daré. Pero no voy a ser un transmisor de mi esposo.

El moderador pasó rápidamente a otra pregunta.

Después del evento, el muchacho se acercó y se disculpó. Dijo que se proponía preguntar sobre el presidente Obama, no sobre el presidente Clinton y que en la traducción se había tergiversado. Me dolió haber sido brusca con él y también el hecho de que el asunto acaparó los titulares y eclipsó mi mensaje de mejorar la gobernabilidad y proteger a las mujeres del Congo.

Al día siguiente, me fui de Kinshasa a bordo de un avión de transporte de la ONU y volé más de tres horas al este, hasta Goma. Mi primera parada fue para reunirme con el presidente Kabila en una carpa detrás de la casa del gobernador, a orillas del lago Kivu.

Distraído y desconcentrado, Kabila parecía estar abrumado por las tantas dificultades que acosaban a su país. Un problema crucial era el pago a los soldados del gobierno. Indisciplinados y sin paga, se habían convertido en una amenaza tanto para la gente de la región como para los rebeldes que atacaban desde la selva. No bastaba con asignar el dinero en Kinshasa. Antes de que llegara a las tropas, casi todo se lo embolsillaban oficiales de mayor rango que no dejaban nada a los soldados rasos. Ofrecí ayudar al gobierno a montar un sistema de banca móvil que facilitara la transferencia del dinero directamente a la cuenta de cada soldado. Maravillado por el potencial de esta tecnología, Kabila aceptó. Para 2013, el sistema era aclamado como "un verdadero milagro", pero la corrupción siguió rampante.

Después de ver a Kabila, me dirigí al campamento Mugunga de congoleses desplazados, es decir, de refugiados en su propio país. Más de una década de guerra había devastado ciudades y aldeas, forzando a las familias a abandonar hogares y pertenencias en busca de cualquier refugio que les ofreciera relativa seguridad. Pero, como ocurre a menudo en las crisis de refugiados, este y otros campamentos estaban plagados de dificultades. El acceso a servicios básicos como agua limpia y retretes, era un problema permanente. Al personal de seguridad no le habían pagado en meses. Las enfermedades y la desnutrición campeaban.

Empecé por reunirme con trabajadores de las organizaciones de ayuda, para conocer más sobre sus experiencias en el campamento. Luego un hombre y una mujer congoleses se presentaron a sí mismos como "líderes electos" del campamento y me dieron un tour por las largas hileras de carpas, un pequeño mercado y el puesto de salud. Caminando por el lugar, surgieron de nuevo las contradicciones que de tiempo atrás yo venía percibiendo en los campamentos de refugiados. Aunque reconozco la necesidad de albergar temporalmente a las víctimas durante un conflicto o después de un desastre, muy a menudo los campos se convierten en centros de detención de facto prácticamente permanentes, plagados de enfermedades, pobreza y desesperanza.

Pregunté a la mujer que me llevaba en el tour qué era lo que más necesitaba la gente allí.

—Bueno, nos gustaría que nuestros hijos fueran a la escuela —dijo ella.

—¿Cómo? ¿No hay escuela? ¿Cuánto tiempo han estado ustedes aquí? —pregunté.

—Un año —dijo ella.

Eso simplemente me enfureció. Cuanto más me decían, más preguntas tenía. ¿Por qué violaban a las mujeres cuando salían a buscar leña y agua? ¿Por qué el campamento no podía organizar patrullas de hombres para proteger a las mujeres que iban y venían? ¿Por qué había bebés muriendo de diarrea si se disponía de medicamentos? ¿Por qué nosotros los donantes no podíamos hacer una mejor labor y aprendíamos a aplicar las lecciones aprendidas de nuestras experiencias ayudando en otros lugares del mundo a personas refugiadas y desplazadas en sus propios países?

Exuberantes, con vestimentas de vivos colores y una resuelta energía, los habitantes del campamento se aglomeraban por donde yo pasaba, saludando y sonriendo y formulando a gritos sus comentarios. Sentir la fuerza de su intrépida fortaleza frente a tanto dolor y destrucción era algo inspirador. Trabajadores de las ONG, médicos, consejeros y funcionarios de la ONU, todos estaban haciendo lo que podían bajo circunstancias extremadamente difíciles. Todos los días trabajaban para reparar los cuerpos y espíritus deshechos de mujeres que habían sido violadas, a menudo por bandas enteras, y muchas veces en forma tan brutal que no podían volver a tener hijos, ni caminar o trabajar. Pese a mis críticas a las condiciones del campamento, no pude menos que admirar la resiliencia que allí encontré.

Del campamento, me dirigí a HEAL África, un hospital construido para atender víctimas de violaciones y ataques sexuales. En una salita, escuché los desgarradores relatos de dos mujeres que habían sobrevivido a brutales ataques sexuales pero con una secuela de terribles heridas físicas y mentales.

Si en esta visita había visto lo peor de la humanidad, también vi lo mejor, especialmente aquellas mujeres que, una vez recuperadas de violaciones y golpizas, volvían a la selva para rescatar a otras mujeres que habían sido abandonadas allí para morir. En mi viaje a la RDC, escuché un viejo proverbio africano: "Por larga que sea la noche, seguro que llega el día". Estas personas estaban haciendo lo mejor que podían para que ese día llegara más rápido, y yo quería hacer todo lo que pudiera para ayudar.

Anuncié que Estados Unidos aportaría más de 17 millones de dólares para combatir la violencia sexual en la RDC. El dinero financiaría la atención médica, consejería, asistencia económica y apoyo jurídico a sobrevivientes. Casi 3 millones de dólares se utilizarían para reclutar y entrenar oficiales de policía en la protección de mujeres y niñas, para investigar sobre violencia sexual, y para enviar expertos en tecnología a ayudar a que las mujeres y los trabajadores de primera línea documentaran los malos tratos y los reportaran a través de teléfonos celulares.

De regreso en casa emprendimos el trabajo de apoyar una legislación contra la extracción y venta de los "minerales de conflicto" que ayudan a financiar a las milicias que mantienen el conflicto en marcha. Algunos de estos minerales han terminado llegando a muchos de nuestros bienes de consumo de alta tecnología como los teléfonos móviles.

Poco más de un mes después de mi viaje a Goma, el 30 de septiembre de 2009, presidí una reunión del Consejo de Seguridad de las Naciones Unidas enfocada en mujeres, paz y seguridad, donde propuse hacer de la protección de las mujeres y niños de la rampante violencia sexual de la cual yo había sido testigo en El Congo, una prioridad para las misiones de mantenimiento de la paz de la ONU en todo el mundo. Los quince miembros del Consejo de Seguridad estuvieron de acuerdo. Eso no resolvería el problema de un día para otro, pero era un comienzo.

———

Un país que personificaba las esperanzas de África para el futuro, pero también la turbulencia de su pasado y presente, era Sudán del Sur. El país más nuevo del mundo, había obtenido su independencia de Sudán en julio de 2011, después de décadas de lucha y conflicto. Pero cuando lo visité en agosto de 2012, Sudán del Sur y Sudán una vez más estaban enzarzados en una disputa a muerte.

Desde mediados del siglo xx, Sudan se había visto dividido por las diferencias religiosas, étnicas y políticas. Desde 2000, el genocidio en la región de Darfur y las luchas por tierras y recursos entre el Norte árabe y el Sur cristiano habían cobrado más de 2,5 millones de vidas, sometido a la población civil a atrocidades incalificables y provocado la huida de muchos buscando refugio en los países vecinos. En 2005, finalmente se había firmado un "Acuerdo de Paz Integral" que incluía la promesa de que con el tiempo el sur podría realizar un referéndum y votar sobre su independencia. Pero en 2010 se interrumpieron las conversaciones, y los preparativos del referéndum se estancaron. El acuerdo de paz parecía próximo a colapsar y se temía un retorno al conflicto abierto. Con mucho respaldo por parte de Estados Unidos, la Unión Africana y otros miembros de la comunidad internacional, ya al borde del abismo, las dos partes dieron marcha atrás. Finalmente, la votación de la independencia se efectuó en enero de 2011, y en julio, Sudán del Sur se convirtió en la quincuagésima cuarta nación de África.

Desafortunadamente, el acuerdo de paz de 2005 dejó sin resolver algunos temas importantes. Ambas partes reclamaban ciertas regiones fronterizas y estaban listas a ocuparlas por la fuerza. Y más crítico aún era el problema del petróleo. Por uno de esos caprichos de la geografía, Sudán del Sur fue bendecido con extensas reservas mientras el propio Sudán no. Pero el Sur no tiene salida al mar y carece de instalaciones de refinería y transporte, que el Norte sí tiene. Eso significaba que atascados en una sociedad simbiótica pero disfuncional, los dos enconados rivales necesitaban uno del otro.

El gobierno sudanés en Jartum, aun dolido por la pérdida de sus territorios del sur, empezó a exigir precios exorbitantes por procesar y transportar el petróleo del Sur, y confiscó el petróleo cuando el Sur se rehusó a pagar. En enero de 2012, Sudán del Sur tomó represalias suspendiendo la producción por completo. Ambas partes sostuvieron su posición durante meses y las dos economías, ya frágiles, empezaron a desmoronarse. Se desbocó la inflación y millones de familias sufrieron escasez de alimentos. Los soldados se alistaron para reanudar la lucha y estallaron choques en las zonas fronterizas ricas en petróleo. Parecía la definición de un escenario donde todos pierden.

Así que en agosto volé a Juba, la nueva capital de Sudán del Sur, para tratar de conseguir un acuerdo. Años de paciente diplomacia habían conseguido acabar la guerra civil y atender el nacimiento de la nueva nación. No íbamos a permitir que ese logro se viniera abajo ahora. Es más, tras los intensos esfuerzos puestos en marcha por todo el mundo para convencer a naciones hambrientas de energía de que reduzcan el consumo de petróleo iraní y se cambien a nuevos proveedores, difícilmente queríamos ver al petróleo sudanés salir del mercado.

Pero el nuevo presidente de Sudán del Sur, Salva Kiir, no cedía un ápice. Lo escuché explicar todas las razones por las cuales Sudán del Sur no llegaría a un acuerdo con el Norte sobre el petróleo. Detrás de todos esos argumentos de fijación de precios y refinamiento de crudo, había una sencilla realidad humana: estos curtidos luchadores de batallas por la libertad no podían dejar atrás los horrores del pasado, aunque al hacerlo así privaran a su nación de los recursos que necesitaba para medrar. Cuando el presidente hizo una pausa, yo decidí probar enfocando las cosas de otra manera, y deslicé sobre la mesa la copia de una página de opinión del *New York Times* publicada unos días antes.

—Antes de seguir adelante, le agradecería que leyera usted esto —le dije.

Al presidente Kiir le causó curiosidad ese comportamiento inusual en una reunión diplomática de alto nivel. Apenas empezó a leer, se dilataron sus ojos y, señalando el nombre del autor, dijo:

—Él fue soldado conmigo.

—Sí —repliqué—, pero ahora es un hombre de paz. Y él recuerda que ustedes dos lucharon juntos por libertad y dignidad, no por petróleo.

El obispo Elias Taban es una de las personas más notables que he conocido. Nació en 1955 en la ciudad de Yei en Sudán del Sur, cuando todavía imperaba el régimen colonial inglés, y ese mismo día fuerzas del Norte masacraron docenas de personas en la ciudad. La madre de Elias huyó a la selva con su bebé llorando a gritos, en brazos. Le acababan de cortar el cordón umbilical y la madre trató de detener el sangrado con hojas machacadas. Ellos pasaron tres días escondidos, hasta que por fin volvieron a casa. Elias creció atrapado en la interminable guerra del país. A los doce años se convirtió en un niño soldado, junto a su padre. Por último, el padre se las arregló para llevar a Elias a la frontera con Uganda y le dijo que huyera. Al otro lado lo encontraron socorristas de las Naciones Unidas.

Para 1978, Elias había vuelto a Sudán del Sur, y vivía en Juba. Conoció un grupo de evangelistas de Kenia y sintió el llamado a convertirse en un hombre de fe. Obtuvo grados en ingeniería civil y teología, y aprendió a hablar inglés, lingala, árabe, bari y swahili. Cuando la guerra estalló de nuevo en la década de 1980, el obispo Taban y su esposa Anngrace se unieron al Movimiento de Liberación del Pueblo Sudanés y lucharon por la independencia de Sudán del Sur. Después del acuerdo de paz de 2005, él se dedicó a promover la reconciliación y el desarrollo sostenible. El obispo Taban y sus seguidores han construido escuelas, orfanatos, hospitales y pozos de agua limpia.

En julio de 2012, consternado por el continuado conflicto entre Norte y Sur, el obispo Taban publicó un llamamiento a la paz. Su columna de opinión me impresionó bastante. "Siempre debe llegar un punto", escribió, "en el cual miremos adelante y reconozcamos la necesidad de dejar de pelear por males pasados para que podamos construir hacia un nuevo futuro". Esa es una de las lecciones más difíciles de aprender para las personas a todo nivel, personal o político, pero es profundamente importante en un mundo en el cual tantas comunidades siguen presas de viejas enemistades y conflictos.

Observé al presidente Kiir leer las palabras de su viejo amigo. Parecía que su obstinación se había suavizado un poco. Quizás ahora podríamos entrar en materia. Seguí recalcando que "un porcentaje de algo es mejor que un porcentaje de nada". Finalmente, el presidente Kiir accedió a reiniciar las negociaciones con el Norte para tratar de encontrar un acuerdo sobre la fijación de precios del petróleo. A las dos y cuarenta y cinco de la mañana del día siguiente, después de una maratónica negociación en Etiopía, ambas partes llegaron a un acuerdo para que el petróleo empezara a fluir de nuevo.

Era un paso en la dirección correcta, pero no precisamente el final de la historia. Persistían las tensiones entre ambos vecinos y también dentro del propio Sudán del Sur. A finales de 2013, divisiones étnicas estallaron en una racha de violencia que amenaza con desgarrar el país. En 2014, la incertidumbre se cierne sobre el futuro de la nación más joven de África.

Antes de dejar Juba ese agosto, pedí conocer al obispo Taban para poder agradecerle personalmente sus poderosas palabras. Él y Anngrace, su esposa, vinieron a la embajada de Estados Unidos y demostraron ser aún más dinámicos e inspiradores de lo que yo misma esperaba; y se deleitaron en grande con mi historia de la distribución de su columna de opinión en el palacio presidencial.

En septiembre de 2013 tuve el honor de invitar al obispo Taban a la reunión de la Clinton Global Initiative en Nueva York y de entregarle un Premio Ciudadano Global por sus esfuerzos en pro de la paz. Él dijo que la intervención estadounidense en la disputa del petróleo había sido "una respuesta a las plegarias" y que, aunque a su país todavía le esperaban muchos retos, su frágil paz aún prevalecía. Luego señaló al bebé de ocho meses que su esposa tenía en su regazo. Al niño lo habían descubierto en la selva cerca de Yei, en febrero. La policía había llamado al obispo Taban y a Anngrace pidiendo ayuda. Después de meditarlo un poco, Anngrace dijo, "Si es una llamada de Dios en nuestra vida, no tenemos otra opción. Que traigan al niño". Los policías se tranquilizaron, pero dijeron, "Obispo, espere un minuto. El cordón no ha sido cortado. Queremos correr al hospital y asegurarnos de que se lo corten". El obispo y su esposa tomaron ese eco del propio nacimiento de Elias como una señal, y trajeron al Pequeño John a vivir con sus otros cuatro hijos adoptados en un país que aún lucha por sobreponerse a su propio y difícil nacimiento.

—————

Somalia ha sido una de las naciones más pobres del mundo, desgarrada por décadas de guerra. Un clásico estado fallido. Un persistente conflicto entre caudillos rivales y extremistas, prolongadas sequías, hambrunas generalizadas y periódicos brotes de enfermedad dejaron a casi un 40 por ciento de la población a expensas de ayuda humanitaria de emergencia. Para los estadounidenses, el nombre de Somalia evoca dolorosos recuerdos de la misión humanitaria de las Naciones Unidas lanzada por el presidente George H. W. Bush a finales de 1992 con miras a que la ayuda alimentaria llegara a los somalíes acosados por el hambre, sin que interfirieran los adversarios en guerra. Mi esposo continuó la misión cuando se convirtió en presidente. El trágico incidente del "Black Hawk Derribado", en el cual dieciocho soldados estadounidenses fueron muertos durante un ataque en Mogadiscio en octubre de 1993, se convirtió en símbolo perenne de los peligros de la intervención estadounidense en caóticos puntos conflictivos del mundo. Bill retiró nuestras tropas de Somalia y durante quince años Estados Unidos permaneció renuentes a comprometer recursos militares en África, aunque continuamos activos con esfuerzos políticos y humanitarios.

Sin embargo, para 2009, los problemas de Somalia eran demasiado grandes para que Estados Unidos los ignorara. El violento grupo extremista Al Shabaab, de vínculos con Al Qaeda, representaba una creciente amenaza para toda la región. Los ataques terroristas de 9/11 habían dejado claro que los estados fallidos podían convertirse en sitios de escala para asestar golpes mucho más allá de sus fronteras. Piratas que tenían como base Somalia también representaban una creciente amenaza para la navegación marítima internacional en el Golfo de Aden y el Océano Índico, todo lo cual puso de relieve el secuestro del *Maersk Alabama* en abril de 2009, dramatizado en una película de Tom Hanks en 2013, *Captain Phillips*. Así que a Estados Unidos y a la comunidad internacional les interesaba dejar atrás lo ocurrido en Somalia y ayudar a llevar algo de orden y estabilidad al Cuerno de África. Teníamos allí una cuestión de armas o crecimiento con grandes implicaciones para nuestra propia seguridad nacional.

En la primavera y verano de 2009, Al Shabaab estuvo a la ofensiva, abrumando las fuerzas del débil gobierno de transición en la capital, Mogadiscio, y las tropas de la Unión Africana se desplegaron para protegerla. Los extremistas llegaron hasta unas pocas cuadras de distancia del palacio presidencial. Le dije a Johnnie Carson, "No podemos permitir que el gobierno somalí fracase y no podemos dejar que Al Shabaab gane". Johnnie me dijo más tarde que pasó esa noche despierto devanándose los sesos en busca de ideas sobre cómo actuar rápida y efectivamente para evitar una victoria terrorista. La necesidad más urgente era conseguir que el gobierno pagara en efectivo a sus tropas y comprara municiones para repeler a los extremistas. Pedí a Johnnie que fuera creativo para proveer a las asediadas tropas somalíes de lo que necesitaban. Durante ese verano, Johnnie se las arregló para entregar los fondos necesarios y contrató a contadores para que rastrearan el dinero. El departamento de Estado también se encargó de que un contratista ingresara por vía aérea unas cuantas cargas de armas de corto alcance y municiones, desde Uganda. No era mucho, pero daría a las asediadas tropas somalíes el alivio que necesitaban para mantenerse firmes y empezar a rechazar a Al Shabaab.

En agosto yo concerté una reunión con el presidente del gobierno de transición de Somalia, Sheikh Sharif Sheikh Ahmed, quien voló a Nairobi para reunirse conmigo en la embajada de Estados Unidos. Sheikh Sharif era un erudito islámico estrictamente religioso que había librado una infructuosa guerra para reemplazar el gobierno por un sistema de tribunales de justicia religiosos (aunque también ganó aprobación por negociar la liberación de niños secuestrados). Después de perder en el campo de batalla, había ganado en las urnas de votación y, por el momento, parecía concentrado en proteger la endeble democracia de Somalia y mejorar las condiciones de vida de su pueblo. En realidad, tampoco habría importado tanto que su gobierno hubiera sido derrotado por Al Shabaab.

Encontré que Sheikh Sharif, de cuarenta y cinco años y aspecto joven, era inteligente y directo. Llevaba un sombrero de oración blanco y un traje azul con un alfiler en la solapa, que tenía las banderas de Somalia y Estados Unidos. Pensé que eso captaba muy bien el delicado equilibrio que él estaba tratando de alcanzar. En nuestra charla, reconoció francamente que su país y su frágil gobierno afrontaban enormes dificultades. Le dije a Sheikh Sharif que Estados Unidos continuaría enviando millones de dólares en ayuda militar para sus asediadas fuerzas y fortaleciendo su entrenamiento y otros apoyos. Pero a cambio de todo eso, su gobierno tendría que comprometerse a realizar verdaderos progresos hacia el establecimiento de una democracia incluyente que reuniera las divididas facciones del país. Se requería una sustancial voluntad política, especialmente del propio Sheikh Sharif.

Mientras hablábamos, yo me preguntaba: ¿Me estrechará la mano? A pesar del sexismo aún rampante en muchas partes del mundo, no era una pregunta que como jefe de la diplomacia de la nación más poderosa sobre la tierra me formulara muchas veces. Hasta en los países más conservadores donde la mayoría de las mujeres llevan burkas y tienen poco contacto con hombres distintos a los de su familia, casi siempre yo había sido recibida cálida y respetuosamente. ¿Se arriesgaría este conservador erudito islámico a distanciarse de la gente de su país por estrechar la mano de una mujer en público, aunque fuera secretaria de Estado?

Cuando terminamos, hubo una conferencia de prensa conjunta. Compartí mi convicción de que el gobierno de Sheikh Sharif representaba "la mayor esperanza que hayamos albergado en bastante tiempo" para el futuro de Somalia. (En privado, le dije a Johnnie que tendríamos que redoblar nuestros esfuerzos para ayudar al país a encarrilarse). Cuando nos separamos, para deleite mío, Sheikh Sharif tomó mi mano y le dio una entusiasta sacudida. Un periodista somalí de los que estaban allí preguntó a gritos si ese gesto no iba contra la ley islámica, pero Sheikh Sharif lo ignoró y siguió sonriendo.

A lo largo de 2009, la administración Obama incrementó el apoyo al gobierno de transición y las fuerzas aliadas de la Unión Africana. Cerca de 10 millones de dólares en ayuda finalmente empezaron a cambiar la suerte de Al Shabaab. Trabajando juntos, el departamento de Estado y el Pentágono incrementaron la frecuencia del entrenamiento de miles de soldados somalíes en Uganda, enviándolos de regreso a Mogadiscio aprovisionados de alimentos, tiendas, gasolina y otros artículos de primera necesidad. También incrementamos nuestra capacitación y asistencia a las tropas africanas encargadas de mantener la paz que luchaban junto a las tropas somalíes, y llevamos refuerzos por vía aérea, directamente desde Uganda, Burundi, Yibuti, Kenia y Sierra Leona.

Para combatir la piratería, configuramos una fuerza de tareas con el departamento de Estado y otras agencias, y trabajamos con aliados y socios de todo el mundo para crear una fuerza naval internacional que patrullara las aguas más peligrosas. Hasta China, usualmente renuente a participar en esos esfuerzos, se unió. Para el año 2011, los ataques piratas en el Cuerno de África se habían reducido en un 75 por ciento.

Para ayudar a que se consolidara el todavía relativamente débil gobierno de transición, despachamos asesores técnicos para que se integraran en el gobirerno somalí y supervisaran la distribución de la incrementada asistencia para el desarrollo económico. Finalmente, las luces volvieron a encenderse en Mogadiscio y las calles empezaron a limpiarse de nuevo. Nuestra ayuda humanitaria de emergencia mantuvo con vida a somalíes acosados por el hambre y dio a la gente la esperanza y la fortaleza necesarias para rechazar la insurgencia extremista y comenzar a reconstruir su país.

Asegurando un plan para el futuro, lanzamos una ofensiva diplomática para reunir a los vecinos de Somalia en África oriental y a la comunidad internacional, tras una única "hoja de ruta" en pro de la reconciliación política y el establecimiento de un gobierno democrático permanente que representara a todos los clanes y regiones del país. (El gobierno "de transición" había operado durante años con pocos signos de avance).

En los años siguientes, Somalia capeó varias crisis y realizó vacilantes progresos en el fortalecimiento de las instituciones democráticas e implementando la hoja de ruta internacional. Varias veces el proceso pareció estancarse y Al Shabaab repuntó y obtuvo ventajas tácticas en el campo de batalla. Los extremistas siguieron llevando a cabo ataques terroristas, incluido un bombardeo suicida a Mogadiscio que mató a más de setenta personas, la mayoría jóvenes estudiantes que esperaban en fila los resultados de sus pruebas. Pero en septiembre de 2011, líderes importantes de todas partes del fracturado espectro político de Somalia se comprometieron a implementar la hoja de ruta, finalizar una nueva Constitución y seleccionar un nuevo gobierno para mediados de 2012. Era mucho por hacer en un breve lapso de tiempo, pero al menos había un plan y un compromiso.

En agosto de 2012, a sólo semanas de que Somalia realizara elecciones y entregara el poder a nuevos líderes, me reuní una vez más con Sheikh

Sharif en Nairobi y se nos unieron otros líderes de los diferentes clanes y facciones de Somalia. Los elogié por el progreso que habían logrado, pero recalqué lo importante que era seguir adelante con las elecciones y una pacífica transferencia del poder. Eso enviaría un potente mensaje acerca de la trayectoria de Somalia hacia la paz y la democracia.

En septiembre, los somalíes eligieron a Hassan Sheikh Mohamud presidente del nuevo gobierno permanente. Sheikh Sharif terminó segundo a bastante distancia y, admirablemente, se retiró con mucha gracia.

Nuestro trabajo diplomático para apoyar a Somalia y coordinar una campaña militar contra Al Shabaab también generó beneficios adicionales en la región, nos ayudó a estrechar lazos con los socios de África del Este y mejoró la capacidad de la Unión Africana para asumir el liderazgo en la provisión de soluciones africanas para problemas africanos.

En agosto de 2012, visité la base militar de Kasenyi cerca al lago Victoria en Uganda y hablé con las tropas de Operaciones Especiales de Estados Unidos que colaboraban con entrenamiento y apoyo a las fuerzas africanas. Me enseñaron algunos de los pequeños drones Raven de vigilancia no tripulados que estaban ayudando a las tropas de la Unión Africana a perseguir a Al Shabaab. Parecían aeromodelos de niños, y cuando levanté uno resultó ser sorprendentemente liviano. Sin embargo, estaba cargado de cámaras sofisticadas y los ugandeses estaban encantados de tenerlos.

Me alegraba que la innovación estadounidense estuviera influyendo en esta lucha tan importante, y dije a los soldados ugandeses y estadounidenses que esperaba también aprovechar esta nueva tecnología para acelerar la captura del notorio caudillo Joseph Kony. Durante años, él y su criminal Ejército de Resistencia del Señor o *Lord's Resistance Army* (LRA) habían hecho estragos en toda África Central. Kony secuestraba niños de ambos sexos sacándolos de sus casas, y forzaba a las niñas a la esclavitud sexual y a los niños a prestar servicio en su ejército rebelde. Su criminal trasegar había desplazado decenas de miles de africanos de sus hogares y forzado a muchos más a vivir sus vidas atenazados por el temor. Las atrocidades de Kony quedaron registrada en 2012, por un documental que causó furor en todo el mundo a través de Internet. Hacía mucho tiempo me sentía indignada y asqueada por lo que este monstruo venía haciendo a niños de África Central y me interesaba sobremanera verlo pagar sus culpas. Así que pedí a la Casa Blanca que ayudara a coordinar recursos diplomáticos, militares y de inteligencia para rastrear a Kony y el LRA.

El presidente Obama decidió desplegar cien soldados de Operaciones

Especiales de Estados Unidos para apoyar y entrenar a las tropas africanas que perseguían a Kony. Envié a trabajar con ellos a expertos de nuestra nueva Oficina de Conflictos y Operaciones de Estabilización, del departamento de Estado, que yo había creado a fin de mejorar la capacidad del departamento para trabajar en puntos de conflicto críticos. Nuestro equipo civil llegó al terreno pocos meses antes que las tropas y empezó a establecer relaciones con las comunidades locales. Con su respaldo, los jefes de tribus o clanes y otros líderes comenzaron a estimular activamente las deserciones del LRA, incluso a través de una estación de radio que nosotros les ayudamos a montar. Era una misión pequeña, pero pensé que mostraba el potencial de lo que podemos lograr cuando soldados y diplomáticos habitan los mismos campamentos, comen las mismas comidas listas-para-consumir o MRE (*Meal, Ready to Eat*) y se concentran en los mismos objetivos. Es decir, lo que es el poder inteligente en acción. Y tal vez finalmente podríamos localizar a Kony y poner fin a sus atrocidades, si podíamos usar para ver a través del espeso follaje de la selva, esos drones que yo estaba inspeccionando. En marzo de 2014, el presidente anunció que Estados Unidos enviará Fuerzas Especiales adicionales y aeronaves para buscarlo. La comunidad internacional no debe descansar hasta encontrar y derrotarlo.

Entretanto, en Somalia, Al Shabaab ha perdido la mayor parte del territorio que antes controlaba. Pero el grupo sigue siendo una amenaza letal, igual para Somalia que para el resto de la región. Pudimos verlo y con trágicas consecuencias, en septiembre de 2013 cuando terroristas de Al Shabaab atacaron un centro comercial de Nairobi y mataron más de setenta personas. Entre ellas, Elif Yavuz, una enfermera holandesa de treinta y tres años, que trabajaba para la Iniciativa de Acceso a la Salud de la Fundación Clinton (CHAI, por sus siglas en inglés), que combate el VIH, el sida y otras enfermedades. Tenía ocho meses y medio de embarazo. Ross Langdon, el compañero australiano de Elif y su bebé nonato también fueron muertos. Mi esposo había conocido a Elif en un viaje a Tanzania apenas seis semanas antes, y la recordaba como una persona muy querida por sus colegas. "Esta hermosa mujer llegó donde mí super-embarazada. Estaba tan embarazada que le conté que yo había sido un padre Lamaze y no tomaría mucho convencerme de que volviera a prestar mis servicios en cualquier momento", recordó él después. Cuando Bill habló con la acongojada madre de Elif Yavuz para presentarle nuestras condolencias, ella le dijo que la familia había decidido ponerle nombre a su nieto no nacido y estaban buscando las palabras en swahili para *vida* y *amor*. Para todos nosotros en la Fundación fue muy doloroso y un recordatorio de que el terrorismo sigue siendo un desafío apremiante para nuestro país y para el mundo entero.

———

Al igual que tantos trabajadores por el desarrollo, Elif Yavuz dedicó su vida a ayudar a superar el flagelo del VIH, el sida y otras enfermedades como la malaria. Para África este es un cambio fundamental, con implicaciones para el desarrollo, la prosperidad y la paz en el largo plazo. En 2003, el presidente George W. Bush lanzó el ambicioso Plan de Emergencia del Presidente para aliviar el sida (PEPFAR, por sus siglas en inglés). Hay más de 35 millones de personas con VIH en todo el mundo y más del 70 por ciento de ellas están en África subsahariana.

Cuando me convertí en secretaria de Estado, llegué decidida a apoyar y expandir el PEPFAR. Empecé por convencer al Dr. Eric Goosby de que presidiera el programa como coordinador global para el sida. A principios de la década de 1980, en San Francisco, él había empezado a tratar pacientes con una misteriosa enfermedad que un día se reconocería como el sida. Más tarde se integró a la administración Clinton y dirigió el Programa Ryan White, creado en memoria del joven estadounidense que por una transfusión de sangre contrajo la enfermedad.

En agosto de 2009, Eric y yo viajamos a una clínica PEPFAR en las afueras de Johannesburgo, Sudáfrica. Adentro, nos reunimos con el nuevo ministro de Salud sudafricano, el Dr. Aaron Motsoaledi. Con el nombramiento del Dr. Motsoaledi ese mes de mayo, el presidente sudafricano Jacob Zuma dio un viraje al desconocimiento por parte de su antecesor del enorme problema de VIH y sida que tenía Sudáfrica y emprendió una nueva y agresiva campaña para combatir y tratar la enfermedad. En esa primera reunión, el Dr. Motsoaledi me dijo que Sudáfrica no tenía dinero suficiente para comprar los medicamentos y tratar los pacientes de sus nueve provincias, y me pidió ayuda.

Sabía de este problema. Desde 2002, Bill y un equipo de la Fundación Clinton liderado por Ira Magaziner, venían trabajando con fabricantes de fármacos para reducir los costos de los medicamentos para VIH y sida y ayudar a que millones de personas pudieran pagar las medicinas que necesitaban. Para 2014, más de 8 millones de pacientes en todo el mundo tienen acceso a esas medicinas a más bajo costo. Y no sólo un poquito más baratas, hasta 90 por ciento más baratas.

Sin embargo, en 2009, aunque Sudáfrica era un gran fabricante de drogas genéricas, todavía estaban comprando grandes cantidades de drogas de marca. PEPFAR, la Fundación Clinton y la Fundación Gates trabajaron con ellos para completar el cambio a genéricos, que ahora comprenden la gran mayoría de sus compras. La administración Obama invirtió 120 millones de dólares en 2009 y 2010 para ayudar a Sudáfrica a comprar las medicinas más baratas y el número de personas tratadas aumentó a más del doble. Como resultado, hacia el final de mi ejercicio en el cargo, en Sudáfrica había más personas tratadas con drogas antirretrovirales que en cualquier otra parte del mundo y el gobierno se ahorró cientos de millones de dólares en el proceso, el cual reinvirtieron en mejorar los cuidados de la salud. Cuando regresé a Sudáfrica en agosto de 2012, el gobierno se estaba preparando para encargarse de la administración de todos los programas de VIH y sida del país y de supervisar una expansión a gran escala de tratamientos, con la meta de lograr tratar al 80 por ciento de quienes lo necesiten para 2016.

Con recursos cada vez menores, en una época de recortes a los presupuestos de ayuda, yo sabía que tendríamos que construir sobre el éxito de PEPFAR. Con el uso de medicamentos antirretrovirales genéricos, la consolidación de las clínicas y una administración y distribución más eficientes, PEPFAR pudo ahorrar millones de dólares, lo que nos permitió expandir el programa sin tener que pedir financiación adicional al Congreso. El número de pacientes tratados con medicamentos antirretrovirales pagados por PEPFAR junto con inversiones del país y el apoyo del Fondo Global, aumentó de 1,7 millones en 2008 casi 6,7 millones en 2013.

Los resultados fueron por encima y más allá de lo que esperábamos. Según la ONU, la tasa de nuevas infecciones de VIH en la década pasada, ha caído en más de la mitad en muchas partes de África subsahariana. Las personas viven con sus familias y tienen acceso a más y mejores tratamientos. El VIH y el sida —enfermedad que mataba al 100 por ciento de los pacientes— ya no constituyen una sentencia a muerte.

Dados estos éxitos y avances de la ciencia, en el Día Mundial del Sida en 2011 yo di a conocer un nuevo y ambicioso objetivo: una generación libre de sida. Eso significa una generación en la cual ningún niño nazca con el virus, los jóvenes corran un riesgo mucho menor de ser infectados a lo largo de sus vidas, y aquellos que hayan contraído el VIH tengan acceso a tratamiento además de evitar el desarrollo del sida, también evite pasar el virus a otros. El VIH podrá estar con nosotros hasta bien entrado el futuro, pero el sida no necesita estar.

Para lograr este objetivo, tenemos que centrarnos en llegar a la población clave, identificar a las personas en situación de riesgo, y lograr la prevención y la atención que necesitan lo más rápido posible. Si continuamos a reducir el número de nuevas infecciones y aumentar el número de personas en tratamiento, eventualmente seremos capaces de tratar a más personas que las que se infectan cada año. Ese será el punto de inflexión. Es tratamiento como prevención.

En agosto de 2012, visité el Reach Out Mbuya Health Center en Kampala, Uganda, y conocí un paciente llamado John Robert Engole. Ocho años antes John Robert había contraído sida y estaba casi muerto, había perdido 99 libras y contrajo tuberculosis. Engole se convirtió en la primera persona del mundo en recibir medicamentos que salvan vidas a través de PEPFAR y, milagrosamente, seguía vivo y prosperando. De hecho, él era un ejemplo viviente de la promesa que el apoyo estadounidense puede representar para la gente alrededor del mundo. Y hasta me presentó orgullosamente a dos de sus hijos.

———

Nadie simboliza mejor el dolor del pasado de África o lo prometedor de su futuro, que Nelson Mandela. Con toda razón, Mandela es aclamado como un héroe que desborda la realidad. Pero lo cierto es que él era, de hecho, un hombre profundamente humano y de gran complejidad. Luchador de la libertad y también adalid de la paz; prisionero y presidente; hombre de ira y perdón. Madiba, como su clan, familia y amigos lo llamaban, pasó todos esos años en prisión aprendiendo a conciliar esas contradicciones y convirtiéndose en el líder que él sabía que su país necesitaba.

Estuve por primera vez en Sudáfrica en 1994, para la toma de posesión de Mandela. Para quienes fuimos testigos de la ceremonia, fue un momento inolvidable. Ahí estaba un hombre que había sido preso político durante veintisiete años y ahora prestaba juramento como presidente. Y su trayectoria representaba algo todavía mucho más grande; la larga pero constante marcha hacia la libertad de todo el pueblo de Sudáfrica. Su ejemplo moral ayudó a un sistema nacido de la violencia y la división, a alcanzar la verdad y la reconciliación. Fue la decisión suprema entre armas y crecimiento.

Ese día desayuné con el presidente saliente F. W. de Klerk en su residencia oficial y después regresé para almorzar con el nuevo presidente Nelson Mandela. En el curso de pocas horas, toda la historia de una nación había dado un vuelco. En el almuerzo, el presidente Mandela se levantó para saludar a las numerosas delegaciones de alto nivel provenientes de todo el mundo. Luego dijo algo que siempre ha permanecido conmigo (y aquí voy a parafrasear): "Las tres personas más importantes para mí, aquí en esta gran asamblea, son los tres hombres que fueron mis carceleros en Robben Island". Mandela continuó: "Quiero que ellos se pongan de pie". Y tres hombres blancos de mediana edad se levantaron. Él los llamó por sus nombres y explicó que en medio de las terribles condiciones en las cuales se le mantuvo por tantos años, cada uno de esos hombres lo consideró un ser humano. Ellos lo trataron con dignidad y respeto. Hablaron con él; lo escucharon.

En 1997, volví a Sudáfrica, y Mandela nos llevó a Chelsea y a mí a conocer Robben Island. Mientras volvíamos sobre sus pasos por todas las celdas, él explicó que cuando finalmente fue liberado, supo que debía tomar una decisión. Podía llevarse en su corazón y para siempre la amargura y el odio por lo que le habían hecho, y seguiría estando en prisión. O podía empezar a reconciliar sus sentimientos con los demás seres humanos. El hecho de que hubiera elegido la reconciliación constituye el gran legado de Nelson Mandela.

Antes de la visita, no pensaba en otra cosa que todas las batallas políticas y la hostilidad de Washington, pero escuchando hablar a Madiba, empecé a ver esos problemas desde otra perspectiva. También me encantaba ver iluminarse la cara de Chelsea cuando estaba cerca de él. Ellos desarrollaron un vínculo muy especial que perduró el resto de su vida. Después de hablar por teléfono con Bill en la Casa Blanca, a veces él pedía hablar con Chelsea, y se mantuvo en contacto cuando ella se fue a Stanford y a Oxford y después cuando se mudó a Nueva York.

En mi primera visita a Sudáfrica como secretaria de Estado, en agosto de 2009, visité a Madiba en su oficina en un suburbio de Johannesburgo. A los noventa y un años, lucía aún más frágil de lo que yo recordaba, pero su sonrisa todavía iluminaba todo el recinto. Yo acerqué mi silla, tomé su mano y hablamos durante media hora. También estuve encantada de ver a la inolvidable esposa de Madiba, mi amiga Graça Machel. Antes de casarse con Mandela, ella fue activista política y ministra del gobierno de Mozambique, y estuvo casada con Samora Machel, el presidente de Mozambique que ayudó a guiar hasta la paz a ese país desgarrado por la guerra. Samora falleció en un sospechoso accidente aéreo en 1986.

Juntas, Graça y yo caminamos por el Centro de la Fundación Nelson Mandela de la Memoria y el Diálogo, donde estudié algunos de los diarios y cartas de la época en que Madiba estuvo en prisión, fotografías viejas e incluso una credencial de membresía de la Iglesia Metodista que databa de 1929. Como colega metodista, quedé impresionada por su compromiso con la superación personal —un tema del que él hablaba con frecuencia— y su inquebrantable disciplina.

Thabo Mbeki y Jacob Zuma, los sucesores de Mandela, lucharon para volver realidad su legado en una nación que todavía era demasiado violenta y demasiado pobre. Ambos hombres albergaban la misma sospecha de Occidente que conservaron por décadas a raíz de que Estados Unidos apoyó el gobierno del *apartheid* como baluarte contra el comunismo, durante la Guerra Fría. Ellos querían que Sudáfrica fuera respetada como la nación más poderosa de la región y que se le diera importancia en la escena mundial. Es lo que nosotros también queríamos, y yo esperaba que una Sudáfrica fuerte y próspera fuera una fuerza de paz y estabilidad. Pero el respeto se gana asumiendo las responsabilidades.

En ocasiones, Sudáfrica podía ser un socio frustrante. La oposición del presidente Mbeki a la ciencia con la cual podía tratar la epidemia de VIH y sida fue un trágico error, y Sudáfrica usualmente se oponía a la intervención internacional, incluso en casos extremos como los de Libia y Costa de Marfil cuando la población civil estaba siendo atacada. A veces resultaba difícil interpretar las razones tras los actos de su gobierno. Justo antes de mi visita final al país en agosto de 2012, a última hora los sudafricanos se negaron a permitir que miembros de mi equipo de Seguridad Diplomática ingresaran al país los vehículos y armas que necesitaban. Mi avión estuvo en la pista en Malaui, mientras esperábamos el resultado de esa negociación. Al final el asunto se resolvió y pudimos despegar y proseguir nuestro viaje con una delegación de estadounidenses líderes de empresas como FedEx, Chevron, Boeing, General Electric y otras compañías, que buscaban expandir sus inversiones en Sudáfrica.

Habíamos trabajado con la Cámara de Comercio de Estados Unidos para organizar este viaje, porque un aumento del comercio entre Estados

Unidos y Sudáfrica llevaría a la creación de más empleos y oportunidades en ambos países. Ya eran más de seiscientas las empresas estadounidenses que habían echado raíces en Sudáfrica. Por ejemplo, en 2011, Amazon abrió un nuevo centro de atención al cliente en Ciudad del Cabo que empleaba a quinientas personas, con planes de contratar a mil más. una compañía de energía renovable con sede en Louisville, Kentucky, llamada One World Clean Energy firmó un acuerdo de 115 millones de dólares por una biorrefinería en Sudáfrica para producir simultáneamente electricidad, gas natural, etanol y biodiesel de material orgánico. El complejo fue construido en Estados Unidos y despachado a Sudáfrica en 2012, y empleó a 250 personas en Sudáfrica y 100 trabajadores calificados del sector, en Kentucky. Los ejecutivos estadounidenses que había traído conmigo tuvieron la oportunidad de conocer a 200 líderes empresariales sudafricanos para conversar sobre prospectos de inversiones similares para beneficio mutuo.

En una cena en Pretoria, una insólita nevada nos dio la bienvenida (agosto es invierno en el hemisferio sur) y algunos sudafricanos empezaron a llamarme "Nimkita," o "la que trajo la nieve". Había mucho para discutir con mi homóloga diplomática, Maite Nkoana-Mashabane, ministra de Relaciones Internacionales y Cooperación. Ella es una mujer fuerte con buen sentido del humor y firmes puntos de vista sobre las prerrogativas de su país, que se convirtió en una amiga. Maite ofreció cenas en mi honor, con ocasión de ambos viajes. Las invitadas eran más que todo líderes femeninas, entre ellas Nkosazana Dlamini-Zuma, que se convirtió en la primera mujer elegida para dirigir la Unión Africana. En la visita de 2012, una talentosa intérprete sudafricana de jazz y pop nos alborotó a todas. Y juntas bailamos, cantamos y reímos en esa noche nevada.

En el mismo viaje también visité por última vez a mi viejo amigo Madiba, quien estaba viviendo en su ancestral aldea de Qunu, en la provincia del Cabo Oriental de Sudáfrica. Allí había pasado buena parte de su niñez y, según su autobiografía, sus años más felices. Cuando entré a su modesta casa en medio de las ondulantes colinas, me impactó, como siempre, su increíble sonrisa y su gracia tan singular. Aún mal de salud, Mandela era la personificación de la dignidad e integridad. Fue, hasta el final, el capitán de su "espíritu inconquistable" como lo describe su poema favorito, "Invictus", de William Ernest Henley.

Mis ánimos todavía volaban por el último rato que habíamos compartido, cuando llegué a la Universidad del Cabo del Occidente, en Cape

Town, para pronunciar un discurso sobre el futuro de África y del continente. En mis frases finales, traté de evocar para los jóvenes que estaban allí cuán lejos habíamos llegado ellos y nosotros, por causa de Mandela. Recordando su humanitaria actitud hacia sus antiguos carceleros, les pedí ayudarnos a crear un mundo de mutuo entendimiento y justicia, en el que cada niño y niña pudiera tener la oportunidad de abrirse paso. Les recordé que la gran carga de venir de un país admirado por el resto del mundo, como lo son Estados Unidos y Sudáfrica, requiere la adhesión a una serie de principios más elevados. Fue su disposición a aceptar esa pesada carga lo que siempre destacó a Nelson Mandela.

El 5 de diciembre de 2013, Nelson Mandela murió a la edad de noventa y cinco años. Como tantas otras personas en todo el mundo, lamenté la muerte de uno de los grandes estadistas de nuestro tiempo. Además, Bill, Chelsea y yo también sentimos la pérdida de nuestro amigo a un nivel muy personal. Él había significado tanto para nuestra familia durante tanto tiempo. El presidente Obama nos pidió acompañarlo al funeral junto con Michelle y George W. y Laura Bush. Yo me uní a ellos, pero Bill y Chelsea, que estaban en Brasil debieron encontrarse con nosotros allá.

En el vuelo en el Air Force One, el presidente y la Sra. Obama ocuparon su cabina al frente del avión. Sus dos camas, ducha y oficina hacen el largo viaje más llevadero para cualquier primera familia. A los Bush se les asignó la habitación usualmente ocupada por el equipo médico. Yo estaba en la habitación de altos funcionarios. Los Obama nos invitaron a los Bush y a mí a reunirnos en el gran salón de conferencias. George, Laura y yo hablamos de la "vida después de la Casa Blanca" y George se refirió a su nueva pasión por la pintura. Cuando le pregunté si tenía algunas fotografías de su trabajo, trajo su iPad para mostrarnos sus últimos modelos: cráneos de animales blanqueados por el sol, encontrados en su rancho. Explicó que estaba practicando cómo pintar distintos tonos de blanco. Era claro que tenía un talento natural y se había esforzado por aprender el arte. El ambiente era cálido y relajado. Más allá de la política, habíamos tenido una experiencia única, y encontrar tiempo para ponernos al día y compartir experiencias resulta educativo y a menudo divertido.

La ceremonia fúnebre se llevó a cabo en un estadio en Soweto bajo una lluvia persistente. Actuales y antiguos reyes, reinas, presidentes, primeros ministros y dignatarios de todo el mundo se unieron a miles de sudafricanos para rendir homenaje al hombre que el presidente Obama llamó "un gigante de la historia".

Después de la ceremonia pública, Bill, Chelsea y yo visitamos en privado a Graça, otros miembros de la familia y de su personal más cercano, en su hogar de Johannesburgo. Firmamos un libro de recuerdos en honor de Mandela y evocamos historias de su memorable vida. Otro amigo, Bono, estrella del rock, también asistió a la ceremonia pública. Él se convirtió en un apasionado y efectivo defensor de la lucha contra la pobreza en todo el mundo, y disfrutaba del compañerismo y la profunda amistad de Mandela. De vuelta en el hotel donde nos alojamos, Bono se sentó ante un gran piano blanco y entonó una o dos canciones en honor de Madiba. No soy ninguna Condi Rice al piano, pero él fue lo suficientemente generoso como para dejarme tocar algunos acordes, todo lo cual deleitó a mi más musical esposo.

Me remonté a la posesión de Madiba en 1994 y me sentí maravillada por lo que él y su nación habían logrado. Pero también experimenté la esperanza de que Sudáfrica tomara este triste momento para comprometerse de nuevo a seguir el camino trazado por Mandela, hacia una democracia más fuerte, más inclusiva y una sociedad más justa, igualitaria y humana. Y tuve la misma esperanza para todos nosotros en el resto del mundo. Cuando aceptó el Premio Nobel de la Paz, Mandela compartió su sueño de "un mundo de democracia y respeto por los derechos humanos, un mundo libre de los horrores de la pobreza, el hambre, la privación y la ignorancia". Con esa clase de visión, cualquier cosa es posible, y una de mis más caras esperanzas es que surgirá un África del siglo XXI que genere oportunidades para sus jóvenes, democracia para sus propios ciudadanos y paz para todos. Esa sería un África digna de la larga jornada de Nelson Mandela a la libertad.

QUINTA PARTE

Levantamientos

14

Medio Oriente:
El escabroso camino de la paz

La bandera palestina tiene tres franjas horizontales, negra, blanca y verde, con un triángulo rojo situado en el borde junto al asta. Desde los tiempos de la Guerra de los Seis Días en 1967 hasta los Acuerdos de Paz de Oslo en 1993, estuvo prohibida en los territorios palestinos, por el gobierno israelí. Por algunos era vista como un emblema de terrorismo, resistencia e Intifada, el violento levantamiento contra el régimen israelí que conmocionó los territorios palestinos a finales de los años ochenta. Aún diecisiete años después de Oslo, para algunos israelíes conservadores la bandera seguía siendo un controvertido símbolo incendiario. De modo que a mi llegada en septiembre de 2010 a la residencia oficial en Jerusalén del primer ministro Benjamin "Bibi" Netanyahu, líder del partido derechista Likud, me sorprendí al encontrar los colores negro, blanco, verde y rojo de los palestinos ondeando junto a los familiares azul y blanco de Israel.

La izada de la bandera palestina, que años antes Bibi había criticado cuando su antecesor Ehud Olmert hizo lo propio, era un gesto conciliador del primer ministro hacia su otro huésped de ese día, el presidente de la Autoridad Palestina, Mahmud Abbas. "Me alegra que haya venido a mi casa", dijo Bibi, cuando recibió a Abbas. El presidente palestino se detuvo en la entrada para firmar el libro de huéspedes del primer ministro: "Después de una larga ausencia, hoy vuelvo a esta casa a continuar las conversaciones y negociaciones, con la esperanza de alcanzar una paz eterna en toda la región y especialmente paz entre los pueblos israelí y palestino".

El intercambio de palabras amables no alcanzaba a velar la presión que todos experimentábamos ese día. Cuando tomamos asiento en el pequeño estudio privado de Netanyahu y empezamos a conversar, una inminente fecha límite se cernía sobre nuestras cabezas. En menos de dos semanas expiraría una moratoria de diez meses para la construcción de nuevos asentamientos israelíes en Cisjordania. Abbas había prometido retirarse de las negociaciones directas que apenas íbamos a empezar si no podíamos llegar a un acuerdo para extender el bloqueo, y Netanyahu se sostenía firme en su posición de que diez meses eran más que suficientes. Habían sido dos años de concienzuda labor diplomática para conseguir que estos dos líderes accedieran a negociar cara a cara la solución de un conflicto que había acosado al Medio Oriente durante décadas. Finalmente los dos lidiarían de frente con problemas fundamentales que habían eludido todos los esfuerzos anteriores por hacer la paz, incluidas las fronteras de un futuro estado palestino, los acuerdos de seguridad para Israel, los refugiados y el status de Jerusalén, una ciudad que ambas partes reclamaban como capital propia. Ahora parecía que ellos podían levantarse de la mesa en cualquier momento crucial, y yo estaba lejos de sentirme confiada en que hallaríamos una forma de salir del *impasse*.

═══

Visité Israel por primera vez en diciembre de 1981, en un viaje de la iglesia a Tierra Santa, con Bill. Mientras mis padres cuidaban a Chelsea en Little Rock, pasamos más de diez días explorando Galilea, Masada, Tel Aviv, Haifa y las antiguas calles de la Ciudad Vieja de Jerusalén. Oramos en la Iglesia del Santo Sepulcro, en la cual los cristianos creen fue crucificado Jesús y donde se cree fue sepultado y resucitó. También presentamos nuestros respetos ante algunos de los lugares más sagrados de los cristianos, los judíos y los musulmanes, incluyendo el Muro de las Lamentaciones, la Mezquita Al Aqsa y la Cúpula de la Roca. Jerusalén me fascinó. Aun en medio de tanta historia y tradiciones, era una ciudad palpitante de vida y energía. Además, admiraba profundamente el talento y la tenacidad del pueblo israelí. Ellos habían hecho florecer el desierto y construido una democracia pujante en una región llena de adversarios y autócratas.

Cuando dejamos la ciudad y visitamos Jericó, en Cisjordania o la Ribera Occidental, vi por primera vez la vida bajo una ocupación para los palestinos, a quienes se negaba la dignidad y autodeterminación que a los americanos nos parecen normales. Después de ese viaje, Bill y yo volvimos a casa conscientes de haber adquirido un fuerte vínculo personal con la Tierra Santa y sus pueblos, y a lo largo del tiempo a menudo hemos guardado la esperanza de que un día israelíes y palestinos puedan resolver su conflicto y vivir en paz.

En los treinta años siguientes, yo volvería a Israel muchas veces y haría muchos amigos. Tuve el privilegio de conocer algunos de los más grandes líderes israelíes y de beneficiarme de sus sabios consejos. Siendo primera dama, entablé estrecha amistad con el primer ministro Yitzhak Rabin y su esposa Leah, y creo que Yitzhak jamás me perdonó que lo desterrara al aire frío del balcón de la Casa Blanca cada vez que quería fumar. (Después Rabin me acusó de poner en peligro el proceso de paz con esta política y finalmente yo cedí y dije, "Bueno, si eso va a contribuir al avance del esfuerzo por la paz, revocaré la norma, ¡pero solamente en el caso suyo!"). El día que vimos a Rabin y Arafat estrecharse las manos en el Jardín Sur de la Casa Blanca el 13 de septiembre de 1993, fue uno de los mejores días de la presidencia de Bill. El asesinato de Rabin el 4 de noviembre de 1995, fue uno de los peores. Nunca olvidaré cuando sentados con Leah escuchamos el conmovedor panegírico de Noa, su nieta, en su funeral.

Tampoco olvidaré a las víctimas israelíes del terrorismo que conocí a través de los años. He tomado sus manos en habitaciones de hospital y escuchado a médicos describir cuánta metralla había quedado en una pierna, un brazo o cabeza. En febrero de 2002, algunos de los días más oscuros de la Segunda Intifada, visité una pizzería bombardeada en Jerusalén en la cual unos cuantos miles de palestinos y aproximadamente mil israelíes fueron muertos entre 2000 y 2005. Y he caminado a lo largo de la cerca de seguridad cerca de Gilo y hablado con familias que sabían que un misil podía caer en su hogar en cualquier momento. Esas experiencias jamás me abandonarán.

Aquí está sólo una historia de un israelí que tocó mi vida. En 2002, conocí a Yochai Porat. Tenía sólo veintiséis años pero ya era médico jefe en el MDA, el servicio médico de emergencia de Israel, y supervisor de un programa que entrenaba voluntarios extranjeros para ser socorristas en Israel. Asistí a las ceremonias de graduación del programa y recuerdo el orgullo en su rostro cuando un grupo más de jóvenes se iba a salvar vidas. Yochai también era reservista de las Fuerzas de Defensa de Israel. Una semana después de habernos conocido, un francotirador lo mató cerca de una barricada, junto con otros soldados y civiles. En memoria de Yochai, el MDA cambió el nombre del programa de voluntarios extranjeros. Cuando volví de visita en 2005 me reuní con la familia de Yochai, cuyos miembros eran fervientes defensores de la importancia de continuar apoyando al MDA y su misión. De regreso a casa inicié una campaña para convencer a los directivos de la Cruz Roja Internacional para que después de medio siglo de exclusión, se admitiera al MDA como miembro con pleno derecho de voto. En 2006, ellos accedieron.

No soy la única en sentirse tan personalmente empeñada en la seguridad y el éxito de Israel. Muchos americanos admiran a Israel como la patria de un pueblo largamente oprimido y una democracia que ha tenido que defenderse a cada paso. En la historia de Israel, vemos nuestra propia historia y la historia de todos los pueblos que luchan por la libertad y el derecho a trazar su propio destino. Fue por eso que el presidente Truman se tomó sólo once minutos para reconocer la nueva nación de Israel en 1948. Israel es más que un país; es un sueño alimentado por generaciones y vuelto realidad por hombres y mujeres que rehusaron doblegarse ante la más dura de las situaciones. La pujante economía de Israel también es una muestra de cómo la innovación, el espíritu empresarial y la democracia pueden traer prosperidad aun en circunstancias implacables.

También fui una de las primeras voces en solicitar públicamente la categoría de estado para Palestina, durante los comentarios vía satélite de la Cumbre de Juventudes del Medio Oriente Semillas de Paz. En respuesta a la pregunta de un joven israelí, dije que los palestinos dicen que un estado palestino sería "de la mayor conveniencia para el Medio Oriente en el largo plazo". Mis comentarios recibieron considerable atención en los medios de comunicación, dos años antes de que Bill, cerca del final de su período como presidente, propusiera la creación del estado palestino, un plan que el primer ministro israelí Ehud Barak aceptó y Arafat no, y tres años antes de que la administración Bush hiciera de esa opinión una política oficial de Estados Unidos.

La administración Obama accedió al poder durante una época peligrosa en el Medio Oriente. A lo largo de diciembre de 2008, militantes del grupo extremista Hamas dispararon misiles hacia Israel desde la Franja de Gaza, lo cual habían controlado desde la expulsión de su facción rival palestina, Fatah, en 2007. A principios de enero de 2009, el ejército israelí

35

El 1 de diciembre de 2009, sentada a un lado del presidente Obama y el consejero de Seguridad Nacional Jim Jones, y junto al secretario de Defensa Bob Gates y el presidente del Estado Mayor Conjunto Mike Mullen, a bordo del Marine One, el helicóptero presidencial, en camino a West Point donde el presidente Obama anunció su decisión de enviar más tropas a Afganistán.

El general Stanley McChrystal, comandante de las Fuerzas de la Coalición en Afganistán; el embajador Richard Holbrooke y el embajador estadounidense en Afganistán Karl Eikenberry observan mientras saludo a un soldado de la OTAN a mi llegada al aeropuerto de Kabul, Afganistán, el 18 de noviembre de 2009.

Richard Holbrooke habla en una conferencia en abril de 2010 en Kabul con el presidente afgano Hamid Karzai y el general David Petraeus.

38

Almorzando con el presidente Karzai en la hacienda de Dumbarton Oaks en Washington, D.C., en mayo de 2010. Trabajé muy duro para establecer una relación con Karzai. Como con muchos otros líderes del mundo, el respeto y la cortesía personal funcionaban bien con él.

39

Me reúno con mujeres activistas afganas en una conferencia internacional en Bonn, Alemania, en diciembre de 2011. Después de la caída del régimen talibán en 2001, empecé a apoyar a las mujeres afganas en su búsqueda de oportunidades y nuevos derechos.

El día después de los ataques terroristas del 9/11, recorro las ruinas en el Bajo Manhattan con el gobernador de Nueva York George Pataki (izquierda) y el alcalde de la ciudad de Nueva York Rudolph Giuliani (centro). El presidente Obama y yo sentíamos que derrotar a Al Qaeda era definitivo para nuestra seguridad nacional y que debía hacerse un nuevo esfuerzo para encontrar a Osama bin Laden y llevarlo ante la justicia.

Estudiantes protestando por mi visita a Lahore, Pakistán, en octubre de 2009. Mi equipo me advirtió que sería "un saco de boxeo" en Pakistán debido a la creciente ola de sentimiento antiestadounidense, pero consideré que era importante comprometernos. "Que empiecen a golpear," respondí.

Haciendo la edición final a un discurso en Pakistán en octubre de 2011. Les dije a los pakistaníes que apoyar a los insurgentes talibanes equivalía a buscarse problemas, como mantener serpientes venenosas en el patio trasero y esperar que sólo muerdan a los vecinos. De izquierda a derecha: Huma Abedin; el embajador ante Pakistán Cameron Munter; el redactor de discursos Dan Schwerin; el representante especial para Afganistán y Pakistán Marc Grossman (sentado); la portavoz Toria Nuland; y Philippe Reines.

En una de las fotos más emblemáticas —y uno de los momentos más dramáticos— de mis cuatro años en el cargo observamos la incursión contra Osama bin Laden el 1 de mayo de 2011. Sentados alrededor de la mesa (de izquierda a derecha): vicepresidente Biden, el presidente Obama, el brigadier general Marshall B. "Brad" Webb, el consejero de Seguridad Nacional Adjunto Denis McDonough, yo y el secretario Gates. De pie (de izquierda a derecha): el almirante Mike Mullen, presidente del Estado Mayor Conjunto; el consejero de Seguridad Nacional Tom Donilon; el jefe de gabinete Bill Daley; el consejero de Seguridad Nacional del vicepresidente Tony Blinken; Audrey Tomason, director de Contraterrorismo; John Brennan, asistente del presidente para Seguridad Nacional; y el director de Inteligencia Nacional Jim Clapper.

Primero de mayo de 2011: el final de un día muy largo. El equipo de Seguridad Nacional escucha mientras el presidente Obama informa a la nación que Osama bin Laden ha sido llevado ante la justicia. Conmigo, sentados de izquierda a derecha: James Clapper, director de Inteligencia Nacional; el consejero de Seguridad Nacional Tom Donilon; el director de la CIA Leon Panetta; el almirante Mike Mullen, presidente del Estado Mayor Conjunto; y el vicepresidente Joe Biden.

Después de que el presidente Obama anunció que Osama bin Laden había sido asesinado, las multitudes se reunieron frente a la Casa Blanca a celebrar. Podíamos escuchar los cantos de "¡Estados Unidos! ¡Estados Unidos!".

Fotografiado conmigo en el departamento de Estado en julio de 2009, el secretario de Relaciones Exteriores británico David Miliband fue un valioso socio y amigo. En nuestra primera conversación me alentó refiriéndose a mí como el "Hércules indicado para esta tarea".

El sucesor de Miliband como secretario de Relaciones Exteriores británico, William Hague, y yo conversamos durante una reunión del Consejo de Seguridad de las Naciones Unidas sobre paz y seguridad en el Medio Oriente en septiembre de 2012. El elocuente Hague también se convertiría en colega cercano y buen amigo.

ARRIBA: Admirando una pintura mientras recorría el Palacio de Buckingham en Londres, en mayo de 2011. Pasar una noche en el palacio fue como entrar en un cuento de hadas.

DERECHA: Cuando subía las escaleras del Palacio del Eliseo en París en enero de 2010 para saludar al presidente francés Nicolas Sarkozy, perdí mi zapato y me quedé descalza frente a la prensa. Él graciosamente tomó mi mano y me ayudó a recuperar el equilibrio. Posteriormente, le envié una copia de la fotografía con la inscripción: "Tal vez no sea Cenicienta, pero siempre serás mi Príncipe Azul".

La canciller alemana Angela Merkel tiene un gran sentido del humor. Durante un almuerzo en el departamento de Estado en junio de 2011, el vicepresidente Biden y yo reímos cuando ella me presenta un periódico alemán enmarcado. En la primera página aparece una foto de las dos, una al lado de la otra y luciendo casi idénticas, pero con las cabezas recortadas. El periódico desafiaba a sus lectores a adivinar cuál era Merkel y cuál yo.

Con mis homólogos del G-8 en Blair House, Washington, en abril de 2012. De izquierda a derecha: Koichiro Gemba de Japón, Guido Westerwelle de Alemania, Serguéi Lavrov de Rusia, William Hague del Reino Unido, Alain Juppé de Francia, John Baird de Canadá, Giulio Terzi di Sant'Agata de Italia y Catherine Ashton de la Unión Europea.

Reunión con el primer ministro turco Recep Tayyip Erdoğan en el Palacio de Dolmabahce en Estambul, Turquía, en abril de 2012. Turquía era un creciente poder en la región y pasé horas hablando con Erdoğan de todo, desde Irán a Libia a Siria.

53

De pie con el presidente turco Abdullah Gül (izquierda) y el ministro de Relaciones Exteriores turco Ahmet Davutoğlu (derecha). Al fondo, Estambul. Desarrollé una relación productiva y amistosa con Davutoğlu que, aunque tensa en numerosas ocasiones, nunca se rompió.

54

Con el primer ministro ruso, Vladimir Putin, en su *dacha* en las afueras de Moscú en marzo de 2010. Putin ve la geopolítica como un juego de suma cero en el que, si alguien está ganando, alguien tiene que estar perdiendo. El presidente Obama y yo discutimos las amenazas de Putin y cómo contrarrestarlas.

55

Junio de 2012, con el ministro de Relaciones Exteriores ruso Serguéi Lavrov en San Petersburgo. Pasamos de trabajar arduamente en un reinicio de nuestra relación a un enfrentamiento por Siria. El reinicio condujo a una serie de éxitos tempranos, incluyendo imponer fuertes sanciones contra Irán y Corea del Norte, antes de que las relaciones se enfriaran cuando regresó Putin.

Esperando en mi auto frente a un hotel en Zúrich, Suiza, en octubre de 2009, trabajo los teléfonos con mi secretario adjunto para Asuntos Europeos y Euroasiáticos, Phil Gordon, para intentar convencer al ministro de Relaciones Exteriores de Armenia de abandonar su habitación y firmar un acuerdo con Turquía. El *New York Times* describió mis esfuerzos como "diplomacia de limusina, hasta-los-cables".

57

Saludando a la multitud en Pristina, Kosovo, frente a una enorme estatua de Bill, que es venerado por su papel para poner fin a la guerra en la década de 1990. Al otro lado de la plaza había una adorable boutique con un nombre muy familiar: Hillary. El vendedor me dijo que le habían puesto ese nombre a la tienda por mí, "para que Bill no se sintiera solitario en la plaza".

Celebrando con la recién posesionada presidenta brasileña Dilma Rousseff, el 1 de enero de 2011. Ella tiene un fuerte intelecto y valor verdadero, dos características necesarias para el liderazgo en estos tiempos difíciles.

Vestida con una chaqueta verde, emocionada y sorprendida cuando una ballena se acerca a nuestro bote pequeño frente a la costa de México en febrero de 2012, con otros ministros de Relaciones Exteriores del G-20. A mi lado está nuestra anfitriona, la secretaria de Relaciones Exteriores de México, Patricia Espinosa.

60

Mi tiempo como secretaria de Estado no fue sólo trabajo. En Cartagena, Colombia, para la Cumbre de las Américas en abril de 2012, me uní al personal para la fiesta de cumpleaños de mi secretaria adjunta para Asuntos del Hemisferio Occidental, Roberta Jacobson. Posteriormente, los medios de comunicación le pidieron a un portavoz del departamento de Estado que definiera precisamente cuánto me había divertido. La respuesta oficial fue: "Mucho".

Saludando a la presidenta de Chile Michelle Bachelet en el aeropuerto de Santiago, tras un fuerte terremoto a principios de 2010.

En Monrovia, Liberia, consultando con la presidenta de Liberia Ellen Johnson Sirleaf durante una visita en agosto de 2009. La primera mujer en servir como presidente de un país africano, Johnson Sirleaf es una líder impresionante y admiro su pasión y perseverancia.

Uno de los viajes más desgarradores que realicé como secretaria de Estado fue a un campamento de refugiados en Goma, República Democrática del Congo, en agosto de 2009. Aquí recorro el campamento y hablo con personas que enfrentan condiciones deplorables y una epidemia de violencia sexual.

El presidente de Transición de Somalia Sheikh Sharif Sheikh Ahmed sorprendió a muchos en su conservadora sociedad religiosa al darme la mano después de nuestra reunión de agosto de 2009 en Nairobi, Kenia. Ayudar a su gobierno a repeler a los terroristas de Al Shabaab era una prioridad de seguridad nacional en África.

65

Fue un privilegio conocer al obispo Elias Taban en Juba, Sudán del Sur, en agosto de 2012. La inspiradora historia del obispo Taban me conmovió profundamente y llevé una copia de su potente artículo de opinión a mi encuentro con Salva Kiir, el presidente de Sudán del Sur.

ARRIBA: El primer ministro de Tanzania Mizengo Pinda y yo sembrando plantas en una cooperativa de mujeres en Mlandizi, Tanzania, en junio de 2011, como parte de nuestra iniciativa Alimentar el Futuro. ABAJO: Canto y aplaudo con mujeres malauís en el Lumbadzi Milk Bulking Group en Lilongwe, Malaui, en agosto de 2012. Luchar contra la pobreza extrema y el hambre era lo correcto y lo más inteligente.

Descubrir que hay una tienda Hillary Clinton en Karatu, Tanzania, puso una sonrisa en mi rostro.

Visitando pacientes con VIH/sida en una clínica en Kampala, Uganda, en agosto de 2012. Me fijé el nuevo y ambicioso objetivo de lograr una "generación libre de sida". El VIH tal vez siga con nosotros en el futuro, pero el sida no tiene por qué hacerlo.

Después del funeral de Nelson Mandela en diciembre de 2013 en Sudáfrica, nos sentamos a contar historias y celebrar su vida y su legado acompañados por nuestro amigo Bono. Bono está sentado conmigo en el piano. Bill gozó con mi intento de aporrear algunas teclas.

invadió Gaza para detener los ataques con misiles. En las últimas semanas de la administración Bush, tropas israelíes lucharon contra pistoleros de Hamas en las calles de ciudades densamente pobladas. La "Operación Plomo Fundido" fue considerada una victoria de Israel —Hamas sufrió muchas bajas y perdió gran parte de su arsenal de misiles y otras armas— pero también todo esto fue un desastre de relaciones públicas. Más de mil palestinos murieron e Israel enfrentó una generalizada condena internacional. El 17 de enero, pocos días antes de la posesión del presidente Obama, el entonces primer ministro Ehud Olmert anunció un alto el fuego a partir de la medianoche, si Hamas y un grupo más pequeño, y más radical aún, llamado la Jihad Islámica Palestina dejaban de disparar misiles. Al día siguiente, los militantes palestinos accedieron. La lucha se detuvo, pero en la práctica Israel mantuvo un estado de sitio alrededor de Gaza, con las fronteras cerradas a la mayor parte del tráfico y comercio. Hamas, valiéndose de túneles secretos de contrabando bajo las fronteras egipcias, de inmediato comenzó a reconstruir su arsenal. Dos días más tarde, el presidente Obama tomaba posesión en Washington.

Con la crisis de Gaza acaparando la atención del mundo, mi primera visita como secretaria de Estado fue a Olmert. Las preocupaciones inmediatas eran preservar el frágil cese al fuego y proteger a Israel de más fuego de misiles, tratar las graves necesidades humanitarias al interior de Gaza y reiniciar un proceso de negociaciones que pudiera poner fin al más amplio conflicto con los palestinos y llevar una paz integral a Israel y la región. Le dije al primer ministro que más tarde ese día, el presidente Obama y yo anunciaríamos al antiguo senador George Mitchell como nuevo enviado especial para la Paz en el Medio Oriente. Olmert llamó a Mitchell "un buen hombre" y expresó su esperanza de que pudiéramos trabajar juntos en las áreas que ya habíamos discutido.

A principios de marzo, en una conferencia efectuada en Egipto, me reuní con representantes de otros países donantes internacionales para conseguir nueva ayuda humanitaria a las necesitadas familias palestinas de Gaza, como un paso para contribuir a que los traumatizados palestinos e israelíes dejaran atrás la más reciente violencia. Se piense lo que se piense de la enredada política del Medio Oriente, es imposible ignorar el sufrimiento humano, especialmente el de los niños. Los niños palestinos e israelíes tienen el mismo derecho que los niños de cualquier parte del mundo a una buena educación, asistencia médica y un mejor futuro. Y los padres de Gaza y Cisjordania comparten las mismas aspiraciones que los padres de Tel Aviv y Haifa de tener un buen trabajo, un hogar seguro y mejores oportunidades para sus hijos. Entenderlo así constituye un punto de arranque vital para salvar las brechas que dividen la región y proveer los cimientos de una paz duradera. Cuando expresé todo eso en la conferencia en Egipto, varios miembros de los usualmente hostiles medios de comunicación árabes prorrumpieron en aplausos.

En Jerusalén tuve el placer de ver a mi viejo amigo, el presidente Shimon Peres, un león de la izquierda israelí que había ayudado a construir la defensa del nuevo estado, a negociar Oslo y a mover hacia adelante la causa de la paz después del asesinato de Rabin. Como presidente, Peres tenía un papel ampliamente ceremonial, pero hacía las veces de la consciencia moral del pueblo israelí. Todavía albergaba una creencia apasionada en la necesidad de una solución de dos estados, pero reconocía lo difícil que sería lograrlo. "No tomamos a la ligera el peso que llevas a tus espaldas", me dijo. "Pero pienso que son fuertes y en nosotros encontrarás un socio sincero en el doble propósito de prevenir y detener el terror, y lograr la paz para toda la gente del Medio Oriente".

También consulté con Olmert y su inteligente y enérgica ministra de Relaciones Exteriores, Tzipi Livni, sobre calmar las tensiones en Gaza y fortalecer el alto el fuego. Los esporádicos ataques de misiles y morteros continuaban, y parecía que el conflicto podía estallar de nuevo en cualquier momento. Yo también deseaba tranquilizar a Israel en el sentido de que la administración Obama estaba plenamente comprometida con la seguridad de Israel y con su futuro como estado judío. "De ninguna nación debe esperarse que permanezca cruzada de brazos y permita que los misiles ataquen a su pueblo y sus territorios", dije. Durante años, bajo administraciones demócratas y republicanas, Estados Unidos se ha comprometido a ayudar a Israel a mantener una "ventaja militar cualitativa" sobre cada competidor de la región. El presidente Obama y yo queríamos incrementarla. De inmediato nos pusimos a ampliar la cooperación de seguridad e invertimos en proyectos de defensa conjuntos, incluyendo el de la Cúpula de Hierro, un sistema de defensa de misiles de corto alcance para ayudar a proteger las ciudades y los hogares israelíes de los cohetes.

Olmert y Livni estaban decididos a avanzar hacia una paz más amplia en la región y una solución de dos-estados al conflicto con los palestinos, a pesar de las muchas decepciones experimentadas a lo largo de décadas de vacilantes negociaciones. Pero ya iban de salida. Olmert había anunciado su renuncia bajo una nube de cargos de corrupción, en su mayor parte provenientes de sus tiempos como alcalde de Jerusalén. Livni asumió la dirección del Partido Kadima y se candidateó para las nuevas elecciones contra Netanyahu y el Likud. De hecho Kadima ganó un escaño más en el parlamento israelí, el Knesset, que el Likud (28 escaños para Kadima contra 27 para Likud), pero Livni no pudo configurar una coalición mayoritaria viable entre los revoltosos partidos más pequeños que mantenían el equilibrio del poder. Así que Netanyahu tuvo oportunidad de conformar un gobierno.

Hablé con Livni sobre un gobierno de unidad entre Kadima y Likud que pudiera estar más abierto a lograr la paz con los palestinos. Pero se mostró completamente opuesta a ello. "No, no voy a entrar en su gobierno" me dijo ella. Pero Netanyahu conformó una coalición mayoritaria de partidos más pequeños y para finales de marzo de 2009, regresó a la oficina de primer ministro que ya anteriormente había ocupado de 1996 a 1999.

Conocía bien a Netanyahu desde años atrás. Personaje complejo, pasó sus años de formación en Estados Unidos, estudió en Harvard y en MIT, e incluso trabajó brevemente en el Boston Consulting Group con Mitt Romney en 1976. Netanyahu era profundamente escéptico del esquema de Oslo de cambiar tierras por paz y de una solución a dos-estados que daría a los palestinos un país propio en territorio ocupado por Israel desde 1967. También está comprensiblemente obsesionado con la amenaza de Irán, en particular por la posibilidad de que Teherán adquiriera armas nucleares que podían ser utilizadas contra Israel. Las opiniones militaristas de Netanyahu habían sido moldeadas por su propia experiencia en las Fuerzas de Defensa Israelíes, especialmente durante la guerra del Yom Kippur de 1973; por el recuerdo de su hermano Yonatan, un comando muy respetado que fue muerto liderando el ataque de Entebbe en 1976; y por la influencia de su padre Benzion, historiador ultranacionalista quien era partidario de un estado judío que abarcara toda Cisjordania y Gaza, desde antes del nacimiento del Estado de Israel en 1948. Netanyahu padre se sostuvo en esa posición hasta su muerte en 2012, a la edad de 102 años.

En agosto de 2008, finalizada mi campaña presidencial, Netanyahu me visitó en mi oficina del Senado, en la Tercera Avenida de Nueva York. Luego de una década marginado de la política desde que fue derrotado en las elecciones de 1999, Bibi se había abierto camino de nuevo hasta la cima del Likud y ahora estaba listo para retomar el despacho de primer ministro. Sentado en mi sala de conferencias con vista al centro de Manhattan, estuvo filosofando sobre las vueltas que da la vida. Me dijo que después de no ser reelegido, Margaret Thatcher, la propia Dama de Hierro, le había dado un consejo: "Siempre espere lo inesperado". Ahora él me estaba dando el mismo consejo. Eso fue meses antes de que el presidente electo Obama me dijera por primera vez las palabras "secretaria de Estado", y cuando lo hizo, pensé en lo que Bibi había predicho.

Más tarde, ambos recordaríamos esa conversación como un nuevo principio en nuestra relación. A pesar de nuestras diferencias políticas, Netanyahu y yo aprendimos a trabajar juntos como socios y amigos. Discutíamos con frecuencia, a menudo en llamadas telefónicas que podían durar una hora, a veces dos. Pero aun cuando discrepábamos, nuestro compromiso con la alianza entre nuestros países siempre fue inconmovible. Aprendí que si él sentía que estaba siendo acorralado, Bibi pelearía. Pero si se le echaba el brazo como a un amigo, había oportunidad de conseguir juntos que algo se hiciera.

Con la región aún estremecida por el reciente conflicto de Gaza, y un escéptico de vuelta al mando en Israel, las perspectivas de llegar a un acuerdo de paz integral parecían desalentadoras, por decir lo menos.

A partir de la Segunda Intifada, que empezó en septiembre de 2000, había habido casi una década de terror. Desde septiembre de 2000 hasta febrero de 2005, casi mil israelíes fueron muertos y ocho mil heridos en ataques terroristas. Tres veces más palestinos fueron muertos y miles resultaron heridos en el mismo período. El gobierno empezó a construir un largo muro de seguridad para separar físicamente a Israel de Cisjordania. Como resultado de sus medidas de protección, el gobierno israelí reportó un brusco descenso de los ataques suicidas que pasaron de más de cincuenta en 2002 a cero en 2009. Esto fue, por supuesto, una fuente de gran alivio para los israelíes, pero también redujo la presión de buscar una mayor seguridad a través de un acuerdo de paz integral.

Encima de eso, en Cisjordania siguió creciendo el número de colonos israelíes, en su mayoría categóricamente opuestos a devolver tierras o cerrar asentamientos en lo que ellos llamaban "Judea y Samaria", el nombre bíblico de la ribera occidental del Río Jordán. Algunos colonos que se mudaron a esos puestos de avanzada al otro lado de la "Línea Verde" de 1967, simplemente estaban tratando de sacarle el cuerpo a una crisis de vivienda en las costosas ciudades israelíes, pero otros iban motivados por un excesivo fervor religioso y la creencia de que la Ribera Occidental había sido prometida a Israel por Dios. Los colonos eran la base política del principal socio de coalición de Netanyahu, el Partido Yisrael Beiteinu, liderado por Avigdor Lieberman, un emigrante ruso que se convirtió en ministro de Relaciones Exteriores del nuevo gobierno. Lieberman veía la negociación de concesiones como una muestra de debilidad y tenía un largo historial de oposición al proceso de paz de Oslo. Bibi y Lieberman también creían que en el largo plazo, el programa nuclear de Irán era una amenaza mayor y más urgente para la seguridad de Israel que el conflicto palestino. Todo lo anterior contribuyó a que entre los líderes de Israel no hubiera urgencia de tomar las difíciles decisiones necesarias para conseguir una paz duradera.

=====

Después de visitar en Jerusalén a los líderes israelíes salientes y entrantes, a principios de marzo de 2009, crucé a Cisjordania y me dirigí a Rama- llah, sede de la Autoridad Palestina (AP). Bajo los acuerdos anteriores, la AP administraba parte de los territorios palestinos y mantenía sus pro- pias fuerzas de seguridad. Visité un aula de clase en la que estudiantes palestinos estaban aprendiendo inglés a través de un programa patroci- nado por Estados Unidos. Dio la casualidad de que estaban estudiando Women's History Month y aprendiendo acerca de Sally Ride, la primera mujer astronauta de Estados Unidos. A los estudiantes, especialmente a las chicas, las había cautivado su historia. Cuando pedí una sola palabra que describiera a Sally y sus logros, un estudiante respondió, "Optimista". Encontrar una actitud tan positiva en medio de jóvenes que crecían en circunstancias tan difíciles fue estimulante. Dudo que en Gaza se hubiera dado la misma actitud. Para mí, eso resumía la diferencia de la suerte corrida por cada uno de los dos territorios palestinos.

Durante cerca de veinte años, dos facciones, Fatah y Hamas, se dis- putaron la influencia sobre el pueblo palestino. Cuando Arafat vivía, su partido Fatah tenía el predominio y su presencia era suficiente para man- tener en buena medida la paz entre los dos. Pero después de su muerte en 2004, el cisma estalló en un conflicto abierto. Para aquellos desilusionados por un proceso de paz que no había logrado muchos avances concretos, Hamas propagaba la falsa esperanza de que un estado palestino, de alguna manera pudiera conseguirse con violencia y una resistencia intransigente. Por el contrario, el sucesor de Arafat como jefe de Fatah y de la Organi- zación para la Liberación Palestina, Mahmud Abbas (también conocido como Abu Mazen), mantuvo una plataforma de no violencia e instaba a su gente a seguir impulsando una solución política negociada del conflicto, mientras se construían la economía e instituciones de un futuro estado palestino.

A principios de 2006, Hamas ganó las elecciones legislativas de los territorios palestinos que había impulsado la administración Bush siguiendo objeciones presentadas por miembros de Fatah y los israelíes. La inesperada victoria desató una nueva crisis con Israel y una violenta lucha por el poder con Fatah.

Después de que se conocieron los resultados de las elecciones, yo hice una declaración censurando a Hamas y recalcando que "hasta, y a menos que Hamas renuncie a la violencia y el terror, y abandone su posición de pedir la destrucción de Israel, no creo que Estados Unidos deba reconocer a Hamas, y tampoco debe hacerlo ninguna otra nación del mundo". El resultado fue un recordatorio de que la auténtica democracia, primero, es más que ganar una elección, y segundo, que si Estados Unidos impulsaba elecciones, era responsabilidad nuestra ayudar a educar a los pueblos y los partidos respecto al proceso. Fatah había perdido varios escaños porque propuso a dos candidatos en distritos donde Hamas había propuesto sólo uno. Fue un grave error. El año siguiente, Hamas lideró en Gaza un golpe de estado contra la autoridad de Mahmud Abbas, quien seguía al mando como presidente a pesar de las derrotas de su partido en las elecciones legislativas. Con Fatah todavía controlando Cisjordania, el pueblo palestino se dividió entre dos centros de poder que competían y dos muy diferentes visiones del futuro.

Esta división hizo que las perspectivas de reanudar las conversaciones de paz se volvieran más remotas, y pareció aumentar la renuencia de Israel. Sin embargo, como resultado del inusual arreglo, ambas partes pudieron probar su enfoque de gobierno y los resultados podían verse todos los días en las calles y barrios palestinos. En Gaza, Hamas presidía sobre un enclave de terror y desesperación que se desmoronaba. Almacenaba misiles mientras la gente se hundía aún más en la pobreza. El desempleo subió a casi un 40 por ciento, y aún más arriba entre la gente joven. Hamas impedía la ayuda internacional y la labor humanitaria de las ONG y poco hacía por promover un crecimiento económico sostenible. Pero Hamas, en cambio, buscaba distraer a los palestinos de su fracaso para gobernar eficientemente, avivando nuevas tensiones con Israel e incitando la ira del pueblo.

Entretanto, en Cisjordania, Abbas y el primer ministro Salam Fayyad, un tecnócrata muy capaz, producían resultados muy diferentes en un período de tiempo relativamente corto. Ambos se dedicaron a lidiar con una historia de corrupción y a construir instituciones transparentes que rindieran cuentas. Estados Unidos y otros socios internacionales, especialmente Jordania, trabajaron para mejorar la efectividad y la confiabilidad de las fuerzas de seguridad de la AP, lo cual también era una prioridad clave para Israel. Las reformas aumentaron la confianza pública en los tribunales y en 2009 atendieron un 67 por ciento más de casos que en 2008. Por fin se estaban cobrando impuestos. La AP empezó a construir escuelas y hospital y a capacitar maestros y personal médico. Hasta empezó a trabajar en programas de seguro de enfermedad a nivel nacional. Las políticas fiscales más responsables, el apoyo de la comunidad internacional, incluidos cientos de millones de dólares cada año de Estados Unidos, el mayor donante bilateral de la AP; el mejoramiento de la seguridad y el régimen de derecho, llevaron a un significativo crecimiento económico. Más y más palestinos de Cisjordania estaban encontrando empleo, iniciando empresas y revirtiendo el estancamiento económico que siguió al estallido de la Segunda Intifada en 2000. El número de nuevas licencias empresariales emitidas en Cisjordania en el cuarto trimestre de 2009 fue un 50 por ciento más alto que en el mismo período en 2008, pues los palestinos abrieron todo tipo de negocios, desde fondos de capital de riesgo hasta ferreterías y hoteles de lujo. El desempleo en Cisjordania se redujo a menos de la mitad de la tasa en Gaza.

Aun con este progreso, todavía quedaba mucho por hacer. Había demasiada gente frustrada y sin trabajo. La incitación antiisraelí y la violencia aún eran problemas, y esperábamos ver más reformas para acabar con la corrupción, para arraigar una cultura de paz y tolerancia entre los palestinos y para reducir la dependencia de la asistencia extranjera. Pero estaba resultando más fácil imaginar una Palestina capaz de gobernarse a sí misma, asumir sus responsabilidades y garantizar la seguridad de sus ciudadanos y vecinos. En septiembre de 2010 el Banco Mundial reportó que si la Autoridad Palestina mantenía su impulso en la construcción de instituciones y la prestación de servicios públicos, estaría "bien posicionada para establecer un estado en cualquier momento del futuro próximo".

Pude apreciar personalmente el progreso en mis visitas a Cisjordania en 2009 y 2010. Bien equipados oficiales de seguridad palestinos, muchos de ellos entrenados con asistencia de Estados Unidos y Jordania, bordeaban la carretera. Entrando a Ramallah, pude ver nuevos edificios de apartamentos y torres de oficinas que se levantaban en las colinas. Pero cuando miraba las caras de hombres y mujeres que salían de sus negocios y hogares, era imposible olvidar la dolorosa historia de un pueblo que jamás había tenido un estado propio. El progreso económico e institucional es importante y es necesario, pero no basta. Las legítimas aspiraciones del pueblo palestino nunca se verán satisfechas mientras no haya una solución a dos-estados que asegure dignidad, justicia y seguridad para todos los palestinos e israelíes.

Siempre consideraré que a finales de 2000 y principios de 2001, Arafat cometió un error terrible cuando se negó a unirse al primer ministro Barak en aceptar los "Parmámetros Clinton", que habrían dado a los palestinos un estado en Cisjordania y Gaza con una capital en Jerusalén oriental. Ahora lo estábamos intentando de nuevo con el presidente Abbas, quien había trabajado duro y por mucho tiempo para hacer realidad los sueños de su pueblo. Él comprendía que esos sueños podían alcanzarse sólo a través de la no violencia y la negociación. Creía en que una Palestina independiente viviendo junto a Israel en paz y seguridad no sólo era posible, sino necesaria. A veces pienso que mientras que Arafat tenía las circunstancias necesarias para hacer la paz, pero no la intención, Abbas quizás tenga la intención pero no las circunstancias, aunque en algunos de nuestros momentos más frustrantes también me pregunté qué tan profunda era su convicción.

━━━

No iba a ser fácil convencer a israelíes y palestinos de que volvieran a la mesa de negociaciones. En cuanto a lo que podría ser un acuerdo de paz final y los compromisos a los que deberían llegar, lo difícil era movilizar la voluntad política en ambas partes para que se tomaran las decisiones difíciles y se hicieran los sacrificios necesarios para aceptar esos compromisos y lograr la paz. Nuestros esfuerzos diplomáticos debían concentrarse en generar convicción y confianza en ambas partes, y ayudar a los líderes a labrarse el espacio político para negociar entre ellos, y persuadirlos de que el statu quo era insostenible para todos.

Estaba convencida de que eso era cierto. En el caso de los palestinos, décadas de resistencia, terrorismo y alzamientos no habían producido un estado independiente, y más de lo mismo no iba a hacer nada por el progreso de sus legítimas aspiraciones. Las negociaciones ofrecían el único camino viable hacia ese objetivo, y una espera sólo iba a prolongar la ocupación y el sufrimiento en ambos lados.

Para los israelíes el asunto era más duro porque los problemas del statu quo no eran evidentes en una forma obvia e inmediata. La economía pasaba por un *boom* y las medidas de seguridad mejoradas habían reducido en buena medida la amenaza del terrorismo. Además, muchos israelíes sentían que su país había tratado de hacer la paz y lo único que había recibido a cambio era sufrimiento y violencia. Para ellos, Israel había ofrecido tratos generosos a Arafat y Abbas y los palestinos les habían dado la espalda. Israel se había retirado unilateralmente de Gaza durante el gobierno del primer ministro Ariel Sharon (sin un acuerdo de paz negociado) y Gaza se había convertido en un enclave terrorista que lanzaba misiles a la región sur de Israel. Y después de que se retiraron del sur del Líbano, Hezbolá y otros grupos militantes, con apoyo iraní y sirio, usaron el territorio como base para atacar el norte de Israel. ¿Qué razones tenían los israelíes para creer que entregando más tierras podrían alcanzar una paz real?

Comprendo todos esos temores y las amenazas y frustraciones que hay tras ellos. Pero como persona a la que realmente le preocupan la seguridad y el futuro de Israel, pensaba que había imperiosas tendencias demográficas, tecnológicas e ideológicas que justificaban otro intento serio de conseguir una paz negociada.

Dada la mayor tasa de nacimientos entre la mayoría de los palestinos y las más bajas tasas de nacimiento entre la mayoría de los israelíes, se acercaba el día en que los palestinos constituirían la mayoría de la población combinada de Israel y territorios palestinos, y prácticamente todos esos palestinos quedarían relegados a ser ciudadanos de segunda y sin derecho a voto. Mientras Israel insistiera en aferrarse a los territorios, se volvería cada vez más difícil y menos posible mantener su estatus no sólo de democracia sino también el de estado judío. Los israelíes deberán elegir, tarde o temprano, uno u otro o permitir que los palestinos tengan su propio estado.

Al mismo tiempo, la tecnología de los misiles que estaban llegando a manos de Hamas en Gaza y de Hezbolá en el Líbano era cada vez más sofisticada y con capacidad para llegar a comunidades israelíes muy alejadas de las fronteras. En abril de 2010, hubo informes de que Siria estaba transfiriendo misiles SCUD de largo alcance a Hezbolá en el Líbano, los

cuales podían llegar a todas las grandes ciudades israelíes. En la primavera de 2004, Israel interceptó un buque cargado de misiles de superficie
a superficie M302 hechos en Siria con destino a militantes palestinos en
Gaza, que también podían llegar a la mayor parte de Israel. Nosotros
continuaríamos reforzando las defensas aéreas de Israel, pero el mejor
sistema de defensa de misiles sería una paz justa y duradera. Y por último,
cuanto más se prolongara el conflicto, más fortalecería la jugada de los
extremistas de todo el Medio Oriente y debilitaría a los moderados.

Por todas estas razones, pensaba que la seguridad de Israel a largo
plazo requería darle otra oportunidad a la diplomacia. No me hacía ilusiones de que fuera más fácil llegar a un acuerdo de lo que había sido para
administraciones anteriores, pero el presidente Obama estaba dispuesto
a invertir su propio capital político personal. Eso cuenta mucho. Por otra
parte, Netanyahu, precisamente por su bien conocido militarismo, contaba
entre el público israelí con la credibilidad para hacer un acuerdo, igual
que Nixon cuando fue a China, siempre que él estuviera convencido de
que era en beneficio de la seguridad de Israel. Además, Abbas estaba
envejeciendo, no había manera de saber cuánto tiempo se mantendría en
el poder y no podíamos dar por sentado que su sucesor, quienquiera que
fuese, estaría tan comprometido con la paz. Abbas, con todo su bagaje
político e impedimentos personales, bien podía ser la última y mejor esperanza de contar con un socio palestino comprometido a encontrar una
solución diplomática y lo suficientemente decidido para convencer de
ella a su pueblo. Sí, siempre existía el peligro de volver a caer en el atolladero de las negociaciones de paz del Medio Oriente; tratar y fracasar bien
podía desacreditar a los moderados, reforzar a los extremistas y dejar a
los partidos más desconfiados y distanciados que antes. Pero el éxito sería
imposible si no lo intentábamos, y yo estaba decidida a hacerlo.

Nuestro primer paso para hacer arrancar el proceso de paz en enero
de 2009 fue nombrar a George Mitchell como enviado especial y que intentara repetir el éxito alcanzado por él con el Acuerdo del Viernes Santo
en Irlanda del Norte. Antiguo senador por Maine, Mitchell, de pausado
hablar, siempre estuvo presto a señalar las diferencias entre ambos conflictos, pero también sacaba ánimos del hecho de que el de Irlanda del
Norte, alguna vez considerada tan intransigente como el Medio Oriente,
se había resuelto tras concienzudas negociaciones. "Tuvimos 700 días de
fracasos y un solo día de éxito", decía a menudo. Por otra parte, cuando

Mitchell comentó ante una audiencia en Jerusalén que hubo 800 años de conflicto antes de que la paz finalmente llegara a Irlanda del Norte, un caballero ya entrado en años se burló, "Un problema tan reciente… ¡con razón ustedes lo solucionaron!".

El presidente Obama y yo estuvimos de acuerdo en que Mitchell poseía el prestigio internacional, las destrezas de negociación y el paciente temperamento necesarios para encargarse de esta tarea decisiva. También le pedí a Dennis Ross, quien había sido enviado especial al Medio Oriente durante la década de 1990, que regresara al departamento de Estado para trabajar en temas de Irán y la región. El presidente Obama quedó tan impresionado con él que pronto le pidió mudarse a la Casa Blanca para asesorarlo más de cerca, inclusive sobre el proceso de paz. A veces se presentaban tensiones entre Ross y Mitchell, algo comprensible pues sus responsabilidades se traslapaban y en esta misión había mucho en juego, pero yo valoraba ambas perspectivas y me sentía agradecida por tener a tan brillantes pensadores de la política exterior formando parte de nuestro equipo.

Pocos días después de su nombramiento, Mitchell se dirigió a la región en un tour con varias paradas. Los israelíes aún estaban organizando su nuevo gobierno, de modo que Mitchell hizo las rondas de las capitales árabes. Su mandato incluía trabajar por la paz no sólo entre Israel y palestinos, sino entre Israel y todos sus vecinos. Probablemente, la base para una paz regional integral sería un plan propuesto por el rey Abdullah de Arabia Saudita, en 2002. En marzo de 2002 el plan había sido respaldado en forma unánime por todos los miembros de la Liga Árabe, incluida Siria. En la Iniciativa de Paz Árabe, como se conoció, todos esos países y algunas naciones de mayoría musulmana pero ubicadas fuera de la región, acordaron que a cambio de un acuerdo de paz exitoso con los palestinos, ellos normalizarían las relaciones con Israel, incluyendo la cooperación económica, política y de seguridad. Si esto se podía lograr, tendría profundas implicaciones para la dinámica estratégica del Medio Oriente. Dadas sus compartidas sospechas de Irán y su amistad con Estados Unidos, Israel y muchos de los estados árabes, especialmente las monarquías del Golfo, todos deberían haber sido aliados naturales. Pero la enemistad por el conflicto palestino no les permitía trabajar juntos. Antes de la guerra de 2008 y 2009 en Gaza, Turquía había tratado de conseguir que se efectuaran conversaciones de paz entre Israel y Siria. Si Siria podía ser alejada de su nociva alianza con Irán a cambio de progresos en cuanto a los Altos del Golán —el territorio que perdió a manos de Israel en 1967— eso también tendría significativas consecuencias estratégicas.

En casi todas las capitales árabes, Mitchell escuchó la misma cosa: Israel debía dejar de construir asentamientos en terrenos que algún día formarían parte de un estado palestino. Cada nuevo asentamiento más allá de las viejas líneas de 1967 dificultaría más la consecución de un acuerdo final. Durante décadas, Estados Unidos se había opuesto a la expansión de los asentamientos por considerarla contraproducente para los esfuerzos de paz. El presidente George H. W. Bush y su secretario de Estado, Jim Baker, consideraron suspender las garantías de préstamos a Israel por ese problema. En su hoja de ruta, el presidente George W. Bush pidió la congelación total de las construcciones. Pero dados los estrechos lazos de Netanyahu con los colonos, se podía esperar que él obstaculizara cualquier limitación.

Después de sus consultas iniciales en toda la región, Mitchell sugirió que les pidiéramos a las tres partes —israelíes, palestinos y estados árabes— que tomaran medidas específicas constructivas para mostrar su buena fe y echar los cimientos para un regreso a las negociaciones de paz directas.

De la Autoridad Palestina, queríamos que tomara medidas más enérgicas sobre el terrorismo y redujera la instigación contra Israel. Entre los ejemplos de instigación que citamos estaba el cambio del nombre de una plaza pública en Cisjordania por el de un terrorista que había matado a civiles israelíes, la difusión de teorías de que Israel planeaba destruir lugares sagrados musulmanes y el fomento de acciones que glorificaran y estimularan una mayor violencia. En cuanto a Hamas, su aislamiento continuaría hasta que renunciara a la violencia, reconociera a Israel y se comprometiera a acatar los acuerdos ya firmados. Sin esos pasos básicos, Hamas no conseguiría un asiento en la mesa. También exigimos la liberación inmediata de Gilad Shalit, un soldado israelí secuestrado que mantenían retenido en Gaza.

De los países árabes, esperábamos ver pasos hacia la normalización con Israel como los previstos en la Iniciativa de Paz Árabe, entre ellos los derechos de sobrevuelo para el tráfico aéreo comercial israelí, la reapertura de oficinas comerciales y el establecimiento de rutas postales. Netanyahu me presionó sobre esto en una cena en el departamento de Estado en mayo de 2009. Quería ver acción en particular de Arabia Saudita, cuyo papel como "Custodio de las Dos Mezquitas Sagradas" daría a sus gestos una enorme importancia en la región. En junio de 2009, el presidente Obama viajó a Riyadh a tratar el tema personalmente con el rey Abdullah.

Con respecto a los israelíes, solicitamos congelar toda construcción de asentamientos en los territorios palestinos. En retrospectiva, esos estrictos planteamientos iniciales no funcionaron.

En un primer momento, Israel rehusó nuestro pedido y lamentablemente toda la cuestión se ventiló en público y se convirtió en un enfrentamiento muy personal entre el presidente Obama y Netanyahu, afectando la credibilidad de ambos presidentes. Eso hizo que para cualquiera de ellos resultara muy difícil ceder o llegar a un acuerdo. Los estados árabes estaban contentos de mantenerse al margen y usar el asunto como excusa para su propia inacción. Y Abbas, quien persistentemente había pedido durante años un alto en la construcción de asentamientos, ahora decía que todo era idea nuestra y que no se haría presente en la mesa sin una moratoria.

El presidente y sus consejeros habían discutido si sería acertado hacer de entrada la exigencia de congelar los asentamientos. La voz más fuerte a favor era la de Rahm Emanuel, jefe de gabinete de la Casa Blanca. Rahm, antiguo voluntario civil de la Fuerza de Defensa Israelí, tenía un profundo compromiso personal con la seguridad de Israel. Con base en sus experiencias en la administración Clinton, Rahm pensaba que la mejor manera de tratar con Netanyahu era tomando una posición fuerte: de otra forma, pasaría por encima de todos nosotros. El presidente apoyaba ese argumento, y pensaba que insistir en la congelación de los asentamientos era una buena política y una estrategia inteligente ya que ayudaría a restablecer a Estados Unidos como un mediador honesto en el proceso de paz y suavizaría la percepción de que siempre apoyábamos a los israelíes. Me preocupaba que nos estuviéramos encasillando en una confrontación que no necesitábamos, que los israelíes sintieran que a ellos se les estaba pidiendo hacer más que a las otras partes y que una vez que lo hiciéramos público, Abbas no pudiera iniciar negociaciones en serio. Un alto funcionario israelí una vez me había explicado que para los israelíes lo peor en el mundo es ser un *freier*, la palabra hebrea para imbécil. Me dijo que los conductores israelíes preferían acabar en el hospital con tal de no permitir que alguien les cortara el paso en la carretera. El mismo Bibi fue citado diciendo "No somos *freiers*. No damos sin recibir". Yo temía que en este contexto, nuestras exigencias de congelar los asentamientos no fuera bien recibida. Pero estaba de acuerdo en que si íbamos a revivir un proceso de paz moribundo, tendríamos que correr algunos riesgos. Por consiguiente, esa primavera transmití el mensaje del presidente con toda mis fuerzas. Y luego traté de controlar las consecuencias cuando ambas partes reaccionaron mal.

En junio de 2009, dos importantes discursos rehicieron el panorama diplomático. Primero, en El Cairo, el presidente Obama ofreció una ambiciosa y elocuente recalibración de la relación de Estados Unidos con el mundo islámico. En la amplia alocución, reafirmó su compromiso personal de buscar una solución a dos-estados que pudiera satisfacer las aspiraciones de israelíes y palestinos. Antes del discurso, el presidente y yo sacamos tiempo para realizar un tour privado de la inmensa Mezquita del sultán Hassan, una de las más grandes del mundo. Nos quitamos los zapatos, yo me puse una pañoleta en la cabeza, y nos dedicamos a admirar la intrincada artesanía medieval mientras escuchábamos las explicaciones de un historiador de arte egipcio-americano. Fue un momento encantador compartido en medio de toda la locura de un viaje presidencial y la presentación de una nueva política tan importante. Más tarde ese día, el presidente me hizo sonreír cuando dijo en su discurso que, "la cultura islámica nos ha legado arcos majestuosos y ascendentes espirales; eterna poesía y preciados acordes musicales; elegante caligrafía y lugares de tranquila contemplación".

Diez días más tarde, Netanyahu fue a la Universidad Bar-Ilán y, aunque seguía rechazando la congelación de los asentamientos, por primera vez refrendó la idea de la solución a dos-estados. Parecía un giro fructífero, que Netanyahu quisiera ser recordado como un líder que podía asumir riesgos audaces y obtener un acuerdo histórico.

Mitchell y yo pasamos todo el verano y principios del otoño trabajando con israelíes y palestinos para sortear el obstáculo de los asentamientos, de cuya creación, para ser justos, nosotros también éramos en parte responsables por haber permitido que el problema se convirtiera en un pulso de voluntades. El presidente Obama decidió que la mejor manera de seguir adelante era insistir en que ambos líderes se sentaran con él en el mismo salón, cuando todos estuvieran en Nueva York para la Asamblea General de la ONU en septiembre. Esas no serían negociaciones formales, pero podían brindar una primera oportunidad de que los líderes se hablaran uno a otro y quizás lograran una especie de impulso hacia un proceso más sustancial. La reunión en Nueva York fue difícil; ambos líderes fueron categóricos en sus posiciones y mostraron poca disposición a comprometerse, especialmente sobre el problema de los asentamientos. "Todos debemos asumir riesgos por la paz", les dijo el presidente Obama, "y es difícil desembarazarnos de la historia, pero debemos hacerlo".

Dejamos Nueva York con poco que mostrar de ese esfuerzo. Pero Mitchell y yo seguimos trabajando sobre Netanyahu, quien finalmente accedió a un alto parcial para los permisos de construcción de futuros asentamientos en Cisjordania. Todavía debíamos llegar a cuánto duraría la congelación y qué áreas cubriría, pero este era un comienzo importante… y era más de lo que cualquier otro gobierno israelí anterior había estado dispuesto a hacer. El escollo sería Jerusalén. Jerusalén Este había sido capturada junto con Cisjordania en 1967 y los palestinos soñaban con establecer allí, algún día, la capital de su nuevo estado. Entonces los palestinos estaban intentando detener la construcción en el este de Jerusalén. Pero eso no tenía el más mínimo chance con Bibi, quien se negó a restringir la construcción en ninguna parte de Jerusalén.

A principios de octubre hablé con Ehud Barak, socio de coalición de Netanyahu, su ministro de Defensa y la voz más importante de este gobierno en pro de la paz. Barak era optimista al máximo, a pesar de vivir en una región donde tanto parecía ir mal. También era uno de los héroes de guerra más condecorados de una nación de héroes de guerra. Cuenta la historia que hasta se visitió de mujer y lideró un audaz asalto de comandos en Beirut en la década de los ochenta. Nos la llevábamos muy bien. De vez en cuando él me llamaría y diría, "Hillary, estrategicemos", antes de lanzarse en un fuego graneado de ideas y argumentos. Estaba deseoso de ayudarme a conseguir un acuerdo que pudiera llevar adelante el proceso. "Estaremos listos para escuchar, para ser sensibles y para ser receptivos", me dijo. Finalmente los israelíes accedieron a congelar los asentamientos por diez meses, pero se mantuvieron firmes en lo de no incluir a Jerusalén.

Llamé a Abbas para discutir el ofrecimiento israelí. La reacción inicial palestina fue rechazarlo de entrada como inadecuado —"peor que inútil"— pero yo pensaba que este sería el mejor arreglo que iban a obtener y que debíamos aprovechar la oportunidad de proseguir a negociaciones directas. "Quiero recalcar de nuevo, Señor Presidente, que nuestra política sobre las actividades de asentamiento no cambiará", le aseguré, "y que aunque la moratoria de asentamiento israelí que George Mitchell le describió a usted será significativa y una medida sin precedentes en ningún gobierno israelí, no será un sustituto para los compromisos de Israel de conformidad con la hoja de ruta". Abbas no contradijo mis palabras "sin precedentes", pero no le gustó la exclusión de Jerusalén u otras limitaciones, y no estuvo de acuerdo con iniciar negociaciones.

Sin embargo, para mostrar su buena fe, Abbas también hizo una concesión. Ofreció que los palestinos retrasarían una votación en el Consejo de Derechos Humanos de la ONU sobre el controvertido Reporte Goldstone, que acusaba a Israel de crímenes de guerra durante la guerra de 2008 en Gaza. Por esa decisión, Abbas fue blanco de rápidas y agudas críticas de todo el Mundo Árabe, incluso de incesantes ataques personales por Al Jazeera, la red de noticias satelital que transmite desde Catar. Abbas estaba fuera de sí y me confió que temía por su seguridad y que sus nietos habían sido acosados en la escuela. Yo le agradecí por su "importante decisión tan valiente", pero pude notar que él empezaba a flaquear. Una semana más tarde, Abbas se echó atrás y pidió en la ONU la votación sobre el Reporte Goldstone. Más tarde, en 2011, el propio Richard Goldstone se retractó de algunos de los cargos más incendiarios del informe, entre otros el de que el ejército israelí había disparado intencionalmente a civiles, pero el daño ya estaba hecho.

A finales de octubre de 2009, con la esperanza de que allanara el camino para negociaciones directas entre las partes, yo andaba bastante concentrada en que se pusiera en práctica la propuesta moratoria de asentamientos. Me reuní con Abbas en Abu Dhabi y después con Netanyahu en Jerusalén. De pie junto a Bibi en una conferencia ya entrada la noche, describí la congelación de las construcciones como "sin precedentes", tal como se lo había dicho a Abbas. Esta vez, el uso de esas palabras causó indignación en países árabes donde la gente pensó que yo estaba siendo demasiado generosa respecto a un ofrecimiento que sólo era a corto plazo y excluía a Jerusalén Este. No era la primera vez, ni sería la última, que decir una dura verdad me causaría problemas.

En retrospectiva, muchos en la región acabarían añorando la tan vilipendiada moratoria. Pero en el imperativo inmediato era distender la situación y volver a enfocar a la región en que se llegara a las negociaciones directas. En los días que siguieron, hice un control de daños en Marruecos y Egipto. En El Cairo expliqué en privado al presidente Hosni Mubarak, y también en público, que nuestra política oficial sobre asentamientos no había cambiado. Todavía nos oponíamos a toda construcción y habríamos preferido una congelación integral más prolongada. Pero me atuve a mi descripción del ofrecimiento de "detener todas las nuevas actividades de asentamiento y poner fin a la expropiación de tierras, y no emitir permisos ni aprobaciones" como "sin precedentes". Porque el hecho es que sí lo era.

Finalizando noviembre, la congelación se hizo efectiva y el reloj empezó a marcar. Teníamos diez meses para hacer que los partidos avanzaran hacia las negociaciones directas y un acuerdo de paz integral.

═══

Uno a uno, los meses fueron pasando. Como lo prometieron, los israelíes detuvieron la construcción de nuevos asentamientos en Cisjordania, pero los palestinos querían que se incluyera Jerusalén Este y siguieron negándose a participar en conversaciones directas, aunque sí accedieron a las que se denominaron "conversaciones de cercanía", con Mitchell yendo y viniendo entre ambas partes para discutir su respectiva visión de las negociaciones.

En marzo de 2010, los israelíes se las arreglaron para defender la causa de los palestinos con un innecesario acto provocativo. El vicepresidente Biden estaba visitando Israel en un viaje de buena voluntad, reafirmando el sólido apoyo de la administración a la seguridad del país y tratando de dejar atrás lo desagradable de nuestra disputa sobre asentamientos. Estando todavía en el país, el ministro del interior de Israel anunció planes para 1.600 nuevas unidades de vivienda en Jerusalén Este, decisión que con toda seguridad irritaría sensibilidades palestinas. Netanyahu dijo que él no había tenido nada que ver con el infortunado momento del anuncio, pero fue tomado por muchos como un desaire al vicepresidente y a Estados Unidos.

Biden, de reconocido buen carácter, no se inmutó con todo el jaleo. Pero allá en casa, el presidente y Rahm estaban furiosos, y me pidieron que se lo dejara claro a Bibi. En una larga y acalorada conversación telefónica, le dije al primer ministro que el presidente consideraba las noticias de Jerusalén Este "un insulto personal para él, el vicepresidente y Estados Unidos". Fuerte para una conversación diplomática. No me gustó hacer de policía malo, pero era parte mi trabajo. "Pueden estar seguros usted y el presidente de que fue una coyuntura totalmente involuntaria y desafortunada", replicó Netanyahu, pero rehusó echar atrás la decisión.

Coincidentemente, este incidente ocurrió justo antes de la conferencia anual en Washington del Comité de Asuntos Públicos Estados

Unidos-Israel (AIPAC), prominente organización defensora de Israel. Netanyahu tenía programado visitar Washington y dirigirse a la conferencia. Yo estaba representando a la administración, y me tocó hablar primero. Quizás las muchas personas reunidas en el Washington Convention Center estaban algo expectantes al principio. Querían ver cómo abordaría yo la controversia, y si continuaría la crítica a Netanyahu. Sabía que debía hablar de eso, pero yo quería retroceder un poco en el tiempo y enfatizar más ampliamente por qué considerábamos crucial para el futuro de Israel un acuerdo de paz negociada.

Hablé de mi propia dedicación personal a la seguridad de Israel y de la solución a dos-estados y expliqué nuestras preocupaciones respecto a las tendencias demográficas, tecnológicas e ideológicas. Sería el argumento más integral presentado por mí en público desde mi nombramiento como secretaria de Estado, para explicar por qué el statu quo era insostenible y la necesidad de la paz innegable. Luego, me referí a las contrariedades por Jerusalén Este. No era un orgullo herido la causa de nuestra objeción, y tampoco una opinión sobre el estatus final de Jerusalén Este, el cual tendría que decidirse en la mesa de negociaciones. La construcción de nuevos asentamientos en Jerusalén Este y Cisjordania debilitaría la mutua confianza que necesitábamos generar entre las partes, sacaría a la luz diferencias entre Israel y Estados Unidos que otros en la región tratarían de aprovechar y disminuiría la capacidad única de Estados Unidos como mediador digno de confianza. "En este proceso", dije, "nuestra credibilidad depende en parte de que estemos dispuestos a elogiar a ambas partes cuando son valientes, pero también depende de que cuando estemos en desacuerdo lo digamos, y lo digamos en forma inequívoca".

Mi discurso ayudó a aminorar algunas de las tensiones, por lo menos en ese recinto, pero la relación entre Netanyahu y el presidente Obama siguió deteriorándose. Esa misma tarde, me reuní con Bibi más de una hora en su hotel. Me dijo que en su discurso a la convención esa noche planeaba dar un viraje, y él cumplía lo que prometía. "Jerusalén no es un asentamiento; es nuestra capital", declaró desafiante (nosotros jamás nos habíamos referido a Jerusalén como un asentamiento, nuestro argumento era que el estatus final de la ciudad debería ser determinado en negociaciones de buena fe, y que construir nuevos hogares para israelíes en barrios palestinos no contribuiría al propósito). Al día siguiente, Netanyahu sostuvo una cargada reunión con el presidente en la Casa Blanca. Se dice que en algún momento de la discusión, el presidente lo dejó esperando en el Salón Roosevelt durante una hora mientras atendía otros asuntos. Fue una movida inusual, pero le transmitió efectivamente su contrariedad. Lo positivo que resultó de esta mini crisis fue que los israelíes mejoraron en cuanto a avisarnos antes de anunciar cualquier polémico nuevo proyecto de vivienda, y se mostraron mucho más sensibles acerca de Jerusalén Este, al menos durante los diez meses en que la moratoria de construcción de asentamientos estuvo en vigor. Si las hubo, fueron pocas las construcciones adicionales.

Como si las tensiones por los asentamientos no fueran suficiente, las cosas empeoraron a finales de mayo. Comandos israelíes atacaron una flotilla de naves de Turquía que llevaban activistas pro-palestinos con intenciones de romper el bloqueo israelí de Gaza. Nueve ciudadanos turcos fueron muertos, uno de ellos estadounidense con doble nacionalidad. Mientras marchaba en Chappaqua en su desfile del Memorial Day, una de mis tradiciones favoritas de nuestro pueblecito, recibí una llamada urgente de Ehud Barak. "No estamos contentos con los resultados, pero tuvimos que tomar decisiones difíciles. No pudimos evitarlo", explicó Ehud. "Habrá repercusiones imprevistas" le advertí.

Durante mucho tiempo, Turquía había sido uno de los pocos aliados de los israelíes en la región, pero después de este descalabro, tuve que convencer a los furiosos turcos de que no respondieran tomando acciones graves contra Israel. El día después del ataque, el ministro de Relaciones Exteriores turco, Ahmet Davutoğlu, vino a verme y hablamos por más de dos horas. Estaba muy exaltado y amenazó con que Turquía podría declarar la guerra a Israel. "Sicológicamente, para Turquía este ataque es como un 9/11", dijo, y exigió de Israel disculpas y compensación por las víctimas. "¿Acaso no le importan?" me preguntó, "¡uno de ellos era ciudadano estadounidense!". Claro que me importaban —y mucho— pero mi primera prioridad era calmarlo y dejar a un lado todo este intercambio de guerra y consecuencias. Después aconsejé al presidente Obama que también llamara al primer ministro turco, Recep Tayyip Erdoğan; y luego transmití las preocupaciones y exigencias turcas a Netanyahu. Él dijo que quería arreglar las cosas con Turquía pero se negó a presentar disculpas públicamente. (Mis esfuerzos por convencer a Bibi de que se disculpara con Turquía fueron y vinieron durante el resto de mi período. En varias ocasiones, me dijo que finalmente lo haría, sólo para ser detenido por otros miembros de su coalición de centro-derecha. Incluso obtuve el apoyo de Henry Kissinger para presentarle las mismas razones, en agosto de 2011.

Finalmente, en marzo de 2013, con el reelegido presidente Obama a su lado en una visita a Jerusalén, Bibi llamó a Erdoğan para disculparse por los "errores operativos" y expresar su pesar por la involuntaria pérdida de vidas resultante. Los turcos y los israelíes siguen trabajando en reconstruir la confianza perdida en este incidente).

Ya en el verano de 2010, finalizando los diez meses de congelación de los asentamientos, era urgente llevar de nuevo a las partes hasta la mesa de negociaciones. Mitchell y yo obtuvimos el apoyo de Jordania y Egipto en presionar a los palestinos para que ablandaran sus precondiciones. El presidente Obama se reunió con Abbas en junio y anunció un nuevo gran paquete de ayuda para Cisjordania y Gaza. Finalmente, en agosto, Abbas accedió a presentarse a negociaciones directas en Washington, respecto a todos los temas fundamentales del conflicto, siempre que la moratoria de asentamientos siguiera vigente. Si según lo programado expiraba en septiembre, él se retiraría nuevamente. Un exasperado George Mitchell le preguntó a Abbas, "¿Cómo es que algo que usted describió como peor que inútil hace ocho meses ahora se ha vuelto indispensable?". Todos comprendíamos que Abbas debía vérselas con sus propias dificultades políticas con su pueblo y con los estados árabes por igual; pero de todas maneras la situación era frustrante.

De ninguna manera resolveríamos todos los temas básicos en un solo mes —Mitchell sugirió con optimismo un plazo de un año para las conversaciones— pero esperábamos poder generar el impulso suficiente, bien fuera para convencer a Netanyahu de extender la congelación o para persuadir a Abbas de que siguiera negociando sin él. Si lográbamos suficientes progresos en las cuestiones de fronteras definitivas para ambos estados, eso facilitaría considerablemente el tema de los asentamientos porque, en últimas, para todo el mundo estaría claro cuáles áreas se quedarían con Israel y cuáles serían para los palestinos. No iba a ser tan sencillo como sólo volver a las líneas de 1967. El enorme crecimiento de los asentamientos a lo largo de la frontera no dejaba el más mínimo chance de que así fuera. Con el intercambio de tierras se podrían separar los asentamientos y se podría entregar a los palestinos una cantidad de tierra más o menos igual en otro sitio. Pero, como siempre, lo peor serían los detalles.

El primer día de septiembre, el presidente Obama dio la bienvenida a Netanyahu y Abbas a la Casa Blanca, junto con el rey Abdullah de Jordania y el presidente Mubarak de Egipto. Les ofreció una cena de trabajo en el Old Family Dining Room. Tony Blair, antiguo primer ministro británico, se unió a los cinco líderes y a mí. Venía como enviado especial de un grupo que conformó en 2002 y es conocido como el Cuarteto, integrado por las Naciones Unidas, Estados Unidos, la Unión Europea y Rusia para coordinar esfuerzos diplomáticos en pro de la paz de Medio Oriente. Los siete nos reunimos alrededor de la mesa de comedor bajo una magnífica araña de cristales en el deslumbrante salón amarillo que no había cambiado mucho desde los tiempos en que, como primera dama, yo acostumbraba a ofrecer allí comidas privadas. Bibi y Abbas se sentaron uno junto al otro, flanqueados por mí y Blair, frente al presidente Obama, Mubarak y el rey.

El presidente Obama dio la pauta antes de la cena, recordando a los líderes que, "Cada uno de ustedes es el heredero de grandes y audaces conciliadores —Begin y Sadat, Rabin y el rey Hussein— hombres de estado que vieron al mundo como era pero también imaginaron al mundo como debería ser. Son los hombros de sus predecesores los que ahora nos sostienen. Es su trabajo el que continuamos. Ahora, como cada uno de ellos, debemos preguntar, ¿tenemos la sabiduría y el coraje para recorrer el camino de la paz?".

A pesar de tantos meses difíciles que habían llevado a este momento, el ambiente era cálido, aunque cauteloso. Cada quien era consciente de las presiones que afrontábamos y ninguno quería parecer descortés en la mesa del presidente Obama, pero los desacuerdos fundamentales no eran fáciles de ocultar.

Al día siguiente, el drama se mudó al departamento de Estado. Reuní a los dirigentes y sus equipos negociadores en el ornamentado Salón Benjamin Franklin, del octavo piso. Era tiempo de alistarnos para ver qué podíamos lograr.

—Al estar hoy aquí, ustedes han dado un paso importante hacia la liberación de sus pueblos de los grilletes de una historia que no podemos cambiar, y para avanzar a un futuro de paz y dignidad que sólo ustedes pueden crear —les dije a Netanyahu y Abbas—. Los temas centrales de estas negociaciones (territorio, seguridad, Jerusalén, refugiados, asentamientos y otros) no se volverán más fáciles si esperamos. Y tampoco se resolverán por sí mismos —dije—. Este es un momento para ejercer un liderazgo audaz y es el momento de hombres de estado que tienen el coraje de tomar decisiones difíciles.

Sentados uno a cada lado mío, Netanyahu y Abbas parecían listos para aceptar el desafío.

Bibi invocó la bíblica historia de Isaac (padre de los judíos) e Ismael (padre de los árabes), los dos hijos de Abraham quienes a pesar de sus diferencias vinieron juntos a enterrar a su padre.

—Yo sólo puedo rogar, y sé que millones en el mundo, millones de israelíes y millones de palestinos y muchos otros millones de todo el mundo, ruegan porque el dolor que hemos experimentado, ustedes y nosotros, en los últimos cien años de conflicto nos una no sólo en un momento pacífico alrededor de una mesa de paz aquí en Washington, sino que nos permita irnos de aquí y forjar una paz duradera y perdurable por generaciones —dijo.

Abbas recordó el famoso apretón de manos entre Rabin y Arafat y habló de alcanzar "una paz que pondrá fin al conflicto, que satisfará todas las exigencias, e iniciará una nueva era entre el pueblo israelí y el palestino". Las brechas que debíamos superar eran sustanciales y el tiempo se estaba acabando, pero al menos todo el mundo está diciendo las cosas correctas.

Después de una larga tarde de negociaciones formales, invité a los dos dirigentes a mi oficina en el séptimo piso. El senador Mitchell y yo hablamos con ellos un rato y luego decidimos dejarlos solos. Ellos se sentaron en dos sillas de espaldar alto frente a la chimenea y acordaron reunirse de nuevo cara a cara en dos semanas. No habíamos hecho un progreso muy sustancial, pero tanto sus palabras como su lenguaje corporal me dieron ánimos. Fue un momento de ambición y optimismo que, lamentablemente, no sería equiparado por la acción.

Dos semanas más tarde, nos reunimos de nuevo en Sharm el-Sheikh, un soleado centro turístico egipcio a orillas del Mar Rojo. (Una de las ironías de la diplomacia internacional es que a menudo viajamos a lugares increíblemente hermosos como Sharm o Bali o Hawái pero no tenemos tiempo para disfrutarlos, o aventurarnos siquiera a salir de los formales salones de conferencia. A veces me he sentido como Tántalo, el infeliz hambriento de la mitología griega condenado a mirar frutas deliciosas y agua refrescante por toda la eternidad, sin poder comerlas). Esta vez nuestro anfitrión fue el presidente Mubarak, quien, a pesar de ser un autócrata en su país, era un férreo proponente de la solución a dos-estados y la paz en el Medio Oriente. Debido a las fronteras que Egipto comparte con Gaza y con Israel fue el primer país árabe en firmar un acuerdo de paz con Israel en 1979, lo cual dio peso a su voz. Mubarak tenía una estrecha relación con Abbas y de entrada ayudó a llevar a los palestinos a la mesa. Ahora yo esperaba que pudiera ayudar a mantenerlos allí.

Mubarak y yo empezamos el día reuniéndonos por separado con israelíes y palestinos. Luego reunimos a Netanyahu y Abbas y ellos hablaron una hora y cuarenta minutos. Ambas partes reafirmaron su intención de participar de buena fe y con seriedad de propósitos. Entonces empezamos a ahondar en algunos de los temas centrales del conflicto. Íbamos despacio —había mucho posicionamiento, posturas y medición de la otra parte— pero era bueno estar hablando por fin del meollo del asunto. Después de más de veinte meses de falsos arranques, estábamos trabajando con las cuestiones clave que ofrecían la promesa de poner fin al conflicto de una vez por todas. Después del almuerzo, decidimos reunirnos de nuevo y Netanyahu retrasó su partida para poder seguir las conversaciones.

Al día siguiente, la conversación continuó en la casa de Netanyahu en Jerusalén, donde él desplegó la bandera palestina en señal de respeto a Abbas. Beit Aghion, como se llama la residencia oficial del primer ministro, fue construida por un rico mercader en la década de 1930 y sirvió de hospital para combatientes en la guerra árabe-israelí de 1948. Situada en una tranquila calle parcialmente cerrada del exclusivo vecindario de Rehavia, tal como el Muro Occidental y gran parte de la Ciudad Vieja, su fachada estaba empedrada con piedra caliza de Jerusalén y el interior era sorprendentemente acogedor. Nosotros cuatro —Netanyahu, Abbas, Mitchell y yo— nos apretujamos en el estudio personal del primer ministro para las intensas discusiones cara a cara. En el fondo de la mente de cada uno estaba el inminente vencimiento del plazo; la congelación de asentamientos estaba a punto de expirar y las conversaciones colapsarían en menos de dos semanas si no encontrábamos una salida. El tic tac del reloj era ensordecedor.

Entre otras cuestiones difíciles, nuestra discusión se enfocó en el tiempo que el ejército israelí haría presencia en el Valle del Jordán, el cual se convertiría en la frontera entre Jordania y el futuro estado palestino. Mitchell y yo ofrecimos sugerencias para reconciliar las continuas necesidades de la seguridad israelí con la soberanía de un nuevo estado. Netanyahu insistió en que las tropas israelíes se quedaran por varias décadas sin una fecha fija para retirarse, así las decisiones futuras podrían ser tomadas con base en las condiciones en el suelo. En un punto, Abbas dijo que él podría vivir con un despliegue militar israelí en el Valle del Jordán unos pocos años después del establecimiento del nuevo estado, pero no más, y tenía que haber un plazo fijo y no una permanencia ilimitada. A pesar del desacuerdo evidente, pensé que era una apertura potencialmente significativa; si se hablaba de años, no meses, entonces quizás una buena mezcla de apoyo de seguridad internacional y avanzadas tecnologías y tácticas de protección fronteriza podría cerrar la brecha si tan sólo lográbamos mantener las cosas andando.

Ellos discutieron y debatieron mientras las horas pasaban. Afuera, los periodistas estadounidenses acreditados se impacientaron y muchos de ellos se fueron al bar de un hotel cercano. Adentro, yo me sentía frustrada porque no estábamos logrando el tipo de avances que sabía se necesitarían para sobrevivir al final de la congelación de asentamientos. Pero Mitchell, veterano de las interminables negociaciones de Irlanda del Norte, ofreció otra perspectiva, "Las negociaciones allá duraron veintidós meses. Y sólo muchos meses después de iniciado el proceso, hubo una única discusión seria y sustancial sobre los principales temas que separaban a las partes", observó él, pero aquí ya estábamos profundizando en los problemas más difíciles y sensibles del conflicto.

Cuando la reunión finalmente terminó, casi tres horas más tarde, me quedé atrás para hablar a solas con Netanyahu. Él no querría ser responsable de poner un alto a estas conversaciones ahora que ya estaban en marcha y ahondando en los temas centrales; ¿accedería a una breve extensión de la moratoria para permitirnos presionar y ver qué podría lograrse? El primer ministro sacudió la cabeza. Él había dado diez meses y los palestinos habían desperdiciado nueve. Estaba listo a seguir conversando, pero la congelación de asentamientos terminaría según lo programado.

Esa noche en Jerusalén sería la última vez que Netanyahu y Abbas se sentarían a hablar cara a cara. Mientras escribo estas líneas, a pesar de intensos esfuerzos por parte de ambos bandos en 2013 y 2014, todavía no ha habido otra sesión entre los dos dirigentes.

═══════

En las semanas siguientes, nos lanzamos de lleno para persuadir a Bibi de que reconsiderara extender la congelación. Buena parte de la acción se dio en Nueva York, donde todo el mundo se había reunido una vez más para la Asamblea General de la ONU. El año anterior, el presidente Obama había sido anfitrión de la primera reunión directa de Netanyahu y Abbas. Ahora luchábamos por impedir el colapso total de las negociaciones. En el hotel Waldorf Astoria, pasamos largas noches ideando las estrategias con el presidente Obama y nuestro equipo. Después trabajamos con los israelíes, los palestinos y los árabes para tratar de encontrar una solución. Me reuní con Abbas dos veces, tuve una reunión sola con Ehud Barak, desayuné con un grupo de ministros de relaciones exteriores árabes, y hablé con Bibi por teléfono, siempre para recalcar que el abandono de las conversaciones, congelados o no los asentamientos, sólo retrasaría las aspiraciones del pueblo palestino.

En su discurso a la Asamblea General, el presidente Obama pidió que se extendiera la moratoria e instó a ambas partes a permanecer en la mesa y seguir conversando. "Ahora es el momento de que los partidos se ayuden unos a otros a superar este obstáculo. Ahora es el momento de construir la confianza —y dar tiempo— para que haya un progreso sustancial. Ahora es el momento de no dejar escapar esta oportunidad", dijo él.

Después de las prácticas obstruccionistas del comienzo, Netanyahu parecía dispuesto a discutir la idea de una extensión, pero sólo si cumplíamos una siempre creciente lista de exigencias que incluía el suministro de nuevos aviones de combate de la más moderna tecnología. Por su parte, Abbas insistía en que Israel tenía que "elegir entre la paz y la continuación de los asentamientos".

La noche antes de que venciera el plazo, le recordé a Ehud Barak que, "el colapso de la moratoria sería un desastre para Israel y para Estados Unidos". También para los palestinos, replicó él. Barak hizo todo lo que pudo para ayudarme a obtener un compromiso, pero nunca pudo llevar a Netanyahu o el resto del Gabinete israelí a aceptarlo.

El vencimiento del plazo vino y se fue. Las negociaciones directas se acabaron, por el momento. Pero no así mi trabajo. Pensé que era crucial impedir que el colapso de las conversaciones llevara a un colapso de la confianza pública, o a la violencia, como había ocurrido en el pasado. En los últimos meses de 2010, me dediqué evitar que ambas partes hicieran algo provocador y también a explorar si podríamos cerrar algunas de las brechas reveladas en nuestras sesiones de negociación, con nuevas conversaciones de cercanía y creativas propuestas diplomáticas. "Estoy cada vez más preocupada por lo que sigue", le dije a Netanyahu en una llamada a principios de octubre. "Estamos tratando al máximo de mantener las cosas encarriladas y evitar que se precipite un colapso. Sabes cuánto nos ha decepcionado no haber podido evitar que la moratoria acabara". Lo insté a contenerse en cuanto a aprobar nuevas construcciones o hablar de planes futuros. Las palabras temerarias sólo exacerbarían una situación tensa. Bibi prometió ser sensato, pero me advirtió acerca de permitir que los palestinos "asuman políticas arriesgadas".

Abbas, siempre preocupado por su precario prestigio entre el dividido público palestino y entre sus patrocinadores árabes, buscaba la forma de restablecer su credibilidad, que había encajado un golpe con el final de la congelación de los asentamientos. Estaba considerando la idea de ir a las Naciones Unidas y pedir la categoría de Estado. Eso acabaría las negociaciones y pondría a Estados Unidos en una posición difícil. Nos sentiríamos obligados a vetar el tema en el Consejo de Seguridad, pero una votación podía revelar lo aislado que se había quedado Israel. "Sé que usted está harto, Sr. Presidente, y estoy segura de que se pregunta si lo que estamos tratando de hacer ahora llevará a alguna parte", le dije a Abbas, "[pero] yo no estaría llamándolo si no creyera que lo que estamos haciendo tiene alguna oportunidad de dar resultado para nosotros como socios. Estamos trabajando sin descanso y como usted mismo lo ha dicho, no hay otro camino para la paz, que no sea el de las negociaciones". Él estaba en un aprieto y no sabía qué hacer, pero este era un aprieto creado por él y por nosotros.

En mis llamadas y reuniones con los líderes, yo trataba de esclarecer si podríamos reducir las brechas sobre territorio y fronteras lo suficiente para dejar atrás el problema de los asentamientos.

—Suponiendo que se satisfagan sus necesidades de seguridad, la pregunta es, ¿qué podría usted ofrecer a Abu Mazen en fronteras? Necesito saberlo con alguna precisión porque los palestinos conocen a el juego —le dije a Netanyahu a mediados de octubre.

—Lo que me preocupa no son las exigencias territoriales de Abu Mazen, si no que él entienda y acepte mis necesidades de seguridad... soy realista. Yo sé lo que se necesita para cerrar el trato —respondió Netanyahu.

Nuestra llamada siguió así durante una hora y veinte minutos.

En noviembre, pasé ocho horas con Netanyahu en el Regency Hotel en Nueva York. Fue mi reunión bilateral individual más larga. Volvimos a hablarlo todo, una y otra vez, incluidas las viejas ideas de recomenzar una moratoria de asentamientos a cambio de armamento y otra asistencia de seguridad. Finalmente, Netanyahu estuvo de acuerdo con llevar a su gabinete una propuesta que suspendería durante noventa días la construcción en Cisjordania (mas no en Jerusalén Este). A cambio, nosotros prometimos un paquete de seguridad de tres mil millones de dólares y prometimos vetar en la ONU cualquier resolución que debilitara las negociaciones directas entre las partes.

Cuando se volvieron públicas las noticias del trato, este causó consternación en todas partes. Los socios de la coalición de derecha de Netanyahu enfurecieron y, para aplacarlos, él recalcó que la construcción continuaría en Jerusalén Este. Esto, a su vez, alteró a los palestinos. En Estados Unidos hubo quienes se preguntaron con razón si sería acertado aceptar una congelación de noventa días por negociaciones que bien podrían no llegar a ninguna parte. Yo tampoco estaba contenta —le confié a Tony Blair que me parecía "un asunto feo"— pero también parecía ameritar el sacrificio.

Sin embargo, bajo toda esta presión, el trato empezó a desbaratarse casi enseguida, y para finales de noviembre efectivamente había muerto. En diciembre de 2010, hablé en el Saban Forum, una conferencia que reúne dirigentes y expertos de todo el Medio Oriente y también de Estados Unidos. Prometí que Estados Unidos seguiría comprometido y que seguiría presionando a ambas partes para que lidiaran con los temas centrales, aun si eso era un regreso a las "conversaciones de cercanía". Presionaríamos a israelíes y palestinos para que expusieran muy específicamente sus posiciones sobre las cuestiones más difíciles, y luego nosotros trabajaríamos para reducir las brechas, incluso ofreciendo nuestras propias ideas y propuestas cuando fuera el caso. Desde que mi esposo había planteado los "Parámetros Clinton" una década atrás, Estados Unidos se había mostrado renuente a impulsar planes específicos o siquiera un marco sustantivo. "La paz no se pude imponer desde afuera" era un refrán bien conocido, y cierto. Pero ahora, nosotros seríamos más agresivos al establecer las condiciones del debate.

El presidente Obama prosiguió con ese compromiso en la primavera de 2011 al declarar en un discurso en el departamento de Estado que, "Creemos que las fronteras de Israel y Palestina deben basarse en las líneas de 1967 con los intercambios mutuamente acordados, de manera que para ambos estados se establezcan fronteras seguras y reconocidas".

Netanyahu poco delicadamente decidió concentrarse en la referencia a "líneas de 1967" e ignorar los "intercambios acordados", y se generaron otros pulsos muy personales entre los dos jefes de Estado. Los palestinos, entre tanto, intensificaron su plan de elevar ante las Naciones Unidas la petición de categoría de Estado. George Mitchell renunció y yo pasé buena parte de 2011 tratando de evitar que la situación se deteriorara y pasara de punto muerto a desastre.

Pero para entonces, Hosni Mubarak, el defensor de la paz más prominente entre los estados árabes, había sido derrocado en Egipto. El malestar social se extendía por la región. Los israelíes enfrentaban un nuevo e impredecible panorama estratégico. Algunos palestinos se preguntaban si ellos deberían estar protestando en las calles como los tunecinos, egipcios y libios. Las perspectivas de un regreso a negociaciones serias parecían más lejanas que nunca. La ventana de oportunidad que se había abierto con la posesión del presidente Obama a principios de 2009 parecía estar cerrándose.

En esos días difíciles, a menudo evoqué nuestras largas discusiones en Washington, Sharm el-Sheikh y Jerusalén. Y tuve la esperanza de que un día, los partidarios de la paz entre ambos pueblos cobraran tanta fuerza y protestaran a tantas voces que sus dirigentes se vieran forzados a ceder. En mi cabeza escuché la profunda y serena voz de mi amigo asesinado, Yitzhak Rabin: "La paz más fría es mejor que la guerra más cálida".

15

Primavera Árabe: Revolución

"Están sentados en un barril de pólvora y si no cambian, va a explotar". Estaba exasperada. Era la primera semana de enero de 2011, y estábamos planeando otro viaje al Medio Oriente. Esta vez quería ir más allá de la usual agenda de reuniones oficiales y adulaciones en privado para reformas políticas y económicas necesarias al mundo árabe. Jeff Feltman, secretario asistente para Asuntos del Cercano Oriente, mi principal asesor para la región, estuvo de acuerdo. Tratar de impulsar un cambio en el Medio Oriente podía hacer sentir a cualquiera como si estuviera dando cabezazos contra la pared, y Jeff llevaba años haciéndolo bajo varias administraciones. Entre otros cargos, había desempeñado el de embajador ante el Líbano durante parte de su más tumultuosa historia reciente, incluido el asesinato del primer ministro Rafiq Hariri en 2005 que desencadenó la "Revolución del Cedro" y el retiro de las tropas sirias, así como la guerra entre Israel y Hezbolá en 2006. Estas experiencias serían de mucha utilidad para Jeff en las semanas venideras, mientras tratábamos de mantenernos un paso adelante de la oleada de levantamientos que recorrería la región. El período siguiente sería muy incierto y confuso aun para diplomáticos experimentados, de modo que me tranquilizaba tenerlo en mi equipo.

Hablé con dos de las personas que redactaban mis discursos, Megan Rooney y Dan Schwerin.

—Estoy cansada de repetir las mismas cosas de siempre cada vez que voy allá —les dije—. Esta vez quiero decir algo que realmente penetre.

La próxima conferencia anual "Foro para el Futuro" en Doha, la capital de Catar, país rico en recursos energéticos, me daría la oportunidad de llevar un mensaje a mucha de la gente más influyente del Medio Oriente, miembros de la realeza, líderes políticos, magnates, académicos y activistas de la sociedad civil. Todos reunidos en un mismo salón al mismo tiempo. Si quería enfatizar que el statu quo de la región era insostenible, ese era el sitio para hacerlo. Les dije a Dan y a Megan que pusieran manos a la obra.

Por supuesto, yo apenas era una de tantos funcionarios americanos que promovían una reforma. En 2005, la secretaria de Estado Condoleezza Rice estuvo en Egipto, cuyo autoritario gobierno había sido uno de los aliados más incondicionales de la región por largo tiempo, donde ella hizo un extraordinario reconocimiento: durante más de medio siglo, Estados Unidos había elegido seguir con la "estabilidad a costa de la democracia" y "no habían conseguido ninguna". Eso ya no seguiría siendo cierto, prometió Rice. Cuatro años más tarde, el presidente Obama también pronunció un importante discurso en El Cairo y también él pidió reformas democráticas.

Sin embargo, a pesar de todas las palabras pronunciadas en público y de las aún más directas palabras dichas en privado, y a pesar de los persistentes esfuerzos de gentes de todas las condiciones sociales por alcanzar la libertad y prosperidad para sus propios países, a principios de 2011 gran parte del Medio Oriente y África del Norte seguía atrapada en un estancamiento político y económico. Tal como habían estado por décadas, muchos países habían funcionado bajo un régimen de emergencia o de ley marcial. En la región, la corrupción era galopante a todos los niveles, especialmente en los más altos. Los partidos políticos y grupos de la sociedad civil eran prácticamente inexistentes o muy restringidos, los sistemas judiciales estaban lejos de ser libres o independientes y las elecciones, si las había, a menudo eran amañadas. Esta situación lamentable se volvió aún más dramática en noviembre de 2010 cuando Egipto celebró unas elecciones parlamentarias fraudulentas que casi acabaron con la simbólica oposición política.

Un estudio sin precedentes publicado en 2002 por importantes eruditos del Medio Oriente y el Programa de Desarrollo de las Naciones Unidas, resultó tan preocupante como revelador. El Informe de Desarrollo Humano Árabe pintaba un cuadro desolador de una región en decadencia.

A pesar de su riqueza en petróleo y su estratégica ubicación comercial, en el Medio Oriente el desempleo era más del doble que el promedio del mundo, y en el caso de mujeres y jóvenes era incluso más alto. Un creciente número de árabes vivían en la pobreza, hacinados en tugurios carentes de servicios sanitarios, agua segura o electricidad confiable, en tanto que una pequeña élite concentraba cada vez más su control sobre tierras y recursos. Tampoco era sorpresivo que la participación de las mujeres árabes en política y economía fuera la más baja del mundo.

A pesar de todos esos problemas, buena parte de los líderes y de los *powerbrokers* o intermediarios del poder, parecían muy contentos de seguir igual que siempre. Y a pesar de las mejores intenciones de sucesivas administraciones americanas, lo cierto es que la realidad del día a día de la política exterior de Estados Unidos obliga a priorizar imperativos estratégicos y de seguridad que son urgentes, como la lucha contra el terrorismo, el apoyo a Israel y el bloqueo de las ambiciones nucleares de Irán, por encima del objetivo de largo plazo de promover reformas internas entre nuestros socios árabes. Presionábamos a los dirigentes para que hicieran las reformas, es cierto, porque creemos que el resultado final sería una mayor estabilidad e inclusive prosperidad en el largo plazo. Pero con ellos también trabajábamos sobre una amplia gama de asuntos de seguridad y nunca consideramos seriamente cortar nuestras relaciones militares.

Este es un dilema que ha acosado a generaciones de políticos estadounidenses. Resulta fácil pronunciar discursos y escribir libros en defensa de los valores democráticos incluso en momentos en que estos pudieran entrar en conflicto con nuestros intereses de seguridad, pero cuando uno se enfrenta a las soluciones de compromiso en el mundo real, las decisiones se tornan más difíciles. Inevitablemente, hacer política es un acto de equilibrio. La esperanza es que lo hagamos más bien que mal. Pero siempre habrá decisiones que lamentamos, consecuencias que no previmos y otros caminos que habríamos deseado tomar.

A través de los años, he hablado con suficientes líderes árabes y sé que para muchos de ellos no es que simplemente estuvieran contentos con las cosas como estaban, sino que pensaban que el cambio sólo se daría muy lentamente. De modo que busqué la forma de entablar relaciones personales y de confianza con ellos, para captar mejor los puntos de vista sociales y culturales que había tras sus acciones, y, en lo posible, instarlos a que el cambio fuera más rápido.

Todo esto estaba en mi mente a la llegada de 2011, mientras una vez más me preparaba para visitar el Medio Oriente. Había pasado buena parte de 2009 y 2010 trabajando con el presidente Hosni Mubarak de Egipto y el rey Abdullah II de Jordania, en llevar a los líderes israelíes y palestinos a sostener conversaciones directas de paz, sólo para verlas desmoronarse después de tres rondas de sustantivas negociaciones. Una y otra vez, yo había dicho a ambas partes que el statu quo era insostenible y que ellos debían tomar las decisiones necesarias para llevarlos a la paz y el progreso. Ahora yo estaba pensando lo mismo acerca de toda la región. Si los líderes árabes, muchos de ellos socios de Estados Unidos, no adoptaban la necesidad del cambio, corrían el riesgo de perder el control de sus poblaciones cada vez más jóvenes y alienadas, y también de abrirle las puertas al descontento social, el conflicto y los terroristas. Ese era el argumento que quería esgrimir, y quería hacerlo sin demasiadas sutilezas diplomáticas que pudieran atenuar el mensaje.

Mientras planeábamos el viaje en torno al tema de "sostenibilidad" económica, política y ambiental, en el terreno se desarrollaron eventos que pusieron mucho más en juego.

El gobierno pro-Occidente del Líbano se tambaleaba al borde del colapso bajo una intensa presión de Hezbolá, milicia chiíta fuertemente armada con significativas influencias en la política libanesa. El 7 de enero, volé a Nueva York para discutir la crisis con el primer ministro libanés Saad Hariri —hijo de Rafiq Hariri el antiguo dirigente asesinado— y con el rey Abdullah de Arabia Saudita, ambos de visita en Estados Unidos.

Al mismo tiempo empezaron a llegar informes de protestas callejeras en Túnez, antigua colonia francesa sobre la costa mediterránea del Norte de África entre Libia y Argelia, gobernada durante décadas por el dictador Zine el Abidine Ben Ali. Para los muchos turistas europeos que visitaban sus playas y sofisticados hoteles, era fácil ignorar el lado oscuro del Túnez de Ben Ali. Las mujeres disfrutaban de más derechos que en muchos otros países del Medio Oriente, la economía estaba más diversificada y los extremistas no eran bienvenidos. Pero su régimen era implacable, represivo y corrupto y más allá de los glamorosos destinos turísticos, mucha gente vivía en medio de la pobreza y la desesperación.

El malestar se había desatado el 17 de diciembre de 2010, a raíz de un único y doloroso incidente. Un tunecino de veintiséis años de edad llamado Mohamed Bouazizi estaba vendiendo fruta en su pequeña carreta en Sidi Bouzid, ciudad de provincia golpeada por la pobreza, al sur de la capital, Túnez. Como tantos otros en Túnez, Bouazizi formaba parte de la economía informal y luchaba por ganar dinero suficiente para mantener a su familia. No tenía un permiso oficial para vender sus productos y ese día una mujer policía que humilló a Bouazizi y lo dejó sumido en la desesperación. Más tarde, ese mismo día él se prendió fuego frente a las oficinas de gobierno locales. Ese acto provocó protestas en todo el país. La gente salió a las calles a protestar por la corrupción, la vejación y la falta de oportunidades. En las redes sociales empezaron a circular escabrosos relatos de la corrupción de Ben Ali, algunos derivados de informes sobre excesos del régimen en todos esos años, elaborados por diplomáticos de Estados Unidos, los cuales habían salido a la luz pública entre los Wiki-Leaks poco antes de que comenzaran las protestas.

El régimen de Ben Ali respondió a las protestas con fuerza excesiva, lo cual sólo atizó la indignación pública. El propio Ben Ali visitó a Bouazizi en el hospital, pero su gesto de poco sirvió para apaciguar el creciente malestar social y el muchacho falleció pocos días después.

El 9 de enero, mientras volaba de Washington a Abu Dhabi para iniciar el viaje que me llevaría desde los Emiratos Árabes Unidos hasta Yemen, Omán y Catar, en Túnez las fuerzas de seguridad intensificaron sus acciones contra los manifestantes. Varias personas fueron muertas. Muchos observadores las consideraron un ejemplo más del familiar ciclo represivo en una región que se había vuelto insensible a este tipo de disturbios.

Los EAU son una diminuta pero influyente nación del Golfo Pérsico a la que sus extensas reservas de petróleo y gas natural han vuelto extremadamente rica. El gobierno, liderado por el príncipe heredero Mohammed bin Zayed Al Nahyan, en un raro ejemplo de previsión e inteligente planeación por parte de un petroestado, estaba invirtiendo en energía solar con miras a diversificar su economía y protegerse de futuras volatilidades del mercado petrolero. En el desierto, a unas veinte millas de Abu Dhabi, visité el Masdar Institute de alta tecnología, donde hablé con un grupo de estudiantes de postgrado sobre la disminución de las provisiones de petróleo y el descenso de los niveles freáticos. "Las viejas estrategias para el crecimiento y la prosperidad ya no van a servir", dije. "Hoy el statu quo es insostenible para demasiadas personas en demasiados lugares".

Ningún lugar de la región parecía representar mejor mis advertencias que Yemen, en el extremo de la Península Árabe. El contraste entre Sanaa, su polvorosa capital medieval, y las elegantes y modernas ciudades de Abu Dhabi y Dubai en los EAU, no podía ser más marcado. Yemen, sociedad tribal gobernada desde 1990 por un hombre fuerte llamado Ali Abdullah

Saleh, asolada por violentas insurgencias separatistas, por la afluencia de terroristas vinculados a Al Qaeda, un desempleo generalizado, una provisión de agua cada vez más reducida y unas terribles estadísticas de supervivencia infantil, contra toda lógica contaba con una emergente población que se habrá duplicado en los próximos veinte años. La población de Yemen es una de las más fuertemente armadas y menos alfabetizada del mundo.

La relación de Estados Unidos con el presidente Saleh era emblemática del dilema básico de nuestra política en el Medio Oriente. Corrupto y autocrático, pero también empeñado en la lucha contra Al Qaeda, Saleh mantenía unido su díscolo país. La administración Obama decidió que nos hiciéramos los locos, aumentáramos nuestra ayuda militar y de desarrollo para Yemen y ampliáramos la cooperación antiterrorismo entre nuestros países. Durante un prolongado almuerzo en su palacio, planteé a Saleh el tema de trabajar más estrechamente en seguridad. También lo presioné respecto a derechos humanos y reformas económicas. Saleh no estaba tan interesado en escuchar todo eso como en enseñarme el rifle antiguo que el general Norman Schwarzkopf le había obsequiado. También se mantuvo firme en que yo conociera la Ciudad Vieja de Sanaa antes de partir e insistió en que hiciera un tour.

Parecía sacada de *Las mil y una noches*, una mescolanza de edificaciones de adobe con sus fachadas cubiertas por elementos decorativos de alabastro, casi como casas de galletas de jengibre. Nutridos grupos de curiosos observaban desde las tiendas de especias y los cafés por donde pasamos. La mayoría de las mujeres iban veladas, con pañoletas que cubren la cabeza llamadas *hijabs* o unas más grandes que cubren el rostro llamadas *niqabs*. Los hombres llevaban largas dagas curvas al cinto y unos cuantos cargaban rifles Kalashnikov. Casi todos los hombres estaban masticando hojas de *khat*, el narcótico yemení preferido. Los vehículos todoterreno fuertemente blindados que nos transportaban, apenas cabían por las estrechas callejuelas y pasábamos tan cerca de algunas paredes de tiendas y casas, que si las ventanas de los autos hubieran estado abiertas yo habría podido meter la mano.

Pronto llegamos al Mövenpick Hotel, ubicado en una colina con vista a la ciudad. Allí me reuní con un grupo grande de activistas y estudiantes, parte de la vibrante sociedad civil yemení. Abrí nuestra reunión con un mensaje no sólo para yemeníes, sino para todos los pueblos del Medio Oriente. "La próxima generación de yemeníes estará ávida de empleo, servicios médicos, alfabetismo, educación y capacitación que la conecte con la economía global, y buscará un gobierno democrático receptivo que llegue hasta sus comunidades para servirlas". Toda la región debería arreglárselas para ofrecer a los jóvenes la visión de un futuro con oportunidades, que descanse sobre una base de estabilidad y seguridad. Mis comentarios desataron un enérgico intercambio de ideas y los asistentes se desahogaron. Jóvenes que habían estudiado en el extranjero hablaron con pasión de haber vuelto a casa para ayudar a construir el país. A pesar de sentirse frustrados por la represión y la corrupción, todavía creían que el progreso era posible.

Una joven en la multitud era Nujood Ali, quien tuvo éxito al pelear por un divorcio a los diez años de edad. La habían obligado a casarse con un hombre que era tres veces mayor que ella y que la había obligado a abandonar la escuela. Esto no era extraño en Yemen, pero para Nujood fue una sentencia a cadena perpetua. Desesperada por escapar del que rápidamente se volvió un matrimonio abusivo y por hacer realidad su sueño de una educación y una vida independiente, abordó un bus hacia el juzgado local. Allí todos eran mucho más altos que ella y no le hacían caso hasta que un juez le preguntó por qué estaba allí. Nujood dijo que ella quería un divorcio. Una abogada llamada Shada Nasser vino en su auxilio. Y juntas, ellas impactaron a Yemen y al mundo al pelear en la corte; y ganar. Sugería que la historia de Nujood debería inspirar a Yemen a acabar con el matrimonio infantil de una vez por todas.

Encontré más contrastes al día siguiente cuando me reuní con activistas de la sociedad civil en el vecino país de Omán, cuyo gobernante, el sultán Qaboos bin Said al Said, a través de los años ha tomado algunas sabias decisiones que ayudaron a su país a construir una sociedad moderna sin renegar de su cultura y tradiciones. "Que haya aprendizaje, así sea a la sombra de los árboles", había proclamado él. En los años setenta, el país tenía tres escuelas primarias en las que se educaba a menos de mil niños y ninguna niña. Hoy la educación primaria es universal en Omán, y de sus universidades se gradúan más mujeres que hombres. Omán es una monarquía, no una democracia, pero ha demostrado lo que se puede lograr cuando una nación se enfoca en la educación, empodera a mujeres y niñas, y coloca a la gente en el centro de su estrategia para el desarrollo. En 2010 el Programa de Desarrollo de la ONU clasificó a Omán como el país del mundo que más ha mejorado en cuanto a desarrollo humano desde 1970.

Ese mismo día, 12 de enero, mientras el primer ministro libanés Hariri se preparaba en Washington para reunirse con el presidente Obama, su gobierno se desmoronó en medio de luchas internas entre facciones, la maldición que acecha a todo gobierno libanés cuando trata de equilibrar los intereses y agendas personales de su mezcla de ciudadanos sunitas, chiítas, cristianos y drusos. Entretanto, la violencia aumentaba en las calles de Túnez. Todavía no parecía una crisis completa, pero se podía sentir que la región comenzaba a sacudirse.

Mi parada final fue Doha, en Catar, donde pronunciaría el discurso en el que habíamos venido trabajando tan concienzudamente. Temprano en la mañana del 13 de enero, en el concurrido salón de la conferencia repleto de líderes árabes, repasé sin rodeos las dificultades de la región, desde el desempleo hasta la corrupción y el anquilosado orden político que negaba a los ciudadanos su dignidad y los derechos humanos fundamentales. "En muchos lugares, de muchas maneras, las bases de la región se están hundiendo en la arena", dije, haciendo eco de los temas que había planteado en mis comentarios a lo largo del viaje. Y en un reto directo a los líderes allí reunidos, continué, "Ustedes *pueden* ayudar a construir un futuro en el que los jóvenes puedan creer, por el cual decidan permanecer y defenderlo". De lo contrario, "aquellos que se aferren al statu quo tal vez podrán contener el pleno impacto de los problemas de sus países por un tiempo corto, pero no por siempre".

Pocos dirigentes árabes están acostumbrados a escuchar críticas formuladas en forma tan pública y directa. Aunque comprendía sus sentimientos y costumbres, yo pensaba que era importante que ellos tomaran en serio lo rápidamente que el mundo estaba cambiando a su alrededor. Y si para lograrlo debía ser poco diplomática, pues lo sería. "Enfrentemos francamente ese futuro. Discutamos abiertamente lo que se debe hacer. Aprovechemos este tiempo para dejar atrás la retórica y avanzar, para dejar a un lado planes que sean tímidos y graduales, y para comprometernos a mantener a esta región andando en la dirección correcta", dije ya para cerrar. Cuando acabé, entre los periodistas estadounidenses que viajaron conmigo se desató un hervidero de comentarios por lo categórico de mis palabras. Me pregunté seguirían acciones.

Al día siguiente, con las manifestaciones de Túnez en aumento, Ben Ali huyó del país y se refugió en Arabia Saudita. Las protestas que habían empezado por una disputa sobre un carrito de frutas se habían convertido en una revolución con todas las de la ley. Yo misma no esperaba eventos que tan rápida o dramáticamente subrayaran mi advertencia "hundiéndose en la arena", pero ahora el mensaje era innegable. Sin embargo, aun siendo tan significativos estos eventos, ninguno de nosotros esperaba lo que ocurrió después.

———

Las protestas de Túnez demostraron ser contagiosas. Gracias a la televisión satelital y las redes sociales, jóvenes de todo el Medio Oriente y el Norte de África presenciaron en asientos de primera fila el levantamiento popular que derrocó a Ben Ali. Envalentonados, ellos empezaron a convertir críticas privadas a su gobierno en públicos llamados al cambio. Después de todo, muchas de las condiciones que llevaron a la frustración con Ben Ali estaban presentes en la región, especialmente respecto a corrupción y represión.

El 25 de enero, las protestas en El Cairo contra la brutalidad policíaca se convirtieron en masivas manifestaciones contra el autoritario régimen de Hosni Mubarak. Decenas de miles de egipcios ocuparon la Plaza Tahrir en el corazón de la ciudad y se resistieron a los esfuerzos de la policía para obligarlos a dispersarse. Día tras día, las multitudes de la plaza crecieron y se concentraron en un solo objetivo: arrebatarle a Mubarak el poder.

Conocía a Mubarak y a su esposa Suzanne desde hacía veinte años. Él era un oficial de carrera de la Fuerza Aérea que fue escalando sus filas hasta convertirse en vicepresidente bajo Anwar Sadat, el gobernante egipcio que después de pelear la Guerra de Yom Kippur contra Israel en 1973 fue a Jerusalén para dirigirse al Knesset, el Parlamento israelí, y firmó con el primer ministro israelí Menachem Begin el Acuerdo de Camp David negociado por el presidente Jimmy Carter en 1979. Mubarak resultó herido en el ataque extremista en el cual Sadat fue asesinado en 1981, pero sobrevivió, se convirtió en presidente y aplicó mano dura a islamitas y otros disidentes. Durante las tres décadas siguientes, Mubarak gobernó Egipto como un faraón con poderes casi absolutos.

A través de los años, pasé bastante tiempo con Mubarak y apreciaba su decidido apoyo de la solución a dos-estados para israelíes y palestinos. Con más ahínco que cualquier otro líder árabe, él trató de convencer a Yasser Arafat de que aceptara el acuerdo de paz negociado por mi esposo en 2000. No obstante su asociación con Estados Unidos en asuntos estratégicos clave, nosotros nos sentíamos defraudados porque después de tantos años en el poder su régimen todavía negaba al pueblo egipcio muchas de sus libertades y derechos humanos fundamentales, y administraba mal la economía. Bajo el régimen de Mubarak, un país que había sido denominado por historiadores el "granero de la antigüedad", se convirtió en el mayor importador de trigo del mundo y se vio en calzas prietas para alimentar a su propia gente.

En mayo de 2009, un nieto de Mubarak que tenía doce años falleció de repente por un problema de salud no revelado. Su pérdida pareció quebrantar al dirigente ya entrado en años. Cuando llamé a Suzanne Mubarak para ofrecer mis condolencias, ella me dijo que el niño había sido "el mejor amigo del presidente".

Las protestas en Egipto plantearon una situación delicada para la administración Obama. Durante décadas, Mubarak había sido un aliado estratégico clave, pero los ideales de Estados Unidos se alineaban más naturalmente con los jóvenes que pedían "pan, libertad y dignidad". Cuando un periodista me preguntó por las protestas ese primer día, busqué ofrecer una respuesta mesurada que reflejara nuestros intereses y valores, así como la incertidumbre de la situación, y no echara más leña al fuego: "Nosotros apoyamos el derecho fundamental de expresión y concentración de todos los pueblos, e instamos a todas las partes a contenerse y abstenerse de ejercer violencia" les dije. "Pero estimamos que el gobierno egipcio es estable y está buscando las formas de responder a las legítimas necesidades e intereses del pueblo egipcio". En retrospectiva, el régimen no era lo que se dice "estable" pero pocos observadores habrían podido predecir lo frágil que realmente era.

El 28 de enero, en la Casa Blanca, el presidente se integró a una reunión del equipo de seguridad nacional en la Sala de ituaciones y nos pidió recomendaciones para manejar los eventos de Egipto. El debate empezó a desarrollarse alrededor de la larga mesa. Una vez más ahondamos en interrogantes que durante generaciones han acosado a los políticos de Estados Unidos. ¿Cómo equilibrar intereses estratégicos con nuestros valores fundamentales? ¿Podemos influir en la política interna de otras naciones y alimentar la democracia donde nunca antes había florecido sin generar consecuencias negativas involuntarias? ¿Qué significa estar en el lado correcto de la historia? Esos serían los debates que sostendríamos a lo largo de la llamada "Primavera Árabe".

Igual que tantos otros jóvenes de todo el mundo, algunos de los asesores más jóvenes del presidente Obama en la Casa Blanca, se dejaron llevar por el drama e idealismo del momento al ver las imágenes de la Plaza

Tahrir en televisión. Se identificaron con los anhelos y las habilidades tecnológicas de los jóvenes manifestantes egipcios. De hecho, americanos de todas las edades e inclinaciones políticas se conmovieron al ver esas personas tanto tiempo reprimidas exigiendo al fin sus derechos humanos fundamentales y repudiaron la fuerza excesiva aplicada en respuesta por las autoridades. Compartía ese sentimiento. Fueron momentos emocionantes. Pero al igual que el vicepresidente Biden, el secretario de Defensa Bob Gates, y el asesor de Seguridad Nacional Tom Donilon, también me preocupaba que se nos viera como si estuviéramos echando a la calle a un socio de vieja data, y abandonando a Egipto, Israel, Jordania y la región, a un peligroso e incierto futuro.

Los argumentos para que Estados Unidos apoyara a los manifestantes no sólo eran motivados por un idealismo. La defensa de la democracia y los derechos humanos ha sido el corazón de nuestro liderazgo global durante más de medio siglo, aunque ocasionalmente hayamos transigido respecto a esos valores en beneficio de intereses estratégicos y de seguridad, e incluso apoyado a dictadores anticomunistas moralmente objetables durante la Guerra Fría, con diversos resultados. Pero compromisos de ese tipo se volvían más difíciles de mantener frente a un pueblo egipcio que estaba exigiendo los mismos derechos y oportunidades que nosotros siempre hemos sostenido que todos los pueblos merecen. Aunque antes hubiera sido posible inclinarse más al lado del Mubarak que apoyaba la paz y cooperación con Israel y perseguía terroristas, ahora era imposible ignorar la realidad de que también era un autócrata con mano dura que presidía un régimen corrupto y anquilosado.

Sin embargo, muchos de los mismos intereses de seguridad nacional que habían llevado a cada una de las administraciones anteriores a mantener estrechos lazos con Mubarak seguían siendo prioridades urgentes. Irán todavía intentaba construir un arsenal nuclear. Al Qaeda seguía tramando nuevos ataques. El Canal de Suez seguía siendo una ruta comercial vital. Mubarak había sido un socio en todas esas áreas, a pesar de los sentimientos antiamericanos y antiisraelíes que su propio pueblo albergaba. Su Egipto había sido pieza clave en la paz de una región volátil. ¿Realmente estábamos listos para retirarnos de esa relación después de treinta años de cooperación?

Aún si resolvíamos que esa era la mejor decisión, todavía no estaba claro cuánta influencia podríamos tener realmente sobre los eventos en el terreno. Contrario a la creencia popular entre muchos en el Medio

Oriente, Estados Unidos jamás ha sido un todopoderoso maestro titiri-
tero capaz de obtener cualquier resultado que deseáramos. ¿Qué pasaría
si llamábamos a Mubarak para que renunciara, pero él se negaba y se
las arreglaba para permanecer en el poder? ¿O si de veras renunciaba
y lo sucedía un largo período de peligroso desorden o un gobierno no
democrático y activamente opuesto a nuestros intereses y seguridad? De
una u otra forma, nuestra relación nunca volvería a ser la misma y nuestra influencia en la región se debilitaría. Otros socios podrían ver cómo
habíamos tratado a Mubarak y perder la confianza en sus relaciones con
nosotros.

La historia nos dice que las transiciones de dictadura a democracia
están erizadas de problemas y fácilmente pueden salir muy mal. En 1979,
en Irán, extremistas secuestraron la revolución contra el Shah y establecieron una teocracia brutal. Si algo similar sucediera en Egipto, sería
catastrófico, para el pueblo de Egipto y para los intereses israelíes y de
Estados Unidos.

No obstante su calibre, las protestas en la Plaza Tahrir y en todo el
país carecían de líderes, eran impulsadas a través de las redes sociales y
verbalmente y no constituían un movimiento de oposición coherente.
Tras años de régimen monopartidista, los manifestantes egipcios estaban
mal preparados para enfrentar unas elecciones abiertas o construir instituciones democráticas creíbles. En contraste, la Hermandad Musulmana,
organización islámica de ochenta años, estaba bien posicionada para llenar el vacío si el régimen se derrumbaba. Mubarak había empujado a
la Hermandad a la clandestinidad, pero esta tenía seguidores en todo el
país y una estructura de poder estrictamente organizada. El grupo había
renunciado a la violencia y se había esforzado un poco por parecer más
moderado. Pero era imposible saber cómo se comportaría y lo que ocu-
rriría si obtuviera el control.

Estos argumentos me dieron que pensar. Junto con el vicepresidente,
Gates y Donilon, aconsejé prudencia. Si Mubarak cae, le dije al presidente,
"es posible que dentro de veinticinco años todo funcione bien, pero creo
que el período entre ahora y entonces será bastante incierto para el pueblo
egipcio, para la región y para nosotros". Pero yo sabía que el presidente no
se sentía bien de brazos cruzados y sin hacer nada mientras manifestantes
pacíficos eran apaleados y muertos en las calles. Él necesitaba un camino
adelante que llevara a Egipto hacia la democracia pero evitara el caos del
abrupto colapso de un régimen.

El domingo 30 de enero, en el programa semanal de televisión *Meet the Press* traté de exponer un enfoque sostenible. "En el largo plazo, la estabilidad depende de la respuesta a las legítimas necesidades del pueblo egipcio, y eso es lo que queremos ver suceder", así que esperábamos ver una "transición pacífica, *ordenada*, a un régimen democrático". El uso por parte mía de la palabra *ordenada* en lugar de *inmediata* fue intencional, aunque impopular en ciertos círculos de la Casa Blanca. Algunos miembros del equipo del presidente querían que por lo menos presagiara la salida de Mubarak si es que no la requería abiertamente. Sin embargo, yo pensaba que era crucial que nuestra retórica ayudara a Egipto a lograr los resultados que la mayoría de los manifestantes buscaban, pero con un aterrizaje suave y no de golpe y porrazo.

Esa semana, en mis conversaciones con el ministro de Relaciones Exteriores Ahmed Aboul Gheit, insté al gobierno a contenerse y demostrar que sería receptivo a las exigencias del pueblo. "Será difícil que el pueblo escuche al presidente Mubarak después de treinta años a menos que él celebre unas elecciones libres y limpias y no trate de imponer su sucesor", le dije a Aboul Gheit. "Ese no es el problema de mañana", respondió. "El problema de mañana es apaciguar al pueblo y tranquilizarlo". Pero accedió a transmitir mis preocupaciones.

Mubarak, sin embargo, no escuchaba. Mientras el descontento crecía y el control del régimen sobre el pueblo parecía estarse perdiendo, ya tarde en la noche del 29 de enero él pronunció un desafiante discurso en el que despidió a muchos ministros de su gabinete pero se negó a dimitir o limitar su propio período en el cargo.

Le recomendé al presidente Obama despachar un enviado que hablara con Mubarak en persona y lo persuadiera de anunciar un sólido paquete de reformas, entre ellas poner fin a la represiva ley de emergencia que había estado en vigor desde 1981, no candidatearse a las elecciones ya programadas para septiembre, y no presentar como sucesor a su hijo Gamal. Estas medidas quizás no dejarían satisfecho a todo el mundo, pero serían concesiones significativas y darían a los manifestantes la oportunidad de organizarse antes de las elecciones.

Para esta delicada misión, sugerí a Frank Wisner, un experimentado diplomático ya retirado, que siendo embajador en Egipto de 1986 a 1991 había cultivado una sólida relación personal con Mubarak. Ellos habían pasado muchas horas discutiendo la región y el mundo. Como su gran amigo Richard Holbrooke, Wisner había adquirido experiencia en Vietnam antes de seguir representando a nuestro país en puntos de conflicto por todo el mundo. Además de Egipto, había sido embajador en Zambia, Filipinas e India, antes de retirarse en 1997. Yo pensaba que si algún americano podía llegarle a Mubarak, ese sería Wisner. Pero en la Casa Blanca había quienes se mostraban escépticos de Wisner y su misión, y estaban listos a cortar por lo sano con Mubarak. El presidente Obama estaba perdiendo la paciencia, pero finalmente accedió a darle una oportunidad más a la diplomacia.

Wisner se reunió con Mubarak el 31 de enero y le transmitió nuestro mensaje. Mubarak escuchó, pero no cedió un milímetro. Estaba tensionado, quizás hasta desconcertado, por lo que estaba sucediendo a su alrededor, y de ninguna manera listo para entregar el poder. Como tantos autócratas antes que él, había llegado a considerarse a sí mismo inseparable del Estado. Mubarak era lo suficientemente realista para saber que no podía quedarse en su palacio e ignorar del todo las protestas. Así que dos días antes había enviado a Omar Suleiman, su recién nombrado vicepresidente y por mucho tiempo director de inteligencia, a proponer un diálogo nacional sobre posibles reformas. Mubarak había seleccionado a Suleiman para ocupar la vicepresidencia largo tiempo vacante, en un desganado intento de calmar las protestas. Pero, ni la promesa de un diálogo nacional ni el nombramiento de un vicepresidente aplacaron a nadie.

Esa noche, el Ejército también dio a conocer en una declaración que no usaría la fuerza en contra del pueblo egipcio y que reconocía la legitimidad de los derechos y exigencias de los manifestantes. Esta fue una señal ominosa para Mubarak. Si el Ejército lo abandonaba, no habría forma de que pudiera conservar el poder.

El primer día de febrero hubo más y mayores protestas. Esa tarde en la Sala de Situaciones en la Casa Blanca, el equipo de seguridad nacional debatió una vez más lo que se debía hacer. A mitad de camino en la discusión, recibimos la noticia de que Mubarak se dirigiría a la nación por televisión. Giramos hacia las grandes pantallas de video para escuchar lo que diría el asediado dirigente. Mubarak lucía viejo y cansado pero sonaba desafiante. Prometió no participar en las elecciones de septiembre, buscar reformas a la constitución y garantizar una "pacífica transferencia del poder" antes de que finalizara su período, pero no levantó la ley de emergencia ni dijo nada sobre una candidatura de su hijo en su lugar, y tampoco ofreció empezar a entregar algunos de sus poderes absolutos. En realidad Mubarak había accedido a mucho de lo que Wisner había pedido, pero a estas alturas ya era muy poco y muy tarde; tanto para la multitud en las calles como para el equipo en la Sala de Situaciones.

—Eso no va a ser suficiente —dijo el presidente Obama visiblemente frustrado.

Después llamó a Mubarak y le dijo lo mismo. Discutimos si el presidente también debería hacer una declaración pública advirtiendo que había esperado suficiente a que Mubarak hiciera lo correcto. Una vez más, altos funcionarios del gabinete, yo misma entre ellos, aconsejamos prudencia. Advertimos que si el presidente parecía muy autoritario, podía salirle el tiro por la culata. Pero otros miembros del equipo apelaron al idealismo del presidente una vez más y arguyeron que las cosas se estaban moviendo demasiado rápido para que pudiéramos esperar. Él se dejó convencer y, esa noche, apareció frente a las cámaras en el Grand Foyer de la Casa Blanca.

"No es función de ningún otro país determinar los dirigentes de Egipto. Solamente el pueblo egipcio puede hacer eso", dijo el presidente Obama, "[pero] lo que sí está claro, y así lo indiqué esta noche al presidente Mubarak, es mi convicción de que una transición ordenada debe ser positiva, debe ser pacífica, y se debe iniciar *ahora*". Al día siguiente, en su reunión informativa para la prensa, cuando al secretario de Prensa Robert Gibbs le pidieron definir "ahora" su respuesta dejó pocas dudas. "Ahora significa ayer", dijo él.

En El Cairo, las cosas empeoraron. Los partidarios del régimen salieron en gran número y chocaron violentamente con los manifestantes. Jinetes a caballo, y en camellos, empuñando garrotes y otras armas barrieron la Plaza Tahrir descalabrando manifestantes. Llamé al vicepresidente Suleiman para dejar claro que este tipo de represión violenta era absolutamente inaceptable. Esa táctica no se repitió en los días que siguieron. El 4 de febrero, volví a hablar con el ministro de Relaciones Exteriores Aboul Gheit. En anteriores conversaciones, él se había mostrado confiado y optimista. Ahora no pudo ocultar su frustración y sonaba desesperado. Se quejó de que Estados Unidos estaba sacando sin miramientos a Mubarak sin considerar las consecuencias. Escuche lo que los iraníes están diciendo, advirtió él. Están ansiosos por sacar provecho del potencial colapso de Egipto. Su temor de una toma islámica del poder era visceral.

—Tengo dos nietas, una de seis y otra de ocho —me dijo—. Quiero que crezcan para ser como su abuela y como usted. No para usar un *niqab* como en Arabia Saudita. Esta es la lucha de mi vida.

Sus palabras resonaban en mis oídos mientras yo volaba a Alemania para dirigirme a la Conferencia sobre Seguridad en Múnich, una reunión clave de líderes y pensadores de toda la comunidad internacional. Con todo lo que hablábamos de apoyar la democracia, ¿qué significaba eso en realidad? Sin duda más que una elección efectuada una vez. Si las mujeres de Egipto veían desaparecer sus derechos y oportunidades bajo un gobierno recién elegido ¿sería eso democracia? ¿Qué tal si minorías como la de los cristianos coptos de Egipto eran perseguidas o marginadas? Si Mubarak se iba y Egipto iniciaba su transición, estas preguntas serían muy pertinentes y urgentes.

En Múnich, como en Doha un mes antes, recalqué la necesidad de reformas políticas y económicas en todo el Medio Oriente. "No es simplemente una cuestión de idealismo", dije. "Es una necesidad estratégica. Sin un progreso auténtico hacia sistemas políticos abiertos y que deban rendir cuentas, la brecha entre pueblos y gobiernos, así como la inestabilidad, solamente crecerá". Esas transiciones, por supuesto, serían diferentes y proseguirían a velocidades distintas en cada país, según sus propias circunstancias. Pero ninguna nación podría ignorar las aspiraciones de su pueblo por siempre.

Al mismo tiempo, advertí, debemos tener claros los riesgos inherentes a cualquier transición. Las elecciones libres y limpias serán necesarias pero no suficientes. Las democracias que funcionan también requieren de un régimen de derecho, de una rama judicial independiente, de una prensa y una sociedad civil libre, del respeto por los derechos humanos y los derechos de las minorías, y de un gobierno responsable. En un país como Egipto, con una larga historia de régimen autoritario, se necesitaría una dirigencia incluyente y un esfuerzo sostenido de toda la sociedad, así como el apoyo internacional, para habilitar estos componentes fundamentales de la democracia. No se puede esperar que aparezcan de la noche a la mañana. Es posible que ese día mis palabras hayan desentonado con la esperanza y el optimismo de muchos al ver las protestas en El Cairo y en todo el Medio Oriente, pero esas palabras reflejaban los retos que yo veía venir.

En la misma conferencia en Múnich, Wisner, ya como un particular y sin ningún encargo de la administración, apareció vía satélite para brindar su opinión personal sobre la situación. Esto causó conmoción en la Casa Blanca, donde pensaban que contaban con la seguridad de que él no discutiría su misión públicamente. Wisner causó problemas al decir que Mubarak no debería irse de inmediato, pero debía supervisar una transición. Sus comentarios cayeron como si estuviera contradiciendo al presidente, y hubo indignación en la Casa Blanca porque Wisner había sobrepasado su competencia. El presidente me llamó para expresar su descontento por los "mensajes contradictorios" que estábamos enviando. Una forma diplomática de reprenderme. Él sabía que los eventos de Egipto escapaban a nuestro control, pero deseaba hacer lo correcto tanto para nuestros intereses como para nuestros valores. Y yo también. Sabía que Mubarak se había quedado demasiado tiempo y había hecho demasiado poco. Pero, el hecho es que aparte de deshacerse de él, la gente de la Plaza Tahrir no parecía tener un plan. A los que favorecíamos la posición que sonaba muy aburrida, una "transición ordenada", nos preocupaba que las dos únicas fuerzas organizadas aparte de Mubarak fueran la Hermandad Musulmana y el Ejército.

Para el 10 de febrero, cientos de personas habían muerto en choques con las fuerzas de seguridad. La violencia alimentaba la ira de los manifestantes y sus exigencias de que Mubarak renunciara. En las calles se escuchaban rumores de que finalmente se doblegaría ante la presión. Las expectativas crecieron cuando Mubarak se dirigió una vez más a la nación. Esta vez él anunció la transferencia de algunos de sus poderes al vicepresidente Suleiman, pero aún se negaba a dimitir y tampoco aceptaba la necesidad de una transición en la cual él dejara el poder. Las multitudes de la Plaza Tahrir enfurecieron.

El 11 de febrero, Mubarak finalmente aceptó su derrota. El vicepresidente Suleiman, que lucía extenuado, apareció en televisión y anunció que el presidente había dejado su cargo y cedido todos sus poderes a los mandos militares. Un portavoz del Ejército leyó una declaración prometiendo "celebrar unas elecciones presidenciales libres y limpias" y responder a "las legítimas exigencias del pueblo". El propio Mubarak no habló, sino que abandonó calladamente El Cairo para dirigirse a su residencia a orillas del Mar Rojo. A diferencia de Ben Ali en Túnez, él no huyó del país, haciendo honor a su desafiante promesa de que "moriré en Egipto". Ese último acto de tozudez lo dejó expuesto a juicio y reparación, y ha pasado los años siguientes bajo arresto domiciliario, en los tribunales o en el hospital mientras su salud se deterioraba rápidamente.

Un mes más tarde, visité El Cairo y caminé por la Plaza Tahrir. Los de mi equipo de seguridad estaban comprensiblemente nerviosos por lo que podía esperarnos allí. Era una incógnita. Pero los egipcios se arremolinaron a mi alrededor, con una calidez y hospitalidad arrolladoras. "Gracias por venir", dijeron varias personas. "¡Bienvenida al nuevo Egipto!" gritaron otras. Ellos se sentían orgullosos de la revolución que habían ganado.

Después me reuní con un número de estudiantes y activistas que habían jugado papeles protagónicos en las manifestaciones, a conversar con ellos acerca de sus planes para pasar de las protestas a la política y de cómo podrían influir en la redacción de una nueva constitución y candidatearse para las elecciones que se aproximaban. Encontré un grupo desorganizado que no estaba preparado para impugnar o influenciar nada. No tenían experiencia en política, no sabían de organizar partidos, apoyar candidatos o conducir campañas. Tampoco contaban con plataformas y tenían poco interés en estructurarlas. En cambio, discutían entre ellos, culpaban a Estados Unidos por diversos pecados, y mostraban desdén por la política electoral. "¿Han considerado formar una coalición política y unirse para representar candidatos y programas?" pregunté. Ellos sólo me miraron sin comprender. Salí de allí preocupada por que fueran a terminar entregando el país a la Hermandad Musulmana o en su defecto al Ejército, lo que en últimas fue exactamente lo que ocurrió.

El nuevo jefe de Estado fue el ministro de Defensa de Mubarak, el mariscal de campo Mohamed Tantawi, quien había prometido presidir una transición suave a un gobierno civil elegido democráticamente. Cuando lo conocí en El Cairo, estaba tan cansado que apenas podía mantener la cabeza erguida. Las ojeras le llegaban casi hasta la boca. Era un soldado profesional hasta la médula cuyo porte y apariencia me recordaron al general Ashfaq Parvez Kayani de Pakistán. Ambos, nacionalistas comprometidos y dedicados a las culturas militares que los habían producido, se sentían incómodos tanto con su dependencia de la ayuda de Estados Unidos como con las amenazas políticas y económicas que percibían en el enorme poder de sus respectivos ejércitos. Mientras Tantawi y yo hablábamos de sus planes para la transición, pude ver que estaba escogiendo cuidadosamente sus palabras. Él se encontraba en una posición difícil, tratando de salvar su amado Ejército del descalabro del régimen de Mubarak, de proteger al pueblo, como el Ejército había prometido hacerlo, y de portarse bien con el antiguo líder que había fomentado su carrera. Al final, Tantawi cumplió su promesa de celebrar elecciones. Y cuando su candidato preferido, el antiguo primer ministro Ahmed Shafik, perdió por estrecho margen ante Mohamed Morsi de la Hermandad Musulmana, el resultado fue respetado.

———

A lo largo del delicado proceso de transición, Estados Unidos trató de sostenerse en la cuerda floja, promoviendo nuestros valores democráticos e intereses estratégicos sin tomar partido o respaldar candidatos o facciones particulares. Sin embargo, a pesar de nuestros esfuerzos por jugar un papel neutral y constructivo, muchos egipcios veían a Estados Unidos con desconfianza. Partidarios de la Hermandad Musulmana nos acusaron de haber ayudado a mantener en el poder el régimen de Mubarak y sospechaban que en connivencia con el Ejército les impediríamos ejercer el poder. Sus opositores políticos temerosos de la perspectiva de un régimen islámico afirmaban que Estados Unidos había conspirado con la Hermandad para sacar a Mubarak. Nunca entendí cómo se nos podía acusar al mismo tiempo de ayudar y frustrar a la Hermandad Musulmana, pero la lógica jamás ha sido obstáculo para una buena teoría de conspiración.

Cuando regresé a Egipto en julio de 2012, encontré que en las calles de El Cairo una vez más hervían las protestas. Pero esta vez no dirigidas al gobierno; dirigidas a mí. Los grupos de manifestantes se reunieron frente a mi hotel y mientras ingresábamos al parqueadero por la entrada lateral, la gente golpeaba nuestros vehículos. La policía egipcia no hizo nada por detenerlos, y mis agentes de Seguridad Diplomática se vieron forzados a empujar a la multitud ellos mismos, algo que de ordinario no harían. Ya en mi habitación más de doce pisos arriba, aún podía oír el barullo de rabiosas consignas antiamericanas. Mis agentes de seguridad y el resto de mi personal pasaron una noche angustiosa listos para evacuar el hotel de ser necesario. A pesar de las advertencias de más protestas en Alejandría, yo insistí en atenernos al plan y volar allá al día siguiente para inaugurar oficialmente el renovado consulado americano. Después del evento, y de salida para abordar los autos, nos vimos forzados a caminar entre la indignada multitud. A Toria Nuland, mi intrépida vocera, le dieron con un tomate en la cabeza (lo tomó con gracia) y un hombre golpeó con su zapato la ventanilla de mi auto cuando arrancábamos rumbo al aeropuerto.

En El Cairo, además de reuniones separadas con Morsi y los generales, saqué tiempo para sentarme en la embajada de Estados Unidos con un grupo de afligidos cristianos coptos. Les inquietaba mucho lo que el futuro traería para ellos y su país. Fue una conversación muy emotiva y personal.

Una de las escenas más conmovedoras de la revolución en la Plaza Tahrir había tenido lugar cuando manifestantes cristianos formaron un círculo protector alrededor de sus camaradas musulmanes durante la llamada a oración, y lo propio ocurrió cuando los cristianos celebraron una misa. Lamentablemente, ese espíritu de unidad no había durado. Solo un mes después de la caída de Mubarak, llegaron informes desde la ciudad de Qena de que un grupo de salafistas le habían cortado una oreja a un maestro de una escuela cristiana y quemado su casa y su auto. A ese, siguieron otros ataques. La elección de Morsi sólo aumentó los temores de la comunidad cristiana.

Uno de los más agitados participantes en la reunión, trajo a colación un falso rumor particularmente indignante. Acusó a mi leal asesora Huma Abedin, quien es musulmana, de ser agente secreta de la Hermandad Musulmana. Esta afirmación había sido difundida por algunos personajes derechistas excepcionalmente irresponsables y demagógicos, pertenecientes a la política y medios de comunicación de Estados Unidos, entre quienes se encontraban miembros del Congreso, y ahora había llegado hasta El Cairo. Yo no iba a permitir que siguiera propagándose y le dije en términos categóricos lo equivocado que estaba. Después de unos minutos de conversación, el apenado acusador se disculpó y preguntó por qué un miembro del Congreso de los Estados Unidos haría tal aseveración si no era cierta. Yo me reí y dije que desafortunadamente muchas falsedades son difundidas en el Congreso. Después de la reunión, Huma fue directo a donde el hombre, se presentó muy cortésmente y se ofreció a responder cualquier pregunta que él tuviera acerca de ella. Fue una movida particularmente elegante de su parte.

En privado, me enfurecí por los ataques contra Huma por parte de algunos maleducados miembros de la Cámara. Y quedé muy agradecida con el senador John McCain, quien la conocía de hacía años, cuando habló en el hemiciclo del Senado y dejó claro su propio desprecio por esa falsedad: "Cuando alguien, nada menos que un miembro del Congreso, lanza ataques despiadados y degradantes contra conciudadanos americanos nada más basado en su temor por quienes son y en su ignorancia de lo que ellos defienden, difama el espíritu de nuestra nación, y nos empobrece a todos. Nuestra reputación, nuestro carácter, son lo único que dejamos atrás cuando partimos de este mundo. Y actos injustos que calumnian el buen nombre de una persona decente y honorable no sólo están mal, van en contra de todo lo que amamos".

Semanas más tarde, en la cena de Iftar para concluir el ayuno del Ramadán, que anualmente ofrece la Casa Blanca y con Huma sentada a su lado, el presidente Obama aprovechó la oportunidad para defenderla, y dijo: "El pueblo estadounidense tiene con ella una deuda de gratitud, porque Huma es una patriota americana y un ejemplo de lo que en este país necesitamos: más funcionarios públicos con su sentido del decoro, su armonía y su generosidad de espíritu. De modo que, en nombre de todos los estadounidenses, le decimos muchas gracias". Las palabras del presidente de los Estados Unidos y de uno de los más renombrados héroes de guerra de nuestra nación, tremenda combinación de dos reconocimientos en uno, dieron verdadera fe del carácter de Huma.

En cuanto a la reunión en nuestra embajada en El Cairo, les dije a los líderes coptos que Estados Unidos se mantendría firme sobre la libertad de cultos. Todos los ciudadanos deben tener derecho a la vida, el trabajo y la religión que elijan, sean musulmanes o cristianos o de cualquier otro origen. Ningún grupo o facción debe imponer su autoridad, ideología o religión sobre otro. Estados Unidos estaba dispuesto a trabajar con los líderes que el pueblo egipcio escogiera. Pero nuestro compromiso con esos líderes estaría basado en el compromiso de ellos con los derechos humanos universales y los principios democráticos.

Desafortunadamente, los meses y años que siguieron probaron que mis tempranas preocupaciones acerca de las dificultades de las transiciones democráticas eran bien fundadas. La Hermandad Musulmana consolidó su poder pero no pudo gobernar de manera transparente o incluyente. El presidente Morsi chocaba frecuentemente con la rama judicial, en lugar de construir un amplio consenso nacional buscó marginar a sus oponentes políticos, poco hizo por mejorar la economía y permitió la persecución a minorías, entre ellas la de los cristianos coptos. Pero sorprendió a algunos escépticos al mantener el tratado de paz con Israel y ayudarme a negociar un alto el fuego en Gaza en noviembre de 2012. De nuevo, Estados Unidos enfrentaba nuestro clásico dilema, ¿debemos negociar con un líder con quien discrepamos en tantas cosas con tal de propiciar intereses de seguridad básicos? De vuelta en la cuerda floja, tratamos de hacer el acto de equilibrio sin respuestas fáciles o buenas opciones.

En julio de 2013 con millones de egipcios protestando de nuevo en las calles, esta vez contra los excesos del gobierno de Morsi, bajo el mando del sucesor de Tantawi, el general Abdul Fattah el Sisi, las fuerzas militares entraron en escena por segunda vez. Destituyeron a Morsi e implantaron nuevas y agresivas medidas contra la Hermandad Musulmana.

Para 2014, las perspectivas de la democracia egipcia no son brillantes. En general se espera que Sisi compita por la presidencia contra una oposición sólo simbólica, y parece estar cayendo en el clásico molde de hombre fuerte del Medio Oriente. Pero hay pocas razones para creer que la restablecida autocracia vaya a ser más sostenible de lo que ya fue bajo Mubarak. Para ello tendrá que ser más inclusiva, más responsable de las necesidades de la gente, y, finalmente, más democrática. Al final la prueba de fuego para Egipto y otros países de todo el Medio Oriente será que logren construir instituciones democráticas que respeten los derechos de cada ciudadano, mientras brindan seguridad y estabilidad ante los viejos enemigos que constituyen las divisiones por religión, etnia, economía y geografía. No será tarea fácil, como lo ha demostrado la historia reciente, pero la alternativa es ver que la región se hunda en la arena.

———

El rey Abdullah II de Jordania se las arregló para mantenerse más allá de la oleada de descontento social que arrasó con otros gobiernos de la región en los levantamientos de la Primavera Árabe en 2012. Jordania celebró unas elecciones legislativas creíbles y empezó a aplicar severas medidas contra la corrupción, pero su economía seguía estancada. Por si fuera poco, Jordania es uno de los países del mundo más pobres en recursos energéticos. Prácticamente un 80 por ciento de su energía provenía del gas natural transportado por ductos desde Egipto. Pero tras la caída de Hosni Mubarak en febrero de 2011 y la creciente inestabilidad en el Sinaí, esos ductos que también llevaban el gas a Israel se convirtieron en blanco de frecuentes ataques, interrumpiendo así el flujo de energía hacia Jordania.

Onerosos subsidios gubernamentales evitaban que en Jordania el precio de la electricidad subiera en una espiral fuera de control, pero como resultado de eso la deuda pública estaba aumentando rápidamente. El rey se encontraba ante un difícil dilema: cortar los subsidios, permitir la subida de precios y afrontar la ira del pueblo o mantener los subsidios y correr el riesgo de una debacle financiera.

Por el este, había una respuesta obvia: Irak. Allí estábamos ayudando al gobierno del primer ministro Nouri al-Maliki a reconstruir su arruinada industria de gas y petróleo. Una nueva fuente de energía menos obvia y más polémica se encontraba al oeste, en Israel, que acababa de descubrir una gran reserva de gas natural en el Mediterráneo Oriental. Los dos países habían estado en paz desde la firma de un tratado histórico en 1994, y disfrutaban una fructífera relación comercial. Pero Israel contaba con muy pocos amigos entre el pueblo jordano, de origen palestino en su gran mayoría. Dadas las circunstancias, ¿podía el rey arriesgarse a más protestas por entrar en un nuevo y gran acuerdo comercial con los israelíes? o ¿podía no arriesgarse? Durante un almuerzo con el rey en el departamento de Estado en enero de 2012 y en discusiones subsecuentes con Nasser Judeh, su ministro de Relaciones Exteriores, lo insté a que empezara a hablar con los israelíes; en secreto de ser necesario.

Con el apoyo de Estados Unidos, Jordania empezó a negociar con Irak e Israel. En 2013 se firmó un acuerdo con Irak el cual, con la construcción de un ducto desde el sur de Irak hasta Aqaba en el Mar Rojo, debía suministrar diariamente a Jordania un millón de barriles de petróleo crudo y 258 millones de pies cúbicos de gas natural. A principios de 2014, después de un año de conversaciones secretas con los israelíes, se dio a conocer un acuerdo para usar el gas natural de Israel que abastecería de combustible una central eléctrica en el lado jordano del Mar Muerto. El rey había estado en lo correcto al ser cauteloso; representantes de la Hermandad Musulmana en Jordania atacaron violentamente el acuerdo con la "entidad sionista" y lo tildaron de "ataque a la causa palestina". Pero para Jordania el acuerdo era la promesa de un futuro de mayor seguridad energética y una nueva fuente de cooperación para dos vecinos en una región con enormes dificultades.

===

Quizás nuestro más delicado acto de equilibrio en el Medio Oriente se dio con nuestros socios del Golfo Pérsico: Baréin, Kuwait, Catar, Arabia Saudita y los EAU. A lo largo de varias décadas, Estados Unidos creó sólidos vínculos económicos y estratégicos con estas acaudaladas monarquías conservadoras, aunque nunca ocultamos nuestra preocupación por los derechos humanos, especialmente por los abusos como el tratamiento dado a mujeres y minorías y la exportación de ideología extremista.

Cada una de las administraciones de Estados Unidos luchó con las contradicciones de nuestra política en el Golfo. Las decisiones nunca fueron más difíciles que después del 9/11. A muchos estadounidenses los escandalizó que quince de los diecinueve secuestradores y el propio Osama bin Laden aclamaran el ataque desde Arabia Saudita, la misma nación que habíamos defendido en la guerra del Golfo Pérsico en 1991. Y era atroz que dineros del Golfo continuaran financiando madrazas y propaganda extremista en todo el mundo.

Sin embargo, los gobiernos del Golfo compartían muchos de nuestros principales asuntos de seguridad. Arabia Saudita había expulsado a bin Laden, y sus fuerzas de seguridad se habían convertido en firmes socios en la lucha contra Al Qaeda. La mayoría de los estados del Golfo compartían nuestras preocupaciones por la marcha de Irán en pos de un arma nuclear y su agresivo apoyo al terrorismo. Estas tensiones tenían sus raíces en una antigua escisión interna del Islam: Irán es en su mayoría chiíta en tanto que los estados del Golfo son eminentemente sunitas. Baréin es una excepción: allí como en Irak bajo Saddam, una minoría sunita gobierna sobre una mayoría chiíta. En Siria la situación es al contrario.

En apoyo de nuestros intereses de seguridad compartidos a través de los años y para ayudar a impedir la agresión de Irán, Estados Unidos ha vendido grandes cantidades de equipo militar a los estados del Golfo, estacionamos en Baréin la Quinta Flota de la Armada de los Estados Unidos, el Centro de Operaciones Aéreas y Espaciales Combinadas funciona en Catar, tenemos tropas en Kuwait, Arabia Saudita y los EAU, y mantenemos bases de fundamental importancia en otros países.

Cuando me convertí en secretaria de Estado trabajé bastante para cultivar sólidas relaciones personales con líderes del Golfo, a nivel individual y de grupo. Estas últimas, a través del Consejo de Cooperación del Golfo, una asociación política y económica de los países del Golfo. Creamos así un diálogo EE.UU.-CCG de seguridad para intensificar nuestra cooperación; la mayoría de nuestras discusiones se centraban en Irán y el contraterrorismo, pero yo me aseguré de presionar también a los líderes sobre la necesidad de que abrieran sus sociedades, respetaran los derechos humanos y ofrecieran más oportunidades a sus jóvenes y mujeres.

Ocasionalmente, como en un atroz caso de matrimonio infantil en Arabia Saudita, pude lograr algo. Comenzando mi período como secretaria de Estado, supe de una niña de ocho años de edad cuyo padre la estaba obligando a casarse con un hombre de cincuenta, a cambio de unos

13.000 dólares. Los tribunales sauditas habían rechazado las apelaciones de la madre para detener el matrimonio y no parecía que el gobierno fuera a intervenir. Yo sabía que el hecho de avergonzar gobiernos condenándolos públicamente puede tener un efecto contrario al buscado y hacer que se cierren a la banda. En lugar de citar a una conferencia de prensa para rechazar la práctica y exigir acción al respecto, busqué la forma de persuadir a los sauditas para que hicieran lo correcto y pudieran guardar las apariencias. A través de canales diplomáticos, calladamente envié un simple pero firme mensaje: "Arreglen esto ustedes mismos y no diré una palabra". Los sauditas nombraron otro juez que otorgó el divorcio de inmediato. Fue una lección que he aprendido por todo el mundo. Hay un tiempo para pontificar —y he pontificado más de una vez en la vida— pero a veces la mejor manera para conseguir un cambio real es construyendo relaciones y entendiendo cómo y cuándo usarlas.

En forma muy diferente respondí a la prohibición de que las mujeres conduzcan en Arabia Saudita. En mayo de 2011, una activista saudita puso en línea un video de ella misma conduciendo y a raíz de eso fue arrestada por sus acciones y detenida nueve días. En junio, unas cuantas docenas de mujeres en toda Arabia Saudita tomaron el volante en protesta. Llamé por teléfono al ministro de Relaciones Exteriores saudita príncipe Saud al-Faisal y le expresé mi preocupación por el asunto. Pero en este caso también lo hice públicamente, y calificando a las mujeres de "valientes", dije cuánto me habían conmovido sus acciones para detener la prohibición, y les ofrecí mi apoyo. El 26 de octubre de 2013, cuando un grupo de mujeres tomaron nuevamente el volante para protestar por la prohibición, algunos opositores falsamente señalaron la fecha —es mi cumpleaños— como prueba de que las protestas eran organizadas desde fuera de Arabia Saudita. Lamentablemente para el reino y sus mujeres, la prohibición continúa.

Cuando viajé a Arabia Saudita en enero de 2010, repartí mi tiempo entre las conversaciones sobre seguridad con el rey y una visita a una universidad de mujeres en Jeddah. Ambas memorables, cada una a su manera.

Fui recibida en el aeropuerto de Riyadh, por el príncipe Saud al-Faisal, miembro de la realeza educado en Princeton, quien a los setenta años era ministro de Relaciones Exteriores del rey desde 1975. Como la mayoría de los sauditas con los que me reunía, él usaba entallados trajes hechos a la medida pero los alternaba con largas túnicas flotantes y *kufiyya* en la cabeza. Siempre disfrutaba el tiempo que pasaba con el príncipe, quien poseía un profundo conocimiento de las fuerzas que, representando la tradición y la modernidad, compiten por prevalecer en la región.

El rey Abdullah, que ya estaba en sus ochenta, me había invitado a visitarlo en su campamento del desierto a una hora de la ciudad, y por primera vez para mí, envió su propio autobús turístico de lujo a recogernos. El bus era suntuoso y el príncipe y yo nos sentamos a lado y lado del pasillo en magníficos asientos de cuero. Por el camino, observé un número de campamentos con muchos camellos. El príncipe y yo empezamos a bromear sobre la popularidad de la población de camellos del Reino, producto al parecer de razones prácticas pero también sentimentales. Habló de la larga historia de los nómadas con sus camellos y dijo que a él personalmente no le gustaban. Eso me sorprendió —qué tal un australiano que odiara a los koalas o un chino que detestara a los pandas— pero hasta entonces yo misma no había pasado mucho tiempo cerca de los camellos, y entiendo que pueden ser animales de muy malas pulgas.

Pronto llegamos a lo que había sido descrito como un "campamento" en el desierto pero resultó ser una enorme tienda con aire acondicionado montada sobre un palacio con pisos de mármol y cuartos de baño enchapados en oro, rodeado por remolques y helicópteros. El circunspecto monarca de negras y largas vestiduras nos estaba esperando. Al contrario de mis colegas estadounidenses, a quienes les gusta entrar en materia enseguida, usualmente yo iniciaba mi parte de la conversación con una charla trivial en señal de respeto y amistad. De modo que continué con el tema de los camellos. "Quiero contarle, Su Majestad, que Su Alteza piensa que los camellos son feos", dije, señalando al príncipe saudita. El rey sonrió. "Creo que Su Alteza no ha sido justo con los camellos", respondió. El rey, el príncipe y yo bromeamos un rato y luego el rey invitó a toda nuestra comitiva, unas cuarenta personas incluida toda la prensa acreditada, a unirnos a él en un almuerzo muy elaborado. Caminó conmigo junto a la mesa del buffet al parecer interminable, y con dos camareros detrás de nosotros que llevaban nuestras bandejas. Había docenas de platos, desde favoritos locales como cordero y arroz hasta langosta y paella. Para los periodistas y mi personal, cuyas comidas sobre la marcha a menudo son de agarren-lo-que-puedan, fue como haber muerto y llegado al cielo. Los camareros estaban pendientes, listos para volver a llenar nuestros platos. Yo me senté junto al rey en la cabecera de una larga mesa en U con una gran pantalla plana de televisión en la mitad del espacio libre, instalada de manera que el rey pudiera ver fútbol y carreras todoterreno mientras comía. El rey subió tanto el volumen, que nadie más en el atestado salón podía oír lo que nosotros dos hablábamos, y empezamos a conversar.

Esa tarde pasamos cuatro horas juntos, ahondando en las dificultades de la región, desde Irán e Irak, hasta israelíes y palestinos. El rey habló con convicción sobre la necesidad de impedir que Irán adquiera un arma nuclear y nos exhortó a asumir una línea dura con Teherán. También expresó su esperanza de que a más estudiantes sauditas se les permitiera estudiar en Estados Unidos; algo que se había tornado más difícil desde 9/11. Fue una reunión productiva, y demostraba que nuestra asociación tenía una base sólida. Las diferencias entre nuestras culturas y sistemas políticos son enormes, y me preocupaban profundamente algunas de las políticas del Reino, pero también creía que nuestro trabajo conjunto cuando fuera posible era útil a los intereses de Estados Unidos.

Al día siguiente tuve un recordatorio de primera mano de lo complicado que es todo eso. La madre de Huma, la Dra. Saleha Abedin, es vicerrectora en Dar Al-Hekma, una universidad de mujeres en Jeddah, que habíamos planeado visitar para hacer una reunión abierta con las estudiantes. Cuando ingresé al auditorio, vi a muchas jovencitas, todas con el cabello cubierto por completo por sus *hiyabs* y unas cuantas con los rostros también cubiertos. pero decididas a abrirse al resto del mundo, me conmovió profundamente.

En árabe, *Dar Al-Hekma* significa "La Casa de la Sabiduría" y yo hablé a las estudiantes acerca de la sabiduría de asegurarse de que tanto las niñas como los niños tengan acceso a la educación. Cité al poeta egipcio Hafez Ibrahim, quien escribió, "Una madre es una escuela. Empodérala y empoderas una gran nación", y les hablé de mis propias experiencias en Wellesley una universidad de sólo mujeres. Estas mujeres respondieron acribillándome con perspicaces preguntas acerca de todo, desde las ambiciones nucleares de Irán hasta la difícil situación de los palestinos y las perspectivas de la reforma de la salud en Estados Unidos. Una de ellas me preguntó qué pensaba de Sarah Palin y si yo me mudaría a Canadá si ella alguna vez llegaba a ser presidente (no, le dije, yo no escaparía). Estas mujeres podían tener limitadas oportunidades de participar en su sociedad ultraconservadora, pero no había nada limitado en cuanto a su inteligencia, energía y curiosidad.

A lo largo de todo el evento, una de las oficiales de seguridad, cubierta de negro de pies a cabeza con dos pequeñas ranuras para sus ojos, se mantuvo vigilante observando a todos los estadounidenses. No iba a permitir que nadie del personal masculino de mi comitiva o de prensa se acercara a estas estudiantes. Pero mientras yo recogía mis cosas, se acercó a Huma y le susurró en árabe, "Me encantaría tener una foto con ella". Cuando terminé, Huma me llevó a un lado y me señaló a esta envuelta mujer. "¿Pasamos a un sitio privado para tomarla?" pregunté yo, por respeto a su pudor. Ella asintió con la cabeza y entramos a una pequeña oficina. Entonces, cuando ya íbamos a tomar la foto, revelando una amplia sonrisa ella se despojó del velo. La cámara disparó y el velo volvió a su lugar. Bienvenida a Arabia Saudita.

Casi exactamente un año después, el delicado equilibrio de nuestras relaciones en el Golfo amenazó con venirse abajo. La oleada de protestas populares que empezó en Túnez y arrasó Egipto no paró allí. El llamado a reformas políticas y oportunidades económicas se propagó por todo el Medio Oriente. Ningún país se salvó. Yemen casi fue destrozado, y, por último, el presidente Saleh fue obligado a dejar su cargo. Libia entró en guerra civil. Los gobiernos de Jordania y Marruecos hicieron reformas cautelosas pero reales. Y en Arabia Saudita la Familia Real abrió sus hondos bolsillos, en un intento de aplacar a sus ciudadanos con programas de bienestar social más generosos.

Baréin, como cuartel general de la Armada de los Estados Unidos en el Golfo Pérsico, era un caso excepcionalmente complicado para nosotros. En esta, la menos rica de las monarquías del Golfo, las manifestaciones tomaron un cariz sectario con la mayoría chiíta protestando contra sus gobernantes sunitas. A mediados de febrero, multitudes que exigían reformas democráticas e igualdad para todos en Baréin, sectas aparte, se reunieron en un importante cruce de calles en el centro de Manam llamado el Pearl Roundabout. Los eventos de Túnez y Egipto irritaron a las fuerzas de seguridad de toda la región, y unos cuantos incidentes de fuerza excesiva en Manama consiguieron atraer más ciudadanos a las calles.

Alrededor de las tres de la mañana, el jueves 17 de febrero, cuatro manifestantes que habían acampado en Pearl Roundabout fueron muertos en una redada de la policía, lo que desató una indignación generalizada. Pero los líderes sunitas de Baréin y países vecinos del Golfo no vieron en las protestas de sus mayorías chiítas un movimiento popular por la democracia; vieron la mano oculta de Irán. Les preocupaba que su gran adversario del otro lado de las aguas estuviera fomentando el malestar social a fin de debilitar sus gobiernos y mejorar su propia posición estratégica. Dado el historial de la trayectoria de Irán, no era un temor irrazonable. Pero nubló la percepción que ellos debían tener de los legítimos motivos de queja de sus pueblos y se apresuraron a usar la fuerza.

Hablé por teléfono con el ministro de Relaciones Exteriores de Baréin, Sheikh Khalid bin Ahmed al Khalifa para expresarle mi inquietud por la violencia y la posibilidad de que los sucesos se volvieran incontrolables. El día siguiente sería crucial, y yo esperaba que su gobierno tomara medidas para evitar más violencia en los funerales y los servicios de oración del viernes, los cuales se habían convertido en ocasiones de movilización en toda la región. Responder a protestas pacíficas con la fuerza era la receta perfecta para crear más problemas. "Esta es una malinterpretación del mundo en que vivimos, que se está convirtiendo en un entorno mucho más peligroso", le dije. "Y quiero que usted escuche esto de mí. Nosotros no deseamos ninguna violencia que permita la interferencia externa en sus asuntos internos. A fin de evitarlo, es necesario adelantar consultas sinceras". Ambos sabíamos que la "interferencia externa" se refería a Irán. Mi punto era que la fuerza excesiva podía llevar a la inestabilidad, precisamente lo que Irán podría aprovechar, lo cual a su vez era precisamente aquello que su gobierno estaba tratando de evitar.

El ministro de Relaciones Exteriores sonaba preocupado y sus respuestas sólo aumentaron mi inquietud. Dijo que la acción de la policía no había sido planeada, culpó a los manifestantes de empezar la violencia, y aseguró que su gobierno estaba dispuesto al diálogo y la reforma. "Estas muertes fueron catastróficas. Estamos al borde de un abismo sectario". Esa fue una frase escalofriante. Le dije que enviaría a Jeff Feltman a Baréin de inmediato. "Nosotros ofreceremos sugerencias, trataremos de ayudar y de ser productivos en estos momentos difíciles. No estoy diciendo que haya una respuesta fácil. Su situación es particularmente difícil dada la situación sectaria que ustedes enfrentan. Y estoy segura de que tienen un vecino grande interesado en este asunto de una manera en que otros países no lo están", dije.

Obligado a tomar acción por temor a la creciente violencia y estimulado por Jeff, quien pasó mucho tiempo en el terreno en Manama durante las semanas siguientes, el príncipe heredero de Baréin trató de organizar un proceso de diálogo nacional para abordar algunas de las quejas de los manifestantes y suavizar las tensiones que atenazaban al país. El príncipe heredero era moderado y entendía la necesidad de hacer reformas, además de ser el miembro de la familia real más adecuado para reconciliar a las facciones en conflicto en su país. Entre bastidores, Jeff trabajaba para facilitar un entendimiento entre la Familia Real y los líderes más moderados de la oposición chiíta. Pero las protestas seguían creciendo y para marzo los manifestantes ya pedían que se pusiera fin a la monarquía de una vez por todas. Los choques con la policía eran mayores y más violentos. El gobierno parecía estar perdiendo el control, y algunos miembros conservadores de la familia gobernante de Baréin presionaban al príncipe heredero para que abandonara sus esfuerzos de mediación.

El domingo 13 de marzo, nuestro agregado militar de la embajada en Riyadh reportó inusuales movimientos de tropas en Arabia Saudita, que podrían estar dirigiéndose a Baréin. Jeff llamó al ministro de Relaciones Exteriores de los EAU, Sheikh Abdullah bin Zayed-al-Nahyan, o AbZ como se conocía, quien confirmó que la intervención militar estaba a punto de ser lanzada. El gobierno de Baréin iba a invitar a sus vecinos para darle seguridad. No habían visto la necesidad de informar a Estados Unidos ya que no tenían intenciones de pedirnos permiso o contemplar peticiones de que se detuviera. Al día siguiente, miles de soldados sauditas cruzaron la frontera y entraron en Baréin con unos 150 vehículos blindados. Aproximadamente 500 policías de los EAU los siguieron.

Me preocupaba esta escalada, y me preocupaba un baño de sangre si los tanques sauditas empezaban a rodar por las atrincheradas calles de Manama. Y el momento no podía haber sido peor. Nos encontrábamos inmersos en negociaciones diplomáticas para conformar una coalición internacional para proteger a la población civil libia de una inminente masacre a manos del coronel Muammar Gadafi, y estábamos contando con que los EAU y otras naciones del Golfo jugaran un papel clave. La Liga Árabe había votado el 12 de marzo para solicitar que el Consejo de Seguridad de la ONU impusiera una zona de no vuelo en Libia y su participación en cualquier operación militar sería indispensable para darle legitimidad en la región. Si no se contaba con esa participación, la comunidad internacional tal vez no podría actuar. Y después de Irak y Afganistán, no íbamos a arriesgarnos a que pareciera que nosotros habíamos lanzado otra intervención occidental en un país musulmán.

Me encontraba en París para unas reuniones sobre Libia y también estaba allí AbZ, así que acordamos reunirnos en mi hotel. Cuando él entraba, un reportero le preguntó sobre la situación en Baréin. "Ayer el gobierno de Baréin nos pidió buscar formas de ayudarlos a bajar la tensión", dijo él. Pero a mí me preocupaba que fuera a suceder exactamente lo opuesto. Al otro día, el rey de Baréin declaró el estado de emergencia. Hablé con el ministro de Relaciones Exteriores saudita y lo insté a detener el uso de la fuerza para despejar a los manifestantes. Solo dele a Jeff un poco más de tiempo para que funcionen las negociaciones, le dije. Incluso veinticuatro horas podrían servir. Estábamos cerca de cerrar un trato con el principal partido político chiíta para que se retirara de las zonas clave de la ciudad a cambio de que el gobierno confirmara el derecho a la protesta pacífica e iniciara un diálogo de buena fe. Pero Saud al-Faisal fue implacable. Los manifestantes debían irse a casa y permitir que se reanudara la vida normal, dijo él, y sólo entonces hablaríamos de un trato. Culpó a Irán de provocar problemas y apoyar radicales. Era tiempo de poner fin a la crisis y devolver la estabilidad al Golfo, dijo él.

El 16 de marzo, temprano, las fuerzas de seguridad entraron a despejar Pearl Roundabout. La policía antidisturbios apoyada por tanques y helicópteros chocó con los manifestantes y usó gas lacrimógeno para expulsarlos del campamento improvisado que habían montado. Cinco personas fueron muertas. La llegada de las tropas sauditas y esta nueva medida de mano dura enardeció a la opinión chiíta en todo el país. Bajo la presión de la línea dura de ambos campamentos, las negociaciones entre la oposición y el príncipe heredero colapsaron.

Estaba en El Cairo en reuniones con las autoridades egipcias de transición y los informes que llegaban de Baréin me dejaron consternada. En una entrevista con la BBC, hablé francamente acerca de mis preocupaciones.

—La situación en Baréin es alarmante —dije—. Hemos pedido a nuestros amigos del Golfo, cuatro de los cuales ya están asistiendo a los esfuerzos por devolver la seguridad a Baréin, que se llegue a una solución política, no a un pulso de seguridad.

—¿Entonces qué influencia tienen ustedes todavía en países como Baréin y Arabia Saudita? —preguntó Kim Ghattas, de la BBC—. Ellos son sus aliados. Ustedes entrenan sus ejércitos. Ustedes les suministran armas. Y cuando los sauditas deciden enviar tropas a Baréin, y me parece que Washington dejó claro su descontento por eso, ellos dicen, "No interfieran. Esto es un asunto interno del CCG".

Era cierto, y era frustrante.

—Bueno, ya están avisados de lo que pensamos —dije yo—. Nos proponemos dejarlo muy en claro pública y privadamente, y hacer todo lo posible para tratar de que esto salga del camino equivocado que debilitaría el proceso a largo plazo de Baréin que es por la vía política y económica, para volver al camino correcto.

Aquellas podían parecer palabras razonables —y lo eran— pero habían sido más directas que las que normalmente usamos para hablar en público acerca de los países del Golfo. Mi mensaje se escuchó perfectamente en el Golfo. En Riyadh y Abu Dhabi, nuestros socios estaban furiosos y ofendidos.

El 19 de marzo, yo estaba de nuevo en París dando los toques finales a la coalición de Libia. Con las fuerzas de Gadafi cercando la plaza fuerte de Bengasi, las operaciones aéreas respaldadas por la ONU eran inminentes. Una vez más hablé con AbZ y recalqué que Estados Unidos seguía comprometida con nuestra asociación y yo también. Hubo un largo silencio en el teléfono y la línea se cortó. ¿Tan mal estarán las cosas?, me pregunté. Entonces nos reconectaron.

—¿Usted me escuchó? —le pregunté.

—¡Estaba escuchando! —respondió él.

—Bueno, lo que pasa es que yo hablaba y hablaba y de pronto hubo un largo silencio, y pensé ¿qué he hecho? —Él se rió. Pero luego se puso serio otra vez y asestó un golpe duro.

—Francamente, cuando tenemos una situación con nuestras fuerzas armadas en Baréin, es difícil participar en otra operación si el compromiso de nuestras fuerzas armadas en Baréin es cuestionado por nuestro mayor aliado —dijo. En otras palabras, olvídense de la participación árabe en la misión de Libia.

Esto se estaba convirtiendo en un desastre. Tenía que arreglarlo, y rápido. ¿Pero cómo? Aquí no había opciones buenas. Nuestros valores y nuestra conciencia exigían que Estados Unidos condenara la violencia contra civiles como la que estábamos viendo en Baréin, punto. Después de todo, ese era exactamente el principio que estaba en juego en Libia. Pero si persistíamos, la coalición internacional cuidadosamente construida para detener a Gadafi podía colapsar a último momento, y no lograríamos evitar un abuso mucho mayor; una masacre con todas las de la ley.

Le dije a AbZ que quería llegar a un acuerdo constructivo. Él preguntó si nos podríamos reunir en persona.

—La estoy escuchando ahora, y queremos una salida. Y usted sabe que nos interesa tomar parte en Libia —dijo él.

Pocas horas más tarde, justo después de las seis de la tarde en París, me senté con él. Le dije a AbZ que confiaba en que podría redactar una declaración que se mantuviera fiel a nuestros valores sin ser ofensiva. Esperé que eso fuera suficiente para convencer a los emiratíes a volver a unirse en la misión de Libia. En caso contrario, nosotros estábamos preparados para seguir adelante sin ellos.

Esa noche di una conferencia de prensa en la señorial casa del embajador de Estados Unidos en París. Hablé de Libia y recalqué que la dirigencia árabe en la campaña aérea era crucial. Entonces, volví al tema de Baréin. "Nuestro objetivo es que haya un proceso político creíble que pueda tratar las legítimas aspiraciones de todo el pueblo de Baréin, empezando con el diálogo del príncipe heredero, al cual deberían unirse todos los partidos". Baréin tenía derecho a invitar fuerzas de los países vecinos para que ingresaran al país, añadí, y nos alegraba la noticia de que los países del Golfo suministrarían un gran paquete de ayuda para desarrollo económico y social. "Hemos dejado claro que la sola seguridad no puede resolver los problemas que afronta Baréin", continué. "La violencia no es y no puede ser la respuesta. Un proceso político, sí. Hemos llevado hasta los funcionarios bareiníes nuestra preocupación por las actuales medidas y seguiremos haciéndolo así".

Las diferencias de tono y sustancia de lo que yo había dicho en El Cairo, eran relativamente pequeñas. Y yo me sentía tranquila porque no habíamos sacrificado nuestros valores o credibilidad. De los observadores externos muy pocos, si es que alguno lo hizo, notó algún cambio. Pronto, los aviones árabes estaban volando sobre Libia.

Habría deseado que hubiéramos tenido mejores opciones en Baréin y más influencia para producir un resultado positivo. Sin embargo, en los meses siguientes nosotros seguimos enfatizando que la fuerza bruta y los arrestos masivos reñían con los derechos fundamentales de los ciudadanos de Baréin y no conseguirían acabar con su legítimo llamado a que se diera una reforma. Y también continuamos trabajando estrechamente con el gobierno de Baréin y sus vecinos del Golfo, sobre toda una gama de asuntos.

En noviembre de 2011, en un discurso en el National Democratic Institute en Washington, hablé sobre algunas de las preguntas que surgieron sobre Estados Unidos y la Primavera Árabe. Una que a menudo escuchábamos era: ¿Por qué Estados Unidos promueve la democracia de una manera en algunos países y de otra manera en otros países? Para resumir, ¿por qué le pedimos a Mubarak entregar el poder en Egipto y movilizamos una coalición internacional para detener a Gadafi en Libia, pero seguimos manteniendo relaciones con Baréin y otras monarquías del Golfo?

La respuesta, dije, empieza con un punto muy práctico. Las circunstancias variaban dramáticamente de un país a otro y "sería necio adoptar un enfoque de talla única y apresurarnos sin tener en cuenta las circunstancias en el terreno". Lo que era posible y tenía sentido en un lugar, podría no ser posible o acertado en otro. También era cierto, dije, que Estados Unidos tiene en la región muchos intereses nacionales importantes que no siempre encajan perfectamente, a pesar de nuestros mejores esfuerzos. "Nosotros siempre tendremos que caminar y masticar chicle al mismo tiempo", expliqué. Eso era absolutamente cierto en Baréin. Estados Unidos siempre tendrá socios imperfectos que nos verán también como imperfectos, y siempre enfrentaremos imperativos que nos lleven a hacer compromisos imperfectos.

═══

En febrero de 2012, volví a Túnez, donde empezaron los disturbios de la Primavera Árabe. La policía antimotines ya no estaba. No había más gas pimienta en el aire. El barullo de la protesta se había acallado. Un partido islámico moderado había ganado recientemente una mayoría relativa de la votación en elecciones abiertas, competitivas y creíbles. Sus líderes prometieron adoptar la libertad de culto y plenos derechos para las mujeres. Estados Unidos prometió un significativo apoyo económico y empezamos la labor de fomentar el comercio y la inversión que pondrían a la economía nuevamente en marcha. El nuevo gobierno enfrentaba muchos retos, y los años venideros serían difíciles, pero hay razón para esperar que, al menos en Túnez, la promesa de la Primavera Árabe realmente se pueda cumplir.

Quería hablarle a la gente joven que había sido el núcleo emocional de la revolución, y que sería la más favorecida si la democracia echa raíces en Túnez. Unos doscientos de ellos se reunieron conmigo en el bellísimo Palais du Baron d'Erlanger, un centro para la música árabe y mediterránea sobre un peñasco cerca del mar. Les hablé de la dura labor de lograr el éxito de una transición a la democracia y del papel que su generación podía jugar. Luego respondí preguntas. Un joven abogado pidió el micrófono.

—Creo que entre mucha gente joven de Túnez y en toda la región existe un profundo sentimiento de desconfianza hacia Occidente en general y Estados Unidos en particular. Y muchos observadores atribuyen parcialmente el aumento del extremismo en la región y en Túnez, a ese escepticismo —dijo él—. E incluso entre la corriente dominante de juventud moderada y pro-Occidente, hay una sensación de desesperanza y fatalismo en lo concerniente a la posibilidad de construir una asociación real y duradera basada en intereses mutuos. ¿Estados Unidos es consciente de esto? ¿Y cómo cree usted que podemos lidiar con eso?

El muchacho puso el dedo sobre uno de nuestros retos más grandes. Y yo entendí que la desconfianza experimentada por él y tantos otros estaba relacionada con los acuerdos que habíamos tenido que hacer en el Medio Oriente.

—Somos conscientes de esto y lo lamentamos. Creemos que no refleja los valores o la política de Estados Unidos —le dije. Luego traté de explicar por qué Estados Unidos había trabajado con autócratas en la región durante tanto tiempo, desde Ben Ali en Túnez hasta Mubarak en Egipto y todos nuestros socios en el Golfo—. Uno trata con los gobiernos que están en funciones. Y sí, lo hicimos. Tratamos con los gobiernos que estaban en funciones, igual que tratamos con los gobiernos en todas partes. Ahora mismo estamos en medio de un gran desacuerdo con Rusia y China porque no aprueban la resolución del Consejo de Seguridad para ayudar a la gente pobre de Siria. Pero no dejamos de tratar con Rusia y China toda una gama de asuntos porque tengamos serios desacuerdos con esos dos países. Así que yo pienso que parte de eso es reconocer la realidad con la que los gobiernos deben tratar, y mirar todo el cuadro.

Sabía que esto no iba a satisfacer, pero era la verdad. Estados Unidos siempre hará lo que tenga que hacer para mantener a nuestro pueblo seguro y promover nuestros principales intereses. Y algunas veces eso significa trabajar con socios con los cuales tenemos desacuerdos profundos.

Pero había otra parte del cuadro completo que a menudo se pierde, una verdad sobre Estados Unidos que es fácil dejar escapar entre los cotidianos titulares de una u otra crisis. Estados Unidos ha sacrificado enormes cantidades de sangre y de su erario para ayudar a otros pueblos de todo el mundo a conseguir su propia libertad. Mirando a mi alrededor a los jóvenes y comprometidos tunisios recorrí de un tirón una sucesión de ejemplos, desde ayudar a la gente de Europa del este a salir de detrás de la Cortina de Hierro hasta nutrir democracias por toda Asia. "Seré la primera en decir que nosotros, como cualquier otro país del mundo, hemos cometido errores. Seré la primera en decirlo. Hemos cometido muchos errores. Pero creo que si ustedes miran el registro histórico completo, el registro histórico completo muestra que hemos estado del lado de la libertad, que hemos estado del lado de los derechos humanos, que hemos estado del lado de los mercados libres y del empoderamiento económico". El joven abogado asintió con la cabeza y se sentó.

16

Libia: Todas las medidas necesarias

Mahmud Jibril estaba retrasado.

Era el 14 de marzo de 2011, y a poco más de un mes de la caída de Hosni Mubarak en Egipto, ya la atención estaba puesta en la siguiente crisis de la región, esta vez en Libia, país de unos seis millones de habitantes situado entre Egipto y Túnez sobre la costa mediterránea del Norte de África. Las protestas contra el prolongado y autoritario régimen del dictador coronel Muammar Gadafi, se habían convertido en una rebelión a gran escala después de que Gadafi hiciera uso de fuerza extrema contra los manifestantes. Ahora Jibril, científico y político libio, con un doctorado de la Universidad de Pittsburgh, venía en camino para reunirse conmigo en representación de los rebeldes que enfrentaban a las fuerzas de Gadafi.

Yo había volado toda la noche y llegué a París esa mañana temprano para reunirme con los ministros de relaciones exteriores del grupo de los ocho principales países industrializados; Francia, Alemania, Italia, Japón, el Reino Unido, Canadá, Rusia y Estados Unidos, para discutir formas de impedir que Gadafi masacrara a su propio pueblo. (En 2014, tras la invasión a Crimea, Rusia fue expulsada del grupo que volvió a ser el G7, como era antes de 1998). Con nosotros había ministros de varios países árabes que estaban pidiendo una enérgica acción internacional para proteger a la población civil de Libia, en especial de la Fuerza Aérea de Gadafi. Pasé la mayor parte del día en intensas discusiones con líderes europeos y árabes preocupados porque las fuerzas superiores de Gadafi estaban listas para arrasar con los rebeldes. Cuando me reuní con el presidente francés Nicolás Sarkozy, él nos instó a que Estados Unidos apoyara la intervención militar internacional para detener el avance de Gadafi hacia la plaza fuerte de Bengasi en el este del país. Yo simpatizaba con la causa, pero aún no estaba muy convencida. Estados Unidos se había pasado los diez años anteriores empantanado en prolongadas y difíciles guerras en Irak y Afganistán. Antes de participar en un conflicto más, quería estar segura de que hubiéramos analizado muy bien las implicaciones. ¿Se unificaría la comunidad internacional, incluidos los vecinos de Libia, en esta misión? ¿Quiénes eran los rebeldes que estaríamos apoyando, y estaban ellos preparados para dirigir Libia si Gadafi caía? ¿Cuál era la fase final aquí? Yo quería reunirme con Mahmud Jibril para discutir cara a cara esas preguntas.

Mi suite en el viejo y magnífico Westin-Vendôme en la rue de Rivoli tenía vista al Jardín de las Tullerías, y desde mi ventana podía ver la Torre Eiffel iluminada contra el cielo parisino. Era difícil, en medio de la belleza y los colores de París, imaginar el horror que se estaba desencadenando en Libia.

Todo había empezado de una manera que ahora ya era familiar. El arresto en Bengasi de un prominente activista defensor de los derechos humanos, a mediados de febrero 2011, había provocado protestas que pronto se expandieron a todo el país. Los libios, inspirados por lo que habían visto en Túnez y Egipto, empezaron a exigir voz y voto en su propio gobierno. A diferencia de Egipto, donde el Ejército se negó a disparar contra civiles, las fuerzas de seguridad libias atacaron con armamento pesado a las multitudes. Gadafi dio rienda suelta a mercenarios y matones extranjeros para que atacaran a los manifestantes. Había informes de muertes indiscriminadas, arrestos arbitrarios y torturas. Los soldados que se negaban a disparar contra sus conciudadanos eran fusilados. En respuesta a esta violenta ofensiva, las protestas se metamorfosearon en rebelión armada, sobre todo en sectores del país largamente irritados por el impredecible régimen de Gadafi.

Finalizando febrero, el Consejo de Seguridad de las Naciones Unidas pidió un cese a la violencia inmediato y aprobó por unanimidad una resolución para imponer un embargo de armas a Libia, congelar los activos de los principales violadores de derechos humanos y miembros de la familia Gadafi y refirió el caso libio a la Corte Penal Internacional (CPI). La CPI procedió a acusar a Gadafi, a su hijo Saif al-Islam Gadafi y al jefe de inteligencia militar Abdullah Al-Senussi, de crímenes de lesa humanidad. Estados Unidos impuso sus propias sanciones y procedimos a prestar ayuda humanitaria a libios necesitados. A finales de febrero, viajé al Consejo de Derechos Humanos de la ONU en Ginebra para recordar a la comunidad internacional su responsabilidad de proteger los derechos fundamentales y de pedir cuentas a los violadores. Dije que Gadafi había "perdido la legitimidad para gobernar", y que "el pueblo de Libia lo había dejado en claro: es tiempo de que Gadafi se vaya, ahora, sin más violencia o demora". Unos días antes, en el mismo recinto del Palais des Nations, la delegación libia había renunciado en forma dramática a su lealtad a Gadafi y declarado su apoyo a los rebeldes. "Los jóvenes de mi país hoy escriben con su sangre un nuevo capítulo en la historia de la lucha y la resistencia", dijo un diplomático.

Una semana más tarde, los rebeldes conformaron en Bengasi un consejo de gobierno en transición. En todo el país, incluidas las montañas occidentales, milicias armadas obtuvieron victorias contra el régimen. Pero ellos no podían igualar el poderío militar desatado por Gadafi y sus tanques rodaron por todas las ciudades. La resistencia empezó a desmoronarse y Gadafi prometió darle caza y exterminar a todos sus opositores. La situación se fue tornando cada vez más desesperada. Por eso Jibril venía a exponer su caso.

Mientras esperaba que él llegara, pensé en Muammar Gadafi, uno de los más excéntricos, crueles e impredecibles autócratas del mundo. Con sus abigarrados atuendos, amazónicos guardaespaldas y altisonante retórica "Los que no me quieren ¡no merecen vivir!" dijo una vez. Gadafi accedió al poder con un golpe de estado en 1969 y gobernó Libia, antigua colonia italiana, con una mezcla de socialismo a la nueva era, fascismo y culto a la personalidad. Aunque la riqueza petrolera del país mantuvo el régimen a flote, su caprichoso gobierno vació las arcas y las instituciones libias.

Como Estado patrocinador del terrorismo, cliente de la Unión Soviética y multiplicador de armas de destrucción masiva, en la década de 1980 Gadafi se convirtió en uno de los mayores enemigos de Estados Unidos. En 1981, *Newsweek* lo sacó en su carátula con el titular: "¿El hombre más peligroso del mundo?". El presidente Reagan lo llamó el "perro rabioso del Medio Oriente" y en 1986 bombardeó Libia en represalia por un ataque terrorista en Berlín, planeado por Gadafi, que mató ciudadanos estadounidenses. Gadafi dijo que uno de sus hijos había muerto en los ataques aéreos, lo que atirantó mucho más las relaciones.

En 1988, agentes libios plantaron la bomba que destruyó el vuelo 103 de Pan Am sobre Lockerbie, Escocia, y mató a 270 personas. Treinta y cinco de los pasajeros que murieron en ese vuelo eran estudiantes de Syracuse University en el norte del estado de Nueva York, y yo conocí a algunas de sus familias cuando las representé en el Senado de los Estados Unidos. Para mí, Gadafi era un criminal y terrorista en quien jamás se podía confiar y muchos de sus vecinos árabes pensaban igual. La mayoría de ellos había peleado con él alguna vez. En algún momento hasta llegó a tramar el asesinato del rey de Arabia Saudita.

Cuando Condoleezza Rice conoció a Gadafi en Trípoli en 2008, le pareció "inestable," con una "algo perturbadora fascinación" por ella personalmente. En 2009, Gadafi causó revuelo en Nueva York cuando habló ante la Asamblea General de las Naciones Unidas por primera vez en sus cuarenta años de régimen. Trajo consigo una gran tienda beduina pero se le dijo que no podría montarla en el Parque Central. En las Naciones Unidas se le dieron quince minutos para hablar pero divagó durante una hora y media completas. En su extravagante diatriba despotricó acerca del asesinato de Kennedy y habló de la posibilidad de que la influenza porcina fuera en realidad un arma biológica diseñada en laboratorios. Sugirió que los israelíes y palestinos convivieran en un estado llamado "Isratina" y que la ONU trasladara su sede a Libia para reducir el desfase horario y evitar el riesgo de ataques terroristas en Nueva York. En suma, fue una actuación estrafalaria pero, tratándose de Gadafi, típica.

A pesar de todo eso, en años recientes Gadafi había tratado de mostrar una nueva cara al mundo: abandonó su programa nuclear, mejoró las relaciones con la comunidad internacional y contribuyó a la lucha contra Al Qaeda. Pero cualquier esperanza de que en su vejez se estuviera convirtiendo en algo parecido a un estadista, lamentablemente se evaporó apenas se iniciaron las protestas. Entonces reapareció el viejo Gadafi de instintos asesinos.

Todo eso —el desafiante dictador, los ataques a civiles, la peligrosa posición de los rebeldes— me llevó a analizar lo que tantos de mis homólogos extranjeros también estaban discutiendo: ¿Era tiempo de que la comunidad internacional fuera más allá de ayuda humanitaria y sanciones, y tomara una acción decisiva para detener la violencia en Libia? Y, en caso afirmativo, ¿qué papel debía jugar Estados Unidos para favorecer y proteger nuestros intereses?

Apenas unos días antes, el 9 de marzo, me había unido al resto del equipo de seguridad nacional del presidente Obama en la Sala de Situaciones en la Casa Blanca, para discutir la crisis de Libia. Hubo pocas inclinaciones a una intervención directa de Estados Unidos. El secretario de Defensa Robert Gates creía que en Libia, Estados Unidos no tenía en juego intereses de importancia nacional. Desde el Pentágono se nos dijo que la opción militar que más se consideraba, una zona de no vuelo como la que mantuvimos en Irak en la década de 1990, tal vez no sería suficiente para inclinar la balanza hacia los rebeldes. Las fuerzas de tierra de Gadafi simplemente eran muy fuertes.

Al día siguiente testifiqué en el Congreso y dije que no era el momento para que Estados Unidos se lanzara unilateralmente a una situación volátil: "Soy de los que creen que sin una autorización internacional, una acción de Estados Unidos a solas podría llevar a una situación de consecuencias impredecibles. Y sé que lo mismo piensa nuestro Ejército". Con demasiada frecuencia, demasiados países rápidos para exigir acción recurrían luego a Estados Unidos para que asumiera todas las cargas y riesgos. También recordé al Congreso que, "Tuvimos una zona de no vuelo sobre Irak y eso no evitó que Saddam Hussein masacrara gente en tierra y tampoco lo sacó del cargo".

El general Wesley Clark, retirado, viejo amigo que formó parte del equipo negociador de Richard Holbrooke en Bosnia y lideró la guerra aérea de la OTAN en Kosovo en la década de 1990, resumió el argumento en contra de la intervención en una página de opinión en *The Washington Post* el 11 de marzo: "Cualesquiera que sean los recursos que dediquemos para una zona de no vuelo probablemente serán muy pocos y llegarán muy tarde. Una vez más, aunque apenas nos atrevamos a decirlo, estaríamos comprometiendo a nuestro ejército a forzar un cambio de régimen en terreno musulmán. Reconozcamos entonces que, al menos todavía, los requisitos básicos para una intervención exitosa simplemente no existen: no tenemos objetivo claramente establecido, autoridad legal, apoyo internacional comprometido o capacidades militares adecuadas en la escena, y las ideas políticas de Libia difícilmente presagian un resultado claro".

Pero al día siguiente, algo sucedido en El Cairo empezó a cambiar el cálculo. Después de más de cinco horas de deliberación y debate, la Liga Árabe votó para pedir que el Consejo de Seguridad de la ONU impusiera una zona de no vuelo en Libia. El grupo, que representaba veintiuna naciones del Medio Oriente, previamente había suspendido la calidad de miembro de la Liga Árabe al gobierno de Gadafi, y ahora reconocía al consejo rebelde como representante legítimo del pueblo de Libia. Grandes pasos por parte de una organización anteriormente conocida como un club de autócratas y barones del petróleo. Uno de los primeros en actuar fue el diplomático egipcio Amr Moussa, secretario general de la Liga Árabe en ese momento, que tenía los ojos puestos en las elecciones presidenciales egipcias que se aproximaban. Esta resolución de la zona de no vuelo fue, en parte, su apuesta para obtener el apoyo de las facciones que habían ayudado a sacar a Mubarak. Los monarcas del Golfo lo siguieron, en parte para mostrar a sus propias y descontentas poblaciones que ellos eran partidarios del cambio. Y por supuesto, porque todos ellos odiaban a Gadafi.

Si los árabes estaban dispuestos a tomar la delantera, después de todo quizá no fuera imposible una intervención internacional. Y seguramente ejercería presión sobre Rusia y China, de quienes en otro caso podría esperarse que vetaran en el Consejo de Seguridad de la ONU cualquier acción respaldada por Occidente. Pero en la declaración de la Liga Árabe se había utilizado el término "acción humanitaria" sin mencionar explícitamente la fuerza militar. Me pregunté si Amr Moussa y los otros realmente estaban preparados para lo que tomaría impedir que Gadafi masacrara a su pueblo.

El ministro de Relaciones Exteriores de los Emiratos Árabes Unidos, o AbZ, estaba en París cuando yo llegué, y yo sabía que entre bastidores, él era un actor poderoso en la Liga Árabe. Nos reunimos en mi hotel antes de la cena del G-8 y lo presioné para saber hasta dónde llegaba el compromiso árabe. ¿Estaban ellos preparados para ver aviones extranjeros dejando caer bombas sobre Libia? Y más importante aún, ¿estaban preparados para volar esos aviones ellos mismos? Por parte de los emiratíes, al menos, la respuesta a ambas preguntas fue un sorprendente sí.

Los europeos eran aún más belicosos. Escuché una perorata de Sarkozy sobre intervención militar. Sarkozy era una figura dinámica, siempre lleno de efervescente energía, y le encantaba estar en el centro de la acción. Francia, antigua potencia colonial en el Norte de África, había sido cercana a Ben Ali en Túnez y la revolución allí tomó por sorpresa a Sarkozy. Los franceses no habían sido actores en Egipto. Así que esta era su oportunidad de entrar en la refriega apoyando la Primavera Árabe, para demostrar que ellos también estaban del lado del cambio. También creo que Sarkozy estaba influenciado por el conocido intelectual francés Bernard-Henri Lévy, quien consiguió que un camión transportador de verduras lo llevara desde la frontera egipcia para ver por sí mismo qué estaba pasando. A ambos los conmovía realmente la difícil situación que el pueblo libio sufría a manos de un dictador brutal, y ellos hicieron una convincente defensa de la necesidad de hacer algo.

Al secretario británico de Relaciones Exteriores William Hague lo vi esa noche en una cena con los otros ministros, y estaba queriendo acción. Si Hague pensaba que la acción militar en Libia era necesaria, eso contaba mucho, porque yo sabía que él, como yo, era cauteloso para tomar esas decisiones si no confiaba en la lógica, estrategia y pensamiento de todo esto hasta la fase final.

De regreso en el hotel, me reuní con nuestro embajador en Libia, Gene Cretz, y nuestro recién nombrado representante especial para los rebeldes libios, Chris Stevens, antes jefe suplente de la misión y encargado de negocios en Trípoli. Cretz era un personaje interesante, diplomático desparpajado y divertido, del norte del estado de Nueva York. Cuando sus cables secretos que describían los excesos de Gadafi fueron publicados por WikiLeaks, Cretz fue objeto de amenazas e intimidación en Trípoli, y a finales de diciembre de 2010 tomé la decisión de traerlo de vuelta a Washington por su propia seguridad. Para finales de febrero de 2011 la revolución ya se estaba caldeando, y evacuamos el resto de nuestro personal diplomático. Muchos salieron en un remolcador hacia Malta y se encontraron en un mar inusualmente embravecido y revuelto, pero por fortuna todos llegaron bien a puerto seguro.

Stevens era otro diplomático talentoso y con larga experiencia en la región. Rubio y carismático californiano, Chris también había estado en el servicio diplomático en Siria, Egipto, Arabia Saudita y Jerusalén, y hablaba francés y árabe. Devoraba viejos relatos y memorias libias, y le encantaba compartir oscuras nimiedades de la historia y contar chistes en el dialecto local. Le pedí que regresara a Libia e hiciera contacto con el consejo rebelde en su bastión de Bengasi. Era una misión difícil y peligrosa, pero Estados Unidos debía estar representada allí. Chris accedió y aceptó la misión. A su madre le gustaba decir que él llevaba arena en los zapatos, porque siempre andaba en movimiento, corriendo y trabajando, buscando nuevos retos y aventuras por todo el Medio Oriente. Y después de años de experiencia en el campo, él entendía que es en los lugares más difíciles y peligrosos que los intereses de Estados Unidos están más en juego, y donde es más importante que estemos representados con hábil y perspicaz diplomacia. Más tarde esa primavera, él y un equipo muy pequeño llegaron a Bengasi a bordo de un barco carguero griego, como un enviado del siglo XIX, y empezaron su labor de inmediato entablando relaciones con los líderes civiles y militares de la rebelión. Fue un trabajo tan bueno, que más adelante yo le pediría al presidente que lo nombrara sucesor de Cretz como embajador.

Finalmente, hacia las diez de la noche, Jibril llegó al Westin en París, acompañado por Bernard-Henri Lévy, quien había ayudado a concertar el encuentro. Hacían una tremenda pareja, el rebelde y el filósofo. Era difícil distinguir quién era quién; Jibril parecía más un tecnócrata que un agitador. De baja estatura, tenía anteojos, poco pelo y porte adusto. Lévy, en cambio, tenía una figura dramática con mucho estilo, cabello largo ondulado y camisa abierta casi hasta el ombligo. Se lo ha citado diciendo: "Dios está muerto pero mi cabello es perfecto". (A eso yo diría, Dios vive pero ¡me encantaría tener el cabello perfecto!).

Jibril me pareció atrayente y refinado, en especial por ser el representante de un consejo rebelde al borde de ser aniquilado. Había sido director de la Junta Nacional de Desarrollo Económico bajo Gadafi antes de desertar para unirse a la revolución, y parecía entender cuánto trabajo sería necesario para reconstruir un país devastado por décadas de crueldad y malos manejos. Nos dijo que en Bengasi cientos de miles de civiles estaban en peligro inminente pues las fuerzas del régimen marchaban hacia la ciudad, despertando espectros del genocidio en Ruanda y la limpieza étnica en los Balcanes que clamaban por una intervención internacional.

Mientras Jibril hablaba, yo trataba de formarme una opinión de él. Nosotros habíamos aprendido a las malas en Irak y en todos los otros lugares que una cosa es sacar un dictador y otra muy distinta ayudar a un gobierno creíble y competente a que tome su lugar. Si Estados Unidos accedía a intervenir en Libia, estaríamos apostando mucho a este científico político y sus compañeros. En cuatro décadas, Gadafi había eliminado sistemáticamente a los que pudieran representar una amenaza para su régimen, y había pulverizado las instituciones y la cultura política de Libia. De modo que no era probable que fuéramos a encontrarnos un perfecto George Washington esperando entre bastidores. Pero con todo, Jibril y quienes él representaba bien podrían ser lo mejor que podíamos esperar.

Después, informé a la Casa Blanca lo que había escuchado en París y mi progreso con nuestros socios internacionales. Nuestros aliados de la OTAN estaban preparados para encabezar cualquier acción militar. La Liga Árabe la apoyaría, y algunos de sus miembros incluso participarían activamente en operaciones de combate contra un vecino árabe; una diciente señal de lo lejos que Gadafi había ido. Yo creía que podíamos obtener los votos en el Consejo de Seguridad para respaldar una resolución fuerte. Nos habíamos arreglado para embarcar a rusos y chinos en duras sanciones contra Corea del Norte e Irán en 2009 y 2010, y creía que ahora también podríamos hacerlo. Y basada en mi reunión con Jibril pensaba que había una razonable posibilidad de que los rebeldes resultaran ser socios confiables.

El Consejo Nacional de Seguridad seguía dividido en cuanto al acierto de intervenir en Libia. Había quienes, como la embajadora ante la ONU Susan Rice y la asesora del Consejo Nacional de Seguridad Samantha Power, aducían que nosotros teníamos la responsabilidad de detener una masacre si podíamos hacerlo. El secretario de Defensa Robert Gates se oponía con firmeza. Veterano de los conflictos de Irak y Afganistán y realista acerca de los límites del poderío estadounidense, él no creía que nuestros intereses en Libia ameritaran el sacrificio. Todos sabíamos que las consecuencias de la intervención eran impredecibles. Las tropas de Gadafi ya estaban a unas cien millas de Bengasi y acercándose rápido. Teníamos a la vista una catástrofe humanitaria, con miles de personas en riesgo de ser muertas. Si íbamos a detenerla, debíamos actuar ahora.

El presidente Obama decidió avanzar con el trazado de planes militares y el aseguramiento de una resolución del Consejo de Seguridad de la ONU. Pero había dos condiciones fundamentales. Primera, dado que el Pentágono nos había asegurado que la zona de no vuelo de por sí sería poco más que un gesto simbólico, tendríamos que asegurar el respaldo de la ONU para una acción militar más vigorosa de ser necesaria; la autoridad para usar "todas las medidas necesarias" para proteger civiles. Segunda, el presidente quería mantener limitada la participación de Estados Unidos, para que nuestros aliados tuvieran que asumir buena parte de la carga y volar la mayoría de las misiones de combate. Estas condiciones requerirían una amplia diplomacia adicional, pero Susan y yo pensábamos que era posible y empezamos a llamar por teléfono.

Al día siguiente en el Consejo de Seguridad en Nueva York, los rusos ofrecieron una resolución tan débil pidiendo un alto el fuego que yo pensé que realmente era una estratagema para enturbiar las aguas y embotar el creciente impulso de establecer una zona de no vuelo. A menos que pudiéramos convencerlos de que no vetaran nuestra resolución, que era más fuerte, estaba acabada. Después de Rusia, además debíamos preocuparnos por China que también tenía poder de veto, y por varios miembros no permanentes.

En la mañana del 15 de marzo, volé de París a El Cairo para unas reuniones con el gobierno de transición y la sociedad civil egipcia. Me reuní con Amr Moussa y recalqué la importancia de que la Liga Árabe defendiera la intervención vigorosamente y accediera a participar activamente. Esta política tenía que ser reconocida como impulsada por los vecinos de Libia, no por Occidente, o no funcionaría. Moussa confirmó que Catar y los Emiratos Árabes Unidos (EAU) estaban preparados para aportar aviones y pilotos al esfuerzo, un gran paso adelante. Más adelante, Jordania también entraría. Sabía que este apoyo haría más fácil convencer a los miembros vacilantes del Consejo de Seguridad en Nueva York.

Gadafi facilitó nuestro trabajo cuando salió en televisión el 17 de marzo y advirtió a los ciudadanos de Bengasi que, "Llegamos esta noche, y no habrá misericordia". Prometió ir casa por casa buscando "traidores" y pidió a los libios que "capturaran las ratas". Para entonces, yo estaba en Túnez y llamé al ministro de Relaciones Exteriores ruso Serguéi Lavrov, quien antes me había dicho que Rusia se oponía a una zona de no vuelo. Pero ya varios miembros no permanentes del Consejo de Seguridad se habían embarcado en nuestra resolución.

—Nosotros no queremos otra guerra —le dije a Lavrov—. No queremos poner tropas en el terreno. —Era importante asegurarles a los rusos que esto no sería como Irak o Afganistán y ser claros acerca de nuestras intenciones—. Nuestro objetivo es proteger a los civiles de ataques brutales indiscriminados. La zona de no vuelo es necesaria, pero insuficiente. Necesitamos medidas adicionales. El tiempo es crítico.

—Veo su punto de no buscar otra guerra —respondió él—. Pero eso no quiere decir que no vayan a conseguir una.

Sin embargo, agregó, los rusos no tienen ningún interés en proteger a Gadafi o en verlo masacrar a su pueblo. Yo expliqué que nuestra resolución podría incorporar la propuesta rusa de un alto el fuego, pero que también debía autorizar una respuesta enérgica si Gadafi rehusaba detener su avance.

—No podemos votar a favor —dijo Lavrov—. Pero nos abstendremos y será aprobada —continuó.

Eso era todo lo que necesitábamos. En este contexto, una abstención era casi tan buena como un voto afirmativo. En discusiones posteriores, especialmente sobre Siria, Lavrov dijo que había sido engañado acerca de nuestras intenciones. Eso me pareció falso puesto que Lavrov, como antiguo embajador ante la ONU, sabía tan bien como el que más lo que significaba "todas las medidas necesarias".

A renglón seguido, llamé a Luís Amado, el ministro de Relaciones Exteriores de Portugal, miembro no permanente del Consejo de Seguridad. Aún si evitábamos un veto, nosotros todavía necesitaríamos estar seguros de tener una mayoría. Y cuantos más votos consiguiéramos, más fuerte sería el mensaje a Gadafi.

—Deseaba reiterar que Estados Unidos no tiene interés, o intención, o planes de ningún tipo de hacer uso de tropas de tierra o una operación en el terreno —le dije a Amado—. Nosotros creemos que el aprobar esta resolución será una gran llamada de advertencia a Gadafi y la gente que lo rodea. Esto claramente podría influenciar las acciones que él tome en los próximos días.

Él escuchó mis argumentos y luego accedió a votar afirmativamente.

—No se preocupe, allí estaré —me dijo.

El presidente Obama llamó al presidente sudafricano Jacob Zuma y le planteó lo mismo. Susan presionó a sus homólogos en Nueva York. Franceses y británicos estaban trabajando duro también. La votación final fue diez a cero, con cinco abstenciones. Brasil, India, China y Alemania se unieron a Rusia y no tomaron parte en la votación. Ahora contábamos con un fuerte mandato para proteger a los civiles libios con "todas las medidas necesarias".

Casi de inmediato surgieron dificultades y sucesos dramáticos.

El presidente Obama dejó muy claro a nuestro equipo y nuestros aliados que Estados Unidos participaría en una operación militar para hacer cumplir la resolución de la ONU, pero sólo en forma limitada. Uno de los primeros pasos clave para que la zona de no vuelo entrara en vigor sería dejar fuera de combate al sistema de defensa aéreo de Gadafi, y Estados Unidos estaba mejor equipado para hacerlo que ninguno de nuestros socios. Pero el presidente quería que las fuerzas aliadas tomaran la delantera lo más pronto posible y se mantenía firme en que no se desplegarían tropas estadounidenses. "Nada de botas sobre el terreno", se convirtió en una consigna. Todo eso significaba que necesitábamos una amplia y bien coordinada coalición internacional que pudiera entrar y tomar el poder después de que los misiles de crucero y bombarderos de Estados Unidos hubieran despejado el camino. Pronto descubrí que conseguir que nuestros aliados trabajaran en conjunto sería más difícil de lo que ninguno de nosotros había esperado.

Sarkozy estaba ansioso por tomar la delantera. En el período previo a la votación en la ONU, había sido el más vociferante defensor de la acción militar internacional, y ahora vio su oportunidad de reafirmar el rol de Francia como una de las grandes potencias del mundo. Para discutir ampliamente la puesta en práctica de la resolución de la ONU, Sarkozy invitó a una amplia gama de naciones europeas y árabes a una cumbre en París el sábado 19 de marzo, con la notoria excepción de nuestra aliada en la OTAN, Turquía. Ya había tensiones entre Sarkozy y el primer ministro turco Erdoğan debido a las objeciones de Francia a que Turquía ingresara a la UE. Luego Erdoğan había surgido como voz de advertencia sobre Libia, y Sarkozy trabajó para excluirlos de la coalición. El desaire enfureció a Erdoğan que endureció aún más su posición en contra de la intervención.

Cuando hablé con el ministro de Relaciones Exteriores turco Davutoğlu, traté de aliviar algunos de los sentimientos heridos.

—Primero quiero decirle que insistí mucho en que ustedes fueran invitados —dije.

Como lo temía, Davutoğlu estaba bastante enojado.

—Estamos esperando acción de la OTAN y de repente en París hay una reunión, y no somos invitados —se quejó y con toda razón.

¿Era esta una cruzada francesa o una coalición internacional? Expliqué que la cumbre había sido organizada por los franceses, pero que nosotros estábamos insistiendo mucho en que la OTAN liderara la propia operación militar.

En París, transmití el mensaje del presidente Obama de nuestras expectativas de que los demás actuaran. Acabando de aterrizar, hablé por teléfono con AbZ, el ministro de Relaciones Exteriores de los EAU. Como lo describí antes, esta se convirtió en una conversación muy difícil con AbZ quien amenazó con retirar a los EAU de la operación de Libia porque Estados Unidos había criticado que ellos y Arabia Saudita hubieran movilizado sus tropas hasta Baréin a solicitud de ese país.

Luego, antes de que empezara siquiera la reunión oficial, Sarkozy nos llevó a un lado al primer ministro británico David Cameron y a mí, y nos confió que los aviones de combate franceses ya iban rumbo a Bengasi. Cuando el resto del grupo se enteró de que Francia había actuado prematuramente, se armó un alboroto. El primer ministro italiano Silvio

Berlusconi, que era igual de tozudo y amante de ser el centro de atención que Sarkozy, se mostró particularmente indignado. Existe la creencia informal de que las viejas potencias coloniales deben asumir el liderazgo para lidiar con las crisis de sus antiguos dominios. Por eso fue que, más tarde, Francia fue la que envió tropas a Malí y la República Central Africana. En el caso de Libia, antigua colonia italiana, eso significaba que Berlusconi sentía que Italia debía estar al frente; no Francia. Es más, por su estratégica ubicación al adentrarse en el Mediterráneo, Italia era la plataforma de lanzamiento natural para la mayoría de las misiones combate a Libia. Y ya había empezado a abrir un número de bases de la Fuerza Aérea para los aviones aliados. Pero Berlusconi se sintió eclipsado por Sarkozy y amenazó con retirarse de la coalición y cerrar el acceso a las bases de su país.

No obstante, más allá de los egos heridos, Berlusconi y los otros tenían buenas razones para estar preocupados. En los Balcanes y Afganistán, nosotros habíamos aprendido que una operación militar multinacional es complicada. A menos que existan unas claras líneas de mando y control, y que todo el mundo trabaje en conjunto para implementar una misma estrategia, puede degenerar en una confusión peligrosa. Si una docena de naciones distintas enviaran aviones de combate a Libia sin haber coordinado entre todas, planes de vuelo, blancos y reglas de enfrentamiento, sería un pandemonio en el cielo, con reales posibilidades de cualquier contratiempo que podría ocasionar la pérdida de vidas.

Estados Unidos asumió primero el rol de coordinador, porque teníamos las mayores capacidades. Pero el paso siguiente lógico era que la OTAN organizara la intervención. La Alianza ya tenía un mando militar integrado y experiencia de coordinación en otros conflictos. A Sarkozy no le gustaba esa idea. Para empezar, podía significar una menor gloria para Francia. Pero él también creía que convertir lo de Libia en una misión de la OTAN aislaría al mundo árabe, cuya dirigencia había ayudado a influir en la opinión mundial antes de la votación de la ONU. Además, la OTAN opera por consenso, lo que significa que cualquier miembro —incluso Turquía— podía bloquear la acción. Nosotros habíamos trabajado muy duro en la ONU para asegurar el lenguaje que autorizara "todas las medidas necesarias" para proteger civiles de manera que pudiéramos hacer más que anular los planes de Gadafi de atacar las ciudades rebeldes; era crucial que pudiéramos detener sus tanques y tropas sobre el terreno antes de que llegaran a Bengasi. Y hubo quienes denominaron eso "zona de no conducción". Pero Erdoğan y otros, sólo aceptaban una pura zona de no vuelo sin ataques aire-tierra. Y Sarkozy temía que si la OTAN operaba la misión, acabaría observando a Bengasi arder.

La reunión de París finalizó sin un acuerdo sobre lo que debía ocurrir después de la fase inicial de la intervención liderada por Estados Unidos. Pero con las fuerzas de Gadafi en marcha y los aviones franceses ya en el aire, no había lugar a dudas. Me paré frente a las cámaras y anuncié, "Estados Unidos cuenta con capacidades únicas y las aplicaremos a ayudar a que nuestros aliados europeos y canadienses y nuestros socios árabes impidan que haya más violencia contra civiles, incluida la efectiva puesta en marcha de una zona de no vuelo". Pocas horas más tarde, buques de guerra de Estados Unidos en el Mediterráneo dispararon más de cien misiles de crucero apuntados a los sistemas de defensa aéreos al interior de Libia, y contra una larga columna de vehículos blindados que se iban acercando a Bengasi. El presidente Obama, de viaje en Brasil, dijo, "Quiero que el pueblo estadounidense sepa que el uso de la fuerza no es nuestra primera opción y que no es una opción que yo haya tomado a la ligera". Pero, continuó, "las acciones tienen consecuencias, y el mandato de la comunidad internacional se debe hacer cumplir. Esa es la causa de esta coalición".

En las setenta y dos horas siguientes, las defensas aéreas de Libia fueron destruidas y la gente de Bengasi fue salvada de la inminente devastación. Más adelante, el presidente Obama fue criticado injustamente por "liderar desde atrás" en lo de Libia. Es una frase sin sentido. Hubo un gran liderazgo, desde el frente, los lados, cualquier dirección para autorizar y lograr la misión y prevenir una pérdida posible de decenas de miles de vidas. Nadie más habría podido interpretar el papel que nosotros asumimos, en términos de capacidad militar para asestar un primer golpe decisivo a las fuerzas de Gadafi, ni de capacidad diplomática para estructurar y mantener unida un amplia coalición.

Lamentablemente, las relaciones dentro de la alianza fueron de mal en peor en los días que siguieron. El lunes, sólo dos días después de la cumbre de París, los representantes se reunieron en Bruselas para tratar de resolver las diferencias. Pero la reunión pronto se agrió y el embajador francés se retiró furioso del recinto. Ambas partes estaban volviendo sobre sus pasos. Como se temía, los turcos insistían en parámetros más estrechos para una misión de la OTAN y los franceses se negaban a ceder el control. En la noche del lunes, el presidente Obama llamó a Erdoğan para plantear una vez más la importancia de "todas las medidas necesarias" y subrayar que esto no incluiría enviar fuerzas de tierra para una invasión. Más tarde habló también con Sarkozy, quien estaba dispuesto a permitir que la OTAN tomara control sobre la zona de no vuelo si los franceses, británicos y otros podían continuar con la más agresiva zona de no conducción por cuenta propia. Desde nuestro punto de vista, las potenciales dificultades de establecer dos misiones paralelas serían impredecibles. Pero estuvimos de acuerdo con Sarkozy en que no podíamos abandonar la capacidad de hacer blanco en las fuerzas de tierra de Gadafi mientras trataban de exterminar a las comunidades rebeldes.

En la noche del lunes, un terrible incidente puso mucho más en juego para todos nosotros. Un caza Strike Eagle F-15 piloteado por dos miembros de la Fuerza Aérea de los Estados Unidos, el Mayor Kenneth Harney y el Capitán Tyler Stark, tuvo una falla mecánica cuando volaba sobre el este de Libia, cerca de la medianoche. Apenas dejó caer una bomba de 500 libras, el aparato entró en barrena. Los dos pilotos se eyectaron pero una rasgadura en el paracaídas de Stark lo desvió. Harvey fue rescatado poco después por un equipo de búsqueda y rescate de Estados Unidos, pero Stark estaba perdido. Me preocupaba terriblemente saber a este hombre de veintisiete años de Littleton, Colorado, perdido en el desierto libio.

Por fortuna, a Stark lo encontraron amistosos rebeldes libios de Bengasi, quienes llamaron a un maestro de inglés de la localidad para que viniera a hablar con él. Casualmente, el maestro, Bubaker Habib, tenía nexos cercanos con el personal de la embajada de los Estados Unidos. Todo nuestro personal había dejado el país, pero Bubaker conservaba sus números telefónicos y pudo llamar al Centro de Operaciones del departamento de Estado. En el transcurso de una llamada con el Centro, en la que el departamento de Estado retransmitía información al Pentágono, se organizó el rescate de Stark. Entre tanto, Bubaker lo llevó a un hotel en Bengasi, donde lo trataron los médicos. En medio de la lucha que estaba en curso, Bubaker pidió a los rebeldes que se quedaran y protegieran a Stark. Y más tarde le contó a *Vanity Fair* que les había dado esta instrucción a los milicianos libios: "Tenemos aquí un piloto estadounidense. Si lo atrapan o lo matan será el final de la misión. Asegúrense de mantenerlo sano y salvo". Los rebeldes libios agradecieron efusivamente a Stark, expresando su gratitud por la intervención de Estados Unidos que los estaba protegiendo de las tropas de Gadafi.

En Washington, todos nosotros dejamos escapar un enorme suspiro de alivio. Al mismo tiempo, yo empezaba a vislumbrar los contornos de un posible acuerdo que podría romper el pulso entre nuestros aliados. Si Turquía accedía a no vetar la acción para que entrara en vigor la zona de no conducción —no tenía que participar, sólo abstenerse de bloquearla— entonces podríamos convencer a Francia de que se diera pleno mando y control a la OTAN.

El secretario general de la OTAN, Anders Fogh Rasmussen, me informó que había hablado con los turcos y había escuchado que los árabes no objetarían participar en una misión liderada por la OTAN, que era una de las grandes preocupaciones de Sarkozy. Como se supo después, dio la casualidad de que AbZ estaba en el despacho de Davutoğlu en Ankara cuando Rasmussen llamó. Davutoğlu le pasó el teléfono al emiratí y lo dejó que expresara directamente su consentimiento. Las noticias de Catar y la Liga Árabe también eran positivas.

—¿Compartió usted eso con Francia? —le pregunté a Rasmussen.

—La respuesta de ellos fue que una cosa es lo que dicen los árabes en privado y otra cosa lo que hacen públicamente —replicó.

Le dije que yo misma hablaría con Davutoğlu y vería si podíamos conseguir que los árabes declararan públicamente su apoyo.

Cuando lo conseguí, recalqué a Davutoğlu que Estados Unidos estaba de acuerdo con que la OTAN debía asumir el mando y control tan pronto fuera posible.

—Queremos que el traspaso sea lo más suave posible. Necesitamos un mando unificado en un solo teatro de operaciones. Debemos asegurarnos de que todos los aspectos de la misión de protección a civiles estén integrados.

Eso significaba tener ambas zonas, la de no conducción y la de no vuelo. Davutoğlu accedió.

—Debe haber un solo puesto de mando y control que debe estar bajo la OTAN. Es importante para la gente de Libia. Si hay una sombrilla de la ONU debajo de la cual la OTAN esté haciendo esta operación, nadie verá esto como si fueran cruzados o el Oriente contra el Occidente —dijo él.

Llamé también al ministro de Relaciones Exteriores francés, Alain Juppé.

—Creo que estamos listos para aceptar el compromiso bajo ciertas condiciones —me dijo.

Si la OTAN iba a dirigir la operación militar, Francia quería establecer un comité diplomático separado compuesto por todas las naciones que estaban aportando fuerzas, incluidos los árabes, para prestar orientación política. Era un gesto modesto, pensé, que deberíamos poder acoplar.

Para sellar el trato, cité a una llamada en conferencia con franceses, turcos y británicos.

—Creo que tenemos un acuerdo entre nosotros. Pero sólo quiero estar segura. Es crucial que todos hablemos un mismo lenguaje al referirnos a la responsabilidad de la OTAN de hacer cumplir la zona de no vuelo y proteger a los civiles de Libia —y entonces repasé muy cuidadosamente todo el compromiso. Para el final de la llamada, todos estábamos de acuerdo.

—¡Bravo! —exclamó Juppé, cuando colgamos.

Pronto, la OTAN asumió formalmente el mando y control de la que se conoció como Operación Protectora Unificada. Estados Unidos siguió suministrando información vital de inteligencia y vigilancia que ayudaba a guiar los ataques aéreos, así como el reabastecimiento de combustible en vuelo que permitía a las aeronaves aliadas permanecer en los cielos de Libia por largos períodos de tiempo. Pero a la gran mayoría de misiones de combate las volarían otros.

La campaña militar en Libia se tomó más tiempo del que cualquiera de nosotros había esperado o previsto, aunque nunca entramos en el resbaladizo terreno de colocar tropas en tierra, como algunos habían temido. Hubo momentos en que la coalición parecía que iba a desbaratarse y tuvimos que aplicar una buena cantidad de tomadas de mano y torcidas de brazo para mantener a todos nuestros socios a bordo. Pero para finales del verano de 2011, los rebeldes habían rechazado a las fuerzas del régimen. Ellos capturaron Trípoli hacia el final de agosto y Gadafi y sus familiares huyeron al desierto. La revolución había triunfado y la difícil tarea de construir un nuevo país podía comenzar.

———

A mediados de octubre, con Trípoli liberada pero Gadafi aún en libertad, decidí visitar Libia para ofrecer yo misma el apoyo de Estados Unidos al nuevo gobierno de transición. Con el país inundado de misiles portátiles que se disparaban de tierra a aire, era demasiado peligroso volar en nuestro usual 757 azul y blanco con "Los Estados Unidos de América" estampado de la punta a la cola, así que la Fuerza Aérea suministró un avión C-17 de transporte militar equipado con contramedidas defensivas para el vuelo de Malta a Trípoli, en la mañana temprano.

Justo antes de despegar, una fotógrafa de la revista *Time*, Diana Walker, me vio chequeando mi Blackberry y tomó una foto rápida. Su fotografía, para sorpresa de todos, se convirtió en una sensación de Internet muchos meses más tarde y en la base de un "meme" conocido como los "Textos de Hillary". La idea era simple: un usuario de Internet podía emparejar la foto mía sosteniendo mi teléfono con la de otra persona famosa con un teléfono y agregar pies de foto o subtítulos graciosos para narrar textos que supuestamente estaríamos enviándonos unos a otros. El primero que publicaron fue uno que mostraba al presidente Obama recostado en un sofá, con la leyenda: "Ey, Hil, ¿en qué andas?". Y la imaginada respuesta mía: "Manejando el mundo". Con el tiempo, decidí ser parte de la diversión yo también. Y subí mi propia versión llena de la jerga de Internet: "ROFL @ ur tumblr! g2g – scrunchie time. ttyl?". Que más o menos quería decir: "Me encanta tu sitio". También invité a Adam Smith y Stacy Lambe, dos jóvenes profesionales de Relaciones Públicas en Washington creadores de "Textos de Hillary", a que me visitaran en el departamento de Estado. Allí posamos para una fotografía de nosotros tres chequeando nuestros teléfonos al mismo tiempo.

Pero en el momento que Diana Walker tomó esa foto, la diversión era lo que más lejos estaba de mi pensamiento. Me estaba preparando para lo que prometía ser un día extenuante en una capital desgarrada por la guerra y con un nuevo gobierno que apenas se sostenía en el poder y menos aún tenía experiencia en administrar un país.

Después de un buen aterrizaje, la puerta del C-17 se abrió y desde arriba de las escaleras del avión, yo vi un grupo de milicianos armados y barbados, esperando allí abajo. Ellos eran de Zintan, una ciudad de la montañosa región noroeste de Libia, marcada por la guerra, que había sido uno de los principales puntos álgidos de la revolución. Según el precario arreglo de poder compartido entre las distintas milicias que ahora tenían el control de Trípoli, la brigada de Zintan era responsable del aeropuerto. Mis agentes de seguridad estaban tan nerviosos como jamás los había visto. Yo respiré profundo y empecé a bajar por las escaleras. Para sorpresa mía, los milicianos empezaron a corear "¡Dios es grande!" y "¡USA!". Ellos nos saludaban y vitoreaban y alzaban sus manos haciendo la "V de la victoria". Fue una bienvenida entusiasta y pronto me vi rodeada por estos exuberantes y jubilosos hombres de las montañas. Unos cuantos entregaron sus rifles a otros camaradas para que se los tuvieran mientras ellos se apretujaban lo más cerca posible de mí para una fotografía, y otros me daban palmaditas en la espalda o estrechaban la mano. Kurt Olsson, el jefe de mi equipo de seguridad, permaneció imperturbable, pero me imagino que salió de allí con una cuantas canas nuevas.

Los hombres tomaron sus armas y se apretujaron en los vehículos todoterreno y camionetas con armamento pesado montado y escoltaron mi caravana a través de la ciudad, apartando agresivamente el resto del tráfico y saludando con entusiasmo cada vez que quedaban junto a mi auto. Las calles de Trípoli estaban cubiertas con grafitis revolucionarios, algunos satirizando a Gadafi y otros celebrando consignas y victorias rebeldes. Pronto llegamos a las oficinas de una gran organización de beneficencia islamita que el gobierno estaba utilizando como cuartel general provisional.

Después de encontrarme con el presidente del Consejo de Transición Nacional de Libia, Mustafa Abdul Jalil, fui por mi cuenta a la oficina de Mahmud Jibril, el líder rebelde que había conocido en París que ahora era el primer ministro interino. Me saludó con una amplia sonrisa, y dijo, "Me siento orgulloso de estar pisando el suelo de una Libia libre".

En reuniones con Jalil y Jibril, discutimos los muchos retos que enfrentaba el nuevo gobierno. Lo primero en su lista era la continuada amenaza de Gadafi y sus partidarios. Les aseguré que la OTAN continuaría su misión de proteger a los civiles libios hasta que el antiguo dictador fuera hallado y totalmente derrotado. Luego traje a colación otro problema.

La primera responsabilidad de cualquier gobierno es proveer seguridad y garantizar la ley y el orden. En Libia eso iba a ser un gran reto. A diferencia de Egipto, donde las fuerzas militares y de seguridad habían quedado prácticamente intactas después de la caída de Mubarak, en Libia ahora había un gran vacío. Y pese a lo amistosos y llenos de vida que los milicianos de Zintan se habían mostrado en el aeropuerto, la presencia de tantos grupos armados independientes en Trípoli y en todo el país no era sostenible. Era crucial reunir a todas las milicias en un solo ejército bajo el control de autoridades civiles, establecer el régimen de derecho e impedir los ajustes de cuentas y que se hiciera justicia por propia mano, así como hacer una redada de todas las armas sueltas que ahora inundaban el país. Estados Unidos estaba preparado para ayudar al nuevo gobierno en todas estas áreas, pero se necesitaría el liderazgo de ellos para que esa ayuda pudiera funcionar. Jibril y los otros estuvieron de acuerdo y se comprometieron a hacer de todo esto una prioridad.

Después de nuestras reuniones, me apresuré para llegar a una discusión abierta con estudiantes y activistas de la sociedad civil en la Universidad de Trípoli. Gadafi había hecho todo lo que había estado en sus manos para evitar que surgieran los grupos voluntarios, las ONG, los medios de comunicación independientes y los *watchdogs* o vigilantes que constituyen la sociedad civil. Esperaba que estuvieran dispuestos y fueran capaces de jugar un papel positivo en la siguiente etapa libia. La historia había demostrado, una y otra vez, que una cosa era eliminar un tirano, y otra muy distinta construir un gobierno que le cumpliera a su pueblo. La democracia encontraría serias dificultades en Libia. La pregunta era si el futuro de Libia sería moldeado por las armas de sus milicias o por las aspiraciones de su pueblo.

Uno tras otro, estudiantes y activistas se levantaron y formularon serias y prácticas preguntas sobre cómo construir una democracia. "Nosotros no tenemos partidos políticos", observó una joven estudiante de Ingeniería. Ella preguntó cómo podrían los libios "animar a la gente para que se involucrara más en la vida política, considerando que en cuestión de dos años o menos tendremos elecciones y deberemos elegir nuestros parlamentos y nuestro presidente". Otra mujer joven, estudiante de Medicina, se puso de pie. "Somos muy nuevos en esto de la democracia", empezó, "¿qué medidas cree usted que debemos tomar para que la libertad de expresión se arraigue en la identidad libia?". Estos jóvenes deseaban desesperadamente vivir en un "país normal", con acceso a la economía global y a todos los derechos de los cuales la gente había disfrutado durante tanto tiempo en Estados Unidos y en todo el mundo, como ellos sabían. Y, en contraste con algunos jóvenes que yo había conocido en su vecino Egipto, estos estaban ansiosos por dejar a un lado sus diferencias, aprender lecciones del exterior e involucrarse en el proceso político. La Libia libre tenía mucho camino por recorrer —ellos estaban empezando básicamente de cero— pero estos jóvenes me impresionaron por su seriedad y su determinación para construirla.

Antes de dejar Trípoli, me detuve en un hospital local para visitar a algunos civiles y combatientes heridos en la revolución contra Gadafi. Hablé con jóvenes que habían perdido brazos y piernas y con médicos y enfermeras abrumados por las víctimas de guerra que habían visto. Prometí que Estados Unidos les prestaría apoyo médico e incluso llevarían algunos de los casos más difíciles a hospitales en Estados Unidos.

Mi visita final fue al complejo donde vivía nuestro embajador en

Libia, Gene Cretz, el cual se había convertido en una embajada provisional. Durante la revolución, los matones del régimen habían saqueado e incendiado nuestra embajada (ya había sido evacuado todo el personal estadounidense), así que ahora nuestro personal diplomático acampaba en la sala de Gene. Me maravillaron la resistencia y resolución de estos valientes diplomáticos estadounidenses. Escuchamos disparos en la distancia y me pregunté si serían de guerra o de celebración. Ya el personal de la embajada parecía bastante acostumbrado a oírlos. Cuando estreché la mano de cada uno de ellos, les agradecí por su increíble labor y sacrificios.

Saliendo de Trípoli, el C-17 despegó brusca y rápidamente. Pensé en todo lo que había sucedido en los nueve meses desde que fui a Doha a advertirles a los líderes del Medio Oriente que si no adoptaban las reformas su región se hundiría en la arena.

En el verano de 2012, Libia celebró sus primeras elecciones. Por lo que dicen todos, a pesar de las preocupaciones de seguridad, la votación fue bien administrada y relativamente libre de irregularidades. Después de más de cuarenta años bajo Gadafi y sin participación política, cerca del 60 por ciento de los libios, una amplia franja de la sociedad, acudió a las urnas a elegir sus representantes y después salió a las calles a celebrar.

A mí me preocupaba que las dificultades venideras fueran a resultar abrumadoras incluso para los líderes mejor intencionados de la transición. Si el nuevo gobierno podía consolidar su autoridad, dar seguridad, usar los ingresos del petróleo para construir, desarmar las milicias, y mantener fuera a los extremistas, entonces Libia tendría una enorme posibilidad de tener éxito en construir una democracia estable. Si no, el país enfrentaría un camino muy difícil para traducir las esperanzas de una revolución en un futuro libre, seguro y próspero. Y, como pronto lo vimos, no sólo los libios sufrirían las dificultades que habría más adelante.

17

Bengasi: Bajo ataque

El 11 de septiembre de 2012, el embajador Chris Stevens y el oficial de gestión de información Sean Smith fueron asesinados en un ataque terrorista en nuestro complejo diplomático en Bengasi, Libia. Dos agentes de la CIA, Glen Doherty y Tyrone Woods, murieron horas más tarde, durante un ataque en el cercano complejo de la CIA.

Sean Smith se había unido al departamento de Estado después de pasar seis años en la Fuerza Aérea y sirvió durante una década en nuestras embajadas y consulados en Pretoria, Bagdad, Montreal y La Haya.

Tyrone Woods era conocido por sus amigos en los Navy SEALs y más tarde en la CIA como "Rone". Participó en múltiples campañas militares en Irak y Afganistán. Además de ser un combatiente curtido y veterano, también se distinguió como enfermero registrado y paramédico certificado. Tuvo tres hijos con su esposa Dorothy, uno de los cuales nació pocos meses antes de su muerte.

Glen Doherty, conocido como "Bub", era también un exSEAL y un experimentado paramédico. Asimismo, había sido enviado a algunos de los lugares más peligrosos de la Tierra, incluyendo a Irak y Afganistán, y siempre puso su vida en peligro para proteger a otros estadounidenses. Tyrone y Glen habían dedicado sus habilidades y experiencia a la protección del personal de la CIA en Libia.

El embajador Chris Stevens, el único de estos cuatro hombres a quien tuve el privilegio de conocer personalmente, era un talentoso diplomático y un ser humano extraordinariamente agradable y cálido. Cuando le pedí en la primavera de 2011 que emprendiera la peligrosa misión de establecer contacto con los líderes rebeldes libios en Bengasi durante la revolución, y que regresara posteriormente a ese país como embajador tras la caída de Gadafi, aceptó sin vacilar. Chris entendía los riesgos y reconocía lo difícil que sería ayudar a reconstruir un país destrozado, pero sabía que Estados Unidos tenía intereses vitales de seguridad nacional en juego. Su larga experiencia en la región y talento para la diplomacia sutil hicieron de él una elección natural.

La pérdida de estos cuatro valientes servidores públicos en el cumplimiento de su deber fue un golpe devastador. Como secretaria de Estado, yo era responsable en última instancia por la seguridad de mi gente, y nunca sentí esa responsabilidad más profundamente de lo que lo hice ese día.

Enviar a situaciones de peligro a quienes sirven a nuestra nación es una de las decisiones más difíciles de nuestro país, y que deben tomar nuestros líderes. De lejos, una de las cosas de las que más me arrepiento de esos años es de que no todos regresaron seguros a casa. Pienso a menudo en las familias que perdieron a sus seres queridos mientras servían a nuestro país. La magnitud de la misión y la gratitud de nuestra nación pueden ofrecer un poco de consuelo, pero en última instancia, no hay nada que ninguno de nosotros pueda decir o hacer para llenar los vacíos que han quedado.

La manera más acertada de honrarlos es mejorar nuestra habilidad para proteger a quienes continúan con su labor y evitar futuras pérdidas.

═══

Desde el primer día que estuve al frente del departamento de Estado, fui consciente de que los terroristas podían atacar cualquiera de nuestras más de 270 misiones diplomáticas alrededor del mundo. Esto ya había sucedido muchísimas veces, y aquellos empeñados en atacar a Estados Unidos nunca dejarían de intentarlo. En 1979, cincuenta y dos diplomáticos estadounidenses fueron tomados como rehenes en Irán y mantenidos cautivos durante 444 días. Los ataques de Hezbolá contra nuestra embajada y cuarteles de marines en Beirut en 1983, dejaron un saldo de 258 estadounidenses y más de cien ciudadanos de otras nacionalidades muertos. En 1998, Al Qaeda bombardeó nuestras embajadas en Kenia y Tanzania, matando a más de doscientas personas, entre ellas doce estadounidenses. Recuerdo perfectamente que estaba con Bill en la base Andrews de la

Fuerza Aérea cuando los restos mortales de las víctimas fueron traídos a nuestro país.

En total, los terroristas han matado a sesenta y seis funcionarios diplomáticos estadounidenses en las últimas cuatro décadas, y a más de cien contratistas y personal empleado localmente. Sólo entre 1973 y 1979, cuatro embajadores estadounidenses fueron asesinados en ataques terroristas. Desde 2001, se han perpetrado más de un centenar de ataques contra instalaciones diplomáticas estadounidenses en todo el mundo, y casi dos docenas de ataques directos contra personal diplomático. En 2004, hombres armados mataron a nueve personas, incluyendo cinco empleados locales en un ataque contra nuestro consulado en Yeda, Arabia Saudita. En mayo de 2009, una bomba en una carretera de Irak mató a Terry Barnich, el director adjunto de nuestro Equipo de Ayuda a la Transición. En marzo de 2010, Lesley Enríquez, una funcionaria consular en Ciudad de Juárez, México, de veinticinco años y que estaba embarazada, fue asesinada a tiros en compañía de su esposo. En agosto de 2012, Ragaei Said Abdelfattah, un funcionario de USAID, fue asesinado por un terrorista suicida en Afganistán. Hasta 2014, 244 diplomáticos de Estados Unidos han muerto por nuestro país mientras servían en el extranjero.

La diplomacia, por su propia naturaleza, debe ser ejercida con frecuencia en lugares peligrosos donde la seguridad nacional de Estados Unidos está en juego. Tenemos que sopesar los imperativos de nuestra seguridad nacional con los sacrificios necesarios para salvaguardarla. Como secretaria de Estado, yo era responsable de cerca de setenta mil diplomáticos, y admiraba profundamente a quienes se ofrecían a aceptar los riesgos que implica llevar nuestra bandera a donde más se necesita. En Washington, los hombres y mujeres del departamento de Estado pasan todos los días frente a los nombres de esos 244 diplomáticos asesinados que están inscritos en mármol en el vestíbulo del Edificio Harry S Truman mientras se dirigen a sus trabajos. Es un recordatorio constante de los riesgos que comporta representar a Estados Unidos en todo el mundo. Me sentí reconfortada —aunque no sorprendida— cuando el departamento me informó que, después de los ataques más fuertes contra Estados Unidos, aumentaron las solicitudes para trabajar en el servicio exterior. La gente quiere servir a nuestro país, aun cuando eso signifique estar en peligro. No hay nada que demuestre más el carácter y la dedicación de los que representan a nuestro país en todo el mundo.

Los acontecimientos de septiembre de 2012, y las decisiones tomadas en los días y semanas antes y después, sacan a relucir algunos de los dilemas más difíciles de la política exterior de Estados Unidos, y para los lamentables peligros humanos por cada decisión que tomamos. Nuestros diplomáticos deben encontrar un equilibrio entre la necesidad de servir en escenarios difíciles y peligrosos y la necesidad de permanecer seguros y a salvo. Como país tenemos que hacer más para protegerlos, sin impedir que realicen su importante labor. Debemos mantenernos abiertos al mundo en una época en que cualquier provocación puede desencadenar disturbios antiestadounidenses en todo el mundo y los terroristas siguen planeando nuevos ataques. En última instancia, estos retos se reducen a esto: ¿Estamos dispuestos a asumir las cargas del liderazgo estadounidense en una época peligrosa?

Parte de la respuesta provino de la investigación independiente sobre los ataques de Bengasi, la cual señaló que "la eliminación total del riesgo es una mala estrategia para la diplomacia de Estados Unidos, dada la necesidad de que el gobierno de Estados Unidos haga presencia en los lugares donde la estabilidad y la seguridad muchas veces no existen, y el apoyo del gobierno anfitrión es a veces mínimo o inexistente".

Mientras que podemos y debemos trabajar para reducir el peligro al que están expuestos nuestros diplomáticos, la única manera de eliminar completamente el riesgo es retirarnos de lleno y aceptar las consecuencias del vacío que dejamos atrás. Cuando Estados Unidos está ausente, el extremismo echa raíces, nuestros intereses se ven afectados, y nuestra seguridad doméstica se ve amenazada. Algunas personas creen que esta es la mejor opción; no soy una de ellas. Retirarse no es la respuesta. Eso no hará del mundo un lugar más seguro y simplemente no está en la naturaleza de nuestro país. Cuando se enfrentan a reveses y tragedias, los estadounidenses siempre han trabajado más duro y con más inteligencia. Nos esforzamos para aprender de nuestros errores y tratamos de no repetirlos. Y no retrocedemos frente a los retos que tenemos por delante. Eso es lo que debemos seguir haciendo.

Los acontecimientos de ese septiembre ocurrieron en lo que se llama con frecuencia la "niebla de la guerra", con información difícil de obtener y reportes contradictorios o incompletos, haciendo que fuera difícil saber lo que realmente estaba sucediendo en el terreno, especialmente a miles de millas de distancia de Washington. Esa niebla —hasta cierto punto frustrante— persistió durante mucho tiempo, en parte debido a la continua inestabilidad en Libia. Y a pesar de los mejores esfuerzos de los funcionarios de todo nuestro gobierno —incluyendo la Casa Blanca, el departamento de Estado, los estamentos militares, los servicios de inteligencia, el FBI, una Junta independiente de Revisión de Responsabilidad y ocho comités del Congreso—, nunca tendremos una claridad perfecta acerca de lo sucedido. Es poco probable que alguna vez tengamos algo semejante a un consenso pleno sobre lo que pasó exactamente esa noche, cómo sucedió, o por qué. Pero eso no debe confundirse con la falta de esfuerzos para descubrir la verdad o para compartirla con el pueblo estadounidense. Agradezco a los muchos profesionales dedicados que han trabajado incansablemente para responder a todas las preguntas posibles al máximo de sus capacidades.

Lo que sigue a continuación está basado en una combinación de mi experiencia personal y de la información obtenida durante los siguientes días, semanas y meses gracias a varias investigaciones exhaustivas, y especialmente al trabajo de la junta independiente de revisión encargada de determinar los hechos de manera contundente. Aunque ha habido una lamentable cantidad de desinformación, especulación y de engaño simple y llano por parte de algunos políticos y medios de comunicación, más de un año después, los informes detallados de varias fuentes reputadas continúan aumentando nuestra comprensión de estos eventos.

=====

Aunque la mañana del 11 de septiembre de 2012 comenzó al igual que muchas otras, hay pocas fechas que sean tan significativas para nuestro país. En cada 9/11 desde 2001, pienso en ese día terrible. Yo llevaba menos de un año representando a Nueva York en el Senado cuando este estado fue devastado por los ataques a las Torres Gemelas. Ese día, en el que centenares de personas huyeron por las escaleras del edificio del Capitolio en horas de la mañana y cientos de miembros terminaron cantando de pie "Dios bendiga a Estados Unidos" en esas mismas escaleras en una conmovedora manifestación de unidad, moldeó mi determinación incansable para ayudar a la recuperación de Nueva York y asegurarla contra futuros ataques. Con ese torrente de recuerdos, salí de mi casa para el departamento de Estado.

Tras recorrer la corta distancia que había a mi oficina, la primera tarea del día, como siempre, era recibir el informe diario sobre la evolución de asuntos de inteligencia y seguridad nacional, incluidos los últimos informes de amenazas terroristas en todo el mundo. Este informe es entregado diariamente a funcionarios de alto nivel en nuestro gobierno. Es elaborado por un equipo de dedicados analistas profesionales de inteligencia que trabajan de noche y luego recorren todo Washington antes de que amanezca para entregar personalmente sus informes y presentarlos por vía oral.

Los últimos meses habían sido un período tumultuoso en el Medio Oriente y el Norte de África. La guerra civil en Siria se estaba intensificando, haciendo que hordas de refugiados huyeran a Jordania y Turquía. En Egipto, la ascensión de la Hermandad Musulmana y las tensiones con el ejército plantearon preguntas sobre el futuro de la Primavera Árabe. Los asociados de Al Qaeda en el Norte de África, Irak y la península arábiga continuaron amenazando la seguridad regional.

El 8 de septiembre, un incendiario video de catorce minutos que pretendía ser el tráiler de una película de larga duración llamada *La inocencia de los musulmanes*, fue transmitido por una cadena de TV egipcia vía satélite ampliamente disponible en toda la región. Según varios testimonios de prensa, la película representaba una "caricatura bufonesca del profeta Mahoma", que usaba "calumnias sobre él que son repetidas con frecuencia por los islamófobos", y que lo comparaban incluso con un burro. De acuerdo con un informe de prensa, el profeta era "acusado de homosexualidad y abuso de menores". Muchos espectadores egipcios se indignaron y, avivados por Internet, la rabia se extendió rápidamente por todo el Medio Oriente y el Norte de África. Aunque el gobierno de Estados Unidos no tuvo absolutamente nada que ver con el video, muchos culparon a nuestro país.

El aniversario del 9/11 añadió otro elemento potencialmente combustible y, al igual que cada año, llevó a nuestros funcionarios de inteligencia y de seguridad a proceder con mayor precaución. Sin embargo, y como lo ha testificado, la comunidad de inteligencia no transmitió ninguna información procesable sobre amenazas específicas contra ninguna misión diplomática de Estados Unidos en el Medio Oriente y el Norte de África.

Más tarde esa mañana, caminé por el pasillo desde mi oficina hasta el Salón de Tratados para tomarle juramento oficial a Gene Cretz como nuestro nuevo embajador en Ghana, tras prestar servicio en Libia. Por la misma época, y a medio mundo de distancia en El Cairo, los jóvenes comenzaron a reunirse en la calle frente a la embajada de Estados Unidos como parte de una protesta organizada por los líderes islamistas de línea dura contra el video insultante. La multitud aumentó a más de dos mil personas que gritaban consignas antiestadounidenses y ondeaban pancartas negras yihadistas. Algunos manifestantes escalaron los muros y destrozaron una bandera grande de Estados Unidos, y la reemplazaron por una negra. La policía antidisturbios egipcia llegó, pero la protesta continuó, aunque afortunadamente ningún estadounidense resultó herido en los disturbios. Los periodistas y otras personas que utilizaban medios sociales, registraron los comentarios airados sobre el video. Un joven dijo, "Esta es una reacción muy simple al hecho de hacerle daño a nuestro profeta". Otro dijo: "Esta película debe ser prohibida inmediatamente y se deberían pedir disculpas".

No era la primera vez que los provocadores habían utilizado material ofensivo para avivar la indignación popular en todo el mundo musulmán, a menudo con resultados mortales. En 2010, un pastor de la Florida llamado Terry Jones anunció planes de quemar el Corán, el texto sagrado del Islam, en el noveno aniversario del 9/11. Sus amenazas fueron recogidas y amplificadas por extremistas, lo que desencadenó protestas generalizadas. En esa ocasión, me sorprendió que un agitador de Gainesville, Florida, con una iglesia tan pequeña pudiera causar tantos problemas. Pero las consecuencias de sus proclamaciones incendiarias fueron demasiado reales. El secretario de Defensa Bob Gates llamó personalmente a Jones y le dijo que sus acciones ponían en peligro las vidas de soldados estadounidenses y de la coalición, así como la de civiles, en Irak y Afganistán. Jones aceptó cancelar sus planes y el aniversario transcurrió sin novedad. Pero en marzo de 2011, cumplió su promesa y quemó un ejemplar del Corán. Las advertencias de Bob demostraron ser trágicamente proféticas, pues una multitud enfurecida en Afganistán incendió una oficina de la ONU y mató a siete personas. Las protestas estallaron de nuevo en febrero de 2012, después de que las tropas estadounidenses quemaran inadvertidamente textos religiosos en la base Bagram de la Fuerza Aérea en Afganistán. Cuatro estadounidenses murieron. Ahora, Jones estaba ayudando a promover este nuevo video que insultaba al profeta Mahoma, y hubo un peligro real de que la historia se repitiera.

Sin perder de vista el desarrollo de la situación en El Cairo, me dirigí a la Casa Blanca para reunirme con el secretario de Defensa Leon Panetta, y con el consejero de Seguridad Nacional Tom Donilon. Cuando regresé a mi oficina, me reuní con altos líderes del departamento de Estado durante toda la tarde, siguiendo de cerca los informes de nuestra embajada. Anne Patterson, nuestra embajadora en Egipto y que se encontraba casualmente haciendo consultas en Washington, se mantuvo en permanente contacto con su jefe de misión adjunto y presionó por vía telefónica a las autoridades egipcias para que controlaran la situación. Todos nos sentimos aliviados al ver que se había evitado una violencia mayor.

Más adelante supimos que a medida que los acontecimientos transcurrían en El Cairo, en la vecina Libia el embajador Chris Stevens estaba de visita en Bengasi, la segunda ciudad más grande del país.

Muchas cosas habían sucedido en Libia desde mi visita a Trípoli en octubre de 2011. Dos días después de mi visita, el coronel Muamar Gadafi fue capturado y asesinado. Las primeras elecciones parlamentarias se celebraron a principios de julio de 2012 y el gobierno de transición le entregó el poder a un nuevo Congreso General de la Nación en agosto, en una ceremonia que Chris destacó como el punto culminante de su estadía en ese país. Chris y su equipo trabajaron de cerca con los nuevos líderes de Libia, mientras estos hacían frente a los significativos desafíos de crear un gobierno democrático y de proporcionar seguridad y servicios a un país asolado por varias décadas de tiranía. Los combatientes milicianos como los que me habían saludado en el aeropuerto y vigilado mi caravana el año anterior, tendrían que estar bajo la autoridad del gobierno central. Las armas dispersas debían ser recogidas, había que organizar elecciones y establecer instituciones y procesos democráticos. La ley y el orden seguían siendo un problema real.

En febrero de 2012, envié al subsecretario Tom Nides a Trípoli, y en marzo recibí al primer ministro interino Abdurrahim El-Keib en Washington. Ofrecimos ayudarle al gobierno a asegurar sus fronteras, desarmar y desmovilizar a las milicias, y reintegrar a los antiguos combatientes a los servicios de seguridad o a la vida civil. En julio, el subsecretario Bill Burns visitó Libia. Me mantuve en contacto telefónico con los líderes del gobierno libio, incluyendo una llamada en agosto a Mohammed Magariaf, presidente del Congreso Nacional General libio, y recibí actualizaciones periódicas de nuestros equipos en Washington y Trípoli sobre los esfuerzos de todo el gobierno estadounidense para ayudar al nuevo gobierno libio. Hubo avances preliminares en desmovilización, desmilitarización y reintegración, así como en asegurar y desactivar las armas que estaban dispersas por toda Libia pero todavía había mucho por hacer. Los especialistas del departamento de Defensa, y los expertos en seguridad fronteriza del departamento de Estado, trabajaron en estrecha colaboración con sus homólogos libios. El 4 de septiembre de 2012, designamos a Libia como elegible para el Fondo de Contingencia para la

Seguridad Global, una iniciativa conjunta de los departamentos de Defensa y de Estado que destinaba recursos y conocimientos para abordar la gran variedad de desafíos que enfrentaba el gobierno libio.

Chris estaba al frente de toda esta actividad y sabía mejor que nadie de todos los desafíos que tenía Libia. El lunes 10 de septiembre salió de la embajada de Estados Unidos en Trípoli y voló a Bengasi, a cuatrocientas millas al este, donde teníamos una misión diplomática temporal con personal rotatorio. Bengasi es una ciudad portuaria en el mar Mediterráneo, con una población de más de un millón de personas, en su mayoría musulmanes suníes, y con grandes minorías africanas y egipcias. Su variada arquitectura, una mezcla de edificios deteriorados por el tiempo y de proyectos de construcción abandonados y a medio terminar, refleja una historia de conquista y conflicto por parte de gobernantes árabes, otomanos e italianos que rivalizaban entre sí, así como las ambiciones quijotescas y la caída larga y lenta del régimen de Gadafi. Bengasi había sido durante mucho tiempo un semillero de disidentes, y tanto la revolución de 1969 que llevó a Gadafi al poder como la revolución de 2011 que lo derrocó, comenzaron en esta ciudad. Chris conocía bien Bengasi desde su época como nuestro representante ante el Consejo Nacional de Transición rebelde, que tuvo su sede allí durante el levantamiento de 2011; Chris era ampliamente querido y admirado allí.

Los embajadores de Estados Unidos no están obligados a consultar o a solicitar la aprobación de Washington cuando viajan dentro de sus países, y rara vez lo hacen. Al igual que todos los jefes de misión, Chris tomó decisiones sobre sus movimientos basado en las evaluaciones de seguridad que hizo su equipo sobre el terreno, así como en su propio juicio. Después de todo, nadie tenía más conocimiento o experiencia en Libia que él. Chris era muy consciente del desgobierno en Bengasi, incluyendo una serie de incidentes acaecidos a principios del año en contra de intereses occidentales. Sin embargo, también entendía la importancia estratégica de Bengasi en Libia y decidió que el valor de una visita a esta ciudad compensaba los riesgos. Viajó con dos oficiales de seguridad, de modo que había cinco agentes de Seguridad Diplomática (DS, por sus siglas en inglés) en nuestras instalaciones en Bengasi cuando ocurrió el ataque, y junto con Sean Smith, otro funcionario del departamento de Estado que se encontraba allí, había un total de siete estadounidenses.

Posteriormente supimos que al llegar a Bengasi, Chris recibió un informe por parte del personal local de la CIA, que estaba basada en otras instalaciones más grandes, a poco menos de una milla de distancia. Su existencia y misión eran secretos celosamente guardados, pero había un acuerdo entre los funcionarios de seguridad de ambos organismos de que, en caso de emergencia, un equipo de respuesta rápida de la CIA sería desplegado a las instalaciones del departamento de Estado para brindar protección adicional. Chris terminó su primer día cenando con los miembros del concejo municipal en un hotel de la ciudad.

El martes, el décimo primer aniversario del 9/11, Chris realizó todas sus reuniones en el complejo del departamento. A finales de la tarde, después de que la multitud se había reunido en nuestra embajada en El Cairo, Chris se reunió con un diplomático turco. Cuando lo acompañó a la salida, no había señales de nada que fuera anormal. Chris y Sean se retiraron a eso de las nueve de la noche.

Unos cuarenta minutos después, y sin previo aviso, decenas de hombres armados se acercaron a las puertas de las instalaciones, superaron a los guardias libios locales, y se apresuraron al interior. Encendieron fuegos a su paso.

Alec, el agente del DS que manejaba el centro de operaciones tácticas del recinto, vio a la multitud por el circuito cerrado de televisión, oyó sonidos de disparos y una explosión e inmediatamente entró en acción. Activó el sistema de alerta, estableció contacto con funcionarios de seguridad estadounidenses en la embajada de Trípoli, y tal como lo había ensayado previamente, alertó al equipo fuertemente armado de la CIA estacionado cerca de allí, solicitando su asistencia inmediata.

Los otros cuatro agentes del DS reaccionaron exactamente como habían sido entrenados para hacerlo. Scott, el agente a cargo, envió a Chris y Sean —dos hombres por los que casi perdería su vida—, a un refugio seguro y fortificado dentro de la vivienda principal del complejo. Los tres agentes restantes se apresuraron a recoger sus armas más pesadas y dispositivos tácticos, pero rápidamente se vieron atrapados en dos edificios separados en otras áreas del recinto.

Scott siguió vigilando desde el interior del refugio seguro esgrimiendo su rifle M4, mientras que Chris hizo una serie de llamadas a contactos locales y a su adjunto, Greg Hicks, en la embajada en Trípoli. Oyeron a hombres irrumpir por la edificación y golpear la puerta de acero del refugio. Luego, los atacantes se retiraron inesperadamente. Rociaron el edificio con combustible diésel y le prendieron fuego. El diésel despidió un grueso humo negro y acre que llenó rápidamente el aire. Pronto, Chris, Sean y Scott tuvieron dificultades para ver y respirar.

Su única esperanza era llegar a la azotea. Había una salida de emergencia que ofrecía una oportunidad de escapar. Scott lideró el camino arrastrándose en sus manos y rodillas. Le ardían los ojos y la garganta, pero logró llegar a la rejilla de salida y abrirla. Sin embargo, cuando salió arrastrándose y se dio vuelta, Chris y Sean no estaban inmediatamente detrás de él como lo habían estado apenas unos momentos antes. Se habían perdido en el humo cegador. Hasta el día de hoy, sigo obsesionada por la idea de lo que pudieron haber sido esos minutos insoportables en aquel edificio en llamas.

Scott buscó desesperadamente, volviendo a entrar varias veces y gritando sus nombres en vano. Por último, al borde del colapso, subió una escalera que daba a la azotea. Los otros agentes del DS oyeron su voz ronca rechinar a través de la radio con un mensaje escalofriante: el embajador y Sean habían desaparecido.

Cuando el grupo de atacantes armados comenzó a retirarse después de saquear la mayor parte del recinto, los tres agentes que habían estado atrapados pudieron llegar por fin al edificio principal. Le prestaron primeros auxilios a Scott, quien sufría debido a la masiva inhalación de humo y a otras heridas graves, y luego desanduvieron el camino de Scott a través de la ventana y se aventuraron de nuevo en el refugio. Era imposible ver a causa del humo, pero se negaron a abandonar la búsqueda, e hicieron numerosos intentos por encontrar a Chris y Sean, arrastrándose por el suelo y tanteando su camino alrededor. Cuando uno de ellos trató de abrir la puerta principal del edificio, una parte del techo se derrumbó.

Desde el instante en que en la estación de la CIA supo que sus compañeros estadounidenses estaban siendo atacados, un equipo de respuesta se preparó para lanzar un rescate. Podían oír las explosiones a la distancia, por lo que prepararon rápidamente sus armas y vehículos. Dos vehículos con agentes armados fueron desplegados unos veinte minutos después del comienzo del ataque. Hasta finales de octubre, cuando la Agencia reconoció públicamente su presencia en Bengasi, la existencia de la estación de la CIA era un secreto, de manera que estos oficiales no recibieron ningún reconocimiento público en el período inmediatamente posterior al ataque. Pero todos nosotros en el departamento de Estado estábamos inmensamente agradecidos por la forma en que nuestros colegas de la CIA respondieron esa noche.

Cuando el equipo de la CIA llegó, se separaron para asegurar el recinto y se unieron a los agentes del DS en la búsqueda del edificio en llamas. Al poco tiempo, hicieron un descubrimiento terrible. Sean había muerto, aparentemente por inhalación de humo. Su cuerpo fue sacado con cuidado del edificio en ruinas. No había ninguna señal de Chris.

La primera noticia que tuve sobre el ataque se produjo alrededor de ese momento, cuando Steve Mull se apresuró por el pasillo desde el Centro de Operaciones del departamento de Estado hasta mi oficina. Steve, un veterano con treinta años de experiencia en el servicio exterior, muy respetado por sus habilidades diplomáticas y logísticas, pasaba sus últimas semanas como secretario ejecutivo del departamento de Estado, preparándose para tomar posesión de su próximo nombramiento como embajador en Polonia. Entre otras responsabilidades, el secretario ejecutivo tiene la tarea de gestionar el flujo de información entre Washington y los cientos de misiones diplomáticas del departamento en todo el mundo. Todo el día habían llegado informes inquietantes del Medio Oriente. Pero incluso en ese contexto, en cuanto vi la expresión en los ojos de Steve, supe que algo terrible había sucedido. Todo lo que él sabía en ese momento era que nuestras instalaciones en Bengasi estaban siendo atacadas.

Pensé de inmediato en Chris. Yo le había pedido personalmente que tomara el puesto de embajador en Libia y me estremecí al pensar que él y nuestro personal destacado allí estuvieran en grave peligro.

Utilicé la línea telefónica segura de mi escritorio y oprimí el botón que me conectaba instantáneamente con la Casa Blanca para comunicarme con Tom Donilon, asesor de Seguridad Nacional. El presidente Obama se enteró del ataque durante una reunión en el Despacho Oval con el secretario de Defensa Leon Panetta, y con Marty Dempsey, jefe del Estado Mayor conjunto, una persona directa que no se pone con tonterías. Tras enterarse de la noticia, el presidente dio la orden de hacer lo que fuera necesario para apoyar a nuestra gente en Libia. Era imperativo que todos los recursos posibles fueran movilizados de inmediato. El puesto de avanzada de la CIA ya estaba respondiendo, pero el presidente quería que todos los activos que pudieran ser desplegados entraran en servicio. Cuando los estadounidenses están bajo fuego, esa no es una orden que el Comandante en Jefe tenga que dar dos veces. Nuestros militares harían todo lo humanamente posible para salvar vidas estadounidenses, y más si pudieran. Que alguien haya sugerido lo contrario es algo que nunca entenderé.

Enterarme del ataque fue un golpe bajo, pero en medio de una crisis en curso, no tuve tiempo para procesar la avalancha de emociones, pues había muchísimo que hacer. Instruí a nuestro equipo de operaciones del Estado, encabezado por el subsecretario Pat Kennedy, para trabajar con la embajada de Trípoli con el fin de poner a salvo a nuestra gente y derribar las puertas del gobierno libio si fuera necesario para exigir más apoyo. También llamé al director de la CIA, David Petraeus, pues la Agencia custodiaba el puesto cercano con una fuerza de alta seguridad. Teníamos que prepararnos también para la posibilidad de ataques adicionales en otros lugares. Nuestra embajada en El Cairo ya había sido objeto de ataques. Y ahora Bengasi estaba siendo atacada. ¿Dónde sería el siguiente ataque? Pat era un veterano que llevaba cuarenta años en el servicio exterior, y había servido a ocho presidentes de ambos partidos. Algunos confundían sus buenos modales y su gusto por las chaquetas de punto y los chalecos como una señal de suavidad, pero Pat era un hombre realmente duro. Permaneció calmado en medio de la conmoción y me aseguró que todo lo que podía hacerse ya se estaba haciendo. Pat no era ajeno a los acontecimientos volátiles, pues había servido durante algunos de los peores ataques contra personal e instalaciones del departamento de Estado, y cuando era un joven funcionario del servicio exterior, tuvo un pequeño papel apoyando a las familias de los seis diplomáticos que terminaron logrando escapar de Irán después de que nuestra embajada fuera invadida en 1979 (incidente dramatizado en la película *Argo*).

En Trípoli, un avión fue fletado rápidamente, y un grupo de siete militares y de personal de inteligencia comenzó a prepararse para un despliegue rápido en Bengasi. Las opciones adicionales eran limitadas. El Pentágono tenía fuerzas de Operaciones Especiales destacadas en Fort Bragg, Carolina del Norte, pero tardarían varias horas en ser reunidas y estaban a más de cinco mil millas de distancia. Nuestros líderes civiles y comandantes uniformados —incluyendo al jefe del Estado Mayor conjunto y a otros miembros de su equipo—, han declarado en repetidas ocasiones y bajo juramento, tanto en audiencias públicas como en privadas y clasificadas, que los activos fueron movilizados de inmediato, pero ninguno pudo llegar rápidamente a Libia. Los críticos han preguntado por qué la fuerza militar más grande del mundo no pudo llegar a tiempo a Bengasi para defender a nuestra gente. Parte de la respuesta a la crítica también es que a pesar de haber establecido el Comando África de Estados Unidos en 2008, simplemente no había mucha infraestructura militar de Estados Unidos en África. A diferencia de otras regiones del mundo como Europa y Asia, la presencia militar de Estados Unidos en África es casi inexistente. Además, nuestro ejército no ha sido desplegado globalmente con la misión de mantener a las fuerzas listas para defender los puestos diplomáticos. Extender nuestras fuerzas a más de 270 embajadas y consulados en todo el mundo es una misión que nuestros líderes militares han declarado que el Pentágono simplemente no está equipado para manejar. Esos son los hechos, pero no todo el mundo los acepta, e insiste en cuestionar repetidamente las acciones de nuestras fuerzas armadas. Por ejemplo, varias semanas después del ataque apareció un informe sensacionalista —que fue desechado posteriormente— que decía que un avión de combate estadounidense AC-130 había sido enviado a Bengasi pero después había sido desviado. El Pentágono analizó exhaustivamente la imputación. No sólo no había ningún avión de combate cerca, sino que tampoco había ningún otro en todo el continente africano o cerca de él. El avión de combate más cercano estaba a mil millas de distancia en Afganistán. Es simplemente una de las falsas acusaciones por parte de quienes están completamente dispuestos a desinformar.

Otro activo que algunos críticos afirman que habría hecho una diferencia se llamaba FEST (por sus siglas en inglés). Después de los atentados contra las embajadas en África Oriental en 1998, fue desplegado un "Equipo de Apoyo de Emergencia Extranjera" interinstitucional, entrenado y equipado para ayudar a restablecer las comunicaciones seguras, responder a las amenazas biológicas y ofrecer otros tipos de apoyo a instalaciones diplomáticas debilitadas. Pero este equipo no era una fuerza de reacción armada capaz de intervenir en un combate activo, y además, estaba apostado en Washington, a miles de millas de distancia.

Muchos estadounidenses, e incluso miembros del Congreso, se sorprendieron al enterarse de que no había marines de Estados Unidos asignados a nuestro consulado en Bengasi. De hecho, los marines sólo son asignados a un poco más de la mitad de todas las misiones diplomáticas en todo el mundo, y su misión principal es proteger, y si es necesario destruir, materiales y equipos clasificados. Así, mientras que había marines estacionados en nuestra embajada en Trípoli, donde casi todos nuestros diplomáticos trabajaban y tenían la capacidad de procesar materiales clasificados, como en el consulado de Bengasi no se hacía este tipo de procesamiento, no había marines allí.

Tampoco había videos con grabaciones en vivo de las instalaciones en Bengasi que alguna persona pudiera monitorear desde Washington. Algunas embajadas más grandes en todo el mundo tienen este recurso, pero esta era una instalación temporal con acceso insuficiente a banda ancha. Contaba con cámaras de circuito cerrado y un sistema de grabación de video —no muy diferente al de un DVR en casa— pero los funcionarios de seguridad de Estados Unidos sólo tuvieron acceso a estas imágenes varias semanas después, cuando las autoridades libias recuperaron el dispositivo y lo entregaron a funcionarios estadounidenses. Los funcionarios del Comando Central de Seguridad Diplomática en Virginia que trataban de monitorear la avalancha de eventos en tiempo real, tenían una sola línea telefónica abierta para escuchar a sus colegas en Trípoli y Bengasi. Podían oír una parte de lo que estaba sucediendo, pero la imagen que tenían era angustiosamente incompleta.

Para ayudar a llenar este vacío, uno de los activos que podría ser desplegado rápidamente era un *drone* de vigilancia sin armas que ya estaba realizando una misión en otro lugar de Libia. El avión no tripulado fue redirigido a Bengasi y llegó a la estación aproximadamente noventa minutos después de que empezara el ataque, ofreciéndoles a los funcionarios de seguridad e inteligencia de Estados Unidos otra forma de monitorear lo que estaba ocurriendo en el terreno.

Por esa época, el Centro de Operaciones informó que los disparos en el consulado habían disminuido y que nuestras fuerzas de seguridad estaban tratando de localizar al personal desaparecido. Era una frase escalofriante. Gran parte de la multitud se había retirado, pero, ¿por cuánto tiempo? Combatientes y saqueadores seguían pululando cerca de allí. El equipo decidió que permanecer más tiempo pondría en peligro más vidas estadounidenses. Pese a los esfuerzos en curso para encontrar a Chris, que seguía desaparecido en el edificio principal incendiado, la única opción que tenían era evacuar y dirigirse a las instalaciones de la CIA, que estaban mejor custodiadas y quedaban a menos de una milla de distancia.

Los cinco agentes del DS subieron a regañadientes un vehículo blindado. El recorrido fue corto —de sólo unos minutos— pero angustioso. Se vieron sometidos a un fuego pesado y continuo en la calle casi de inmediato, y aceleraron ante una multitud de combatientes agrupados en torno a un retén improvisado. Dos neumáticos del vehículo reventaron y el cristal blindado quedó destrozado, pero se esforzaron en seguir avanzando. Posiblemente seguidos por dos vehículos desconocidos, cruzaron el separador y luego siguieron en contravía. Unos minutos después, llegaron al puesto de la CIA. Los heridos recibieron tratamiento médico y los demás tomaron posiciones defensivas. El equipo de respuesta de la CIA llegó poco después con el cuerpo de Sean Smith. Chris seguía desaparecido.

En el séptimo piso del departamento de Estado, hicimos todo lo que pensábamos que podíamos hacer. Los funcionarios de todos los niveles de nuestro departamento hablaron con sus homólogos en todas las esferas del gobierno. Los funcionarios estadounidenses en Washington y Libia trabajaron con los libios para restaurar la seguridad y ayudar en la búsqueda de nuestro embajador. Llamé a la alta dirección del departamento para reunirnos de nuevo con el fin de hacer un balance y discutir las próximas medidas. También consulté de nuevo con la Casa Blanca. El puesto de la CIA se encontraba ahora bajo el fuego de armas pequeñas y granadas propulsadas por cohetes. Todos los allí presentes se prepararon para otro enjambre de atacantes, pero estos no aparecieron. El tiroteo continuó en forma esporádica antes de cesar.

El Centro de Operaciones informó que una milicia islamista de línea dura llamada Ansar al-Sharia estaba reclamando la autoría del atentado a pesar de que más adelante se retractaron. Era algo que debíamos tomar en serio. En los días que siguieron, los analistas de inteligencia estadounidenses analizaron los ataques e intentaron determinar cómo empezaron y quiénes participaron en ellos. Pero hasta entonces, teníamos que asumir y planificar para lo peor: la posibilidad de nuevos ataques contra intereses estadounidenses en la región.

Nuestra embajada en Trípoli intentó conseguir información de todo el que pudo, pero no estuve satisfecha con lo que estábamos obteniendo de los libios. Llamé al presidente libio Magarief y como lo haría en otras conversaciones durante esa semana, le puse la posibilidad de otros ataques en los términos más crudos. Yo quería asegurarme de que tanto él como los demás comprendieran la urgencia de la situación y que no asumieran que la urgencia había pasado. Magariaf se disculpó profusamente. Le agradecí su preocupación, pero dejé muy claro que antes que sus condolencias, necesitábamos acciones inmediatas para proteger a nuestro personal tanto en Trípoli como en Bengasi.

Mientras tanto, el avión con refuerzos de seguridad estadounidenses que venía de Trípoli aterrizó en el aeropuerto de Bengasi. Su objetivo era conseguir vehículos y llegar al puesto de la CIA lo más rápido posible. Pero el aeropuerto ya estaba lleno de agentes de seguridad libios y de líderes de milicias que insistían en organizar una gran caravana de vehículos blindados para escoltar a los estadounidenses. Nuestro frustrado equipo —que anhelaba ayudar a sus colegas— se vio inmovilizado durante varias horas, hasta que las fuerzas libias se sintieron lo suficientemente seguras para abandonar el aeropuerto y dirigirse al puesto de la CIA.

En Washington, convoqué una conferencia telefónica con ocho altos dirigentes del departamento y con Greg Hicks, el jefe adjunto de nuestra misión en Trípoli. Greg fue una de las últimas personas en hablar con Chris antes de que este desapareciera, en vista de lo cual estaba asumiendo ahora la responsabilidad formal por la seguridad de todos los estadounidenses en el país. Había sido una larga noche y yo estaba preocupada por la situación de nuestro equipo en Trípoli. También quería que supieran lo que los militares, la CIA y otras esferas del gobierno estaban haciendo en Washington. Greg me dijo que como medida de precaución, pensaba que debíamos trasladar la embajada en Trípoli a otro lugar, y estuve de acuerdo. Hablamos sobre la búsqueda de Chris, que nos importaba profundamente a los dos. Las cosas no se veían bien, y yo podía sentir el dolor en la voz de Greg. Le pedí que le transmitiera mis oraciones a todo su equipo y que se mantuviera en estrecho contacto.

Me dirigí al Centro de Operaciones para participar en una videoconferencia segura entre varios organismos gubernamentales, la Sala de Situaciones de la Casa Blanca, funcionarios del Consejo de Seguridad Nacional, la CIA, el departamento de Defensa, el Estado Mayor conjunto y otras agencias. Era una reunión de "subsecretarios" que no incluía a los directores, pero el protocolo era lo último que estaba en mi mente. Le comuniqué al grupo mis conversaciones con Greg y con el presidente Magariaf, y resalté lo importante que era sacar a nuestra gente de Bengasi de manera tan rápida y segura como fuera posible.

De vuelta en mi oficina, le dije al equipo que había llegado el momento de hacer una declaración pública. Hasta entonces, yo había estado firmemente concentrada en coordinar con nuestro gobierno y en movilizar recursos para nuestro personal en Libia. Pero los informes sobre los acontecimientos en Bengasi se amontonaban en la prensa y el pueblo estadounidense merecía escucharme directamente sobre lo que estaba ocurriendo, aunque sólo tuviéramos información limitada. La costumbre del departamento de Estado era esperar antes de emitir cualquier declaración hasta que pudiéramos confirmar la suerte de todo nuestro personal, y todavía no habíamos podido localizar a Chris. Decidí que era importante ser tan directos como fuera posible, y hacerlo tan rápido como pudiéramos. Emití una declaración confirmando la pérdida de uno de nuestros oficiales, condenando el ataque, y comprometiéndonos a trabajar con aliados en todo el mundo para proteger a los diplomáticos, las misiones y los ciudadanos estadounidenses.

Poco después de hablar conmigo, Greg y su equipo en la embajada recibieron una llamada telefónica sorprendente. Provenía del mismo teléfono celular que Chris había usado en los últimos momentos antes de desaparecer en el refugio lleno de humo. Sin embargo, no era Chris. Un hombre que hablaba árabe dijo que un estadounidense que no reaccionaba y que coincidía con la descripción del embajador, se encontraba actualmente en un hospital local. No ofreció más información ni certezas. ¿Podía tratarse de Chris? ¿Este informe era una trampa para atraer a nuestro personal a la estación de la CIA y lograr que quedara completamente expuesto? Teníamos que averiguarlo. Greg le pidió a un contacto local que fuera al hospital e investigara. Cabe destacar que este ciudadano libio era el mismo que había ayudado a rescatar a nuestro piloto de la Fuerza Aérea derribado un año atrás.

Un videoaficionado apareció días después, mostrando un grupo de saqueadores y curiosos paseando por las instalaciones humeantes después de que nuestro equipo fuera evacuado. Un grupo de libios —que no se identificó nunca— encontró el cuerpo de Chris en medio del humo que comenzaba a dispersarse y, aunque no conocían su identidad, lo llevaron a un hospital local. Según los informes, llegaron a la sala de emergencia poco después de la una de la mañana. Los médicos trataron de reanimarlo durante cuarenta y cinco minutos. Alrededor de las dos de la mañana declararon a Chris muerto por inhalación de humo. Más tarde, el primer ministro de Libia llamó a Greg, que estaba en Trípoli, para darle la noticia. Greg señaló posteriormente que había sido la llamada telefónica más triste de su vida. La confirmación absoluta ocurrió cuando la mañana siguiente, el cuerpo de Chris le fue entregado a personal estadounidense en el aeropuerto de Bengasi. Yo sabía que Chris probablemente estaba muerto, pero hasta que no se confirmara su muerte, había todavía una posibilidad de que hubiera podido sobrevivir. Y ahora, esa esperanza había desaparecido.

Con nuestros agentes del DS en el puesto altamente fortificado de la CIA y nuestros refuerzos provenientes de Trípoli en la pista del aeropuerto, decidí abandonar mi oficina para ir a mi casa en el noroeste de Washington, a pocos minutos de Foggy Bottom. Sabía que los próximos días serían agotadores para todos nosotros, pues todo el departamento esperaría que yo los guiara a través de esta impactante tragedia, mientras que al mismo tiempo los mantenía enfocados en lo que nos deparaba el futuro. Cuando fui nombrada como secretaria de Estado, el departamento instaló en mi casa todo tipo de comunicaciones seguras y otros equipos necesarios para trabajar con la misma facilidad que desde mi oficina.

Hablé por teléfono con el presidente Obama y le di las últimas actualizaciones. Me preguntó cómo estaba nuestra gente y reiteró que quería que se adoptaran todas las medidas necesarias para proteger a nuestros diplomáticos y ciudadanos en Libia y en toda la región. Estuve de acuerdo con él y le transmití mi evaluación de nuestra situación. Yo no creía que esta crisis hubiera terminado. Podríamos esperar más disturbios, si no en Libia, entonces en otro lugar.

El equipo de refuerzo que estaba en Trípoli logró ir desde el aeropuerto de Bengasi hasta el puesto de avanzada de la CIA, ofreciéndoles a sus extenuados colegas una tremenda sensación de alivio. Pero esta no duró mucho.

Pocos minutos después de la llegada de los refuerzos, se escuchó el fuego de mortero. Los primeros proyectiles erraron el blanco pero la siguiente vez, dieron en el blanco con una fuerza devastadora, matando a Glen Doherty y Tyrone Woods, dos agentes de la CIA, e hiriendo gravemente a otros, incluyendo a uno de nuestros agentes del DS, David.

La tragedia en Bengasi se había agravado inconmensurablemente. Teníamos que sacar al resto de nuestro personal —casi tres docenas en total entre los cinco agentes del DS del departamento de Estado y el personal de la CIA— de esa ciudad antes de que perdiéramos a otra persona.

Casi una hora después, las fuerzas de seguridad del gobierno libio —que se habían dispersado cuando el puesto de la CIA fue atacado con fuego de mortero—, regresaron para escoltarlos de nuevo al aeropuerto. Un primer avión con estadounidenses a bordo despegó a las siete y media de la mañana. Un segundo avión evacuó al resto, incluyendo los cuerpos de Sean Smith, Glen Doherty, Tyrone Woods y Chris Stevens, que había sido enviado desde el hospital. Al mediodía, todo el personal estadounidense destacado en Bengasi estaba finalmente en Trípoli.

En Washington, me quedé pensando en el horror de lo que había sucedido. Por primera vez desde 1979, un embajador de Estados Unidos había muerto en acto de servicio. Cuatro estadounidenses habían fallecido. Nuestro recinto en Bengasi era una ruina humeante. Nuestro puesto de la CIA quedó abandonado. Y no había forma de saber qué iba a ocurrir ni dónde.

Me preparé para el día que tenía por delante. Sabía lo importante que sería liderar con fortaleza un departamento que se tambaleaba mientras yo permanecía concentrada en las amenazas en curso. Pero primero, tenía que llamar a las familias de aquellos que habíamos perdido. Necesitaban saber lo mucho que nuestro departamento y nación honraban el servicio prestado por sus seres queridos, y que todos nuestros corazones estaban destrozados por su pérdida. No serían llamadas fáciles de hacer, pero era una responsabilidad solemne.

Después de comprobar todo tipo de actualizaciones con el general Dempsey, me senté en mi escritorio y llamé a la hermana de Chris, Anne Stevens, que era médica en el Hospital Infantil de Seattle. Ella había pasado la mayor parte de la noche hablando con los colegas de Chris en el departamento de Estado y transmitiéndole las noticias al resto de la familia Stevens. Aunque estaba agotada y conmocionada, logró concentrarse sin embargo en los deseos de su hermano. "Espero que esto no nos impida continuar apoyando al pueblo libio y seguir adelante", me dijo. Anne sabía del gran compromiso de Chris para ayudar a construir una nueva Libia tras la caída del régimen de Gadafi, y lo importante que era esto para los intereses norteamericanos. Se había enamorado del Medio Oriente cuando era un joven voluntario del Cuerpo de Paz que enseñaba inglés en Marruecos, y posteriormente representó a Estados Unidos como un funcionario del servicio exterior en toda la región. Adondequiera que fue, consiguió amigos para Estados Unidos e hizo suyas las esperanzas de la gente. Le dije a Anne que Chris sería recordado como un héroe por muchas naciones.

En las semanas subsiguientes, me sorprendió la gracia y la dignidad con que la familia Stevens hizo frente a su dolor y al hecho de ser el duro centro de atención de la historia. Después de abandonar mi cargo, nos mantuvimos en contacto y me sentí orgullosa de apoyar sus esfuerzos para poner en marcha la Iniciativa de Intercambio Virtual J. Christopher

Stevens, que utilizará la tecnología para conectar a los jóvenes y educadores en el Medio Oriente y Estados Unidos. Es una manera apropiada de honrar la memoria de Chris y de continuar con la obra que tanto le importaba.

Luego llamé a la esposa de Sean Smith, Heather, que vivía con sus dos hijos pequeños en los Países Bajos, y le expresé mis condolencias por la muerte de su esposo. Ella había sufrido un gran impacto. Él y Heather habían hecho planes para irse de vacaciones al término de su misión. Al igual que Chris Stevens, Sean Smith estaba comprometido con la participación de Estados Unidos en todo el mundo y con servir con orgullo. Después del ataque en Bengasi, Heather también señaló que su esposo no hubiera querido que Estados Unidos se retirara del escenario mundial o fuera presa del miedo.

Este era un sentimiento importante para recordar el 12 de septiembre. Las protestas contra el ofensivo video transmitido por Internet habían seguido extendiéndose desde Egipto a través del Medio Oriente a lo largo de la noche. Cerca de doscientos marroquíes indignados se reunieron afuera de nuestro consulado en Casablanca. En Túnez, la policía tuvo que usar gases lacrimógenos para dispersar a una multitud que estaba frente a la embajada de Estados Unidos. En Sudán, Mauritania y Egipto, varias manifestaciones similares se estaban llevando a cabo afuera de las misiones diplomáticas estadounidenses. Después de lo que había sucedido en Bengasi el día anterior, todo el mundo estaba nervioso y tratamos cada incidente como si pudiera descontrolarse rápidamente.

Convoqué otra videoconferencia con el equipo exhausto pero decidido que aún permanecía en Trípoli. Habían hecho un trabajo extraordinario durante las últimas veinticuatro horas, y yo quería agradecerles personalmente y hacerles saber que aunque se encontraban a miles de millas de casa, no estaban solos.

También quería hablarle directamente al pueblo estadounidense y al mundo. Sentí la pesada carga de explicar lo inexplicable a un país que había despertado a las noticias de otra réplica sangrienta del 9/11. Había una fuerte carga de emotividad. Varios de mis asistentes, que conocían y querían a Chris Stevens, estaban llorando. Permanecí un momento a solas en mi oficina para serenarme y pensar en lo que quería decir. Luego recorrí el pasillo hasta el Salón de Tratados, donde estaba reunida la prensa.

Mientras las cámaras destellaban, expuse los hechos tal como los conocíamos —"militantes fuertemente armados" habían asaltado nuestro consulado y asesinado a nuestra gente— y les aseguré a los estadounidenses que estábamos haciendo todo lo posible para mantener a salvo a nuestro personal y ciudadanos en todo el mundo. También elevé oraciones por las familias de las víctimas y alabé a los diplomáticos que sirven a nuestro país y a nuestros valores en todo el mundo. Chris Stevens había arriesgado su vida para detener a un tirano, y luego dio su vida cuando trataba de ayudar a construir una Libia mejor. "El mundo necesita más Chris Stevenses", dije.

Con la promesa de Anne Stevens de seguir adelante con el compromiso de Chris y con el futuro de Libia resonando todavía en mis oídos, le expliqué al pueblo estadounidense que "se trataba de un ataque por parte de un grupo pequeño y sanguinario, pero no del pueblo o del gobierno de Libia", y que no íbamos a darle la espalda a un país que habíamos ayudado a liberar. Aseguré también que aunque estábamos trabajando todavía para determinar las motivaciones y los métodos exactos de los que perpetraron los ataques, no descansaríamos hasta que fueran encontrados y llevados ante la justicia.

Después de expresar mis opiniones, me dirigí a la Casa Blanca, donde el presidente Obama se preparaba para dirigirse a la nación. De pie en las afueras del Despacho Oval, discutimos si él podía venir a Foggy Bottom inmediatamente después de su declaración para consolar a los apesadumbrados colegas de Chris y Sean. Le dije que eso tendría un gran significado para un departamento que aún se encontraba en estado de shock. Salimos al Rose Garden, donde el presidente le dijo al mundo, "Ningún acto de terror alterará jamás la determinación y el carácter de esta gran nación, o eclipsará la luz de los valores que defendemos".

Cuando el presidente terminó su alocución, me apresuré a regresar al departamento. Aunque me había sugerido que podía llevarme, yo quise asegurarme de que todo estuviera en su lugar para su visita improvisada. Por lo general, una visita como esta podría tardar semanas en organizarse. Y esta sería sobre la marcha.

Cuando llegó, cruzamos juntos el vestíbulo y le mostré el lugar donde estaban inscritos en mármol los nombres de los diplomáticos que habían fallecido en el cumplimiento del deber. Se detuvo a firmar el libro de condolencias por aquellos que acabábamos de perder.

Casi sin ningún aviso previo, cientos de empleados del departamento de Estado se habían reunido en el patio interior del edificio, incluyendo muchos de la Oficina de Asuntos del Cercano Oriente, en la que Chris

Stevens había pasado su carrera, así como de la Oficina de Gestión de Recursos de Información donde trabajaba Sean Smith. El sistema de sonido instalado apresuradamente no funcionó, por lo que dejé el micrófono en el suelo y presenté al presidente. Él habló emotivamente durante veinte minutos sobre el gran significado que tenía la labor de nuestros diplomáticos para la seguridad nacional de Estados Unidos y para nuestros valores. Instó a los hombres y mujeres del departamento de Estado a honrar la memoria de aquellos que habíamos perdido, y redoblar nuestros esfuerzos para representar las mejores tradiciones de nuestra gran nación. Pude ver en sus rostros que esto tenía un valor inmenso para ellos, y también para todos aquellos que observaban a través de sus ventanas con vista al patio. Cuando el presidente terminó de hablar, lo llevé a que conociera a algunos colegas de Chris en la Oficina de Asuntos del Cercano Oriente, quienes habían estado trabajando prácticamente sin parar desde el comienzo de la crisis. Esa misma tarde, visité sus oficinas y la de los colegas de Sean Smith para expresarles mi pesar y gratitud. Me sentí muy orgullosa de servir a este presidente, de liderar este equipo y de ser parte de la familia del departamento de Estado.

———

La confusión en esa región continuó haciendo estragos. En los próximos días y semanas, nos enfrentamos a una oleada tras otra de disturbios que amenazaban a nuestro personal y a nuestras misiones en una docena de países, y que dejó un saldo de decenas de manifestantes muertos, aunque por suerte, no se perdieron más vidas estadounidenses.

El jueves 13 de septiembre, varios manifestantes derribaron las puertas de la embajada de Estados Unidos en Yemen. Sin embargo, los enfrentamientos más violentos continuaron en El Cairo. En la India, por lo menos 150 personas fueron arrestadas afuera de nuestro consulado en Chennai. El viernes, las tensiones se agravaron aún más. Miles de tunecinos sitiaron nuestra embajada en Túnez, destruyendo vehículos y vandalizando las edificaciones mientras que nuestro personal se atrincheraba en su interior. Una escuela estadounidense al otro lado de la calle fue quemada y saqueada. Llamé al presidente tunecino Moncef Marzouki, quien se comprometió a enviar a sus guardias personales para dispersar a los manifestantes y proteger a nuestro personal estadounidense y tunecino. En Jartum, miles de sudaneses treparon las paredes de nuestra embajada y trataron de izar una bandera negra. Varios manifestantes pakistaníes salieron a las calles de Islamabad, Karachi y Peshawar. Hubo manifestaciones en lugares tan lejanos como Indonesia y Filipinas. Incluso en Kuwait, un país rico que Estados Unidos ayudó a liberar en la primera Guerra del Golfo, varias personas fueron detenidas cuando trataban de escalar las paredes de nuestra embajada. La chispa que se había encendido en El Cairo el 8 de septiembre era ya todo un reguero de pólvora que seguía propagándose y poniendo en peligro las instalaciones y el personal estadounidense.

A lo largo de esos días difíciles, mi equipo y yo estuvimos en contacto permanente con los gobiernos de los países asolados por las protestas. Sostuve tensas conversaciones con los líderes regionales que necesitaban saber la gravedad exacta de la situación. También trabajé con el Pentágono para asegurarme de que se enviaran más marines a Túnez, así como a Sudán y Yemen.

Sé que hay algunas personas que no quieren entender que un video en Internet desempeñó un papel en esta revuelta. Pero así fue. Los manifestantes pakistaníes golpearon incluso una efigie de Terry Jones, el pastor de la Florida asociado con la película. Y los diplomáticos estadounidenses, lejos de la política de Washington, sintieron el impacto personalmente y de cerca.

¿Y el ataque en Bengasi? En el fragor de la crisis no teníamos manera de saber a ciencia cierta qué combinación de factores había motivado el asalto, o si este se había planeado y por cuánto tiempo. Expresé esto con claridad en mi discurso de la mañana siguiente, y en los próximos días, los funcionarios de la administración continuaron diciéndole al pueblo estadounidense que teníamos información incompleta y que todavía estábamos buscando respuestas. Había muchas teorías pero muy pocas pruebas. Yo misma iba y venía acerca de lo que probablemente habría sucedido, quién lo había hecho y qué combinación de factores —como el video— habían jugado un papel. No había duda de que estaba incitando a la región y provocando protestas en todos lados, entonces habría sido raro no considerar, a medida que se expandían los días de protestas, que aquí también habría podido tener el mismo efecto. Es sentido común. Las investigaciones y los informes posteriores confirmaron que el video era de hecho un factor. En ese momento, todo lo que sabíamos con absoluta certeza era que habían muerto algunos estadounidenses y que otros aún estaban en peligro. Nadie sabía por qué estábamos siendo atacados o qué estaban pensando o haciendo ese día los atacantes. Todo lo que nos importaba era salvar vidas. Nada más hacía una diferencia.

Sin embargo, aún había periodistas investigando en Bengasi. El *New York Times* informó que, "Luego de ser entrevistados la noche del martes en el lugar de los hechos, muchos atacantes y quienes los respaldaban dijeron que estaban decididos a defender su fe de los insultos del video". Un reportero de Reuters que estuvo allí esa noche, escribió, "Los atacantes eran parte de una turba que culpaba a Estados Unidos por una película que, decían ellos, insultaba al profeta Mahoma". El *Washington Times* entrevistó también a los residentes de Bengasi y señaló: "Militantes fuertemente armados se habían aprovechado de lo que inicialmente fue una protesta pacífica frente a la sede diplomática de Estados Unidos. Los manifestantes estaban protestando por una película que insultaba a Mahoma, el profeta del Islam. Otro grupo de hombres armados con granadas propulsadas por cohetes se les unió rápidamente".

Más de un año después, en diciembre de 2013, el *New York Times* publicó el relato más completo hasta la fecha de lo ocurrido en Bengasi basados en: "meses de investigación" y "extensas entrevistas a los libios en Bengasi que tenían conocimiento directo del ataque perpetrado allí y de su contexto". La investigación concluyó que, "Contrariamente a las afirmaciones de algunos miembros del Congreso, fue impulsado en gran parte por la ira ante un video hecho en Estados Unidos que denigraba al Islam". El *New York Times* encontró que, "la ira ante el video motivó el ataque inicial", y "no hay duda de que la ira por el video motivó a muchos atacantes".

Había decenas de atacantes esa noche, y muy seguramente con motivos diferentes. Es inexacto afirmar que todos y cada uno de ellos fueron influenciados por este video lleno de odio. Es igualmente inexacto afirmar que ninguno de ellos lo fue. Ambas afirmaciones desafían no sólo las evidencias, sino también la lógica. Como constató la investigación del *New York Times*, la realidad "era diferente, y más oscura de lo que cualquiera de esos informes sugieren".

De todos modos, no había duda de que los disturbios que amenazaban a otras embajadas y consulados de Estados Unidos en todo el mundo estaban relacionados con el video. Así que en el transcurso de esos días difíciles, hice todo lo que pude para afrontar públicamente la ira generalizada en el mundo musulmán. Como una persona de fe, entiendo lo doloroso que puede ser cuando nuestras creencias son insultadas. Pero sin importar lo agraviados que nos podamos sentir, recurrir a la violencia es algo que nunca estará justificado. Las grandes religiones del mundo son lo suficientemente fuertes como para soportar insultos mezquinos, y lo mismo debería suceder con nuestra fe individual.

En la noche del 13 de septiembre, organicé la recepción anual del departamento de Estado para celebrar el Eid al Fitr, que marca el final del Ramadán, el mes sagrado de ayuno del Islam. En medio de una multitud cálida y diversa, insistí en que sabíamos que los asesinos en Bengasi no hablaban por los más de mil millones de musulmanes de todo el mundo. A continuación, el embajador de Libia en Estados Unidos se acercó para decir algunas palabras. Se puso muy emotivo al recordar a su amigo Chris Stevens, a quien había conocido durante varios años. Habían jugado tenis, compartido platos tradicionales de Libia y hablado muchas horas sobre el futuro. El embajador dijo que Chris era un héroe que nunca dejó de creer en el potencial que tenía el pueblo libio para salir de la sombra de la dictadura.

No era el único que pensaba así. Decenas de miles de libios salieron a las calles de Bengasi a llorar la muerte de Chris, a quien conocían como un defensor inquebrantable de su revolución. Las imágenes eran impactantes. Una mujer joven con la cabeza cubierta y sus ojos embargados por la tristeza, sostenía un letrero escrito a mano que decía: "Los matones y asesinos no representan a Bengasi ni al Islam". Otros decían: "Chris Stevens era amigo de todos los libios", y "Queremos justicia para Chris".

En Trípoli, los líderes del país condenaron públicamente el ataque y organizaron una ceremonia en memoria de Chris. "Él se ganó la confianza del pueblo libio", dijo el presidente Magariaf a los dolientes. El gobierno despidió a altos funcionarios de seguridad responsables de Bengasi y el 22 de septiembre lanzó un ultimátum contra Ansar al-Sharia y otras milicias en todo el país: debían deponer las armas y disolverse en cuarenta y ocho horas, o enfrentar las consecuencias. Diez grandes grupos armados acataron esta orden. Los habitantes de Bengasi se encargaron personalmente de esto, invadieron la sede de Ansar al-Sharia y muchos miembros de la milicia escaparon de la ciudad.

—Ustedes, terroristas cobardes, vuelvan a Afganistán —les gritaron.

———

Durante este período tan triste, las familias de nuestros colegas caídos estuvieron siempre en mi mente. Yo quería estar segura de hacer todo lo posible para consolarlos y acogerlos. Le pedí a la jefe de protocolo Capricia Marshall que hiciera de esto su misión. Algo que complicó las cosas era el hecho de que los verdaderos empleos de Tyrone Woods y Glen Doherty, quienes trabajan para la CIA, aún permanecían en secreto y se mantendrían así durante seis semanas más. A nadie se le permitió hablar de ello ni siquiera con sus familias, quienes probablemente no sabían la verdad acerca de las misiones de sus seres queridos en ese momento.

Le pedí al subsecretario de Estado Bill Burns, el funcionario de mayor rango del servicio exterior de Estados Unidos que estaba fuera del país, que recibiera el avión que transportaría los restos de nuestros hombres caídos y los acompañara desde Alemania hasta Washington. Bill es tan equilibrado y estoico como pocos, pero se trataba de un viaje que nadie debería tener que hacer.

Normalmente, los restos de los estadounidenses que mueren sirviendo a nuestro país pasan por la base Dover de la Fuerza Aérea en Delaware, a donde llegan las víctimas de Irak y Afganistán. Pero yo quería estar segura de que las familias y nuestros colegas del departamento de Estado tuvieran la oportunidad de estar presentes para su llegada, si así lo quisieran. Así que con la ayuda de Leon Panetta y de su equipo del Pentágono, enviamos el avión desde Alemania hasta la base Andrews de la Fuerza Aérea en Maryland antes de seguir a Dover, tal como se hizo en 1998 después de los bombardeos contra las embajadas en África Oriental.

El viernes por la tarde, tres días después de los ataques, el presidente Obama, el vicepresidente Biden, el secretario de Defensa Leon Panetta y yo, nos reunimos con las familias en Andrews. Sean Smith y Tyrone Woods tenían hijos pequeños. Verlos allí, sabiendo que crecerían sin sus padres, fue casi más de lo que yo podía soportar. Los cuatro hombres fallecidos tenían seres queridos que quedaron devastados con sus muertes tan súbitas. En una situación como esa, no hay sentimientos que puedan ofrecer mucho consuelo o comprensión. Todo lo que podemos hacer es ofrecer un contacto humano, una palabra amable, un abrazo lleno de bondad. El sitio estaba abarrotado con más de sesenta familiares y amigos cercanos, y cada uno llevaba a cuestas su propio duelo privado. Todos ellos estaban unidos por el heroísmo y el servicio de aquellos a los que amaban, y por el dolor que sentían por los esposos, hijos, padres y hermanos que habían perdido.

Salimos a un gran hangar abierto a un lado de la pista, donde miles de amigos y colegas se habían reunido bajo una gigantesca bandera estadounidense. Fue una extraordinaria demostración de apoyo y respeto. Todos permanecieron en un silencio sombrío mientras marines con impecables uniformes azules y blancos llevaban lentamente los cuatro ataúdes cubiertos con la bandera desde el avión a los coches fúnebres que esperaban, y luego saludaban a los caídos. Un capellán militar ofreció una oración.

Cuando llegó mi turno para hablar, rendí homenaje al servicio y sacrificio de los cuatro patriotas que habíamos perdido, y traté de reflejar el orgullo y la tristeza que sabía que sus colegas y yo sentíamos. También quería honrar la labor diplomática que tanto había ejemplificado Chris Stevens, y hablé de las notables escenas de simpatía y solidaridad que habíamos visto en Libia desde su muerte. Eran testimonios del impacto que Chris había tenido allí. También leí en voz alta una carta de Mahmud Abbas, el presidente de la Autoridad Palestina que trabajó estrechamente con Chris cuando este sirvió en Jerusalén, en la que recordaba con cariño su energía e integridad. Abbas lamentó su asesinato como "un feo acto de terror". Por último, mientras las protestas continuaban en toda la región, me referí una vez más a los disturbios en curso y al sentimiento antiestadounidense que sacudía al Medio Oriente y que había comenzado con un video antes de tomar vida propia. "Los pueblos de Egipto, Libia, Yemen y Túnez no cambian la tiranía de un dictador por la tiranía de una multitud", dije. La violencia tenía que detenerse. Podríamos esperar días más difíciles en el futuro, pero Estados Unidos no iba a retirarse del escenario mundial ni renunciar a nuestras responsabilidades de liderazgo global. Nos "enjugaríamos nuestras lágrimas, endureceríamos nuestros pellejos, y afrontaríamos el futuro con firmeza".

El presidente Obama pronunció su conmovedor elogio. Cuando terminó apreté su mano. Él pasó su brazo alrededor de mi hombro y los marines interpretaron "*America the Beautiful*". Las responsabilidades de mi cargo nunca me parecieron tan enormes.

———

Como secretaria de Estado, yo era responsable por la seguridad de los casi setenta mil empleados del departamento y de USAID, así como por nuestras más de 270 misiones diplomáticas en todo el mundo. Cuando algo salía mal, como sucedió en Bengasi, la responsabilidad era mía. Y esa responsabilidad incluía asegurarnos de determinar en dónde estaban las fisuras en los sistemas del departamento y los procedimientos de seguridad, y hacer todo lo posible para reducir los riesgos de otra tragedia en el futuro. Habíamos aprendido lecciones de Beirut en 1983, de Kenia y Tanzania en 1998, del 11 de septiembre en 2001, y había llegado la hora de aprender de la tragedia de Bengasi. Ese proceso de aprendizaje necesitaba comenzar averiguando qué había salido mal.

Siempre que un funcionario del departamento de Estado es asesinado en el extranjero, la ley exige que la Junta de Revisión de Responsabilidad comience a investigar. Desde 1988, se han hecho diecinueve investigaciones en total. Thomas Pickering fue elegido para ocupar la presidencia de la junta de revisión de Bengasi. Pickering se había jubilado después de ser un alto funcionario del servicio exterior, y tiene a su haber un historial impecable como representante de Estados Unidos en todo el mundo, incluyendo muchos lugares difíciles, como El Salvador durante la guerra civil de ese país, Israel durante el inicio de la Primera Intifada, y Rusia en los primeros años después de la caída de la Unión Soviética. Tom es duro, inteligente y franco. Tom Pickering no estaba dispuesto a escatimar críticas allí donde encontrara errores para honrar y proteger al departamento que amaba. Si alguien podía conducir una investigación creíble y encontrar las respuestas a nuestras preguntas, era él.

El almirante retirado Mike Mullen, ex jefe del Estado Mayor conjunto y oficial naval quien era muy respetado y no tenía pelos en la lengua, se desempeñó como el socio de Pickering. A ellos se unió un distinguido grupo de servidores públicos con una larga experiencia en diplomacia, gestión e inteligencia. La junta de cinco personas tenía la misión de llegar al fondo de lo ocurrido.

Anuncié la investigación el 20 de septiembre, tan sólo unas semanas después de los ataques. Esto era más rápido que muchas investigaciones realizadas anteriormente, pero era importante avanzar lo más pronto posible. Les ordené a todos los funcionarios del departamento de Estado que cooperaran plenamente, e insté a la Junta a no dejar piedra sin remover. Ellos tendrían acceso sin restricciones a cualquier persona o aspecto que consideraran pertinente para su investigación. Aunque la mayoría de los informes anteriores del comité de revisión no fueron puestos a disposición del público, quería liberar la mayor cantidad posible sin poner en peligro cualquier sensibilidad en cuanto a temas de seguridad.

A medida que la investigación se puso en marcha, tomé medidas para hacer frente a una serie de vulnerabilidades urgentes que no podían esperar hasta el informe oficial. Pedí una revisión inmediata y exhaustiva de nuestra postura de seguridad diplomática en todo el mundo. Le pedí al departamento de Defensa que se asociara con nosotros para conformar equipos conjuntos de evaluación de la seguridad con el fin de examinar cuidadosamente las embajadas y consulados en países peligrosos, y enviar equipos de las Fuerzas Especiales y de especialistas en Seguridad Diplomática a más de una docena de países de alto riesgo. Trabajé con el general Dempsey y con el secretario Panetta para despachar más Guardias de Seguridad de los marines con el objetivo de reforzar la seguridad en las misiones que tenían una mayor amenaza y solicité al Congreso que financiara el envío de marines adicionales, contratara agentes de seguridad diplomática adicionales y abordara las vulnerabilidades físicas en nuestras instalaciones en el extranjero. Nombré al primer secretario adjunto de Estado para las Misiones de Alta Amenaza de la Oficina de Seguridad Diplomática.

Cuando la Junta de Revisión de Responsabilidad concluyó su informe, el embajador Pickering y el almirante Mullen me informaron sobre sus hallazgos. Tal como se esperaba, no se anduvieron con rodeos. Su investigación fue contundente, y encontraron problemas sistemáticos y deficiencias en materia de gestión, tanto en la Oficina de Seguridad Diplomática como en la Oficina de Asuntos del Cercano Oriente. Encontraron una mala coordinación entre las oficinas que manejaban la seguridad diplomática y las oficinas de orientación política y de relaciones con el gobierno anfitrión. La seguridad no era vista como una "responsabilidad compartida" y hubo confusión acerca de quién que estuviera en el campo de operaciones —además del propio embajador— tenía en realidad el poder para tomar decisiones. Con más de 270 misiones en todo el mundo, cada una con sus propios retos y exigencias técnicas, las preguntas cotidianas sobre la seguridad rara vez llegaban a los niveles más altos del departamento y, en consecuencia, había un liderazgo inadecuado en lo referente a los asuntos de seguridad.

Aunque se habían hecho mejoras en la seguridad de nuestras instalaciones de Bengasi —incluyendo el incremento en la altura de la pared exterior, revestida con mampostería de concreto y alambre de púas; la instalación de alumbrado exterior, barreras de concreto para vehículos, puestos de guardia e instalación de sacos de arena; la cobertura de las puertas de madera con acero y con cerraduras reforzadas; la instalación de dispositivos para detectar explosivos y otras mejoras—, la junta de revisión determinó que estas precauciones eran simplemente inadecuadas en una ciudad cada vez más peligrosa. Uno de los énfasis en las preguntas de investigación y del Congreso era sobre el asunto de si las solicitudes formuladas por los agentes de seguridad que estaban en Libia habían sido negadas por sus supervisores en Washington. Las comunicaciones entre ellos mostraban un proceso continuo de la manera en que los recursos solicitados para Bengasi fueron otorgados por Washington. La junta de revisión descubrió que el personal en Bengasi no creía que sus solicitudes de seguridad fueran "una alta prioridad para Washington" y que "la embajada en Trípoli no había demostrado un apoyo sólido y constante con Washington para una mayor seguridad". En la embajada, y en las agencias y oficinas importantes responsables de tomar decisiones en materia de seguridad, hubo "confusión acerca de quién era el responsable y tenía el poder en última instancia para tomar decisiones". Washington y Trípoli se comunicaban por medio de llamadas telefónicas, correos electrónicos y cables. Millones de estos documentos son enviados todos los años desde las misiones a la sede, de la sede a las misiones, entre las misiones, etc. Se utilizan para todo, desde un resumen de lo que está sucediendo en un país, hasta para anunciar cambios de personal. Cada cable escrito a la sede se envía con el nombre del embajador y es dirigido a la secretaria o secretario de Estado. Cada cable escrito por la sede lleva el nombre de la secretaria de Estado y está dirigido al embajador. Es posible que esto no tenga mucho sentido, pero ha sido la práctica del departamento de Estado durante mucho tiempo. Obviamente, ningún secretario puede leer o escribir lo que equivale a más de dos millones de cables al año, y los embajadores no escriben —o no notan siquiera— cada cable que entra o sale de su embajada. Sólo una fracción de ellos está dirigida en realidad a la secretaria de Estado. La mayor parte de ellos son para otros destinatarios, que a veces se cuentan por centenares.

Algunos críticos han aprovechado esta peculiaridad en materia de procedimiento para afirmar que a mi escritorio llegaron varias solicitudes de seguridad. Pero no es así como funcionan las cosas. Tampoco debería ser así y no lo fue. Los asuntos de seguridad son manejados por los responsables de la seguridad. Es raro que un cable de este tipo llegue al escritorio de la secretaria de Estado. En primer lugar, esa no es la intención del remitente. Un agente en Islamabad no me escribe para pedirme personalmente más municiones. En segundo lugar, eso no tendría sentido. Los profesionales encargados de la seguridad deben ser los que tomen las decisiones en materia de seguridad. En tercer lugar, es simplemente imposible que un secretario de cualquier agencia del gabinete se haga cargo de eso. No sólo por el volumen, sino porque simplemente no es algo de su competencia ni de la mía. Yo tenía confianza en la seguridad diplomática porque ya estaban protegiendo hábilmente nuestros puestos en los rincones más peligrosos del mundo, incluyendo países altamente volátiles como Afganistán y Yemen.

Otro hallazgo importante de la junta de revisión fue que el departamento había recurrido excesivamente a la seguridad local de Libia. En virtud de la Convención de Viena de 1961 sobre las Relaciones Diplomáticas, los gobiernos anfitriones son los principales responsables de brindar seguridad a las instalaciones diplomáticas en sus países. Pero en la Libia fragmentada posterior a la revolución, el gobierno tenía una capacidad limitada, y las milicias suplían muchas de sus funciones. Así, el departamento había contratado miembros de una milicia local entrenada por la CIA para que estuvieran siempre en las instalaciones, y contrató también guardias de seguridad locales desarmados para custodiar los puntos de entrada. Infortunadamente, como se hizo evidente durante el ataque, se presentaron debilidades fatales en sus capacidades y voluntad de cumplir con sus funciones de protección contra otros libios cuando más necesario fue.

La junta de revisión también destacó que el departamento de Estado se enfrentaba a una "lucha para obtener los recursos necesarios con el fin de realizar su labor", algo que enfrentamos en una época de reducción de presupuestos en todo el gobierno. Pasé cuatro años insistiendo ante el Congreso en que la financiación adecuada a nuestros diplomáticos y expertos en desarrollo era una prioridad de seguridad nacional, y tuvimos muchos socios y defensores maravillosos en el Capitolio. Pero fue un reto continuo. La junta de revisión pidió "un compromiso más serio y sostenido del Congreso para apoyar las necesidades del departamento de Estado, que, en general, constituyen un pequeño porcentaje del presupuesto nacional total, y también del destinado a la seguridad nacional".

En su análisis final, la junta de revisión encontró que "el personal de Estados Unidos que estaba en Bengasi actuó con valor y entusiasmo para arriesgar sus vidas con el fin de proteger a sus colegas en una situación casi imposible". A pesar de las fallas en nuestros sistemas de seguridad, la investigación concluyó que, "se hicieron todos los esfuerzos posibles para rescatar al embajador Stevens y a Sean Smith" y que "simplemente no hubo tiempo suficiente para que los activos militares estadounidenses que estaban armados hicieran una diferencia". El informe elogió la coordinación "puntual" y "excepcional" de la administración durante la crisis, y no encontró retrasos en la toma de decisiones ni negación de apoyo por parte de Washington o de los estamentos militares. Señaló también que nuestra reacción había salvado vidas estadounidenses, y así fue.

La junta de revisión hizo veintinueve recomendaciones específicas (veinticuatro no clasificadas) para hacer frente a las deficiencias que encontró en aspectos como entrenamiento, seguridad contra incendios, personal y análisis de amenazas. Estuve de acuerdo con las veintinueve recomendaciones y las adopté de inmediato. Le pedí al subsecretario Tom Nides que liderara un grupo de trabajo para garantizar que todas las recomendaciones fueran implementadas rápidamente y en su totalidad, y que tomara también una serie de medidas además de las recomendaciones. Observaríamos de arriba a abajo la forma en que el departamento de Estado tomaba decisiones sobre dónde, cuándo, y si las personas operaban en zonas sometidas a una amenaza, y la manera en que respondíamos a las crisis y amenazas.

Tom y su equipo comenzaron a trabajar de inmediato, y materializaron cada una de las recomendaciones en sesenta y cuatro puntos específicos de acción. Fueron asignados a agencias y oficinas con plazos concretos de cumplimiento. Igualmente, iniciamos una revisión anual *a posteriori* de grandes amenazas que sería presidida por la secretaria de Estado, y revisiones continuas por parte de los subsecretarios para asegurarnos de que las preguntas fundamentales sobre la seguridad llegaran a los niveles más altos. También comenzamos a regular protocolos para el intercambio de información con el Congreso a fin de que sus decisiones sobre los recursos fueran informadas continuamente por nuestras necesidades de seguridad en el campo de operaciones.

Prometí que no dejaría mi cargo hasta que cada recomendación estuviera encaminada a su implementación. Y para el momento en que me retiré, cumplimos con ese objetivo. Para entonces, el departamento de Estado estaba trabajando con el Congreso y con el departamento de Defensa para aumentar el número de Destacamentos de Seguridad de marines en las instalaciones diplomáticas de Estados Unidos, había examinado y comenzado a actualizar los requerimientos para equipos de seguridad contra incendios y para salvar vidas en el extranjero, se comenzó a equipar a todas nuestras instalaciones en el extranjero con cámaras de vigilancia más modernas, se crearon 151 nuevos puestos de Seguridad Diplomática con el apoyo del

Congreso y se mejoraron los esfuerzos en capacitación de seguridad del departamento.

———

Como ex senadora, yo entendía y sentía un gran respeto por la labor de supervisión que debe realizar el Congreso. Durante los ocho años de servicio en el Capitolio, ejercí personalmente esa responsabilidad en no pocas ocasiones, cuando creía que había preguntas difíciles que exigían respuestas. Así que ser responsable y transparente con los legisladores fue una prioridad inmediatamente después de los atentados. Decidí ir al Capitolio una semana después del ataque para informar a toda la Cámara y al Senado lo que sabíamos en ese momento, junto con el director de Inteligencia Nacional, James Clapper, el subsecretario de Defensa Ashton Carter, el subjefe del Comando conjunto de Jefes del Estado Mayor, el almirante James "Sandy" Winnefeld, Jr., y otros funcionarios de alto rango de los servicios de inteligencia y de agencias de la ley. Muchos congresistas quedaron insatisfechos con las respuestas que oyeron ese día; algunos estaban visiblemente enojados. Nos sentíamos frustrados por no tener todas las respuestas, pero eso no nos impidió compartir lo que sabíamos. A pesar de que yo sólo tenía programado pasar una hora en el Senado, permanecí más de dos horas y media, hasta que todos los senadores pudieran hacerme preguntas.

Durante los meses siguientes, funcionarios de alto nivel, la mayoría de los cuales eran profesionales de carrera no partidistas del departamento de Estado, del departamento de Defensa, la CIA, el FBI y de otras agencias de inteligencia, comparecieron en más de treinta ocasiones ante los ocho comités del Congreso, entregaron miles de páginas de documentos y respondieron las preguntas de manera tan rápida y detallada como les fue posible.

En enero, estuve más de cinco horas testificando ante el Senado y la Cámara de Representantes, respondiendo de la mejor manera que pude a lo que debieron ser más de cien preguntas realizadas por decenas de miembros, y teniendo en cuenta lo que sabíamos en ese momento. Aunque el final de mi cargo estaba cerca, les dije a los senadores y congresistas que estaba decidida a hacer que el departamento de Estado y nuestro país fueran más fuertes y seguros. En referencia a los ataques en Bengasi, señalé, "Como he dicho muchas veces, asumo la responsabilidad, y nadie está más comprometida que yo a esclarecer esto". Les recordé a los legisladores que Estados Unidos tiene un papel vital por representar como un líder global, y cuando Estados Unidos está ausente, especialmente en ambientes inestables, hay consecuencias negativas. Fue por eso ante todo que envié a Chris Stevens a Bengasi; y era esa también la razón por la que él quería estar allá. Era nuestra responsabilidad, añadí, asegurarnos de que los hombres y las mujeres que están en primera línea tengan siempre los recursos que necesitan, y hacer todo lo que esté a nuestro alcance para reducir los riesgos que ellos enfrentan. Estados Unidos no podía ni estaba dispuesto a retirarse.

Algunos congresistas hicieron preguntas reflexivas orientadas a aplicar las duras lecciones que habíamos aprendido y a mejorar las operaciones futuras. Otros permanecieron obsesionados con teorías conspiratorias que no tenían nada que ver con la manera en que podríamos evitar futuras tragedias. Y algunos sólo se hicieron presentes debido a las cámaras de los medios. No habían asistido a las audiencias a puerta cerrada, pues no tenían la oportunidad de aparecer en la televisión.

Una gran atención se centró en lo que Susan Rice, nuestra embajadora ante las Naciones Unidas, dijo en varios programas televisivos el domingo 16 de septiembre por la mañana, cinco días después de los ataques en Bengasi. En respuesta a las preguntas, Susan advirtió que los hechos acerca de lo que había sucedido allí todavía no eran claros, y que estaba pendiente una investigación. Pero, agregó ella, de acuerdo con la mejor información disponible en la actualidad, los ataques fueron "inicialmente una reacción espontánea a lo que acababa de ocurrir horas antes en El Cairo, casi una imitación de las manifestaciones en contra de nuestras instalaciones en la capital egipcia que, obviamente, fueron provocadas por el video. Lo que pensamos que ocurrió en Bengasi es que elementos extremistas y oportunistas llegaron al consulado mientras esto tenía lugar".

Los críticos la acusaron de inventar cuentos acerca de una protesta que nunca sucedió con el fin de encubrir el hecho de que había sido un exitoso ataque terrorista mientras el presidente Obama estaba en guardia. Se obsesionaron con el hecho del supuesto funcionario gubernamental que había preparado los "temas de conversación" de Susan esa mañana, y esperaron encontrar pruebas de negligencia y torpeza política por parte de la Casa Blanca. Susan expresó lo que la comunidad de inteligencia creía en ese momento, ya fuera cierto o no. Fue lo mejor que pudo hacer ella o cualquier otra persona. En cada etapa de los acontecimientos y cada vez que sabíamos algo nuevo, lo compartíamos rápidamente con el Congreso y con el pueblo estadounidense. Hay una diferencia entre el hecho de cometer un error y hacer algo malo. Es una gran diferencia que algunos han difuminado hasta el punto de tildar a quienes cometen un error de engañar intencionalmente.

Muchos de ellos se enfrascaron también en la pregunta de por qué no hablé en televisión esa mañana, como si aparecer en un programa de entrevistas fuera el equivalente del servicio de jurado, donde uno tiene que tener una razón de peso para poder abandonarlo. No veo que el hecho de aparecer en la televisión un domingo por la mañana constituya una mayor responsabilidad que hacerlo por la noche. Sólo en Washington, la definición de hablar con los estadounidenses está confinada a las nueve de la mañana del día domingo. Los días y las horas en el medio simplemente no cuentan. Pero yo no creo en eso.

El pueblo estadounidense necesita que se lo mantenga informado de lo que está pasando. Esa es nuestra responsabilidad. Yo quería que el pueblo estadounidense me escuchara directamente. Por eso hablé públicamente a primera hora de la mañana después del ataque, y dos días después en la base Andrews de la Fuerza Aérea. Y también lo hice un sinnúmero de veces en las semanas y meses posteriores, por medio de declaraciones, entrevistas y conferencias de prensa.

El amplio registro público deja claro ahora que Susan estaba utilizando la información que se originó en la CIA y que fue aprobada por esta agencia. Los primeros borradores de los puntos de discusión escritos y distribuidos por la Agencia, decían: "Creemos que basados en la información disponible en la actualidad, los ataques en Bengasi se inspiraron de manera espontánea en las protestas de la embajada de Estados Unidos en El Cairo". Esa evaluación no provenía de funcionarios políticos en la Casa Blanca, sino de profesionales de carrera de la comunidad de inteligencia. Había sido escrita por funcionarios de inteligencia para ser utilizada por los miembros de la Comisión Especial Permanente de Inteligencia del Congreso —demócratas y republicanos por igual— quienes el viernes 14 le preguntaron a David Petraeus al final de una sesión informativa sobre Bengasi qué parte de lo que escucharon a puerta cerrada les permitirían decir en la televisión. Los puntos de discusión no habían sido diseñados como una explicación exhaustiva de cada pieza de inteligencia. Habían sido hechos con la intención de ayudar a congresistas ya informados sobre el tema, a hacer declaraciones públicas que no fueran a revelar ningún material sensible o clasificado. Ninguno de los funcionarios de inteligencia que trabajaban en esa petición tenía la menor idea de que dos días después serían utilizados por Susan. Esta es otra teoría conspiratoria que va en contra de los hechos, y de la razón.

Me preguntaron por esto en varias ocasiones durante mi testimonio ante el Congreso. "Yo no estaba concentrada personalmente en los temas de conversación, sino en mantener segura a nuestra gente", respondí. En un momento dado, durante algunos cuestionamientos particularmente tendenciosos, el intercambio fue acalorado. Posteriormente, algunas de mis palabras fueron tomadas fuera de contexto con fines políticos, por lo que vale la pena repetir la respuesta completa que di ese día:

> *Con el debido respeto, el hecho es que cuatro estadounidenses resultaron muertos. ¿Fue debido a una protesta? ¿O fue porque algunos individuos salieron a caminar una noche y decidieron que iban a matar a algunos estadounidenses? ¿Qué diferencia hay en este momento? Nuestra labor consiste en averiguar lo que ocurrió y en hacer todo lo posible para evitar que vuelva a suceder, Senador. Ahora, sinceramente, haré todo lo posible para responder a sus preguntas acerca de esto, pero el hecho es que la gente estaba tratando de obtener la mejor información en tiempo real. Entiendo que la [comunidad de inteligencia] tiene un proceso con los otros comités para explicar cómo surgieron estos temas de conversación. Pero, ustedes saben que desde mi punto de vista, ahora es menos importante tratar de saber por qué estos militantes decidieron hacerlo, que dar con ellos y llevarlos ante la justicia, y entonces sabremos tal vez lo que estaba pasando mientras tanto.*

En otro ejemplo de la terrible politización de esta tragedia, muchos optaron de manera conveniente por interpretar la frase "¿Qué diferencia hay en este momento?", para decir que yo estaba minimizando de alguna manera la tragedia de Bengasi. Obviamente, yo no dije eso. Nada podría estar más lejos de la verdad. Y muchos de los que trataban de aprovecharse de eso lo saben, pero no les importa. Mi planteamiento era simple: si alguien irrumpe en tu casa y toma a tu familia como rehén, ¿cuánto tiempo vas a pasar enfrascado en averiguar cómo pasó su día el intruso en lugar de buscar la mejor manera de rescatar a tus seres queridos y evitar que eso vuelva a suceder? Muchas de esas personas son como un disco rayado de preguntas incontestadas. Pero hay una diferencia entre preguntas sin responder y respuestas no escuchadas.

Debido al fragor de una apretada campaña presidencial menos de dos meses antes del día de las elecciones, tal vez sea ingenuo de mi parte pensar que la muerte de cuatro estadounidenses no habría sido utilizada con fines políticos. La política sólo enturbiaba el contexto y oscurecía muchos de los hechos. Uno de los aspectos más agradables de ser secretaria de Estado fue experimentar cuatro años donde la política partidista estuvo casi totalmente ausente de nuestro trabajo.

Quienes explotan esta tragedia una y otra vez como una herramienta política, minimizan el sacrificio de aquellos que sirvieron a nuestro país. No seré parte de una refriega política a costa de los estadounidenses muertos. Simplemente, eso está mal y es indigno de nuestro gran país. Aquellos que insisten en politizar la tragedia tendrán que hacerlo sin mí.

=====

Como secretaria de Estado, conocí a muchos de los agentes de Seguridad Diplomática estacionados en todo el mundo, y me sentí extraordinariamente agradecida por su servicio y profesionalismo. Los dos agentes que encabezaban mi propio servicio de protección, primero Fred Ketchem y luego Kurt Olsson, fueron imperturbables e infatigables. Les confié mi vida.

Aunque los cinco agentes que estaban en Bengasi el 11 de septiembre fueron ampliamente superados en número, actuaron con heroísmo y arriesgaron sus vidas para proteger a sus colegas. David, el agente herido de gravedad en el ataque con morteros contra la base de la CIA, pasó varios meses recuperándose en el Centro Médico Walter Reed. Lo llamé cuando estaba allí, y le dije que apenas se recuperara, quería invitarlo y honrarlo debidamente a él y a sus colegas por su servicio.

En la mañana del 31 de enero de 2013, mi penúltimo día como secretaria de Estado, el Salón de Tratados se llenó de amigos y familiares de los cinco agentes. David aún estaba en silla de ruedas, pero asistió. Los miembros de la familia Stevens también asistieron para mostrar su agradecimiento por lo mucho que estos hombres habían hecho para proteger a Chris. Fue un honor rendir homenaje a la valentía y profesionalismo de estos hombres. Para mí, representaban la fuerza y el espíritu de una gran nación. Le entregué a cada agente el Premio al Heroísmo del departamento de Estado. Los asistentes observaron con lágrimas en los ojos. Fue un recordatorio de que en aquella noche terrible fuimos testigos de lo mejor y de lo peor que tiene la humanidad, tal como lo habíamos hecho once años antes.

Los recuerdos de Bengasi permanecerán siempre conmigo, y moldearán la manera en que los diplomáticos de Estados Unidos hagan su trabajo en el futuro. Pero debemos recordar a Chris Stevens, Sean Smith, Glen Doherty y Tyrone Woods, tanto por la forma en que vivieron como por la forma en que murieron. Ellos se ofrecieron como voluntarios para servir a su país allí donde la seguridad distaba de estar asegurada, porque eran los lugares en los que los intereses y valores estadounidenses estaban más en juego y donde eran más necesitados.

18

Irán: Sanciones y secretos

El sultán de Omán tiene un gusto por lo dramático.

Estábamos en un espléndido almuerzo en un palacio diseñado por el sultán en Mascate, la capital de Omán situada cerca de la punta de la península arábiga, cuando escuché los familiares compases de la marcha "Campana de Libertad", de John Philip Souza. El sultán Qaboos, vestido con una túnica amplia y larga con una daga ceremonial en el cinturón y un colorido turbante en la cabeza, sonrió y miró hacia arriba. En un balcón encima de nosotros, y parcialmente oculta por una pantalla, estaba la Real Orquesta Sinfónica de Omán. Era un gesto típico de un dirigente astuto y cortés, que valoraba su relación con Estados Unidos, le encantaba la música y utilizaba su poder absoluto para modernizar su país en sus más de cuatro décadas de gobierno.

Lo que el sultán tenía que decir era aún más dramático. Era el 12 de enero de 2011, pocos días antes de que la Primavera Árabe volcara el tablero de ajedrez de la geopolítica en el Medio Oriente. Yo acababa de llegar de Yemen, un problemático país que limitaba al norte con Omán, y me dirigía a una conferencia regional en Catar para advertir a los líderes que si no hacían una reforma política y económica, sus regímenes se "hundirían en la arena". Pero aquel día, el sultán se concentró en Irán.

La disputa sobre el programa nuclear ilícito de Irán estaba aumentando, y planteaba una amenaza inmediata a la seguridad regional y global. Desde 2009, el gobierno de Obama había aplicado una estrategia de "doble vía" de presión y compromiso, pero las negociaciones entre Irán y los cinco miembros permanentes del Consejo de Seguridad de la ONU (Estados Unidos, Rusia, China, Gran Bretaña y Francia), además de Alemania, el llamado P5+1, no estaba yendo a ninguna parte. Las perspectivas de un conflicto armado, incluyendo posiblemente un ataque israelí para destruir las instalaciones nucleares iraníes como los realizados contra Irak en 1981 y Siria en 2007, estaban aumentando.

—Yo puedo ayudar —dijo el sultán.

Era uno de los pocos líderes al que todas las partes veían como un mediador honesto, con estrechos vínculos con Washington, los estados del Golfo y Teherán. El sultán propuso realizar conversaciones secretas y directas entre Estados Unidos e Irán para resolver el problema nuclear. Los anteriores intentos para dialogar con el régimen teocrático de Irán habían fracasado, pero el sultán creía que podía tener una oportunidad para facilitar un avance. Sería necesaria la confidencialidad para evitar que los extremistas de toda índole descarrilaran las conversaciones antes de que estas pudieran comenzar. ¿Estaba dispuesta yo a explorar esa idea?

Por un lado, no había ninguna razón para confiar en los iraníes, pero sí todas las razones para creer que aprovecharían cualquier oportunidad para retrasar y distraer. Las nuevas negociaciones se podrían convertir en una madriguera de conejo que les permitiría ganar tiempo a los iraníes para estar más cerca de su objetivo de tener un arma nuclear que pusiera en peligro a Israel, a sus vecinos y al mundo. Cualquier concesión que ofreciéramos como parte de estas conversaciones podría echar por tierra años de una labor cuidadosa con miras a construir un consenso internacional para imponer sanciones fuertes y un aumento de la presión sobre el régimen de Teherán. Por otro lado, la oferta del sultán podría ser nuestra mejor oportunidad para evitar un conflicto o la perspectiva inaceptable de un Irán con armas nucleares. Nuestra incapacidad para ejercer la diplomacia podría terminar desgastando la amplia coalición internacional que habíamos forjado para imponer y aplicar sanciones a Irán.

═══

Aunque es difícil de creer, teniendo en cuenta todo lo que ha sucedido desde entonces, Irán fue una vez aliado de Estados Unidos durante la Guerra Fría. El monarca del país (llamado "shah") debía su trono a un golpe de estado que propinó en 1953 con el apoyo de la administración Eisenhower contra un gobierno elegido democráticamente, y al que se acusaba de simpatizar con el comunismo. Fue una estrategia clásica de la Guerra Fría por la que muchos iraníes nunca perdonaron a Estados Unidos. Nuestros gobiernos disfrutaron de relaciones estrechas por más de veinticinco años, hasta que, en 1979, el autocrático shah fue derrocado por una revolución islámica popular. Los fundamentalistas chiítas dirigidos por el ayatolá Ruhollah Jomeini tomaron pronto el poder e impusieron al pueblo iraní su versión teocrática de una república islámica. Los nuevos gobernantes de Irán se oponían implacablemente a Estados Unidos, y nos llamaban "el Gran Satán". En noviembre de 1979, radicales iraníes asaltaron la embajada de Estados Unidos en Teherán y mantuvieron como rehenes a cincuenta y dos estadounidenses durante 444 días. Fue una atroz violación de la ley internacional y una experiencia traumática para nuestro país. Recuerdo haber visto los informes noticiosos de la noche en Little Rock y contar el número de días que los rehenes habían sido mantenidos en cautividad mientras la crisis se prolongaba sin un final a la vista. Esto se hizo aún más trágico cuando una misión de rescate de los militares estadounidenses terminó con un helicóptero y un avión de transporte estrellados en el desierto, donde murieron ocho miembros de las fuerza armadas.

La revolución iraní condujo a décadas de terrorismo de Estado. La Guardia Revolucionaria Islámica iraní y grupos terroristas como Hezbolá y Hamás, que servían como agentes iraníes, perpetraron ataques en todo el Medio Oriente y el mundo. Sus crímenes incluyeron los atentados contra la embajada de Estados Unidos en Beirut, Líbano en abril de 1983, en los que murieron sesenta y tres personas, entre ellas diecisiete estadounidenses, así como contra el cuartel de los marines de Estados Unidos en octubre, en los que murieron 241 estadounidenses, y el bombardeo en 1996 de las Torres Khobar en Arabia Saudita en el que murieron diecinueve miembros de la Fuerza Aérea de los Estados Unidos y cientos quedaron heridos. Irán también atacó a judíos e israelíes, incluyendo el bombardeo de un centro cultural de Israel en Buenos Aires, Argentina, en 1994, que mató a ochenta y cinco personas e hirió a centenares más. De manera periódica, el departamento de Estado designó a Irán como el "estado patrocinador del terrorismo más activo del mundo" y documentó sus vínculos con atentados, secuestros, retenciones y otros actos de terrorismo. Los cohetes iraníes, las armas automáticas y los morteros también estaban siendo utilizados para matar a soldados estadounidenses, así como a nuestros socios y civiles en Irak y Afganistán.

Teniendo en cuenta estos antecedentes, la perspectiva de un Irán con armas nucleares representaba una seria amenaza a la seguridad de Israel, a los vecinos de Irán en el Golfo y, por extensión, a todo el mundo, razón por la cual el Consejo de Seguridad de la ONU aprobó seis resoluciones desde 2006 pidiendo a Irán que cesara su programa de armas y cumpliera con el Tratado de No Proliferación Nuclear. Al igual que más de 180 naciones, Irán es un país signatario de este tratado, que otorga a los países el derecho a la energía nuclear con fines pacíficos, pero requiere que los que tienen armas nucleares busquen el desarme y los que no tienen este tipo de armas se nieguen a adquirirlas. Permitir que Irán adquiriera un arma nuclear en violación de este tratado podía abrir las compuertas de la proliferación nuclear, primero en el Medio Oriente entre los rivales suníes, y luego en todo el mundo.

Sabíamos que Irán había trabajado varios años en el desarrollo de la tecnología y los materiales necesarios para construir una bomba, a pesar de la condena y la presión de la comunidad internacional. A comienzos de 2003, Irán poseía cerca de cien centrifugadoras para enriquecer uranio, una de las dos formas de alimentación de armas nucleares, siendo la otra el plutonio. Las centrifugadoras giran a velocidades increíblemente rápidas, enriqueciendo el uranio a un nivel lo bastante alto para que pueda utilizarse en la construcción de una bomba. Es un proceso difícil y estricto que requiere miles de centrifugadoras. Durante los próximos seis años, con la comunidad internacional dividida e Irán negando acceso e información al Organismo Internacional de Energía Atómica (OIEA), ese país expandió su programa de manera constante. Cuando el presidente Obama asumió su cargo, Irán tenía aproximadamente cinco mil centrifugadoras. A pesar de que los líderes de Irán afirmaban que su programa nuclear se destinaba únicamente a fines pacíficos, científicos, médicos y comerciales, sus científicos estaban trabajando en secreto en búnkeres fortificados, construidos en el interior de las montañas, enriqueciendo uranio a niveles y cantidades que llevaron a personas razonables a albergar sospechas fundadas sobre sus intenciones.

Durante un breve período a finales de la década de 1990, hubo esperanzas de que Irán pudiera elegir un camino diferente. En 1997, los iraníes eligieron como presidente a Mohamed Jatamí, un político relativamente moderado, quien dijo en una entrevista de televisión estadounidense que quería derribar el "muro de desconfianza" entre Irán y Estados Unidos. La administración Clinton fue comprensiblemente cautelosa a raíz del ataque a las Torres Khobar, pero Bill respondió con medidas recíprocas prudentes, incluyendo mencionar a Irán en un mensaje de video que conmemoraba el Eid al Fitr, la fiesta al final del mes sagrado musulmán del Ramadán. "Espero que llegue pronto el día en que podamos disfrutar una vez más de buenas relaciones con Irán", dijo. La administración envió varios mensajes diplomáticos en un intento por iniciar un diálogo, incluyendo una carta entregada a través de nuestro mutuo amigo, el sultán de Omán. En 2000, la secretaria de Estado Madeleine Albright ofreció otra rama de olivo de carácter más público al pedir disculpas formalmente por el papel de Estados Unidos en el golpe de Estado de 1953 en Irán y aliviar ciertas sanciones económicas. Pero Irán nunca replicó este gesto, en parte debido a que los miembros de línea dura en ese país limitaban la capacidad de acción de Jatamí.

Este trabajo preliminar pudo haber contribuido a invitar a Jatamí a extendernos su mano después de los ataques del 9/11, con la esperanza de cooperar con Estados Unidos en Afganistán, que comparte una frontera con Irán. Pero el discurso del presidente Bush en 2002, que llamaba a Irán, Irak y Corea del Norte el "eje del mal", terminó con cualquier posibilidad de un mayor diálogo entre nuestros países en ese momento. Luego, los europeos asumieron el liderazgo en las negociaciones con Irán en torno a su programa nuclear, pero esas conversaciones se vinieron abajo una vez que Jatamí fue reemplazado en 2005 por Mahmud Ahmadinejad, un negador del Holocausto y provocador que amenazó con borrar a Israel del mapa, y que insultaba a Occidente en cada oportunidad.

Como senadora en representación de Nueva York durante la presidencia de Bush, abogué por aumentar la presión sobre el régimen de Teherán y sus aliados, voté para imponer sanciones a Irán y designar formalmente a la Guardia Revolucionaria como una organización terrorista. Como señalé una y otra vez, "No podemos y no debemos permitir que Irán construya o adquiera armas nucleares". Sin embargo, sin un amplio consenso internacional, las sanciones unilaterales de Estados Unidos hicieron poco para frenar el comportamiento iraní.

En un ensayo publicado por la revista *Foreign Affairs* en 2007, argumenté, "La administración Bush se niega a hablar con Irán sobre su programa nuclear, prefiriendo ignorar el mal comportamiento en lugar de oponerse a él". Y luego añadí: "Si Irán no cumple con sus propios compromisos y con la voluntad de la comunidad internacional, todas las opciones deberán permanecer sobre la mesa". Sin ser específicas, las "opciones" podrían interpretarse como la inclusión de una posible acción militar, pero hice hincapié en que la primera opción debería ser la diplomacia. Después de todo, si Estados Unidos había podido negociar con la Unión Soviética en el apogeo de la Guerra Fría, mientras miles de sus misiles apuntaban a nuestras ciudades, no deberíamos tener miedo entonces de hablar con otros adversarios como Irán en condiciones apropiadas. Este era un delicado acto de equilibrio —aumentar la posibilidad de la acción militar y presionar al mismo tiempo por la diplomacia y la moderación— pero escasamente era algo novedoso. La política exterior eficaz siempre ha implicado el uso del garrote y la zanahoria, y encontrar el equilibrio adecuado entre estos dos componentes es más un arte que una ciencia.

Durante el fragor de las primarias presidenciales de 2008, repliqué a la declaración del entonces senador Obama en un debate, donde él expresó que se reuniría con los líderes de Irán, Siria, Venezuela, Cuba y Corea del Norte sin "condiciones previas" durante el primer año de un nuevo gobierno. Regrese a la diplomacia, le dije, comprométase con esos países, pero no prometa recompensarlos con una reunión presidencial de alto perfil a menos que recibamos algo a cambio. En respuesta, su campaña me acusó de no cruzar la línea de Bush y de negarme a hablar con nuestros adversarios. Nada de esto fue particularmente esclarecedor para los votantes, pero así es la vida en las campañas electorales. También causé un poco de revuelo en abril de 2008, cuando advertí a los líderes de Irán que si ellos lanzaban un ataque nuclear contra Israel mientras yo estaba en mi cargo, Estados Unidos tomaría represalias y "seríamos capaces de destruirlos totalmente". Eso llamó la atención de Teherán, e Irán presentó una protesta formal en las Naciones Unidas.

Después de que el presidente Obama me pidiera servir como secretaria de Estado, empezamos a hablar acerca de elaborar un enfoque más eficaz hacia Irán. Nuestro objetivo puede haber sido sencillo: impedir que Irán desarrollara armas nucleares, pero el camino para lograr esto era todo lo contrario.

A principios de 2009, Irán parecía estar en alza en el Medio Oriente. La invasión de Irak dirigida por Estados Unidos había derrocado a Saddam Hussein, la némesis de Irán, y puesto en su lugar a un gobierno chiíta más del agrado de Teherán. El poder y el prestigio de Estados Unidos en la región estaban en un punto bajo. Hezbolá había luchado contra Israel hasta llegar a un sangriento punto muerto en el Líbano en 2006, y Hamás controlaba firmemente la Franja de Gaza dos semanas después de la invasión israelí en enero de 2009. Los monarcas suníes del Golfo observaron con temor que Irán aumentaba su ejército, extendía su influencia y amenazaba con dominar el Estrecho de Ormuz, vital en términos estratégicos. Dentro de Irán, la mano de hierro por parte del régimen seguía campante y disfrutando del auge de las exportaciones de petróleo. El presidente Ahmadinejad de Irán era un individuo arrogante y belicoso que se pavoneaba en el escenario mundial. Pero la verdadera autoridad recaía en el Líder Supremo, Alí Jamenei, sucesor de Jomeini en 1989, y quien no ocultaba su odio por Estados Unidos. La Guardia Revolucionaria de línea dura también tenía un poder muy significativo en Irán, incluyendo vastas posesiones económicas, de modo que el país parecía estar avanzando hacia una dictadura militar bajo la apariencia de un liderazgo clerical. Causé algunos problemas cuando manifesté esta tendencia durante un viaje al Golfo.

Ante este difícil panorama, el presidente Obama y yo estábamos decididos a utilizar tanto el compromiso como la presión para ofrecerles a los líderes de Irán una opción clara: si cumplían con sus obligaciones en virtud de tratados y hacían frente a las preocupaciones de la comunidad internacional sobre su programa nuclear, entonces podrían beneficiarse de una mejora en las relaciones. Si se negaban, se enfrentarían a un mayor aislamiento y a consecuencias aún más dolorosas.

Uno de los primeros gestos del presidente Obama fue enviar dos cartas privadas al ayatolá Jamenei ofreciendo una nueva apertura diplomática. También grabó mensajes en video dirigidos directamente al pueblo iraní. Al igual que los esfuerzos realizados por mi esposo una década atrás, estas tentativas se encontraron con un muro de piedra en Teherán. Ninguno de nosotros tenía la ilusión de que Irán fuera a cambiar su comportamiento, simplemente porque un nuevo presidente de los Estados Unidos estuviera dispuesto a dialogar. Pero creíamos que el esfuerzo de buscar un compromiso fortalecería en realidad nuestra posición si Irán rechazaba nuestras iniciativas. El resto del mundo vería que los iraníes eran los intransigentes, y no los estadounidenses, y los haría más propensos a apoyar el aumento de la presión sobre Teherán.

Una vía temprana que exploramos fue una posible cooperación con Afganistán. Después de todo, en 2001, en los primeros días de la guerra, habíamos sostenido conversaciones preliminares para trabajar juntos con el fin de detener el tráfico de drogas y estabilizar el país. Sin embargo, Irán desempeñó desde entonces un papel mucho menos constructivo. En el período previo a una importante conferencia internacional sobre Afganistán organizada por la ONU en La Haya a finales de marzo de 2009, tuve que decidir si apoyaba la invitación a Irán realizada por la ONU. Después de consultar con los aliados de la OTAN, describí la próxima conferencia como "una gran reunión con todas las partes que tienen intereses en Afganistán". Eso dejó la puerta abierta para Irán, y si asistían, sería nuestro primer encuentro directo.

Teherán terminó enviando un vicecanciller a La Haya y su discurso incluyó algunas ideas positivas para la colaboración. No interactué directamente con el diplomático iraní, pero envié a Jake Sullivan para que hablara con él a fin de aumentar las probabilidades de una participación directa en Afganistán.

Jake también le entregó personalmente una carta solicitando la liberación de tres estadounidenses detenidos en Irán: un agente retirado del FBI llamado Robert Levinson, un estudiante de doctorado llamado Esha Momeni y una periodista estadounidense de ascendencia iraní-japonesa llamada Roxana Saberi. Roxana fue detenida en Teherán y acusada de espionaje sólo unos días después de yo asumir mi cargo en enero de 2009. Luego de una huelga de hambre y del cabildeo persistente por parte de Estados Unidos y otros países, fue liberada en mayo. Poco después fue a verme al departamento de Estado y me habló de su experiencia desgarradora. Robert Levinson sigue detenido. Esha Momeni, que había estado en libertad bajo fianza pero no podía salir del país, recibió permiso para regresar a Estados Unidos en agosto de 2009.

En la misma conferencia en La Haya, Richard Holbrooke tuvo un breve encuentro con el diplomático iraní en un almuerzo oficial, aunque más tarde los iraníes negaron que la reunión hubiera tenido lugar.

El segundo semestre de 2009 resultó estar lleno de acontecimientos inesperados que reconfiguraron drásticamente el debate internacional sobre Irán.

Primero fueron las elecciones iraníes. En junio, Ahmadinejad fue declarado ganador de una elección presidencial que fue, a decir de todos, notoriamente irregular, si no totalmente amañada. Grandes multitudes se reunieron en las calles de Teherán y en todo el país para protestar por los resultados. Fue un evento sorprendente, ya que la clase media iraní exigió la democracia que la revolución de 1979 había prometido pero nunca había entregado. Las protestas cobraron fuerza y fueron conocidas como el Movimiento Verde. Millones de iraníes salieron a las calles en un despliegue de disidencia sin precedentes, y muchos clamaron incluso con poner fin al régimen. Las fuerzas de seguridad respondieron con una violencia brutal. Los ciudadanos que marchaban pacíficamente fueron golpeados con porras y detenidos. Los opositores políticos fueron arrestados, maltratados y varias personas murieron. Personas de todo el mundo se sintieron horrorizadas por las imágenes de video de una joven asesinada a tiros en la calle. La violencia fue impresionante, pero la represión estaba en consonancia con el pésimo historial de derechos humanos de ese régimen.

En la administración Obama debatimos cómo responder. "Estamos monitoreando la situación que se desarrolla en Irán, pero nosotros, al igual que el resto del mundo, estamos esperando y observando lo que decida el pueblo iraní", anuncié mientras las protestas cobraban nuevos bríos, y antes de que empeorara la represión. "Obviamente esperamos que el resultado refleje la voluntad genuina y el deseo del pueblo iraní".

Nuestros contactos en Irán nos instaron a permanecer lo más tranquilos posible. Les preocupaba que si Estados Unidos se pronunciaba en apoyo de los manifestantes o tratábamos abiertamente de involucrarnos en la situación, esto permitiera que el régimen desestimara las protestas como un complot extranjero. Muchos de nuestros analistas de inteligencia y expertos en Irán estuvieron de acuerdo. Sin embargo, sentimos deseos de levantarnos y de proclamar nuestro apoyo al pueblo iraní, así como nuestra indignación con las tácticas de mano dura del régimen. Este parecía ser el papel que le correspondía desempeñar a Estados Unidos, en consonancia con nuestros valores democráticos.

Después de escuchar todos los argumentos, el presidente decidió a regañadientes que serviríamos mejor a las aspiraciones del pueblo iraní si Estados Unidos no se interponía. Fue una decisión táctica difícil y perspicaz. No fue, como conjeturaron algunos comentaristas en esa época, porque el presidente se preocupara más por colaborar con el régimen que por enfrentarse a él. Se trataba de hacer lo que creíamos que era lo correcto para los manifestantes y para la democracia, y nada más. Tras bambalinas, mi equipo en el departamento de Estado se mantuvo en contacto permanente con activistas en Irán y realizó una intervención de emergencia para evitar que Twitter fuera cerrado por mantenimiento, lo que habría privado a los manifestantes de una herramienta clave de comunicaciones.

En retrospectiva, no estoy segura de que esta fuera la decisión correcta. Nuestra moderación no impidió que el régimen aplastara sin piedad el Movimiento Verde, lo cual fue sumamente doloroso de ver. Un mayor número de mensajes contundentes por parte de Estados Unidos no habría impedido quizá ese resultado y más bien podría haberlo precipitado, pero tampoco existe ninguna manera de saber ahora si podríamos haber hecho una diferencia en aquel entonces. Llegué a lamentar que no hubiéramos hablado con más contundencia ni exhortado a otros países para hacer lo mismo. Luego de la represión en Irán, resolví intensificar los esfuerzos para proporcionarles a los activistas democráticos herramientas y tecnología para evadir la represión y la censura gubernamental. En los años siguientes, invertimos decenas de millones de dólares y capacitamos a más de cinco mil activistas en todo el mundo.

En septiembre, cuando Jamenei y Ahmadinejad tenían un firme control sobre Teherán, surgió una nueva situación crítica. Durante más de un año aproximadamente, las agencias de inteligencia occidentales habían estado monitoreando lo que se creía que era una planta secreta de enriquecimiento iraní en construcción debajo de las montañas cerca de la ciudad de Qom, al suroeste de Teherán. Después de la debacle de inteligencia defectuosa sobre las armas de destrucción masiva en Irak, había una precaución comprensible en apresurarse a sacar conclusiones con respecto a Irán, pero este fue un desarrollo muy preocupante. Faltaban pocos meses para que la instalación fuera terminada, en cuyo caso, la capacidad de Irán para fabricar una bomba nuclear mejoraría debido a su ubicación oculta. Cuando los iraníes descubrieron que éramos conscientes de su engaño, se apresuraron a encubrirlo. El 21 de septiembre de 2009, entregaron una carta de bajo perfil a la OIEA, reconociendo la existencia de un pequeño proyecto piloto cerca de Qom, que de alguna manera no se había mencionado nunca antes.

Decidimos revelar la verdad acerca de este evento en nuestros propios términos. Esa semana, los líderes mundiales asistieron a la reunión anual de la Asamblea General de la ONU en Nueva York. Sabíamos que la divulgación pública de la instalación de enriquecimiento secreto de Irán cerca de Qom causaría un escándalo, y esperábamos utilizarlo a nuestro favor. El presidente Obama tenía programado dirigir una reunión del Consejo de Seguridad en materia de seguridad nuclear, y los negociadores del P5+1 estaban a punto de iniciar una nueva ronda de conversaciones con los iraníes. Tuvimos que preparar cuidadosamente la divulgación con nuestros aliados británicos y franceses para maximizar nuestra influencia tanto con los iraníes como con los países dispuestos a darles el beneficio de la duda, en especial Rusia y China. Si se manejaba con destreza, esta explosiva revelación podría inclinar la balanza diplomática contra Irán y ayudarnos a avanzar hacia unas sanciones internacionales más duras.

Trabajamos en la suite del presidente Obama en el Hotel Waldorf Astoria con el fin de trazar nuestra estrategia. Una opción era que el presidente hiciera una presentación convincente de la inteligencia que teníamos sobre la instalación de Qom en el Consejo de Seguridad. Eso habría evocado recuerdos tanto de la famosa confrontación entre el embajador de Estados Unidos ante la ONU, Adlai Stevenson, y su homólogo ruso durante la crisis de los misiles en Cuba, como de la infortunada presentación sobre las armas iraquíes de destrucción masiva realizada por el secretario de Estado Colin Powell. No queríamos repetir ninguno de estos dos precedentes. También queríamos estar seguros de coordinar plenamente con nuestros aliados e informarle previamente al OIEA, a los rusos y a los chinos, así que decidimos cancelar la opción del Consejo de Seguridad de la ONU.

En la tarde del 23 de septiembre, el presidente Obama, el asesor de Seguridad Nacional Jim Jones y yo, nos reunimos en el Hotel Waldorf Astoria durante una hora con el presidente ruso Dmitri Medvedev, su ministro de Asuntos Exteriores, Serguéi Lavrov, y su asesor de seguridad nacional, Serguéi Prikhodko, y les transmitimos las evidencias sobre Qom. En el primer encuentro entre los dos presidentes durante la primavera en Londres, Medvedev admitió que Rusia había subestimado el programa nuclear de Irán, sin embargo, esta nueva información sobre el engaño iraní impactó a los rusos. Fue la única vez en los cuatro años que serví como secretaria de Estado, que recuerdo haber visto al recio Lavrov parecer nervioso y sin encontrar palabras. Después, Medvedev sorprendió a la prensa al hablar más duro contra Irán que nunca antes: "Las sanciones rara vez conducen a resultados productivos, pero en algunos casos las sanciones son inevitables", dijo. Los reporteros bombardearon al personal de la Casa Blanca con preguntas acerca de lo que había causado el notable cambio en la retórica rusa, pero no estábamos listos para divulgar públicamente la noticia de Qom.

Los planes se concretaron para un anuncio dos días más tarde en la cumbre del G20 en Pittsburgh, donde muchos de los mismos líderes mundiales viajarían desde Nueva York. Cuando llegó el momento, el presidente Obama subió al podio junto con el primer ministro británico Gordon Brown y el presidente francés Nicolas Sarkozy. "El tamaño y la configuración de esta instalación es incompatible con un programa pacífico", declaró el presidente Obama. "Irán está rompiendo las reglas que todas las naciones deben seguir".

Los eventos transcurrían rápidamente ahora. El primero de octubre, los representantes del P5+1 se reunieron en Ginebra con una delegación iraní. Envié al subsecretario de Estado Bill Burns para representar a Estados Unidos y reunirse en privado con el negociador iraní. Tras la creciente presión internacional, Irán acordó permitir a los inspectores del OIEA visitar el sitio secreto cerca de Qom, algo que hicieron ese mismo mes.

El otro punto de la agenda en Ginebra fue el Reactor de Investigación de Teherán, que Estados Unidos le había donado a Irán en la década de 1960 para producir isótopos médicos que serían usados en el diagnóstico y tratamiento de enfermedades. Durante el verano de 2009, Irán informó que se estaba quedando sin las barras de combustible nuclear necesarias para alimentar el reactor y producir los isótopos. Aunque Irán tenía un suministro de uranio de bajo enriquecimiento, no contaba con el uranio altamente enriquecido que se requería para las barras de combustible, por lo que pidió al OIEA que le ayudara a conseguir el combustible que necesitaba en el mercado abierto. Esta solicitud llamó la atención de los expertos nucleares estadounidenses, incluyendo a Bob Einhorn, del departamento de Estado, quien comenzó a trabajar en un plan creativo para resolver varios problemas a un mismo tiempo. ¿Qué pasaba si Irán enviaba al extranjero todas sus reservas de uranio, o al menos un porcentaje importante y, recibía a cambio las barras de combustible con las que podría alimentar el reactor de investigación, pero que no se podían utilizar para fabricar una bomba? Eso sería responder a sus necesidades legítimas al mismo tiempo que retrasaba su programa armamentístico en varios meses, posiblemente hasta en un año. Si los iraníes aceptaban, tendríamos tiempo de trabajar para llegar a un acuerdo más amplio que respondiera todas nuestras preocupaciones sobre el programa nuclear. Si se negaban, entonces sus verdaderas ambiciones quedarían al descubierto. Yo había discutido la idea en agosto con Lavrov y sostuve que sacar uranio poco enriquecido de Irán podría reducir las tensiones en la región. Yo esperaba que si Estados Unidos y Rusia trabajaban juntos para demostrar la unidad, esto obligaría a los iraníes a responder. Lavrov estuvo de acuerdo y señaló: "Debemos considerar seriamente esta petición. Estamos dispuestos, en principio, a participar con ustedes".

Mientras, en las conversaciones de Ginebra, llegó el momento de poner la propuesta sobre la mesa y ver cómo reaccionaban los iraníes. Durante la hora del almuerzo, Burns sugirió al jefe negociador iraní Saeed Jalili que tuvieran una discusión directa al margen del grupo más grande. Cuando Jalili aceptó, Burns esbozó los términos que estábamos ofreciendo. Jalili sabía que se enfrentaba a una comunidad internacional unida y a una oferta indudablemente justa y razonable. No tenía más remedio que aceptar. Einhorn y el negociador adjunto iraní repasaron los detalles punto por punto. Los iraníes aceptaron todas las cláusulas con una condición: no podría decirse nada públicamente hasta después de que regresaran a Teherán y compartieran el acuerdo con sus superiores.

Cuando los negociadores volvieron a reunirse a finales de mes en el OIEA en Viena, los iraníes habían cambiado de tono. Las discusiones de Jalili en Teherán no habían salido bien. Los miembros de línea dura del gobierno estaban totalmente en contra del acuerdo. Los iraníes estaban diciendo ahora que sólo estaban dispuestos a renunciar a una cantidad mucho más pequeña de uranio de bajo enriquecimiento, y que querían almacenarlo en una zona remota de Irán en lugar de enviarlo al extranjero, lo cual era inaceptable. Eso atentaría contra el propósito de negarles la cantidad suficiente de uranio enriquecido para hacer una bomba. El OIEA los instó a volver a los términos del acuerdo original, pero no tuvo éxito. Las reuniones de Viena terminaron en un fracaso. El acuerdo había quedado desmantelado.

Tal como había prometido el presidente Obama durante su campaña, habíamos tratado de involucrar a Irán. Ahora, el presidente decidió que había llegado el momento de aumentar la presión y agudizar la elección que enfrentaban los líderes de Irán. Sin embargo, para imponer consecuencias reales, sería necesario que el resto del mundo se uniera a nosotros.

Susan Rice, nuestra embajadora ante la ONU, informó que reunir los votos para una resolución enérgica en el Consejo de Seguridad sería una tarea difícil. Mis colegas extranjeros me dijeron lo mismo. "No creemos que sea el momento para discutir sanciones contra Irán", me dijo el ministro de Relaciones Exteriores de China Yang en enero de 2010. "Una vez que las sanciones se conviertan en el orden del día, podría ser difícil reanudar las conversaciones por un período considerable de tiempo". Era cierto que China y Rusia acordaron en principio que no se le debía permitir desarrollar o poseer armas nucleares a Irán, pero simplemente, no estaban dispuestos a hacer mucho para impedirlo.

Sin embargo, yo creía que ahora que teníamos el viento en contra, valía la pena tratar de superar esta oposición y promover sanciones nuevas y duras a través del Consejo de Seguridad. Durante la primavera de 2010, trabajamos agresivamente para recolectar votos. Me dediqué a ello con un esfuerzo diplomático de gran alcance que me recordó las negociaciones a puertas cerradas en el Senado, el tira y afloja, el forcejeo, el conteo de votos, el alternar las apelaciones a los principios y al interés propio, y la política dura que se requieren para aprobar la legislación importante.

Aunque la atención se centra generalmente en los cinco miembros permanentes del Consejo de Seguridad, debido a que cada uno tiene el poder de vetar cualquier resolución, en realidad hay otros diez asientos en el Consejo que se rotan entre otras naciones elegidas por la Asamblea General para períodos de dos años. Para ser adoptada, una resolución del Consejo de Seguridad debe evitar un veto, pero también obtener nueve votos de un total de quince miembros. Eso hacía que países pequeños con asientos rotatorios como Uganda y el Líbano fueran muy importantes. Y fue por eso que pasé mucho tiempo durante mis cuatro años como secretaria de Estado cortejando a naciones que normalmente no juegan un papel importante en los asuntos internacionales —como Togo— pero cuyos votos sabía que necesitaríamos en momentos cruciales.

Reunir nueve votos entre los quince miembros asustadizos del consejo demostró ser complicado. En una de mis muchas sesiones de estrategia con David Miliband de Gran Bretaña durante este período, él sostuvo que no bastaba con convencer a China de abstenerse de vetar la resolución, pues necesitábamos un apoyo afirmativo con el fin de atraer a los demás votantes indecisos.

—En nuestro conteo numérico, lo contrario parecería arriesgado —dijo—. Si se abstienen, podríamos perder a Nigeria, Uganda, Brasil y Turquía.

Pero según mis cuentas, yo no creía que perderíamos a Uganda o a Nigeria. Brasil y Turquía serían otra historia.

—Y aún está por verse si los rusos votarán por la resolución si los chinos se abstienen —añadió David.

—Creemos que lo harán —respondí—, pero el costo podría ser una resolución más débil.

Las cosas siguieron así.

A mediados de abril, traté de convencer a Yoweri Museveni, el presidente de Uganda. Ahmadinejad llegaría el día siguiente a ese país, en el marco de la contraofensiva diplomática iraní diseñada para bloquear las nuevas sanciones, por lo que era fundamental que yo hablara antes con

Museveni para asegurar su apoyo. Resultó provechoso que yo lo hubiera conocido desde 1997, cuando visité por primera vez su país, y que mi esposo y yo hubiéramos permanecido en contacto con él desde entonces. Le recordé que la administración Obama había tratado de dialogar con Irán y que la comunidad internacional había hecho ofertas de buena fe. Irán había rechazado todas las peticiones, desafiado a la comunidad internacional, y enriquecido uranio a altos niveles. También le advertí que si la diplomacia fallaba, el resultado podría ser una acción militar, algo que nadie deseaba. Esto demostraría ser un argumento de peso para muchos países vacilantes.

—Queremos trabajar con usted para enviarle el mensaje más poderoso a Irán y demostrar que todavía hay tiempo para que Irán cambie su comportamiento —le dije.

Museveni estuvo circunspecto.

—Le diré [a Ahmadinejad] dos cosas —señaló—. En primer lugar, confirmamos el derecho de todos los países a acceder a la energía nuclear para generar electricidad y otros usos, y en segundo lugar, estamos totalmente en contra de la proliferación de armas nucleares. Este es el mensaje que incluiré en mi discurso escrito para el banquete. Lo animaré a abrir su país a la inspección si no tiene nada que ocultar.

Fui insistente en este tema.

—Si sus expertos miran el informe del OIEA, donde explican los pormenores, es difícil no tener sospechas —le dije.

—Estoy de acuerdo con usted —respondió él—. El hecho de que Irán tenga armas nucleares, significa que Arabia Saudita y Egipto se sentirán llamados a hacer lo mismo. Eso nos afecta directamente y no podemos respaldarlo. Tendré una discusión franca con el presidente.

Al final, Uganda votó a favor de las sanciones.

Como señaló acertadamente Miliband, el voto de China era clave. Si pudiéramos convencer a Pekín de entrar en razón, el resto del Consejo de Seguridad probablemente haría lo mismo. En Nueva York, Susan Rice y su equipo estaban trabajando con otras delegaciones sobre el lenguaje de la resolución de sanciones. Los chinos y los rusos siguieron tratando de suavizar los términos. Hicimos algunas concesiones, pero no vimos ningún sentido en aprobar otra resolución ineficaz. En abril, el presidente Obama invitó a líderes de todo el mundo a Washington para una cumbre sobre seguridad nuclear. Aprovechó la oportunidad para reunirse con el presidente chino, Hu Jintao, y hablar de Irán. Escuché a los dos presidentes mientras que dialogaron en una habitación lateral de la planta principal del Centro de Convenciones. China tenía extensas relaciones comerciales con Teherán y dependía del petróleo iraní para alimentar su rápido crecimiento industrial. El presidente Hu aceptó que Irán no debería adquirir armas nucleares, pero estaba receloso de cualquier medida que le pareciera demasiado agresiva. Finalmente, los dos presidentes acordaron respaldar medidas "sustanciales", sin aclarar exactamente lo que significaba eso.

Poco después, hablé con el consejero de Estado chino Dai Bingguo. China seguía bloqueando elementos importantes del proyecto de resolución de sanciones, medidas especialmente significativas en las finanzas y en la actividad bancaria vinculadas directamente con las actividades nucleares ilícitas de Irán.

—Debo decir que la respuesta de China, aunque ha evolucionado favorablemente, aún está lejos del esfuerzo recíproco que esperábamos luego de la conversación del presidente Hu con el presidente Obama —le dije a Dai—. Tenemos que actuar de manera rápida y unificada por medio de una resolución significativa si vamos a reducir el creciente riesgo de conflicto en la región y dar espacio para una solución política. —Dije que la falta de unidad y determinación internacional socavaría los intereses que China trataba de proteger, incluyendo el mantenimiento de la estabilidad en el Medio Oriente, la estabilidad de los precios del petróleo y la protección de la recuperación de la economía global—. Queremos evitar eventos que escapen a nuestro control —añadí.

Dai admitió que él también estaba insatisfecho, pero se mostró optimista. Por el momento, yo también lo estuve. Seguimos hablando con los chinos y los rusos, las diferencias se fueron reduciendo, y parecía que nos acercábamos a un acuerdo que impondría las sanciones más severas de la historia contra Irán.

Pero entonces, justo cuando nuestro objetivo estaba a la vista, los acontecimientos dieron otro giro inesperado. El 17 de mayo de 2010, en una conferencia de prensa triunfante en Teherán, los presidentes de Brasil, Turquía e Irán anunciaron que habían llegado a un acuerdo para que Irán intercambiara uranio de bajo enriquecimiento por barras de combustible para su reactor. En apariencia, su acuerdo se parecía a la oferta que Irán había rechazado el octubre anterior. Pero, en realidad, tenía muchas irregularidades. El acuerdo no tenía en cuenta el hecho de que Irán había continuado enriqueciendo uranio durante varios meses, ya que la propuesta anterior y la transferencia de la misma cantidad de uranio los dejaría ahora con una reserva significativa. A diferencia del acuerdo de octubre, los iraníes mantendrían la propiedad del uranio que enviarían al extranjero y se reservarían el derecho a traerlo en cualquier momento. Lo más preocupante, sin embargo, fue el hecho de que Irán continuó proclamando su derecho a enriquecer uranio a niveles más altos, y el nuevo acuerdo no contenía absolutamente nada para detenerlo o para señalar incluso que discutirían el asunto con el OIEA o el P5+1. En resumen, este acuerdo abordaría la necesidad de Irán de encontrar las barras de combustible para su reactor de investigación, pero haría muy poco para responder a las preocupaciones del mundo sobre su programa de armas ilegales. Dado el tiempo, yo estaba segura de que era un intento de Irán por descarrilar nuestra presión por sanciones en la ONU, y había una gran probabilidad de que tuviera éxito en esto.

Desde que colapsó el acuerdo de octubre de 2009, Turquía y Brasil venían haciendo ruido sobre el hecho de examinarlo. Ambos países mantenían asientos rotativos en el Consejo de Seguridad de la ONU y estaban dispuestos a ejercer una mayor influencia en el escenario mundial. Eran los principales ejemplos de las "potencias emergentes", cuyo rápido crecimiento económico estaba despertando grandes ambiciones en torno a la influencia regional y global. Tenían también dos líderes llenos de confianza en Luiz Inácio Lula da Silva de Brasil, y en Recep Tayyip Erdoğan de Turquía, quienes se consideraban a sí mismos como hombres de acción capaces de inclinar la historia a su antojo. Una vez que pusieran sus ojos en la intermediación de una solución en Irán, era poco lo que pudiera disuadirlos de intentarlo, así los resultados fueran mediocres, o incluso contraproducentes.

Estados Unidos y los otros miembros permanentes del Consejo de Seguridad reaccionaron con cautela a los primeros esfuerzos de Brasil y Turquía. Después de tanta hipocresía, nos preocupaba que Irán pudiera aprovechar las buenas intenciones de Brasil y Turquía para proteger su programa nuclear y fragmentar el creciente consenso internacional en su contra. Nuestras preocupaciones aumentaron a medida que se hizo evidente que los iraníes no tenían ninguna intención de detener sus actividades de enriquecimiento y sugirieron que renunciarían a su uranio en lotes pequeños en lugar de hacer un único envío, como se había estipulado originalmente. Con el tiempo, eso significaría que nunca les faltaría suficiente material nuclear para fabricar una bomba.

A principios de marzo de 2010, visité a Lula en Brasilia. Le expliqué por qué esto tendría consecuencias negativas y traté de disuadirlo de proseguir, pero me fue imposible hacerlo. Rechazó mi opinión de que Irán sólo estaba tratando de ganar tiempo. Durante mi visita, expliqué públicamente que, "La puerta está abierta para la negociación. Nunca la hemos cerrado de golpe. Pero no vemos a nadie, incluso en la distancia lejana, caminar hacia ella". Y añadí: "Vemos un Irán que corre a Brasil, un Irán que corre a Turquía, un Irán que corre a China, diciendo cosas diferentes a diferentes personas para evitar sanciones internacionales".

Luego, el presidente Obama le envió una carta a Lula en abril resaltando nuestras preocupaciones. "Irán parece estar siguiendo una estrategia diseñada para crear la impresión de flexibilidad, sin aceptar las acciones que pueden empezar a construir la confianza mutua y la seguridad". Le transmitió el mismo mensaje a Erdoğan en Turquía. Mientras tanto, y dando crédito a nuestro argumento, Irán prometió continuar con el enriquecimiento de uranio. Su único objetivo parecía consistir en hacer fracasar las sanciones propuestas en la ONU.

Lula da Silva tenía previsto visitar Teherán, así que llamé al canciller brasileño Celso Amorim, y lo insté a ver a los esfuerzos iraníes tal como eran: "una danza elaborada". Pero él confiaba plenamente en lo que podría lograrse. Finalmente, repliqué exasperada: "Este proceso tiene que tener un fin. En algún momento tendrá que haber un ajuste de cuentas". Amorim sostuvo que podía ser más fácil que los iraníes lograran un acuerdo con Brasil y Turquía que con Estados Unidos. Yo dudaba de que algo positivo pudiera salir de este encuentro, y me preocupó que estuviera ocurriendo en un momento particularmente precario, pues finalmente estábamos cerca de llegar a un acuerdo con los rusos y los chinos en el texto de una nueva resolución de sanciones en la ONU. Ni Moscú ni Pekín estaban particularmente entusiasmados con el proceso, y sentí que si ellos veían una oportunidad para cambiar de opinión y darle más tiempo a Irán, lo harían con la velocidad de un rayo.

Esa fue mi preocupación inmediata cuando vi la noticia de que Lula, Erdoğan y Ahmadinejad habían llegado a un acuerdo. En caso de que hubiera alguna duda, Amorim confirmó en una rueda de prensa: "Este plan es una vía para el diálogo y elimina las causas de las sanciones", dijo.

Cuando hablamos posteriormente, los cancilleres de Brasil y Turquía trataron de convencerme de los méritos del acuerdo. Me informaron sobre sus duras negociaciones de dieciocho horas y procuraron convencerme de que habían tenido éxito. Creo que se sorprendieron de que su triunfo fuera recibido con semejante escepticismo. Pero yo quería ver acción por parte de Irán, y no más palabras.

—Tenemos un refrán que dice que la prueba está en el pudín —le dije a Amorim.

—Estoy de acuerdo en que probar el pudín es la clave, pero tiene que haber tiempo para ir por la cuchara y probarlo —respondió él. A lo que repliqué:

—¡Este pudín lleva ya más de un año!

Ahora, la pregunta urgente era si podíamos mantener la resolución de sanciones luego de esta nueva táctica. Logramos un principio de acuerdo con China y Rusia para nuevas sanciones en el Consejo de Seguridad, que me apresuré a anunciar tan pronto como fue posible después de la conferencia de prensa en Teherán, pero hasta que los votos no fueran depositados efectivamente en Nueva York, nada sería inamovible. Y cuando Pekín emitió una declaración cautelosa saludando el acuerdo entre Brasil y Turquía, pude sentir que las cosas comenzaban a cambiar. Afortunadamente, yo tenía programado un viaje a China pocos días después, para sostener conversaciones de alto nivel con sus líderes. Irán estaría en la cima de la agenda, junto con Corea del Norte y el mar de China meridional.

Hablamos del asunto durante una larga cena con Dai Bingguo en la Casa de Huéspedes Diaoyutai. Expuse nuestras objeciones a la propuesta turco-brasileña y le recordé a Dai el largo historial que tenía Irán en el doble juego, incluyendo el engaño en Qom. También dije que había llegado el momento de resolver los asuntos pendientes con el texto de la resolución de sanciones. Como de costumbre, Dai estuvo pensativo pero firme, con los ojos puestos en el alcance de la historia y el tema de fondo. A China le incomodaba que la comunidad internacional le impusiera sanciones a los estados, salvo en los casos más notorios, y ciertamente no quería que ninguno de sus intereses comerciales se viera amenazado por las sanciones. Para agravar su renuencia, sólo un año antes habíamos pasado por un ejercicio similar al tratar de imponer sanciones más duras contra Corea del Norte. Así que les estábamos pidiendo que hicieran un esfuerzo y estuvieran de acuerdo por segunda vez en igual número de años.

Le recordé a Dai que el principal interés de China en el Medio Oriente era la estabilidad, lo que garantizaba el flujo constante de petróleo. Si nuestra iniciativa para lograr sanciones en la ONU fracasaba, seguiría existiendo la posibilidad de una confrontación militar. Eso podría disparar el precio del petróleo y causar estragos en la economía global. Por otra parte, si China decidía reducir sus relaciones comerciales con Irán, podríamos ayudarlos a encontrar otras fuentes de energía. Yo fui contundente. Esto es muy importante para nosotros, le dije a Dai. Si vamos a construir una relación de cooperación, tal como se habían comprometido los presidentes Obama y Hu, necesitábamos entonces que China estuviera de nuestro lado en el Consejo de Seguridad.

En vista de lo acordado esa noche, sentí que había encarrilado de nuevo el proceso. Mi percepción se basaba en las discusiones de los próximos días con el presidente Hu y el primer ministro Wen. El impulso para lograr nuevas sanciones podía continuar. "Estamos muy contentos con la cooperación que hemos recibido. Tenemos un consenso en el P5+1", anuncié después de mis reuniones en Pekín. Lo único que faltaba por hacer era trabajar la letra menuda. "Hay un reconocimiento por parte de la comunidad internacional de que el acuerdo que se alcanzó hace una semana en Teherán entre Irán, Brasil y Turquía se produjo sólo porque el Consejo de Seguridad estaba a punto de revelar públicamente el texto de la resolución que hemos estado negociando durante muchas semanas. Fue un ardid transparente para evitar la acción del Consejo de Seguridad", señalé.

La votación en Nueva York se programó para el 9 de junio. Susan y su equipo seguían forcejeando con los chinos en la lista final y concreta de las compañías y bancos iraníes que recibirían sanciones, y estábamos haciendo un último esfuerzo para lograr el voto de un mayor número de miembros no permanentes del Consejo de Seguridad. Como mínimo, queríamos ver abstenciones en vez de negativas.

Mientras tanto, yo tenía que asistir a una reunión de la Organización de los Estados Americanos en Lima, Perú. Resultó ser un desvío fortuito. Zhang Yesui, embajador de China en Estados Unidos, estaba en esa ciudad para asistir a esa reunión y lo invité a mi hotel para tomar una copa. Tenía la esperanza de que pudiéramos resolver la lista de sanciones finales de una vez por todas. El J.W. Marriott de Lima está en lo alto de los acantilados de la Costa Verde, con una vista impresionante del océano Pacífico. Cuando el embajador Zhang llegó, lo llevé a una mesa tranquila en el bar donde pudiéramos hablar. Yo había estado con los miembros del cuerpo de prensa del departamento de Estado, que disfrutaban de un pisco sour, un popular cóctel preparado con licor peruano, jugo de limón, claras de huevo y gotas amargas, y muchos de ellos permanecieron en el bar. Ellos no tenían idea de que las negociaciones ocurrían delante de sus narices. En un momento dado, Mark Landler, del periódico *New York Times*, se acercó entusiasmado a nuestra mesa con dos pisco sour. ¿Quién dice que la diplomacia no puede ser eficaz y divertida al mismo tiempo? Sonreí y acepté uno. Zhang hizo lo mismo con amabilidad. Y allí, alrededor de un par de cocteles peruanos, llegamos a un entendimiento final sobre las designaciones de sanciones.

El Consejo de Seguridad de la ONU aprobó la Resolución 1929 por una votación de 12 contra 2. Esta impuso las sanciones más severas en la historia de Irán, dirigidas a la Guardia Revolucionaria, a la venta de armas y a las transacciones financieras. Sólo Turquía y Brasil, descontentos aún con su fallida maniobra diplomática, votaron en contra. El Líbano se abstuvo después de un esfuerzo de última hora por parte mía, del vicepresidente Biden y del secretario de Transporte Ray LaHood, un prominente libanés-estadounidense. Yo había llamado al presidente libanés Michel Suleiman horas antes desde Colombia y lo insté a no votar en contra de la resolución, algo que él estaba inclinado a hacer debido a sus necesidades políticas en su país. Yo sabía que él estaba sorteando algunas decisiones difíciles y me sentí satisfecha con la abstención.

La resolución estaba lejos de ser perfecta —asegurar el consenso con Rusia y China había exigido compromisos— pero me sentí orgullosa de lo que habíamos logrado. Durante la presidencia de Bush, Irán había logrado enfrentar entre sí a las grandes potencias mundiales y evitar graves sanciones internacionales por sus fechorías. La administración Obama cambió eso.

A pesar de nuestro éxito, yo sabía que esto era sólo el comienzo. La resolución de la ONU abrió la puerta a otras sanciones unilaterales mucho más duras por parte de Estados Unidos y otros países. Habíamos coordinado con los líderes del Congreso a lo largo de este proceso, y el órgano legislativo no tardó en aprobar una ley que golpearía aún más la economía de Irán. Hablé también con nuestros socios europeos sobre las nuevas medidas que podían tomar.

Aunque la presión aumentó, mantuvimos sobre la mesa la oferta de nuestro compromiso. En diciembre de 2010, viajé a Baréin para asistir a una conferencia sobre la seguridad en el Golfo Pérsico. Sabíamos que una delegación de diplomáticos iraníes también iría. A pesar de los breves contactos establecidos por Richard Holbrooke y Jake en las cumbres anteriores, nunca me había encontrado cara a cara con un homólogo iraní. Decidí aprovechar la oportunidad para enviar un mensaje. En medio de mi discurso en una cena de gala celebrada en un salón de baile del Ritz

Carlton, dije: "En este momento, me gustaría dirigirme directamente a la delegación del gobierno de la República Islámica de Irán presente en esta conferencia". Se hizo silencio en el salón. El ministro de Relaciones Exteriores iraní, Manouchehr Mottaki, estaba sentado a pocos asientos de mí. "Hace casi dos años, el presidente Obama le extendió a su gobierno una oferta sincera de diálogo. Seguimos comprometidos con esa oferta", dije. "Ustedes tienen derecho a un programa nuclear pacífico. Pero ese derecho entraña una responsabilidad razonable: cumplir el tratado que firmaron, y responder con creces a la preocupación del mundo sobre sus actividades nucleares. Los instamos a tomar esa decisión, por su pueblo, por sus intereses y por nuestra seguridad compartida".

Posteriormente, mientras la cena llegaba a su fin y todo el mundo se estrechaba la mano, dije en voz alta: "¡Hola, ministro!". Mottaki murmuró algo en farsi y se dio vuelta. Unos minutos después, nos encontramos de nuevo afuera de la sala. Le ofrecí otro saludo amistoso, y él se negó a responder una vez más; sonreí para mis adentros. En su primer discurso inaugural, el presidente Obama les había dicho a Irán y a otros Estados parias que "extenderemos una mano si están dispuestos a abrir su puño". Mottaki había demostrado lo difícil que era lograr esto. Pero, para ser justos, *acabábamos* de concluir una campaña exitosa alrededor del mundo para imponer sanciones muy severas a su país. Compromiso y presión. Garrotes y zanahorias. Esta era la naturaleza de la diplomacia, y estábamos jugando un juego largo.

═══════

Este fue el contexto en el que, en enero de 2011, el sultán de Omán me hizo su oferta de entablar conversaciones secretas y directas con Irán. La participación a lo largo del proceso del P5+1 se había estancado. La intercesión por terceros bien intencionados también había fracasado. Una y otra vez, Irán había demostrado ser intransigente y poco fiable. Sin embargo, había motivos para pensar que, a pesar de todo esto, el sultán realmente podría lograrlo. Después de todo, lo había hecho en el caso de los excursionistas estadounidenses encarcelados.

En julio de 2009, tres jóvenes estadounidenses fueron arrestados por las fuerzas de seguridad iraníes durante una excursión en la zona montañosa de la frontera entre el norte de Irak e Irán, y acusados de espionaje. Joshua Fattal, Shane Bauer y Sarah Shourd vivían y trabajaban con los kurdos en el norte de Irak y no había ninguna razón para sospechar que fueran espías. Desde Washington, era imposible saber con exactitud lo que pasó, o si ellos se habían desviado por la frontera o no. Pero el incidente hizo eco del secuestro de dos periodistas estadounidenses cerca de la frontera entre China y Corea del Norte sólo unos meses antes, y planteó un problema inmediato. Al igual que con Corea del Norte, no teníamos relaciones diplomáticas con Irán ni embajada en Teherán para ofrecer ayuda. Tuvimos que recurrir a los suizos como nuestra "potencia protectora" formal para que nos representaran. Sin embargo, en un comienzo los iraníes se negaron a permitir el acceso consular a los diplomáticos suizos, es decir, que nadie pudo visitar a los estadounidenses detenidos según lo dispuesto en la Convención de Viena, que regula las relaciones diplomáticas entre las naciones. Hice un llamamiento público para la liberación de los excursionistas, que repetí con frecuencia durante los meses siguientes, y logré que los suizos enviaran mensajes privados.

Permanecimos en estrecho contacto con las angustiadas familias de los excursionistas y en noviembre los invité a reunirnos personalmente en mi oficina en el departamento de Estado. Sólo meses más tarde pudo el embajador suizo en Teherán visitar a los tres estadounidenses en la conocida prisión de Evin. Llevaban meses recluidos sin cargos formales ni acceso a representación legal. Gracias a la ayuda de los suizos, las madres de los excursionistas recibieron visas para estar en Irán justo después del Día de la Madre. Me reuní con ellas una vez más antes de que viajaran, y les envié mis oraciones a sus familiares detenidos en Teherán. Les permitieron una emotiva reunión con sus hijos, pero estos siguieron en la cárcel. Toda la escena fue utilizada por Irán como un truco publicitario.

A lo largo de esta terrible experiencia, utilicé todos los canales alternos que pudimos encontrar para persuadir a los iraníes de liberar a los excursionistas. Le pedí a Jake Sullivan que se hiciera cargo de este proyecto. En una conferencia en Kabul, Afganistán, en el verano de 2010, envié a Jake para que le entregara un mensaje sobre los excursionistas al ministro de Relaciones Exteriores iraní, tal como lo habíamos hecho el año anterior en La Haya con otro grupo de estadounidenses detenidos. Pero el contacto clave estaba en Omán. Uno de los principales consejeros del sultán se acercó a Dennis Ross, el principal asesor del presidente sobre Irán, y se ofreció para servir de intermediario.

Los omaníes cumplieron lo que habían prometido. En septiembre de 2010, Sarah Shourd fue liberada bajo fianza. Una vez que ella salió de

Irán, llamé al sultán para darle las gracias y ver qué podía hacer por los otros dos excursionistas (tomaría otro año lograr su liberación).

—Siempre estamos dispuestos a hacer lo correcto para ayudar —me dijo.

El comentario del sultán seguía en mi cabeza mientras nos sentamos y hablamos en enero de 2011.

Liberar a un excursionista detenido era muy distinto de facilitar conversaciones delicadas sobre el futuro del programa nuclear de Irán. Pero el sultán había demostrado que podía obtener resultados. Así que escuché con atención su propuesta de un nuevo e importante canal extraoficial, y le pregunté si podíamos estar seguros de que la parte iraní estaría autorizada realmente para negociar de buena fe. Después de todo, habíamos invertido mucho tiempo en el proceso del P5+1, sólo para ver que el acuerdo alcanzado en la sala fuera revocado en Teherán. El sultán no podía prometer nada, pero quería intentarlo. Estuve de acuerdo en que si procedíamos, sería necesaria una confidencialidad absoluta. No necesitábamos otro circo con un montón de poses para la prensa ni presión política en nuestro país. Incluso en las mejores circunstancias, esto era una posibilidad remota. Sin embargo, valía la pena intentarlo. Le dije al sultán que me gustaría hablar con el presidente Obama y mis colegas en Washington, pero que deberíamos empezar a pensar en la manera de poner su plan en marcha.

Procedimos con cautela durante los próximos meses. Había preocupaciones reales acerca de con quién estaríamos hablando y cuáles eran sus motivaciones. El presidente Obama se mostró cauteloso pero interesado. En un momento dado llamó al propio sultán para averiguar qué tan viable sería la vía diplomática. Mantuvimos el círculo pequeño. Bill Burns, Jake y yo trabajamos con un equipo reducido en la Casa Blanca que incluía a Tom Donilon, que en aquel entonces era el asesor de Seguridad Nacional; su adjunto Denis McDonough; Dennis Ross, hasta su retiro en noviembre de 2011; y Puneet Talwar, director en jefe del equipo de Seguridad Nacional para Irán, Irak y los Estados del Golfo. Los omaníes intercambiaron mensajes con nosotros acerca de cómo las conversaciones podrían tomar forma y qué tipo de delegación sería enviada. A nadie le sorprendió que fuera difícil obtener respuestas directas de los iraníes, incluso en las preguntas más simples.

En otoño, nuestra confianza sobre el procedimiento sufrió un golpe cuando las agencias de la ley y de inteligencia de Estados Unidos descubrieron un complot iraní para asesinar al embajador saudí en Washington. Un ciudadano iraní fue detenido en el aeropuerto de Nueva York y confesó un elaborado plan prácticamente igual al de una serie como *24* o *Homeland*. Consistía en tratar de reclutar a un cártel mexicano de drogas para bombardear un restaurante que solía frecuentar el embajador. Afortunadamente, el sicario mexicano resultó ser un informante de la Administración para el Control de Drogas de los Estados Unidos. Teníamos indicios de que la conspiración había sido concebida, auspiciada y dirigida por funcionarios iraníes de alto rango. No mucho después, el jefe de la Marina de Irán agitó los mercados mundiales al advertir que podía cerrar el Estrecho de Ormuz en cualquier momento, eliminando así la mayor parte de los suministros de petróleo del mundo.

En esa época, en octubre de 2011, decidí volver a Muscat y visitar por segunda vez al sultán. Él seguía dispuesto a entablar conversaciones y sugirió que enviáramos un equipo de avanzada a Omán para discutir personalmente los asuntos de logística, ya que los mensajes que habíamos intercambiado no habían funcionado muy bien. Estuve de acuerdo, siempre y cuando los iraníes fueran serios, y el sultán nos pudiera asegurar que hablarían en nombre del líder supremo. También insté al sultán a que comunicara una severa advertencia a los iraníes acerca del Estrecho de Ormuz. Después de la conversación empecé a hacer preparativos secretos para enviar a Jake, Puneet y a un pequeño equipo para iniciar estas conversaciones. El senador John Kerry también habló con un omaní cercano al sultán y nos mantuvo informados de lo que escuchó.

Jake no era el diplomático más experimentado del departamento de Estado que yo podía haber elegido para la delicada primera reunión con los iraníes, pero era brillante, discreto y tenía mi confianza absoluta. Su presencia enviaría un poderoso mensaje de que yo estaba involucrada personalmente en este proceso. A principios de julio de 2012, Jake bajó con sigilo de mi avión tras llegar a París y tomó su propio vuelo a Muscat. Su destino era un secreto tan celosamente guardado que otros miembros de mi equipo de viaje, colegas que trabajaban todo el tiempo con él, tanto en Washington como en otros lugares, creyeron que había tenido alguna emergencia familiar y se preocuparon por él. Sorprendentemente, sólo se enteraron de su verdadera misión al leerla en la prensa más de un año después.

Cuando llegaron a Omán, Jake y Puneet durmieron en el sofá en una casa vacía de la embajada. El equipo de avanzada iraní llegó con una serie de exigencias y condiciones previas, ninguna de las cuales eran aceptables. Habían asistido, lo cual ya era algo en sí, pero era evidente que estaban nerviosos, reflejando quizás un liderazgo ambivalente y dividido en Teherán. Jake comunicó su impresión de que los iraníes no estaban listos todavía para comprometerse seriamente. Aceptamos mantener el canal abierto y esperar una mejora en las condiciones.

Durante este período, y mientras procurábamos esta vía secreta de compromiso, trabajamos constantemente para aumentar la presión internacional sobre el régimen iraní y contrarrestar sus agresivas ambiciones. Una de las prioridades que teníamos era expandir nuestras alianzas militares en el Golfo y desplegar nuevos recursos militares en la región para tranquilizar a nuestros socios y disuadir la agresión iraní. Permanecimos en coordinación estrecha y permanente con Israel y tomamos medidas sin precedentes para proteger su superioridad militar sobre cualquier rival potencial. Le pedí a Andrew Shapiro, mi antiguo asesor en el Senado y ahora secretario de Estado adjunto para Asuntos Político-Militares, que ayudara a cerciorarse de que Israel estuviera equipado con armas muy avanzadas, como el avión de caza F-35 Joint Strike Fighter. Trabajamos con los israelíes para desarrollar y construir una red de defensa aérea con múltiples capas que incluía versiones actualizadas de los misiles Patriot desplegados inicialmente en la Guerra del Golfo de 1991, radares de alerta temprana recién desarrollados, baterías antimisiles llamadas "Cúpula de Hierro", y otros sistemas de protección contra misiles balísticos conocidos como "Honda de David" e "Interceptor Flecha-3". Durante el conflicto con Hamás en Gaza a finales de 2012, la Cúpula de Hierro demostró su eficacia en la protección de hogares y comunidades israelíes.

También pasé muchas horas con el primer ministro israelí, Benjamín Netanyahu, discutiendo nuestra estrategia de doble vía y tratando de convencerlo de que las sanciones podían funcionar. Estuvimos de acuerdo en que era importante una amenaza creíble por parte de la fuerza militar —por lo que el presidente Obama y yo dijimos en repetidas ocasiones que "todas las opciones estaban sobre la mesa"—, pero teníamos diferentes puntos de vista sobre lo que debíamos decir en público. Le dije que el presidente Obama hablaba en serio al decir que no permitiríamos que Irán adquiriera una bomba nuclear y que la "contención" no era nuestra política. La contención podría haber funcionado con la Unión Soviética, pero teniendo en cuenta los lazos de Irán con el terrorismo y la volatilidad de la región, no creíamos que un Irán con armas nucleares fuera más aceptable —o controlable— de lo que creían los israelíes. Así que todas las opciones estaban realmente sobre la mesa, incluyendo la fuerza militar.

Además de nuestro trabajo con los israelíes, el gobierno de Obama también aumentó la presencia de Estados Unidos por mar y aire en el Golfo Pérsico, y estrechó nuestros vínculos con las monarquías del Golfo, que veían con gran prevención a Irán. Trabajé con el Consejo de Cooperación del Golfo para establecer un diálogo continuo y comprometido con la seguridad, y realizamos ejercicios militares conjuntos con los miembros del CCG. Convencer a Turquía para acoger una importante instalación de radares también nos ayudó a construir un nuevo sistema de defensa antimisiles para proteger a nuestros aliados europeos de un posible ataque iraní.

Mientras apuntalábamos nuestras defensas, aumentamos también la presión sobre Irán con la esperanza de modificar las intenciones de sus líderes. Mediante la legislación y la acción ejecutiva, la administración Obama y el Congreso trabajaron juntos para imponer sanciones cada vez más duras, todo ello construido sobre las medidas originales del Consejo de Seguridad implementadas en el verano de 2010. Nuestro objetivo era ejercer tanta presión financiera sobre los líderes de Irán, incluyendo el creciente número de emprendimientos comerciales por parte de los militares, que no tuvieran más remedio que volver a la mesa de negociaciones con una oferta seria. Buscaríamos sanciones contra la industria petrolera, los bancos y los programas de armamento iraníes. Y les pediríamos a compañías de seguros, empresas navieras, comerciantes de energía, instituciones financieras y muchos otros actores que eliminaran a Irán del comercio global. Más que nada, haría de mi misión personal convencer a los mayores consumidores de petróleo iraní para que diversificaran sus suministros y le compraran menos a Teherán. Por cada uno que estuviera de acuerdo, las arcas de Irán sufrirían un fuerte golpe. El elemento vital de Irán era su petróleo. Era el tercer mayor exportador mundial de crudo, lo que le daba las divisas que tanto necesita. Así que hicimos todo lo que estaba a nuestro alcance para que a Irán le resultara difícil hacer negocios, sobre todo en torno al petróleo.

Los europeos eran socios esenciales en este esfuerzo, y cuando los veintisiete miembros de la Unión Europea acordaron imponer un boicot total al petróleo iraní, el golpe fue devastador. Bob Einhorn, el experto que ayudó a diseñar el plan inicial de canje del Reactor de Investigación de Teherán en octubre de 2009, comenzó a trabajar bajo el subsecretario del Tesoro David Cohen para encontrar las maneras más creativas y efectivas con el fin de hacer cumplir todas nuestras nuevas sanciones. La congelación de los activos de los bancos iraníes hizo que a los petroleros iraníes les resultara imposible comprar seguros en el mercado internacional, y les cortó el acceso a las redes financieras globales. Fue una estrategia completamente agresiva.

De acuerdo con una nueva ley firmada por el presidente Obama en diciembre de 2011, otros países tenían que demostrar cada seis meses que estaban reduciendo de manera significativa el consumo de petróleo iraní o someterse a las sanciones. Para poner esto en práctica, me dirigí a nuestra nueva Oficina de Recursos Energéticos encabezada por Carlos Pascual. Nuestro equipo iba a todos los lugares donde Irán trataba de vender su petróleo, ofreciéndoles proveedores alternativos y explicando los riesgos financieros de hacer negocios con un paria mundial. Los principales clientes de Irán se enfrentaban a decisiones difíciles con consecuencias económicas importantes. Afortunadamente, muchos de ellos mostraron un liderazgo con visión de futuro al aceptar la oportunidad de diversificar sus carteras de energía.

Estuvimos igualmente activos en lugares como Angola, Nigeria, Sudán del Sur y el Golfo Pérsico, alentando a los competidores de Irán para bombear y vender más petróleo propio, con el fin de mantener el equilibrio del mercado y evitar los perjuicios del aumento en los precios. La renaciente industria petrolera de Irak, que durante mucho tiempo fue una prioridad de Estados Unidos, resultó ser invaluable. Pero los nuevos y más importantes suministros vinieron de nuestro propio patio trasero. A medida que la producción de petróleo y gas de Estados Unidos aumentaba de manera espectacular gracias a las nuevas tecnologías y a la exploración, nuestras importaciones de energía se desplomaron. Esto le quitó presión al mercado mundial e hizo que fuera más fácil excluir a Irán, pues otras naciones podían confiar en el suministro que Estados Unidos no necesitaba ya.

Los mayores consumidores de petróleo iraní, y los más difíciles de convencer para que no le compraran petróleo a este país, se encontraban en Asia. China y la India, en particular, dependían del petróleo iraní para satisfacer sus crecientes necesidades en materia de energía. Las economías avanzadas de Corea del Sur y Japón también eran altamente dependientes del petróleo importado. Japón se enfrentaba a una carga adicional debido a la crisis de la planta nuclear de Fukushima y a la moratoria resultante sobre la energía nuclear. Sin embargo, los japoneses se comprometieron a reducir su consumo de petróleo iraní de manera significativa, lo que fue un valiente compromiso en esas circunstancias.

India, por el contrario, en un comienzo rechazó públicamente las súplicas occidentales para reducir su dependencia del petróleo iraní. En nuestras conversaciones privadas, los líderes indios coincidieron en que la paz en el Medio Oriente era importante, y eran muy conscientes de que seis millones de indios vivían y trabajaban en el Golfo y podían ser vulnerables a la inestabilidad política o económica. Al mismo tiempo, sin embargo, la economía de rápido crecimiento de la India dependía de un suministro constante de energía, y a ellos les preocupaba que sus necesidades de energía fueran tan grandes que no hubiera forma viable de satisfacerla sin el petróleo iraní. No dieron otra razón para su renuencia: India, que había liderado el "movimiento de los países no alineados" durante la Guerra Fría y todavía apreciaba su "autonomía estratégica", simplemente detestaba que le dijeran lo que debía hacer. Mientras más los instamos a cambiar de rumbo, más propensos fueron a plantarse firmemente en sus talones.

En mayo de 2012, visité Nueva Delhi para exponer el caso personalmente. Argumenté que el mantenimiento de un frente internacional unificado era la mejor manera de persuadir a Irán para volver a la mesa de negociaciones, lograr una solución diplomática al *impasse*, y evitar un conflicto militar desestabilizador. Expliqué las ventajas de un suministro energético diversificado y hablé acerca de posibles alternativas a Irán que estaban disponibles en el mercado. También aseguré a los indios que, si tomaban medidas positivas, dejaríamos en claro que era su decisión, sin importar cómo optaran por definirla. Lo único que nos importaba era el resultado final, y no darnos golpes de pecho. Eso pareció marcar la diferencia. Cuando el ministro de Relaciones Exteriores S.M. Krishna y yo hablamos con los medios de comunicación, nos preguntaron obviamente por el tema de Irán. Le permití a Krishna que respondiera primero.

—Dada nuestra creciente demanda, es natural que tratemos de diversificar nuestras fuentes de importaciones de petróleo y de gas para satisfacer el objetivo de la seguridad energética —señaló—. Ya que usted hace una pregunta específica sobre Irán, este país sigue siendo una fuente importante de petróleo para nosotros, aunque su participación en nuestras importaciones está disminuyendo, lo que es bien conocido. En última instancia, eso refleja la decisión que toman las refinerías sobre la base de consideraciones comerciales, financieras y técnicas.

No tuve problemas con eso. Le prometí a Krishna que enviaría a Carlos y a su equipo de expertos a Delhi para ayudar a acelerar esas decisiones "no relacionadas en absoluto con Irán".

Al final, nuestros esfuerzos condujeron a que todos los clientes importantes de Irán, incluso los más reticentes, se comprometieran a reducir sus compras de petróleo iraní. El resultado fue dramático. La inflación en Irán aumentó en más del 40 por ciento y el valor de la moneda iraní se redujo drásticamente. Las exportaciones de petróleo se redujeron de 2,5 millones de barriles de crudo al día a principios de 2012, a cerca de un millón, lo que se tradujo en una pérdida de más de 80 mil millones de dólares en ingresos.

Los barcos petroleros iraníes estaban inmóviles, sin mercados para visitar, sin inversionistas extranjeros o compañías de seguros dispuestos a respaldarlos, y los jets iraníes se oxidaban en sus hangares, sin piezas de repuesto disponibles. Grandes empresas multinacionales como Shell, Toyota y Deutsche Bank comenzaron a marcharse de Irán. Incluso Ahmadinejad, que siempre trató de negar que las sanciones tuvieran ningún efecto sobre Irán, comenzó a quejarse del "asalto económico".

Yo había hablado de "sanciones paralizantes" durante varios años, y ahora se estaban haciendo realidad. Bibi Netanyahu me dijo que le gustaba tanto la frase que la había adoptado como propia. Me enorgullecí de la coalición que conformamos y de la eficacia de nuestros esfuerzos, pero no me alegraron las dificultades padecidas por el pueblo de Irán debido a la elección de sus líderes de continuar desafiando a la comunidad internacional. Hicimos todos los esfuerzos posibles para cerciorarnos de que las sanciones no privaran a los iraníes de alimentos, medicamentos y otros bienes humanitarios. Y busqué oportunidades para enfatizar que nuestra pelea era con el gobierno de Irán, y no con sus ciudadanos, incluyendo una entrevista transmitida en farsi por el programa *Parazit* de la Voz de Estados Unidos, el equivalente iraní a *The Daily Show*. El pueblo de Irán merecía un futuro mejor, pero eso no sería posible a menos que sus líderes cambiaran de rumbo.

A pesar de todo, Irán se mantuvo desafiante. Continuó vinculado a nuevos planes terroristas en todo el mundo, desde Bulgaria a Georgia y Tailandia. Teherán trabajó para socavar a los gobiernos vecinos e incitó disturbios en Baréin, Yemen y otros lugares. Donó dinero y armas a Siria para apuntalar a su dictador aliado Bashar al-Assad y apoyar su brutal represión contra el pueblo sirio. Finalmente, enviaron instructores de la Guardia Revolucionaria y combatientes de Hezbolá para fortalecer aún más a Assad. Y, por supuesto, continuaron avanzando en su programa nuclear en violación de las resoluciones del Consejo de Seguridad y se negaron a participar de buena fe con el P5+1. En público, el presidente Obama y yo subrayamos que la ventana para la diplomacia seguía abierta, pero que no permanecería así para siempre. En privado, mantuvimos la esperanza de que el canal de Omán condujera a progresos en última instancia. Cuanta más presión ejercimos y cuanto más se derrumbaba la economía iraní, más incentivos tenía Teherán para reconsiderar su postura.

Eso fue exactamente lo que empezó a ocurrir hacia finales de 2012, a medida que mi estadía en el departamento de Estado se acercaba a su fin. La economía, posición regional y reputación internacional de Irán estaban en ruinas. El segundo mandato del presidente Ahmadinejad fue un desastre y su posición política en el país se había derrumbado, junto con su antigua y estrecha relación con el Líder Supremo y otros conservadores y clérigos poderosos que realmente manejaban las riendas del poder en Irán. Mientras tanto, los omaníes indicaron que los iraníes se estaban preparando finalmente para avanzar en las conversaciones secretas largamente esperadas. Querían enviar un viceministro de Relaciones Exteriores para reunirse con mi subsecretario Bill Burns en Muscat. Estuvimos de acuerdo.

En marzo de 2013, pocas semanas después de que mi cargo como secretaria de Estado terminara, Bill y Jake regresaron a Omán para ver qué podía generar esta nueva apertura. La respuesta siguió siendo decepcionante. Los iraníes parecían tener dificultades con lo que debían hacer. Algunos elementos de su gobierno apoyaban claramente un compromiso serio. Pero otras fuerzas poderosas estaban deteniendo a los negociadores. Una vez más, nuestro equipo regresó a casa con la impresión de que el tiempo no estaba maduro todavía para un gran avance.

Luego, los acontecimientos intervinieron una vez más. Esa primavera, Irán se preparaba para nuevas elecciones presidenciales para suceder a Ahmadinejad. Era difícil de creer que hubieran pasado ya cuatro años desde que las protestas masivas llenaron las calles de Teherán tras los comicios anteriores. Desde entonces, el régimen había sido implacable en obligar a la oposición política a la clandestinidad y en sofocar la disidencia. En consonancia con su historial, las autoridades escogieron a dedo a todos los candidatos en la contienda de 2013 e inhabilitaron a cualquiera que no consideraran lo suficientemente conservador o leal. Inhabilitaron incluso a Alí Akbar Hashemi Rafsanjani, un líder de la revolución de 1979, ex presidente y clérigo influyente, porque se consideraba que representaba un desafío para el régimen. Los ocho candidatos que fueron aprobados tenían estrechos vínculos con el Líder Supremo, y sólidas credenciales con el régimen. En pocas palabras, los dueños del poder en Irán estaban siendo tan cautelosos como les era posible.

Saeed Jalili, el dogmático negociador nuclear del país, era considerado como la opción preferida del ayatolá y, por tanto, el presunto candidato principal. Hizo campaña mediante consignas vacías sobre el "desarrollo islámico" y evitó hablar mucho sobre la economía en crisis o cuestionar la desastrosa política exterior de Irán. Entre el pueblo, parecía haber poco interés o entusiasmo por las elecciones, que era precisamente el objetivo del régimen. Pero la frustración no era difícil de encontrar. Los medios occidentales citaron a un mecánico de cuarenta años que vivía en las afueras de Qom, la ciudad con la instalación secreta nuclear descubierta en 2009, quien se quejó de la economía: "Adoro el Islam, pero ¿cómo solucionamos una inflación del cien por ciento? Votaré por cualquiera que tenga un buen plan, pero hasta ahora no he visto a ningún candidato con ideas claras para el futuro".

Posteriormente, en los últimos días antes de las elecciones de junio, sucedió algo extraordinario. En medio de las elecciones cuidadosamente orquestadas por el régimen, las frustraciones irrumpieron en la vista pública, y las contradicciones y fracasos de las políticas del régimen fueron cuestionadas súbitamente en todo el país. En un explosivo debate televisado a nivel nacional, los opositores de Jalili lo atacaron de manera agresiva por su mala gestión de la política nuclear del país y por las terribles consecuencias que había tenido en la economía.

—Ser conservador no significa ser inflexible y obstinado —dijo Alí Akbar Velayati, un ex ministro de Relaciones Exteriores con reputación de ser de línea dura.

—No podemos esperarlo todo y no dar nada. —Mohsen Rezaei, ex comandante en jefe de la Guardia Revolucionaria Islámica, se sumó a las críticas, cuestionando el mantra de la resistencia contra el mundo—. ¿Quiere decir que tenemos que resistir y mantener a la gente con hambre? —preguntó.

Jalili trató de defender su obstruccionismo a las más recientes conversaciones del P5+1:

—Ellos querían intercambiar una joya por dulces —protestó, e invocó al Líder Supremo en su defensa. Pero eso no detuvo los ataques. Hassan Rouhani, un ex negociador nuclear en jefe y lo más cercano a un moderado en la contienda electoral debido a su discurso de "interacción constructiva con el mundo", criticó a Jalili por permitir que Irán fuera sancionado en el Consejo de Seguridad de la ONU.

—Todos nuestros problemas se derivan de esto —dijo—. Es bueno tener centrifugadoras en funcionamiento, siempre y cuando la vida y el sustento de las personas también estén funcionando.

Los iraníes que estaban viendo esto en sus casas debieron sentirse en estado de shock. Rara vez habían sido autorizados a presenciar un debate como este.

El día de las elecciones, en junio de 2013, los iraníes acudieron a las urnas en cantidades sorprendentemente altas y eligieron a Rouhani, quien ganó por una mayoría abrumadora. Esta vez, no habría ningún intento por revertir los resultados o robarse las elecciones. Las multitudes se reunieron en las calles gritando "¡Viva la reforma!". Rouhani asumió el cargo en agosto y de inmediato comenzó a hacer declaraciones conciliatorias dirigidas a la comunidad internacional, e incluso twiteó buenos deseos en el Rosh Hashaná, el año nuevo judío.

Yo era ya una ciudadana particular, pero observé todo esto con gran interés y una saludable dosis de escepticismo. El Líder Supremo aún tenía todo el poder real, especialmente cuando se trataba del programa nuclear y la política exterior. Había permitido la elección de Rouhani y estaba tolerando hasta ahora todo este discurso en torno a una nueva dirección, y defendía incluso discretamente al nuevo presidente de los ataques de extremistas agitados, todo lo cual significaba tal vez que entendía lo insostenible que se habían vuelto las políticas del régimen. Pero no había ninguna razón para creer aún que fundamentalmente, él había decidido cambiar de rumbo en cualquiera de los temas centrales en el corazón de la beligerancia de Irán hacia su región y gran parte del mundo.

Detrás de bambalinas, y después de la elección de Rouhani, el canal de Omán estaba tomando fuerza. El sultán fue el primer líder extranjero en visitar a Rouhani en Teherán. El presidente Obama envió otra carta y esta vez obtuvo una respuesta positiva. En Muscat, Bill y Jake, que era por entonces consejero de Seguridad Nacional del vicepresidente Biden, reanudaron las reuniones con los funcionarios iraníes que finalmente fueron facultados para negociar desde los más altos niveles. El mantenimiento de un estricto secreto era más importante que nunca para preservar la frágil credibilidad de Rouhani en su país. De una manera relativamente rápida, las líneas generales de un acuerdo preliminar comenzaron a tomar forma. Irán podría detener los avances en su programa nuclear y permitir nuevas inspecciones durante seis meses a cambio de un alivio modesto a las sanciones. Eso abriría una ventana para negociaciones intensas con el fin de abordar las preocupaciones de la comunidad internacional y resolver todos los asuntos pendientes. La subsecretaria de Estado para Asuntos Políticos, Wendy Sherman, una negociadora con experiencia y la primera mujer en ocupar ese puesto, se unió a las discusiones en Omán y ayudó a afinar los detalles.

Los equipos también discutieron la posibilidad de una histórica reunión cara a cara entre los presidentes Obama y Rouhani en Nueva York en la Asamblea General de la ONU a finales de septiembre. En el último minuto, los iraníes no pudieron cumplir con la reunión, una indicación de que las divisiones y dudas continuaban dentro del régimen. Pero los dos líderes hablaron por teléfono mientras Rouhani se dirigía al aeropuerto en una limusina para tomar su vuelo de regreso. Era la primera conversación de ese tipo desde 1979. Mi sucesor, el secretario Kerry, también se reunió con el nuevo ministro de Relaciones Exteriores iraní, Javad Zarif, y la administración comenzó a informarles a aliados clave sobre el progreso logrado en las conversaciones secretas. El primer ministro israelí Netanyahu advirtió en un discurso ante la ONU que Rouhani era un "lobo con piel de cordero".

En octubre, el canal secreto de Omán comenzó a fusionarse con el proceso oficial del P5+1 en Ginebra que Wendy Sherman había estado liderando por Estados Unidos. Bill y Jake participaron, pero tomaron medidas cuidadosas para permanecer alejados de la prensa, incluyendo alojarse en hoteles separados, y entrar y salir por las puertas de servicio.

En noviembre, el secretario Kerry voló dos veces a Ginebra con la esperanza de llevar las negociaciones a la línea de meta. Aún había grandes preocupaciones por resolver. ¿Podría Irán detener todo su enriquecimiento de uranio, o se permitiría que siguiera enriqueciéndolo a un nivel muy por debajo de lo que se necesitaba para fabricar una bomba? Para Rouhani, mantener incluso un bajo nivel de enriquecimiento le proporcionaba una importante cobertura política. Pero los israelíes y otros sectores pensaban que dicha concesión sentaría un precedente peligroso. También estaba la cuestión de la cantidad de sanciones que podrían ser eliminadas.

Una vez más, algunos estaban en contra de ceder terreno a menos que Irán tomara medidas irreversibles y verificables para desmantelar su programa nuclear. Bibi ironizó que el P5+1 se estaba preparando para ofrecerle a Irán el "negocio del siglo" en bandeja de plata.

Kerry y Wendy siguieron presionando con el apoyo del presidente Obama y, junto con nuestros socios, lograron forjar un compromiso. Irán acordó eliminar sus reservas de uranio altamente enriquecido y continuar enriqueciendo sólo al 5 por ciento (muy por debajo del nivel para fabricar armas), mantener miles de centrifugadoras desconectadas, incluyendo todas sus centrifugadoras de nueva generación, permitir las inspecciones intrusivas y dejar de trabajar en nuevas instalaciones, incluyendo un reactor de plutonio. A cambio, la comunidad internacional proporcionaría un alivio a las sanciones que equivalían a varios miles de millones de dólares, correspondientes en su mayoría a activos iraníes previamente congelados. Desde la Casa Blanca, el presidente Obama elogió el acuerdo como "un primer paso importante hacia una solución integral" y celebró los varios años de diplomacia paciente y de presión.

Cuando asumimos el cargo en 2009, la comunidad internacional estaba fragmentada, la diplomacia se encontraba estancada y los iraníes estaban cada vez más cerca de tener un arma nuclear. Nuestra estrategia dual de compromiso y presión revirtió esas tendencias, unió al mundo y finalmente obligó a Irán a regresar a la mesa de negociaciones. Permanecí escéptica de que los iraníes cumplieran con un acuerdo incluyente y definitivo; yo había visto demasiadas esperanzas falsas frustrarse en los últimos años como para permitirme ser demasiado optimista ahora. Pero este era el desarrollo más prometedor en mucho tiempo y valía la pena ver lo que se podía lograr.

A pesar de que tardamos cinco años en llegar a este acuerdo inicial, el trabajo más duro aún estaba por delante. Todos los temas difíciles que habían asolado la relación de Irán con la comunidad internacional aún están sin resolver. E incluso si la cuestión nuclear por fin fue resuelta de manera satisfactoria gracias a un acuerdo ejecutable, el apoyo de Irán al terrorismo y su comportamiento agresivo en la región seguirían siendo una amenaza para la seguridad nacional de Estados Unidos y de nuestros aliados.

En el futuro, los líderes de Irán —su Líder Supremo en particular— se enfrentan a decisiones reales sobre el futuro. Al momento de la Revolución iraní de 1979, la economía de Irán era casi 40 por ciento más grande que la de Turquía; en 2014, esto se invirtió. ¿El programa nuclear del país es digno de pauperizar a una civilización ilustre y de empobrecer a un pueblo orgulloso? Si Irán tuviera mañana un arma nuclear, ¿crearía eso siquiera un empleo más en un país donde millones de jóvenes están desempleados? ¿Haría eso que un iraní más fuera a la universidad, o contribuiría a reconstruir las carreteras y los puertos que siguen en ruinas tras la guerra con Irak desde hace ya una generación? Cuando los iraníes miren hacia el extranjero, ¿estarán dispuestos a terminar como Corea del Norte o como Corea del Sur?

71

El presidente Obama y yo recorremos la mezquita del sultán Hassan en El Cairo, Egipto, en junio de 2009. Más tarde ese mismo día, el presidente Obama pronunció un discurso en la Universidad de El Cairo y ofreció una ambiciosa y elocuente visión de la relación de Estados Unidos con el mundo islámico.

Retomando la relación con Nujood Ali —una niña yemení que luchó con éxito para lograr un divorcio a la edad de diez años— durante mi visita a Sanaa, Yemen, en enero de 2011. En nuestra reunión con activistas y jóvenes, sugerí que la historia de Nujood debería inspirar a Yemen a poner fin al matrimonio infantil de una vez por todas.

ARRIBA: Camino con el enviado especial para la Paz en el Medio Oriente George Mitchell para las observaciones del presidente Obama en el Rose Garden de la Casa Blanca el 1 de septiembre de 2010, cuando se iniciaron las conversaciones de paz entre israelíes y palestinos. ABAJO: Esa noche, el presidente Obama organizó una cena de trabajo en el Viejo Comedor Familiar de la Casa Blanca. De izquierda a derecha (más cerca a la cámara): El rey Abdullah II de Jordania, el presidente Obama y el presidente Hosni Mubarak de Egipto. De izquierda a derecha (más lejos de la cámara): yo, el primer ministro Benjamin Netanyahu de Israel, el presidente Mahmud Abbas de la Autoridad Palestina y el enviado especial del Cuarteto, Tony Blair.

75

El 2 de septiembre de 2010 fui la anfitriona de la primera de tres rondas de conversaciones directas entre el presidente de la Autoridad Palestina Mahmud Abbas y el primer ministro israelí Benjamin Netanyahu en el departamento de Estado. Después, me reuní con ellos y el enviado especial George Mitchell para una charla en mi oficina antes de dejarlos a solas.

76

Como sucedía a menudo, soy la única mujer en esta reunión de enero de 2011 del Consejo de Cooperación del Golfo, en Doha, Catar. Al día siguiente, advertiría a los líderes árabes: "En muchos lugares, de muchas maneras, los bases de la región se están hundiendo en la arena". Estoy sentada entre el ministro de Relaciones Exteriores de los Emiratos Árabes Unidos Abdullah bin Zayed Al-Nahyan (izquierda) y el primer ministro de Catar, Hamad bin Jassim (derecha).

De pie en la Sala de Situaciones con el presidente Obama, el consejero de Seguridad Nacional Tom Donilon, el secretario del Tesoro Tim Geithner y el director de Inteligencia Nacional Jim Clapper (todos sentados), viendo al presidente egipcio Hosni Mubarak intentar responder a las demandas de los manifestantes el 1 de febrero de 2011. Su anuncio fue demasiado poco y demasiado tarde.

Doy la mano a una niña egipcia en la plaza Tahrir de El Cairo, el corazón de la Primavera Árabe, el 16 de marzo de 2011.

Después de que Muammar Gadafi huyó de Trípoli, decidí visitar Libia para ofrecer el apoyo estadounidense al nuevo gobierno de transición e instarlos a restaurar la seguridad tan pronto como fuera posible. En la foto aparezco con un grupo de exuberantes combatientes de la milicia de Libia después de aterrizar en Trípoli en octubre de 2011.

En la Sala de Tratados del departamento de Estado, el 14 de mayo de 2012, tomando juramento a Chris Stevens como nuevo embajador de Estados Unidos ante Libia. Su padre, Jan Stevens, observa la ceremonia. Chris era un dedicado servidor público, comprometido a ayudar a construir una nueva Libia a partir de los restos del régimen de Gadafi.

81

Los manifestantes derriban la bandera de Estados Unidos en nuestra embajada en El Cairo el 11 de septiembre de 2012, después de que un ofensivo video sobre el profeta Mahoma provocó ira en todo el mundo musulmán.

82

El presidente Obama firma un libro de condolencias frente al muro conmemorativo del departamento de Estado un día después de los horribles ataques en Bengasi, Libia. El presidente visitó el departamento para consolar a los entristecidos colegas del embajador Chris Stevens y Sean Smith.

83

Con el presidente Obama y el coronel Capellán J. Wesley Smith en Joint Base Andrews, Maryland, el 14 de septiembre de 2012, cuando nos preparábamos para recibir y honrar los restos de nuestros colegas asesinados en Bengasi.

Ante el Comité de Relaciones Exteriores del Senado, en enero de 2013, testificando sobre el ataque contra nuestras instalaciones en Bengasi.

Con el sultán Qaboos de Omán en Mascate, en octubre de 2011. El sultán nos ayudó a traer a casa a tres excursionistas estadounidenses detenidos en Irán y a abrir un canal diplomático secreto para discutir el programa nuclear de Irán.

Hablando en una reunión del Consejo de Seguridad de la ONU sobre la crisis en Siria, en enero de 2012, en Nueva York. Rusia bloqueó las acciones de la ONU para hacer frente a la terrible violencia en Siria incluso cuando la situación se deterioró. La cifra de muertos sigue aumentando y millones se han visto obligados a abandonar sus hogares.

Con el presidente Obama mientras discutimos en su suite del hotel en Phnom Penh, Camboya, si debería volar al Medio Oriente para tratar de negociar un alto al fuego entre Israel y Hamas en Gaza. De pie, detrás de nosotros (de izquierda a derecha): mi director de Planificación Política Jake Sullivan; el asesor adjunto de Seguridad Nacional Ben Rhodes; y el consejero de Seguridad Nacional Tom Donilon.

En El Cairo, en noviembre de 2012, negociando con el presidente egipcio Mohamed Morsi para acabar con la violencia en Gaza. Morsi me ayudó a negociar el alto al fuego entre Israel y Hamas que sigue vigente hoy día.

El presidente Obama y yo colados en una reunión en Copenhague, Dinamarca, durante la Conferencia Internacional de las Naciones Unidas sobre el cambio climático en diciembre de 2009. Interrumpimos al primer ministro chino Wen Jiabao, al presidente brasileño Lula da Silva, al primer ministro indio Manmohan Singh y al presidente sudafricano Jacob Zuma en la concurrida mesa.

Discutiendo los impactos del cambio climático con el ministro de Relaciones Exteriores noruego, Jonas Gahr Støre, a bordo del buque de investigación del Ártico *Helmer Hanssen*, durante un viaje por un fiordo frente a la costa de Tromsø, Noruega, en junio de 2012.

Recorriendo una exposición de estufas antiguas y nuevas junto con la Dra. Kalpana Balakrishnan, una investigadora de estufas, durante mi visita a Chennai, India, en julio de 2011. Defendí el uso de estufas de combustión limpia alrededor del mundo en lugar de las sucias estufas tradicionales, que queman combustible sólido o madera y liberan gases tóxicos que contribuyen a la muerte de millones de personas cada año, especialmente mujeres y niños.

Después de aterrizar en Haití sólo cuatro días después del devastador terremoto de enero de 2010, sentada en una carpa con el primer ministro haitiano Jean-Max Bellerive; el presidente haitiano René Préval; el embajador de Estados Unidos ante Haití Ken Merten; mi consejera y jefa de gabinete Cheryl Mills; el administrador de USAID Raj Shah y el teniente general Ken Keen, para discutir las medidas de emergencia y la recuperación de Haití.

En enero de 2011, los manifestantes me reciben fuera del aeropuerto en Puerto Príncipe, Haití, durante las impugnadas elecciones de un año después del terremoto. Los haitianos habían sufrido demasiado y merecían que sus votos fueran contados y una transferencia pacífica del poder, cosa que finalmente consiguieron.

Bill y yo rodeados de trabajadores haitianos en la ceremonia de inauguración del nuevo Parque Industrial Caracol en Haití, en octubre de 2012. El proyecto Caracol fue el eje central de nuestros esfuerzos para reactivar la economía de Haití, en consonancia con la tendencia más amplia en nuestra labor de desarrollo en el mundo de transferir el énfasis de la ayuda a la inversión.

Hablando sobre la libertad en Internet en el Newseum en Washington, en enero de 2010. Advertí a naciones como China, Rusia e Irán que Estados Unidos promovería y defendería un Internet en el que se protejan los derechos de las personas, que esté abierto a la innovación, que sea interoperable en todo el mundo, lo suficientemente seguro para mantener la confianza de la gente y lo suficientemente confiable para apoyar su trabajo.

Casi veinte años después de mi discurso de septiembre de 1995 en la Cuarta Conferencia Mundial de la ONU sobre la Mujer en Pekín, los derechos de las mujeres siguen siendo un asunto no resuelto en el siglo XXI. Como secretaria de Estado, me centré en la defensa de las libertades consagradas en la Declaración Universal de los Derechos Humanos y en hacerlas realidad en las vidas de las personas en todo el mundo.

Con Melanne Verveer después de que jurara el cargo como primer embajador plenipotenciario para Temas Globales de la Mujer. Melanne me ayudó a entrelazar una "agenda de participación plena" en el tejido de la política exterior estadounidense.

98

Uno de nuestros primeros pasos en la promoción de los derechos humanos fue reincorporarnos al Consejo de Derechos Humanos de la ONU. Me dirigí al Consejo en Ginebra, Suiza, en diciembre de 2011, abogando por los derechos de las personas LGBT en todo el mundo.

99

En septiembre de 2012, a 10.000 millas de distancia en Timor-Leste, veo a Bill pronunciar el discurso que le mereció el título de "secretario de Explicar Cosas" en la Convención Nacional Demócrata en Charlotte, Carolina del Norte. No había CNN y el servicio de Internet era limitado, pero nos las arreglamos para descargar el video en la computadora personal de nuestro embajador.

100

Los secretarios adjuntos Tom Nides (izquierda) y Bill Burns, y el subsecretario Pat
Kennedy (derecha) me acompañan cuando me despido de los maravillosos hombres
y mujeres del departamento de Estado en mi último día, el 1 de febrero de 2013. Salí
por la misma entrada que había usado cuatro años antes, orgullosa de todo el trabajo
que habíamos realizado.

19

Siria: Un problema complejo

"La historia es un juez sombrío, y nos juzgará duramente si demostramos ser incapaces de emprender el camino correcto hoy", dijo Kofi Annan, mientras miraba alrededor de la mesa a los ministros que habían respondido a su invitación para ir al Palais des Nations en Ginebra a finales de junio de 2012, con la esperanza de resolver la sangrienta guerra civil que azota a Siria.

Kofi había enfrentado difíciles negociaciones diplomáticas. Este ghanés de voz suave obtuvo el Premio Nobel de la Paz y fue el séptimo secretario general de las Naciones Unidas desde 1997 hasta 2006. "En conjunto, ustedes tienen la capacidad de ejercer un poder tremendo y cambiar la dirección de esta crisis", nos dijo Kofi. "Al estar aquí hoy, ustedes sugieren la intención de mostrar ese liderazgo". Sin embargo, como Kofi sabía bien, las opiniones en aquel salón estaban muy divididas sobre qué tipo de liderazgo se necesitaba realmente.

La crisis empezó a comienzos de 2011, cuando los ciudadanos sirios, inspirados en parte por el éxito de las protestas pacíficas en Túnez y Egipto, salieron a las calles para manifestarse contra el régimen autoritario de Bashar al-Assad. Al igual que en Libia, los organismos de seguridad respondieron con fuerza excesiva y detenciones masivas, lo que condujo a su vez a que algunos sirios recurrieran a las armas para defenderse y, con el tiempo, tratar de derrocar a Assad. Sin embargo, era una confrontación desigual, y en junio de 2011, el régimen había matado a unas 1.300 personas, incluyendo niños. (Para principios de 2014, se calcula que el total de muertos es de más de 150.000, pero ese cálculo es probablemente demasiado bajo).

A principios de 2010, aproximadamente un año antes de que la violencia estallara en Siria, yo había recomendado que el presidente designara a Robert Ford, un diplomático experimentado que había servido en todo el Medio Oriente, y más recientemente en Irak, como el primer embajador de Estados Unidos en Siria en más de cinco años. No era una decisión fácil. Estados Unidos había retirado a nuestro embajador en señal de descontento con el régimen sirio y la llegada de otro podría tomarse como una aprobación de Assad. Pero pensé entonces, y sigo creyendo ahora, que estamos mejor servidos generalmente al tener un embajador, incluso con regímenes a los que nos oponemos firmemente, para que trasmita mensajes y sirva como nuestros ojos y oídos.

El presidente Obama aceptó mi recomendación y nombró a Robert en febrero de 2010. Su nombramiento quedó en entredicho debido a la oposición en el Senado, no a él personalmente (sus credenciales eran estelares), sino a la idea de enviar un embajador a Siria. Justo después de Navidad, el presidente utilizó su autoridad constitucional para hacer nombramientos durante el receso del Congreso y hacer efectiva la designación de Robert. Este llegó a Damasco en enero de 2011, justo a tiempo para establecerse antes de que comenzaran las manifestaciones. Las protestas se intensificaron en marzo y las fuerzas de seguridad abrieron fuego y mataron a manifestantes en Daraa. Assad desplegó el ejército. Las fuerzas gubernamentales sitiaron Daraa a finales de abril, desplegando tanques y haciendo redadas en las casas.

Estados Unidos condenó enérgicamente todos los actos de violencia contra la población civil. Debido a esto, el embajador Ford y nuestro personal de la embajada sufrieron hostigamientos y amenazas, incluyendo un grave incidente en julio de 2011, cuando los manifestantes progubernamentales irrumpieron en la embajada, rompieron ventanas, pintaron grafiti y atacaron la residencia de Robert.

A pesar del peligro, Robert viajó a Hama, escenario de una infame masacre en 1982, para reunirse con los manifestantes y expresar la solidaridad y la simpatía estadounidense a los que pedían reformas democráticas.

Mientras Robert recorría la ciudad, los residentes cubrieron su auto con flores. Visitó un hospital donde estaban siendo tratados los heridos por las fuerzas de seguridad sirias, y procuró saber más sobre los manifestantes, cuáles eran sus objetivos, y buscó establecer un contacto permanente con ellos. Esa visita estableció a Robert como nuestro canal para colaborar con la oposición. Y muchos de los mismos senadores que habían bloqueado su confirmación quedaron tan impresionados con su valor e inteligencia que votaron para confirmarlo a principios de octubre. Este fue otro ejemplo de un diplomático experimentado que tomaba riesgos para salir de las paredes de la embajada y cumplir con el trabajo.

A pesar de una protesta internacional por la violencia en Siria, Rusia y China vetaron una modesta resolución del Consejo de Seguridad de las Naciones Unidas en octubre de 2011 que habría condenado las violaciones de derechos humanos de Assad y exigía la autorización para realizar protestas pacíficas. Rusia tiene vínculos políticos de larga data con Siria, los cuales se remontan a la Guerra Fría, incluyendo una importante base naval en la costa mediterránea de Siria, y también existen vínculos religiosos entre los cristianos ortodoxos de Siria y la Iglesia Ortodoxa Rusa. Rusia estaba decidida a mantener su influencia allí y a respaldar firmemente al régimen de Assad.

Bashar al-Assad es hijo de Hafez al-Assad, quien tomó el control de Siria en 1970 y se desempeñó como su líder durante treinta años hasta su muerte en junio de 2000. Un oftalmólogo de profesión, Bashar fue preparado como sucesor de su padre sólo después de que su hermano mayor muriera en un accidente automovilístico en 1994, y asumió la presidencia tras la muerte de su padre. Asma, la esposa de Bashar, había hecho carrera en la banca de inversiones antes de ser la primera dama. Un perfil sobre la pareja publicado en 2005 señaló: "Parecían la esencia de la fusión árabe-occidental secular". Pero como señalaba el artículo, esta imagen era un "espejismo", pues las grandes esperanzas con respecto al nuevo gobernante de Siria se convirtieron en "un patrón de promesas vacías, oratoria desagradable y tácticas sangrientas". A medida que el descontento se extendió por todo el Medio Oriente, fueron estas "promesas vacías" y esperanzas incumplidas las que motivaron muchas de las protestas del pueblo sirio.

Assad y su camarilla gobernante son alauitas, una secta chiíta estrechamente alineada con Irán que había gobernado a la mayoría suní en Siria desde hacía varias décadas, y que se remontaba al mandato francés después de la Primera Guerra Mundial. Los alauitas constituyen el 12 por ciento de la población del país. Los rebeldes eran predominantemente suníes, que constituían más del 70 por ciento de la población, en tanto que los kurdos representan un 9 por ciento. Otro 10 por ciento es cristiano y aproximadamente el 3 por ciento es druso, una secta procedente del Islam chiíta con elementos del cristianismo, el judaísmo y otras creencias. A medida que la crisis se desarrollaba, uno de los mayores desafíos que enfrentamos fue ayudar a unir a la oposición a pesar de las varias diferencias religiosas, ideológicas y geográficas del país.

En octubre de 2011, la Liga Árabe exigió un alto el fuego en Siria y pidió al régimen de Assad que retirara sus tropas de las principales ciudades, liberara a los presos políticos, protegiera el acceso de los periodistas y trabajadores humanitarios y comenzara un diálogo con los manifestantes. La mayoría de los países árabes de mayoría suní, especialmente Arabia Saudita y otros estados del Golfo, respaldaban a los rebeldes y querían que Assad dejara el poder. Tras la presión de sus vecinos, Assad aceptó nominalmente el plan de la Liga Árabe, pero muy poco después lo ignoró. Las fuerzas del régimen continuaron asesinando manifestantes en los días siguientes. En respuesta, la Liga Árabe suspendió la membresía de Siria.

En diciembre, la Liga Árabe volvió a intentarlo. Al igual que antes, Assad aceptó el plan. Esta vez, sin embargo, varios veedores árabes fueron enviados a las ciudades sirias que mostraban las cicatrices de las batallas. Infortunadamente, incluso la presencia de este equipo de supervisión internacional hizo poco para calmar la violencia, y una vez más se hizo evidente que Assad no tenía intenciones de cumplir su palabra. A finales de enero de 2012, la Liga Árabe retiró frustrada a los observadores y pidió al Consejo de Seguridad de la ONU que respaldara su petición de una transición política en Siria que requeriría que Assad le entregara el poder a un vicepresidente y estableciera un gobierno de unidad nacional.

Ya para este punto, el ejército del régimen estaba usando tanques para bombardear barrios residenciales de Damasco. La determinación de los rebeldes de resistir a toda costa se estaba fortaleciendo; algunos se estaban radicalizando y los extremistas se estaban uniendo a la lucha. Grupos yihadistas, incluyendo algunos que tenían vínculos con Al Qaeda, comenzaron a tratar de aprovechar el conflicto para promover sus propios planes. Grandes números de refugiados huían a través de las fronteras de Siria hacia Jordania, Turquía y el Líbano. (Hasta 2014, el conflicto sirio ha dejado más de 2,5 millones de refugiados).

A finales de enero de 2012, asistí a una sesión especial del Consejo de

Seguridad en Nueva York para escuchar el informe de la Liga Árabe y debatir cómo responder. "Todos tenemos una opción", le dije al Consejo, "respaldar al pueblo de Siria y de la región o convertirnos en cómplices de la violencia continua que sucede allá".

Una nueva resolución que apoyaba el plan de paz de la Liga Árabe se encontró con el mismo obstáculo que los intentos anteriores. Los rusos se oponían implacablemente a todo lo que pudiera constituir una presión sobre Assad. El año anterior se habían abstenido en la votación para autorizar una zona de exclusión aérea y "tomar todas las medidas necesarias" para proteger a los civiles en Libia, y luego se irritaron cuando la misión dirigida por la OTAN para proteger a los civiles aceleró la caída de Gadafi. Ahora, con Siria en medio del caos, los rusos estaban decididos a evitar otra intervención occidental. El régimen de Assad era sumamente importante para ellos en términos estratégicos. Libia era "una falsa analogía", sostuve en Nueva York. La resolución no impuso sanciones ni apoyó el uso de la fuerza militar, centrándose en cambio en la necesidad de una transición política pacífica. Aun así, los rusos no querían saber nada de eso.

Hablé con el ministro de Relaciones Exteriores ruso Serguéi Lavrov, mientras yo iba en un avión con rumbo a la Conferencia de Seguridad de Múnich, donde me encontré personalmente con él. Le dije que necesitábamos un mensaje unificado de la comunidad internacional. Moscú quería que la resolución fuera más dura con los rebeldes que con el régimen. Lavrov me presionó sobre lo que sucedería si Assad se negaba a cumplir. ¿El siguiente paso sería una intervención al estilo de Libia? No, le respondí. El plan consistía en utilizar esta resolución para presionar a Assad a que negociara. "Él sólo entenderá el mensaje cuando el Consejo de Seguridad hable con una sola voz. Hemos ido muy lejos en aclarar que este no es un escenario como el de Libia. No hay ningún tipo de autorización para la fuerza, la intervención o acción militar".

La retórica rusa sobre la defensa de la soberanía y la oposición a la intervención extranjera sonó particularmente hueca, especialmente dada su trayectoria en otros lugares. En 2008 y 2014, Putin tampoco dudó en enviar tropas a Georgia y posteriormente a Crimea, violando la soberanía de estos países, simplemente porque era conveniente para sus intereses.

Mientras Lavrov y yo hablábamos en Múnich, se produjo un aumento de la violencia en Siria. Las fuerzas del régimen atacaron Homs, la tercera ciudad más grande del país y cuna de la rebelión, con una andanada de bombardeos que mataron a cientos de personas. Fue el día más sangriento en el conflicto hasta ese momento.

Le dije a Lavrov que cada palabra en la resolución de Nueva York se había debatido a fondo. Habíamos hecho concesiones, mientras manteníamos el mínimo de lo que esperábamos que pusiera fin a la violencia y diera paso a una transición. Ya había llegado el momento de votar. La resolución sería convocada ese día.

"Pero, ¿cuál es el propósito?", preguntó Lavrov. Yo estaba en Múnich, así que no podía predecir cada una de las cosas que sucederían, y sabía también que sería un error minimizar los retos que tendrían los sirios después de Assad. Pero yo estaba segura de una cosa: si no comenzábamos un proceso de paz, el resultado final sería sombrío. Habría más derramamiento de sangre, endureciendo el desafío de aquellos cuyas familias eran tratadas brutalmente y cuyas casas estaban siendo bombardeadas, y una mayor probabilidad de que una guerra civil en toda regla atrajera extremistas, posiblemente resultando en un estado fallido, con diferentes zonas del país controladas por facciones en guerra, incluyendo grupos terroristas. Cada día adicional de represión y violencia hacía más difícil que los sirios se reconciliaran y reconstruyeran su país, y aumentaba el riesgo de que la inestabilidad y el conflicto sectario se extendieran desde Siria a través de la región.

Unas horas después de mi reunión con Lavrov, el Consejo de Seguridad se reunió y pidió una votación. Declaré ante los medios en Múnich: "¿Estamos a favor de la paz, de la seguridad y de un futuro democrático, o vamos a ser cómplices de la violencia continua y del derramamiento de sangre? Sé cuál es la posición de Estados Unidos, y pronto vamos a averiguar cuál es la de todos los otros miembros del Consejo de Seguridad". Aunque predecible, todavía era difícil de aceptar que después del día más sangriento en Siria, Rusia y China pudieran evitar que el mundo condenara la violencia. Bloquear esta resolución era asumir la responsabilidad por los horrores en el lugar de los hechos. Como dije más adelante, eso fue despreciable.

Tal como se predijo, la situación seguía empeorando. La ONU y la Liga Árabe nombraron a Kofi como su enviado especial conjunto en Siria a finales de febrero. Su labor consistía en convencer al régimen, a los rebeldes y a sus respectivos aliados extranjeros de aceptar una solución política al conflicto.

Con el fin de apoyar esta nueva vía diplomática, ayudé a organizar una reunión de países con ideas afines para examinar otras posibilidades con el fin de aumentar la presión sobre el régimen y brindar ayuda humanitaria a los civiles que sufrían, ya que nuestra primera opción había sido bloqueada en la ONU. Respaldamos la diplomacia, pero simplemente no íbamos a esperarla. La lista de los países que se sentían igualmente obligados a actuar siguió aumentando, y al final, más de sesenta naciones se reunieron en Túnez a finales de febrero para lo que se conoció como los Amigos del pueblo sirio. Conformamos un grupo que trabajara en las sanciones para cortar el acceso de Assad a los fondos (aunque los rusos y los iraníes fueron muy eficaces en reponer sus arcas), y nos comprometimos a enviar suministros de emergencia a los refugiados que huían de la violencia, así como a incrementar el entrenamiento de los líderes civiles de la oposición siria.

Detrás de bambalinas, se habló mucho en Túnez de pasarles armas a los rebeldes para que comenzaran a equilibrar sus probabilidades contra el ejército del régimen y sus aliados iraníes y rusos. Nuestros socios en el Golfo estaban viendo por Al Jazeera que los rebeldes suníes y los civiles eran sacrificados en vivo, y cada vez se sentían más impacientes. El ministro saudí de Relaciones Exteriores, el príncipe Saud al-Faisal, dijo que pensaba que el hecho de suministrar armas era "una excelente idea". Entendí su frustración por la manera como iban las cosas y el deseo de cambiar el equilibrio militar en el campo de operaciones. Pero también existían motivos para estar recelosos de militarizar aún más la situación y acelerar la espiral de la guerra civil a gran escala. Una vez que las armas entraran al país, serían difíciles de controlar y podrían caer fácilmente en manos de los extremistas.

Los partidarios de Assad no tenían estas preocupaciones. Las fuerzas iraníes de la Guardia Revolucionaria y su unidad paramilitar de élite, la Fuerza Quds, ya estaban en Siria apoyando a Assad y al ejército sirio. Los iraníes estaban jugando un papel fundamental en el asesoramiento, acompañando a las fuerzas sirias en el campo y ayudando al régimen a organizar sus propias fuerzas paramilitares. Las fuerzas de Hezbolá, aliadas de Irán en Líbano, también se unieron a la lucha a favor del régimen sirio. La presencia combinada de Irán y de Hezbolá fue fundamental para que el régimen se aferrara al poder.

Le pregunté al príncipe Saud si pensaba que Assad cooperaría con un plan para acabar con la violencia y comenzar una transición política, incluso si podríamos convencer a los rusos de estar de acuerdo en uno de estos puntos. Dijo que no lo creía, porque la familia de Assad nunca se lo permitiría. Liderado por su madre, él estaba bajo constante presión para mantener la posición de su familia y seguir el brutal ejemplo de su padre de cómo suprimir un levantamiento. Era una referencia a cuando Hafez al-Assad destruyó infamemente la ciudad de Hama en 1982, en represalia por una sublevación contra el gobierno sirio.

A finales de marzo me reuní en Riad con el príncipe Saud y el rey Abdalá, y participamos en la primera reunión de una nueva asociación estratégica entre Estados Unidos y los seis países del Golfo. Gran parte de la atención se centró en la amenaza de Irán, pero también hablamos de la necesidad de hacer más para apoyar a los rebeldes en Siria. Esa noche volé a Estambul, donde me reuní con representantes de Turquía, Arabia Saudita, los Emiratos Árabes Unidos y Catar, y oí los mismos mensajes.

Yo estaba en una posición difícil. Por un lado, Estados Unidos no estaba preparado para unirse a esos esfuerzos y armar a los rebeldes, pero tampoco quería dividir la coalición contra Assad o perder influencia con los países árabes. "Algunos podrán hacer ciertas cosas, y otros harán otras", dije con cuidado en Riad. "Así que cuando hablamos de ayuda, estamos hablando de una amplia gama de asistencia. No todos los países harán lo mismo". Eso fue lo más cerca que yo podía llegar para reconocer públicamente lo que era un hecho consumado: que ciertos países incrementarían sus esfuerzos para entregar armas, mientras que otros se centrarían en las necesidades humanitarias. (Hasta abril de 2014, Estados Unidos ha ofrecido más de 1,7 mil millones de dólares en este tipo de ayuda, y es el mayor donante de ayuda para los desplazados sirios).

El mes de marzo de 2012 marcó el primer aniversario de la revuelta en Siria, y la ONU estimó que la cifra de muertos para entonces ascendía a más de ocho mil. Kofi Annan se estaba reuniendo metódicamente con todas las partes, incluyendo al propio Assad, tratando de enhebrar la aguja diplomática y de poner fin al conflicto antes de que el número de víctimas se incrementara aún más. Hacia mediados de mes, Annan dio a conocer un plan de seis puntos. Era similar a lo que la Liga Árabe había intentado anteriormente ese mismo año. Kofi instó al régimen de Assad a retirar sus fuerzas militares, silenciar sus armas pesadas, permitir las manifestaciones pacíficas y el acceso a Siria a los periodistas y personal de ayuda humanitaria, y comenzar una transición política que abordara las aspiraciones y preocupaciones legítimas del pueblo sirio. En un esfuerzo por lograr el acuerdo de Rusia, Kofi propuso que el Consejo de Seguridad de la ONU ratificara su plan en una "declaración" de menos peso en lugar de una resolución plena. Eso ayudó a tranquilizar a Moscú acerca de que no se utilizaría como una base jurídica para la intervención militar en el futuro. Las potencias occidentales estuvieron de acuerdo porque esto significaba llegar finalmente y de manera pública al Consejo de Seguridad. En la declaración, el Consejo facultó a Kofi para "facilitar una transición política liderada por Siria a un sistema político democrático y plural... incluyendo el comienzo de un amplio diálogo político entre el gobierno sirio y todo el espectro de la oposición siria".

Ahora que había aceptado la declaración, Rusia pidió a Assad que aceptara los términos propuestos por Kofi a final de marzo. Habíamos visto lo mucho que valía su palabra, por lo que nadie contaba con que se realizara un alto el fuego. A medida que se acercaba la fecha límite del 10 de abril para el alto el fuego, la violencia no mostraba signos de desaceleración. Las fuerzas militares sirias dispararon incluso en Turquía y el Líbano, lo que planteó la posibilidad de un conflicto regional más amplio. Pero luego hubo un cierto grado de tranquilidad. El alto el fuego nunca fue completo o integral, pero hubo un momento de calma en los combates. Al igual que había hecho la Liga Árabe, la ONU envió equipos de observadores para supervisar las condiciones en el lugar de los hechos.

Una vez más, sin embargo, y a pesar de sus promesas, Assad nunca dio pasos creíbles para aplicar el resto del plan de Kofi, y el frágil alto el fuego no tardó en comenzar a desmoronarse. Después de casi un mes, Kofi reportó "violaciones graves" y a finales de mayo, más de cien aldeanos, la mitad de ellos niños, fueron masacrados en Houla. Rusia y China seguían impidiendo que el Consejo de Seguridad cumpliera con el plan de seis puntos o tomara represalias por las violaciones. Ahora parecía como si su consentimiento anterior hubiera sido poco más que una postura destinada a suavizar la condena internacional.

Empecé a alentar a Kofi a que tomara otro rumbo. Tal vez debería organizar una conferencia internacional para centrarse en la planificación de la transición. Si no había un progreso diplomático, el alto el fuego hecho jirones se derrumbaría por completo y volveríamos de nuevo al principio. En las primeras semanas de junio, Kofi me visitó en Washington y hablamos con frecuencia por teléfono mientras él viajaba entre Moscú, Teherán, Damasco y otras capitales de la región. Estuvo de acuerdo en que era el momento de dar los siguientes pasos diplomáticos, y comenzó a formular planes para una cumbre a finales de junio.

A mediados de junio, el aumento de la violencia obligó a la ONU a suspender sus patrullas de observadores. Acompañé al presidente Obama a la reunión del G-20 en Los Cabos, México, donde estuvimos con el presidente ruso Putin durante unas dos horas. Siria fue el tema principal de discusión.

El presidente Obama expuso nuestra posición: La comunidad internacional podía sentarse en el banquillo y ver cómo Siria era destrozada por la guerra civil y por el poder, con todas las consecuencias negativas para la estabilidad regional, o Rusia podría usar su influencia para alentar una solución política viable. Putin afirmó que no sentía ningún cariño en particular por Assad, quien le estaba produciendo un verdadero dolor de cabeza a Moscú, pero también sostuvo que no tenía ninguna influencia real con Damasco. Creo que él se identificaba personalmente con los desafíos que enfrentaba Assad por parte de la oposición interna, y advirtió sobre la creciente amenaza de los extremistas entre la oposición y recordó las transiciones tan traumáticas que habían tenido lugar en Libia, Egipto y, por supuesto, en Irak.

Todas estas eran racionalizaciones convenientes para bloquear posibles acciones sin dejar de suministrarle dinero y armas a Assad. Pero aunque yo no confiaba en las acciones o palabras de Rusia, sabía que no teníamos más remedio que agotar todas las opciones diplomáticas.

—Regresa donde los rusos y diles que tu equipo va a establecer un plan de transición, y que Rusia puede ser parte de la discusión o ser dejada al margen —le aconsejé a Kofi después de nuestra reunión con Putin.

A medida que se acercaba la fecha de su conferencia propuesta en Ginebra, trabajé en estrecha colaboración con Kofi para desarrollar un lenguaje específico con el que esperábamos lograr un consenso. En un artículo introductorio de opinión publicado en el *Washington Post*, Kofi señaló sus expectativas con claridad. Quería que los vecinos de Siria y las grandes potencias mundiales "se comprometieran a actuar al unísono para poner fin al derramamiento de sangre y pusieran en práctica el plan de seis puntos, evitando una mayor militarización del conflicto". Kofi añadió: "Espero que todos los que asistan a la reunión del sábado acepten que un proceso de transición liderado por Siria debe lograrse de conformidad con principios y directrices claras".

Un día antes del inicio de la cumbre, insté a Kofi a defender los principios que proponía.

—Entiendo el retoque aquí, y la aclaración allá. Puedo vivir con eso.

Pero la idea fundamental que tiene que salir de la reunión es que la comunidad internacional, incluyendo a Rusia y a China, esté unida detrás de una transición política con miras a un futuro democrático. Eso es sacrosanto. Los detalles se pueden modificar, pero tenemos que mantener ese núcleo.

Kofi pensaba que, al final, los rusos se unirían a nosotros.

—Dijeron que el cambio puede darse, pero que debe ser de manera ordenada —me dijo él.

Yo no era tan optimista, pero acepté que teníamos que intentarlo.

=====

Llegué a Ginebra poco después a la una de la mañana del 30 de junio, en un vuelo procedente de Rusia, donde había asistido a una conferencia económica de las naciones de Asia-Pacífico. Durante una larga cena en San Petersburgo, yo había presionado a Lavrov sobre la necesidad de apoyar los esfuerzos de Kofi y de poner fin al conflicto. Yo sabía que los rusos nunca se sentirían cómodos instando explícitamente a Assad a dejar el poder, pero con nuestra ayuda, Kofi había elaborado una solución refinada. Él proponía el establecimiento de un gobierno transitorio de unidad que ejerciera todo el poder ejecutivo, que fuera ampliamente incluyente, pero excluyera a "aquellos cuya presencia y participación continua socavaría la transición y pondría en peligro la estabilidad y la reconciliación". Ese era la forma de decir que excluiría a Assad. Los rusos querían palabras que disimularan la diferencia entre nosotros (Assad tenía que marcharse) y ellos (no vamos a obligarlo a marcharse) y dejar que los sirios resolvieran eso.

Lavrov asumió una posición dura. Afirmó que Rusia quería una solución política, pero no estuvo de acuerdo con nada que pudiera hacer posible eso. Señalé que si al día siguiente en Ginebra no lográbamos llegar a un acuerdo basado en la propuesta de Kofi de una transición ordenada, el esfuerzo diplomático dirigido por la ONU se derrumbaría, los extremistas ganarían terreno y el conflicto se intensificaría. Los árabes y los iraníes darían más armas. Las tensiones sectarias y un creciente flujo de refugiados podrían desestabilizar aún más a los vecinos de Siria, especialmente al Líbano y a Jordania. Yo creía todavía que el régimen de Assad terminaría por caer, pero que arrastraría consigo a una gran parte del estado sirio y de la región. Ese escenario no serviría a los intereses de Rusia ni preservaría su influencia. Pero Lavrov no cedió. Mientras abordaba mi avión a Ginebra, supe que tendríamos que seguir insistiéndoles a los rusos y lograr la adhesión de todos los demás por medio de un texto escrito.

En Ginebra, me reuní primero con el secretario de Relaciones Exteriores británico William Hague y con el ministro de Relaciones Exteriores francés Laurent Fabius, para hacer un balance de lo que queríamos lograr en la conferencia. Hague y yo hablamos después con Hamad bin Jassim de Catar, y con el ministro de Relaciones Exteriores turco Davutoğlu, quienes nos insistieron en considerar que apoyáramos a los rebeldes con ayuda militar, independientemente del resultado en Ginebra. Ellos sabían que Estados Unidos y Gran Bretaña no estaban dispuestos a hacer eso, pero no obstante, querían que los escucháramos.

El secretario general de la ONU Ban Ki-moon presidió la sesión inaugural de la reunión de lo que llamó (con optimismo) el Grupo de Acción sobre Siria con los ministros de Relaciones Exteriores de los cinco miembros permanentes del Consejo de Seguridad, junto con Turquía, Irak, Kuwait, Catar y la Unión Europea. Irán y Arabia Saudí no fueron invitados.

Al inicio de la reunión, Kofi delineó sus objetivos: "Estamos aquí para ponernos de acuerdo sobre las directrices y principios para una transición política dirigida por Siria que cumpla con las aspiraciones legítimas del pueblo sirio. Y estamos aquí para acordar acciones que todos y cada uno de nosotros debemos tomar para convertir estos objetivos en realidad sobre el terreno, incluidas las consecuencias en caso de incumplimiento". A continuación, presentó un documento que consagraría la transición que estaba proponiendo.

Le di la bienvenida al plan de Kofi para allanar el camino con miras a una transición democrática y "un futuro post-Assad". Estados Unidos compartía su objetivo de una Siria democrática y pluralista que defendiera el estado de derecho y respetara los derechos universales de todos sus habitantes y grupos, independientemente de su origen étnico, secta o sexo. También estuvimos de acuerdo con que era importante mantener la integridad del Estado sirio y sus instituciones, en particular la infraestructura de seguridad suficiente para evitar el caos que habíamos visto en Irak después de la caída de Saddam Hussein y la disolución del ejército y el gobierno iraquí. Para que un nuevo acuerdo fuera implementado en realidad, sería necesaria una resolución del Consejo de Seguridad de la ONU "imponiendo consecuencias reales e inmediatas en caso de incumplimiento". Además, los países con influencia sobre las partes en conflicto tendrían que presionarlas para aceptar y apoyar la transición. Eso significaba que Rusia debería utilizar su influencia con el régimen, mientras que los árabes y Occidente harían lo mismo con los rebeldes para que todos ellos participaran en este proceso.

Nosotros preferíamos un lenguaje más fuerte que el sugerido por Kofi en algunos puntos (por ejemplo, nos hubiera gustado una referencia más directa a la salida de Assad), pero, en aras de la simplicidad y el consenso, nos pusimos de acuerdo para aceptar el documento tal como estaba escrito e instamos a todas las demás naciones a seguir nuestro ejemplo.

La parte pública de las reuniones internacionales como esta sigue normalmente un guión preparado de antemano. Cada nación y organización representada expone su posición, lo cual puede ser aburrido. La acción comienza generalmente cuando las cámaras se van. Y eso es lo que sucedió allí.

Salimos de la sala de ceremonias y nos apretujamos en una habitación rectangular con Kofi y Ban Ki-moon sentados en los dos extremos, mientras los ministros, cada uno con un solo asistente, se acomodaban a cada lado de dos mesas largas. Había una gran emotividad y en un momento dado, poco faltó para que los ministros se gritaran mutuamente y golpearan incluso la mesa. Finalmente, la conmoción dio paso a una discusión entre Lavrov y yo. Esto lo veíamos venir desde un principio.

Luego, todo parecía indicar que los rusos aceptarían un órgano de gobierno de transición, si lográbamos el lenguaje apropiado. Lavrov rechazó la frase de Kofi que excluía a aquellos que "socavaran la credibilidad de la transición y pusieran en peligro la estabilidad". Ofrecí una nueva formulación para salir del estancamiento. El órgano de gobierno de transición incluiría miembros tanto del gobierno como de la oposición, elegidos "sobre la base del consentimiento mutuo". Finalmente, los rusos estuvieron de acuerdo.

Es fácil perderse en la semántica, pero las palabras constituyen gran parte del trabajo de un diplomático y yo sabía que moldearían la manera en que el resto del mundo recibiría nuestro acuerdo y cómo se entendía en Siria. Ofrecí el "consentimiento mutuo", como una salida, ya que, en la práctica, no había forma de que Assad pasara esa prueba. La oposición nunca lo aceptaría a él. Mantuvimos la frase "plenos poderes ejecutivos" para describir el mandato del órgano de gobierno de transición propuesto, lo cual significaba que Assad y sus compinches serían despojados de su autoridad. Para fortalecer nuestra posición, me aseguré de que el acuerdo dejara explícitamente los servicios de seguridad y de inteligencia sirios, así como "todas las instituciones gubernamentales", bajo el control del órgano de gobierno de transición y solicitamos un "liderazgo superior que inspirara la confianza pública" (otro estándar con el que nunca cumpliría Assad).

Insistí en que debíamos pasar al próximo Consejo de Seguridad y aprobar lo que se llama una resolución "Capítulo VII", que autorizaría sanciones severas en caso de incumplimiento. Lavrov se mostró evasivo en este sentido, pero estuvo de acuerdo en usar la influencia de Rusia para apoyar a Kofi y su plan, y se unió a todos nosotros al firmar lo que habíamos negociado en la línea punteada. Acto seguido, todos le explicamos esto al mundo.

Los problemas empezaron casi de inmediato. La prensa no captó la intención y el claro significado de "consentimiento mutuo" y lo interpretó como una admisión de que Assad podía permanecer en el poder. El *New York Times* presentó un informe sombrío, bajo el titular: "Las conversaciones elaboran un plan sobre Siria, pero no para la salida de Assad". Lavrov hizo todo lo posible para fomentar esta interpretación. "No hay intentos para imponer algún proceso de transición", declaró a la prensa. "No existen condiciones previas para el proceso de transferencia y ningún intento de excluir a ningún grupo del proceso". Eso era técnicamente cierto, pero abiertamente engañoso.

Kofi desestimó el viraje de Lavrov. "Dudo que los sirios —que han luchado tan duro por su independencia, para poder decidir cómo están gobernados y quién los gobierna— elijan como sus líderes a personas con sangre en sus manos", dijo. Yo lo apoyé: "Lo que hemos hecho aquí es despojarnos de la ficción de que [Assad] y los que tienen sangre en sus manos puedan mantenerse en el poder. El plan prevé que el régimen de Assad dé paso a un nuevo órgano de gobierno de transición que tendrá plenos poderes". Con el tiempo, la oposición y la población civil en Siria llegaron a ver el Comunicado de Ginebra por lo que era: un plan para la salida de Assad.

━━━━

Fue un mal verano para Siria. Después de firmar el acuerdo en Ginebra, los rusos finalmente se negaron a respaldar la resolución del Capítulo VII de la ONU o a ejercer alguna influencia real con Assad. Aunque decepcionante, su comportamiento no era de extrañar.

En agosto, Kofi renunció disgustado.

—Hice lo mejor que pude y, a veces, simplemente no es suficiente —me dijo.

—No sé qué otra cosa podrías haber hecho, dada la intransigencia de los rusos en el Consejo de Seguridad —le respondí—. No puedo imaginar que podríamos haber hecho más de lo que hicimos. Por lo menos en Ginebra tuvimos un marco, pero ellos fueron simplemente inamovibles.

Mientras tanto, las víctimas en Siria se contaban por decenas de miles y la crisis se salió aún más de control.

Yo me sentía cada vez más frustrada, pero seguí adelante. Cuando chocamos contra la oposición rusa en la ONU, seguí presionando en otras instancias distintas a la ONU, sosteniendo reuniones con los Amigos del Pueblo Sirio, grupo que ya contaba con aproximadamente cien naciones. El reto consistía en convencer a todas las partes —a Assad y a sus partidarios rusos e iraníes por un lado, y a los rebeldes y a los estados árabes por el otro— de que una victoria militar decisiva era imposible y que debían centrarse en alcanzar una solución diplomática. Eso requeriría una gran cantidad de presión ejercida con cuidado y de forma coherente. Estados Unidos y nuestros socios incrementamos constantemente las sanciones al régimen de Assad. Congelamos sus activos, impusimos restricciones a los viajes y al comercio. La economía siria estaba en caída libre. Pero Rusia e Irán seguían financiando los esfuerzos bélicos de Siria, y los combates no dieron tregua.

Assad mantuvo la escalada de la fuerza aérea y comenzó a lanzar misiles Scud para apabullar a los rebeldes, matando a más civiles. A pesar de los esfuerzos realizados por los europeos, los árabes y Estados Unidos, la oposición no lograba organizarse. Les suministramos a los rebeldes ayuda "no letal", incluyendo equipos de comunicaciones y raciones de alimentos a partir de marzo de 2012, pero permanecimos firmes en no proporcionarles armas ni entrenamiento. Había muchas voces, sobre todo entre la oposición siria, que clamaban para que los apoyáramos tal como lo habíamos hecho con los rebeldes libios. Pero Siria no era Libia.

El régimen de Assad estaba mucho más arraigado que el de Gadafi, y tenía más apoyo entre los principales segmentos de la población, más aliados en la región, un verdadero ejército y una defensa aérea mucho más fuerte. A diferencia de Libia, donde el Consejo Nacional de Transición constituido por los rebeldes había controlado grandes extensiones de territorio en el este, incluyendo a Bengasi, la segunda ciudad más grande del país, la oposición en Siria era desordenada y confusa. Tenía dificultades para defender territorios o para unirse en torno a una sola estructura de mando. Y, por supuesto, había otra diferencia crucial: Rusia estaba bloqueando cualquier movimiento en la ONU sobre Siria, en gran medida para evitar una repetición de la situación en Libia.

En los primeros días del enfrentamiento armado, muchos habían asumido que la caída de Assad era inevitable. A fin de cuentas, todos los antiguos líderes de Túnez, Egipto, Libia y Yemen ya no estaban en el poder. Era difícil imaginar que, después de tanto derramamiento de sangre y de haber probado la libertad, el pueblo sirio se limitara a calmarse y a aceptar otro nuevo régimen dictatorial. Pero ahora, en el segundo año de la guerra civil, cada vez parecía más posible que Assad se mantendría en el poder, aunque esto significara destrozar el país y fomentar una destructiva lucha sectaria. Siria podría ser condenada a una larga y sangrienta situación de estancamiento. O podría convertirse en un estado fallido, cuya estructura de gobierno colapsara, propiciando el caos. Y cuanto más tiempo se prolongara el conflicto, más posibilidades habría de que la inestabilidad pudiera afectar a vecinos vulnerables como Jordania y el Líbano, y lo más probable era que los extremistas lograran conseguir apoyo dentro de Siria.

Comencé haciendo referencia a Siria como a un "problema complejo", un término usado por los expertos en planeación para describir los desafíos especialmente complicados que confunden las soluciones y los enfoques estándar. Los problemas complejos rara vez tienen una respuesta correcta; de hecho, parte de lo que los hace complejos es que cada opción parece ser peor que la anterior. Y cada vez más, el caso de Siria parecía ser así. Si no se hacía nada, se desataría un desastre humanitario en la región. Una intervención militar sería arriesgarse a abrir la caja de Pandora y meterse en otro pantano, como había sucedido con Irak. Si les enviábamos ayuda a los rebeldes, era posible que terminara en manos de los extremistas. Si continuábamos con la diplomacia, podríamos chocar contra un veto ruso. Ninguno de estos enfoques ofrecía muchas posibilidades de éxito. Pero teníamos que seguir intentándolo.

Cuando se hizo evidente que el esfuerzo de Ginebra estaba en un punto muerto, otros miembros del equipo de Seguridad Nacional de Obama y yo comenzamos a explorar lo que se necesitaba para conformar una fuerza cuidadosamente controlada y entrenada de rebeldes sirios moderados a quienes se les pudiera entregar armas estadounidenses. Esta estrategia tiene riesgos reales. En la década de 1980, los rebeldes afganos armados por Estados Unidos y Pakistán, llamados los muyahidines, ayudaron a poner fin a la ocupación soviética de su país. Algunos de esos combatientes —incluyendo a Osama bin Laden—, conformaron posteriormente Al Qaeda, y concentraron su atención en objetivos situados en Occidente. Nadie quería una repetición de ese escenario.

Pero si los rebeldes podían ser controlados y entrenados de manera efectiva, los beneficios serían múltiples. En primer lugar, incluso un grupo relativamente pequeño podría darle un gran impulso psicológico a la oposición y convencer a los partidarios de Assad de considerar una solución política. Hezbolá dio crédito a esta visión en el lado opuesto, cuando ayudó a inclinar la guerra a favor de Assad tras desplegar tan sólo a unos pocos miles de combatientes de mano dura.

En segundo lugar, y de manera más inmediata, nuestra acción —o inacción— tenía consecuencias en las relaciones con nuestros socios regionales. No era un secreto que varios estados e individuos árabes estaban enviando armas a Siria. Pero el flujo de armas estaba mal coordinado, con diferentes países patrocinando a grupos armados disímiles y que a veces competían entre sí, y una preocupante cantidad de material fue encontrando su camino a los extremistas. Debido a que Estados Unidos no era parte de este esfuerzo, teníamos una menor influencia para canalizar y coordinar el tráfico de armas. Yo había oído esto personalmente en difíciles conversaciones en todo el Golfo. Sin embargo, si Estados Unidos estaba dispuesto finalmente a involucrarse de lleno en el conflicto, podríamos ser mucho más eficaces en aislar a los extremistas y en empoderar a los moderados dentro de Siria.

Una de las mayores preocupaciones sobre Siria —y una de las razones por las que era un problema complejo— era la falta de alternativas viables a Assad en el terreno. Él y sus aliados podrían decir plausiblemente, como Luis XV de Francia, *"Après moi, le déluge"*. (Después de Assad, el diluvio). El vacío de poder en Irak después de la caída de Saddam y la disolución del ejército iraquí suministraron una historia con moraleja. Pero si Estados Unidos pudiera capacitar y equipar a una fuerza rebelde moderada, fiable y eficaz, podría ayudar a mantener unido al país durante una transición, salvaguardar los arsenales de armas químicas y evitar la limpieza étnica y los ajustes de cuentas.

La pregunta era, ¿podría hacerse esto? La clave sería proceder a la instrucción a fondo de los combatientes rebeldes para garantizar que elimináramos primero a los extremistas y luego mantuviéramos un estrecho intercambio de inteligencia y de coordinación operativa con todos nuestros socios.

En Irak y Afganistán, Estados Unidos dedicó energías considerables a entrenar soldados locales, intentando moldearlos en un ejército nacional cohesionado, capaz de proveer seguridad y derrotar a la insurgencia. El general David Petraeus, comandante de la campaña militar de Estados Unidos en ambos países antes de ser director de la CIA en 2011, supo en carne propia lo difícil que podía ser esto. A pesar de algunos éxitos, las fuerzas de seguridad iraquíes y afganas seguían luchando para encontrar su equilibrio. Pero gracias a su experiencia en Irak y Afganistán, Petraeus había aprendido mucho sobre lo que funcionaba y lo que no.

Invité a Petraeus a almorzar en mi casa en Washington un sábado por la tarde en julio para discutir si era posible evaluar, entrenar y equipar a los combatientes moderados de la oposición siria. Si él pensaba que este tipo de esfuerzo se podría lograr en Siria, yo tendría eso muy en cuenta. Él ya había reflexionado cuidadosamente acerca de la idea, había empezado incluso a esbozar los detalles específicos y se disponía a presentar un plan.

Los altos mandos de nuestras Fuerzas Armadas, renuentes a involucrarse en Siria, ofrecieron de manera consistente proyecciones nefastas de las fuerzas que se requerirían para superar las defensas aéreas avanzadas de Assad y realizar una zona de exclusión aérea al estilo de Libia. Pero el secretario de Defensa, Leon Panetta, se había sentido tan frustrado como lo estaba yo con la falta de opciones en Siria, y sabía por su propio tiempo al mando de la CIA lo que nuestros agentes de inteligencia podrían hacer.

A mediados de agosto, me dirigí a Estambul para consultar con el presidente Abdullah Gül, el primer ministro Erdoğan y el ministro de Relaciones Exteriores Davutoğlu. Turquía estaba profundamente preocupada por lo que estaba ocurriendo al otro lado de su frontera, y trataba de hacer frente a la afluencia masiva de refugiados de Siria, algunos de los cuales conocí mientras estuve allá, así como a los incidentes periódicos de violencia transfronteriza, incluyendo el derribamiento por parte de Siria de un avión de combate turco en el Mediterráneo. Este incidente era un dramático recordatorio de que esta crisis podía convertirse en un conflicto regional en cualquier momento. En mis reuniones, afirmé que Estados Unidos y el resto de nuestros aliados de la OTAN estaban comprometidos con la seguridad de Turquía contra la agresión siria.

Aunque había habido consultas continuas entre nosotros y los turcos desde que comenzó el conflicto, pensé que debíamos intensificar la planificación operativa de nuestras fuerzas militares con el fin de preparar planes de contingencia. ¿Qué haría falta para imponer una zona de exclusión aérea? ¿Cómo responderíamos a la utilización o a la pérdida de las armas químicas? ¿Cómo podríamos coordinar mejor el apoyo a la oposición armada? Los turcos estuvieron de acuerdo, y dos días más tarde, Davutoğlu y yo hablamos por teléfono para discutir nuestras ideas con los ministros de Relaciones Exteriores de Gran Bretaña, Francia y Alemania.

Regresé a Washington razonablemente segura de que si decidíamos empezar a armar y a entrenar a los rebeldes sirios moderados, podríamos establecer una coordinación eficaz con nuestros socios regionales. Ahora, la planificación interinstitucional estaba en marcha, y Dave Petraeus le presentó el plan a nuestro presidente. Este lo escuchó con atención e hizo muchas preguntas. Le preocupaba que armar a los rebeldes probablemente no bastara para sacar a Assad del poder y que con todas las armas que estaban enviando ya las naciones árabes a ese país, nuestras contribuciones fueran muy poco decisivas. Adicionalmente, siempre había que considerar consecuencias indeseables. La historia de los muyahidines en Afganistán seguía siendo una poderosa historia con moraleja que nunca estaba lejos de la mente de nadie. El presidente pidió ejemplos de casos en que Estados Unidos hubiera respaldado una insurgencia que pudiera considerarse como exitosa.

Estas eran preocupaciones muy razonables, pero Petraeus y yo argumentamos que había una gran diferencia entre el hecho de que Catar y Arabia Saudita le suministraran armas a Siria y que Estados Unidos capacitara y equipara de manera responsable a una fuerza rebelde no extremista. Y poder evitar ese desastre era una gran parte de la razón de ser de nuestro plan. Aun más, el objetivo no era crear una fuerza lo suficientemente sólida como para derrotar al régimen. Más bien, la idea era conseguir un socio en el terreno de operaciones con el que pudiéramos trabajar lo suficiente como para convencer a Assad y a sus partidarios de que una victoria militar era imposible. No era un plan perfecto de ninguna manera. De hecho, lo mejor que podía decir a su favor es que era la opción menos mala entre las muchas alternativas aún peores.

A pesar del apoyo de alto nivel del Consejo de Seguridad Nacional, algunos en la Casa Blanca se mostraron escépticos. Después de todo, el presidente fue elegido en gran parte debido a su oposición a la guerra en

Irak y a su promesa de retirar las tropas de ese país. Enredarse de alguna manera en otra guerra civil sectaria en el Medio Oriente no era lo que tenía en mente cuando asumió su cargo. El presidente consideraba que necesitábamos más tiempo para evaluar la oposición siria antes de aumentar nuestro compromiso.

Los riesgos tanto de la acción como de la inacción eran altos. Ambas opciones tendrían consecuencias indeseables. El presidente se inclinaba por permanecer en el curso actual y no dar el paso adicional y significativo de armar a los rebeldes.

A nadie le gusta perder un debate, incluyéndome a mí. Pero se trataba de la decisión del presidente, y yo respetaba sus deliberaciones y decisiones. Desde el principio de nuestra asociación, él me había prometido que siempre me escucharía. Y así fue siempre. En este caso, mi posición no prevaleció.

Con el plan de armar a los rebeldes completamente estancado, me dediqué de nuevo a la presión diplomática, tratando de aislar y de presionar más al régimen, mientras que hacía frente a la catástrofe humanitaria. En agosto de 2012, el secretario general de la ONU Ban Ki-moon, había nombrado a Lakhdar Brahimi, un experimentado diplomático de Argelia, para suceder a Kofi Annan. Él y yo nos reunimos y hablamos a menudo hasta que dejé mi cargo. En una reunión de los Amigos del Pueblo Sirio en septiembre, anuncié una ayuda adicional para conseguir alimentos, agua, mantas y servicios médicos esenciales para las personas que sufrían en Siria. También me comprometí a apoyar más a los grupos de la oposición civil, incluyendo el suministro de computadoras, teléfonos y cámaras conectadas vía satélite, y capacitar a más de mil activistas, estudiantes y periodistas independientes. A medida que más sectores sirios se liberaban del control del régimen, queríamos ayudar también a que los grupos de oposición locales prestaran servicios esenciales como la reapertura de escuelas y la reconstrucción de viviendas. Pero todas estas medidas eran paños de agua tibia. El conflicto no tardaría en agravarse.

———

Cuando dejé mi cargo como secretaria de Estado a principios de 2013, decenas de miles de sirios habían sido asesinados. Millones de personas más habían huido. La diplomacia internacional había llegado a un punto muerto. Nuestros temores se estaban haciendo realidad a medida que los extremistas fueron eclipsando a los líderes más moderados del Ejército Libre de Siria.

En marzo de 2013, poco más de un mes después de haber dejado mi cargo, empezaron a llegar informes preocupantes de Alepo de que el régimen de Assad había comenzado a usar armas químicas por primera vez. Este había sido un gran temor por espacio de dos años. Se creía que Siria tenía algunas de las mayores reservas mundiales de gas mostaza, sarín y de otras armas químicas. A lo largo de 2012, habíamos recibido informes esporádicos de que las fuerzas del régimen estaban transportando o mezclando sustancias químicas. En respuesta, el presidente Obama y yo emitimos advertencias contundentes. En agosto de 2012, el presidente Obama dijo que el traslado o el uso de armas químicas era una "línea roja" para Estados Unidos. La implicación clara era que si el régimen cruzaba esa línea, se tomarían acciones, incluyendo potencialmente la fuerza militar. En 2012, esa amenaza pareció ser un medio eficaz de disuasión, y Assad dio marcha atrás. Así que si estos nuevos informes sobre las armas químicas eran ciertos, el conflicto en Siria habría dado un giro muy peligroso.

El presidente volvió a decir que el uso de armas químicas sería un "cambio de juego", pero las agencias de inteligencia de Estados Unidos aún no estaban listas para decir con certeza que un ataque había ocurrido en realidad. Se necesitaba investigar más. En junio de 2013, en un comunicado de bajo perfil, la Casa Blanca confirmó que, finalmente, tenía certeza de que las armas químicas se habían utilizado realmente a pequeña escala en múltiples ocasiones, causando la muerte de 150 personas. El presidente decidió aumentar la ayuda al Ejército Libre de Siria. En el fondo, los funcionarios del gobierno dijeron a la prensa que comenzarían a suministrar armas y municiones por primera vez, dando marcha atrás a la decisión del presidente en el verano anterior.

Luego, en agosto de 2013, el mundo quedó horrorizado con las imágenes de un nuevo ataque químico de carácter masivo en los barrios de la oposición alrededor de Damasco. El balance de muertos ascendió a más de 1.400 hombres, mujeres y niños. Esta fue una escalada sustancial y una violación flagrante de la línea roja del presidente y de antiguas normas internacionales. Inmediatamente, comenzó a aumentar la presión para una respuesta firme por parte de los Estados Unidos. El secretario de Estado Kerry tomó la iniciativa de condenar el ataque, calificándolo como una "obscenidad moral". El presidente Obama dijo: "No podemos aceptar un mundo en el que las mujeres, los niños y los civiles inocentes son gaseados en proporciones terribles". Los estadounidenses se preguntaron si la acción militar era inminente.

Algunos comentaristas y miembros del Congreso se preguntaron por qué el presidente se preocupaba tanto por las armas químicas cuando Assad había utilizado armas convencionales durante varios meses contra su propio pueblo. Las armas químicas pertenecen a una categoría especial. Han sido prohibidas por la comunidad internacional desde el Protocolo de Ginebra de 1925 y la Convención sobre Armas Químicas de 1993, ya que son horribles, indiscriminadas e inhumanas. Como explicó el presidente Obama, "Si no actuamos, el régimen de Assad no verá ninguna razón para dejar de usar armas químicas. Si la prohibición de estas armas se debilita, otros tiranos no tendrán ninguna razón para pensarlo dos veces antes de adquirir gas venenoso y de usarlo. Con el tiempo, nuestras tropas volverían a enfrentarse a la perspectiva de la guerra química en el campo de batalla. Y las organizaciones terroristas podrían tener mayores facilidades para obtener estas armas, y usarlas para atacar a la población civil".

A medida que la Casa Blanca se preparaba para la acción, el primer ministro David Cameron perdió una votación en el Parlamento británico el 29 de agosto para autorizar el uso de la fuerza en Siria. Dos días más tarde, el presidente Obama anunció su intención de ordenar ataques aéreos para disuadir y degradar el uso futuro de armas químicas por parte del régimen de Assad. Pero en un movimiento que sorprendió a muchos en Washington, el presidente Obama dijo que buscaría la autorización del Congreso, que estaba en receso, antes de actuar. De repente, el Congreso se vio inmerso en un intenso debate acerca de qué hacer. Se hicieron comparaciones con el período previo a la guerra en Irak. Se invocaron los peores escenarios y los principales escollos. El plan del presidente para un ataque limitado a fin de mantener una norma fundamental a nivel global parecía perderse en las disputas. A medida que pasaban los días, la marea de la opinión pública comenzó a volverse en contra de la Casa Blanca. Los contadores de votos en el Congreso comenzaron a predecir que el presidente podría perder, lo que asestaría un duro golpe al prestigio y a la credibilidad de Estados Unidos. Observé éste intercambio con consternación. Siria se había vuelto algo más que problema complejo. Respaldé los esfuerzos del presidente en el Congreso y exhorté a los legisladores a actuar.

Durante este período, hablé con el secretario Kerry y con Denis McDonough, jefe de Estado Mayor de la Casa Blanca, sobre la manera de fortalecer la posición del presidente en el extranjero, especialmente

SIRIA: UN PROBLEMA COMPLEJO   517

antes de que el presidente asistiera esa semana a la cumbre del G-20 en San Petersburgo, donde vería a Vladimir Putin. Como no quería que Putin tuviera el polémico debate en el Congreso como un factor en su intercambio con el presidente, le sugerí a Denis que la Casa Blanca encontrara una manera de mostrar el apoyo bipartidista antes de la votación. Sabiendo que el senador Bob Corker, el principal republicano de la Comisión de Relaciones Exteriores del Senado, no era un simpatizante de Putin, le aconsejé a Denis que lo reclutara para ayudarnos a enviar un mensaje. La idea era utilizar una audiencia rutinaria del comité esa semana para celebrar una votación sobre la autorización para utilizar la fuerza militar que el presidente habría de ganar. Denis, siempre abierto a las ideas, y muy familiarizado con las maneras del Congreso desde que sirvió en este organismo, estuvo de acuerdo. La Casa Blanca trabajó con Corker y obtuvo el voto. Aunque no era la declaración más importante del mundo, bastó para decirle a Putin que no estábamos tan divididos como él esperaba. Denis volvió a llamarme unos días después para ver si tenía más ideas, y dijo que el presidente quería llamarme al día siguiente. Sabiendo que el presidente tenía que hacer frente a muchas cosas, le dije a Denis que no sería necesario. Pero Denis dijo que el POTUS (el Presidente de los Estados Unidos, por sus siglas en inglés) me iba a llamar, y efectivamente, hablamos al día siguiente sobre el estado de sus esfuerzos en el Congreso, y la evolución en curso en el ámbito internacional.

En una coincidencia fortuita, yo tenía programado ir a la Casa Blanca el 9 de septiembre para un evento sobre el tráfico ilegal de vida silvestre. En el departamento de Estado, me había enterado de que los elefantes de las selvas africanas se estaban extinguiendo. Aunque se trataba de algo infortunado en sí, lo que más llamó mi atención fue una de las razones que había detrás de esto: terroristas y grupos armados como Al Shabaab y el Ejército de Resistencia del Señor, se habían dedicado al comercio ilegal de marfil como un medio para financiar sus actividades ilícitas y desestabilizadoras a través de África central. Cuando dejé el gobierno y me uní a Bill y Chelsea en la Fundación Clinton, Chelsea y yo empezamos a trabajar con los principales grupos de conservación para organizar una respuesta mundial que "detuviera la matanza, el tráfico y la demanda". Gracias en parte a nuestra presión, la Casa Blanca también consideró esto como un tema importante, y el presidente Obama firmó una orden ejecutiva en el verano de 2013 para intensificar los esfuerzos con el fin de combatir el tráfico ilegal. La Casa Blanca estaba celebrando una conferencia para planear las próximas medidas, y quería que Chelsea y yo asistiéramos. Por supuesto, el mundo sólo quería oír hablar de Siria.

Esa mañana en una rueda de prensa en Londres, al secretario Kerry le preguntaron si había algo que Assad pudiera hacer para evitar una acción militar.

—Claro —contestó Kerry—, él podría entregar cada una de sus armas químicas a la comunidad internacional en la próxima semana sin tardanza alguna y permitir la contabilidad completa y total. Pero él nunca va a hacer esto y no es algo que se pueda hacer.

Aunque la respuesta de Kerry puede haber reflejado las conversaciones que él tenía con los aliados y los rusos, pareció una observación displicente a los oídos del mundo, y un portavoz del departamento de Estado le restó importancia, diciendo que era "un argumento retórico". Los rusos, sin embargo, aprovecharon el comentario de Kerry y lo acogieron como una oferta diplomática seria.

Cuando llegué a la Casa Blanca a la una de la tarde, altos funcionarios del gobierno estaban debatiendo cómo responder. Me dieron una sesión informativa y luego fui al Despacho Oval para hablar con el presidente. Era extraño estar de nuevo en ese conocido espacio desde que había entregado mi cargo seis meses antes, para hablar una vez más de una crisis internacional urgente. Le dije al presidente que si los votos a favor de la acción contra Siria no se podían obtener en el Congreso, él debía hacer de tripas corazón y darle la bienvenida a la oferta inesperada de Moscú.

Obviamente, había razones para ser cautelosos. Esta última maniobra diplomática de los rusos podía ser sólo otra táctica dilatoria para mantener a Assad en el poder a toda costa. Un gran suministro de armas químicas no era bueno para ellos, debido a la oposición de su población musulmana. Pero la perspectiva de eliminar los arsenales de armas químicas de Assad valía la pena el riesgo, sobre todo porque el presidente se arriesgaba a una confrontación con el Congreso que podría ser muy perjudicial. Esto no pondría fin a la guerra civil ni ayudaría mucho a los civiles atrapados en el fuego cruzado, pero eliminaría una grave amenaza para los civiles sirios, los países vecinos incluyendo a Israel, y para el propio Estados Unidos. A medida que el conflicto se agravaba y la inestabilidad aumentaba, lo mismo ocurría con la probabilidad de que esas armas fueran utilizadas otra vez contra civiles sirios, transferidas a Hezbolá, o robadas por otros terroristas.

Le dije al presidente que aún creía que era crucial buscar una solución política que pusiera fin al conflicto. Yo sabía exactamente lo difícil que sería hacer esto. Después de todo, yo había tratado de hacerlo desde marzo de 2011. Pero la hoja de ruta que habíamos firmado en Ginebra el año anterior ofrecía sin embargo un camino a seguir. Tal vez la cooperación en materia de armas químicas crearía un impulso para un mayor progreso. Era poco probable, pero valía la pena intentarlo.

El presidente estuvo de acuerdo y me pidió que hiciera una declaración. Salí del Despacho Oval, me reuní con Ben Rhodes, asesor adjunto de Seguridad Nacional del presidente y escritor de discursos de alta política exterior, y escribimos encima de mis notas sobre el tráfico ilegal de marfil. Al igual que Denis McDonough, Rhodes era uno de los asesores del presidente a quien yo apreciaba —y en quien confiaba— desde hacía varios años. Él también era cercano a los miembros de mi equipo; recordaban juntos lo lejos que habíamos llegado desde los viejos tiempos de la campaña de las primarias de 2008, y extrañaban su trabajo en equipo. Me alegré una vez más de contar con su asesoría para enviarle el mensaje correcto al mundo.

Cuando entré al evento sobre la fauna en un auditorio de la Casa Blanca, había tal vez un mayor número de cámaras y periodistas que nunca antes informando sobre la caza ilegal de elefantes. Empecé a hablar de Siria: "Si el régimen entregara de inmediato sus arsenales como lo habían sugerido el secretario Kerry y los rusos, sería un paso importante. Pero esto no puede ser una excusa para el retraso o la obstrucción, y Rusia tiene que apoyar los esfuerzos de la comunidad internacional con sinceridad o rendir cuentas". También hice hincapié en que la amenaza del presidente de utilizar la fuerza era lo que había impulsado a los rusos a buscar una salida.

La Casa Blanca decidió aplazar la votación en el Congreso para darle a la diplomacia la oportunidad de funcionar. El secretario Kerry viajó a Ginebra y trabajó en los detalles para el desmantelamiento de las armas químicas con Lavrov. Apenas un mes más tarde, la Organización para la Prohibición de las Armas Químicas fue galardonada con el Premio Nobel de la Paz. Fue todo un voto de confianza. Cabe destacar que al escribir estas líneas, el acuerdo se ha mantenido y la ONU está haciendo un progreso lento pero firme en desmantelar el arsenal de armas químicas de Assad, a pesar de las circunstancias extraordinariamente difíciles. Se han producido retrasos, pero más del 90 por ciento de las armas químicas de Siria habían sido desmanteladas para finales de abril de 2014.

En enero de 2014, el representante Especial Brahimi convocó a una segunda conferencia de la ONU en Ginebra sobre Siria con el objetivo de implementar el acuerdo que yo había negociado en junio de 2012. Por primera vez, representantes del régimen de Assad se sentaron cara a cara con los miembros de la oposición. Pero las conversaciones no condujeron a ningún progreso. El régimen se negó a comprometerse seriamente en el tema de un órgano de gobierno de transición según lo dispuesto por el acuerdo de Ginebra, y sus aliados rusos lo apoyaron fielmente. Mientras tanto, los combates en Siria continuaron sin cesar.

La tragedia humanitaria que ocurre en Siria es desgarradora. Como de costumbre, las mujeres y los niños inocentes son los más afectados por el sufrimiento. Los extremistas continúan ganando terreno y los agentes de inteligencia de Estados Unidos y Europa advierten que podrían representar una amenaza mucho más allá de Siria. "Estamos preocupados por el uso del territorio sirio por parte de la organización Al Qaeda para reclutar individuos y desarrollar la capacidad no sólo de realizar ataques dentro de Siria, sino también de utilizar a este país como una plataforma de lanzamiento", informó el director de la CIA John Brennan en febrero de 2014. James Clapper, director de Inteligencia Nacional, fue más allá y dijo que al menos un grupo extremista en Siria "pretende realizar ataques contra la patria [estadounidense]". Si la situación en Siria continúa en un punto muerto y sangriento, este peligro aumentará y Estados Unidos y nuestros aliados no podrán ignorarlo. Los miembros más moderados de la oposición siria también reconocen la amenaza planteada por los extremistas que tratan de apropiarse de su revolución, y algunos han puesto en marcha esfuerzos para expulsarlos del territorio controlado por los rebeldes. Sin embargo, esa será una batalla muy difícil, que requerirá del desvío de armas y de hombres que tendrían que dejar de luchar contra Assad. En abril de 2014 hubo informes que decían que Estados Unidos daría armas y entrenamiento a ciertos grupos armados.

Como dijo Kofi Annan en la primera cumbre de Ginebra, "La historia es un juez sombrío". Es imposible ver el sufrimiento en Siria, incluso como un ciudadano común, y no preguntarse qué más se podría haber hecho. Eso es parte de lo que hace de Siria y del desafío más amplio de un Medio Oriente inestable un problema tan complejo. Pero los problemas complejos no nos pueden paralizar. Tenemos que seguir buscando soluciones con urgencia, por difíciles que sean de encontrar.

20

Gaza: Anatomía de un alto el fuego

La caravana se detuvo a un lado de la carretera polvorienta entre Ramala y Jerusalén. Los agentes de seguridad se apresuraron a abandonar sus vehículos blindados y observaron la carretera que llevaba de vuelta hacia el corazón de Cisjordania. Otros miraban el cielo. La inteligencia israelí había compartido informes de que un cohete podría haber sido disparado por extremistas palestinos en la Franja de Gaza. Pero no había manera de saber con seguridad hacia dónde se dirigía. Los funcionarios estadounidenses de la caravana que iban en una furgoneta estándar abordaron rápidamente uno de los varios vehículos fuertemente blindados que ofrecían mejor protección contra una explosión. Cuando todos se acomodaron, nos dirigimos a Jerusalén.

En los días previos al día de Acción de Gracias de 2012, la Tierra Santa parecía una vez más como una zona de guerra. Salí de una cumbre de alto nivel en Asia y volé al Medio Oriente en una misión diplomática de emergencia para tratar de impedir que una guerra aérea entre Israel y Hamás en Gaza desembocara en una guerra terrestre mucho más mortal. Para ello, tendría que negociar un alto el fuego entre adversarios implacables y desconfiados contra el telón de fondo de una región en crisis. Después de cuatro años de diplomacia frustrante en el Medio Oriente, esta sería otra prueba del liderazgo de Estados Unidos.

Casi cuatro años antes, la administración Obama llegó al poder pocos días después del final de otro conflicto en Gaza, detonado también por el lanzamiento de cohetes hacia Israel. A principios de 2009, el ejército israelí realizó una invasión terrestre de Gaza para detener los cohetes lanzados por militantes en la frontera. Después de casi dos semanas de una brutal lucha urbana que dejó unos 1.400 muertos en Gaza, Israel se retiró y reanudó un estado de sitio de facto del enclave palestino. En los años siguientes, una violencia persistente pero de bajo nivel continuó a lo largo de la frontera. Más de cien cohetes fueron disparados contra el sur de Israel en 2009 y 2010, así como ocasionales ataques de mortero. En algunos casos, los aviones israelíes respondían con ataques aéreos. Esta situación estaba lejos de ser aceptable, aunque se consideró una época relativamente tranquila para los estándares de la región. Pero a partir de 2011, a medida que los extremistas se armaban de nuevo y gran parte del Medio Oriente era sacudida por la revolución, la violencia aumentó. Cientos de cohetes impactaron Israel ese año. El ritmo se aceleró en 2012. El 11 de noviembre, el ministro de Defensa israelí Ehud Barak, advirtió sobre posibles acciones de Israel contra facciones terroristas en Gaza después de que más de cien cohetes cayeran en el sur de Israel en un período de veinticuatro horas, hiriendo a tres israelíes.

Desde 2007, Gaza había sido gobernada por Hamás, el grupo extremista palestino fundado a finales de la década de 1980 durante la Primera Intifada, y designado por Estados Unidos como una organización terrorista extranjera en 1997. Su objetivo declarado no era un estado independiente en los territorios palestinos, sino la destrucción total de Israel y el establecimiento de un emirato islámico en el territorio entre el río Jordán y el mar Mediterráneo. Durante varios años, contó con el apoyo financiero y militar de Irán y Siria y, tras la muerte de Yasser Arafat en 2004, compitió con Fatah —el partido más moderado de Mahmud Abbas— por el liderazgo de la causa palestina. Después de ganar las elecciones legislativas en 2006, Hamás le arrebató el control de la Franja de Gaza a Abbas y a la Autoridad Palestina en 2007, y se mantuvo en el poder a pesar de la guerra de 2009. Hamás y sus aliados extranjeros destinaron energías y recursos al contrabando de armas para reconstruir sus arsenales, mientras que la economía de Gaza seguía desmoronándose y el pueblo sufría.

Posteriormente, el levantamiento de la Primavera Árabe sacudió el tablero de ajedrez de Medio Oriente y Hamás se encontró en medio de un paisaje cambiante. En Siria, el patrocinador tradicional de Hamás, el dictador alauí Bashar al-Assad, se enfrascó en una brutal represión contra la población mayoritariamente suní. Hamás, que era una organización suní, abandonó su cuartel general en Damasco. Al mismo tiempo, los la Hermandad Musulmana, un grupo islamista suní que tenía vínculos con Hamás, llegó al poder en el Egipto posrevolucionario, al otro lado de la frontera de Gaza. Para Hamás, fue como si se abriera una puerta mientras la otra se cerraba. Para complicar aún más las cosas, Hamás enfrentó una creciente competencia en su propio territorio por parte de otros grupos extremistas, en particular de la yihad islámica palestina, que también buscaba combatir a Israel, pero no estaba agobiada por la responsabilidad de gobernar Gaza o de brindarle resultados al pueblo.

Como Israel hacía cumplir el bloqueo de Gaza por mar y mantenía un estricto control de sus fronteras norte y este, el principal punto de reabastecimiento para Hamás era a través de la estrecha frontera sur con la península del Sinaí en Egipto. Bajo el mandato de Mubarak, los egipcios fueron razonablemente estrictos con el contrabando y, en general, trabajaron bien con Israel, pero Hamás cavó con éxito túneles bajo la frontera que llegaban a territorio egipcio. Después del derrocamiento de Murabak y de que la Hermandad Musulmana llegaran al poder en Egipto, cruzar la frontera de Gaza fue más fácil.

Al mismo tiempo, las autoridades egipcias comenzaron a perder el control de la península del Sinaí. Esta región desértica de 23.000 millas cuadradas se adentra en el mar Rojo desde la orilla oriental del canal de Suez. El Sinaí es famoso por su papel en la Biblia y su ubicación estratégica como puente terrestre entre África y Asia. Fue invadido por Israel en dos ocasiones, una en 1956 durante la crisis del Suez y nuevamente en 1967 durante la Guerra de los Seis Días. Bajo los términos de los Acuerdos de Camp David de 1979, Israel devolvió el Sinaí a Egipto y una fuerza internacional de paz, incluyendo tropas de Estados Unidos, llegó para mantener la tregua. Sinaí es también el hogar de tribus beduinas nómadas y difíciles de controlar, largamente marginadas por El Cairo. Estas tribus se aprovecharon del caos desencadenado por la revolución egipcia, afirmando su autonomía, exigiendo más apoyo económico del gobierno y un mayor respeto de las fuerzas de seguridad gubernamentales. A medida que la región se sumergía en el caos, extremistas que tenían vínculos con Al Qaeda también comenzaron a ver que era un refugio seguro.

En uno de mis primeros encuentros con el nuevo presidente egipcio, Mohamed Morsi, le pregunté:

—¿Qué va a hacer para evitar que Al Qaeda y otros extremistas desestabilicen a Egipto y, en particular, al Sinaí?

Su respuesta fue:

—¿Por qué habrían de hacer eso? Ahora tenemos un gobierno islamista.

Esperar solidaridad por parte de los terroristas era o muy ingenuo o sorprendentemente siniestro.

—Porque ustedes nunca serán lo suficientemente puros —le expliqué—. No me importa cuáles sean sus posiciones. Ellos vendrán por usted. Y usted tiene que proteger a su país y a su gobierno.

Él no quería escuchar nada de eso.

Para agosto de 2012, la amenaza planteada por la situación en el Sinaí era innegable. Un domingo por la tarde, un grupo de unos treinta y cinco militantes armados y enmascarados atacaron un puesto de avanzada del Ejército egipcio cerca de la frontera con Israel, y mataron a dieciséis soldados que estaban cenando. A continuación, los extremistas robaron un vehículo blindado y un camión cargado con explosivos, y se dirigieron hacia Israel. El camión explotó mientras ellos se escurrían por la valla fronteriza en el cruce de Kerem Shalom. Los ataques aéreos israelíes destruyeron el vehículo blindado. El enfrentamiento duró sólo unos quince minutos, pero sacudió fuertemente a Egipto y a Israel. Después de la tragedia, y con el apoyo de Estados Unidos, Egipto aumentó sus esfuerzos para luchar contra los militantes en el Sinaí, incluyendo el uso del poder aéreo. Pero la región se mantuvo altamente inestable.

Luego, a finales de octubre, dos eventos más ocurrieron en rápida sucesión, demostrando que la situación en la región se había vuelto verdaderamente complicada e inestable.

El 23 de octubre, el jeque y emir de Catar Hamad bin Khalifa al-Thani, visitó Gaza por invitación de Hamás. Era la primera vez que un jefe de Estado iba al enclave aislado desde que Hamás tomó el control en 2007, y ambos lados destacaron el simbolismo de la visita. El emir llegó desde Egipto en una lujosa caravana conformada por casi cincuenta Mercedes-Benz negros y Toyotas blindados, y Hamás lo recibió con toda la pompa y circunstancia que pudo reunir. Ismail Haniya, el primer ministro de Hamás, declaró que la visita de Catar marcaba el fin del "asedio político y económico impuesto a Gaza" y presentó a su esposa en su primera aparición pública. Por su parte, el emir prometió 400 millones de dólares en ayuda para el desarrollo de Gaza, más de lo que esta región recibía de todos los demás donantes internacionales combinados. El emir estaba acompañado por su esposa Sheikha Moza, y por su primo Hamad bin Jassim al-Thani, o HBJ, como lo llamábamos, que servía como primer ministro y ministro de Relaciones Exteriores de Catar.

Para Haniya y Hamás, esta fue una oportunidad para salir de detrás de la sombra del presidente de la Autoridad Palestina Mahmud Abbas, reconocido por la comunidad internacional como el líder legítimo del pueblo palestino, y demostrar que tenían un futuro brillante a pesar de cualquier alejamiento de Siria e Irán. Para Catar, fue una oportunidad para deleitarse con una nueva influencia regional y reclamar su posición como patrocinador principal de la causa palestina en el mundo árabe. Para Israel, fue un motivo de creciente preocupación. Para Estados Unidos, que seguía considerando a Hamás como una peligrosa organización terrorista, Catar era un enigma que ilustraba la complejidad de tratar con el Medio Oriente durante esta época turbulenta.

Geográficamente, Catar parece un pequeño dedo que se extiende hacia el Golfo Pérsico desde Arabia Saudita. Con poco más de 4.400 millas cuadradas, tiene menos de la mitad del tamaño de Vermont, pero ha sido bendecido con extensas reservas de petróleo y gas natural, y es uno de los países más ricos per cápita del mundo. Tiene apenas cerca de 250.000 ciudadanos, pero una cifra mucho mayor de trabajadores extranjeros ha sido contratada para mantener el país en funcionamiento. Hamad derrocó a su padre para convertirse en emir en 1995 y pronto se dedicó a elevar el perfil de Catar. Bajo su gobierno, Doha, la pujante capital, llegó a rivalizar con Dubái y Abu Dabi como centro de comercio y cultura, y su red de televisión por satélite Al Jazeera se convirtió en la fuente noticiosa más influyente del Medio Oriente, y una plataforma desde la cual Catar influencia toda la región.

Al igual que sus vecinos del Golfo, Catar ha logrado poco en términos democráticos o de respeto por los derechos humanos universales, pero ha mantenido fuertes lazos estratégicos y de seguridad con Estados Unidos, y es la sede de una gran instalación de la Fuerza Aérea de nuestro país. Este acto de equilibrio fue puesto a prueba en todo el Golfo durante la Primavera Árabe.

El emir y HBJ maniobraron para sacar ventaja de la agitación regional y posicionar a Catar como un paladín de las revoluciones. Su objetivo era convertir su pequeña nación en una potencia importante en el Medio

Oriente al respaldar a la Hermandad Musulmana y a otros islamistas en toda la región. Las otras monarquías del Golfo temían que eso fuera instigar a la inestabilidad en el país, pero los cataríes lo vieron como una oportunidad de consolidar su influencia con los nuevos actores emergentes y defender sus puntos de vista conservadores a nivel cultural, además de distraer la atención de su propia falta de reformas domésticas.

Usando el poder blando de Al Jazeera y su chequera sin fondo, el emir y HBJ financiaron a Morsi en Egipto, suministraron armas a los rebeldes islamistas en Libia y Siria, y forjaron nuevos vínculos con Hamás en Gaza. De otra parte, los aviones de combate de Catar también ayudaron a hacer cumplir la zona de exclusión aérea en Libia. En aquellos días, la presencia catarí se veía en todo el Medio Oriente. Fue una impresionante proeza diplomática, y en algunos casos, los esfuerzos de Catar se alinearon con los nuestros. Pero otras naciones árabes e Israel veían que el apoyo de Catar a las fuerzas islamistas y a los elementos extremistas como una amenaza cada vez mayor. La visita del emir a Gaza evidenció este problema. (En 2013, con los islamistas en retirada en Egipto y en otros lugares, el emir abdicó en favor de su hijo, y HBJ fue sustituido por un ex viceministro del Interior de bajo perfil. Las relaciones entre los estados del Golfo alcanzaron su punto más bajo en marzo de 2014, cuando Arabia Saudita, Baréin y los Emiratos Árabes Unidos retiraron a sus embajadores de Catar).

Pocas horas después de la visita del emir a Gaza, varias explosiones sacudieron una fábrica de armas en Jartum, Sudán. Funcionarios sudaneses dijeron que cuatro aviones de guerra habían volado desde el este y bombardeado la fábrica, matando a dos personas. Señalaron directamente a Israel. No era la primera vez. Durante los cuatro años anteriores, Sudán había acusado a Israel de lanzar varios ataques aéreos contra objetivos en su país. Sólo en ese septiembre, un cargamento de misiles y municiones con destino a Gaza fue destruido al sur de Jartum. Los israelíes se negaron a comentar acerca de la explosión de la fábrica, pero un alto funcionario del Ministerio de Defensa señaló que Sudán, "es apoyado por Irán, y sirve como ruta para la transferencia, a través de territorio egipcio, de armas iraníes a los terroristas de Hamás y la yihad Islámica".

Sudán tenía ciertamente una historia accidentada con el terrorismo. Acogió a Osama bin Laden a principios de la década de 1990, y en 1993, el departamento de Estado designó a Sudán un estado patrocinador del terrorismo. Sudán también mantenía estrechos lazos con Irán y Hamás. Poco después de la explosión en la fábrica de armas, dos buques de guerra iraníes visitaron Port Sudan. El líder de Hamás Khaled Meshal visitó Jartum unas semanas después.

Tomados en conjunto, todos estos factores regionales —el lanzamiento de cohetes desde Gaza, la inestabilidad en el Sinaí, las exhibiciones de poder de Catar, la intromisión iraní y el contrabando de Sudán— crearon una situación intensamente combustible en el otoño de 2012. Y en noviembre, el caldero se desbordó.

═════

El 14 de noviembre de 2012, yo estaba con el secretario de Defensa Leon Panetta en Perth, Australia en el marco de las consultas anuales con nuestros aliados australianos en un centro de conferencias en el Kings Park con vista a la ciudad y al río Swan. A medida que nuestra sesión de la tarde llegaba a su fin, Panetta se enteró de que el ministro de Defensa israelí Barak estaba tratando de hablar urgentemente con él. Panetta se dirigió a un lugar de la cocina para recibir la llamada segura de Jerusalén. Después del almuerzo, se reunió con el general Marty Dempsey y conmigo en un patio para compartirnos el informe de Barak. Por la expresión de su rostro, comprendí que las cosas estaban por complicarse. El ejército de Israel estaba a punto de lanzar una gran campaña aérea contra los militantes en Gaza. Los bombardeos comenzarían de forma inminente.

Desde la pacífica Perth, la perspectiva de una nueva guerra en el Medio Oriente parecía estar a un millón de millas de distancia (en realidad, a unas siete mil), pero esto era sumamente grave. Les dije a Panetta y a Dempsey que la respuesta israelí era comprensible. Los cohetes de Hamás eran cada vez más avanzados y precisos, hasta el punto de amenazar incluso a Tel Aviv, localizada a cuarenta millas de la frontera. Sus residentes no se habían enfrentado a las advertencias de ataques aéreos desde la primera Guerra del Golfo en 1991, cuando Saddam Hussein lanzó misiles Scud contra Israel. Todos los países tienen derecho a defenderse y no se podía esperar que ningún gobierno aceptara semejante provocación. Sin embargo, cualquier aumento de la violencia haría que la situación fuera mucho más difícil de contener y nadie quería ver una repetición de la guerra sin cuartel que había estallado sólo cuatro años antes.

La primera gran ronda de ataques aéreos mató a Ahmed Jabari, un terrorista acusado de planear numerosos ataques contra israelíes en los últimos años. Durante los dos días siguientes, murieron integrantes de ambos bandos. La portada del *New York Times* del 16 de noviembre fue dominada por fotografías impactantes a cuatro columnas de los funerales en la ciudad de Gaza y en Jerusalén.

Según Israel, más de 1.500 cohetes fueron disparados desde Gaza durante esa semana. Seis israelíes murieron —cuatro civiles y dos soldados—, y más de doscientos resultaron heridos. Muchas familias israelíes se vieron obligadas a evacuar sus hogares en las zonas del sur cercanas a Gaza, mientras los cohetes seguían cayendo. Y se reportó que cientos de palestinos fueron asesinados en la campaña aérea que las fuerzas armadas israelíes llamaron Operación Pilar de Defensa.

Recibí actualizaciones frecuentes del embajador Dan Shapiro y de su equipo en nuestra embajada en Tel Aviv, así como de nuestros expertos en Washington. El subsecretario Bill Burns, quien se había desempeñado como el más alto funcionario del departamento en Medio Oriente bajo el mando de Colin Powell, una vez más me suministró información. Bill y yo estuvimos de acuerdo en que había una ventana limitada en la que la diplomacia podría ser capaz de contener una nueva escalada del conflicto.

Llamé al canciller egipcio Mohamed Amr para ver si Egipto podía hacer algo para aliviar las tensiones. "No podemos aceptarlo", dijo Amir acerca de los ataques aéreos israelíes. Aunque Mubarak había sido reemplazado en el poder por Morsi, un líder de la Hermandad Musulmana, yo esperaba que Egipto continuara siendo un intermediario clave y un abanderado de la paz. Hice un llamamiento a la sensibilidad de Amr sobre la estatura de Egipto.

—Creo que su papel en esto es muy importante y lo insto a hacer todo lo que pueda para distender la situación —le dije, y añadí que Egipto tenía que hablar con Hamás e instarlos a dejar de bombardear Israel. Israel sólo estaba actuando en defensa propia, argumenté, y dije—: no hay un país en el mundo que pueda cruzarse de brazos mientras alguien dispara cohetes contra su pueblo.

Amr aceptó intentarlo.

—Espero que ambos podamos hacer algo para detener esta locura —dijo—, tenemos que trabajar juntos en un esfuerzo mancomunado.

Mientras yo viajaba por Australia, de Perth a Adelaide, y luego a Singapur, el presidente Obama y yo nos mantuvimos en estrecho contacto, coordinando la presión que íbamos a ejercer sobre nuestros homólogos del Medio Oriente. Él se contactó con Morsi y consultó con el primer ministro Netanyahu y el primer ministro turco Erdoğan, instando a todas las partes a presionar por un alto el fuego. Mientras comparábamos notas, pensamos si tendría sentido una participación más directa. ¿Debería volar yo al Medio Oriente para intentar detener la violencia?

Ninguno de los dos estaba seguro de que mi viaje fuera la mejor decisión. Para empezar, el presidente y yo teníamos que atender un asunto muy serio en Asia. Después de una breve escala en Singapur, yo planeaba reunirme con el presidente Obama en Tailandia y luego viajaríamos juntos a Birmania para una visita histórica destinada a reforzar la incipiente apertura democrática en ese país. Después, asistiríamos a una gran cumbre de líderes asiáticos en Camboya, que se esperaba fuera dominada por delicada diplomacia sobre el mar de China meridional. La asistencia personal es muy importante en Asia, así que marcharme de allí tendría un costo.

Eso no era todo: el presidente estaba comprensiblemente receloso de que asumiéramos un papel de mediación directa en otro conflicto espinoso en el Medio Oriente. Si tratábamos de negociar un alto el fuego y fracasábamos, como parecía muy probable, eso debilitaría el prestigio y la credibilidad de Estados Unidos en la región. Había incluso una buena probabilidad de que la participación directa de Estados Unidos echara atrás la causa de la paz, al elevar el perfil del conflicto y hacer que ambas partes endurecieran sus posiciones de negociación. Esto era lo último que él y yo queríamos, o que Estados Unidos necesitaba.

Continué con mi viaje a Asia tal como estaba previsto, hablando todo el tiempo posible por teléfono con líderes clave de Medio Oriente y aliados europeos que estaban preocupados por la situación. En cada llamada, sostuve que el mejor camino a seguir sería un alto el fuego simultáneo entre Israel y Hamás.

Las apuestas eran grandes. El gabinete israelí había llamado a setenta y cinco mil reservistas para una posible invasión terrestre a Gaza. Como se temía, esto se estaba perfilando como una repetición de la guerra de enero de 2009, que había cobrado un precio terrible en la población de Gaza y en la reputación de Israel a nivel mundial. Era imperativo resolver la crisis antes de que desembocara en una guerra terrestre. La única buena noticia fue que el sistema de defensa aérea Cúpula de Hierro que habíamos ayudado a construir para proteger a Israel de cohetes, estaba funcionando incluso mejor de lo que se había esperado. El ejército israelí informó que la Cúpula de Hierro tenía una tasa de éxito de más del 80 por ciento en destruir a todos los cohetes que atacaba. Y aunque se tratara de una estimación generosa, su éxito era sorprendente. Sin embargo, un sólo cohete lanzado desde Gaza que golpeara su objetivo sería demasiado, y los israelíes estaban decididos a atacar las existencias y los sitios de lanzamiento en Gaza.

Cuando me reuní con el presidente Obama en Bangkok el 18 de noviembre, le informé que mi diplomacia telefónica estaba chocando contra una realidad difícil: ninguna de las dos partes quería que la vieran titubear primero. El presidente estaba notando lo mismo en sus conversaciones telefónicas. Esa fue la razón por la que seguí promoviendo la idea de un alto el fuego simultáneo, en el que ambas partes dieran simultáneamente un paso atrás desde el borde del precipicio.

—Hamás está tratando de proponer condiciones antes de un alto el fuego. Israel nunca aceptará eso y tenemos menos de cuarenta y ocho horas antes de que Israel pueda lanzar una ofensiva terrestre que sería devastadora —le advertí a HBJ de Catar una hora después de llegar a Bangkok.

El presidente y yo le hicimos una visita privada al rey de Tailandia, que estaba enfermo en un hospital de Bangkok, y posteriormente visitamos el famoso templo de Wat Pho, donde está el "Buda reclinado", la estatua de oro más grande de Tailandia, que mide más de 150 pies de largo. A pesar del entorno, nuestra conversación volvió a Gaza. No había duda en nuestras mentes de que Israel tenía derecho a defenderse. Pero sabíamos también que una invasión terrestre podía ser catastrófica para todas las partes involucradas.

Dos días después, la situación era tan grave que decidí ventilar con el presidente la idea de marcharme de Asia y viajar al Medio Oriente para intervenir personalmente en el conflicto. Era algo que estaba lleno de riesgos, pero incluso si fracasábamos, el peligro de una guerra más amplia e inminente era ya demasiado grande como para no intentar algo. A primera hora de la mañana, subí a la suite del presidente en el elegante y antiguo Hotel Raffles Le Royal en Phnom Penh, Camboya. Él estaba todavía en la ducha, así que esperé unos minutos. Luego, hablamos sobre lo que debía hacerse mientras él bebía un café. Permaneció cauteloso. ¿Cuáles eran las probabilidades de que mi viaje detuviera realmente la violencia? ¿Parecería como si estuviéramos menoscabando a Israel? ¿Cuáles podrían ser las consecuencias no deseadas de poner a Estados Unidos en medio de este lío? Hablamos de todas esas preguntas y de otras. Al final, coincidimos en que la paz en Medio Oriente era una prioridad indiscutible de seguridad nacional; era crucial para evitar otra guerra terrestre en Gaza, y no había ningún sustituto para el liderazgo estadounidense.

El presidente todavía no estaba 100 por ciento de acuerdo con esto, pero aceptó que yo debía empezar a prepararme para viajar. Huma y nuestro equipo de viaje comenzaron a trabajar en la logística del desvío de Camboya a Israel, que no era una ruta muy típica. Faltaban apenas dos días para Acción de Gracias y era imposible saber cuánto tiempo tardaría este viaje, por lo que animé a todos los miembros del personal que necesitaran regresar a nuestro país a que lo hicieran con el presidente en el avión Air Force One.

Más tarde esa mañana, el presidente y yo trabajamos una vez más en una improvisada "sala de espera" en el enorme centro de conferencias del Palacio de la Paz en Phnom Penh. En un pequeño espacio acordonado por tuberías y cortinas, sopesamos una vez más los pros y los contras. Jake Sullivan, Tom Donilon y Ben Rhodes se unieron a nosotros para una ronda final. Donilon estaba inquieto después de sentirse decepcionado en numerosas ocasiones a lo largo de los años por las desventuras en el Medio Oriente, pero al final estuvo de acuerdo con que debía ir. El presidente escuchó todos los argumentos y luego tomó una decisión. Había llegado el momento de actuar. Era probable que no tuviéramos éxito, pero lo que sí estaba seguro era que lo íbamos a intentar.

El presidente dijo que llamaría a Morsi y a Bibi desde Air Force One en el vuelo de regreso a Washington para intentar avanzar las cosas mientras yo aterrizaba. Su consejo de despedida fue un estímulo familiar. Justo como cuando negociamos la suerte del disidente ciego por los derechos humanos Chen Guangcheng, el mensaje del presidente fue claro: "¡No metas la pata!". No estaba en mis planes hacerlo.

═══════

Pensé detenidamente en la complejidad de la crisis durante el vuelo de once horas desde Camboya a Israel. No se podía entender lo que estaba pasando en Gaza si no se entendía también la trayectoria de aquellos cohetes antes de ser lanzados, abriéndose paso desde Irán a través de Sudán, hasta llegar finalmente a Hamás, y lo que esos enlaces significaban para la seguridad regional. Había que entender también el papel cada vez más importante desempeñado por la tecnología. Los cohetes eran cada vez más sofisticados, pero también lo eran las defensas aéreas de Israel. ¿Qué resultaría ser lo decisivo? Había que considerar también la manera como el conflicto en Siria estaba creando fricción entre los suníes de Hamás y sus patrocinadores chiítas de toda la vida en Damasco y Teherán, al mismo tiempo que la Hermandad Musulmana suní llegaba al poder en El Cairo y la guerra civil de Siria seguía campante. ¿Qué pasaba con la creciente inestabilidad en el Sinaí y con la presión que estaba ejerciendo sobre el nuevo gobierno egipcio? Israel no tardaría en celebrar elecciones y la coalición de Netanyahu distaba de ser estable. ¿De qué manera la política interna de Israel influiría en su postura sobre Gaza? Todas estas preguntas y muchas más seguirían rondando mientras yo trataba de negociar un alto el fuego.

Desde el avión, llamé al ministro de Relaciones Exteriores alemán Guido Westerwelle, que estaba realizando sus propias consultas en Jerusalén.

—Estoy en el mismo hotel donde usted se alojará; acabamos de oír una alarma de cohetes y tuvimos que abandonar nuestras habitaciones —me dijo—. No puede imaginar lo tensa que es la situación.

Aterrizamos en el aeropuerto internacional Ben Gurión de Tel Aviv casi a las diez de la noche del 20 de noviembre, y recorrimos treinta minutos en auto antes de llegar a la oficina de Netanyahu en Jerusalén. Subí las escaleras y me senté con el primer ministro y con un pequeño grupo de asesores nuestros. Los israelíes nos dijeron que ya habían empezado conversaciones con los egipcios, quienes estaban representando a Hamás, pero se estaban atascando en asuntos difíciles y de vieja data en relación con el embargo a Gaza por parte de Israel, la libre circulación de sus ciudadanos, los derechos de pesca en la costa y otras tensiones existentes. Bibi y su equipo eran muy pesimistas de que pudiera lograrse un acuerdo. Dijeron que hablaban en serio acerca de lanzar una invasión terrestre en Gaza si las cosas no cambiaban. Ellos me iban a dar un poco de tiempo, pero no mucho. Yo estaba ahora contra el reloj.

A medida que pasaban las horas, el personal del primer ministro trajo varios carros con comida, con abundantes sándwiches de queso a la parrilla y *éclairs*. Era comida reconfortante en medio de la alta tensión; sin embargo, nadie miraba el reloj. Valoré el hecho de que Bibi y su equipo no me ocultaran ningún detalle. Se interrumpían y contradecían entre sí, incluyendo al primer ministro.

Netanyahu se encontraba bajo una gran presión para lanzar una invasión. Las encuestas de opinión en Israel favorecían fuertemente esa medida, especialmente quienes apoyan a Bibi en el Likud. Pero los comandantes militares israelíes advirtieron de un alto número de víctimas y Netanyahu también estaba preocupado por las consecuencias regionales. ¿Cómo reaccionaría Egipto? ¿Comenzaría Hezbolá a atacar desde el Líbano? Él sabía también que los militares habían logrado la mayoría de sus objetivos dentro de las primeras horas de los ataques aéreos sostenidos, especialmente la degradación de la capacidad de cohetes de largo alcance de Hamás, y que la Cúpula de Hierro estaba haciendo un buen trabajo en proteger a los ciudadanos israelíes. Bibi no quería una guerra terrestre, pero estaba teniendo dificultades para encontrar una salida que le permitiera a Israel retirarse y aliviar las tensiones sin que pareciera como si estuviera retrocediendo ante el continuo desafío de Hamás, algo que sólo fomentaría más violencia en el futuro. Mientras tanto, Mubarak ya no estaba en el poder y los israelíes no confiaban en el nuevo gobierno de la Hermandad Musulmana en El Cairo. Eso hizo que el papel de Estados Unidos fuera aún más crucial. Por lo menos un funcionario israelí me dijo posteriormente que se trataba de la decisión más difícil que Netanyahu había enfrentado como primer ministro.

Yo dije que viajaría a El Cairo al día siguiente, y quería llevar un documento que pudiera entregarle al presidente Morsi como base para las negociaciones finales. La clave, pensé, era estar segura de tener un par de puntos en los que los israelíes estuvieran dispuestos a hacer concesiones si se vieran presionados a hacerlo, de modo que Morsi creyera que había logrado un buen acuerdo para los palestinos. Le dimos varias vueltas a los detalles, sin encontrar una fórmula que funcionara.

La reunión concluyó después de la medianoche y me dirigí al icónico Hotel Rey David, construido ochenta años atrás, para unas pocas horas de un sueño inquieto. Parecía muy probable que esta misión diplomática sería un fracaso y que las tropas israelíes entrarían en Gaza. Por la mañana, me dirigí a Ramala para consultar con Abbas. Aunque su influencia allí era limitada, yo no quería excluirlo y darle legitimidad de ninguna manera a Hamás en la lucha por el poder que había entre los palestinos. También sabía que la Autoridad Palestina seguía pagando los sueldos y estipendios a miles de personas en Gaza, a pesar del gobierno de Hamás, por lo que sería útil contar con el apoyo de Abbas para un alto el fuego.

En ese momento, la sede de la Autoridad Palestina en Ramala era terreno familiar para mí. Conocida como la Mukata, fue construida originalmente como una fortaleza británica en la década de 1920 y se hizo famosa en 2002, cuando el ejército israelí sitió el recinto, dejando atrapados a Yasser Arafat y a sus principales asistentes en el interior y, finalmente, destruyó la mayor parte de la edificación. En 2012, quedaban pocos vestigios de esa historia violenta. La edificación había sido reconstruida y ahora contenía el mausoleo de piedra caliza de Arafat, custodiado por una guardia de honor palestina mientras los visitantes llegaban para mostrar sus respetos.

Había sido un año difícil para Abbas. Su popularidad se hundía y la economía de Cisjordania se estaba desacelerando. Después de que la moratoria de los asentamientos israelíes expiró a finales de 2010 y Abbas se retiró de las negociaciones directas, él había decidido solicitar a la ONU que reconociera a Palestina como un Estado independiente. Había apostado su carrera a la idea de que la estadidad podría lograrse a través de medios pacíficos —en oposición a la visión de la lucha armada de Hamás— y el fracaso de las negociaciones socavaba gravemente su posición política. Abbas sentía la necesidad de encontrar otra vía no violenta para seguir adelante si quería mantener su posición en el poder y continuar ofreciendo una alternativa viable a los extremistas. Era poco probable que un voto simbólico en la ONU hiciera una gran contribución a la vida cotidiana de los palestinos, pero dárselo a Israel en el escenario mundial y desvelar su creciente aislamiento reforzaría a Abbas en el país y —sostenían los palestinos—, podría alentar a Israel a hacer concesiones. El problema era que acudir a la ONU iba en contra de la idea fundamental de que la paz sólo puede lograrse a través de negociaciones entre las partes, con compromisos entre ambas. Las acciones unilaterales, ya fuera el intento de un Estado Palestino en la ONU o la construcción de asentamientos israelíes en Cisjordania, erosionaron la confianza e hicieron que fuera más difícil promover esos compromisos.

Durante 2011, tratamos sin éxito de convencer a Abbas de abandonar su petición, mientras que trabajamos también para asegurarnos de que no hubiera suficientes votos en el Consejo de Seguridad para promoverla (queríamos evitar en la medida de lo posible tener que utilizar nuestro veto). Al mismo tiempo, empecé a trabajar con Cathy Ashton de la UE y con Tony Blair —el ex primer ministro británico que se desempeñaba ahora como enviado de paz en Medio Oriente—, en un marco para reanudar las negociaciones directas basadas en los términos de referencia que el presidente Obama había esbozado en su discurso de mayo de 2011. Hubo un torbellino diplomático en la Asamblea General de la ONU en septiembre de 2011, pero no fue suficiente para disuadir a Abbas de presentar su petición y forzar el tema. Gracias a nuestra persuasión detrás de bastidores, no llegó a ninguna parte en el Consejo de Seguridad. Lo único que Abbas consiguió a pesar de sus esfuerzos —además de las tensas relaciones con Estados Unidos e Israel— fue la membresía en la UNESCO, el organismo cultural de la ONU. Él se comprometió a volver en 2012 e intentarlo de nuevo.

Ahora Hamás estaba eclipsando a Abbas con su notoria resistencia a Israel y lo hacía lucir cansado y débil ante su pueblo. Creo que él se sintió agradecido por mi visita, pero deprimido por su situación. Después de una discusión más bien desganada, Abbas acordó respaldar mis esfuerzos de pacificación y me deseó lo mejor en El Cairo.

Luego regresé a Jerusalén para otra discusión con Netanyahu. Sus asesores habían llamado a medianoche y nos pidieron regresar para otra reunión antes de partir hacia El Cairo. Abordamos tema por tema, calibrando con cuidado hasta qué punto los israelíes podrían doblarse sin romperse, y conjeturando cómo podían salir las cosas con los egipcios. Al final de la reunión, logramos definir una estrategia y recibí un discurso aprobado por los israelíes para llevar a Egipto como base para las negociaciones.

Luego me dirigí al aeropuerto. Mientras estábamos en camino, recibimos la noticia de un atentado contra un autobús en Tel Aviv, el primero en varios años. Decenas de personas habían resultado heridas. Fue un recordatorio ominoso de la urgencia de mi misión.

A media tarde del 21 de noviembre, llegué al palacio presidencial en El Cairo, donde solía reunirme con Mubarak. El edificio y el personal eran los mismos, pero ahora la Hermandad Musulmana estaba en el poder. Hasta ese momento, Morsi había confirmado el Tratado de Paz de Camp David con Israel, que había sido una piedra angular de la estabilidad regional durante décadas, pero, ¿cuánto tiempo habría durado esto si Israel tenía que invadir Gaza de nuevo? ¿Trataría Morsi de reafirmar el papel tradicional de Egipto como mediador y pacificador y establecerse a sí mismo como un estadista internacional? ¿O pasaría a explotar la ira popular y a posicionarse como el único hombre en Medio Oriente que podría enfrentarse a Israel? Estábamos a punto de ponerlo a prueba.

Morsi era un político inusual. La historia lo había llevado desde el cuarto de atrás a la silla principal. En muchos aspectos, tenía demasiadas dificultades tratando de aprender cómo gobernar a partir de cero en un entorno muy difícil. Era evidente que a Morsi le encantaba el poder de su nueva posición y que se alimentaba de los vaivenes políticos (que más tarde lo consumirían). Me sentí aliviada al ver que, en el caso de Gaza al menos, parecía más interesado en ser un negociador que un demagogo. Nos reunimos en la planta superior del palacio en su oficina con un pequeño grupo de asesores suyos y comenzamos a examinar línea por línea el documento del primer ministro de Israel que yo había llevado personalmente.

Animé a Morsi a pensar en el papel estratégico de Egipto en la región y su propio papel en la historia. Él hablaba bien inglés, pues había obtenido su doctorado de la Universidad de California del Sur en Ciencias Materiales en 1982, y trabajado en la facultad de la Universidad Estatal de California, Northridge hasta 1985. Examinó cada frase del texto.

—¿Qué significa esto? ¿Se ha traducido bien? —preguntó. En un momento exclamó—: No acepto esto.

—Pero usted lo propuso en uno de sus primeros borradores —respondí.

—Ah, ¿lo hicimos? De acuerdo —aceptó él. Desautorizó incluso al canciller Amr en un momento de las negociaciones, y ofreció una concesión clave.

La propuesta era breve y concreta. En una "hora cero" acordada, Israel detendría todas las hostilidades en Gaza por tierra, mar y aire, y las facciones palestinas detendrían el lanzamiento de cohetes y todos los demás ataques a lo largo de la frontera. Egipto actuaría como garante y monitor. La parte difícil era lo que vendría a continuación. ¿Cuándo suavizarían los israelíes las restricciones en los cruces fronterizos de modo que los palestinos pudieran conseguir alimentos y provisiones? ¿Cómo podía estar seguro Israel de que Hamás no estaba reconstruyendo su arsenal de cohetes? Propusimos que estos puntos complicados "sean tratados después de veinticuatro horas desde el inicio del alto el fuego". Eso era intencionalmente vago, con la idea de que Egipto pudiera facilitar un diálogo sustancial una vez que los enfrentamientos terminaran. Netanyahu me había dado un margen de maniobra —que yo necesitaba— para negociar qué temas se mencionaban específicamente en la presente cláusula. Morsi presionó en algunos puntos, revisó varias veces el listado, y terminó concluyendo:

—La apertura de los pasos fronterizos, la facilitación de los movimientos de personas y transferencia de bienes, abstenerse de restringir la libre circulación de los residentes y de atacarlos en las zonas fronteriza, así como los procedimientos de aplicación, deberán abordarse después de veinticuatro horas desde el inicio del alto el fuego.

Durante las negociaciones, los egipcios hablaron por teléfono con los líderes de Hamás y de otras facciones extremistas palestinas en Gaza, incluyendo a algunos que se encontraban en las oficinas de los servicios de inteligencia egipcios a través de la ciudad. El equipo de Morsi, nuevo en el gobierno, era cauteloso con los palestinos y parecía incómodo en hacer un esfuerzo para lograr un acuerdo. Les seguimos recordando a los hombres de la Hermandad Musulmana que ellos representaban ahora una importante potencia regional y que era su responsabilidad cumplir lo prometido.

Actualicé al presidente Obama con frecuencia, y hablé con Netanyahu en varias ocasiones. Él y Morsi no querían hablar directamente entre sí, por lo que serví como conducto para un juego de altas apuestas por teléfono, mientras que Jake y nuestra formidable embajadora en El Cairo, Anne Patterson, ultimaban algunos de los detalles más complicados con los asesores de Morsi.

Netanyahu tenía la intención de lograr que Estados Unidos y Egipto ayudaran a bloquear nuevos envíos de armas a Gaza. No quería poner fin a los ataques aéreos y encontrarse de vuelta en una posición insostenible un par de años después. Cuando presioné a Morsi en ese punto, aceptó que también sería en favor de los intereses de seguridad de Egipto. Pero, a su vez, él quería un compromiso para volver a abrir las fronteras de Gaza a la ayuda humanitaria y a otros bienes tan pronto como fuera posible, además de una mayor libertad de movimiento para los barcos de pesca palestinos frente a la costa. Netanyahu estaba dispuesto a ser flexible en estos puntos si recibía garantías de que no se dispararan armas ni cohetes. Con cada giro de la discusión, cada vez nos acercábamos más a un entendimiento.

Después de varias horas de intensas negociaciones, elaboramos un acuerdo. El alto el fuego entraría en vigor a las nueve de la noche, hora local, sólo a unas pocas horas de distancia. (Era una hora arbitraria, pero necesitábamos llegar a una respuesta clara a la pregunta básica de "¿Cuándo se detendrá la violencia?"). Pero antes de que pudiéramos declarar la victoria, teníamos que ocuparnos de un asunto más. Habíamos acordado que el presidente Obama llamaría a Bibi, tanto para pedirle personalmente que aceptara el alto el fuego, como para prometer una mayor ayuda estadounidense para combatir el contrabando de armas hacia Gaza. ¿Era esta una cobertura política de modo que Bibi pudiera decir a su gabinete y a sus votantes que había cancelado la invasión porque el aliado más importante de Israel le había rogado? ¿O sentiría una satisfacción personal luego de hacerle pasar aprietos al presidente? De cualquier manera, si esto era lo que hacía falta para sellar el acuerdo, teníamos que lograr que se hiciera.

Mientras tanto, mi equipo miraba el reloj con ansiedad. Eran más de las seis de la tarde en El Cairo, un día antes de Acción de Gracias. Los reglamentos de la Fuerza Aérea sobre el descanso de la tripulación entrarían pronto en vigencia, lo que significaría que no podríamos viajar hasta el día siguiente. Pero si partíamos a última hora, podríamos lograr que nuestra gente pasara este día festivo con sus familias. En caso de algún inconveniente, el único pavo que estaríamos comiendo en Acción de Gracias sería la famosa ensalada de taco con pavo de la Fuerza Aérea. Por supuesto, no era el primer día de fiesta que estaba en entredicho por las exigencias descabelladas de la diplomacia internacional, y nadie en mi equipo se quejó; todos estaban comprometidos a hacer todo lo necesario para completar el trabajo.

Cuando todas las piezas estuvieron finalmente en su lugar, hicimos la llamada y recibimos el visto bueno de Jerusalén y Washington. Essam al-Haddad, asesor de seguridad nacional de Morsi, se puso de rodillas para dar gracias a Dios. El ministro de Relaciones Exteriores Amr y yo bajamos a la primera planta para una conferencia de prensa repleta y anunciamos que un alto el fuego había sido acordado. El pandemonio era absoluto y había una gran dosis de emotividad. Amr habló de la "responsabilidad histórica de Egipto con la causa palestina" y también de su "celo para detener el derramamiento de sangre" y preservar la estabilidad regional. El nuevo gobierno de la Hermandad Musulmana nunca pareció tan creíble como aquel día. Le agradecí al presidente Morsi por su mediación y elogié el acuerdo, pero advertí que "No hay sustituto para una paz justa y duradera" que "promueva la seguridad, la dignidad y las aspiraciones legítimas de palestinos e israelíes por igual". Así que nuestro trabajo estaba lejos de terminar. Prometí que "en los próximos días, Estados Unidos trabajaría con socios en la región para consolidar este progreso, mejorar las condiciones de la población de Gaza, y brindar seguridad al pueblo de Israel".

A medida que nuestra caravana avanzaba por las calles de El Cairo aquella noche, me pregunté por cuánto tiempo se mantendría el alto el fuego, o incluso si este sería posible. La región había visto muchos ciclos de violencia y esperanzas destrozadas. Sólo bastaban unos pocos extremistas y un lanzacohetes para reavivar el conflicto. Ambas partes tendrían que trabajar duro para preservar la paz. E incluso si tenían éxito, habría conversaciones difíciles en los próximos días sobre todos los temas complejos que habíamos diferido en el acuerdo. Yo podría estar fácilmente aquí muy pronto, tratando de ensamblar todas las piezas de nuevo.

A las nueve de la noche, y tal como estaba previsto, los cielos de Gaza estuvieron tranquilos. Y abajo en las calles, miles de palestinos celebraron. Los líderes de Hamás, que habían evitado por poco una nueva y devastadora invasión israelí, declararon la victoria. En Israel, Netanyahu adoptó un tono sombrío y especuló que todavía era "muy posible" que se viera obligado a poner en marcha "una operación militar mucho más dura" si el alto el fuego no era respetado. Sin embargo, a pesar de estas reacciones contrastantes, me pareció que los dos resultados estratégicos más importantes del conflicto presagiaban cosas muy buenas para Israel. En primer lugar, por el momento al menos, Egipto seguía siendo un socio para la paz, lo que había estado en serias dudas desde la caída de Mubarak. En segundo lugar, el éxito de la Cúpula de Hierro en el derribo de cohetes entrantes había reforzado la "ventaja militar cualitativa" de Israel y expuesto la inutilidad de las amenazas militares de Hamás.

Cuando abordamos el avión, le pregunté a Jake si el acuerdo aún estaba vigente. Yo estaba sólo bromeando a medias. Él dijo que sí, y me acomodé para el largo vuelo a casa.

Al final, resultó que el alto el fuego fue mejor de lo que nadie esperaba. En 2013, Israel disfrutó del año más tranquilo en una década. Más tarde, un funcionario israelí de alto rango me confió que su gobierno había estado a cuarenta y ocho horas de lanzar una invasión terrestre a Gaza y que mi intervención diplomática fue lo único que se interpuso en el camino de una confrontación mucho más explosiva. En el largo plazo, nada contribuirá más para asegurar el futuro de Israel como un estado judío y democrático que una paz integral basada en dos estados para dos pueblos.

SEXTA PARTE

El futuro que queremos

21

El cambio climático:
Un asunto que nos concierne a todos

—¡No! ¡No! ¡No! —dijo el agente de seguridad chino, agitando sus brazos a través de la puerta. El presidente de los Estados Unidos estaba irrumpiendo sin ser invitado a una reunión a puerta cerrada con el primer ministro chino, y nada podía detenerlo.

Cuando se es un funcionario de alto nivel que representa a Estados Unidos en el extranjero —y mucho más cuando se trata del presidente o la secretaria de Estado— cada movimiento está cuidadosamente planificado y cada puerta se abre en el momento adecuado. Uno se acostumbra a recorrer agitados centros urbanos en caravanas de automóviles, a no pasar por la aduana y los controles de seguridad en los aeropuertos, y a no tener que esperar un ascensor. Pero a veces, el protocolo se rompe y la diplomacia se vuelve complicada. Es ahí cuando tienes que improvisar. Esta fue una de esas ocasiones.

El presidente Obama y yo estábamos buscando al primer ministro de China, Wen Jiabao, durante una gran conferencia internacional sobre cambio climático en Copenhague, Dinamarca. En diciembre de 2009, esa encantadora ciudad estaba fría, oscura y extrañamente tensa. Sabíamos que la única manera de lograr un acuerdo significativo sobre el cambio climático era que los líderes de las naciones que emiten más gases de efecto invernadero se reunieran y negociaran un compromiso, y en especial Estados Unidos y China. Las opciones y los compromisos que teníamos por delante serían difíciles. Las nuevas tecnologías de energía limpia y las mejoras en la eficiencia nos permitirían reducir las emisiones, así como crear empleos y nuevas y emocionantes industrias, e incluso ayudar a las economías emergentes a "evitar" las fases más sucias del desarrollo industrial. Había que reconocer el hecho de que la lucha contra el cambio climático sería una "venta" política difícil en un momento en que el mundo se estaba recuperando de una crisis financiera global. Todas nuestras economías funcionaban principalmente con combustibles fósiles. Cambiar esto requeriría de un liderazgo audaz y de la cooperación internacional.

Sin embargo, los chinos nos estaban evitando. Peor aún, nos enteramos de que Wen había convocado a una reunión "secreta" con los indios, brasileños y sudafricanos para detener, o al menos diluir, el tipo de acuerdo que estaba buscando Estados Unidos. Cuando no pudimos encontrar a ninguno de los líderes de esos países, supimos que algo iba mal, y enviamos a los miembros de nuestro equipo para que buscaran en el centro de conferencias. Pasado un tiempo, descubrieron el lugar de la reunión.

Después de intercambiar miradas de "¿estás pensando lo mismo que yo?", el presidente y yo recorrimos los largos pasillos del amplio centro de convenciones nórdico, con un enjambre de expertos y asesores esforzándose para seguirnos. Posteriormente bromeamos acerca de esta improvisada "piernavana" —una caravana a pie—, pero en ese momento yo estaba concentrada en el desafío diplomático que nos esperaba al final de nuestra caminata. Así que subimos rápidamente un tramo de escaleras y nos encontramos con guardias de seguridad chinos, quienes sorprendidos, trataron de despistarnos al enviarnos en la dirección opuesta. Pero eso no nos detuvo. *Newsweek* nos describió posteriormente como "una versión diplomática de Starsky y Hutch".

Cuando llegamos a la entrada de la sala de reuniones, había un revoltijo de asistentes que discutían y de nerviosos agentes de seguridad. Robert Gibbs, el secretario de prensa de la Casa Blanca, tropezó con un guardia chino. En medio de la conmoción, el presidente se escurrió por la puerta y gritó con fuerza:

—¡Sr. Primer Ministro! —llamando la atención de todos.

Los guardias chinos intentaron cubrir nuevamente la puerta con sus brazos, pero me agaché y logré pasar.

En una sala de conferencias improvisada, cuyas paredes de vidrio estaban cubiertas por cortinas para brindar privacidad ante las miradas indiscretas, encontramos a Wen, reunido en torno a una larga mesa con el primer ministro indio, Manmohan Singh, el presidente brasileño Luiz Inácio Lula da Silva y el presidente de Sudáfrica, Jacob Zuma. Quedaron boquiabiertos cuando nos vieron.

—¿Están listos? —dijo el presidente Obama con una gran sonrisa. Ahora podían comenzar las verdaderas negociaciones.

———

Fue un momento que tardamos por lo menos un año en planear. En nuestras campañas de 2008, el senador Obama y yo destacamos el cambio climático como un desafío urgente para nuestro país y el mundo, y propusimos planes para reducir las emisiones, mejorar la eficiencia energética y el desarrollo de tecnologías de energía limpia. Tratamos de hablarle con franqueza al pueblo estadounidense acerca de las decisiones difíciles del futuro, y evitar la vieja y falsa elección entre la economía y el medio ambiente.

Los problemas planteados por el calentamiento global eran evidentes, a pesar de quienes los negaban. Había una gran cantidad de datos científicos abrumadores sobre los efectos nocivos del dióxido de carbono, el metano y otros gases de efecto invernadero. Trece de los catorce años más calientes que se hayan registrado han ocurrido desde el año 2000. Los eventos climáticos extremos, incluyendo incendios, olas de calor y sequías están aumentando notablemente. Si esto continúa, causará desafíos adicionales, desplazando a millones de personas, detonando la competencia por recursos escasos como el agua dulce y desestabilizando a muchos estados frágiles.

Una vez que asumimos nuestros cargos, el presidente Obama y yo estuvimos de acuerdo en que el cambio climático representaba una amenaza significativa a la seguridad nacional y una prueba importante para el liderazgo estadounidense. Sabíamos que las Naciones Unidas celebrarían una importante conferencia sobre el clima al final de nuestro primer año en la Casa Blanca, y que sería una oportunidad para impulsar una acción internacional amplia. Por lo tanto, empezamos a preparar el terreno.

Esto era parte de una historia más extensa acerca de cómo tenía que cambiar nuestra política exterior. Durante la Guerra Fría, los secretarios de Estado podían centrarse casi exclusivamente en temas tradicionales sobre la guerra y la paz, como el control de las armas nucleares. En el siglo XXI, hemos tenido que prestar atención a los nuevos desafíos mundiales que nos afectan a todos en nuestro mundo interdependiente: las enfermedades pandémicas, el contagio financiero, el terrorismo internacional, las redes criminales transnacionales, la trata de personas y de vida silvestre y, por supuesto, el cambio climático.

Las iniciativas en el frente interno comenzaron rápidamente en 2009, mientras la nueva administración Obama comenzó a trabajar con el Congreso en ambiciosas legislaciones de "sistemas de comercio de derechos de emisión" que crearían un mercado para la fijación de precios, la compra y venta de emisiones de carbono, y que tomarían también acción directa a través de agencias federales como la Agencia de Protección Ambiental (EPA, por sus siglas en inglés). Hubo una gran emoción cuando un proyecto de ley liderado por los congresistas Henry Waxman de California y Ed Markey de Massachusetts fue aprobado por la Cámara de Representantes en junio, aunque no tardó en estancarse en el Senado.

Teníamos nuestras propias dificultades en el plano internacional. Yo sabía desde el principio que sería necesaria una diplomacia creativa y persistente para conformar una red de socios mundiales que estuvieran dispuestos a afrontar juntos el cambio climático. Construir este tipo de coalición, sobre todo cuando las decisiones políticas implícitas son tan difíciles, era sumamente complicado. El primer paso era adoptar un proceso internacional de negociación denominado Convenio Marco de las Naciones Unidas sobre el Cambio Climático, que permitía a todas las naciones participantes discutir este reto compartido en un lugar específico. El objetivo era reunirlos a todos en Copenhague en diciembre de 2009 y tratar de llegar a un acuerdo entre los países desarrollados y en vías de desarrollo.

Yo necesitaba un negociador curtido y con experiencia en temas climáticos y energéticos para liderar este esfuerzo, así que le pedí a Todd Stern que fuera nuestro enviado especial para el cambio climático. Yo conocía y confiaba en Todd desde su labor en la década de 1990 como negociador en el Acuerdo de Kioto, patrocinado por el vicepresidente Al Gore y firmado por Bill, pero que el Senado nunca ratificó. A pesar de su actitud calmada, Todd es un diplomático apasionado y tenaz. Durante los años de la administración Bush, trabajó diligentemente en asuntos climáticos y energéticos en el Centro para el Progreso Estadounidense. Ahora, tendría que usar toda su habilidad para lograr que las naciones reacias acudieran a la mesa de negociaciones y se comprometieran. Yo quería que tuviera un comienzo tan auspicioso como fuera posible, así que lo llevé a mi primer viaje a Asia. Si no convencíamos a China, Japón, Corea del Sur e Indonesia de que adoptaran mejores políticas sobre el clima, sería casi imposible llegar a un acuerdo internacional que fuera creíble.

En Pekín, Todd y yo visitamos la planta de alta tecnología a gas Taiyanggong, que emite la mitad del dióxido de carbono de una planta alimentada por carbón y utiliza una tercera parte del agua. Después de observar las turbinas de última tecnología fabricadas por General Electric, le hablé a una audiencia de chinos sobre las oportunidades económicas resultantes de hacer frente a los desafíos del cambio climático. Su gobierno había comenzado a hacer cuantiosas inversiones en energía limpia, especialmente en la solar y eólica, pero se negaba a comprometerse con acuerdos internacionales vinculantes en materia de emisiones. Todd pasó muchas horas en aquel entonces —y después— tratando de convencerlos de que cambiaran de opinión.

Nuestro enfoque inicial en China no era accidental. Gracias a su impresionante crecimiento económico en la última década, China se estaba convirtiendo rápidamente en el mayor emisor global de gases de efecto invernadero. (Los funcionarios chinos se apresuraban siempre a recordarme que la tasa de emisión per cápita de su país estaba todavía muy por debajo de la que tenía el Occidente industrializado, y particularmente de la de Estados Unidos. Aunque en ese sentido, ellos también están reduciendo la brecha con rapidez). Asimismo, China era la más grande e influyente entre un nuevo grupo de potencias regionales y mundiales, como Brasil, India, Indonesia, Turquía y Sudáfrica, que estaban adquiriendo una mayor influencia internacional debido más a su expansión económica que a su poderío militar. Su cooperación sería esencial para cualquier acuerdo global sobre el cambio climático.

Cada uno a su manera, estos países estaban lidiando con las consecuencias de su creciente peso e influencia. Por ejemplo, China ha sacado a cientos de millones de personas de la pobreza desde que Deng Xiaoping abrió este país al mundo en 1978, pero en 2009, 100 millones de personas seguían viviendo con menos de un dólar al día. El compromiso del Partido Comunista para aumentar los ingresos y disminuir la pobreza está basado en el aumento de la producción industrial. Eso plantea un dilema espinoso. ¿Podría China permitirse el lujo de hacer frente al cambio climático, mientras tantos millones de personas eran todavía tan pobres? ¿Podría seguir un camino diferente de desarrollo utilizando una energía más eficiente y renovable que seguiría reduciendo la pobreza? China no es el único país que se debate con esta pregunta. Cuando gobiernas un país que tiene profundas desigualdades y mucha pobreza, es comprensible creer que no puedes permitirte el lujo de frenar su crecimiento sólo porque las potencias de los siglos XIX y XX contaminaron su camino a la prosperidad. Si la India podía mejorar la vida de millones de sus ciudadanos al acelerar su crecimiento industrial, ¿cómo podía permitirse el lujo de elegir un camino diferente? Las respuestas dadas por estos países en cuanto a si serían parte de la lucha contra el cambio climático, a pesar de que no lo habían causado, determinarían el éxito o el fracaso de nuestra diplomacia.

Todd y yo viajamos juntos a la India en el verano de 2009 teniendo esto en cuenta. Después de mostrarnos con orgullo uno de los edificios más ecológicos cerca de Delhi y de ofrecerme una guirnalda de flores, el ministro indio de Medio Ambiente nos sorprendió con su retórica durante nuestras intervenciones públicas. La adopción de medidas para abordar el cambio climático, afirmó, debía ser responsabilidad de los países ricos como Estados Unidos, y no de las potencias emergentes como India, las cuales tenían que preocuparse por problemas internos más urgentes. Cuando hablamos en privado, Ramesh reiteró que las emisiones per cápita de la India estaban muy por debajo de las de los países desarrollados, y argumentó que no había una base legítima para la presión internacional que se había ejercido sobre la India en la fase previa a Copenhague.

Pero había que reconocer el hecho pertinaz de que sería imposible detener el aumento de la temperatura global si los países que se estaban desarrollando rápidamente insistían en jugar según las viejas reglas y arrojaban grandes cantidades de carbono a la atmósfera. Incluso si Estados Unidos lograba reducir totalmente nuestras emisiones, los niveles globales no serían en absoluto los que debían ser si China, India y otros países no lograban contener sus propias emisiones. Aún más, las mismas personas pobres que el ministro de la India se preocupaba en ayudar, serían las más vulnerables a los estragos del cambio climático. Así que en respuesta a sus comentarios, le dije que Estados Unidos cumpliría con su parte para desarrollar tecnologías limpias que impulsaran el crecimiento económico, combatieran la pobreza y redujeran las emisiones. Pero, subrayé, era crucial que todo el mundo abordara el cambio climático como una misión y una responsabilidad compartida. Fue un debate que continuó en los meses siguientes, que moldeó las posiciones de negociación cuando los países se reunieron para la conferencia climática de la ONU en Dinamarca ese diciembre, y que dio lugar a la reunión secreta a la que nos colamos el presidente y yo.

═══

Copenhague es una ciudad pintoresca, llena de parques y calles adoquinadas. Pero cuando llegué en pleno invierno y en medio de una tormenta de nieve poco después de las tres de la mañana el 17 de diciembre de 2009, hacía muchísimo frío y las negociaciones habían entrado en el congelador. La conferencia terminaría dos días después, y parecía que esta oportunidad para la acción se escurría entre los dedos del mundo.

A un lado del debate estaban las potencias emergentes, o como pensé en ellas, los "emisores emergentes", teniendo en cuenta su rápido aumento en la producción total de dióxido de carbono. La mayoría de ellas estaban tratando de evitar un acuerdo vinculante que limitara su crecimiento. Al otro lado estaban los europeos, que aún tenían la esperanza de ampliar el Acuerdo de Kioto que había impuesto grandes cargas a los países ricos, pero que esencialmente les daba un pase libre a grandes países en desarrollo como China y la India. Muchos de los países pequeños y pobres, especialmente los insulares, estaban desesperados por lograr un acuerdo que los ayudara a evitar, o al menos a mitigar, los cambios climáticos que ya estaban experimentando.

Estados Unidos estaba presionando para lograr lo que considerábamos un resultado alcanzable y realista: un acuerdo diplomático acordado por los líderes (en lugar de un tratado jurídico ratificado por los parlamentos y aplicable por los tribunales), en el que se comprometieran todos los países principales, desarrollados y en desarrollo por igual, a tomar medidas importantes a fin de reducir las emisiones de carbono e informar con transparencia sobre su progreso, algo que no había sucedido nunca antes. No esperábamos que todos los países dieran los mismos pasos o que redujeran incluso las emisiones en cantidades iguales, pero estábamos buscando un acuerdo exigiendo que todos los países deberían asumir algún tipo de responsabilidad para reducir las emisiones.

Una de mis primeras reuniones en Copenhague fue con la Alianza de los Pequeños Estados Insulares. Se estima que el nivel del mar aumentó en casi 6,7 pulgadas a lo largo del siglo xx. A medida que el hielo ártico se sigue derritiendo, se proyecta que este fenómeno aumentará, amenazando la existencia misma de algunos de estos pequeños países. En 2012, cuando visité las Islas Cook para una reunión del Foro de las Islas del Pacífico, los líderes me dijeron que el cambio climático era la mayor amenaza que enfrentaban sus países.

Las islas y naciones con poca altitud están en la primera línea de esta lucha frontal, pero el resto de nosotros no se queda atrás. Aproximadamente el 40 por ciento de toda la humanidad vive a sesenta millas o menos de una costa. Extensas ciudades cerca de los deltas costeros, incluidos los de los ríos Misisipi, Nilo, Ganges y Mekong, están particularmente en riesgo. Tenemos que proyectar hacia adelante y pensar en lo que ocurrirá si el cambio climático continúa y los niveles del mar siguen subiendo. ¿Qué pasará con esos miles de millones de personas si sus casas y ciudades se vuelven inhabitables? ¿A dónde irán? ¿Quién les brindará ayuda?

Imaginen la violencia que podría estallar luego de sequías más severas y de escasez extrema de alimentos y de agua en los estados frágiles, o los efectos que tendría en el comercio mundial si las granjas y la infraestructura fueran destruidas por inundaciones y tormentas. ¿Cuál será el impacto en el comercio y en la estabilidad mundial si la brecha entre países ricos y pobres se ensancha aún más? Cuando me reuní en Copenhague con el primer ministro de Etiopía Meles Zenawi, quien se erigió en portavoz de los países en vías de desarrollo, me dijo que las naciones más pobres del mundo esperaban mucho de nosotros, y que esta era una ocasión propicia para el liderazgo estadounidense.

A pesar de todas las grandes esperanzas que condujeron a esta conferencia, y quizás en cierto grado debido a ellas, las cosas salieron mal desde el principio. Hubo un choque de intereses, los nervios se crisparon, y el acuerdo pareció imposible de alcanzar. Teníamos que cambiar la dinámica de alguna manera. Entonces, convoqué a una conferencia de prensa a primera hora de la mañana del 17 de diciembre. Nuestro equipo que estaba en la sala de conferencias encontró un gran salón con asientos tipo estadio, y cuando llegué había cientos de periodistas de todo el mundo, ansiosos por cualquier pequeña noticia que pudiera presagiar un avance. Les dije que Estados Unidos estaba dispuesto a liderar un esfuerzo colectivo de los países desarrollados al destinar 100 mil millones de dólares anuales en 2020 a partir de una combinación de fuentes públicas y privadas para ayudar a que las naciones más pobres y vulnerables mitigaran los daños causados por el cambio climático, si podíamos llegar también a un acuerdo amplio sobre la limitación de emisiones.

La idea comenzó con los europeos, en particular con el primer ministro británico Gordon Brown, quien había propuesto un acuerdo similar en el verano. Antes de mi llegada a Copenhague, Todd y el asesor adjunto de Seguridad Nacional Mike Froman, me recomendaron que guardara la idea en mi bolsillo trasero en caso de que necesitáramos poner en marcha las negociaciones. Al ofrecer un compromiso concreto, yo esperaba dar nueva vida a las conversaciones, presionar a China y a los otros "emisores emergentes" para que respondieran y obtuvieran el apoyo de los países en vías de desarrollo que acogerían con gusto esta nueva ayuda. Los periodistas y delegados empezaron a hacer comentarios de inmediato, y muchos se emocionaron. El primer ministro danés captó el cambiante estado de ánimo cuando dijo: "Hay una sensación entre los negociadores de que ahora tenemos que ponernos manos a la obra, ser flexibles, y hacer todos los esfuerzos posibles para hacer compromisos reales".

Pero las sensaciones agradables no duraron mucho. Los fundamentos del *impasse* se mantuvieron firmemente en su lugar. El presidente Obama no había llegado todavía a Copenhague, y me reuní esa noche con otros líderes mundiales para un polémico debate que se extendió hasta altas horas de la noche en una habitación pequeña y muy caliente. Los chinos no cedieron un ápice, ni tampoco los indios y brasileños. Algunos de los europeos dejaron que lo perfecto fuera un enemigo de lo bueno y de lo posible. Salimos frustrados y cansados a eso de las dos de la mañana sin llegar a un acuerdo. Presidentes y primeros ministros agotados se apresuraron a la salida, sólo para encontrarse con un atasco de caravanas de automóviles y vehículos de seguridad. Así que permanecimos allí en lo que equivalía a la fila de taxis más inusual del mundo. La paciencia comenzó a agotarse. Todos estábamos con hambre y con sueño, y sin nada que mostrar a cambio de nuestros esfuerzos. Ninguna conferencia sobre el clima había incluido a tantos líderes del más alto nivel, y sin embargo, no por ello estábamos más cerca de llegar a un acuerdo. Por último, el presidente Sarkozy de Francia no resistió más. Puso los ojos en blanco y con una mirada de exasperación extrema, dijo en inglés: "¡Me quiero morir!". Todos entendíamos perfectamente lo que quería decir.

═══

Qué diferencia puede hacer un día. Sentada al lado del presidente Obama en la pequeña reunión de líderes en la que él y yo acabábamos de irrumpir, yo esperaba que por fin pudiéramos estar llegando a alguna parte.

Miré al otro lado de la mesa a Wen Jiabao, y luego a los líderes de India, Brasil y Sudáfrica. Representaban a aproximadamente el 40 por ciento de la población mundial, y su lugar en esta mesa simbolizaba un cambio profundo en la influencia global. Los países que apenas unas décadas atrás habían sido actores marginales en los asuntos internacionales ahora estaban tomando decisiones cruciales.

Tras observar el lenguaje corporal de estos líderes, me alegré de que el presidente Obama hubiera decidido venir a Dinamarca. El presidente tenía programado originalmente aterrizar en Copenhague el viernes por la mañana, el último día de las negociaciones. Esperábamos tener un acuerdo listo para su llegada, pero las negociaciones estancadas hicieron que esto fuera imposible. De vuelta en la Casa Blanca, sus asesores estaban nerviosos. Teniendo en cuenta lo estancadas que estaban las conversaciones, ¿valdría la pena siquiera que el presidente sacara tiempo para hacer este viaje? Fui educada para creer que cuando te enfrentas a un reto difícil, debes: "seguir intentándolo". Llamé al presidente y le aseguré que su intervención personal podría darnos el impulso que necesitábamos para salvar el *impasse*. Él estuvo de acuerdo y el Air Force One aterrizó pronto en la helada Copenhague.

Allí estábamos ahora, haciendo un último esfuerzo. Uno de los puntos de fricción era el siguiente: si las naciones acordaban reducir sus emisiones, ¿cómo se podrían monitorear y hacer cumplir esos compromisos? Los chinos, siempre alérgicos al escrutinio externo, se resistían a cualquier requisito de información o mecanismos de verificación sólidos. Los indios, sin embargo, estaban más dispuestos. Manmohan Singh, el primer ministro de voz suave, estaba refutando amistosamente las objeciones chinas. El presidente Jacob Zuma de Sudáfrica, que había sido uno de nuestros críticos más severos en las reuniones anteriores, también fue más constructivo y conciliador.

Sentimos que las cosas empezaron a cambiar en el salón, y no fuimos los únicos. En una muestra sorprendente, uno de los miembros de la delegación China —un talentoso diplomático con el que teníamos por lo general relaciones muy cordiales— comenzó a regañar a gritos al primer ministro, quien tenía un cargo mucho más importante que el suyo. Estaba bastante agitado por la perspectiva de que un acuerdo pudiera ser posible. Wen, avergonzado, dio instrucciones a su intérprete para no traducir el alegato. Sin embargo, nuestro traductor nos susurró lo que habían gritado. Tratando de que la reunión se reanudara, el presidente Obama, con su habitual calma y tranquilidad, le preguntó a Wen qué había dicho el otro funcionario chino. El primer ministro nos miró y dijo:

—No es importante.

Finalmente, y después de muchas persuasiones, debates y compromisos, los líderes modelaron un acuerdo que, si bien estaba lejos de ser perfecto, salvó la cumbre del fracaso y nos puso en el camino hacia el progreso futuro. Por primera vez, todas las grandes economías, desarrolladas y en vías de desarrollo por igual, acordaron hacer compromisos nacionales para reducir las emisiones de carbono hasta 2020 e informar con transparencia sus esfuerzos de mitigación. El mundo comenzó a alejarse de la división entre los países desarrollados y en desarrollo que había definido el acuerdo de Kioto. Esta era una base sobre la cual construir.

Eso fue lo que el presidente y yo le dijimos a nuestros amigos europeos cuando nos reunimos para rendir informes. Hacinados en otra pequeña habitación, Brown, Sarkozy, Angela Merkel de Alemania, Fredrik Reinfeldt de Suecia, Lars Rasmussen de Dinamarca y José Manuel Barroso de la Comisión Europea, escucharon atentamente al presidente Obama. Ellos querían que se lograra un tratado legal en Copenhague y no les gustó nuestro compromiso. Sin embargo, accedieron a regañadientes a apoyarlo, pues no había otra alternativa viable. Los europeos tenían razón en decir que no logramos todo lo que queríamos en Copenhague. Pero esa es la naturaleza de los compromisos.

En los meses siguientes, docenas de países, incluidos los principales en vías de desarrollo, presentaron de hecho propuestas de planes para limitar las emisiones. Y hasta donde sabemos, están actuando para poner en práctica esos planes. Construimos sobre esta base en conferencias de seguimiento durante los próximos cuatro años en Cancún, Durban y Doha, que conducirán a otra reunión en París en 2015 con la esperanza de alcanzar un acuerdo nuevo y sólido, aplicable para todos.

=====

Después de Copenhague, empecé a buscar otras formas para seguir avanzando, aunque la oposición política en el Congreso y los desacuerdos con China y otros países en el escenario mundial hacían que fuera difícil lograr el tipo de reformas profundas que necesitábamos para combatir el cambio climático. Cuando era una niña en Illinois, jugué softball, y una de las lecciones que aprendí es que si sólo tratas de conectar jonrones, la mayoría de las veces batearás globitos de fácil captura. Pero si tratas también de batear sencillos y dobles, y lograr incluso bases por bola, eso puede sumar hasta alcanzar algo aún más grande.

Esa era la idea detrás de la Coalición para el Clima y el Aire Limpio que anuncié en febrero de 2012, con el fin de reducir lo que se conoce como "súper contaminantes climáticos". Más del 30 por ciento del calentamiento global se le atribuye a estas partículas, incluyendo el metano, el carbón negro y los hidrofluorocarbonos (HFCs) que son producidos por excrementos animales, vertederos urbanos, unidades de aire acondicionado, incendios en campos, fuegos de cocina y la producción de petróleo y gas, entre otras cosas. También son muy perjudiciales para la salud respiratoria de los seres humanos. La buena noticia es que estos gases de efecto invernadero se dispersan en la atmósfera con mayor rapidez que el dióxido de carbono, por lo que un esfuerzo agresivo para reducirlos puede ralentizar con mayor rapidez el ritmo del cambio climático. De acuerdo con un estudio, "una fuerte reducción de emisiones de contaminantes de vida más corta a partir de 2015 podría compensar un aumento de las temperaturas hasta en un 50 por ciento para 2050".

Hacer eso le daría un tiempo muy valioso al mundo para desarrollar nuevas tecnologías, y la voluntad política para abordar los problemas causados por el carbono, que son más complicados. Comencé a hablar con gobiernos que tenían ideas afines, especialmente con los escandinavos, sobre lo que podíamos hacer. Decidimos conformar una asociación público-privada integrada por gobiernos, empresas, científicos y fundaciones. Organicé un evento en el departamento de Estado con los ministros de Medio Ambiente de Bangladesh, Canadá, México y Suecia, el embajador de Ghana y con Lisa Jackson, la administradora de la Agencia de Protección Ambiental de Estados Unidos, para lanzar la Coalición para el Clima y el Aire Limpio. En 2014, esta coalición tiene treinta y siete países socios y cuarenta y cuatro asociados no estatales, y está dando pasos importantes hacia la reducción de las emisiones de metano procedentes de la producción de petróleo y gas, y del carbón negro proveniente del humo de diésel y otras fuentes. Puede que iniciativas como abordar la gestión de residuos en ciudades de Nigeria a Malasia, la reducción del carbón negro procedente de la producción de ladrillos en lugares como Colombia y México y reducir las emisiones de metano en Bangladesh y Ghana, sean discretas, pero pasos como estos están haciendo una diferencia en el esfuerzo global para hacer frente al cambio climático.

Uno de mis aliados en este esfuerzo fue Jonas Gahr Støre, el ministro noruego de Relaciones Exteriores. En junio de 2012, me invitó a ir a Noruega y ver de primera mano los efectos del cambio climático en la disminución de los glaciares del Ártico. Llegué a la pintoresca ciudad noruega de Tromsø, localizada al norte del Círculo Polar Ártico. En junio, las temperaturas habían subido a más de 40°F y la luz diurna duraba casi toda la noche. Jonas y yo estábamos a bordo del *Helmer Hanssen*, un buque de investigación del Ártico, en el cual viajaríamos a un fiordo y observaríamos más de cerca el derretimiento del hielo. El aire estaba tan limpio y fresco que escasamente podía creerlo. Las montañas, aún cubiertas de nieve en su mayoría, parecían emerger directamente del agua helada. Jonas señaló con preocupación los glaciares en retroceso. Actualmente, el descongelamiento del verano deja sin hielo a extensas zonas del océano Ártico. De hecho, los glaciares están retrocediendo en casi todas partes del mundo, incluyendo los Alpes, el Himalaya, los Andes, las Montañas Rocosas, Alaska y África.

Alaska se está calentando al doble de velocidad que el resto de Estados Unidos, y la erosión, el derretimiento del permafrost y el aumento de las aguas ya están obligando a algunas comunidades a lo largo de la costa a trasladarse al interior.

En 2005, viajé con el senador McCain y otros dos republicanos, Lindsey Graham y Susan Collins, a Whitehorse, Canadá, y a Barrow, Alaska, el punto más septentrional de Estados Unidos. Nos reunimos con científicos, líderes locales y ancianos de las Primeras Naciones para escuchar su versión sobre los efectos del cambio climático. Mientras sobrevolaba los vastos bosques de coníferas en Yukón, pude ver enormes franjas café de abetos sin vida, que habían muerto debido a las infestaciones de escarabajos de corteza que habían migrado al norte gracias a las temperaturas más altas, en particular a por los inviernos más suaves. Esos árboles muertos se convirtieron en leña para fuegos forestales que los canadienses nos dijeron que cada vez ocurrían con mayor frecuencia. Pudimos ver el humo personalmente mientras se elevaba desde un incendio cercano.

Prácticamente todas las personas con las que hablé en ese viaje, hicieron un llamado personal de atención sobre lo que estaba sucediendo. Un anciano de una tribu contó cómo había regresado a un lago donde había pescado en su infancia, sólo para descubrir que se había secado. Conocí a participantes de toda la vida en carreras de trineos de perros que me dijeron que ya ni siquiera necesitaban usar guantes. En Barrow, el mar solía congelar todo el trayecto hasta el Polo Norte desde noviembre. Ahora, nos dijeron los residentes, se encontraban con aguanieve en vez de hielo. En el Parque Nacional de los Fiordos de Kenai, los guardabosques nos mostraron las mediciones de los glaciares en retroceso. La situación era tan grave que ni siquiera se podía ver el hielo desde el centro de visitantes construido unas cuantas décadas antes para divisar el paisaje extraordinario.

Siete años más tarde, en Noruega, yo estaba viendo aún más evidencias del avance constante del cambio climático. Estimaba a Jonas y admiraba su pasión por la protección de los valiosos ecosistemas de su país. Por desgracia, una pequeña nación como Noruega sólo podía hacer ciertas cosas por su cuenta. Así que Jonas emprendió la intensa diplomacia necesaria para reunir a todos los poderes del Ártico. Hablamos de nuestros esfuerzos compartidos en el Consejo del Ártico, la organización internacional encargada de establecer las normas para proteger la región. Actualmente, su sede permanente está en Tromsø. El Consejo está integrado por todos los actores principales: Estados Unidos, Canadá, Dinamarca, Finlandia, Islandia, Noruega, Rusia y Suecia. Compartí el compromiso de Støre con el Consejo, y en 2011 fui la primera secretaria de Estado de Estados Unidos en asistir a una reunión formal en Nuuk, la remota capital de Groenlandia. Uno de mis aliados en promover una mayor participación de Estados Unidos en el Consejo del Ártico fue la senadora republicana de Alaska, Lisa Murkowski, quien asistió con el secretario del Interior Ken Salazar y yo. Firmé el primer acuerdo internacional legalmente vinculante entre los ocho estados árticos, adoptando planes para realizar misiones con el fin de buscar y rescatar a los buques que estuvieran en peligro. Ese fue un comienzo, pero se necesitaba más para allanar el camino con miras a una futura cooperación en materia de cambio climático, energía y seguridad.

El derretimiento del hielo estaba abriendo nuevas oportunidades para la navegación y exploración de petróleo y gas en el Ártico, desencadenando así una lucha por los recursos y los derechos territoriales. Algunas de las reservas de energía podrían ser enormes. El presidente ruso Vladimir Putin ha puesto sus ojos en la región y ha instruido a sus militares para regresar a una serie de antiguas bases soviéticas en el Ártico. En 2007, un submarino ruso colocó incluso una bandera rusa en el fondo del océano cerca del Polo Norte. Los movimientos de Rusia han planteado la posibilidad de una carrera armamentista en la región, y la "militarización" de las relaciones en el Ártico. Stephen Harper, primer ministro de Canadá, ha dicho que, "para defender la soberanía nacional" en el Ártico, su país necesita "fuerzas sobre el terreno, barcos en el mar y la debida vigilancia". China también está ansiosa por ganar influencia en la región. Está sedienta de energía y entusiasmada por las perspectivas de nuevas rutas de navegación que podrían reducir en miles de millas el tiempo de viaje entre los puertos de Shanghái y Hong Kong y los mercados europeos. En años recientes, China ha emprendido varias expediciones de investigación ártica, construido su propio centro de investigación en Noruega, aumentado las inversiones en los países nórdicos, firmado un tratado de comercio con Islandia y obtenido la condición de observador en el Consejo del Ártico.

Jonas y yo hablamos de la necesidad de evitar que esta reciente fiebre del oro agobiara el frágil ecosistema del Ártico y acelerara el cambio climático. Las actividades económicas responsables se estaban convirtiendo en algo inevitable, y podrían llevarse a cabo con responsabilidad si teníamos cuidado. Pero un mayor número de barcos, perforaciones y de fuerzas militares en la región sólo aceleraría el daño ambiental. Imagínense el impacto de un derrame de petróleo en el Ártico como el que ocurrió en el Golfo de México en 2010. Si dejamos que el Ártico se convierta en el Salvaje Oeste, la salud del planeta y nuestra propia seguridad estará en riesgo.

Espero que en el futuro, el Consejo del Ártico sea capaz de llegar a un acuerdo sobre la manera de proteger y utilizar el Ártico. Aunque este desafío no galvanice a la opinión pública en la actualidad, es uno de los asuntos más importantes a largo plazo al que nos enfrentamos.

———

A pesar de un fuerte llamado a la acción por parte del presidente Obama en su segundo discurso inaugural, una respuesta seria y amplia al cambio climático sigue siendo obstaculizada por la oposición política atrincherada en nuestro país. La recesión pudo haber ayudado a reducir nuestras emisiones totales, pero hizo que fuera más difícil movilizar la voluntad política para impulsar un cambio más significativo. Cuando la economía está en problemas y la gente está buscando empleos, muchas otras preocupaciones quedan relegadas. Y la vieja y falsa elección entre la reactivación de la economía y la protección del medio ambiente surge una vez más. Una excepción a esto ha sido la rápida transformación del carbón a gas natural en la generación de electricidad. La quema de gas natural sólo emite aproximadamente la mitad de los gases de efecto invernadero que el carbón, siempre y cuando se eviten los escapes de metano en los pozos de gas, aunque su producción conlleva otros riesgos ambientales. Con el fin de aprovechar al máximo nuestras grandes reservas de gas natural, los estados y el gobierno federal tendrán que suministrar una mejor regulación, más transparencia y una rigurosa aplicación de la ley.

Me hubiera gustado haber logrado más durante los primeros cuatro años de la administración Obama. Pero no podemos desalentarnos por la magnitud del problema o por la terquedad de la oposición. Haber perdido el control del Congreso fue un gran retraso para nosotros debido a que la mayoría republicana, a diferencia de los partidos conservadores en otros países, ha hecho de la negación del cambio climático y de la oposición incluso a respuestas favorables en términos económicos a este problema, una parte central de su plataforma. Pero no podemos desanimarnos por la magnitud del problema o por la terquedad de la oposición. Tenemos que seguir tomando medidas prácticas que funcionen realmente. En nuestra reunión en Copenhague, el primer ministro de Etiopía me dijo que el mundo estaba buscando que Estados Unidos liderara la lucha contra el cambio climático. Creo que esta es una responsabilidad que debemos aceptar, y una oportunidad que debemos aprovechar. Después de todo, seguimos siendo la economía más grande del mundo y el segundo mayor emisor de dióxido de carbono. Mientras más grave sean los efectos del cambio climático, más importante será para nosotros asumir el liderazgo. Las innovaciones cruciales que ayudarán a afrontar este reto, ya sean nuevas tecnologías de energía limpia, técnicas de captura de carbono o maneras de aumentar nuestra productividad energética, tienen más probabilidades de provenir de nuestros científicos y laboratorios. Y cambiar la manera en que producimos y preservamos la energía puede hacer una gran contribución a nuestra economía.

A pesar de su postura de línea dura en el ámbito internacional, los líderes chinos están dando pasos importantes en su país para invertir en energía limpia y empezar a solucionar sus problemas ambientales. En los últimos años, hemos visto una presión creciente por parte del pueblo chino en temas como la contaminación, la calidad del aire y el agua limpia. En enero de 2013, en Pekín y en más de dos docenas de otras ciudades chinas, la calidad del aire debido a la contaminación llegó a ser tan mala —veinticinco veces mayor en Pekín que lo que en cualquier ciudad de Estados Unidos se consideraría un nivel seguro— que la gente se refiere a ella como un "airepocalipsis". Nuestra embajada en Pekín tuvo un papel esencial en el suministro de información al público acerca de la contaminación, incluyendo actualizaciones cada hora sobre los niveles de contaminación, a través de Twitter. La situación fue tan grave que la dirigencia china comenzó a reconocer la contaminación como una amenaza para la estabilidad del país y empezó a monitorear y a revelar públicamente sus propios indicadores sobre la calidad del aire.

En junio de 2013, el presidente Obama y el presidente Xi firmaron un acuerdo para trabajar conjuntamente en la eliminación de los "súper contaminantes", los hidrofluorocarbonos que provienen en gran medida de unidades de aire acondicionado. Este fue el primer acuerdo entre Estados Unidos y China para hacer algo específico con respecto al cambio climático. Si estas medidas tienen éxito, ayudarán a convencer a China de que la acción mundial concertada en materia de cambio climático está a favor de su interés a largo plazo. El entendimiento bilateral entre Estados Unidos y China es esencial para un acuerdo global.

El siguiente hito internacional se dará en París en 2015, cuando el proceso que se inició en Copenhague culminará, según se espera, en un nuevo acuerdo legal sobre emisiones y mitigación que será aplicable a todos los países del mundo. Alcanzar esta meta no será fácil, tal como lo hemos descubierto, pero supone una verdadera oportunidad para progresar.

La capacidad de Estados Unidos para liderar este campo depende de lo que nosotros mismos estemos dispuestos a hacer en casa. Ningún país lo hará sólo porque les digamos que lo hagan. Ellos quieren vernos tomar medidas significativas y propias, y deberíamos querer eso mismo. El fracaso para aprobar una ley integral sobre el clima en el Senado en 2009 hizo que nuestro trabajo de negociación en Copenhague fuera mucho más difícil. Para tener éxito en París, tendremos que ser capaces de mostrar resultados reales en nuestro país. El Plan de Acción Climática decretado por el presidente Obama en junio de 2013 es un paso importante en la dirección correcta, y a pesar del atascamiento en el Congreso, el presidente está avanzando por medio de enérgicas acciones ejecutivas. Desde 2008, hemos duplicado casi la producción de energía limpia y renovable de fuentes eólicas, solares y geotérmicas, mejorado la eficiencia de combustible en los vehículos, y por primera vez, hemos comenzado a hacer una medición de nuestras mayores fuentes de emisión de gases de efecto invernadero. En 2012, las emisiones de carbono cayeron al nivel más bajo en veinte años en nuestro país. Pero tenemos que hacer mucho más. La construcción de un amplio consenso nacional sobre la urgencia de la amenaza del cambio climático y la necesidad imperiosa de tomar medidas audaces e integrales no será fácil, pero sí esencial.

Las voces más importantes a ser escuchadas en este tema son las de las numerosas personas que conocí en mis viajes, cuyas vidas y formas de vida son las más amenazadas por el cambio climático: los ancianos tribales de Alaska viendo sus agujeros de pesca secarse y la tierra debajo de sus aldeas erosionarse; los líderes de las naciones insulares que tratan de dar la alarma antes de que sus casas se encuentren sumergidas para siempre bajo el agua; los planificadores militares y analistas de inteligencia que se preparan para los conflictos y las crisis del futuro a causa del cambio climático; y todas las familias, negocios y comunidades que se han visto afectadas por el clima extremo. En la conferencia de Copenhague de 2009, los motivos más convincentes para la acción provinieron de los líderes de las pequeñas naciones insulares que se están enfrentando actualmente a la pérdida de sus tierras debido al aumento del nivel del mar.

—Si las cosas siguen como hasta ahora —dijo uno de ellos—, no vamos a vivir, sino a morir. Nuestro país no existirá.

22

Empleos y energía:
Igualdad de condiciones

Argelia es uno de esos países complicados que obligan a Estados Unidos a equilibrar nuestros diversos intereses y valores. Este país ha sido un importante aliado en la lucha contra Al Qaeda y fue una fuerza estabilizadora potencial en el Norte de África a medida que Libia y Malí se hundían en el caos. Pero también tiene un pobre historial de derechos humanos y una economía relativamente cerrada.

Tanto porque necesitamos continuar con nuestra colaboración de seguridad y porque es lo correcto, Estados Unidos buscó estimular mejoras en derechos humanos y una economía más abierta en Argelia. Cuando el gobierno decidió solicitar licitaciones extranjeras para construir plantas de energía y modernizar su sector energético, vi una oportunidad para fomentar la prosperidad en Argelia, y aprovechar una oportunidad para las empresas estadounidenses. General Electric, estaba compitiendo por el contrato de más de 2,5 mil millones de dólares. Con demasiada frecuencia había visto a muchas corporaciones estadounidenses con aversión al riesgo evitar los mercados emergentes o que presentaban retos, mientras que las empresas asiáticas y europeas se llevaban los contratos y los beneficios. Empresas propiedad del o controlados por el Estado, eran competidores especialmente difíciles, ya que jugaban según sus propias reglas, tenían recursos esencialmente ilimitados y pocos reparos en violar las normas internacionales sobre el soborno y la corrupción. Como el crecimiento en Estados Unidos seguía siendo demasiado lento y el desempleo demasiado elevado, no podíamos darnos el lujo de desperdiciar buenas oportunidades o de hacer las mismas cosas que la competencia desleal. Así que la apuesta de GE para competir en Argelia representaba un paso audaz para una emblemática compañía estadounidense, con el potencial de generar beneficios económicos en casa y ventajas estratégicas en el Norte de África.

En octubre de 2012, volví a Argel para instar al gobierno para continuar con las reformas políticas, aumentar la cooperación en seguridad en Malí y considerar el acuerdo con GE. El presidente Abdelaziz Bouteflika me recibió en una alfombra roja frente al Palacio Muradia, una extensa villa blanca con arcos de estilo morisco. Detrás de él, las filas de la caballería de Argelia se pusieron firmes, con sus tradicionales túnicas rojas y pantalones verdes. Después Bouteflika, que tenía setenta y cinco años, me acompañó frente a la guardia de honor del palacio. Pasamos tres horas juntos, en un diálogo de amplio alcance en el que hablamos de temas como los efectos del cambio climático y las amenazas de Al Qaeda. También le pregunté por GE, y me fui de Argel optimista de que la empresa tendría una verdadera oportunidad de ganar el contrato.

Menos de un año después, GE ganó el contrato para ayudar a construir seis plantas de energía de gas natural, con lo que se esperaba aumentar la capacidad de generación de electricidad de Argelia en casi un 70 por ciento. Durante los próximos años, GE construirá generadores y turbinas gigantes de estas plantas en Schenectady, Nueva York y Greenville, Carolina del Sur, respaldando miles de empleos en el sector de la manufactura. Como le dijo un representante del sindicato local en Schenectady, Nueva York al *Times-Union*, "Eso le muestra al mundo que somos todavía el número uno en fabricación de energía de clase mundial". Para mí, esto volvió a confirmar también una idea que orientó gran parte de nuestra labor en el departamento de Estado durante los cuatro años anteriores: como la economía de la energía está cada vez más en el núcleo de nuestros retos estratégicos, debe estar también en el núcleo de la diplomacia estadounidense.

Cuando fui nombrada como secretaria de Estado en 2009, me concentré en dos grandes preguntas sobre la economía global. ¿Podríamos mantener y crear buenos empleos en el país y ayudar a acelerar nuestra recuperación de la crisis financiera mundial al abrir nuevos mercados y aumentar las exportaciones? Y, ¿permitiríamos que China y otras economías relativamente cerradas siguieran reescribiendo las reglas de la economía global de una manera que seguramente sería desventajosa para nuestros trabajadores y empresas? Las respuestas serían importantes para determinar si Estados Unidos seguiría liderando la economía mundial, y si íbamos a restaurar la prosperidad para nuestro propio pueblo.

Tradicionalmente, el comercio, la energía y la economía internacional no han sido las prioridades de los secretarios de Estado. Después de todo, tenemos un representante comercial, y secretarios de Comercio, Energía y Tesoro. La crisis financiera mundial hizo que esta división no fuera práctica. Fue más claro que nunca que la fortaleza económica de Estados Unidos y nuestro liderazgo global eran un solo paquete. No íbamos a tener lo uno sin lo otro.

Llamé "diplomacia económica" a nuestros esfuerzos, y exhorté a nuestros diplomáticos en todo el mundo a hacer de esto una prioridad. Teníamos puestos diplomáticos en más de 270 ciudades en todo el mundo, muchas de ellas con funcionarios económicos. Yo quería utilizar estos recursos para crear nuevas oportunidades en materia de crecimiento y de prosperidad compartida. Durante los cuatro años siguientes, rechazamos el proteccionismo y el mercantilismo, defendimos a las compañías y a los trabajadores estadounidenses, tratamos de atraer la inversión extranjera directa en nuestro país y trabajamos para sacar provecho de la revolución energética que estaba ayudando a liderar nuestra recuperación nacional y a remodelar el panorama estratégico mundial.

======

Estados Unidos ha trabajado durante décadas para crear una economía global de comercio e inversión que sea libre y justa, abierta y transparente, con reglas claras del camino que beneficiaría a todos.

El actual sistema de comercio mundial no cumple plenamente con esa norma. Se distorsiona no sólo por las barreras de entrada para los países en desarrollo y economías emergentes, sino por el poder de los intereses especiales de los países desarrollados, entre ellos Estados Unidos. Del mismo modo que no es justo que otros países mantengan nuestros productos y servicios fuera de sus mercados, o que exijan sobornos o roben nuestra propiedad intelectual a cambio de tener acceso a ellos, tampoco es justo usar nuestras leyes de patentes para negar medicamentos genéricos, que pueden llegar a salvar vidas, a la población pobre de países de bajos ingresos. (El trabajo que ha hecho la Iniciativa Global Clinton para reducir los precios y aumentar el volumen de los medicamentos contra el sida demuestra que hay formas de salvar vidas y proteger los intereses económicos legítimos). Para hacer que el comercio sea más justo y más libre, los países en vías de desarrollo tienen que mejorar la productividad, elevar las condiciones de trabajo y proteger el medio ambiente. Y en Estados Unidos tenemos que mejorar para proporcionar buenos empleos a quienes se ven desplazados por el comercio.

Actualmente, Estados Unidos está negociando acuerdos globales con once países de Asia, en Norte y Suramérica, y con la Unión Europea. Debemos enfocarnos en acabar con la manipulación de las monedas, la destrucción del medio ambiente y las condiciones miserables de trabajo en los países en vías de desarrollo, así como armonizar la normativa con la UE. Y debemos evitar algunas de las disposiciones que buscan los intereses empresariales, incluido el nuestro, como la de dar a ellos y a sus inversionistas la facultad de demandar a los gobiernos extranjeros para debilitar sus normas ambientales y de salud pública, como Philip Morris ya está tratando de hacer en Australia. Estados Unidos debería defender la igualdad de condiciones, no los favores especiales.

A pesar de todos sus problemas, a lo largo de los últimos treinta y cinco años, un sistema de comercio más abierto ha sacado a más gente de la pobreza que durante cualquier otro período de tiempo en la historia. Y hay menos desequilibrio en nuestro comercio con países con los que tenemos acuerdos, como Canadá y México, que con los que no tenemos, como China. Hacer que un sistema abierto funcione mejor ayudará a más gente que lo que haría el capitalismo de Estado, el petro-capitalismo, la manipulación de las monedas y los tratos corruptos.

Mientras tanto, estaba determinada a hacer todo lo posible para ayudar a las empresas y trabajadores estadounidenses a aprovechar más oportunidades legítimas entre las ya disponibles. Enfrentábamos fuertes vientos en contra por parte de países que querían que el sistema fuera por completo diferente.

China se había convertido en el principal exponente de un modelo económico llamado "capitalismo de Estado", en el que las empresas estatales o que recibían ayuda del gobierno utilizaban dinero público para inclinar la balanza con el fin de dominar los mercados y defender intereses estratégicos. El capitalismo de Estado, así como una serie de nuevas formas de proteccionismo que implicaban barreras detrás de las fronteras —como las regulaciones injustas, la discriminación contra las compañías extranjeras y las transferencias de tecnologías obligatorias—, planteaba una amenaza creciente para la capacidad de las empresas estadounidenses de competir en mercados clave. Y estas políticas iban directamente en contra de los valores y principios que habíamos trabajado para implantar en la economía mundial. Creíamos que un sistema abierto, libre, transparente, justo y con reglas claras, nos beneficiaría a todos.

Aunque China era el mayor infractor cuando se trataba de nuevas formas de proteccionismo y de "capitalismo de Estado", no era el único. Para 2011, los fondos soberanos, unos fondos de inversión propiedad de los gobiernos y administrados por estos, muchas veces con los ingresos procedentes de las exportaciones de petróleo y gas natural, habían crecido hasta controlar más o menos el 12 por ciento de toda la inversión en el mundo. Cada vez más, las empresas estatales y con el apoyo del Estado no estaban operando sólo en sus mercados de origen, sino en todo el mundo, a veces en secreto, y careciendo a menudo de la transparencia y la rendición de cuentas que garantizan los accionistas y las regulaciones. Estábamos viendo compañías híbridas haciéndose pasar por agentes comerciales, y que realmente eran controladas por Estados y actuaban con consecuencias estratégicas, como la rusa Gazprom.

Como senadora, advertí sobre China, que era miembro de la Organización Mundial del Comercio (OMC), "tenemos que convencer a China de ceñirse a las reglas del mercado global", y me preocupó que la filosofía de *laissez faire* de la administración Bush los llevara a adoptar un enfoque de no intervención. En 2004, fui abordada por ejecutivos de Corning Glass, una empresa de Nueva York, con un problema que ponía de relieve los desafíos que enfrentábamos. Corning, fundada en 1851 y con sede en Corning, Nueva York, era famosa por suministrar el "vidrio gorila" resistente a los arañazos y utilizado por más de treinta y tres grandes marcas de teléfonos inteligentes, tabletas y portátiles, incluyendo el iPhone de Apple. Corning también producía sofisticadas pantallas de cristal líquido para monitores de computadoras y televisores, así como fibra óptica y cables para la industria de las comunicaciones, filtros limpios para motores diésel, y una amplia gama de otros productos innovadores. Corning invertía más de 700 millones de dólares al año en investigaciones. Su tecnología y productos eran tan buenos que los competidores en China creían que necesitaban una ventaja injusta para poder competir. Entonces, les pidieron a sus amigos en el gobierno chino que impidieran la entrada de Corning al mercado de ese país, o que le impusiera aranceles increíblemente altos a sus fibras ópticas. También hubo intentos descarados por robar la propiedad intelectual de esta compañía.

Esto no era justo, y era también una amenaza para el futuro de una compañía que empleaba a miles de neoyorquinos. En abril de 2004, invité al embajador chino a mi oficina del Senado y le envié una dura carta al ministro de Comercio chino. También hice todos los esfuerzos posibles para lograr que la administración Bush me apoyara. Como no recibí mucha atención en la Casa Blanca, hablé de la situación de Corning directamente con el presidente Bush en la inauguración de la biblioteca presidencial de mi esposo en Little Rock, Arkansas. "Es una gran compañía estadounidense que está siendo amenazada", le dije, "su administración tiene que ayudarme a ayudarlos". El presidente Bush se comprometió a estudiar el problema, y lo hizo. En diciembre, China redujo el arancel discriminatorio. Una vez que se le permitió competir en igualdad de condiciones, los negocios de Corning prosperaron.

Otras empresas estadounidenses enfrentan retos similares. En octubre de 2009, entraron en vigor las nuevas leyes postales chinas, que requieren permisos de operación internos para las firmas de servicios de envíos urgentes. La medida fue ampliamente vista como un plan para que el gobierno chino expandiera su propio servicio de entrega urgente por parte de la compañía China Post, controlada por el Estado. Las principales empresas de mensajería estadounidenses, FedEx y UPS, llevaban varios años haciendo negocios en China. Antes de 2009, FedEx tenía permiso para operar en cincuenta y ocho localidades en China, y UPS en treinta. Ambas compañías temían que el gobierno chino les expidiera licencias severamente restrictivas. Nuestros embajadores de Estados Unidos en Pekín, primero Jon Huntsman y luego Gary Locke (que había sido secretario de Comercio y comprendía exactamente lo importante que era esto), plantearon el asunto con el gobierno chino, pero fue en vano. Fred Smith, el CEO de FedEx, me llamó posteriormente para pedirme ayuda.

Comenté el asunto directamente con Wang Qishan, el viceprimer ministro responsable de la economía, alguien a quien yo conocía y respetaba. El secretario de Comercio John Bryson y yo escribimos una carta conjunta. Después de nuestros esfuerzos, los chinos informaron a FedEx que finalmente habían concedido licencias, pero sólo en ocho ciudades de

China, y únicamente en cinco para UPS. Era un comienzo, pero distaba de ser prometedor. Le entregué otro mensaje al viceprimer ministro Wang. Con el tiempo, los chinos prometieron que en el transcurso de un período de transición de tres años continuarían concediendo permisos para las demás ciudades chinas. La embajada informó que los funcionarios chinos quedaron sorprendidos por la respuesta continua del gobierno de Estados Unidos a un nivel tan alto. Al escribir estas líneas, ambas empresas han logrado mantener sus operaciones en China. Los chinos se han destacado por su promesa de aumentar las licencias, pero las dos compañías siguen preocupadas por el potencial de crecimiento en el futuro.

Yo estaba preparada para seguir batallando por las compañías estadounidenses, pero dado el alcance del desafío, tenía que pensar en grande. En el verano de 2011, decidí dejar en claro que Estados Unidos tenía la intención de luchar por un sistema económico global que fuera justo. Viajé a Hong Kong, una isla de capitalismo empresarial unida a la economía china dominada por el Estado y que aún está evolucionando. Hong Kong parecía ser el lugar perfecto para el argumento a favor de la igualdad de condiciones y de un conjunto común de reglas económicas globales. Yo había visitado por primera vez esa ciudad en la década de 1980, cuando acompañé a Bill en una misión comercial para promover los negocios y las exportaciones de Arkansas. Esta vez, yo estaba tratando de vender más que soya: estaba vendiendo el modelo estadounidense de mercados libres para personas libres. Esto había sido un duro golpe a los ojos del mundo durante la crisis financiera, y un número creciente de naciones estaban mirando de nuevo el modelo chino de capitalismo de Estado y de autocracia, que seguían propiciando un impresionante crecimiento económico en casa. Expuse mi caso en un discurso en el Hotel Shangri-La, frente a una gran multitud de líderes empresariales de toda la región.

"Debemos comenzar con la tarea más urgente que tenemos ante nosotros: realinear nuestras economías a raíz de la crisis financiera mundial", dije. "Esto significa buscar una estrategia más equilibrada para el crecimiento económico global". Las naciones desarrolladas como Estados Unidos tendrían que fabricar más bienes en el país y vender más en el extranjero (lo que crearía empleos e impulsaría nuestra recuperación y contribuiría a aumentar el crecimiento en el resto del mundo), mientras que los países que se desarrollaban rápidamente en Asia y otros lugares, los cuales habían acumulado grandes ahorros, tendrían que comprar más, y fortalecer y actualizar sus políticas financieras y comerciales para garantizar una igualdad de condiciones económicas más equitativas y una mayor estabilidad en los mercados globales.

Reconocí los desafíos que enfrentaban las economías en vías de desarrollo y que todavía tenían que sacar a cientos de millones de personas de la pobreza. China a menudo argumenta que este imperativo superaba cualquier obligación de seguir las reglas internacionales establecidas para las prácticas comerciales, laborales y de derechos humanos. Pero yo repliqué que China y otras economías emergentes se han beneficiado en gran medida del sistema internacional que Estados Unidos había ayudado a crear, incluyendo su pertenencia a la Organización Mundial de Comercio, y que ahora necesitaban asumir su cuota de responsabilidad en defensa de esto. Además, esa era realmente la mejor manera de asegurar el crecimiento continuo y la prosperidad, y de ayudar también a que más personas salieran de la pobreza y engrosaran la clase media tanto en los países desarrollados como en los que estaban en vías de desarrollo.

Después de todo, los fabricantes de Malasia querían acceso a los mercados en el extranjero tanto como los fabricantes estadounidenses. Las empresas de la India querían un trato justo cuando invertían en el extranjero, al igual que nosotros. Los artistas chinos querían proteger sus creaciones de la piratería. Toda sociedad que busca desarrollar un sector fuerte de investigación y tecnología necesita protecciones de propiedad intelectual, ya que sin estas, la innovación trae un riesgo mucho mayor y ofrecería menos recompensas. Y yo rechazaba explícitamente la idea de que pudiera haber un conjunto de reglas para las principales economías industrializadas como Estados Unidos, y otro para los mercados emergentes como China. "Buena parte del comercio mundial se lleva a cabo con las naciones en desarrollo, y dejarlas por fuera del sistema basado en normas haría que el sistema no funcionara", señalé, "Y en última instancia, eso nos empobrecería a todos".

Desafortunadamente, gran parte de la atención de ese día no se centró en el comercio, sino en el drama que ocurría a miles de millas de distancia en Washington, el cual amenazaba con socavar mi argumento y la confianza del mundo en el liderazgo económico de Estados Unidos.

A mediados de mayo de 2011, el gobierno de Estados Unidos había alcanzado el "techo de la deuda", y el presidente y el Congreso tenían un tiempo limitado para elevarlo o arriesgar el impago de las deudas de Estados Unidos, lo que tendría consecuencias catastróficas para nosotros y para la economía global. A pesar de los graves peligros, se trataba de un tema difícil de entender. A muchos estadounidenses, esto les sonaba como si el Congreso estuviera debatiendo la posibilidad de darse permiso a sí mismo para gastar un montón de dinero y acumular nuevas deudas. Pero no se trataba de eso en absoluto. La verdadera pregunta era si el Congreso votaría para pagar las deudas que ya había acumulado en propuestas de gastos, y que ya se habían convertido en ley. La gran mayoría de los países no requieren un paso adicional de este tipo, algo que contribuyó a que personas de todo el mundo tuvieran dificultades para comprender lo que estaba sucediendo.

Algunos congresistas afirmaron que deberíamos rechazar el pago de nuestras deudas por primera vez en la historia y dejar que nuestro país se retrasara en el pago, a pesar de todas las consecuencias que tendría esto para la economía mundial y para la credibilidad y el liderazgo de Estados Unidos. Los líderes extranjeros de todos los continentes estaban expresando graves preocupaciones. China, que había invertido más de un billón de dólares en títulos del gobierno de Estados Unidos, estaba particularmente nerviosa. El diario estatal *Xinhua* escribió: "Teniendo en cuenta la condición de Estados Unidos como la mayor economía del mundo y emisor de la moneda de reserva internacional predominante, esta política arriesgada en Washington es peligrosamente irresponsable". Cuando este escenario se presentó por segunda vez en 2013, los chinos fueron más lejos. Comenzaron a hablar de un "mundo desamericanizado" y sugirieron que había llegado el momento de buscar una moneda de reserva diferente del dólar. Por supuesto, debido a que China poseía gran parte de nuestra deuda, estaba en una posición fuerte para hacer que dicho resultado fuera más probable.

Cuando llegué a Hong Kong, la crisis había alcanzado un punto álgido. Vi el titular "Las negociaciones de la deuda de Estados Unidos se van al suelo mientras los partidos batallan" en el periódico local publicado en inglés. En la Casa de Gobierno de Hong Kong, el jefe ejecutivo Donald Tsang me saludó con su corbatín y sonrisa habituales, pero hizo las preguntas que estaban en la mente de todos en Asia y en el mundo: ¿Qué está pasando en Washington? ¿Podían seguir confiando en la economía de Estados Unidos? Oí las mismas preguntas en una recepción con líderes empresariales antes de pronunciar mi discurso.

Obviamente, mi respuesta fue "sí". Dije que estaba segura de que se alcanzaría un acuerdo. Crucé mis dedos en privado, y esperé que esto fuera cierto.

Toda la experiencia fue un recordatorio de la atención con que el resto del mundo observaba cómo tomamos las decisiones en el ámbito doméstico, y de la gran importancia que tienen la fortaleza económica y la voluntad política de Estados Unidos para nuestro liderazgo global. La plena confianza y el reconocimiento de Estados Unidos no deben estar en duda, y la secretaria de Estado no debería tener que asegurar públicamente a la gente de otras naciones que vamos a pagar nuestras deudas. Punto.

Mi "venta" más difícil, sin embargo, estaba todavía por delante. Crucé el puente de la bahía de Shenzhen para visitar la provincia china del mismo nombre y reunirme con mi homólogo chino, el consejero de Estado Dai Bingguo. Los chinos estaban observando nuestra disfunción política con una mezcla de desconcierto, preocupación y anticipación. Por supuesto, ellos no querían que sucediera algo verdaderamente terrible porque entendían lo interdependientes que se habían vuelto nuestras economías. Pero cuanto más paralizado pareciera Estados Unidos, mejor se vería China ante los ojos del mundo. Los chinos podrían decir a sus socios potenciales, "Ustedes no pueden contar con los estadounidenses, pero siempre podrán contar con nosotros". Dai parecía disfrutar al detenerse en los problemas fiscales de Estados Unidos, adoptando un tono algo irónico acerca de nuestro estancamiento político. Yo no estaba dispuesta a aceptar eso. "Podríamos pasar las próximas seis horas hablando de los retos internos de China", le recordé. Salí de mi reunión con Dai aún más convencida de que Estados Unidos tenía que evitar estas heridas autoinfligidas e innecesarias y poner nuestra propia casa en orden.

A pesar del drama que se vivía en Washington, utilicé mi discurso en Hong Kong para dejar constancia de la importancia de seguir las reglas económicas aceptadas globalmente. Pero teníamos que hacer algo además de hablar. En su discurso del Estado de la Unión de 2012, el presidente Obama declaró: "No permaneceré de brazos cruzados si nuestros competidores no siguen las reglas". Su administración ya estaba formulando casos de aplicación comercial contra China a casi el doble de la tasa de la administración Bush. Ahora habría necesidad de una Unidad de Aplicación Comercial nueva y especial que persiguiera las prácticas comerciales desleales, dondequiera que perjudicaran nuestros intereses y el funcionamiento de los mercados libres en todas partes. Y si otras naciones proporcionaban una financiación injusta para sus exportaciones, Estados Unidos les ofrecería el apoyo correspondiente a nuestras empresas.

Son muchos los buenos empleos en nuestro país que dependen de la igualdad de condiciones, con reglas claras, justas y que sean cumplidas. En promedio, cada mil millones de dólares en bienes que exportamos apoyan entre 5.000 y 5.400 puestos de trabajo, y estos tienden a pagar entre 13 y 18 por ciento más que los empleos no relacionados con las exportaciones. En 2010, el presidente Obama estableció el objetivo de duplicar las exportaciones de Estados Unidos en un lapso de cinco años. El gobierno trabajó duro para mejorar y ratificar los acuerdos comerciales con Corea del Sur, Colombia y Panamá que fueron negociados durante la presidencia de Bush, y también inició nuevas negociaciones comerciales con muchas de las naciones del Anillo del Pacífico, así como con la UE.

Hice de la promoción de las exportaciones una misión personal. Durante mis viajes, acostumbraba hablar a favor de una compañía o producto estadounidense, como en el caso de GE en Argelia. Por ejemplo, en octubre de 2009, visité el centro de diseño de Boeing en Moscú porque Boeing estaba tratando de obtener un contrato con los rusos para vender aviones. Expliqué que los jets de Boeing establecían los mejores estándares mundiales, y, después de mi partida, nuestra embajada siguió haciendo esto. En 2010, los rusos accedieron a comprar cincuenta aviones 737, por casi 4 mil millones de dólares, que se tradujeron en miles de empleos en Estados Unidos. Y nuestros esfuerzos no se reducían a apoyar grandes empresas como Boeing o GE; a través del país también ayudamos a pequeñas y medianas empresas que trabajaban para volverse globales.

Fuimos creativos con iniciativas como Línea Directa, que les permitió a nuestros embajadores sostener conversaciones telefónicas o chats de video con compañías estadounidenses que querían entrar a nuevos mercados. Por ejemplo, el embajador de Estados Unidos en España organizó una llamada con treinta empresas para discutir la protección de los derechos de propiedad intelectual, mientras que nuestro embajador en Chile organizó otra sobre oportunidades de energía renovable en ese país.

El departamento de Estado trabajó con el departamento de Comercio, así como con funcionarios estatales y locales en un programa llamado SelectUSA, que el presidente Obama puso en marcha en junio de 2011, para atraer más inversión extranjera directa a nuestro país, y que ha apoyado ya más de cinco millones de empleos en Estados Unidos, incluyendo dos millones en el sector de manufacturas. Los primeros resultados fueron alentadores. En octubre de 2013, el presidente Obama destacó la creación de 220 empleos en la planta de autopartes de una empresa austriaca en Cartersville, Georgia, y una inversión de 600 millones de dólares en Wichita, Kansas, realizada por la empresa canadiense Bombardier.

Una herramienta poco notada pero muy efectiva fue la diplomacia en materia de aviación del departamento Estado. Durante mis cuatro años como secretaria de Estado, nuestros expertos negociaron acuerdos de cielos abiertos con naciones de todo el mundo, llevando el número total a más de cien. Estos acuerdos abrieron nuevas rutas a las aerolíneas de Estados Unidos. Según cálculos independientes, la conexión directa entre Memphis y Ámsterdam tuvo un impacto anual de 120 millones de dólares en la economía de Tennessee y respaldó más de 2.200 empleos locales. Y cuando American Airlines comenzó a realizar vuelos directos a Madrid, esto tuvo un impacto anual de 100 millones de dólares en la economía de Dallas-Fort Worth.

Desde 2009, las exportaciones de Estados Unidos han aumentado en un 50 por ciento, lo que significa que han crecido cuatro veces más rápido que la economía en su conjunto. Todas estas ventas al extranjero han contribuido con cerca de 700 mil millones de dólares a nuestra producción económica total y son responsables de hasta un tercio de nuestro crecimiento económico, respaldando a un aproximado de 1,6 millones de empleos en el sector privado. A pesar de que millones de estadounidenses siguen sin trabajo, estos resultados son significativos.

La reducción de las barreras de acceso para las empresas estadounidenses constituyó gran parte de nuestros esfuerzos. Lo mismo sucedió con aumentar los estándares en los mercados extranjeros en temas clave como los derechos laborales, la protección del medio ambiente, el comportamiento de las compañías de propiedad estatal y la propiedad intelectual. Las empresas en Estados Unidos cumplen ya con esos estándares, pero no así las de muchos otros países. Necesitábamos nivelar el campo de juego y mejorar el nivel de vida en todo el mundo a lo largo del camino. Durante muchísimo tiempo, habíamos visto compañías cerrando fábricas y marchándose de Estados Unidos porque podían hacer negocios de forma más barata en países extranjeros donde no tenían que pagar a los trabajadores un salario digno o atenerse a las reglas de Estados Unidos en materia de contaminación. El uso de la diplomacia y las negociaciones comerciales para elevar los estándares en el extranjero podrían ayudar a cambiar esta tendencia.

Sentí una pasión especial por mejorar las condiciones laborales en todo el mundo. A lo largo del tiempo, conocí trabajadores, muchos de ellos mujeres y hasta niños, que trabajaban en condiciones atroces. Las historias más desgarradoras eran las de trata de personas y de trabajo forzado que equivalían a la esclavitud moderna.

En julio de 2012, me reuní con varias trabajadoras y activistas en Siem Reap, Camboya, y con un representante local de una organización llamada Centro de Solidaridad, que es financiado en parte por la AFL-CIO, con el objetivo de mejorar los derechos laborales en todo el mundo. Las mujeres camboyanas me hablaron de muchos desafíos que enfrentan los trabajadores en ese país. Son muchos los empleadores que utilizan diversas formas de coacción para obligarlos a trabajar largas horas en condiciones que a veces son peligrosas. Muchos niños eran obligados todavía a cuidar los campos, a hornear ladrillos y a mendigar en las calles. Los niños de las aldeas rurales eran llevados a las ciudades para ser explotados sexualmente, muchas veces por hombres extranjeros que pudieran pagar miles de dólares por niñas vírgenes o para participar en otras formas de turismo sexual infantil. Demasiados policías de todos los niveles estaban mal entrenados, o no lo estaban en absoluto, para hacer frente a estos problemas o para proteger a los sobrevivientes, y muchos funcionarios públicos miraban para otro lado, o peor, se beneficiaban de la trata de seres humanos.

Mientras estaba en Siem Reap en 2010, visité un centro de acogida y recuperación para sobrevivientes de la trata de personas a cargo de una mujer valiente llamada Somaly Mam. Llevada a un prostíbulo cuando era una niña, Somaly fue violada y abusada repetidamente antes de escapar. En 1996 comenzó un movimiento para rescatar a otras niñas víctimas de trata y les ofreció su apoyo a medida que reconstruían sus vidas, tal como lo hizo ella. En 2010, su organización, financiada en parte por el departamento de Estado, operaba tres refugios en Camboya que proporcionaban seguridad y atención, además de rehabilitación y formación profesional, para reintegrar a las víctimas a la sociedad.

Las niñas que conocí eran sorprendentemente jóvenes para ser víctimas de estos delitos terribles, pero vi cómo el amor y el cuidado que recibían les habían devuelto la luz a sus ojos. Algunas me mostraron ansiosamente los alrededores, mientras otras eran más tímidas y miraban con cautela para descubrir a qué se debía el alboroto.

El delito de trata de seres humanos no se limita a Camboya ni al sudeste asiático. Casi 30 millones de personas en todo el mundo están en la esclavitud moderna de una forma u otra, atrapadas en la prostitución o trabajando en campos, fábricas o barcos de pesca. Estados Unidos no es inmune. En 2010, seis "reclutadores" fueron acusados en Hawái en el mayor caso de tráfico de seres humanos que se haya juzgado en la historia de Estados Unidos. Ellos coaccionaron a cuatrocientos trabajadores tailandeses a realizar labores agrícolas al confiscarles sus pasaportes y amenazarlos con hacerlos deportar si se quejaban.

Como secretaria de Estado, nombré a Lou CdeBaca, un condecorado ex fiscal federal, con el fin de liderar nuestros esfuerzos globales para combatir la trata y elaborar informes sobre la observancia de las leyes contra el tráfico de personas en 177 países. También le pedí a Lou que echara un vistazo a nuestro propio país, algo que el departamento nunca había hecho antes, porque me pareció que esto era importante para cumplir con los mismos altos estándares que esperábamos de los demás. Por ley, los resultados de esos informes producían sanciones a los países que no hicieran progresos, por lo que se convirtieron en una poderosa herramienta diplomática para promover la acción concreta.

Además del tráfico, también me preocupaban los empleadores inescrupulosos y hasta criminales que contaban con la complicidad de los gobiernos, y que explotaban a sus trabajadores, adultos y niños por igual. Esa es una de las razones por las que apoyo firmemente el derecho de los trabajadores a organizarse en sindicatos. Después de luchar durante varias décadas, los trabajadores de Estados Unidos conformaron sindicatos lo suficientemente fuertes para proteger sus derechos y avances de seguridad como la jornada laboral de ocho horas y el salario mínimo. Estos logros ayudaron a crear y a mantener la clase media estadounidense.

En muchos países alrededor del mundo, los sindicatos todavía están prohibidos y los trabajadores tienen pocos derechos, o acaso ninguno. Esto es perjudicial para ellos, y también para los trabajadores estadounidenses, porque crea una competencia desleal que hace bajar los salarios en todo el mundo. Contrariamente a lo que algunos gobiernos y empleadores puedan pensar, las investigaciones demuestran que el respeto a los derechos de los trabajadores conduce a resultados económicos positivos a largo plazo, incluyendo mayores niveles de inversión extranjera directa.

Incluir a más trabajadores en la economía formal y darles protecciones justas tiene un positivo efecto dominó en la sociedad. La desigualdad disminuye, mientras que la movilidad aumenta. Se pagan impuestos. Los países y las comunidades son más fuertes y más capaces de responder a las expectativas y aspiraciones de sus pueblos. La otra cara también es cierta: negar a los trabajadores sus derechos les cuesta muy caro a las sociedades en pérdida de productividad, innovación y crecimiento. Esto socava el imperio de la ley y siembra las semillas de la inestabilidad. Y es malo para nosotros cuando los trabajadores son demasiado pobres para comprar productos estadounidenses.

En 1999, exploré algunas de estas preguntas en un discurso en la Sorbona de París titulado "Globalización en el próximo milenio". ¿Una mayor interdependencia económica conduciría a un mayor crecimiento, estabilidad e innovación para personas en todo el mundo? ¿O conduciría simplemente a una "carrera hacia el fondo" de la escalera económica para miles de millones de personas? ¿Ayudaría a aumentar las oportunidades para todos los ciudadanos, o a premiar únicamente a aquellos de nosotros que contábamos con la suerte de tener los conocimientos necesarios para movernos exitosamente en la Era de la Información? Sugerí que había llegado el momento de hacer frente a "los peores efectos del capitalismo global desbocado" y de "ponerle un rostro humano a la economía global, dándoles a los trabajadores de todas partes una participación del éxito, equipándolos para cosechar sus frutos", al tiempo que suministraba "redes de seguridad social para los más vulnerables". Una década después, la urgencia de estas preocupaciones no había hecho más que aumentar.

El departamento de Estado había tenido durante mucho tiempo una oficina dedicada a la democracia, los derechos humanos y el trabajo; aunque este último aspecto había sido hecho a un lado, yo quería cambiar eso, y lo mismo sucedió con nuestro nuevo subsecretario, Michael Posner, un activista de derechos humanos que había ayudado a fundar la Asociación para el Trabajo Justo en la década de 1990. Bajo el liderazgo de Mike, Estados Unidos intensificó su apoyo a los programas de capacitación y talleres sobre las normas laborales internacionales para líderes sindicales, empresarios y funcionarios del gobierno. Patrocinamos intercambios para que los académicos laborales de todo el mundo pudieran aprender unos de otros, ayudamos a la policía y a los fiscales a perseguir la trata de personas y el trabajo forzado, iniciamos nuevos diálogos diplomáticos con varios ministerios de Trabajo, y firmamos acuerdos bilaterales con países clave como Vietnam y China para ofrecer asistencia técnica en una serie de asuntos laborales, que iban de la seguridad en las minas a la seguridad social.

En una reunión en la alcaldía de Daca, Bangladesh, celebrada en mayo de 2012, una activista sindical se puso de pie y me preguntó qué podían hacer los bangladesíes para mejorar los derechos y condiciones de los trabajadores, especialmente en la industria de prendas de vestir, que estaba en pleno auge en su país.

—Nos enfrentamos a todo tipo de obstáculos con la policía, criminales, matones y falsas acusaciones en la corte —dijo ella—. Y, de hecho, uno de nuestros líderes, Aminul Islam, fue asesinado brutalmente.

Este era un problema que yo había planteado enérgicamente con el gobierno de Bangladesh porque pensaba que el caso del dirigente sindical asesinado era una verdadera prueba para el sistema judicial del país y del estado de derecho. Al responder a la pregunta, también me referí a la cuestión más amplia de los derechos laborales en una economía en desarrollo:

Hay fuerzas poderosas que se oponen a los trabajadores que se organizan. Es algo que sucedió en mi propio país. En el siglo XIX y principios del XX, cuando los sindicatos estaban apenas comenzando, hubo criminales, matones, asesinatos, disturbios y condiciones terribles. A comienzos del siglo XX aprobamos leyes contra el trabajo infantil, y para impedir que la gente trabajara un número de horas excesivas, pero esto tardó un tiempo. Tardamos en desarrollar una voluntad política a fin de abordar estos problemas. Ustedes están comenzando, y es una lucha muy importante… Ustedes están haciendo un trabajo muy importante. No se desanimen o intimiden. Ustedes merecen tener el apoyo de su gobierno y de su sociedad.

Luego expliqué algunos de los esfuerzos que estábamos haciendo en todo el mundo para defender los derechos laborales:

Hemos trabajado desde Colombia a Camboya con dueños de fábricas y otras empresas para ayudarlos a entender que pueden seguir obteniendo muy buenas ganancias si tratan bien a sus trabajadores… Es algo que forma parte de convertirse en un país de clase media. Los trabajadores merecen que su trabajo sea respetado y bien pagado. Los dueños de fábricas merecen recibir aquello por lo que pagan, que es un día

*honesto de trabajo a cambio de sus salarios. Así que hay una manera
de dar cabida a esos intereses, algo que hemos visto, y podemos seguir
trabajando con ustedes para tratar de lograrlo.*

━━━━

Uno de los aspectos en los que la economía y la geopolítica se entrecruzan
con más fuerza —y en los que más se necesita el liderazgo estadounidense—
es en la energía. Muchos de los desafíos internacionales que tuve que afrontar de manera directa o indirecta en mis cuatro años como secretaria de
Estado, se derivaban de la sed insaciable que tenía el mundo por la energía,
y por las cambiantes dinámicas creadas por nuevas fuentes y suministros
disponibles en línea. Consideremos la frecuencia con que la energía ha
desempeñado un papel en los eventos analizados en este libro: la amarga
disputa por el petróleo entre Sudán y Sudán del Sur; los reclamos por los
mares de China meridional y oriental y que están relacionados tanto por
el control de los recursos bajo el lecho marino como por el comercio en la
superficie acuática; el esfuerzo riguroso para sancionar las exportaciones
de petróleo de Irán; y, por supuesto, el esfuerzo internacional para reducir las emisiones de gases de efecto invernadero y abordar el desafío del
cambio climático.

La energía siempre ha sido un factor importante en los asuntos internacionales, pero varios eventos le han dado un nuevo significado en años
recientes: el crecimiento de la economía en China, India y otros mercados
emergentes ha generado una demanda nueva y enorme; las innovaciones
tecnológicas han abierto fuentes de petróleo y de gas natural previamente
inaccesibles, y han hecho que recursos renovables como la energía eólica
y solar sean eficaces en términos de costos, creando nuevas alternativas
energéticas para competir con potencias tradicionales petroleras como
Rusia y Arabia Saudita; y la urgencia de combatir el cambio climático ha
ofrecido un incentivo para desarrollar alternativas limpias a los combustibles fósiles y mejorar la eficiencia.

La disputa por nuevos recursos energéticos tenía el potencial de conducir a más conflictos o a una mayor cooperación alrededor del mundo.
Pensé que, con la estrategia y herramientas adecuadas, Estados Unidos
podía ayudar a alejarse de la primera opción y acercarse a la segunda.
Con el fin de hacer esto de una manera efectiva, creé una oficina en el
departamento de Estado dedicada a la diplomacia energética, y le pedí

al embajador Carlos Pascual que la dirigiera. Él y su equipo trabajaron en estrecha colaboración con el departamento de Energía, que tenía una experiencia técnica invaluable, pero le faltaba alcance global. Gran parte de nuestra diplomacia energética se centró en cinco grandes desafíos.

Primero, intentamos ayudar a resolver las disputas entre países que habían reclamado los mismos recursos o que tuvieron que cooperar para utilizarlos. Por ejemplo, recordemos que Sudán del Sur tiene grandes reservas de petróleo, mientras que su vecino del norte no. Sin embargo, Sudán tiene instalaciones de refinación y transporte, de las cuales carece Sudán del Sur. Esto significa que, a pesar de la hostilidad permanente, los dos países deben trabajar juntos.

Segundo, trabajamos para desalentar el uso de suministros de energía por parte de una nación para dominar o intimidar a otra. La intimidación de Rusia a Ucrania y a otros países europeos con la especulación de los precios del gas natural y el corte del suministro es un buen ejemplo de esto.

Tercero, implementamos sanciones contra la industria petrolera de Irán y trabajamos con socios en todo el mundo para reducir significativamente sus importaciones de crudo iraní y traer nuevos suministros de otros lugares.

Cuarto, promovimos fuentes de energía limpias, como la solar, eólica, hidráulica, geotérmica y el gas natural (que no es perfecto, pero sí más limpia que el carbón), lo que podría ayudarnos a reducir los efectos del cambio climático.

Quinto, trabajamos para prevenir o mitigar los diversos efectos de la llamada maldición de los recursos al fomentar la transparencia y la responsabilidad en las industrias extractivas, y trabajar con aliados del gobierno para invertir recursos de manera responsable y evitar la corrupción. Ningún país ha sufrido más que Nigeria por la maldición de los recursos. Cuando visité el país en 2009 y 2012, hice hincapié en lo urgente que es que los nigerianos luchen contra la corrupción e inviertan sus ingresos para mejorar las vidas de millones de personas en lugar de engordar sus fortunas personales. Nigeria podría ser miembro del G-20 y una voz global influyente si tomara la decisión difícil de superar la maldición.

Mientras estábamos realizando todo este trabajo en el extranjero, se presentaron novedades emocionantes en el ámbito doméstico. La innovación estadounidense permitió nuevos suministros de energía, ya fuera petróleo y gas difícil de obtener o energías renovables de última generación. En 2013, Estados Unidos superó a Rusia como el mayor productor mundial de gas natural y se predice que superará a Arabia Saudita como el principal productor de petróleo. La producción de energía eólica y solar se duplicó entre 2009 y 2013.

El auge en la producción energética en el ámbito doméstico, especialmente en gas natural, generó grandes oportunidades económicas y estratégicas para nuestro país.

La mayor producción de energía creó decenas de miles de nuevos empleos, desde instalaciones petrolíferas en la costa del norte a las fábricas de turbinas eólicas en Carolina del Sur. El gas natural, barato y abundante, contribuyó a reducir los costos de productores que utilizaban mucha energía, y le dio a Estados Unidos una gran ventaja sobre lugares como Japón y Europa, donde los precios de la energía son mucho más altos. Los investigadores proyectan que todos los efectos secundarios de nuestra revolución energética pueden llegar a crear hasta 1,7 millones de empleos permanentes para 2020 y sumaría entre 2 y 4 por ciento a nuestro producto interno bruto. El cambio a gas natural está ayudando a disminuir las emisiones de carbono, porque es más limpio que el carbón. Una mayor producción doméstica está reduciendo nuestra dependencia del petróleo extranjero, aliviando así una importante carga estratégica, y liberando los suministros en el resto del mundo para ayudarles a nuestros aliados europeos a disminuir su dependencia de Rusia.

Hay preocupaciones legítimas sobre las nuevas prácticas de extracción y sobre el impacto en los suministros de agua, suelo y aire. Las filtraciones de gas metano en la producción y transporte de gas natural son particularmente preocupantes. Por lo tanto, es fundamental que implementemos regulaciones acertadas y que las hagamos cumplir, lo cual incluye no perforar cuando implica un riesgo demasiado grande.

Si abordamos este desafío de manera responsable y hacemos las inversiones apropiadas en infraestructura, tecnología y protección ambiental, Estados Unidos puede convertirse en la superpotencia de energía limpia en el siglo XXI. Eso significa crear un entorno positivo para la inovación del sector privado y la toma de riesgos; con incentivos fiscales específicos, un compromiso con la investigación y el desarrollo, y políticas que formenten y no socaven la transición a fuentes de energía limpias y renovables. También significa invertir en la infraestructura del futuro, incluyendo plantas de energía de nueva generación para producir energía más limpia; redes inteligentes para transportarla de forma más eficiente, y edificios más ecológicos para utilizarla de forma más eficiente. China y otros países ya están haciendo grandes apuestas en recursos renovables. No podemos ceder el liderazgo en este campo, especialmente cuando la innovación estadounidense tiene la clave para los avances de la próxima generación y nuestra capacidad para emplearlos en casa y en nuestro hemisferio es casi ilimitada. Nuestra recuperación económica, nuestros esfuerzos contra el cambio climático y nuestra posición estratégica en el mundo mejorarán si podemos construir un puente hacia una economía que utilice energía limpia.

———

Cuando se abordan algunas de estas grandes tendencias mundiales de la energía y la economía, puede ser fácil olvidar cuánto afectan la vida cotidiana de individuos y familias en todo el mundo. Un ejemplo que realmente me hizo caer en cuenta de esto fue el asunto simple pero ignorado de las estufas de cocina. Esto incluía preocupaciones acerca de la energía, el medio ambiente, la economía y la salud pública en el ámbito local. Y demuestra cómo un enfoque creativo del siglo XXI con respecto al desarrollo y la diplomacia puede resolver los problemas y mejorar la vida de maneras inesperadas.

Si alguna vez has hecho una fogata o tratado de cocinar al aire libre, probablemente sabes lo que se siente cuando el viento cambia de dirección y el humo negro llena tus pulmones. Esto puede producir lágrimas en los ojos. Imagina ahora si en vez de ser una actividad al aire libre poco frecuente, es algo que haces diariamente dentro de tu propia casa. Esto es lo que les sucede a tres mil millones de personas en todo el mundo, quienes se reúnen diariamente alrededor de chimeneas o estufas viejas e ineficientes en pequeñas cocinas y casas mal ventiladas. Las mujeres trabajan varias horas junto a estos fogones, a menudo mientras cargan a sus bebés en la espalda, y pasan varias horas más reuniendo madera como combustible. La comida que preparan es diferente en todos los continentes, pero el aire que respiran es el mismo: una mezcla tóxica de productos químicos liberados por la quema de madera u otro combustible sólido que puede llegar a 200 veces la cantidad que la EPA considera segura. A medida que las mujeres cocinan, el humo llena sus pulmones, y las toxinas comienzan a envenenarlas a ellas y a sus hijos. El carbón negro, el metano y otros "súper contaminantes" liberados en este humo también contribuyen al cambio climático.

Las consecuencias de esta exposición diaria son devastadoras. La Organización Mundial de la Salud reveló datos en marzo de 2014 de que la contaminación del aire en los hogares era responsable de 4,3 millones de muertes prematuras en 2012, más del doble que el número de muertes por malaria y tuberculosis combinadas. Eso hace que este humo sucio sea uno de los peores riesgos para la salud en el mundo en desarrollo. Aunque la gente ha cocinado con fuego al aire libre y con estufas sucias durante toda la historia de la humanidad, ahora sabemos que están matando lentamente a millones de personas.

Le pedí a Kris Balderston, mi representante especial para la Colaboración Global, que liderara un esfuerzo para hacer frente a este problema que pasa desapercibido pero que es profundamente preocupante e importante. Y en septiembre de 2010, en la reunión anual de la Iniciativa Global Clinton, puse en marcha la Alianza Mundial para Estufas Limpias, con diecinueve socios fundadores pertenecientes a gobiernos, empresas, instituciones internacionales, sectores académicos y organizaciones filantrópicas. La Alianza decidió seguir una estrategia basada en el mercado para persuadir a las empresas de construir estufas y combustibles limpios, eficientes y asequibles. Establecimos una meta ambiciosa: 100 millones de hogares que utilizaran nuevas estufas y combustibles limpios en 2020. Sabíamos lo difícil que sería esto, desde el desafío técnico de diseñar estufas baratas, seguras, limpias y duraderas, hasta desafío logístico de distribuirlas en todo el mundo, y también al reto social de convencer a los consumidores para que las utilizaran realmente. Sin embargo, esperábamos que los avances tecnológicos y la creciente participación del sector privado nos permitieran tener éxito. En nombre del gobierno de Estados Unidos, anuncié una contribución de 50 millones de dólares para darle comienzo a esta iniciativa.

Me sentí muy complacida por la velocidad y el alcance de los progresos que hicimos en todo el mundo. Más de ocho millones de cocinas limpias se distribuyeron en 2012, más del doble que en 2011 y por encima de las proyecciones hacia la meta de 100 millones. A finales de 2013, la Alianza había crecido hasta incluir más de 800 socios, y el gobierno de Estados Unidos había aumentado su compromiso con un aporte total de 125 millones de dólares.

Desde que dejé el departamento de Estado, he continuado mi trabajo con la Alianza como presidenta honoraria. Hay proyectos que se encuentran en Bangladesh, China, Ghana, Kenia, Nigeria y Uganda, y hemos comenzado campañas en la India y Guatemala. Actualmente, la Alianza respalda trece centros de pruebas en todo el mundo y ha encabezado los nuevos estándares mundiales para estufas, dando pautas a los fabricantes, distribuidores y compradores para cumplir con los estándares de limpieza, seguridad y eficiencia. Este es un paso crucial en la construcción de un mercado viable que entregará estufas limpias a consumidores que realmente las utilizarán.

———

En tiempos económicos difíciles, hay una tensión inherente entre nuestro deseo de sacar de la pobreza y entrar a la clase media a otras personas de todo el mundo, y nuestra necesidad de proteger a nuestra propia clase media, que siente esta presión. Si la economía mundial fuera un juego de suma cero, el surgimiento de otros mercados y el crecimiento de las clases medias de otros países siempre se darían a expensas nuestras. Pero este no tiene que ser el caso. Creo que nuestra propia prosperidad depende de tener socios comerciales con los cuales comerciar y de que nuestras fortunas estén inextricablemente ligadas a las del resto del mundo. Y estoy convencida de que —siempre y cuando la competencia sea justa— mientras más personas en todo el mundo salgan de la pobreza y se unan a la clase media, tanto mejor será para Estados Unidos.

Esta creencia está arraigada en mi propia experiencia de haber crecido en una familia estadounidense de clase media. Después de la Segunda Guerra Mundial, mi padre, Hugh Rodham, abrió un pequeño negocio de tela para cortinas. Trabajaba muchas horas y a veces empleaba a jornaleros. Con frecuencia, nos pedía a mi madre, a mis hermanos y a mí que le ayudáramos con la serigrafía. Mis padres creían en la autosuficiencia y en el trabajo duro, y se aseguraron de que sus hijos aprendieran el valor que tenía un dólar y valoraran la dignidad de un trabajo bien hecho.

Tuve mi primer trabajo remunerado, con excepción del cuidado de niños, cuando tenía trece años. Trabajé en el Distrito Park Ridge Park tres mañanas a la semana supervisando un pequeño parque a pocas millas de mi casa. Papá se iba a trabajar muy temprano en nuestro único auto, y yo tenía que ir caminando a mi empleo, donde empujaba un carro lleno de bolas, bates, cuerdas para saltar y otros implementos de un lado al otro. Desde ese año, siempre tuve trabajos de verano y de vacaciones que me ayudaron a pagar la universidad y la escuela de leyes. Yo estaba agradecida por los sacrificios que mis padres hicieron para darnos oportunidades que nunca tuvieron, y Bill y yo nos esforzamos para transmitirle a Chelsea muchos de estos mismos valores, incluyendo una sólida ética laboral. Nos pareció que esto era particularmente importante porque ella estaba creciendo en unas circunstancias muy inusuales, primero en la mansión de un gobernador y después en la Casa Blanca. Si mis padres estuvieran vivos hoy, estarían muy orgullosos de ver que su nieta se ha convertido en una mujer con principios sólidos. Sé que yo lo estoy.

El mundo ha cambiado mucho desde que yo era pequeña, pero la clase media estadounidense sigue siendo el motor económico más grande en la historia y en el corazón del Sueño Americano. Su éxito se basa en el principio elemental de que si trabajas duro y sigues las reglas del juego te irá bien; que si innovas, creas y construyes, no hay límite a lo que puedes lograr. Y la clase media siempre ha sido definida tanto por los valores y aspiraciones que compartimos —y acaso por más—, como por los bienes que compramos.

Mi período como secretaria de Estado coincidió con otro gran movimiento de personas a la clase media, sólo que esta vez ocurrió en otros países, cuando cientos de millones salieron de la pobreza por primera vez. Las proyecciones son asombrosas. Se espera que la clase media global se duplique en tamaño para 2035, pasando a un máximo de cinco mil millones. Se espera que dos tercios de todos los chinos, más del 40 por ciento de todos los indios, y la mitad de la población de Brasil sean de clase media. Por primera vez en la historia, se prevé que la mayoría de las personas del planeta sea de clase media en lugar de pobres para el año 2022.

Este crecimiento explosivo plantea preguntas acerca de la capacidad de nuestro planeta para sostener el nivel de consumo que hemos llegado a identificar con la vida de la clase media, sobre todo cuando se trata de automóviles, energía y agua. El cambio climático, los tipos de recursos, y la contaminación local nos obligarán a realizar cambios dramáticos en los patrones de producción y consumo. Pero si lo hacemos bien, estos cambios crearán nuevos empleos, nuevos negocios y una mejor calidad de vida. Eso significa el ascenso de una clase media global que será beneficioso para el mundo. También lo será para los estadounidenses. Si los salarios y los ingresos aumentan en otros lugares, habrá más gente con capacidad para comprar nuestros bienes y servicios, y menos incentivos para que las empresas externalicen nuestros empleos. Después de varios años de estancamiento de los ingresos, y de movilidad social y económica en declive, necesitamos eso.

La gente de clase media en todo el mundo también es más propensa a compartir nuestros valores. En todas partes, las personas por lo general quieren las mismas cosas de la vida: buena salud, un trabajo decente, una comunidad segura y la oportunidad de darles educación y oportunidades a sus hijos. Anhelan la dignidad, la igualdad de oportunidades y el debido proceso ante un sistema judicial justo. Y, cuando las personas logran entrar a la clase media y las necesidades inmediatas de supervivencia son menos acuciantes, tienden también a exigir gobiernos responsables, servicios eficientes, mejor educación y salud, un medio ambiente limpio y paz. Y para la mayoría la canción de sirenas del extremismo político deja de ser llamativa. La clase media global debe ser un apoyo natural para Estados Unidos. Verla crecer de modo que incluya a más personas es algo que favorece nuestros intereses. Debemos hacer todo lo que podamos para que aumente en nuestro país y en todo el mundo.

23

Haití: Desastre y desarrollo

Cuatro días después del terremoto, la única pista que funcionaba en el aeropuerto de Puerto Príncipe, Haití, era un revoltijo de actividad. Mientras bajaba las escaleras de nuestro avión de carga C-130 de la Guardia Costera de Estados Unidos, vi paletas de suministros apilados y sin tocar en la pista. Los aviones que traían más ayuda de emergencia sobrevolaban, esperando su turno para aterrizar. La terminal se veía oscura y abandonada, con los vidrios de las ventanas rotas esparcidos alrededor. Muchas familias traumatizadas se habían refugiado en el aeropuerto. Pocos haitianos querían estar en recintos cerrados después del terremoto, sobre todo porque las réplicas continuaban, y ya no había suficientes estructuras seguras para albergar a las más de un millón de personas que habían perdido sus hogares.

El terremoto que devastó Haití el 12 de enero de 2010 tuvo una magnitud de 7,0 en la escala de Richter. Causó la muerte de más de 230.000 personas en un país de diez millones de habitantes, y dejó un saldo mínimo de 300.000 heridos. Haití ya era el país más pobre del hemisferio. Ahora se enfrentaba a un impresionante desastre humanitario. La necesidad de ayuda inmediata y de reconstrucción a largo plazo en Haití pondría a prueba nuestras capacidades de ayuda y resaltaría la importancia de liderar una nueva aproximación al desarrollo internacional para el siglo xxi.

A mi lado estaba Cheryl Mills, mi consejera infatigable y jefe de gabinete, y el Dr. Raj Shah, el nuevo director de la Agencia de Estados Unidos para el Desarrollo Internacional (USAID, por sus siglas en inglés), que había sido jurado en su cargo sólo nueve días antes. Cheryl había encabezado una revisión de nuestra política para Haití durante el último año, y cuando se produjo el terremoto, comenzó a organizar una respuesta masiva a través del gobierno de Estados Unidos. El departamento de Estado estableció una fuerza de tarea para abordar la crisis, que trabajó veinticuatro horas al día en el Centro de Operaciones para estar al corriente de la avalancha de información, de las solicitudes de ayuda y de las ofertas para prestar asistencia. Los funcionarios consulares trabajaron día y noche para localizar el paradero de un estimado de cuarenta y cinco mil ciudadanos estadounidenses en Haití, y respondieron a cerca de 500.000 consultas de amigos y seres queridos que estaban preocupado por ellos.

En medio de aquella primera noche, nos enteramos de que la misión de Naciones Unidas en Haití no había podido localizar a muchos de sus funcionarios. Por la mañana, supimos que el jefe de la misión de la ONU, su representante adjunto y otros 101 trabajadores de la ONU habían perdido la vida; eran unas pérdidas trágicas para todos nosotros, y reducían drásticamente la capacidad de la comunidad internacional para reunir y coordinar una respuesta al desastre.

Casi nadie pudo llegar a Haití en las cuarenta y ocho horas que siguieron al terremoto. El mundo estaba haciendo fila para enviar ayuda y no había ningún sistema para enviarla o distribuirla una vez llegara a ese país. La destrucción del puerto de Puerto Príncipe obligó a los barcos de carga a atracar en otros que estaban a más de cien millas de la capital. La carretera que unía a la República Dominicana con Haití había quedado intransitable, y otras vías que llegaban a la capital también se encontraban cerradas. Sólo un pequeño número de controladores aéreos permanecía en el deteriorado aeropuerto para gestionar el flujo de aviones que trataban de entregar ayuda. Era todo un desastre.

Cuando recibí la noticia del terremoto, me encontraba en Hawái, antes de emprender una gira por cuatro naciones de Asia. En el instante en que la magnitud de los daños en Haití se hizo evidente, decidí cancelar mi viaje y regresar a Washington para supervisar los esfuerzos de socorro. Algunos líderes asiáticos lamentaron mi ausencia, pero todos ellos entendieron la urgencia de la crisis y muchos se ofrecieron a ayudar en lo que pudieran.

Mi mente estaba llena de recuerdos de un país que se remontaban a la primera vez que estuve en Haití en 1975 como parte de mi luna de miel con Bill. Habíamos experimentado la tensión entre la belleza del lugar —la gente, los colores, la comida, el arte— y la pobreza y la debilidad de sus instituciones. Una de las experiencias más memorables de nuestro viaje fue conocer a un sacerdote de vudú llamado Max Beauvoir. Sorprendentemente, había estudiado en el City College de Nueva York y en la Sorbona, y tenía títulos en Química y Bioquímica. Max nos invitó a asistir a una de sus ceremonias. Vimos haitianos "poseídos por espíritus" caminar sobre brasas ardientes, morder cabezas de pollos vivos, masticar vidrio, escupir los fragmentos y no sangrar. Al final de la ceremonia, las personas afirmaron que los espíritus oscuros ya se habían marchado.

También vimos a las tristemente famosas fuerzas de seguridad del dictador "Baby Doc" Duvalier pavonearse por la ciudad con sus lentes de espejo y sus armas automáticas. En cierta ocasión, vimos al mismísimo Baby Doc pasar en auto con destino a su palacio presidencial, el mismo que sería destruido por el terremoto treinta y cinco años después.

Cuando regresé a Washington, creí que no tenía sentido ir personalmente a Puerto Príncipe después del terremoto. Después de observar y participar en las respuestas de emergencia a los desastres a lo largo de los años, había aprendido que una de las responsabilidades más importantes de los funcionarios públicos es tratar de no interponerse en el camino de los primeros en responder y los equipos de rescate. No queríamos saturar los sistemas ya sobrecargados de Haití o desviar ninguno de sus limitados recursos para una visita de alto nivel cuando la prioridad era salvar tantas vidas como fuera posible.

Sin embargo, dos días después del terremoto, Cheryl habló con el presidente de Haití, René Préval, quien le dijo que la única extranjera en la que él confiaba era en mí.

—Necesito a Hillary —dijo—. La necesito a ella, y a nadie más.

Fue un recordatorio de lo importantes que pueden ser las relaciones personales, incluso en los más altos niveles de la diplomacia y el gobierno.

El sábado 16 de enero viajé a Puerto Rico, donde un avión de carga de la Guardia Costera nos estaba esperando. Eso sería más fácil que negociar el complicado aterrizaje de mi avión 757 en el deteriorado aeropuerto de Puerto Príncipe. Cuando llegamos a esta ciudad, el embajador Ken Merten estaba esperándome en la pista.

Su equipo en la embajada estaba haciendo un trabajo increíble. Una enfermera de la embajada que había perdido su casa trabajó sin parar durante casi cuarenta y ocho horas en una improvisada unidad de trauma quirúrgico para atender a los cientos de estadounidenses heridos de gravedad que acudieron a la embajada en busca de ayuda. Un oficial de seguridad, que en compañía de miembros de la Fuerza de Guardia Local buscó a personal estadounidense desaparecido, encontró a dos colegas heridos cuya casa había caído a un profundo barranco. Los llevaron durante seis horas en una camilla que habían improvisado con escaleras y mangueras de jardín, antes de llegar a la unidad de salud de la embajada.

Sin embargo, perdimos a algunos de nuestros funcionarios en la embajada y a sus familiares en Haití, incluyendo a Victoria DeLong, oficial de Asuntos Culturales, así como a la esposa y los hijos pequeños de Andrew Wyllie, un condecorado oficial del departamento de Estado que trabajaba con las Naciones Unidas.

Nuestro equipo de la embajada trabajó también en estrecha colaboración con nuestro personal en Washington para coordinar las ofertas de ayuda. Tuvimos éxito al probar con Google y con varias compañías de telecomunicaciones la recolección y elaboración de solicitudes de ayuda de emergencia —muchas de las cuales se hacían por medio de un mensaje de texto SMS de línea directa— que eran compartidas posteriormente con los equipos de rescate en el terreno.

Expertos de todo el gobierno de Estados Unidos estaban tratando de viajar a Haití para ayudar. La Agencia Federal de Manejo de Emergencias entró en acción. Había médicos y especialistas en salud pública de USAID, el departamento de Salud y Servicios Humanos, y los Centros para el Control y Prevención de Enfermedades. La Administración Federal de Aviación envió una torre de control portátil para aeropuertos. Seis equipos de búsqueda y rescate conformados por bomberos, policías e ingenieros llegaron de California, Florida, Nueva York y Virginia.

Junto al embajador Merten, se encontraba en la pista el teniente general Ken Keen, comandante adjunto del Comando Sur de Estados Unidos, que se encontraba en Haití en una visita programada cuando ocurrió el terremoto. Estaban de pie en el porche trasero de la residencia del embajador cuando el suelo comenzó a temblar. Afortunadamente, la residencia quedó prácticamente intacta y rápidamente se convirtió en un punto de reunión para el personal de la embajada y los ministros del gobierno de Haití, así como en el vínculo del general Keen con el Comando Sur de Estados Unidos en Miami mientras dirigía la participación de los militares.

Los oficiales de la Guardia Costera fueron los primeros uniformados estadounidenses en llegar. Más de veinte mil civiles y militares de nuestro país participaron directamente en las actividades de búsqueda y rescate, reconstruyendo aeropuertos y puertos marítimos, prestando servicios médicos y de salud que salvaron muchas vidas, y satisfaciendo las necesidades básicas de supervivencia de la población haitiana. Centenares de pacientes recibieron atención médica en el buque hospital *USNS Comfort*. Las fuerzas de Estados Unidos fueron bienvenidas y aplaudidas, y el pueblo haitiano y su gobierno les rogaron que no se fueran. Los soldados estadounidenses que sirvieron en Haití entre múltiples despliegues en Irak y Afganistán se maravillaron ante el cambio refrescante que era sentirse tan queridos en suelo extranjero.

Vi otra cara familiar en la pista: Denis McDonough, jefe de gabinete del Consejo de Seguridad Nacional. Había abordado un avión militar el día anterior para ayudar a coordinar los complejos esfuerzos de ayuda. Estaba empapado en sudor, literalmente, con una camisa de polo y pantalones caqui, ayudando a dirigir el tráfico en la pista. Su presencia decía mucho sobre el compromiso personal del presidente Obama con Haití. Yo había respaldado al presidente en la Casa Blanca dos días antes, cuando prometió públicamente la ayuda de Estados Unidos. Era la primera vez que veía al presidente Obama esforzarse para controlar sus emociones.

Mi primer asunto del día fue hablar con el presidente Préval. Nos reunimos en una carpa improvisada en la terminal aeroportuaria. Inmediatamente pude ver por qué Cheryl pensaba que era tan importante que yo viniera en persona. La destrucción de su país y la desesperación de su pueblo estaban grabadas en el rostro de Préval.

Cuando ocurrió el terremoto, Préval y su esposa estaban llegando a su casa privada en una colina. Vieron su casa derrumbarse delante de sus ojos. Su oficina en el palacio presidencial también quedó severamente deteriorada. Préval no pudo encontrar a varios de sus ministros, y otros murieron o quedaron gravemente heridos. Según los informes, el 18 por ciento de los funcionarios haitianos murieron en Puerto Príncipe, veintiocho de los veintinueve edificios gubernamentales quedaron destruidos, y varios miembros del gabinete y senadores estaban desaparecidos o habían fallecido. La situación era grave y el gobierno estaba paralizado.

Préval tenía poca experiencia política cuando fue elegido presidente, pero cuando ocurrió el terremoto, se había vuelto un experto en la cultura política haitiana de negociar y de llegar a acuerdos propios. Sin embargo, seguía siendo reservado por naturaleza y le resultaba difícil estar con su pueblo, incluso después del terremoto, cuando los haitianos querían ver, tocar y hablar con su líder.

Mientras estaba sentada en la carpa con Préval, traté de evaluar su compostura luego de una catástrofe tan abrumadora. Había también un asunto urgente del cual teníamos que ocuparnos. El esfuerzo de ayuda internacional se estaba ahogando en el cuello de botella del aeropuerto. Propuse que los militares de Estados Unidos se encargaran de las operaciones allí para que la ayuda pudiera comenzar a llegar con la mayor prontitud posible. Préval no estaba seguro de esto. Al igual que todas las naciones, Haití valoraba su soberanía. E incluso en una emergencia, los recuerdos de las anteriores intervenciones militares de Estados Unidos no se podían ignorar fácilmente. Le aseguré que nuestras tropas no estarían allí para patrullar las calles o reemplazar a las fuerzas de la ONU que trabajaban para restaurar la ley y el orden. Se trataba únicamente de hacer que el aeropuerto funcionara de nuevo, que los aviones aterrizaran y los suministros fueran distribuidos. Cheryl y nuestro equipo habían preparado un acuerdo legal para que Préval lo firmara, el cual consignaba el aeropuerto y el puerto a la responsabilidad temporal de los estamentos militares de Estados Unidos. Abordamos punto por punto. Préval reconoció que Haití necesitaba toda la ayuda que pudiera recibir, pero también entendía que otros países y sus opositores políticos lo criticarían por "venderse" a los estadounidenses. Era una de las muchas decisiones difíciles que tendría que tomar en los próximos días.

Préval firmó el acuerdo. Estaba depositando su confianza personal en mí, y también en nuestro país. Me miró a los ojos y me dijo:

—Hillary, necesito que seas Haití para Haití, porque en este momento nosotros no podemos hacerlo.

Le dije a Préval que podía contar con Estados Unidos, y conmigo.

—Estaremos aquí hoy, mañana y en el futuro, siempre y cuando así lo quieras.

Pronto, con la ayuda de Estados Unidos, el aeropuerto y el puerto marítimo comenzaron a procesar diez veces más carga y la ayuda comenzó a llegar a los haitianos que más la necesitaban.

En una segunda reunión más grande, con grupos de ayuda estadounidenses e internacionales, Préval fue menos cooperativo. Se opuso rotundamente a la recomendación de crear grandes campamentos para albergar a cientos de miles de haitianos sin hogar. Proféticamente, dijo que si construíamos estos campamentos, Haití nunca se desharía de ellos; en cambio, nos pidió que le diéramos a la gente carpas y lonas para que permanecieran en sus barrios. Pero el equipo de la ONU argumentó que sería mucho más difícil distribuir alimentos y agua si los sobrevivientes se dispersaban. Los campamentos serían mucho más eficientes, razón por la cual eran parte de la respuesta estándar internacional a este tipo de desastres.

Cuando nuestro avión despegó de Puerto Príncipe algunas horas después, llevamos a tantas personas a bordo como pudimos, poniendo a salvo a dos docenas de haitianos-americanos. Cheryl y yo hablamos de todo el trabajo que teníamos por delante. Si íbamos a cumplir con la promesa que yo le había hecho a Préval —ser Haití para Haití— este no iba a ser un rápido esfuerzo de alivio. Estados Unidos tendría que prepararse para recorrer un largo camino.

———

En tiempos de emergencia, el primer instinto de los estadounidenses es ayudar. Ninguno de los que vivimos los oscuros días después del 9/11 podremos olvidar cómo la gente de todo el país hizo fila para donar sangre. Vimos la misma generosidad después del huracán Katrina, cuando las familias de Houston y otras comunidades abrieron sus casas a los residentes desplazados de Nueva Orleans, y después de la tormenta Sandy, cuando las personas se unieron para ayudar a Nueva Jersey y a Nueva York. Cuando el terremoto sacudió a Haití, el departamento de Estado trabajó con una empresa de tecnología llamada mGive para permitir que los estadounidenses hicieran donaciones directamente a la Cruz Roja por medio de mensajes de texto. El esfuerzo recaudó más de 30 millones de dólares en menos de tres semanas, donados por más de tres millones de estadounidenses. Al final del día, los estadounidenses terminaron enviando mil millones de dólares para ayudar a los haitianos después del terremoto.

Para nuestro país, estar presentes en casos de emergencia no es sólo lo que hay que hacer, sino también un movimiento estratégico inteligente. Luego de un desastre como el tsunami asiático de 2004, cuando suministramos una amplia ayuda humanitaria, forjamos valiosas reservas de buena voluntad. En Indonesia, epicentro de los daños del tsunami, casi ocho de cada diez personas dijeron que nuestra ayuda de emergencia había mejorado su opinión de Estados Unidos, y la aprobación de nuestro país pasó de un mínimo del 15 por ciento en 2003 durante la época de Irak, al 38 por ciento en 2005. Vimos el mismo fenómeno en 2011, cuando

Estados Unidos se apresuró a socorrer a Japón después del terremoto, tsunami y crisis nuclear conocidos como el "triple desastre". La aprobación de Estados Unidos entre los japoneses pasó del 66 al 85 por ciento, el porcentaje más alto de cualquier país encuestado.

Aunque muchos de nosotros respondemos a las necesidades urgentes en medio de una crisis, a menudo puede ser más difícil reunir la determinación para dar un paso adelante y ayudar cuando se trata de tragedias como la pobreza, el hambre y la enfermedad, que ocurren como en cámara lenta, en lugar de emergencias dramáticas y llamativas como un tsunami. Cómo ayudar a Haití en el período inmediatamente posterior a un devastador terremoto era una cosa. Pero ¿qué pasaba antes de la catástrofe, cuando Haití estaba plagado por la peor pobreza en las Américas? ¿O después, cuando se enfrentó a años de una reconstrucción difícil? ¿Qué papel debía desempeñar Estados Unidos en esos esfuerzos?

Los estadounidenses siempre han sido caritativos. En los primeros días de nuestra nación, Alexis de Tocqueville escribió sobre los "hábitos del corazón" que hicieron posible nuestra democracia y congregaron a familias de la frontera para levantar graneros y coser colchas. Mi madre fue una de las decenas de miles de estadounidenses que enviaron paquetes a las familias hambrientas en Europa después de la Segunda Guerra Mundial. Estos incluían alimentos básicos como leche en polvo, tocino, chocolate y SPAM. No deja de impresionarme el espíritu filantrópico de la llamada Generación del Milenio. De acuerdo con un estudio reciente, casi tres cuartas partes de todos los jóvenes de Estados Unidos se ofrecieron como voluntarios para una organización sin fines de lucro de algún tipo en 2012.

Sin embargo, en los debates sobre la ayuda exterior, especialmente la ayuda a largo plazo en lugar de un alivio a corto plazo, muchos estadounidenses se preguntan por qué debemos sacrificarnos en el extranjero cuando hay tanto trabajo por hacer en nuestro propio país. En una época de presupuestos ajustados y de grandes retos en el ámbito doméstico, es indudable que hay que tomar decisiones difíciles, pero es útil tener claridad sobre los hechos. Las encuestas muestran que los estadounidenses sobreestiman significativamente el porcentaje del presupuesto federal asignado a la ayuda exterior. En una época tan reciente como noviembre de 2013, una encuesta de la Fundación Familia Kaiser encontró que, en promedio, los estadounidenses creen que el 28 por ciento del presupuesto federal se destina a la ayuda exterior, y más del 60 por ciento de las personas dicen que esto es demasiado. Pero, en realidad, gastamos menos del uno por ciento del presupuesto en ayuda exterior. Cuando la gente sepa la verdad, la oposición a esto se reducirá a la mitad.

Por espacio de varias décadas, ha habido una tensión filosófica en nuestro enfoque del desarrollo internacional. ¿Nuestra ayuda exterior debía ser puramente altruista, para ayudar a aliviar el sufrimiento allí donde la necesidad era más grande, o era concebida acaso como parte de nuestra estrategia para competir por los corazones y mentes durante la lucha ideológica de la Guerra Fría? O, ¿para hacer frente a la desesperación y alienación que alimentan el actual radicalismo y la insurgencia? El presidente Kennedy inspiró a una generación con su llamado al servicio en "una lucha contra los enemigos comunes del hombre: la tiranía, la pobreza, la enfermedad y la guerra misma", como lo dijo en su discurso inaugural. Sin embargo, nunca perdió de vista el contexto estratégico. La idea de los Cuerpos de Paz comenzó con un breve discurso de campaña a las dos de la mañana en la Universidad de Michigan en octubre de 1960. "¿Cuántos de ustedes que van a ser médicos están dispuestos a pasar sus días en Ghana?", le preguntó Kennedy a la multitud de estudiantes que se habían reunido a medianoche para escucharlo. "De su voluntad de hacerlo, no simplemente de servir un año o dos años, sino de su voluntad de contribuir con una parte de sus vidas a este país, creo que dependerá la respuesta de si una sociedad libre puede competir". Incluso a las dos de la mañana, Kennedy estaba pensando en la manera como el desarrollo puede promover los intereses de Estados Unidos.

Siempre pensé que el debate entre la "ayuda por la ayuda en sí" y "la ayuda con fines estratégicos" estaba un poco fuera de lugar. Tenemos que hacer las dos cosas. El presidente Obama y yo nos comprometimos a exaltar el desarrollo, además de la diplomacia y la defensa, como los pilares fundamentales del poder estadounidense, pero tuvimos muchos de estos mismos debates dentro de la administración. A medida que la Casa Blanca comenzó a articular la primera Directiva Presidencial para Políticas sobre el Desarrollo, sostuve que necesitábamos trazar una clara relación entre nuestra labor de ayuda y la seguridad nacional de Estados Unidos. Algunos expertos en desarrollo discreparon con este punto de vista, pero el presidente aceptó la premisa de que los desastres naturales, la pobreza y las enfermedades en otros países eran también amenazas para los intereses estratégicos de Estados Unidos.

Haití era un buen ejemplo de esto. Ayudar al país a volver a ponerse en pie tenía sentido, tanto por razones humanitarias como estratégicas.

Era imposible no sentirse conmovido por la difícil situación de los pobres haitianos hacinados en las barriadas de Puerto Príncipe, con pocas oportunidades económicas o educativas y una serie de gobiernos corruptos, erráticos y dictatoriales. El pueblo haitiano tiene un enorme talento y perseverancia, pero ha tenido que soportar una pobreza aplastante que socava el espíritu de cualquier persona. Ver niños crecer en condiciones tan terribles y tan cerca de nuestras costas debería ofender nuestras conciencias.

Permitir que un bastión de pobreza, narcotráfico e inestabilidad política se propague a sólo setecientas millas de la Florida —poco más que la distancia que separa a Washington de Atlanta— es una proposición peligrosa. Cada año, oleadas de refugiados huyen de Haití y tratan de llegar a Estados Unidos en balsas y embarcaciones destartaladas a través de aguas peligrosas infestadas de tiburones. Comparada con la intervención militar y la atención brindada a afluencias masivas de refugiados desesperados, una ayuda acertada al desarrollo inteligente es una verdadera ganga.

Haití era una prioridad para mí, incluso antes del terremoto. Cuando fui nombrada como secretaria de Estado, le pedí a Cheryl que hiciera una nueva evaluación de nuestra política hacia Haití y que creáramos una estrategia para un desarrollo económico de gran impacto, que hiciera una diferencia en las vidas de los haitianos. También vi esto como una oportunidad para que ensayáramos nuevas estrategias de desarrollo que podrían aplicarse de manera más amplia en todo el mundo. Después de todo, a pesar de sus desafíos, Haití tenía muchos ingredientes importantes para el éxito. No estaba desgarrada por divisiones religiosas o sectarias. Comparte una isla con República Dominicana, un país democrático estable, y goza de la proximidad a Estados Unidos. Tiene grandes comunidades de exiliados, tanto en Estados Unidos como en Canadá. En resumen, Haití tanto tiene a su favor que no tienen otros países muy pobres. Si pudiéramos ayudar a los haitianos a construir sobre estas ventajas, podrían desbloquear un gran potencial.

El día del terremoto en enero de 2010, Cheryl y su equipo estaban terminando un informe que enviarían a la Casa Blanca con una serie completa de recomendaciones para Haití, basado en prioridades establecidas por los propios haitianos. En las semanas siguientes, todo el mundo se concentró en la respuesta de emergencia. Pero pronto sería el momento de pensar en las necesidades de reconstrucción y desarrollo a largo plazo. Así que le dije a Cheryl que desempolvara su informe y comenzara a trabajar.

El reto de "reconstruir mejor", una frase tomada de mi esposo y de su labor con el presidente George H. W. Bush tras el tsunami en Asia en 2004, era abrumador. El terremoto fue un desastre de una magnitud sin precedentes que devastó el núcleo económico de Haití y gran parte de su infraestructura productiva, incluyendo el puerto principal y el aeropuerto, redes y subestaciones de energía e importantes vías troncales. Préval y su primer ministro, Jean-Max Bellerive, reconocieron desde el principio que Haití requería de una estrategia audaz de desarrollo económico que utilizara los fondos de recuperación para generar mejoras duraderas en la vida del pueblo haitiano. Ellos tenían muchísimas recetas para elegir, en un momento en que Haití se convertía en el punto focal de un debate continuo sobre el desarrollo y el papel que la ayuda externa pueden desempeñar en la estimulación de la economía y en el perfeccionamiento del gobierno.

Lo que surgió fue una estrategia de desarrollo elaborada por el gobierno haitiano que sirvió de guía para la reconstrucción. Dos de sus postulados centrales, que buscaban crear oportunidades económicas en regiones llamadas corredores de crecimiento fuera de la congestionada Puerto Príncipe y el esfuerzo para crear empleos en la agricultura y la manufactura ligera, se convirtieron en sellos distintivos de la ayuda de Estados Unidos a Haití.

La idea de dejar que el gobierno local estableciera las prioridades y orientara el desarrollo no era exactamente nueva. En su célebre discurso de 1947 para lanzar el Plan Marshall, George Marshall señaló: "No sería ni apropiado ni eficaz que este Gobierno procediera a elaborar unilateralmente un programa diseñado para poner en pie a Europa en términos económicos". Pero la sugerencia de Marshall fue pasada por alto con frecuencia en las siguientes décadas a medida que los países donantes y las ONG se dirigieron a los países en desarrollo con sus propios planes e ideas. Ese impulso era comprensible, teniendo en cuenta que los gobiernos locales a menudo requieren el asesoramiento de expertos, pero a menudo dio lugar a consecuencias no deseadas. Los trabajadores humanitarios en el lugar de los hechos se quejaron en algunas ocasiones del "destornillador de 10.000 millas" con el que los funcionarios en Washington o de varias capitales europeas trataban de microgerenciar los esfuerzos de desarrollo. Planes que se veían bien en el tablero se venían a pique cuando se aplicaban en el mundo real, y sin la cooperación o interés local, simplemente no eran sostenibles.

Con el tiempo, la comunidad internacional para el desarrollo redescubrió la orientación del general Marshall como el principio de "apropiación nacional", y lo pusimos en el centro de nuestros esfuerzos en Haití y alrededor del mundo. La apropiación nacional significaba que, en cuanto fuera posible, trabajaríamos con funcionarios locales y ministerios nacionales para identificar sus necesidades y ayudarlos a desarrollar sus capacidades y garantizar un enfoque coherente y unificado con todos los donantes y organizaciones que trabajaban conjuntamente para lograr dichos fines, en lugar de hacerlo de forma paralela o competitiva. Parte de la lógica era que nuestro modelo de desarrollo no podía ser formulista. Lo que funciona en Papúa Nueva Guinea tal vez no funcione en Perú. Teníamos que proceder caso por caso, país por país, incluso aldea por aldea, para analizar las necesidades, evaluar las oportunidades y adaptar nuestras inversiones y asociaciones de modo que maximizaran el impacto de nuestro apoyo.

En Haití y en otros lugares, el vehículo principal para nuestra labor de desarrollo sería USAID, un organismo lleno de dedicados funcionarios públicos, pero que por varios años ha estado plagado de recursos cada vez más exiguos y que había perdido el rumbo. En la década de 1990, los congresistas republicanos, liderados por el senador Jesse Helms de Carolina del Norte, pidieron la abolición total de USAID, con el argumento de que el fin de la Guerra Fría había eliminado la lógica estratégica para la ayuda exterior a gran escala. Aunque no consiguió desmantelar la agencia, Helms logró reducir drásticamente su presupuesto. Las verdaderas consecuencias de retirarnos y dejar que los problemas empeoraran, especialmente en lugares como Afganistán, se perdieron en medio de los debates. Cuando Estados Unidos se marchó de ese país después de la retirada soviética en 1989, creamos el espacio para que surgieran los talibanes. Fue un error muy costoso.

Curiosamente, casi al final de la presidencia de mi esposo, el senador Helms apoyó la iniciativa del proyecto de ley para condonar las deudas de los países pobres si destinaban todos sus ahorros a la atención médica, la educación o el desarrollo económico. Gran parte del crédito por eso la tiene Bono, el vocalista de U2, quien demostró ser sorprendentemente persuasivo con el senador Helms, que era un cascarrabias.

La administración Bush tenía su propia visión sobre el desarrollo.

La marca del presidente de un "conservadurismo compasivo" lo llevó a invertir en nuevos programas de desarrollo por fuera de la burocracia existente de USAID que tuvieron un gran impacto, especialmente en el África subsahariana. La Corporación Desafío del Milenio brindó una ayuda generosa a países que cumplían con los requisitos y que habían hecho reformas en materia de corrupción y gobernabilidad. El Plan de Emergencia para el Alivio del Sida del presidente Bush, construyó clínicas, distribuyó medicamentos y salvó vidas en toda África. Fue un éxito increíble.

Cuando asumí como secretaria de Estado, la reconstrucción y la reorientación de USAID fue una prioridad. Si no hacíamos reformas, entre ellas la reducción de nuestra dependencia de los contratistas externos y el aumento de nuestra capacidad de innovar y ejecutar, estaríamos en peligro de ser superados por otros países. Muchas naciones europeas tenían excelentes programas de desarrollo que operaban con más involucramiento local y muchos menos costos que los típicos esfuerzos de USAID. China estaba gastando enormes sumas de dinero en todos los países en vías de desarrollo. Puede que no tengamos una gran opinión de sus métodos, que priorizan la extracción de recursos y llevar a su propia gente en lugar de agregar valor, aumentando la tasa de empleo y protegiendo el medio ambiente, pero la escala y el alcance de su compromiso eran indudables. Como descubrí en todo el mundo, eran pocas las personas que podrían identificar símbolos tangibles de la ayuda estadounidense. Y en muchos países, la gente pasaba todos los días al lado de un estadio o de una súper autopista construida por China. No queríamos emular su estrategia o descartar el valor de los proyectos menos visibles, especialmente los que aumentaron el rendimiento de los cultivos y evitaron muertes innecesarias por sida, tuberculosis y malaria. Pero necesitábamos seguir mejorando e innovando para que los programas de desarrollo estadounidenses siguieran siendo los más respetados del mundo.

Para dirigir a USAID, encontramos a un joven talentoso en el departamento de Agricultura, el Dr. Rajiv Shah. Médico y economista de la salud que había dirigido importantes programas en la Fundación Gates, Raj se convirtió pronto en un socio valioso que compartía nuestro compromiso de reformar la agencia y de promover el desarrollo dentro de nuestra política exterior.

La administración Obama propuso duplicar la ayuda exterior para el año 2014, pero no menos importante, tuvimos previsto reformar la manera como era gastado el dinero, asegurándonos de que una menor cantidad fuera destinada a salarios y gastos indirectos por concepto de contratistas con fines de lucro, y una cifra mayor se destinara directamente a los programas sobre el terreno. Yo también quería revertir la "fuga de cerebros" en USAID aumentando el número de profesionales en desarrollo y haciendo que fuera una vez más un lugar emocionante y gratificante en el cual trabajar.

Raj y yo coincidimos en que para tener éxito, USAID necesitaba un nuevo énfasis en innovación, inversión y autosuficiencia. Empezamos buscando nuevas maneras de identificar y apoyar las mejores ideas de desarrollo ajenas al gobierno que pudieran ayudar a resolver problemas alrededor del mundo, especialmente las soluciones orientadas al mercado que empoderaran a las personas y fomentaran la creatividad. USAID lanzó "Grand Challenges", competencias y concursos para apoyar innovaciones potenciales que cambiaran las reglas del juego. También creamos un fondo estilo capital de riesgo para invertir en grandes ideas que pudieran producir grandes resultados. La primera ronda de financiación patrocinó la iluminación solar en zonas rurales de Uganda y servicios móviles de salud en India. Las nuevas asociaciones con la Fundación Nacional de Ciencias y los Institutos Nacionales de la Salud comenzaron a conectar científicos estadounidenses que trabajan en investigación para el desarrollo con homólogos en todo el mundo. Las nuevas becas científicas nos han permitido atraer más investigadores, ingenieros y médicos para trabajar con USAID. En 2008, USAID destinó alrededor de 127 millones de dólares para apoyar la investigación y el desarrollo. Para 2014, esa cifra aumentó a 611 millones.

A partir de 2011, Raj y yo comenzamos a discutir un proyecto central para este programa de innovación, un laboratorio de desarrollo de última tecnología dirigido por USAID, en colaboración con las principales universidades de investigación, ONGs, la comunidad tecnológica y las grandes corporaciones estadounidenses. Después de tres años de preparación, me sentí orgullosa de unirme a Raj a principios de abril de 2014 para ayudar a lanzar lo que actualmente se llama el Laboratorio de Desarrollo Global de Estados Unidos, el cual se centrará en soluciones innovadoras en cuestiones relativas al agua, la salud, la nutrición, la energía, la educación y el cambio climático, con el objetivo de ayudar a 200 millones de personas en los primeros cinco años.

Otro impulso importante era encontrar nuevas maneras de estimular la inversión del sector privado en los países en vías de desarrollo. Las empresas estadounidenses a menudo tienen dificultades para sortear el complicado conjunto de agencias de nuestro país implicadas en la inversión y el comercio internacional, incluida la Corporación para Inversiones Privadas en el Extranjero (OPIC, por sus siglas en inglés), el departamento de Estado, la Autoridad de Crédito para el Desarrollo de USAID, la Agencia de Comercio y Desarrollo y el Banco de Exportaciones e Importaciones. Antes de dejar mi cargo, le entregué al presidente Obama un plan para consolidar la OPIC en una "institución financiera de desarrollo" de mayor escala que pudiera movilizar recursos de todo el gobierno para incentivar las inversiones del sector privado y que no requerirían ningún dinero adicional de los contribuyentes. Otros países tienen este tipo de instituciones, y nosotros también deberíamos tenerlas. Es bueno para las empresas estadounidenses y para los países que son nuestros socios.

Mientras mejorábamos nuestras propias capacidades de desarrollo, también era crucial ayudar a nuestros socios a mejorar las suyas. Yo estaba especialmente preocupada por la corrupción y el mal funcionamiento de los sistemas fiscales de los países en desarrollo que estábamos tratando de ayudar. La ayuda exterior es bastante difícil de vender en las mejores circunstancias, pero es aún más difícil cuando las élites de nuestros países socios hacen todo lo posible para no cumplir con la parte que les corresponde. Eso fue algo que vi en todo el mundo y que siempre me indignó. Cuando un país hace reformas para mejorar la recaudación fiscal, ampliar la transparencia y combatir la corrupción, esto puede detonar un círculo virtuoso. Los contribuyentes pueden ver lo que reciben por su dinero. Mayores ingresos permiten a los gobiernos ofrecer mejores servicios y pagar salarios decentes a los empleados públicos. Todo esto, a su vez, crea un clima más atractivo para los inversionistas extranjeros y los donantes para el desarrollo, e inserta a los países en el camino hacia la autosuficiencia.

———

Ayudar a la reconstrucción de Haití sería una prueba importante para USAID y para el éxito de nuestro trabajo con el gobierno haitiano, aumentando sus capacidades y coordinando con todos nuestros socios internacionales, incluidos los gobiernos, las ONGs e instituciones.

Comencé a llamar a líderes de todo el mundo inmediatamente después del terremoto, empezando por los ministros de Relaciones Exteriores de

Francia, Brasil, Canadá y República Dominicana. En una Conferencia de Donantes de Haití en la primavera de 2010, Estados Unidos inició el proceso de asignar más de 3,5 mil millones de dólares en ayuda e invitamos a otras naciones a seguir nuestro ejemplo. En total, la conferencia aportó más de nueve mil millones de dólares en promesas de donaciones gubernamentales para el desarrollo a largo plazo, además de compromisos sustanciales del sector privado. Todos los países de nuestro hemisferio se involucraron. Me sentí especialmente contenta de ver que la República Dominicana, que comparte la isla La Española con Haití, y que no siempre se ha llevado bien con su vecino, hizo lo imposible para ayudar. Cooperamos, incluso, con Cuba y Venezuela.

El secretario general de la ONU Ban Ki-moon le había pedido a Bill que fuera su enviado especial a Haití a partir de mayo de 2009, cargo que ocupó hasta 2013. Luego, el presidente Obama le pidió a él y al ex presidente George W. Bush que dirigieran una campaña posterior al terremoto que recaudó decenas de millones de dólares para iniciar nuevas empresas y aumentar la tasa de empleo. Bill recibió el apoyo del Dr. Paul Farmer, cofundador de la organización Socios en Salud, y a quien Bill le había pedido que se desempeñara como enviado especial adjunto de la ONU en agosto de 2009. Socios en Salud comenzó a trabajar en Haití en 1983, y desarrolló un modelo único para ofrecer una atención de calidad con recursos limitados a personas pobres en zonas rurales. Después del terremoto, Paul y su equipo lograron construir el Hôpital Universitaire de Mirebalais, en Mirebalais, Haití, un magnífico hospital que es también el edificio más grande del país que funciona con energía solar.

El esfuerzo internacional de socorro y reconstrucción fue muy positivo, especialmente en el período inmediatamente posterior al terremoto, pero hubo deficiencias en los esfuerzos. Decenas de miles de socorristas acamparon en lo que parecía una ciudad en estado de sitio, y no siempre estuvieron bien coordinados. Un gran número de ONGs bienintencionadas taponaron las tuberías. Y, en un caso desgarrador de consecuencias imprevistas, la epidemia de cólera que estalló en el otoño de 2010, probablemente fue llevada por las fuerzas de paz de Nepal facilitadas por la ONU.

USAID fracasó en algunos aspectos importantes. Las redes hospitalarias de referencia diseñadas por uno de nuestros expertos en salud, nunca se materializaron, en gran parte debido a las disputas burocráticas internas. En materia de energía, Estados Unidos construyó una planta e hizo reparaciones, pero nuestros planes más ambiciosos en materia de transformación de energía aún no han llegado a buen término.

Sin embargo, también hubo éxitos importantes. A partir de enero de 2013, 7,4 millones de metros cúbicos de escombros habían sido retirados, un tercio de los cuales fueron retirados por el gobierno de Estados Unidos. El número de haitianos que viven en campamentos se redujo de un máximo de 1,6 millones a menos de 200.000. Más de 300.000 personas tienen ya viviendas más seguras, gracias a los programas financiados por USAID. Y la respuesta al cólera y las vacunas suministradas por los Centros para el Control de Enfermedades (CDC, por sus siglas en inglés) ayudaron a reducir la tasa de mortalidad de la epidemia de cólera de un 9 por ciento a poco más del 1 por ciento. Los Estados Unidos patrocinaron 251 centros de atención primaria y cincuenta y dos de atención secundaria en todo Haití, y se calcula que cubrieron las necesidades de salud de casi el 50 por ciento de la población haitiana. Ayudamos a cerca de diez mil agricultores a acceder a semillas mejoradas y fertilizantes, y a aplicar nuevas técnicas para mejorar la productividad. La producción de arroz se ha duplicado con creces, y la de maíz se ha cuadruplicado ampliamente.

El objetivo principal de nuestra estrategia de desarrollo a largo plazo en Haití consistía en impulsar de nuevo la economía, crear empleos que pagaran salarios decentes y reducir la dependencia de la ayuda extranjera con el paso del tiempo. Un aspecto central de nuestros esfuerzos fue la construcción de un parque industrial en Caracol, en el norte de Haití, que tuvo un costo de 300 millones de dólares y que fue financiado conjuntamente por el departamento de Estado, USAID, el gobierno de Haití y el Banco Interamericano de Desarrollo. No tardó en convertirse en un esfuerzo global, con la empresa textil coreana Sae-A Trading Co., comprometiéndose a construir y operar una fábrica allí para hacer camisetas y otros artículos para Wal-Mart, Kohl's y Target. Cuando visité este parque en octubre de 2012 para sellar el compromiso, 1.050 haitianos ya trabajaban allí, y otros esperaban ser contratados en breve.

El proyecto Caracol estaba en consonancia con una tendencia más amplia en nuestra labor de desarrollo en todo el mundo. Estábamos cambiando nuestro enfoque de la ayuda a la inversión. En la década de 1960, cuando el presidente Kennedy creó USAID, la ayuda oficial para el desarrollo proveniente de países como Estados Unidos representó 70 por ciento de los flujos de capital destinados a los países en desarrollo. Desde entonces, a pesar de que los países han aumentado realmente los presupuestos para desarrollo, la ayuda oficial para este rubro representa sólo el 13 por ciento de esos flujos de capital, debido principalmente al aumento de la inversión privada y del comercio en los mercados emergentes, lo cual son buenas noticias. Teniendo en cuenta este cambio, tenía sentido volver a centrar nuestro enfoque en el desarrollo con el fin de aprovechar mejor las fuerzas del mercado y de hacer buenas inversiones en el sector público que podrían catalizar el crecimiento sostenible de la economía.

Estados Unidos no estaba renunciando a la ayuda tradicional, como por ejemplo, a sacos de arroz o cajas de medicamentos. Ese tipo de asistencia sigue siendo una herramienta vital, especialmente como parte de una respuesta de emergencia luego de un desastre. Pero por medio de la inversión, hemos tratado de romper con el ciclo de dependencia que puede generar la ayuda, al respaldar a los países a crear sus propias instituciones y su propia capacidad de prestar servicios esenciales. La ayuda persigue a la necesidad; la inversión persigue oportunidades.

A finales de 2013, poco más de un año después de su inauguración, el parque industrial de Caracol daba empleo a cerca de 2.000 haitianos. Había seis inquilinos del sector privado, un millón de pies cuadrados de fábricas y oficinas arrendados y las exportaciones anuales ascendían a 26 millones de dólares. En el transcurso de 2014, el empleo y las exportaciones están próximos a duplicarse con creces a medida que los fabricantes ocupan las fábricas recién terminadas. El parque tiene también una moderna planta de tratamiento de residuos de agua, una nueva red eléctrica que por primera vez suministra energía confiable a los pueblos de los alrededores, así como nuevas viviendas, escuelas y clínicas.

En una columna publicada en 2013 por el *Financial Times*, el primer ministro de Haití, Laurent Lamothe, señaló que la mayoría de las familias haitianas ganan alrededor de 700 dólares al año trabajando en agricultura de subsistencia y nunca "tienen certeza de si las fuertes lluvias pueden anegar sus cosechas". Por esto, cuando Caracol entró en operación, se recibieron cincuenta solicitudes para cada trabajo. "El promedio de lo que gana ahora una madre soltera en Caracol es un salario anual de 1.820 dólares en el primer trabajo asalariado de su vida", escribió Lamothe. "Si ella progresa y es ascendida a supervisora de línea, puede ganar hasta un 50 por ciento más. Anteriormente desempleada, ahora puede darse el lujo de enviar a sus hijos a la escuela, pagar un teléfono celular, tener electricidad ininterrumpida y un ingreso discrecional para ahorrar. También se beneficia de vacaciones pagadas, asistencia médica y uno de los mejores regímenes de derechos y de seguridad laboral del mundo".

El día de la inauguración del parque industrial Caracol en octubre 2012, fue una ocasión para que todos los que habíamos sido testigos de los días más oscuros de Haití celebráramos una buena noticia, y nadie merecía más un aplauso que Préval. En ese momento, sin embargo, llevaba más de un año retirado de su cargo, y su relación con el nuevo presidente estaba lejos de ser cálida.

La animadversión se remontaba a las elecciones de noviembre de 2010, tan sólo diez meses después del terremoto. El conteo oficial del gobierno y el de otro independiente realizado por la Organización de los Estados Americanos (OEA) llegaron a conclusiones diferentes acerca de los candidatos que debían pasar a segunda vuelta en los comicios electorales. Muchos haitianos, que habían soportado tantas cosas, estaban indignados de que sus votos no hubieran sido contados después de todo lo que habían tolerado. Las calles no tardaron en llenarse con protestas fuertes e incontrolables.

Decidí ir a Haití con el fin de reunirme con Préval y con los candidatos, y ver si podíamos llegar a una solución pacífica que evitara una crisis, pues aún faltaban muchas cosas por hacer luego del terremoto. El candidato favorito de Préval, de quien la OEA dijo que había terminado realmente en tercer lugar, se quejó de que la comunidad internacional lo estaba expulsando de la contienda presidencial. Le insistí en que eso no era cierto. Le expliqué que la gente también había tratado de sacarme de la contienda cuando me postulé a la presidencia en 2008. Tal como lo hicimos el presidente Obama y yo, él y los otros dos candidatos tenían que respetar la preferencia de los votantes.

—Mira, he participado en elecciones —le dije—. He ganado dos, y he perdido una importante. Así que sé lo que se siente. Pero es más importante que la democracia sea protegida.

A diferencia de un diplomático profesional, un académico o empresario, yo podía ponerme en el lugar de estos candidatos. Las elecciones pueden ser dolorosas. La democracia es dura. En algunos lugares te pueden asesinar porque quieres postularte para un cargo o deseas votar, o puedes terminar en la cárcel y en bancarrota. Hay que entender los riesgos que la gente está tomando, las preocupaciones que tienen, su necesidad de sentirse respetados.

Me reuní con Préval en su residencia temporal. Nos sentamos juntos en sillas de felpa, con nuestras rodillas chocando prácticamente. Empecé a hablar acerca de lo que significa pensar no sólo en el mañana, sino en el largo plazo. Le dije que este era un momento decisivo para él. Podía ser recordado como un presidente igual a todos los líderes haitianos en la historia que se habían negado a escuchar a su pueblo, o como el presidente que había permitido que la democracia echara raíces. Él tenía que elegir.

—Estoy hablando contigo no sólo como tu amiga, sino como una persona que ama a su país y que también ha tenido que hacer muchas cosas difíciles —le dije—. Haz lo difícil, porque en última instancia será en el mejor interés de tu país y de ti, aunque no sientas eso hasta que seas capaz de retroceder un paso y mirar hacia atrás.

Préval concluyó la reunión diciendo:

—Bueno, me has dado mucho en qué pensar. Veré lo que puedo hacer.

Poco después, Préval y los tres candidatos aceptaron los resultados de la OEA. El célebre músico Michel Martelly, conocido como "El dulce Micky", ganó la segunda vuelta, y Préval terminó su mandato. Por lo general, el ganador de una elección recibe todos los elogios. Pero en este caso, me pareció que el héroe del momento fue el hombre que dejó su cargo con dignidad mientras su país seguía recuperándose de una catástrofe inimaginable. Fue la primera vez en la historia de Haití que un presidente entregó el poder pacíficamente a alguien de un partido de oposición.

Esta era una señal muy positiva para el futuro del país. El vínculo entre el desarrollo sostenible y el buen gobierno está bien establecido, y es por esto que lo incluimos en el centro de muchos de nuestros programas de ayuda, especialmente en la Corporación Desafío del Milenio. Los problemas de Haití en ambos frentes ofrecen un ejemplo de ello. Y tuvimos un contraejemplo fácilmente disponible. Chile fue golpeado por un terremoto aún más fuerte sólo un mes después de Haití. Pero a diferencia de este país, Chile tenía la infraestructura, los recursos y las instituciones gubernamentales para resistir un evento tan devastador y responder con rapidez y eficacia. Para "reconstruir mejor", Haití necesitaba hacer más que limpiar los escombros y reactivar la economía. Necesitaba una democracia sólida y un gobierno responsable y sensible. Una transferencia pacífica de poder era un primer paso crucial.

Me alegró ver a Préval en el evento de inauguración de Caracol, pero me pregunté cómo interactuarían él y Martelly. Para mi sorpresa y deleite, Martelly saludó a Préval y lo hizo subir al escenario. A continuación,

levantaron juntos sus manos en señal de celebración. Fue un gesto sencillo, conocido para los estadounidenses. Pero no hay dos presidentes que
hubieran hecho eso en Haití, especialmente porque ha habido muy pocas
transiciones pacíficas. Esto me llevó a creer que Haití estaba, finalmente,
y a pesar de todas sus dificultades, en un camino mejor.

======

En el ámbito del desarrollo internacional, es fácil sentirse frustrado y fa-
talista. Pero si damos un paso atrás y miramos el recorrido de la historia,
nos daremos cuenta de lo notables que han sido las contribuciones de
nuestro país. Sólo en el transcurso de mi vida, Estados Unidos ha ayudado
a erradicar la viruela y a reducir la poliomielitis y la malaria. Hemos
ayudado a salvar millones de vidas gracias a las vacunas, al tratamiento
para el sida, y a la terapia de rehidratación oral que ha reducido en gran
medida las muertes de bebés y de niños. Hemos ayudado a educar a millones de jóvenes y brindado un apoyo significativo a países anteriormente
pobres, que han prosperado y se han convertido en donantes generosos,
como Corea del Sur. Los estadounidenses deberían estar orgullosos de
estos logros, que no sólo han ayudado a la humanidad, sino que también
han ayudado a nuestra nación a proyectar nuestros valores y a fortalecer
nuestro liderazgo en el mundo.

24

El arte de gobernar en el siglo XXI: Diplomacia digital en un mundo interconectado

—¡Mi gobierno puede irse al infierno! —declaró la joven desafiante.

Yo le había preguntado a esa activista por la democracia de Bielorrusia, si le preocupaba enfrentar las repercusiones cuando regresara a su país luego de "Tech Camp", un evento de capacitación que el departamento de Estado organizó en la vecina Lituania en junio de 2011. Utilizamos estas sesiones para ayudar a los grupos de la sociedad civil de toda la región a aprender a utilizar la tecnología para avanzar en su trabajo y evitar la persecución. Entre los países que surgieron de la antigua Unión Soviética, Bielorrusia tenía uno de los regímenes más represivos. Pero esta mujer me dijo que no tenía miedo. Había ido a Lituania para aprender nuevas habilidades que la ayudaran a mantenerse un paso por delante de los censores y de la policía secreta. Me gustaba su estilo.

Había cerca de ochenta activistas de dieciocho países apretujados en un pequeño salón en Vilna para recibir capacitación durante dos días intensivos, con jornadas diarias de once horas. En su mayor parte, no eran idealistas o ingenuos evangelistas de la tecnología. Se trataba de disidentes y organizadores que estaban deseosos de conocer *cualquier* tipo de nuevas herramientas que los ayudaran a expresar sus opiniones, organizarse y eludir la censura. Un equipo de expertos del departamento de Estado se encargó de explicarles cómo podían proteger su privacidad y anonimato en línea, y frustrar los restrictivos cortafuegos gubernamentales. También había ejecutivos de Twitter, Facebook, Microsoft y Skype.

Algunos activistas hablaron sobre cómo el régimen sirio de Bashar al-Assad monitoreaba los hashtags utilizados por usuarios de Twitter que pertenecían a la oposición, y luego inundaba la red con spam utilizando las mismas etiquetas para frustrar a quienes trataban de seguir a la oposición. ¿Había algo que pudieran hacer ellos para evitar eso? Otros querían ayuda para describir las manifestaciones y represiones en tiempo real durante las crisis.

Esa noche, llevé a varios miembros de mi delegación a cenar a un restaurante de Vilna. Mientras bebíamos cerveza lituana, les pregunté cómo les había parecido que habían salido las cosas ese día. Alec Ross, mi asesor principal de Innovación, estaba especialmente satisfecho. En 2008, Alec había ayudado a que la campaña de Obama llegara a Silicon Valley y la industria de la tecnología en general. Cuando fui nombrada secretaria de Estado, le pedí que me ayudara a llevar al departamento de Estado al siglo XXI. No soy la persona más conocedora de la tecnología —aunque sorprendí a mi hija y a mi personal luego de aficionarme a mi iPad, que llevo a todos mis viajes— pero entendía que las nuevas tecnologías de comunicación redefinirían la forma en que ejercíamos la diplomacia y el desarrollo, y que estaban cambiando también la manera como la gente de todo el mundo se comunicaba, trabajaba, organizaba y jugaba.

Hablamos de cómo las herramientas tenían en sí mismas un valor neutral. Podían ser las fuerzas del mal tan fácilmente como del bien, así como el acero puede ser usado para construir hospitales o tanques, y como la energía nuclear puede suministrarle electricidad a una ciudad o destruirla. Teníamos que actuar con responsabilidad para maximizar los beneficios de la tecnología, y reducir al mínimo los riesgos.

La tecnología también estaba abriendo nuevas ventanas para ayudar a resolver problemas y promover los intereses y valores de Estados Unidos. Nos centraríamos en ayudar a la sociedad civil del mundo a utilizar la tecnología móvil y las redes sociales para pedirles cuentas a los gobiernos, documentar abusos y empoderar a grupos marginados, incluyendo mujeres y personas jóvenes. Yo había visto de primera mano cómo las innovaciones estaban sacando a la gente de la pobreza y dándoles un mayor control sobre sus vidas. En Kenia, los agricultores vieron crecer sus ingresos hasta en un 30 por ciento después de usar teléfonos celulares para servicios de banca móvil y para aprender a proteger mejor sus cultivos de las plagas. En Bangladesh, más de 300.000 personas se inscribieron para aprender inglés en sus teléfonos celulares. Había cerca de 4 mil millones de teléfonos celulares en uso en países en vías de desarrollo, muchos de ellos en manos de agricultores, vendedores en mercados, conductores de carretas y más personas que históricamente habían carecido de acceso a la educación y a las oportunidades. Varios estudios han encontrado que un aumento del 10 por ciento en la tasa de penetración de teléfonos celulares en un país en desarrollo puede conducir a un aumento del PIB per cápita de entre 0,6 y 1,2 por ciento. Eso se traduce en miles de millones de dólares y en un gran número de empleos.

Sin embargo, hemos visto también el lado más oscuro de la revolución digital. Las mismas cualidades que hicieron de Internet una fuerza para un progreso sin precedentes —en su apertura, efecto nivelador, alcance y velocidad— también permitían fechorías en una escala sin precedentes. Es bien sabido que Internet es una fuente de casi tanta desinformación como de información, pero eso es sólo una parte de la historia. Los terroristas y los grupos extremistas utilizan Internet para incitar al odio, reclutar miembros, y para planear y perpetrar ataques. Los traficantes de personas atraen a nuevas víctimas a la esclavitud moderna. Los pornógrafos infantiles explotan a los niños. Los *hackers* irrumpen en las instituciones financieras, en los negocios minoristas, en las redes de teléfonos celulares y en las cuentas personales de correo electrónico. Las bandas criminales, al igual que las naciones, están desarrollando la ciberguerra ofensiva y capacidades de espionaje industrial. Las infraestructuras críticas como las redes eléctricas y los sistemas de control de tráfico aéreo son cada vez más vulnerables a los ataques cibernéticos.

Al igual que otras agencias gubernamentales sensibles, el departamento de Estado fue con frecuencia blanco de ataques cibernéticos. Los funcionarios del departamento tuvieron que repeler intrusiones en sus correos electrónicos, así como intentos de *phishing* cada vez más sofisticados. Cuando asumimos nuestros cargos en el departamento de Estado, estos intentos eran similares a los mensajes de correo electrónico fraudulentos que muchos estadounidenses recibían en sus computadoras personales. Así como el inglés deficiente utilizado por las tristemente famosas estafas bancarias nigerianas alertaba a la mayoría de los usuarios, los primeros intentos a menudo descuidados para penetrar nuestros sistemas de seguridad fueron fáciles de detectar. Pero en 2012, la sofisticación y la fluidez habían progresado considerablemente, y los atacantes suplantaron a funcionarios del departamento de Estado en un intento por engañar a sus colegas para que abrieran archivos adjuntos que parecían legítimos.

Cuando viajábamos a lugares sensibles como Rusia, muchas veces recibíamos advertencias de los oficiales de seguridad del departamento para dejar nuestros Blackberrys, computadoras portátiles —o cualquier aparato que se comunicara con el mundo exterior— en el avión y con las baterías retiradas para evitar que los servicios de inteligencia extranjeros los comprometieran. Incluso en entornos amigables, trabajábamos bajo estrictas medidas de seguridad, teniendo cuidado en dónde y cómo leíamos materiales secretos y utilizábamos nuestra tecnología. Una manera de proteger nuestro material era leerlo en el interior de una carpa opaca en una habitación de hotel. En entornos que no estaban bien equipados, nos pidieron que improvisáramos leyendo el material sensible con una manta sobre la cabeza. Me sentí como si tuviera diez años de nuevo, leyendo en secreto con una linterna bajo las sábanas después de la hora de dormir. En más de una ocasión, me advirtieron que no debía hablar libremente en mi habitación de hotel. Los organismos y funcionarios gubernamentales de Estados Unidos no fueron los únicos blancos de estas amenazas. Las compañías estadounidenses también estaban en el punto de mira. Recibí llamadas de CEOs frustrados que se quejaban del robo agresivo de propiedad intelectual y de secretos comerciales, e incluso de la vulneración de sus computadoras en sus hogares. Para enfocar mejor nuestros esfuerzos en contra de esta amenaza cada vez más grave, en febrero de 2011 nombré al primer coordinador de Asuntos Cibernéticos del departamento de Estado.

En todo el mundo, algunos países comenzaron a erigir barreras electrónicas para evitar que sus ciudadanos usaran Internet de manera gratuita y completa. Los censores borran palabras, nombres y frases de los resultados del motor de búsqueda. Reprimen a los ciudadanos que participan en discusiones políticas no violentas, y no sólo durante períodos de disturbios y protestas masivas. Uno de los ejemplos más destacados fue China, que en junio de 2013 tenía casi 600 millones de usuarios de Internet, pero también algunos de los límites más represivos a la libertad en Internet. El "Gran Firewall" bloqueó sitios web extranjeros o páginas concretas con contenidos percibidos como una amenaza para el Partido Comunista. Algunos informes estiman que China empleaba a unos 100.000 censores para patrullar la red. El gobierno clausuró incluso Internet por completo durante diez meses en 2009 en la provincia noroccidental de Xinjiang después de los disturbios realizados por el grupo étnico uigur.

En junio de ese año, jóvenes iraníes utilizaron los sitios web y las redes sociales para comunicar sus mensajes durante protestas después de unas elecciones dudosas. El tiroteo brutal de una mujer de veintiséis años llamada Neda Agha Soltan por fuerzas paramilitares progubernamentales fue captado en imágenes granuladas por un teléfono celular, subido a la web, y compartido en muchas partes a través de Twitter y Facebook. En cuestión de horas, millones de personas vieron a Neda muerta en un charco de sangre en una calle de Teherán. La revista *Time* describió esto como "probablemente la muerte más vista en la historia de la humanidad". El video contribuyó a fortalecer la indignación mundial en apoyo de los disidentes.

Sólo cinco días antes, funcionarios del departamento de Estado que estaban siguiendo los esfuerzos en línea de la oposición iraní, hicieron un descubrimiento inquietante. Twitter estaba planeando cerrar su servicio global para un mantenimiento programado con anterioridad cuando sería mediodía en Teherán. Jared Cohen, de veintisiete años y miembro de nuestro equipo de planificación política, tenía contactos en Twitter. Había organizado un viaje a Bagdad en abril para Jack Dorsey, uno de los cofundadores de la empresa, y para otros ejecutivos de tecnología. Alertó rápidamente a Dorsey sobre el impacto que podría tener el cierre para los activistas iraníes. Entonces, Twitter retrasó su mantenimiento hasta mediados de la noche siguiente. En una entrada de blog, la compañía señaló que la razón de la demora se debió al "papel que Twitter está desempeñando como una importante herramienta de comunicación en Irán".

Pero el gobierno iraní se mostró hábil en el uso de estas nuevas herramientas tecnológicas para sus propios fines. Su Guardia Revolucionaria acosó a líderes de la protesta mediante el seguimiento de sus perfiles en línea. Cuando algunos iraníes que vivían en el extranjero publicaron críticas al régimen, este tomó represalias contra sus familiares en Irán. Finalmente, las autoridades cerraron las redes de Internet y de teléfonos celulares. También recurrieron a más medios convencionales de intimidación y terror. En vista de la brutal represión, las protestas se desmoronaron.

Yo estaba horrorizada por lo que sucedió en Irán y por la persecución de activistas en línea en estados autoritarios de todo el mundo. Llamé a Dan Baer, nuestro secretario adjunto para Democracia, Derechos Humanos y Trabajo, a quien había reclutado de Georgetown, donde era profesor de investigación y enseñanza sobre la intersección entre ética, economía y derechos humanos. Le pedí que trabajara con Alec y su equipo para encontrar maneras en que pudiéramos ayudar. Me dijeron que había poderosas tecnologías emergentes que podríamos financiar, las cuales ayudarían a los disidentes a burlar la vigilancia y la censura del gobierno. Nuestras inversiones podrían desempeñar un papel fundamental en la adopción de este tipo de herramientas para aplicarlas a gran escala y hacer que fueran accesibles para los activistas que más las necesitaban. Pero había un problema: los criminales y los *hackers* también podían utilizar estas herramientas para evitar la detección. Nuestras propias agencias de inteligencia y de aplicación de la ley podrían tener dificultades para mantenerse al día. ¿Podíamos estar abriendo la caja de Pandora de las actividades ilícitas en línea? ¿Valía la pena el riesgo de empoderar y proteger a los activistas?

Me tomé en serio esas preocupaciones. Las implicaciones para nuestra seguridad nacional eran reales. No fue una decisión fácil. Pero decidí que dar un golpe a favor de la libertad de expresión y de asociación en todo el mundo valía la pena el riesgo. Los criminales siempre encontrarán maneras de explotar las nuevas tecnologías; eso no era razón para desistir. Di autorización para seguir adelante. Nuestro equipo comenzó a trabajar, y cuando visité Lituania en 2011, habíamos invertido más de 45 millones de dólares en herramientas para ayudar a que los disidentes navegaran seguros en línea, y capacitado a más de 5.000 activistas de todo el mundo, quienes a su vez, entrenaron a miles más. Trabajamos con diseñadores para crear nuevas aplicaciones y dispositivos, como por ejemplo, un botón de pánico que un manifestante podía presionar en su teléfono, el cual le enviaría una señal a sus amigos de que él o ella estaba siendo detenido, y borrar al mismo tiempo todos sus contactos personales.

═══

Esta agenda tecnológica era parte de mis esfuerzos para llevar al departamento de Estado y a la política exterior de Estados Unidos al siglo XXI. Durante el período de transición antes de ser secretaria de Estado, leí un ensayo en la revista *Foreign Affairs* titulado "La ventaja de Estados Unidos: el poder en el siglo en red", de Anne-Marie Slaughter, decana de la Escuela Woodrow Wilson de Asuntos Públicos e Internacionales en Princeton. Su concepto de redes describía la arquitectura de Internet, pero era más amplio que eso. Tenía que ver con todas las formas en que las personas se están organizando, colaborando, comunicando, comerciando e incluso peleando en el siglo xxi. En este mundo en red, sostenía ella, las sociedades diversas y cosmopolitas tendrían ventajas significativas sobre las sociedades homogéneas y cerradas. Estarían en mejor posición para tomar ventaja de la expansión de las redes comerciales, culturales y tecnológicas, y para aprovechar las oportunidades ofrecidas por la interdependencia global. Esta sería una buena noticia, señaló, para Estados Unidos, gracias a nuestra población multicultural, creativa e hiperconectada.

En 2009, más de 55 millones de estadounidenses eran inmigrantes o hijos de inmigrantes. Estas primeras o segundas generaciones de estadounidenses eran vínculos valiosos con sus países de origen, y contribuyentes importantes a la vida económica, cultural y política de nuestro propio país. La inmigración ha ayudado a mantener a la población de Estados Unidos joven y dinámica en una época en que muchos de nuestros socios y competidores estaban envejeciendo. Rusia, en particular, enfrentaba lo que el mismo presidente Putin ha llamado una "crisis demográfica". Incluso China, debido a su "política del hijo único", se dirigía hacia un precipicio demográfico. Yo deseaba únicamente que el proyecto de ley bipartidista aprobado en el Senado en 2013 que reformaba nuestras leyes de inmigración pudiera aprobarse en la Cámara.

Aunque yo sentía un respeto saludable por las formas tradicionales del poder, estuve de acuerdo con el análisis de Anne-Marie sobre la ventaja comparativa de Estados Unidos en un mundo en red. Allí estaba una respuesta a todos los apretones de manos en torno al declive arraigado en las tradiciones más antiguas de Estados Unidos y en nuestras más recientes innovaciones. Le pedí a Anne-Marie que pidiera una licencia en Princeton y trabajara conmigo en el departamento de Estado como directora de Planeación de Políticas, nuestro centro de estudios. Ella ayudó a conducir también una revisión de arriba a abajo del departamento de Estado y de USAID, a la que llamamos la Revisión Cuatrienal de Diplomacia y Desarrollo. Se inspiraba en la Revisión Cuatrienal de Defensa del Pentágono con la que me había familiarizado cuando era miembro del Comité de Servicios Armados del Senado, y cuyo objetivo era delinear exactamente cómo íbamos a poner en práctica el poder inteligente y utilizar lo que comencé a llamar "El arte de gobernar del siglo xxi". Esto incluía el aprovechamiento de las nuevas tecnologías, de redes de las diásporas y otras herramientas nuevas, y pronto nos llevó a campos que estaban más allá de la diplomacia tradicional, especialmente la energía y la economía.

La Oficina de Asuntos Públicos del departamento de Estado estableció una división digital para incrementar nuestros mensajes a través de una amplia gama de plataformas, incluyendo Twitter, Facebook, Flickr, Tumblr y Google+. En 2013, más de 2,6 millones de usuarios de Twitter seguían 301 contenidos oficiales en once idiomas, incluido el árabe, chino, farsi, ruso, turco y urdu. Animé a nuestros diplomáticos en las embajadas de todo el mundo a desarrollar sus propias páginas en Facebook y cuentas de Twitter, a que aparecieran en la televisión local y participaran de todas las formas que pudieran. Igual de importante, yo quería que ellos escucharan lo que estaba diciendo la gente en sus países, y también en los medios sociales. En una época en que los problemas de seguridad limitaban con frecuencia el contacto con los ciudadanos extranjeros, los medios sociales ofrecen una manera de escucharlos directamente, incluso en las sociedades relativamente cerradas. Más de dos mil millones de personas están actualmente en línea, casi un tercio de la humanidad. Internet se ha convertido en el espacio público del siglo XXI, en la plaza de la ciudad del mundo, en el aula, el mercado y la cafetería, por lo que los diplomáticos de Estados Unidos también tienen que estar ahí.

Cuando Mike McFaul, profesor de Ciencias Políticas de la Universidad de Stanford y experto en Rusia en el Consejo de Seguridad Nacional, se estaba preparando para trasladarse a Moscú como nuestro nuevo embajador, le dije que tendría que encontrar formas creativas para sortear los obstáculos del gobierno y comunicarse directamente con el pueblo ruso.

—Mike, recuerda estas tres cosas —le dije—, sé fuerte, establece contacto más allá de las élites y no tengas miedo de usar toda la tecnología que puedas para llegar a más personas.

Mike no tardó en verse acosado y vilipendiado por los medios de comunicación controlados por el Kremlin. Me tomé la molestia de llamarlo una noche por una línea abierta, le hablé explícitamente para que todos los espías rusos que habían intervenido el teléfono pudieran oír, y le dije que estaba haciendo una excelente labor.

Mike se convirtió en un ávido usuario de las redes sociales, atrajo a más de setenta mil seguidores en Twitter, y se convirtió en una de las diez voces en línea más influyentes de Rusia, de acuerdo con varias menciones de otros usuarios y lectores. Muchos rusos lo conocían principalmente como @McFaul, y estaban intrigados por su sorprendente franqueza y buena voluntad para compartir con todos los interesados. Mientras explicaba las políticas de Estados Unidos y detallaba algunos abusos del Kremlin, Mike subió un contenido continuo de pensamientos y de fotos personales. Los rusos llegaron a ver al embajador de Estados Unidos como un ser humano que disfrutaba del Ballet Bolshoi, les mostraba la Plaza Roja a los familiares que lo visitaban y se recuperaba de un dedo que se había roto en un partido de baloncesto. En una reunión oficial no mucho después de ese incidente, el primer ministro Dmitri Medvedev le preguntó por su mano. Cuando Mike empezó a contarle cómo se había lesionado, Medvedev hizo un gesto desdeñoso con la mano.

—Lo sé todo —dijo—. He leído acerca de eso en Internet.

A comienzos de su cargo, Mike se enfrascó en una acalorada disputa por Twitter con el ministerio de Relaciones Exteriores ruso. El ministro sueco de Relaciones Exteriores, Carl Bildt, quien tiene más de 250.000 seguidores en Twitter, intervino con un trino: "Veo que el MAE (Ministerio de Asuntos Exteriores) ruso ha lanzado una guerra por Twitter contra el embajador de Estados Unidos @McFaul", escribió. "Ese es el nuevo mundo: seguidores en lugar de armas nucleares. Es mejor". Creo que Mike sería el primero en estar de acuerdo.

═══

Si la hiperconectividad del mundo en red jugaba a favor de los puntos fuertes de Estados Unidos y ofrecía oportunidades para ejercer el poder inteligente con el fin de promover nuestros intereses, también presentaba nuevos y significativos desafíos para nuestra seguridad y nuestros valores.

Esto se hizo dolorosamente evidente en noviembre de 2010, cuando la organización en línea WikiLeaks y varios medios de comunicación de todo el mundo comenzaron a publicar el primero de más de 250.000 cables robados al departamento de Estado, muchos de los cuales contenían observaciones sensibles e inteligencia de nuestros diplomáticos en el campo de operaciones.

El soldado Bradley Manning, un oficial subalterno de inteligencia militar destinado en Irak, descargó los cables secretos de una computadora del departamento de Defensa y se los dio a WikiLeaks y a su líder australiano Julian Assange. Algunos ensalzaron a Manning y a Assange como campeones de la transparencia que cumplían con la noble tradición de exponer las malas acciones del gobierno, comparándolos con la filtración de Daniel Ellsburg de los Papeles del Pentágono durante la guerra de Vietnam. Yo no lo vi así. Como dije en su momento, la gente de buena fe entiende la necesidad de comunicaciones diplomáticas sensibles para proteger los intereses nacionales y el interés común global. Todos los países, incluido Estados Unidos, deben ser capaces de tener conversaciones francas sobre las personas y las naciones con las que tratan. Y los miles de cables robados mostraron por lo general que los diplomáticos de Estados Unidos hacían bien su trabajo, a menudo en circunstancias difíciles.

Los cables también suministraron peculiaridades intrigantes. Por ejemplo, un cable hablaba sobre el encuentro de un diplomático con un ministro de Asia Central que llegó borracho a una reunión, "desparramado en su silla y arrastrando los participios rusos", mientras otro describía la escena en una boda en Daguestán, Rusia, donde invitados lanzaron billetes de 100 dólares a niños bailarines como "microcosmos de las relaciones sociales y políticas de la región del Cáucaso Norte". Los diplomáticos ofrecían a menudo una nueva percepción sobre los líderes del mundo, como por ejemplo, un cable sobre el déspota de Zimbabue, Robert Mugabe, señalando "su profunda ignorancia en temas económicos (junto con la creencia de que sus dieciocho doctorados le dan la autoridad para suspender las leyes de la economía)".

La publicación de estos informes tuvo la consecuencia involuntaria de mostrar el gran trabajo que estaban realizando nuestros funcionarios del servicio exterior, y que muchos de ellos eran observadores agudos y escritores talentosos. Pero algunos de los comentarios sin pulir también afectaron negativamente las relaciones que nuestros diplomáticos habían construido cuidadosamente durante muchos años. Nuestros diplomáticos informaron regularmente sobre las conversaciones con activistas por los derechos humanos y disidentes, con dirigentes empresariales, e incluso con funcionarios de gobiernos extranjeros que podrían enfrentar persecución y represalias si sus nombres se hicieran públicos.

Inmediatamente después de las filtraciones, condené la divulgación ilegal de información clasificada. "Pone en peligro la vida de las personas, amenaza nuestra seguridad nacional y socava nuestros esfuerzos para trabajar con otros países a fin de resolver problemas compartidos", dije. Luego tuve que enfrentar las consecuencias diplomáticas de aliados agraviados y de socios indignados.

Le pedí a Pat Kennedy, subsecretario de Administración del departamento de Estado, que estableciera un grupo de trabajo para analizar las filtraciones cable por cable, determinara exactamente cuál información estaba comprometida y las consecuencias que tendrían esas revelaciones para nuestros intereses, nuestro personal y nuestros aliados. Nos apresuramos a desarrollar un proceso para identificar las fuentes en riesgo y, si era necesario, ayudarlas a llegar a un lugar seguro.

En la noche anterior al día de Acción de Gracias de 2010, empecé a hacer lo que serían docenas de llamadas desde mi casa en Chappaqua. Primero fue a mi amigo, Kevin Rudd, el ministro de Relaciones Exteriores de Australia y ex primer ministro de ese país. Empezamos a discutir nuestros temas habituales de interés, liderados por Corea del Norte.

—El otro punto que quiero discutir es WikiLeaks —le dije.

Nuestro embajador en Australia ya le había informado a Rudd que algunas de nuestras discusiones confidenciales sobre la región, incluyendo las actividades de China, podrían estar comprometidas. En respuesta, el gobierno australiano había establecido su propio grupo de trabajo para hacer frente a la situación.

—Podría ser un problema real —dijo él.

—Es un asunto terrible. —Estuve de acuerdo con él—. Lo lamentamos profundamente y nos sentimos perdidos.

Prometí hacer todo lo posible para ayudar a controlar los daños.

Fue un largo día de Acción de Gracias, donde hice muchas llamadas telefónicas y ofrecí muchas disculpas. En los días siguientes, hablé con muchos ministros de Relaciones Exteriores, con un primer ministro y con un presidente. Estas llamadas también cubrieron otros temas, pero en cada conversación, expliqué la inminente divulgación de los cables secretos y les pedí su comprensión. Algunos se sintieron heridos y enojados; otros vieron una oportunidad para ganar influencia con Estados Unidos y trataron de explotarla. Pero la mayoría se comportó con dignidad. "Agradezco que me haya llamado personalmente", me dijo el ministro alemán de Relaciones Exteriores Guido Westerwelle. El ministro chino de Relaciones Exteriores Yang, me ofreció consuelo al decir, "No puedo predecir la reacción del público, pero es importante que las dos partes profundicemos en nuestra confianza mutua. Esa es la palabra mágica para las relaciones bilaterales entre China y Estados Unidos". Uno de los líderes bromeó incluso: "Deberías ver lo que decimos de ti".

Las conversaciones en persona fueron más difíciles. En la primera semana de diciembre, asistí a una cumbre de la Organización para la Seguridad y la Cooperación en Europa en Astana, Kazajistán, junto con muchos otros líderes del mundo. Silvio Berlusconi, el primer ministro italiano cuyas payasadas eran descritas en una serie de cables filtrados, ya estaba siendo ridiculizado en las portadas de los periódicos italianos, y estaba especialmente molesto.

—¿Por qué dicen esas cosas de mí? —me preguntó cuando nos sentamos juntos—. Estados Unidos no tiene un mejor amigo —me recordó—. Tú me conoces, yo conozco a tu familia. —Se enfrascó en una historia apasionada acerca de cómo su padre solía llevarlo a los cementerios de soldados estadounidenses que habían muerto en nombre de Italia—. Nunca lo he olvidado —dijo.

Berlusconi no era ajeno a la mala publicidad, como podían atestiguarlo numerosos recortes de prensa. Pero la forma en que era visto por sus pares, y por Estados Unidos en particular, era de mucha importancia para él. Y esto era vergonzoso.

Le pedí disculpas una vez más. Nadie quería que estas palabras hubieran permanecido en secreto más que yo. Lógicamente, eso no bastó para aplacarlo. Me pidió que apareciera con él frente a las cámaras y ofreciera una declaración contundente sobre la importancia de la relación entre Estados Unidos e Italia, y así lo hice. A pesar de todas las fallas de Berlusconi, él apreciaba realmente a Estados Unidos. Italia era también un aliado clave de la OTAN, cuyo apoyo necesitábamos en todo el mundo, incluyendo la próxima campaña militar en Libia. Así que hice todo lo que pude para restablecer una dosis de confianza y de respeto.

Con el tiempo, mi equipo y yo hablamos con casi todos los líderes mencionados prominentemente en los cables secretos. Nuestra campaña integral pareció minimizar los daños duraderos. Y en algunos casos, la honestidad de nuestra disculpa pudo haber añadido quizá una nueva profundidad a algunas relaciones. Pero otras fueron sencillamente irreparables.

En Libia, los agudos informes del embajador Gene Cretz sobre el coronel Muamar Gadafi lo hicieron persona non grata en Trípoli. Fue amenazado incluso por algunos de los matones de Gadafi, lo que me llevó a trasladarlo a Estados Unidos por su propia seguridad. En la vecina Túnez, fue el dictador quien tuvo que trasladarse. La publicación de los informes secretos de Estados Unidos sobre la corrupción del régimen ayudó a despertar la creciente frustración popular que finalmente desembocó en una revolución que terminó con el derrocamiento de Ben Alí.

Al final, el efecto diplomático de WikiLeaks fue perjudicial, pero no agobiante; sin embargo, presagió otra violación más grave de un carácter muy diferente, que sucedió después de haber dejado mi cargo. Edward Snowden, un contratista de la Agencia Nacional de Seguridad (NSA, por sus siglas en inglés), que es la principal agencia responsable de monitorear las comunicaciones extranjeras, robó un lote masivo de archivos altamente secretos y los entregó a periodistas. Snowden huyó primero a Hong Kong y luego a Rusia, que le concedió asilo. Sus filtraciones revelaron algunos de los programas de inteligencia clasificados más sensibles de Estados Unidos. Hubo indignación en todo el mundo de que Estados Unidos estuviera monitoreando supuestamente las llamadas desde teléfonos celulares personales de socios como la canciller alemana Angela Merkel y la presidenta de Brasil, Dilma Rousseff. También hubo preocupación de que terroristas y criminales pudieran modificar sus propias prácticas de comunicación ahora que sabían más sobre las fuentes y los métodos utilizados por la comunidad de inteligencia de Estados Unidos.

Sin embargo, la mayor parte de la atención en nuestro país se centró en la manera como los diversos programas de recopilación de datos de la NSA podían afectar a los ciudadanos estadounidenses. En particular, el escrutinio se centró en la recolección masiva de registros telefónicos, no del contenido de las conversaciones o de las identidades de las personas que llamaban, sino de una base de datos de números telefónicos y los tiempos y duración de las llamadas, que se podrían examinar si había una sospecha razonable de que un número en particular estaba asociado con el terrorismo. El presidente Obama le pidió al Congreso que implementara una serie de reformas para que el gobierno dejara de administrar ese tipo de información.

Sin dejar de defender la necesidad de operaciones de vigilancia y de inteligencia extranjera, el presidente dio la bienvenida a un debate público sobre la forma de equilibrar la seguridad, la libertad y la privacidad, doce años después del 9/11. Es difícil imaginar que conversaciones similares tengan lugar en Rusia o China. Irónicamente, apenas unas semanas antes del caso Snowden, el presidente había dado un importante discurso sobre la política de seguridad nacional en el que dijo: "Ahora que ya tenemos una década de experiencia, ha llegado el momento de hacernos preguntas difíciles sobre la naturaleza de las amenazas actuales y cómo debemos enfrentarlas… Las decisiones que tomamos sobre la guerra pueden tener un impacto —a veces de formas no intencionales— en la apertura y la libertad de las cuales depende nuestra forma de vida".

Vivir bajo la luz pública durante tantos años me ha dado un profundo aprecio por la privacidad y la necesidad de protegerla. Y aunque las tecnologías en cuestión son nuevas, el desafío de equilibrar la libertad y la seguridad no lo es. En 1755, Benjamín Franklin escribió: "Los que quieran renunciar a la Libertad esencial para adquirir una pequeña Seguridad temporal, no merecen ni Libertad ni Seguridad". Cuando se trata de la libertad y la seguridad, no es que si tienes más de una, tengas menos de la otra. De hecho, creo que ellas se hacen posibles entre sí. Sin seguridad, la libertad es frágil. Sin libertad, la seguridad es opresiva. El reto es encontrar la medida adecuada: la seguridad suficiente para salvaguardar nuestras libertades, pero no tanta (o tan poca) como para ponerlas en peligro.

Como secretaria de Estado, me concentré en la protección de la privacidad, la seguridad y la libertad en Internet. En enero de 2010, Google anunció que había descubierto que las autoridades chinas trataron de penetrar en las cuentas de Gmail de disidentes. La compañía dijo que respondería redirigiendo el tráfico de China a sus servidores de Hong Kong por fuera del "Gran Firewall". El gobierno de Pekín reaccionó con ira. De repente estábamos en medio de un nuevo tipo de incidente internacional.

Desde hacía algún tiempo, yo había estado trabajando en un discurso en el que destacaba el compromiso de Estados Unidos con la libertad en Internet, y me pareció más importante que nunca hacer sonar la alarma sobre la represión en línea. El 21 de enero de 2010, fui al Newseum, un museo de alta tecnología en Washington sobre la historia y el futuro del periodismo, y planteé el caso de la "libertad para conectarse". Sostuve que los mismos derechos que valorábamos en nuestros hogares y plazas públicas —el derecho de reunirse, de expresarse, de innovar, de abogar— también se aplicaban para Internet. Para los estadounidenses, esta idea tiene sus raíces en la Primera Enmienda, cuyas palabras estaban talladas en cincuenta toneladas de mármol de Tennessee en la parte frontal del Newseum. Pero la libertad para conectarse no era sólo un valor americano. La Declaración Universal de Derechos Humanos confirma que todas las personas tienen derecho a "buscar, recibir y difundir informaciones e ideas por cualquier medio y sin consideración de fronteras".

Yo quería avisarles a naciones como China, Rusia e Irán que Estados Unidos iba a promover y defender un Internet donde se protegen los derechos de las personas y que está abierto a la innovación, que es interoperable en todo el mundo, lo suficientemente seguro para mantener la confianza de la gente y lo bastante confiable para apoyar su trabajo. Nos opondríamos a los intentos para restringir el acceso o reescribir las normas internacionales que rigen la estructura de Internet y apoyaríamos a los activistas e innovadores que trataran de subvertir los *firewalls* represivos.

Algunos de estos países querían reemplazar el enfoque de múltiples partes para la gobernanza de Internet tal como se estableció en la década de
1990 —la cual reúne a los gobiernos, el sector privado, las fundaciones y
los ciudadanos, y es compatible con el libre flujo de información dentro de
una sola red global— por un control centralizado que quedaría en manos
de cada gobierno. Querían que cada gobierno tuviera la posibilidad de
hacer sus propias reglas, creando barreras nacionales en el ciberespacio.
Este enfoque sería desastroso para la libertad en Internet y el comercio.
Me dirigí a nuestros diplomáticos para refutar estos intentos en todos los
foros en los que participáramos, sin importar lo pequeños que fueran.

El discurso causó un gran revuelo, especialmente en línea. Human
Rights Watch lo llamó "revolucionario". Yo esperaba ciertamente haber
empezado una conversación que cambiara la forma en que la gente pensaba sobre la libertad en Internet. Pero más importante aún, yo quería
cerciorarme de que Estados Unidos estuviera liderando el camino a las
fronteras de los derechos humanos en el siglo XXI, tal como lo habíamos
hecho en el siglo XX.

25

Derechos humanos:
Una tarea pendiente

Cuando era niña, en Park Ridge, Illinois, asistía semanalmente a la escuela dominical de nuestra iglesia metodista. Mis padres eran personas de fe, pero la expresaban de diferentes maneras y yo tenía dificultades en ciertas ocasiones para reconciliar la insistencia de mi padre en la autosuficiencia con la preocupación de mi madre por la justicia social. En 1961, un nuevo y dinámico ministro de juventudes llamado Donald Jones llegó a nuestra iglesia, y me ayudó a entender mejor el papel que quería que la fe tuviera en mi vida. Me enseñó a acoger la "fe en acción" y a abrir los ojos a la injusticia en el resto del mundo, más allá de mi confortable comunidad de clase media. Me dio muchos libros para leer, y llevó a nuestro grupo juvenil a visitar iglesias negras e hispanas en un distrito pobre en el centro de Chicago. Encontramos muchas cosas en común con las niñas y los niños en esas iglesias que quedaban en sótanos, a pesar de nuestras diferentes experiencias de vida. Y fue en esas discusiones cuando me interesé en aprender más sobre el Movimiento por los Derechos Civiles. Para mí y mis compañeros de clase, Rosa Parks y el Dr. Martin Luther King eran nombres que veíamos de vez en cuando en un titular de periódico o que oíamos por casualidad mientras nuestros padres veían el noticiero de la noche. Sin embargo, para muchos de los niños que conocí gracias a esos viajes con nuestra iglesia, eran fuentes de esperanza e inspiración.

Un día, Don anunció que quería llevarnos a oír al Dr. King hablar en Chicago. No fue difícil convencer a mis padres de que me dieran permiso para ir, pero algunos padres de mis amigos pensaban que el Dr. King era un "demagogo" y no querían darles permiso. Yo estaba emocionada, pero no sabía qué esperar. Cuando llegamos al Orchestra Hall y el Dr. King comenzó a hablar, me sentí transfigurada. El discurso se titulaba "Permaneciendo despiertos durante una revolución", y él nos retó a todos esa noche a seguir participando en la causa de la justicia y a no a claudicar mientras el mundo cambiaba a nuestro alrededor.

Después, hice una larga fila para estrechar la mano del Dr. King. Su cortesía y penetrante claridad moral dejaron una impresión duradera en mí. Fui educada con una profunda reverencia por las virtudes de la democracia estadounidense. En opinión de mi padre republicano y profundamente anticomunista, el hecho de que tuviéramos la Declaración de Independencia y la Declaración de Derechos, y los soviéticos no, era una característica definitoria de la lucha ideológica de la Guerra Fría. Las promesas que nuestros documentos fundadores hacían sobre la libertad y la igualdad, se suponía que eran sacrosantas. Yo me estaba enterando ahora de que a muchos estadounidenses se les negaban todavía los derechos que yo daba por sentados. Esta lección y el poder de las palabras del Dr. King encendieron un fuego en mi corazón, alimentado por las enseñanzas de justicia social de mi iglesia. Entendí como nunca antes la misión de expresar el amor de Dios a través de las buenas obras y la acción social.

Me inspiraron igualmente mis primeros encuentros con Marian Wright Edelman. Graduada de la Escuela de Derecho de Yale en 1963, fue la primera mujer afroamericana en ser admitida en el Colegio de Abogados de Misisipi, y trabajó como abogada de la NAACP en Jackson. Cuando la escuché hablar durante mi primer semestre en la Universidad de Yale, Marian me abrió una puerta a una vida dedicada a la defensa legal, social y política de los derechos humanos, especialmente de las mujeres y los niños.

Uno de mis primeros empleos después de graduarme fue trabajar con Marian en el Fondo para la Defensa de los Niños. Ella me pidió que ayudara a investigar un misterio: en muchas comunidades, un número sorprendente de niños pequeños no asistían a la escuela. Sabíamos por el censo que vivían allí, pero, ¿qué estaba pasando? Como parte de una encuesta a nivel nacional, fui de puerta en puerta en New Bedford, Massachusetts, para hablar con las familias. Vimos que algunos niños se quedaban en casa para cuidar a sus hermanos más pequeños mientras los padres trabajaban. Otros habían abandonado sus estudios para trabajar con el fin de ayudar a sus familias. Pero sobre todo, encontramos niños con discapacidades que permanecían en casa porque no había instalaciones adecuadas para ellos en las escuelas públicas. Encontramos niños ciegos y sordos, en sillas de ruedas, con discapacidades de desarrollo y otros cuyas familias no podían pagar el tratamiento que necesitaban. Recuerdo a una niña en una silla de ruedas en el pequeño porche trasero de su casa, donde nos sentamos y hablamos bajo un emparrado. Ella tenía muchos deseos de ir a la escuela, de participar y aprender, pero no parecía que eso fuera posible.

En compañía de numerosos socios en todo el país, recolectamos los datos de nuestra encuesta, los enviamos a Washington y el Congreso finalmente promulgó leyes declarando que todos los niños de nuestro país tenían derecho a la educación, incluyendo aquellos con discapacidades. Para mí, fue el comienzo de un compromiso de por vida con los derechos de los niños. Seguí comprometida también con la causa de las personas con discapacidades, y nombré al primer asesor especial para Derechos Internacionales de Discapacidad del departamento de Estado con el fin de exhortar a otros gobiernos a proteger los derechos de las personas discapacitadas. Me sentí orgullosa de estar con el presidente Obama en la Casa Blanca cuando él declaró que Estados Unidos firmaría la Convención de las Naciones Unidas sobre los Derechos de las Personas con Discapacidades, que está basada en la Ley para Estadounidenses con Discapacidades, y que sería nuestro primer tratado de derechos humanos del siglo XXI. Y me sentí realmente consternada cuando un puñado de senadores republicanos aislacionistas logró bloquear su ratificación en diciembre de 2012, a pesar de las súplicas apasionadas de Bob Dole, antiguo líder de la mayoría republicana y héroe de guerra discapacitado.

═══

Una de mis primeras oportunidades para tomar posición a favor de los derechos humanos mientras todo el mundo observaba, se produjo en septiembre de 1995. Como primera dama, dirigí la delegación de Estados Unidos a la Cuarta Conferencia Mundial sobre la Mujer en Pekín, donde tenía programado pronunciar un importante discurso ante representantes de 189 países y miles de periodistas y activistas.

—¿Qué quieres lograr? —me preguntó Madeleine Albright mientras yo trabajaba en el borrador con Lissa Muscatine, mi talentosa escritora de discursos.

—Quiero abogar hasta donde sea posible en nombre de las mujeres y las niñas —le contesté. Quería que mi discurso fuera sencillo, vívido y contundente en su mensaje de que los derechos de las mujeres no están separados ni son una filial de los derechos humanos que toda persona tiene derecho a disfrutar.

Durante mis viajes como primera dama, había visto de primera mano los obstáculos que enfrentaban las mujeres y las niñas: cómo las leyes y costumbres restrictivas les impedían recibir educación, atención médica o participar plenamente en la economía y la política de sus naciones; cómo incluso en sus propios hogares tenían que soportar la violencia y el abuso. Yo quería sacar a la luz estos obstáculos y animar al mundo a empezar a derribarlos. También quería hablar por las mujeres y las niñas que querían educación, salud, independencia económica, derechos legales y participación política, y lograr el equilibrio adecuado entre el hecho de ver a las mujeres como víctimas de la discriminación y como agentes de cambio. Quería usar mi voz para contar historias no sólo de las mujeres que había conocido, sino también de los millones de personas cuyas historias no serían escuchadas a menos que otras personas y yo las contáramos.

El núcleo del discurso era una declaración a la vez evidente e innegable, pero que no obstante, había permanecido demasiado tiempo sin ser abordado en el escenario mundial. "Si hay un mensaje que se hace eco de esta conferencia", declaré, "es que los derechos humanos son derechos de las mujeres y los derechos de las mujeres son derechos humanos, de una vez por todas".

Enuncié una lista de abusos, incluyendo la violencia doméstica, la prostitución forzada, la violación como táctica o botín de guerra, la mutilación genital y la quema de novias, todas estas violaciones de los derechos de las mujeres y también de los derechos humanos, y luego insistí en que el mundo debe condenarlos con una sola voz. Hablé sobre algunas de las extraordinarias mujeres que había conocido: nuevas madres en Indonesia que se reunían regularmente en su aldea para discutir la nutrición, la planificación familiar y el cuidado de los bebés; mujeres en la India y Bangladesh que usaban préstamos de microfinanzas para comprar vacas lecheras, carretas, hilo y otros materiales para iniciar pequeñas empresas muy prósperas; mujeres en Sudáfrica que ayudaron a liderar la lucha para erradicar el *apartheid* y que ahora estaban ayudando a construir una nueva democracia.

Mi discurso terminó con un llamado a la acción para que todos nosotros regresáramos a nuestros países y renováramos nuestros esfuerzos con el fin de mejorar las oportunidades educativas, sanitarias, legales, económicas y políticas de las mujeres. Cuando las últimas palabras salieron de mis labios, los delegados saltaron de sus asientos para darme una ovación de pie. Mientras yo salía de la sala, las mujeres cruzaron las barandillas y corrieron escaleras abajo para estrecharme la mano.

Mi mensaje había resonado con las mujeres en Pekín, pero yo nunca podría haber predicho el impacto tan grande y tan amplio que tendría este discurso de veintiún minutos. Durante casi veinte años, las mujeres de todo el mundo me han repetido personalmente mis palabras, me han pedido que les firme una copia del discurso, o han compartido historias personales acerca de cómo las inspiró para trabajar por el cambio.

Lo más importante, los 189 países representados en la conferencia acordaron una ambiciosa y detallada Plataforma de Acción que pedía la "participación plena e igualitaria de la mujer en la vida política, civil, económica, social y cultural".

De vuelta en la Casa Blanca, reuní a mi equipo y le dije que quería comenzar a trabajar en consolidar lo que habíamos logrado en Pekín. Empezamos a celebrar sesiones de estrategia con frecuencia. A veces nos encontrábamos en la Sala de Mapas en el primer piso de la Residencia, donde el presidente Franklin Roosevelt siguió el progreso de nuestras fuerzas armadas en la Segunda Guerra Mundial. La mayoría de los mapas ya había desaparecido (localicé uno de los originales de FDR, que mostraba las posiciones de los ejércitos aliados en Europa en 1945 y lo colgué sobre la chimenea), pero parecía seguir siendo un buen lugar para planear una campaña global. Esta vez no estábamos combatiendo el fascismo o el comunismo, pero nuestra meta era grande y audaz: promover los derechos y oportunidades de la mitad de la población mundial.

En este contexto, se podía mirar un mapa del mundo de varias maneras. Era fácil ver un problema tras otro. Si lanzabas un dardo al mapa, era probable que se clavara en un país donde las mujeres enfrentaban la violencia y el abuso, en una economía en la que se les negaba a las mujeres la oportunidad de participar y prosperar, o en un sistema político que excluía a las mujeres. No fue coincidencia que los lugares donde las vidas de las mujeres eran más infravaloradas se alinearan en gran medida con las partes del mundo más azotadas por la inestabilidad, los conflictos, el extremismo y la pobreza.

Este era un aspecto ignorado por muchos de los hombres que trabajan en la política exterior de Washington, pero con los años he llegado a verlo como uno de los argumentos más convincentes acerca de por qué defender a las mujeres y a las niñas no era únicamente lo que hay que hacer, sino que también es inteligente y estratégico. El maltrato a las mujeres no era ciertamente la única —ni siquiera la principal— causa de nuestros problemas en Afganistán, donde los talibanes expulsaban a las niñas de las escuelas y obligaban a las mujeres a vivir en condiciones medievales, o en África Central, donde la violación se convirtió en un arma común de la guerra. Pero la correlación era innegable, y un creciente número de investigaciones demostró que la mejora de las condiciones de las mujeres ayudó a resolver conflictos y a estabilizar las sociedades. Los "asuntos de las mujeres" habían sido relegados desde hacía mucho tiempo a las márgenes de la política exterior de Estados Unidos y de la diplomacia internacional, y considerados en el mejor de los casos como una cosa agradable por la cual trabajar, pero que escasamente era una necesidad. Me convencí de que, en realidad, se trataba de una causa que estaba en el centro de nuestra seguridad nacional.

Había otra manera de mirar el mapa. En lugar de problemas, podías ver oportunidades. El mundo estaba lleno de mujeres que encontraban nuevas formas de solucionar viejos problemas. Estaban ansiosas por ir a la escuela, tener un pedazo de tierra, abrir un negocio y postularse a cargos públicos. Había alianzas para conformar y líderes para sustentar, si estábamos dispuestos a hacer un mayor esfuerzo. Animé a nuestro gobierno, al sector privado, a las ONGs y a las instituciones internacionales a afrontar este reto y ver a las mujeres no como víctimas a ser salvadas, sino como socias a ser acogidas.

Tuve dos secretarias en la Casa Blanca que eran compañeras de viaje indispensables. Maggie Williams, que había trabajado conmigo en el Fondo de Defensa de los Niños en la década de 1980, es una comunicadora genial y una de las personas más creativas y decentes que he conocido. Ella ayudó a establecer el rumbo de mi labor como primera dama y seguía siendo una amiga cercana y confidente desde entonces. Melanne Verveer fue subsecretaria de Maggie en el primer término presidencial de mi esposo, y luego su sucesora en el segundo. Siempre hemos tenido una relación de admiración mutua. Melanne y su esposo Phil habían estudiado en Georgetown con Bill, y ella había sido una estrella en el Capitolio y en la Fundación People for the American Way. Su energía e inteligencia son simplemente imparables, y su pasión por trabajar en favor de las mujeres y las niñas no tiene rival.

En los años que siguieron a la conferencia de Pekín hubo un progreso emocionante. En muchos países, las leyes que una vez permitieron la desigualdad en el trato de las mujeres y niñas, fueron rechazadas. Las Naciones Unidas creó un nuevo organismo denominado ONU Mujeres, y el Consejo de Seguridad aprobó resoluciones que reconocen el papel crucial de las mujeres en la construcción de la paz y la seguridad. Los investigadores del Banco Mundial, el Fondo Monetario Internacional (FMI) y otras instituciones, ampliaron su estudio sobre el potencial sin explotar de las mujeres para impulsar el crecimiento económico y el progreso social. A medida que las mujeres recibían oportunidades para trabajar, aprender y participar en sus sociedades, sus contribuciones económicas, sociales y políticas se multiplicaban.

Pero a pesar de estos progresos, las mujeres y las niñas aún constituyen la mayoría de las personas insalubres, sin comida suficiente y no remuneradas del mundo. A finales de 2013, las mujeres ocupaban menos del 22 por ciento de los escaños en los parlamentos y legislaturas de todo el mundo. En algunos lugares, las mujeres no pueden abrir una cuenta bancaria o firmar un contrato. Más de cien países siguen teniendo leyes que limitan o prohíben la participación de las mujeres en la economía. Hace veinte años, las mujeres estadounidenses ganaban 72 centavos por dólar ganado por los hombres. Hoy día, sigue sin ser igual. Las mujeres tienen también la mayoría de los trabajos con los salarios más bajos del país, y casi tres cuartas partes de todos los trabajos en sectores que dependen de las propinas, como meseras, *bartenders*, y peluqueras, que pagan incluso menos que la hora promedio de trabajo. Mientras tanto, sólo un pequeño porcentaje de los CEOs de Fortune 500 son mujeres. En definitiva, el camino hacia la plena participación de las mujeres y las niñas está lejos de terminar.

Puede ser fácil desanimarse en vista de estos hechos desalentadores. Tras regresar a la Casa Blanca después de la conferencia en Pekín, hubo momentos en que me sentí intimidada por el alcance de los desafíos que estábamos tratando de superar, y me encontré a menudo buscando consuelo en un retrato de Eleanor Roosevelt que tenía en mi oficina. El ejemplo que estableció ella como una primera dama valiente y que luchó por los derechos humanos me inspiró y me fortaleció. Después de la muerte de Franklin Roosevelt y del fin de la Segunda Guerra Mundial, Eleanor representó a Estados Unidos como delegada en las Naciones Unidas, organismo que había sido creado recientemente, y ayudó a dar forma a su desarrollo. Durante la primera reunión de la Asamblea General de la ONU en Londres a principios de 1946, ella se unió a las otras dieciséis mujeres delegadas para publicar "una carta abierta a las mujeres del mundo", en la que argumentaron que "las mujeres en diferentes partes del mundo se encuentran en diferentes etapas de participación en la vida de sus comunidades", pero "el objetivo de la plena participación en la vida y en las responsabilidades de sus países y de la comunidad mundial es un objetivo común hacia el que las mujeres del mundo deben ayudarse mutuamente". La expresión de Eleanor de más "plena participación" reflejada en la Plataforma de Acción de Pekín casi cincuenta años después, siempre ha resonado conmigo.

También lo han hecho muchas otras palabras suyas. "Una mujer es como una bolsita de té", observó irónicamente Eleanor. "Nunca se sabe lo fuerte que es hasta que está en el agua caliente". Me encanta eso y, según mi experiencia, es algo que da totalmente en el clavo. En 1959, cuando Eleanor era una estadista anciana y venerada casi al final de su vida, utilizó una de sus columnas periodísticas para hacer un llamado a la acción al pueblo estadounidense: "Todavía no hemos tenido éxito en nuestra democracia al darle a cada uno de nuestros ciudadanos la igualdad de libertad y de oportunidades, y esa es nuestra tarea pendiente". Mientras me dedicaba profundamente a mi trabajo en favor de las mujeres y las niñas en todo el mundo, empecé a describir la búsqueda de la igualdad de derechos y la plena participación de las mujeres como la "tarea pendiente" de nuestro tiempo. Era un recordatorio para el público —y para mí— de todo el camino que aún nos faltaba por recorrer.

———

El mayor logro de Eleanor Roosevelt fue la Declaración Universal de los Derechos Humanos, el primer acuerdo internacional vinculante sobre los derechos de la humanidad. Después de la Segunda Guerra Mundial y del Holocausto, muchas naciones estaban presionando para una declaración de este tipo con el fin de ayudar a asegurarnos de prevenir futuras atrocidades, de proteger a la humanidad inherente y la dignidad de todas las personas. Los nazis pudieron perpetrar sus crímenes porque lograron restringir progresivamente el círculo de los que se definían como seres humanos. Esta zona fría y oscura del alma humana, donde las personas despojan primero el entendimiento, luego la empatía y finalmente la designación de la identidad de otro ser humano, no era por supuesto exclusiva de la Alemania nazi. El impulso para deshumanizar se ha manifestado a lo largo de la historia, y fue precisamente este impulso lo que los redactores de la Declaración Universal esperaban frenar.

Ellos discutieron, escribieron, examinaron, reexaminaron y reescribieron. Incorporaron sugerencias y revisiones de gobiernos, organizaciones e individuos de todo el mundo. Es revelador que, incluso en la redacción de la Declaración Universal, hubiera un debate acerca de los derechos de las mujeres. La versión inicial del primer artículo decía: "Todos los hombres son creados iguales". Las mujeres miembros de la Comisión, dirigidas por Hansa Mehta, de la India, señalaron que "todos los hombres" se podía interpretar como algo que excluía a las mujeres. Sólo después de un largo debate, se cambió el lenguaje, de modo que dijera: "Todos los seres humanos nacen libres e iguales en dignidad y derechos".

A las tres de la mañana del 10 de diciembre de 1948, después de casi dos años de preparación y de una última y larga noche de debates, el presidente de la Asamblea General de la ONU pidió una votación sobre el texto final. Cuarenta y ocho países votaron a favor, ocho se abstuvieron, ninguno disintió, y finalmente se adoptó la Declaración Universal de los Derechos Humanos. Quedó en claro que nuestros derechos no son otorgados por los gobiernos; que son el derecho de nacimiento de todas las personas. No importa en qué país vivamos, quiénes sean nuestros líderes o quiénes seamos nosotros. Somos humanos, y por tanto, tenemos derechos. Y porque tenemos derechos, los gobiernos están obligados a protegerlos.

Durante la Guerra Fría, la devoción de Estados Unidos por los derechos humanos hizo que nuestro país fuera una fuente de esperanza e inspiración para millones de personas en todo el mundo. Pero nuestras políticas y prácticas no siempre coinciden con nuestros ideales. En Estados Unidos, se requirió del valor de una mujer que se negó a ceder su asiento en un autobús público, de un predicador que se negó a dejar de hablar de la "feroz urgencia del ahora" y de muchos otros que se negaron a tolerar la segregación y la discriminación, para obligar a Estados Unidos a reconocer los derechos civiles de todos nuestros ciudadanos. En todo el mundo, nuestro gobierno priorizó con frecuencia la seguridad y los intereses estratégicos sobre las preocupaciones por los derechos humanos, respaldando a dictadores odiosos si compartían nuestra oposición al comunismo.

A lo largo de la historia de la política exterior de Estados Unidos, ha habido un debate continuo entre los llamados realistas e idealistas. Se dice que los primeros anteponen la seguridad nacional a los derechos humanos, mientras que los segundos hacen lo contrario. Estas categorías me parecen demasiado simplistas. Nadie debe hacerse ilusiones acerca de la gravedad de las amenazas a la seguridad que enfrenta Estados Unidos, y como secretaria de Estado, no tuve una mayor responsabilidad que proteger a nuestros ciudadanos y a nuestro país. Pero al mismo tiempo, defender los valores universales y los derechos humanos está en el núcleo de lo que significa ser estadounidense. Si sacrificamos esos valores, o dejamos que nuestras políticas se alejen demasiado de nuestros ideales, nuestra influencia se desvanecerá y nuestro país dejará de ser lo que Lincoln llamó "la última y mejor esperanza de la Tierra". Por otra parte, la defensa de nuestros valores y de nuestros intereses muchas veces supone un menor conflicto de lo que parece. A largo plazo, la represión socava la estabilidad y crea nuevas amenazas, mientras que la democracia y el respeto de los derechos humanos crean sociedades fuertes y estables.

Sin embargo, y como han visto a lo largo de este libro, hay ocasiones en las que tenemos que hacer concesiones difíciles. Así que nuestro reto es tener claridad sobre el mundo tal como es sin perder nunca de vista el mundo tal como queremos que sea. Es por eso que no me importa que me hayan llamado al mismo tiempo una idealista y una realista a lo largo de los años. Prefiero que me consideren un híbrido, tal vez una realista idealista. Porque, al igual que nuestro país, encarno ambas tendencias.

Uno de mis ejemplos favoritos de cómo el apoyo a los derechos humanos promueve nuestros intereses estratégicos, proviene de la década de 1970, cuando Estados Unidos firmó los Acuerdos de Helsinki con la Unión Soviética durante la presidencia de Gerald Ford. Algunos comentaristas en Occidente desestimaron las disposiciones sobre derechos humanos en esos acuerdos como el colmo de la locura idealista, diciendo que no valían el papel en que estaban impresas. Obviamente, los soviéticos las ignorarían.

Entonces, sucedió algo inesperado. En los países de la Cortina de Hierro, los activistas y disidentes se sintieron empoderados para comenzar a trabajar por el cambio debido a que los Acuerdos de Helsinki los facultaban para hablar acerca de los derechos humanos. Los funcionarios comunistas se vieron en medio de un aprieto. No podían condenar un documento que el Kremlin había firmado, pero si hacían cumplir sus disposiciones, todo el sistema autoritario se derrumbaría. En los años siguientes, los trabajadores de los astilleros de Solidaridad en Polonia, los reformadores en Hungría y los manifestantes en Praga se aprovecharon de todos los derechos fundamentales definidos en Helsinki para exigir a sus gobiernos que asumieran la responsabilidad por no cumplir con las normas que habían acordado. Helsinki demostró ser un caballo de Troya que contribuyó a la caída del comunismo. No hubo ninguna "suavidad" en ello.

Traté de no olvidar nunca la sabiduría contenida en los Acuerdos de Helsinki y el impacto estratégico que pueden tener los derechos humanos. Y cada vez que necesitaba un recordatorio, simplemente miraba esa foto de Eleanor Roosevelt que seguía manteniendo cerca de mi escritorio.

A finales de 1997, dos años después de la conferencia de Pekín, Naciones Unidas me invitó a participar en el lanzamiento de la conmemoración del 50º aniversario de la Declaración Universal de los Derechos Humanos. El 10 de diciembre, que era conocido como Día de los Derechos Humanos, fui a la sede de la ONU en Nueva York y pronuncié un discurso acerca de nuestra responsabilidad compartida para llevar el legado de la Declaración al nuevo milenio. Alabé el progreso que había hecho el mundo desde 1948, pero señalé que, "No hemos ampliado el círculo de la dignidad humana lo suficientemente lejos. Todavía hay demasiados semejantes nuestros, hombres y mujeres excluidos de los derechos fundamentales proclamados en la Declaración, muchos contra quienes hemos endurecido nuestros corazones; aquellos cuyo sufrimiento humano no vemos, oímos ni sentimos en absoluto". En particular, llamé la atención sobre las mujeres y niñas de todo el mundo a quienes les negaban sus derechos de manera sistemática y privaban de las oportunidades para participar en sus sociedades. "La emancipación plena de los derechos de las mujeres es un asunto pendiente en este siglo turbulento", dije, haciendo eco de la frase de Eleanor. "Debido a que cada época tiene sus puntos ciegos, debemos ver ahora nuestra propia tarea inconclusa mientras nos encontramos en el umbral de un nuevo milenio con una urgencia incluso mayor. Debemos dedicarnos a completar el círculo de los derechos humanos de una vez por todas".

Cuando asumí el cargo de secretaria de Estado en 2009, estaba decidida a poner este "asunto pendiente" en la parte superior de la lista diplomática estadounidense de las tareas que faltaban por hacer. Una de las primeras personas a las que llamé fue a Melanne Verveer, quien había pasado los últimos ocho años al frente de Vital Voices, una organización que ella y yo habíamos comenzado con Madeleine Albright para buscar y apoyar a mujeres líderes en todo el mundo. Le pedí a Melanne que sirviera como la primera embajadora extraordinaria para Asuntos Mundiales de la Mujer, que me ayudara a diseñar una "agenda de participación plena", y que la incorporara en el tejido de la política exterior y la seguridad nacional estadounidense. Tuvimos que presionar a oficinas y agencias apegadas a la tradición para que pensaran de una manera diferente sobre el papel de las mujeres en los conflictos y en la consolidación de la paz, el desarrollo económico y democrático, la salud pública y otros frentes. Yo no quería que su oficina fuera el único lugar donde se llevara a cabo este trabajo; más bien, quería que se integrara a la rutina diaria de nuestros diplomáticos y expertos en desarrollo en todas partes.

El departamento de Estado y USAID lanzaron una amplia gama de iniciativas globales y regionales, incluyendo programas para ayudar a las mujeres empresarias a tener acceso a capacitación, mercados, finanzas y créditos; una asociación con algunos de los mejores *colleges* y universidades para mujeres de Estados Unidos con el fin de identificar, orientar y capacitar a las mujeres en el servicio público en todo el mundo; y esfuerzos para ayudar a más mujeres a usar la tecnología móvil en aspectos que iban desde la banca segura hasta documentar la violencia de género. Melanne viajó incansablemente alrededor del mundo, buscando socios locales y asegurándose de que estos esfuerzos se arraigaran en las comunidades rurales y en las capitales. Me gustaba decirle en broma que ella podría ser la única persona que yo conocía que tuviera más millas de viajero frecuente que yo (¡si sólo la Fuerza Aérea tuviera un programa de lealtad!).

Hace muchos años, durante un viaje a través de África, me impactó que a todas las partes que fui, vi mujeres que cultivaban la tierra, cargaban agua, buscaban leña y trabajaban en puestos de mercado. Hablé con algunos economistas y les pregunté: "¿Cómo evalúan ustedes la contribución que hacen las mujeres a la economía?". Y uno de ellos respondió: "No lo sabemos, porque no participan en la economía". Él se refería a la economía formal de las fábricas y oficinas. Pero si las mujeres de todo el mundo dejaban de trabajar súbitamente un día, esos economistas descubrirían rápidamente que en realidad contribuyen mucho a la economía, así como a la paz y a la seguridad de sus comunidades.

Me encontré con esta actitud en todo el mundo. No puedo decir cuántas veces me senté a la mesa con un presidente o primer ministro cuyos ojos se volvían indiferentes cuando les planteaba la cuestión de los derechos y oportunidades de las mujeres en su país. Llevé un registro silencioso de cuántas mujeres que fueran líderes o asesoras participaban en esas reuniones. No fue difícil llevarlo, porque no había casi ninguna.

Mi encuentro más desagradable con un despistado líder extranjero ocurrió en Papúa Nueva Guinea, la remota nación insular del sudeste asiático, en noviembre de 2010. Es un país misterioso y abundante al borde del progreso, pero plagado por una de las tasas más altas de violencia contra las mujeres en todo el mundo. De acuerdo con un cálculo, el 70 por ciento de las mujeres en Papúa serán víctimas de violación o de violencia física en sus vidas. En nuestra conferencia de prensa conjunta, un reportero estadounidense le preguntó al primer ministro Sir Michael Somare cuál era su respuesta a estas estadísticas preocupantes. Somare afirmó que los problemas eran "exagerados por las personas que escriben sobre nosotros". Sí, admitió, ha habido algunos casos de violencia, pero "han existido por mucho tiempo y sé que los hombres y las mujeres a veces pelean, hay discusiones que tienen lugar, pero no es nada muy brutal". Había leyes en funcionamiento, dijo. "Tenemos casos donde la gente está borracha... Una persona no puede controlarse cuando está bajo la influencia de bebidas alcohólicas". Yo estaba sorprendida por decir lo menos, e incluso los cansados periodistas estadounidenses se quedaron sin palabras. Como podrán imaginar, Melanne y yo empezamos a trabajar en nuevos programas y asociaciones con la sociedad civil en Papúa Nueva Guinea, tratando de divulgar las voces de las mujeres y de proporcionarles nuevas plataformas para la participación. Me complace decir que en mayo de 2013, el nuevo primer ministro Peter O'Neill se disculpó formalmente ante las mujeres de su país por la violencia y se comprometió a endurecer las sanciones penales.

Incluso en Washington, nuestra labor en favor de la mujer se veía a menudo como un ejercicio entre paréntesis, como algo separado de alguna manera de la importante labor de la política exterior. En un artículo del *Washington Post* sobre nuestros esfuerzos con las mujeres en Afganistán, un alto funcionario del gobierno no identificado señaló, "Las cuestiones de género tendrán que relegarse ante otras prioridades... Es imposible que podamos tener éxito si mantenemos cada proyecto como favorito y de interés especial. Todas esas rocas favoritas en nuestra mochila nos estaban llevando hacia abajo". No me sorprendió que el funcionario tuviera miedo de revelar su identidad luego de hacer un comentario como ese. Melanne y yo empezamos a llamar a su trabajo la Oficina de las rocas favoritas, y seguimos trabajando.

Tengo que admitir que me cansé de ver a personas por lo demás amables, limitarse simplemente a sonreír y a asentir cuando yo mencionaba los intereses de las mujeres y las niñas. Yo había estado defendiendo estos temas en el escenario mundial durante casi veinte años y, a veces me sentía como si todo lo que estaba haciendo fuera predicar en el desierto. Entonces, decidí redoblar nuestros esfuerzos para crear una argumentación lo suficientemente fuerte como para convencer a los escépticos, basada en datos fidedignos y análisis lúcidos de que la creación de oportunidades para las mujeres y niñas en todo el mundo respaldaba directamente la seguridad y la prosperidad de todos.

El equipo de Melanne comenzó a examinar todos los datos recolectados por instituciones como el Banco Mundial y el FMI. Descubrieron rápidamente que algunos aspectos de la participación de las mujeres estaban bien estudiados, especialmente los beneficios de incorporar a más mujeres a la fuerza laboral y los obstáculos que les impedían hacer esto, pero otros habían sido muy poco investigados. En muchas partes del mundo, existe una falta de datos confiables y regulares, incluso en los hechos básicos acerca de la vida de mujeres y niñas, como por ejemplo, si tenían o no certificados de nacimiento, a qué edad tuvieron su primer hijo, el número de horas de trabajo remuneradas o no, o si eran propietarias de las tierras que cultivaban.

Siempre he creído que las buenas decisiones en los gobiernos, en los negocios y en la vida se basan en la evidencia antes que en la ideología. Esto es especialmente cierto cuando se trata de políticas que afectan a millones de personas. Tienes que hacer la investigación y los cálculos; así es como minimizamos el riesgo y maximizamos el impacto. Y en esta época, llevamos estadísticas sobre todo lo que nos importa, desde carreras impulsadas en el béisbol hasta el retorno de la inversión en los negocios. Hay un refrán en el gremio de la administración: "Lo que se mide se hace". Así que si fuéramos sinceros acerca de ayudar a más niñas y mujeres a alcanzar su pleno potencial, tendríamos entonces que tomarnos en serio la recopilación y el análisis de los datos sobre las condiciones que enfrentan y las contribuciones que han hecho. No sólo necesitábamos más datos, sino también mejores datos. Teníamos que hacer que esto fuera accesible para los investigadores y responsables políticos de modo que pudiera ayudarlos a tomar buenas decisiones. El departamento de Estado puso en marcha una serie de nuevas iniciativas para llenar las lagunas en los datos en colaboración con la ONU, el Banco Mundial, la Organización para la Cooperación y el Desarrollo Económicos y otras organizaciones.

(En general, me sorprendía la cantidad de gente en Washington que operaba en una "zona libre de evidencia", donde se hacía caso omiso de los datos y la ciencia. Un importante asesor del presidente Bush fue citado una vez menospreciando lo que él llamó "la comunidad basada en la realidad" de personas que "creen que las soluciones emergen del estudio juicioso de la realidad discernible". Siempre he pensado que es exactamente así como se deben resolver los problemas. El asesor de Bush añadió, "Esa no es la forma como el mundo funciona ya realmente... Somos un imperio ahora, y cuando actuamos, creamos nuestra propia realidad". Esa actitud ayuda a explicar muchas de las cosas que salieron mal en esos años).

No tuvimos que esperar a que todos estos proyectos vieran sus frutos para empezar a divulgar los datos que ya teníamos, sobre todo con respecto a las mujeres y la economía. Y no había que mirar muy lejos. A comienzos de la década de 1970, las mujeres estadounidenses tenían el 37 por ciento de todos los empleos en Estados Unidos, comparado con el 47 por ciento en 2009. Las ganancias de productividad atribuibles a este aumento representaron más de 3,5 billones de dólares en el crecimiento del PIB en más de cuatro décadas.

Este caso también se ha visto en economías menos desarrolladas. Por ejemplo, América Latina y el Caribe aumentaron de forma constante la participación de las mujeres en el mercado laboral a partir de la década de 1990. El Banco Mundial ha calculado que la pobreza extrema en la región disminuyó en un 30 por ciento debido a estos adelantos recientes.

Estos y otros hallazgos similares se suman a un hecho innegable: está en el interés de todos aumentar la participación de las mujeres en la economía y derribar las barreras que aún las detienen. En septiembre de 2011, reuní todos los datos que pude y expuse este argumento en una cumbre de líderes de Asia-Pacífico en San Francisco. "Para lograr la expansión económica que todos buscamos, necesitamos desbloquear una fuente vital de crecimiento que puede impulsar nuestras economías en las próximas décadas", les dije a los delegados. "Y esa fuente vital de crecimiento son las mujeres. Ahora que los modelos económicos tienen dificultades en todos los rincones del mundo, ninguno de nosotros puede darse el lujo de perpetuar los obstáculos que enfrentan las mujeres en la fuerza laboral".

Me alegré cuando el nuevo primer ministro de Japón, Shinzo Abe, anunció que el aumento en la participación económica de las mujeres sería un pilar de su nuevo y ambicioso programa económico. Recibió el apelativo de "mujeronomía", y detallaba los planes para mejorar el acceso a servicios de guardería asequibles y para ampliar los permisos parentales con el objetivo de estimular a más mujeres a ingresar a la fuerza laboral. Necesitamos más liderazgo con visión de futuro como ese en nuestro país y en todo el mundo.

Otro aspecto en el que Melanne y yo centramos nuestros esfuerzos fue en el papel de las mujeres en la consecución y el mantenimiento de la paz. Habíamos visto muchos ejemplos inspiradores de cómo las mujeres en todo el mundo hacían contribuciones únicas para poner fin a conflictos y reconstruir sociedades destrozadas en países como Liberia, Colombia, Ruanda, Irlanda del Norte y en muchos más. Recuerdo vívidamente mi visita a un restaurante de pescado y papas fritas en Belfast en 1995, donde tuve la oportunidad de sentarme y tomar té con mujeres católicas y protestantes cansadas de los problemas y que anhelaban la paz. Aunque pudieran asistir a diferentes iglesias el domingo, durante siete días a la semana, todas decían una oración silenciosa por el regreso seguro de un niño de la escuela o de un esposo de un mandado en la ciudad. Una de ellas, Joyce McCartan, que había fundado el Centro de Acogida para Mujeres en 1987 después de que su hijo de diecisiete años fuera asesinado a tiros, dijo: "Las mujeres hacen entrar en razón a los hombres".

Cuando las mujeres participan en los procesos de paz, tienden a centrar el debate en temas como los derechos humanos, la justicia, la reconciliación nacional y la renovación económica, que son fundamentales para lograr la paz. Por lo general construyen coaliciones a través de líneas étnicas y sectarias, y son más propensas a hablar por otros grupos marginados. A menudo actúan como mediadoras y ayudan a fomentar el compromiso.

Pero a pesar de todos los aportes que hacen las mujeres, son excluidas la mayor parte de las veces. De los centenares de tratados de paz firmados desde comienzos de la década de 1990, menos del diez por ciento tuvo mujeres negociadoras, menos del tres por ciento contó con mujeres signatarias y sólo un pequeño porcentaje incluyó siquiera una sola referencia a la mujer. Así que no es demasiado sorprendente que más de la mitad de todos los acuerdos de paz fracasaran en un lapso de cinco años.

Pasé varios años tratando de hacer que los generales, los diplomáticos y los responsables de la política de seguridad nacional en nuestro país y en todo el mundo se sintonizaran con esta realidad. Encontré aliados solidarios en el Pentágono y en la Casa Blanca, entre ellos el subsecretario de Defensa para Política Michèle Flournoy y el almirante Sandy Winnefeld, el subjefe del Estado Mayor Conjunto. Los departamentos de Estado y de Defensa trabajaron en un plan que cambiaría la manera como diplomáticos, expertos en desarrollo y militares interactúan con las mujeres en zonas de conflicto y posconflicto. Habría un nuevo énfasis en detener la violación y la violencia de género, y en fomentar el empoderamiento de las mujeres para hacer y mantener la paz. Lo llamamos el Plan Nacional de Acción sobre Mujeres, Paz y Seguridad.

En diciembre de 2011, el presidente Obama emitió una orden ejecutiva para lanzar este plan. Flournoy y Winnefeld se reunieron conmigo en Georgetown para explicarlo a la opinión pública. Mientras yo miraba al almirante en su impecable uniforme de la Marina, durante un acto sobre las mujeres como pacificadoras, esperaba que hubiéramos dado por fin un gran paso hacia adelante, al menos en nuestro país.

A medida que mi labor como secretaria de Estado llegaba a su fin, quise estar segura de que los cambios que habíamos hecho para incorporar los asuntos de género en cada aspecto de la política exterior de Estados Unidos no desaparecieran después de mi partida. En cualquier burocracia, es difícil "institucionalizar" reformas, y eso fue cierto en el departamento de Estado. Durante varios meses, trabajamos con la Casa Blanca para preparar un Memorando Presidencial que haría que la posición de Melanne como embajadora extraordinaria para Temas Globales de la Mujer fuera permanente, y para asegurarnos de que sus sucesoras se reportaran directamente al secretario de Estado. Fue necesario un poco de presión para lograr esto a través del sistema de la Casa Blanca, pero por suerte, mi ex secretario adjunto Jack Lew había sido nombrado como jefe de gabinete del presidente Obama, así que tuvimos un aliado en una posición privilegiada. El 30 de enero de 2013, uno de mis últimos días en el cargo, tuve un almuerzo con el presidente Obama en su comedor privado del Despacho Oval, y cuando me disponía a irme, él me detuvo para verlo firmar el memorando. No podía haberme dado una mejor despedida.

Nuestro trabajo en favor de las mujeres y niñas de todo el mundo era parte de un programa más amplio de derechos humanos destinado a defender las libertades consagradas en la Declaración de los Derechos Humanos, y a hacerlas reales en las vidas de personas en todo el mundo.

En 2009, era innegable que el enfoque de nuestro país sobre los derechos humanos se había desequilibrado un poco. En su segundo día en el cargo, el presidente Obama emitió una orden ejecutiva prohibiendo el uso de la tortura o de crueldad oficial por parte de cualquier funcionario de Estados Unidos y ordenó el cierre de Guantánamo (un objetivo que aún no se ha logrado). Se comprometió a poner los derechos humanos de nuevo en el centro de nuestra política exterior.

Tal como lo he descrito, Estados Unidos se convirtió en un defensor de la libertad en Internet y aumentó la ayuda a los disidentes que tratan de evadir a los censores y superar los cortafuegos. Abogamos a favor de periodistas encarcelados por exponer verdades incómodas sobre regímenes represivos, ayudamos a sobrevivientes de trata de personas a salir de las sombras y respaldamos los derechos de los trabajadores y las normas laborales justas. Detrás de estos titulares estaba el trabajo diario de la diplomacia: presionar a los gobiernos extranjeros, apoyar a los disidentes, participar en la sociedad civil y asegurarnos de que nuestro propio gobierno mantuviera los derechos humanos en primer lugar y en el centro de todas las deliberaciones en materia de políticas.

Una de nuestras primeras medidas fue reincorporarnos al Consejo de Derechos Humanos de la ONU, un organismo de cuarenta y siete miembros creado en 2006 para vigilar los abusos en todo el mundo, y que sustituyó a la Comisión de Derechos Humanos de la ONU, que Eleanor Roosevelt había ayudado a establecer y dirigir a finales de la década de 1940. Con el paso del tiempo, se había convertido en un adefesio, al elegir como miembros a violadores tan notorios de derechos humanos como Sudán y Zimbabue. Infortunadamente, el nuevo organismo tuvo el mismo problema, e incluso Cuba obtuvo un escaño. La administración Bush se negó a participar y el Consejo parecía pasar la mayor parte de su tiempo condenando a Israel. Entonces, ¿para qué unirse a él? No es que la administración Obama no viera los defectos del Consejo, pero decidimos que la participación nos daría una mejor oportunidad de ser una influencia constructiva y llevarla por un camino mejor.

El Consejo siguió teniendo graves problemas, pero resultó ser una plataforma útil para el avance de nuestra agenda. Cuando Muamar Gadafi estaba usando la violencia extrema contra los civiles en Libia a principios de 2011, fui al Consejo en Ginebra para que el mundo se uniera contra sus atrocidades. Una vez allí, hablé en contra del prejuicio continuo contra Israel. También insté al Consejo a ir más allá de un debate que llevaba ya una década sobre si los insultos a la religión deberían ser prohibidos o penalizados. "Es hora de superar la falsa división que enfrenta a la sensibilidad religiosa contra la libertad de expresión, y perseguir un nuevo enfoque basado en medidas concretas para luchar contra la intolerancia dondequiera que ocurra", señalé.

Durante varios años, algunas naciones de mayoría musulmana en el Consejo habían impulsado resoluciones a las que se oponían Estados Unidos y otros países, las cuales habrían amenazado la libertad de expresión a cambio de prevenir la "difamación" de la religión. Esto no era simplemente un ejercicio teórico, teniendo en cuenta las tormentas de fuego que estallaban periódicamente cuando alguien publicaba en algún lugar del mundo una caricatura o un video en línea que denigraba al profeta Mahoma. Pensé que podríamos superar el *impasse* al reconocer que la tolerancia y la libertad son dos valores fundamentales que se deben proteger. Para llegar a un acuerdo, necesitábamos un socio dispuesto a pasar más allá de los álgidos asuntos políticos e ideológicos que nublan el debate.

Encontramos ese socio en la Organización de Cooperación Islámica, que representa a cerca de sesenta naciones. Su presidente, el diplomático y erudito turco Ekmeleddin İhsanoğlu, era un hombre reflexivo a quien conocí en la década de 1990 cuando era el director del Centro de Investigación sobre Historia, Arte y Cultura en Estambul. İhsanoğlu acordó trabajar conmigo en una nueva resolución en el Consejo de Derechos Humanos que asumiera una posición firme por la libertad de expresión y de culto, y en contra de la discriminación y la violencia por motivos de religión o creencias, evitando al mismo tiempo las amplias prohibiciones de expresión previstas en las anteriores resoluciones sobre "difamación". Nuestros equipos en Ginebra comenzaron a ultimar el texto y a finales de marzo de 2011, el Consejo lo aprobó por unanimidad.

La libertad religiosa es un derecho humano en sí mismo, y está contenido también en otros derechos, incluyendo el derecho de las personas a pensar lo que quieran, decir lo que piensan, asociarse con otras y reunirse pacíficamente sin que el estado mire por encima de sus hombros o prohíba que lo hagan. La Declaración Universal de Derechos Humanos establece claramente que cada uno de nosotros nace libre para practicar cualquier religión, cambiar nuestra religión o no tener ninguna en absoluto. Ningún estado puede conceder estas libertades como un privilegio o arrebatarlas como un castigo.

Cada año, el departamento de Estado publica un informe que detalla los casos de persecución religiosa en todo el mundo. Por ejemplo, en Irán, las autoridades reprimen a sufíes musulmanes, cristianos evangélicos, judíos, bahaís, suníes, ahmadíes y otros grupos que no comparten los puntos de vista religiosos del gobierno. Hemos detectado un resurgimiento preocupante del antisemitismo en algunas partes de Europa, en países como Francia, Polonia y los Países Bajos, esvásticas han sido pintadas con aerosol en tumbas, escuelas judías, sinagogas y tiendas kosher.

En China, el gobierno tomó medidas enérgicas contra las "iglesias en casas" no registradas y contra los cristianos que rendían culto en ellas, así como contra los uigures musulmanes y los budistas tibetanos. En mi primer viaje a China como secretaria de Estado en febrero de 2009, asistí a un servicio en una de estas "iglesias en casa" para enviar un mensaje al gobierno acerca de la libertad religiosa.

Nuestro interés en la protección de la libertad religiosa y los derechos de las minorías iba más allá de un argumento moral. Había también importantes consideraciones estratégicas, particularmente en las sociedades en transición. Cuando visité Egipto en 2012, los cristianos coptos se preguntaban si recibirían los mismos derechos y el respeto que todos los egipcios por parte de su nuevo gobierno. Y en Birmania, a la etnia musulmana rohingya se le sigue negando la ciudadanía plena y la igualdad de oportunidades en educación, empleo y viajes. Lo que Egipto, Birmania y otros países decidan en materia de protecciones para estas minorías religiosas, tendrá un gran impacto en las vidas de sus pueblos y recorrerá un largo camino para determinar si estos países son capaces de lograr la estabilidad y la democracia. La historia nos enseña que cuando los derechos de las minorías son respetados, las sociedades son más estables y todos se benefician. Como dije en Alejandría, Egipto, en el verano tumultuoso y caliente de 2012, "La verdadera democracia significa que cada ciudadano tiene derecho a vivir, trabajar y orar como desee, ya sea hombre o mujer, musulmán o cristiano, o de cualquier otra religión. La verdadera democracia significa que ningún grupo, facción o líder puede imponer su voluntad, su ideología, su religión o sus deseos sobre nadie".

======

A lo largo de los años, he regresado con frecuencia a un argumento de mi discurso en la ONU para conmemorar el 50° aniversario de la Declaración Universal de Derechos Humanos: "Aquí estamos en las postrimerías del siglo XX, un siglo que ha sido arrasado por la guerra una y otra vez. Si la historia de este siglo nos enseña algo, es que cada vez que la dignidad de una persona o grupo se ve comprometida por la anulación de lo que son o de algún atributo esencial que posean, todos nosotros allanamos el camino para futuras pesadillas". Insté a que aprendiéramos la lección y ampliáramos el círculo de la ciudadanía y de la dignidad humana para incluir a todos sin excepción.

Al decir esto, yo estaba pensando no sólo en las mujeres y niñas de todo el mundo que seguían siendo marginadas de muchas maneras, sino también en otros "invisibles" que pertenecen a minorías religiosas y étnicas, en personas con discapacidades y en las lesbianas, los gays, los bisexuales y los transexuales (LGBT). Cuando miro mi época como secretaria de Estado en términos retrospectivos, me siento orgullosa del trabajo que hicimos para ampliar el círculo de la dignidad y los derechos humanos con el objetivo de incluir a personas históricamente excluidas.

En enero de 2011, el mundo escuchó hablar de David Kato. Era un activista gay en Uganda, conocido en ese país y en los círculos de defensa internacionales. Había sido amenazado muchas veces, incluyendo la primera página de un periódico de Uganda, que había publicado una foto de David y de otras personas con el titular "AHÓRQUENLOS". Al final, alguien dio seguimiento a las amenazas. David murió en lo que la policía consideró como un robo, pero que más probablemente fue un asesinato.

Al igual que muchas personas en Uganda y en todo el mundo, me sentí horrorizada de que la policía y el gobierno hubieran hecho tan poco para proteger a David después de los llamados públicos para asesinarlo. Pero en este caso, se trataba de algo más que de la incompetencia de la policía. El Parlamento de Uganda estaba considerando un proyecto de ley para que el hecho de ser gay constituyera un delito castigado con la muerte. Un funcionario de alto rango del gobierno —nada menos que el ministro de Ética e Integridad—, concedió una entrevista en la que señaló con desdén, "Los homosexuales pueden olvidarse de los derechos humanos". Las personas LGBT en Uganda eran hostigadas y atacadas de forma rutinaria, y las autoridades no hacían virtualmente nada para detener esto. Cuando yo le planteaba estos asuntos, el presidente de Uganda Yoweri Museveni se burlaba de mis preocupaciones. "Oh, Hillary, otra vez con eso", decía. La muerte de David no fue un incidente aislado; fue el resultado de una campaña nacional para reprimir a las personas LGBT por todos los medios necesarios, y el gobierno fue parte de ello.

Solicité un informe sobre la vida y obra de David, y leí una entrevista que dio en 2009 en la que dijo que quería ser "un buen defensor de los derechos humanos, pero no un muerto, sino uno con vida". Esa oportunidad le fue arrebatada, pero otros estaban continuando con su labor y yo quería que Estados Unidos los apoyara firmemente.

El abuso de las personas LGBT no es de ninguna manera exclusivo de Uganda. Al escribir estas líneas, más de ochenta países en todo el mundo, desde el Caribe hasta el Medio Oriente y el sur de Asia, han hecho que ser LGBT sea un crimen de una forma u otra. Las personas son encarceladas por tener relaciones homosexuales, por usar ropa que vaya en contra de las típicas normas de género, o simplemente por decir que son LGBT. Kenia, nación vecina de Uganda, ha enviado a hombres gays a la cárcel desde hace varios años. En el norte de Nigeria, los hombres gays todavía pueden enfrentar la muerte por lapidación. En Camerún, un hombre fue enviado a la cárcel en 2012 simplemente por enviar un texto a otro hombre donde le expresaba su amor. Me preocupé mucho cuando los presidentes Goodluck Jonathan de Nigeria y Museveni de Uganda firmaron proyectos de ley represivos y severos contra la homosexualidad a principios de 2014. La homosexualidad ya estaba tipificada como delito en ambos países, pero la nueva legislación nigeriana establece una pena de prisión de catorce años por participar en una relación del mismo sexo, y de diez años por la defensa de la causa LGBT, mientras que algunos actos en virtud de la nueva ley de Uganda se castigan con una pena de cadena perpetua.

El régimen de Vladimir Putin en Rusia ha promulgado una serie de leyes antihomosexuales que prohíben la adopción de niños rusos por parte de parejas homosexuales o de cualquier pareja proveniente de países que permiten el matrimonio entre personas del mismo sexo, y ha hecho que sea un crimen promover los derechos de los homosexuales o discutir incluso la homosexualidad cerca de los niños. Cuando presioné al canciller ruso Serguéi Lavrov a hacer más para proteger los derechos de las personas LGBT, el diplomático normalmente frío y contenido se volvió desagradable. Los rusos no tienen un problema con los homosexuales, me dijo, sólo con su "propaganda". "¿Por qué 'estas personas' tienen que ir por ahí haciendo alarde de eso? Los rusos no deberían tener que soportar eso". Lavrov despreciaba la idea de estar "en el lado correcto de la historia" en este tema; era sólo "una tontería sentimental". Traté de explicar los pasos que estábamos dando para derogar la cláusula *Don't Ask, Don't Tell* ("No preguntes, no digas") y abrir nuestras fuerzas armadas a los miembros de servicio LGBT, y le pedí al almirante Harry Harris, el representante que viajaba conmigo del departamento de Defensa, que diera más detalles. Los rusos se burlaron. "Ah, ¿él es gay?", preguntó uno de ellos en un susurro. Harry no lo es y no podían importarle menos las burlas rusas, pero me sentí horrorizada de que mis sofisticados colegas rusos estuvieran repitiendo de manera cruel y despreocupada temas de conversación que eran ofensivos.

El pésimo estado de los derechos LGBT en todo el mundo llevaba algún tiempo en el radar de los derechos humanos de Estados Unidos. Desde 1993, cuando los procedimientos de informes fueron modificados para incluir la orientación sexual, el departamento de Estado ha puesto de relieve los abusos que enfrentan las comunidades LGBT de todo el mundo en su Informe Anual sobre los Derechos Humanos y ha planteado este asunto en nuestras relaciones con otros gobiernos, como lo hice con Lavrov, Museveni y otros. También establecimos varios contactos con las poblaciones LGBT a través de PEPFAR, que no sólo ayudaron a salvar millones de vidas, sino que llevaron a la esfera pública a personas que habían sido aisladas.

Sin embargo, decidí que nuestros esfuerzos por los derechos humanos necesitaban una actualización. Había demasiadas evidencias de que las condiciones de las personas LGBT se estaban deteriorando en muchas partes del mundo. Esto estaba en marcado contraste con los notables progresos que ocurrían en otros lugares, incluyendo Estados Unidos. Era una ironía terrible: en algunas partes del mundo, la vida de las personas LGBT era mejor que nunca. En otras, nunca había sido peor.

Mientras tanto, comencé a buscar maneras de hacer progresos más cerca de casa, al apoyar más a los miembros de la comunidad LGBT de la familia del departamento de Estado. En generaciones anteriores, los miembros talentosos del servicio exterior se habían visto obligados a renunciar cuando su orientación sexual era revelada. Esos días han quedado atrás, pero aún así había muchas reglas que les dificultaban la vida a nuestros colegas de la comunidad LGBT. Así que, en 2009, extendí una gama completa de beneficios y subsidios disponibles legalmente a parejas del mismo sexo del personal de servicio exterior que servía en el extranjero. En 2010, ordené que la política de igualdad de oportunidades de empleo del departamento de Estado protegiera de manera explícita contra el trato discriminatorio de los empleados y solicitantes de empleo sobre la base de la identidad de género. También facilitamos el proceso por el cual los estadounidenses cambiaban el sexo que aparecía en sus pasaportes e hicimos posible que las parejas del mismo sexo obtuvieran pasaportes con los nombres reconocidos por sus respectivos estados a través de sus matrimonios o uniones civiles. Y para apoyar el movimiento contra la intimidación emprendida por el columnista Dan Savage, grabé un video titulado "Las cosas mejoran", que fue viral. No sé si mis palabras de consuelo y aliento llegaron a adolescentes en situación de riesgo, pero espero que lo hayan hecho.

Apoyé el evento anual del departamento de Estado para *Pride*, organizado por un grupo llamado GLIFAA, (por sus siglas en inglés), Gays y Lesbianas de las Agencias de Asuntos Exteriores. Como su nombre lo indica, se trata de personas LGBT que trabajan en asuntos exteriores de Estados Unidos, por lo que tienen un fuerte interés profesional en mejorar las condiciones de las personas LGBT en el extranjero y en nuestro país. La celebración anual de *Pride* que organizaron en el departamento de Estado fue alegre y decidida. En *Pride* 2010, después de resumir algunos de los avances que habíamos logrado el año anterior, me referí a los terribles perjuicios que sufren todavía las personas LGBT en todo el mundo. "Estos peligros no son temas homosexuales: se trata de una cuestión de derechos humanos", dije. Los asistentes estallaron en gritos y aplausos. Continué: "Justo cuando estaba muy orgullosa de decir lo obvio quince años atrás en Pekín —que los derechos de las mujeres son derechos humanos y los derechos humanos son derechos de las mujeres—, les diré hoy que los derechos humanos son derechos de los homosexuales y los derechos de los homosexuales son derechos humanos, de una vez por todas". Una vez más, me dieron un aplauso fuerte y sostenido. Obviamente, yo tenía la esperanza de que mis comentarios fueran bien recibidos, pero me sorprendió la reacción tan emotiva de la multitud. Claramente, esto era algo que la gente había esperado escuchar, incluso con más fervor de lo que yo había percibido. Más tarde, Dan Baer (un miembro activo de GLIFAA), me confirmó esto.

—Tienes que decirle eso al mundo —me dijo.

Y entonces, comenzamos a trabajar en uno de los discursos más memorables que pronuncié como secretaria de Estado.

Naturalmente, la mayoría de mis principales discursos como secretaria de Estado estaban llenos de política exterior. Exponían diversas estrategias sobre asuntos complejos a lo largo de los años. A menudo, incluían advertencias cuidadosamente redactadas o codificadas, y algunos ejemplos de jerga diplomática. Mis redactores de discursos trabajaron duro para hacer que cada discurso fuera accesible a la audiencia más amplia posible, pero había algo indiscutible: los discursos de política exterior tienden a ser aburridos, y sus oyentes y lectores más fervientes son profesionales en política exterior, bien sean funcionarios del gobierno, expertos de centros de investigación o periodistas activos.

Yo quería que este discurso fuera diferente. Quería que significara algo para las personas LGBT en muchas circunstancias disímiles, no sólo para los activistas de primera línea con fluidez en el argot de los derechos humanos, sino también para los adolescentes intimidados en las zonas rurales de Estados Unidos, o para el caso, de Armenia o Argelia. Yo quería que fuera sencillo y directo, exactamente lo opuesto del lenguaje desbordante y oscuramente insinuante que se escucha en muchas lamentaciones contra los gays. Quería que tuviera al menos una oportunidad de convencer a los oyentes dudosos, por lo que tenía que ser razonable y respetuoso, pero sin alejarse un milímetro de su defensa de los derechos humanos. Por encima de todo, quería que enviara un mensaje claro a los líderes de países en muchos lugares: que proteger a sus ciudadanos LGBT era parte de sus obligaciones de derechos humanos, y el mundo estaba observando para asegurarse de que cumplieran con esto.

Antes de empezar a escribir el discurso, quería saber dónde lo pronunciaría, ya que en un tema tan sensible como este, la ubicación y la ocasión serían más importantes que de costumbre. Estábamos a principios de 2011. Tenía programado viajar a casi todas las regiones del mundo en los próximos meses. ¿Alguno de esos viajes sería el momento adecuado? Viajaría a África en agosto, y por un momento pensamos en ir a Uganda y dar el discurso allí en memoria de David Kato, pero descartamos la idea con rapidez. Quería evitar a toda costa sugerir que la violencia contra los gays era sólo un problema africano en lugar de un problema global, o darles a los fanáticos locales una excusa para quejarse del acoso de Estados Unidos. Yo quería que la única historia fuera el mensaje del discurso en sí.

Miramos el calendario; tal vez deberíamos escoger una fecha significativa antes que un lugar significativo. ¿La celebración de *Pride* 2011 en junio? No; si yo daba el discurso en Estados Unidos, no sería el discurso que había imaginado. La prensa lo cubriría desde un ángulo político interno, si es que lo cubría en absoluto (hablar de los derechos LGBT durante el mes de *Pride* no es exactamente digno de una noticia). Simplemente no tendría el mismo impacto.

Con el tiempo, Jake Sullivan y Dan Baer tuvieron la misma idea: yo debía pronunciar el discurso en la sede del Consejo de Derechos Humanos de la ONU en Ginebra. Si mi objetivo era insertar firmemente los derechos LGBT en el marco de la comunidad internacional de los derechos humanos, no había un mejor lugar para hacerlo que ese.

Así que ya teníamos el lugar. ¿Y la fecha? Nos decidimos por la primera semana de diciembre, para conmemorar el aniversario de la firma de la Declaración Universal de los Derechos Humanos, tal como yo lo había hecho en 1997. La importancia histórica era significativa; en términos prácticos, yo tenía programado estar esa semana en Europa para asistir a reuniones en la sede de la OTAN en Bruselas. Hacer una escala en Ginebra sería fácil.

Escribir el discurso no fue fácil. Yo quería refutar los mitos más infames que los fanáticos opuestos a la homosexualidad propagan como verdades, incluyendo aquellos que varios ministros me habían dicho con toda seriedad cuando los presioné para tratar a las personas LGBT de una manera más humana. Megan Rooney, mi redactora de discursos, investigó los ejemplos más extravagantes. Eran muy numerosos: que los gays eran enfermos mentales y abusadores de niños; que Dios *quería* que los rechazáramos y aisláramos; que los países pobres no podían darse el lujo de preocuparse por los derechos humanos; que estos países no tenían personas LGBT en absoluto. Como presidente de Irán, Mahmud Ahmadinejad dijo a una audiencia en la Universidad de Columbia en 2007, "A diferencia de su país, en Irán no tenemos homosexuales". Yo había escuchado declaraciones similares en privado en muchas ocasiones.

En nuestro primer borrador, enumeramos cinco mitos y luego los desmentimos uno por uno. El discurso evolucionó bastante en los varios borradores sucesivos, pero conservamos siempre la misma estructura básica. Yo sabía que el discurso tenía que ser extremadamente tranquilo y mesurado para tener alguna posibilidad de cambiar la mentalidad de alguien, por lo que muchas de mis ediciones apuntaban a eso; por ejemplo, los "cinco mitos" se convirtieron en "cinco asuntos". Creí que era importante reconocer que muchos puntos de vista sobre las personas LGBT están arraigados en tradiciones religiosas y culturales que tienen un gran significado en la vida de la gente y no deben ser tratados con desprecio. "Vengo aquí ante ustedes con respeto, comprensión y humildad", escribí. La fuerza de las ideas no se vio menoscabada porque el lenguaje fuera más mesurado.

Le dije a Megan que leyera de nuevo mi discurso de Pekín de 1995 y lo usara como modelo. Después de todo, lo que yo quería hacer ahora era muy similar: nombrar las cosas desagradables que les sucedían a este grupo de personas y afirmar que eran violaciones de los derechos humanos, por el simple hecho de que estas personas son seres humanos. Eso era todo: no había argumentos complejos ni una retórica atronadora, simplemente unas pocas afirmaciones escuetas que ya estaban en mora de hacerse.

Había algunas preguntas estratégicas que necesitábamos responder. En primer lugar: ¿Debíamos "nombrar y avergonzar" a países que habían dado pasos en la dirección equivocada? Un primer borrador del discurso mencionaba a Uganda, entre otras naciones. Decidí que era un error. Cualquier lista sería incompleta; además, yo sabía que cualquier país señalado por la crítica se sentiría obligado a responder, muy probablemente de una manera defensiva y airada. Después de todo, Estados Unidos ha hecho progresos, pero todavía nos falta trabajo por hacer en materia de igualdad por los LGBT estadounidenses. Quería que este discurso hiciera que los líderes pensaran en lugar de criticar.

Entonces, buscamos ejemplos de países no occidentales que habían hecho grandes progresos en los derechos LGBT. ¿Qué mejor forma había de refutar el mito de que apoyar a la población LGBT era una práctica occidental y colonialista? Afortunadamente, había muchos países de dónde escoger. Al final, elogié a Mongolia, Nepal, Sudáfrica, India, Argentina y Colombia, y cité al ex presidente de Botsuana.

La segunda pregunta fue: ¿cómo debemos promocionar el discurso? Si decíamos que era sobre los derechos humanos LGBT, sabíamos que algunas personas —exactamente las mismas a las que queríamos llegar— se mantendrían alejadas. Así que decidimos presentarlo simplemente como un discurso de derechos humanos con motivo del aniversario de la Declaración Universal, sin decir nada más.

En las semanas previas al discurso, una vez que estuvo casi terminado, permanecí alerta en busca de historias o ideas que valiera la pena incorporar. En una reunión en la Casa Blanca, el comandante de la Infantería de

Marina compartió una anécdota sobre la derogación de *Don't Ask, Don't Tell*. "Yo estaba en contra de ello y así lo expresé en su momento", me dijo. "Pero una vez que sucedió, vi que mis temores eran infundados". Los marines habían acogido el cambio con un profesionalismo orgulloso, agregó. Incorporé eso a mi discurso. Mi asesor legal Harold Koh me sugirió añadir algo sobre la importancia de la empatía, de ponerse en el lugar del otro. Terminó siendo una de las partes más encantadoras del discurso.

Finalmente, viajamos a Europa. Suiza sería el tercer país en una gira por cinco naciones, donde visitaría una por día. En Bonn, encabecé la delegación de Estados Unidos en una conferencia sobre Afganistán. En Vilna, Lituania, asistí a una reunión de la Organización para la Seguridad y la Cooperación en Europa. Cuando llegamos a nuestro pequeño y encantador hotel en Vilna, muchos de mis colaboradores se dirigieron al bar para una cena tardía con especialidades lituanas. Pero Megan Rooney y Jake estaban demasiado nerviosos por los comentarios del día siguiente como para relajarse. Se dirigieron a su habitación, se sentaron en el suelo, y con Dan Baer (quien ya se encontraba en Ginebra) en el altavoz, revisaron todas las frases del discurso. Terminaron justo antes del amanecer.

A primera hora del día siguiente, me enteré de que la Casa Blanca había aprobado finalmente un cambio de política que habíamos estado discutiendo. A partir de ahora, Estados Unidos tendría en cuenta el historial de derechos humanos con la población LGBT de un país a la hora de asignar ayuda exterior. Este tipo de política tiene una posibilidad real de influir en las acciones de otros gobiernos. Sentí ilusión de añadir esto a mi discurso.

El 6 de diciembre, volamos a Ginebra y nos dirigimos al Palacio de las Naciones. Tenía un aspecto aún más palaciego que de costumbre. El edificio ya es bastante imponente en un día cualquiera; construido para ser la sede de la Liga de las Naciones, fue inaugurado en 1936, el último aliento de optimismo antes de que Europa se desintegrara. Muchos de los grandes interrogantes de la diplomacia del siglo xx fueron arbitrados allí, desde el desarme nuclear a la independencia de las naciones emergentes, pasando por el colonialismo. Sus pasillos y cámaras siempre están llenos, pero ese día estaban atestados de gente.

Me dirigí al escenario y empecé a hablar.

Hoy, quiero hablar sobre el trabajo que nos queda por hacer para proteger a un grupo de personas cuyos derechos humanos aún son negados en muchísimas partes del mundo. En muchos sentidos, son una minoría invisible. Son arrestados, golpeados, aterrorizados, incluso ejecutados. Muchos son tratados con desprecio y violencia por sus conciudadanos, mientras que las autoridades facultadas para protegerlos miran hacia otro lado o, muy a menudo, se unen incluso al abuso. Se les niegan oportunidades de trabajar y aprender, son expulsados de sus hogares y países y obligados a suprimir o negar lo que son para protegerse del peligro.

Algunos en el público tenían una expresión de curiosidad en sus rostros. ¿De qué se trataba esto?

"Estoy hablando de gays, lesbianas, bisexuales y transexuales", continué.

Me sentí orgullosa de pronunciar cada palabra de ese discurso, pero unas pocas líneas en particular sobresalen en mis recuerdos. Tras recordar a David Kato, hablé directamente a todos los valientes activistas LGBT que libran batallas difíciles en lugares peligrosos y solitarios en todo el mundo: "Ustedes tienen un aliado en los Estados Unidos de América. Y ustedes tienen millones de amigos entre el pueblo estadounidense".

Recordando todas las conversaciones que había tenido con líderes extranjeros que agitaban sus manos y decían: "Nuestra gente odia a los gays y apoya estas leyes, ¿qué podemos hacer?", hablé directamente a esos funcionarios: "El liderazgo, por definición, significa estar al frente de sus pueblos cuando sea necesario. Significa defender la dignidad de todos sus ciudadanos y persuadir a su gente de hacer lo mismo".

Y en un eco de mi discurso en Pekín y de mis palabras en el departamento de Estado un año atrás, añadí: "Así como ser mujer, pertenecer a una minoría racial, religiosa, tribal o étnica, o ser LGBT no nos hace menos humanos. Y es por eso que los derechos de los homosexuales son derechos humanos, y que los derechos humanos son derechos de los homosexuales".

A la mañana siguiente, vi mi primera indicación de que el discurso había calado hondo: el peluquero que me peinó el cabello por la mañana, y que era gay, cayó teatralmente de rodillas en señal de gratitud. Me reí y le dije que se levantara. Mi cabello, como de costumbre, no podía esperar.

El eco creado por mi discurso estaba retumbando en todo el mundo, y mi teléfono no tardó en llenarse de mensajes. Un gran número de personas había visto el discurso en línea. Me sentí satisfecha por muchas razones. Aunque yo había esperado que algunos delegados africanos que habían asistido ese día se marcharan, no lo hicieron. Y tal como he visto en las numerosas fotos y videos que me han enviado de los eventos *Pride* en todo el mundo, las palabras "los derechos de los homosexuales son derechos humanos" han sido exhibidas en innumerables carteles, pancartas y camisetas. Yo estaba orgullosa de que Estados Unidos hubiera respaldado una vez más los derechos humanos del mismo modo que lo hemos hecho en numerosas ocasiones anteriores.

En los días finales de mi cargo, recibí una carta de un funcionario del servicio exterior estacionado en América Latina, la cual se ha convertido en un valioso tesoro para mí: "Le escribo, no como un empleado del departamento de Estado que se dirige a la secretaria de Estado, sino como esposo y como padre para agradecerle como individuo por todo lo que ha hecho por nuestra familia durante los últimos cuatro años. Yo había soñado con ser un funcionario del servicio exterior, pero nunca lo había considerado seriamente hasta que usted fue nuestra secretaria de Estado. En el instante en que usted dio instrucciones al departamento para reconocer a las parejas homosexuales como miembros de la familia, lo único que me había estado frenando dejó de interponerse en el camino". Luego describió la alegría de tener a su esposo de siete años, quien pudo reunirse con él en su misión en el extranjero, y el hecho de poderles dar la bienvenida al mundo a dos gemelos. Hasta incluyó una foto de su familia feliz. "Lo que era difícilmente imaginable hace tres años… que seríamos diplomáticos de nuestro país, que nuestra relación sería reconocida por el gobierno, que seríamos capaces de ser padres, todo eso se ha hecho realidad".

═══

Cuando dejé el departamento de Estado en 2013 y comencé a trabajar en la Fundación Clinton en Nueva York, supe que quería seguir trabajando en "la gran tarea pendiente del siglo xxi". El vigésimo aniversario de la Cuarta Conferencia Mundial sobre la Mujer de Pekín, que se acercaba rápidamente, me ayudó a aclarar mis pensamientos. Estaba orgullosa de lo mucho que se había logrado en esa ocasión. Sin embargo, no había ninguna duda de que todavía estábamos muy lejos de la meta de la "participación plena y equitativa".

Melanne había abierto un centro académico sobre mujeres, paz y seguridad en la Universidad de Georgetown, y acepté servir como presidenta fundadora honoraria. Ahora que ya no estábamos viajando alrededor del mundo cada dos días, nos encontramos hablando y pensando más sobre el paso de la historia y el futuro del movimiento al que habíamos dedicado tantos años. Llamé a Maggie Williams y le pedí que viniera a desarrollar estrategias con nosotros. En compañía de Chelsea y de nuestro gran equipo de la Fundación Clinton, incluyendo a Jen Klein y a Rachel Vogelstein, quienes habían desempeñado un papel clave en el departamento de Estado, elaboramos un nuevo plan.

En la reunión anual de la Iniciativa Global Clinton en Nueva York en septiembre de 2013, anuncié que la Fundación Clinton haría un gran esfuerzo para evaluar el progreso de las mujeres y las niñas desde Pekín, y para trazar el camino a seguir con el objetivo de lograr su participación plena e igualitaria. Dije que había llegado el momento de evaluar honestamente qué tan lejos habíamos llegado, qué trayecto nos faltaba por recorrer, y lo que planeábamos hacer con respecto a esta tarea pendiente.

Con socios como la Fundación Gates, empezamos a trabajar en una "revisión global" digital de la situación de las mujeres y las niñas a tiempo para el vigésimo aniversario de la conferencia de Pekín en septiembre de 2015. Yo quería que el mundo pudiera ver los avances que habíamos hecho, así como las lagunas que quedaban. Presentamos una información fácilmente accesible que pudiera ser compartida y utilizada por defensores, académicos y líderes políticos para diseñar reformas e impulsar un cambio real.

Yo quería construir igualmente sobre la Plataforma para la Acción que el mundo había aprobado en Pekín, y diseñar una agenda del siglo XXI para acelerar la plena participación de las mujeres y niñas en todo el mundo, incluyendo las zonas que aún estaban en el horizonte en el año 1995. Por ejemplo, ninguno de nosotros en Pekín podía haber imaginado la manera en que Internet y la tecnología móvil transformarían nuestro mundo, o comprendido lo que significaría tener 200 millones de mujeres menos que hombres conectados en línea en el mundo en desarrollo. Cerrar esa "brecha digital" abriría nuevas y enormes oportunidades para la participación económica y política.

Con el tiempo, empezamos a llamar a nuestra nueva iniciativa Sin Techos: el Proyecto de Participación Plena. El nombre era un eco alegre de los "18 millones de grietas en el techo de cristal" que se hizo famoso al final de mi campaña presidencial, pero significaba mucho más que eso. No era necesario estar en los más altos niveles de la política o de los negocios. Las mujeres y niñas de todo el mundo todavía se enfrentan a todo tipo de techos que obstaculizan sus ambiciones y aspiraciones y hacen que sea más difícil, si no imposible, que puedan perseguir sus sueños.

No mucho tiempo después de anunciar Sin Techos, escuché una historia sorprendente. Stephen Massey, un colega de la Casa Blanca en la administración Clinton, se encontraba en Pekín y entró a una librería. Era un local grande y moderno, pero estaba tranquilo y casi vacío. Luego, Stephen apenas pudo creer lo que escuchaba. Por los altavoces de la tienda oyó una frase familiar: "Los derechos humanos son los derechos de las mujeres y los derechos de las mujeres son derechos humanos, de una vez por todas". Era mi voz. Estaban pasando una grabación del discurso en la librería. ¡Qué diferencia la que hacen veinte años! En 1995, el gobierno chino había apagado el circuito cerrado de televisión que transmitía mis observaciones. Ahora, esas palabras controvertidas se habían convertido en "música de fondo" para los clientes, en una parte del tejido de la vida cotidiana. Stephen sacó su teléfono inteligente, grabó un video, y me lo envió por correo electrónico. Cuando lo vi, no pude dejar de reírme. ¿Era esa realmente una buena manera de vender libros? ¿En China?

El mensaje de Pekín y de toda una vida de trabajo que representaba, se había convertido en una parte tan importante de mi identidad que estaba prácticamente inscrito en mi ADN. Me alegré de que hubiera penetrado en la cultura, y en lugares que habían sido hostiles. La causa de la protección y la expansión de los derechos humanos es tan urgente y apremiante como nunca, y un mayor progreso es poco probable sin el liderazgo continuo de Estados Unidos.

═══

En febrero de 2014, la Campaña de Derechos Humanos invitó a mi hija, Chelsea, a hablar en la conferencia sobre los derechos de los homosexuales. En su discurso, ella le dio un nuevo giro a una frase familiar. "Mi madre ha dicho a menudo que la cuestión de las mujeres es la tarea pendiente del siglo xxi", dijo. "Eso es cierto. Pero las cuestiones de los derechos LGBTQ son también la tarea pendiente del siglo xxi". Por supuesto que ella tiene razón, y yo no podría estar más orgullosa de su posición firme a favor de la igualdad y de oportunidades para todas las personas.

Anteriormente describí el trabajo de la política exterior de Estados Unidos como una carrera de relevos. Los líderes recibimos el bastón de mando, y se nos pide correr tan hábilmente como podamos y poner al siguiente corredor en la mejor posición posible para triunfar. Las familias también son así. Desde el primer momento en que sostuve a Chelsea en mis brazos en el hospital en Little Rock, justo antes de la medianoche del 27 de febrero de 1980, supe que mi misión en la vida era darle todas las oportunidades para triunfar. A medida que ha crecido y se ha abierto paso en la vida por derecho propio, mis responsabilidades han cambiado. Y ahora que está embarazada de su primer hijo, estoy preparándome para un nuevo papel que he estado esperando por años: el de abuela. Y me he encontrado pensando mucho en mi relación con mi madre, tanto en la edad adulta como en mi infancia, y en las lecciones que aprendí de ella.

Cuando asumí como secretaria de Estado, mi mamá estaba a punto de cumplir noventa años. Había vivido con nosotros en Washington durante los últimos años, pues ya no podía vivir sola en su apartamento con vista al parque zoológico de Connecticut Avenue. Al igual que muchos estadounidenses de mi generación, me sentí bendecida de tener esos años de más con una madre anciana, y una gran responsabilidad para asegurarme de que estuviera cómoda y bien cuidada. Mamá me dio mucho amor y apoyo incondicional en mis primeras épocas en Park Ridge, y ahora me correspondía brindarle mi apoyo. Por supuesto que nunca habría dejado que ella me oyera describirlo de esa manera. Dorothy Howell Rodham fue una mujer muy independiente. No podía soportar la idea de ser una carga para nadie.

Tenerla tan cerca se convirtió en una fuente de gran consuelo para mí, sobre todo en el difícil período después del final de la campaña 2008. Yo llegaba a casa después de un largo día en el Senado o el departamento de Estado, me sentaba junto a ella en la pequeña mesa en nuestro rincón de desayuno, y dejaba que todo saliera de mí.

A mamá le encantaban las novelas de misterio, la comida mexicana, el programa *Bailando con las estrellas* (nos las arreglamos para llevarla una vez a una grabación), pero ante todo, adoraba a sus nietos. La escuela de mi sobrino Zach Rodham estaba a sólo cinco minutos de nuestra casa y él solía venir muchas tardes a visitarla. Pasar tiempo con Fiona y con Simon Rodham, sus nietos más pequeños, era un gran placer para ella. Para Chelsea, su abuela fue una de las figuras más importantes de su vida. Mamá la ayudó a sortear los desafíos únicos de crecer bajo la opinión pública y, cuando Chelsea estuvo preparada, la animó a seguir su pasión por el servicio y la filantropía. Aun cuando tenía más de noventa años, mamá no se olvidó nunca de su compromiso con la justicia social que tanto contribuyó a moldearme e inspirarme cuando era pequeña. Me encantó que pudiera hacer lo mismo con Chelsea. Y no estoy segura de si alguna vez vi a mamá más feliz que en la boda de Chelsea. Caminó con orgullo por el pasillo tomada del brazo de Zach, y se regocijó por su nieta feliz y radiante.

Su infancia estuvo marcada por el trauma y el abandono. Sus padres peleaban con frecuencia en Chicago y se divorciaron cuando ella y su hermana eran muy pequeñas. Ninguno de sus padres quería cuidar a sus hijos, por lo que los enviaron en un tren a California para vivir con sus abuelos paternos en Alhambra, un pueblo cerca de las montañas de San Gabriel al este de Los Ángeles. La pareja de ancianos era severa y nada amorosa. Un Día de Brujas, sorprendieron a mamá pidiendo dulces con los amigos de la escuela, una actividad que le tenían prohibida, y la encerraron en su habitación durante todo un año, a excepción del tiempo que estaba en la escuela. No le permitían comer en la mesa de la cocina o jugar en el patio. Cuando mamá cumplió catorce años, no podía soportar ya la vida en la casa de su abuela. Se fue y encontró un empleo como criada y niñera con una mujer de buen corazón en San Gabriel, quien le ofreció alojamiento y comida más tres dólares por semana, y la instó a asistir a la escuela secundaria. Por primera vez, mamá vio cómo los padres amorosos cuidaban a sus hijos, lo cual fue toda una revelación.

Después de graduarse de la secundaria, mamá se mudó a Chicago con la esperanza de conectarse de nuevo con su madre. Tristemente, fue rechazada una vez más. Afligida, pasó los próximos cinco años trabajando como secretaria antes de conocer y casarse con mi padre, Hugh Rodham. Se forjó una nueva vida como ama de casa, pasando sus días prodigándonos amor a mí y a mis dos hermanos menores.

Cuando tuve la edad suficiente para entender todo esto, le pregunté a mi madre cómo había sobrevivido al abuso y al abandono sin llegar a ser amargada y emocionalmente atrofiada. ¿Cómo pudo emerger de esta vida tempranamente solitaria como una mujer tan cariñosa y sensata? Nunca olvidaré su respuesta. "En los momentos críticos de mi vida, alguien me mostró amabilidad", dijo. Esto podría parecer algo muy pequeño, pero significó mucho: la maestra en la escuela primaria que vio que ella nunca tenía dinero para comprar leche, todos los días compraba dos cartones y luego le decía, "Dorothy, no puedo beber este otro cartón de leche. ¿Lo quieres?". O la mujer que la contrató como niñera y le insistió en que fuera a la escuela secundaria. Un día se dio cuenta de que mamá sólo tenía una blusa, que lavaba todos los días. "Dorothy, esta blusa me queda pequeña y no me gustaría echarla a la basura. ¿La quieres?", le dijo.

Mamá era sorprendentemente energética y optimista, incluso cuando tenía más de noventa años. Pero su salud comenzó a deteriorarse. Tuvo problemas con el corazón. En otoño de 2011, me preocupó dejarla sola. En la noche del 31 de octubre, otro Día de Brujas, yo me estaba preparando para viajar a Londres y Turquía. Mi equipo ya estaba a bordo del avión en Andrews esperando a que yo llegara para poder despegar. Y entonces recibí la llamada de que mamá había sido llevada al Hospital de la Universidad George Washington. Rápidamente cancelé el viaje y me dirigí al hospital. Bill, Chelsea y Mark viajaron desde Nueva York, y mis hermanos junto con sus esposas, Hugh y María y Tony y Megan, llegaron tan rápido como pudieron. Mamá fue una luchadora toda su vida, pero había llegado el momento de irse. Me senté al lado de su cama y la tomé de la mano por última vez. Nadie había tenido una mayor influencia en mi vida o hecho más para moldear a la mujer, esposa, madre y ser humano que soy.

Cuando perdí a mi padre en 1993, me pareció que fue demasiado pronto y sentí una gran tristeza por todas las cosas que él no viviría para ver y hacer. Pero esto era diferente. Mamá vivió una vida larga y plena. Esta vez, no lloré por lo que ella se iba a perder, sino por cuánto la iba a extrañar yo.

Pasé los días siguientes viendo sus cosas en casa, pasando las páginas de un libro, mirando una fotografía antigua, acariciando alguna joya que ella valoraba. Me encontré sentada junto a su silla vacía en el rincón del desayuno, deseando más que nada poder tener otra conversación con ella, otro abrazo más.

Hicimos una pequeña ceremonia conmemorativa en casa con familiares y amigos cercanos. Le pedimos al reverendo Bill Shillady, quien había casado a Chelsea y a Marc, que oficiara la ceremonia. Chelsea habló emotivamente, al igual que muchos amigos de mamá y de nuestra familia. Leí un par de frases de la poetisa Mary Oliver, cuya obra adorábamos mamá y yo.

Parada allí con Bill y Chelsea a mi lado, traté de decir un adiós final. Me acordé de una frase sabia que una amiga mayor me compartió en sus últimos años, y que captaba perfectamente la manera en que mi madre vivió su vida y cómo esperaba yo vivir la mía: "He amado y he sido amada, todo lo demás es música de fondo".

Miré a Chelsea y pensé en lo orgullosa que había estado mamá de ella.

Mamá midió su propia vida por lo mucho que nos pudo ayudar y servir a los demás. Yo sabía que si ella estuviera todavía con nosotros, nos instaría a hacer lo mismo. A no dormirnos nunca en los laureles. A no claudicar nunca. A no dejar de trabajar nunca para hacer del mundo un lugar mejor. Esa es nuestra tarea pendiente.

EPÍLOGO

—¿Adónde fue Hillary? —preguntó el presidente, mirando a su alrededor. Él estaba dando un breve discurso sobre la democracia en Birmania, de pie en el porche de la casa de Aung San Suu Kyi en Rangún—. ¿Dónde está?

Era noviembre de 2012, y estábamos en nuestro último viaje como presidente y secretaria de Estado. Agité mi mano desde un lado hasta que me vio.

—Ahí está —dijo.

Mientras me daba las gracias, no pude dejar de pensar en lo mucho que habíamos recorrido desde aquel día hacía cuatro años en la sala de Dianne Feinstein. Al igual que nuestro último viaje juntos, fue un momento de nostalgia agridulce, de orgullo por lo que habíamos logrado, de placer por el hecho de habernos convertido en compañeros de trabajo, y de tristeza porque todo terminaría pronto.

Apenas dos semanas antes, el presidente había ganado la reelección. A diferencia de 2008, esta vez yo no había podido hacer campaña a favor de él. Por ley y tradición, los secretarios de Estado permanecen al margen de la política interna. La Convención Nacional Demócrata en Charlotte, Carolina del Norte, fue la primera a la que no asistí desde 1976. En 2008, la convención de Denver me había ofrecido la oportunidad de respaldar al presidente Obama y de contribuir a la unión de los demócratas después de la larga campaña de las primarias. Sin embargo, durante la convención

de 2012, yo estaba a medio mundo de distancia, representando a nuestro
país en una misión diplomática en Asia.

La noche en que mi esposo se dirigió a la convención y nominó formalmente al presidente, yo estaba en Timor Oriental, el nuevo país asiático
que había ganado su larga lucha por la independencia de Indonesia en
2002. Después de un día de diplomacia en la capital Dili, justo antes de
volar a Brunéi para reunirme y cenar con el sultán Hassanal Bolkiah,
pasé unos momentos en privado en la residencia de nuestro embajador.
No había señal de CNN, y la banda ancha de Internet era limitada, pero
Philippe Reines había logrado conectar con su TiVo en Washington, así
que en la computadora del embajador pudimos ver una grabación diferida
del discurso que Bill acababa de pronunciar. Me senté en su escritorio
mientras que el resto del equipo se reunió a mi alrededor.

Tuve que sonreír cuando lo vi subir al escenario frente a la entusiasta
multitud. Habían pasado dieciséis años desde su última campaña, pero
aún le encantaba la emoción de un gran momento político. Como un abogado exponiendo los hechos ante un jurado, Bill explicó el gran deterioro
de nuestra economía y posición global en 2009, y cómo la administración
Obama había comenzado a cambiar las cosas. Al final de su discurso, se
refirió al asunto de la decadencia y la renovación estadounidense. "Durante más de doscientos años, a través de todas las crisis, siempre hemos
resurgido", dijo. "La gente ha vaticinado nuestra desaparición desde que
George Washington fue criticado por ser un topógrafo mediocre con una
caja maltrecha de dientes postizos de madera. Y hasta ahora, cada persona
que ha apostado contra Estados Unidos, ha perdido su dinero porque
siempre hemos resurgido. Resurgimos después de cada incendio un poco
más fuertes y un poco mejores". Cuando terminó, el presidente Obama
subió inesperadamente al escenario para darle las gracias. Cuando los dos
presidentes se abrazaron, la multitud enloqueció. Observando desde unas
diez mil millas de distancia, me sentí llena de orgullo por el ex presidente
con quien me había casado, por el actual presidente al que servía y por el
país al que todos amábamos.

=====

Luego de concluir nuestro día en Birmania, el presidente Obama y yo
abordamos el Air Force One para viajar a Camboya, donde asistiríamos
a la Cumbre de Asia Oriental y al Encuentro de Líderes ANSA. Sería

un momento crucial para nuestra estrategia de giro. Al mismo tiempo, el conflicto en Gaza entre Israel y Hamás estaba en un punto álgido, y teníamos que decidir si yo iba a suspender mi viaje y tratar de negociar un alto el fuego. Teníamos muchas cosas de qué hablar, así que el presidente me invitó a reunirme con él en su oficina en la parte delantera del Air Force One.

Me senté a su gran escritorio de madera y mientras discutíamos la delicada labor diplomática que teníamos por delante. A pesar de todo lo que estaba pasando, nos encontramos recordando el pasado. Esos cuatro años nos habían cambiado de una manera que ninguno de nosotros podría haber predicho. Habíamos visto y hecho cosas juntos que nos ayudaron a entendernos mutuamente, a nosotros mismos, y al mundo como no podríamos haberlo hecho antes.

Pero a pesar de todo el tiempo que habíamos pasado juntos, yo no podía pronosticar lo que sucedería a continuación.

—¿Considerarías seguir como secretaria de Estado? —me preguntó el presidente.

Desde el momento en que había aceptado este cargo, me había dicho a mí misma: "Un mandato, eso es todo", y también lo había dicho públicamente. Me encantaba ser secretaria de Estado, pero quería volver a mi vida, pasar más tiempo con mi familia, conectarme de nuevo con mis amigos y hacer las cosas de todos los días que extrañaba. Sería agradable no tener que mirar el reloj y sumar o restar cinco, diez o catorce horas y pensar qué hora era donde me estaba despertando.

Pero al igual que cuatro años atrás, sentí el tirón de mi "gen del servicio", esa voz en la parte posterior de mi cabeza que me decía que no hay una vocación más elevada o un propósito más noble que servir a tu país. Cuando el presidente de los Estados Unidos te pide dar un paso al frente, ¿cómo puedes decir que no? Y había muchos asuntos pendientes. La cumbre en Camboya y el conflicto en Gaza eran sólo dos ejemplos. ¿Qué pasaría con la democracia en Birmania, o con nuestras negociaciones secretas con Irán? ¿Cómo haríamos para contrarrestar el creciente desafío de Putin en Rusia?

Sin embargo, la diplomacia es una carrera de relevos, y yo estaba llegando al final de mi tramo.

—Lo siento, Señor Presidente —le dije—. Pero no puedo.

Nos despedimos pocos meses después. Almorcé con el presidente Obama en su comedor privado del Despacho Oval. Mientras comíamos tacos de pescado, discutimos un memorando de veinte páginas que yo había preparado con recomendaciones para su segundo mandato, tanto en la consolidación de lo que se había comenzado como en nuevas iniciativas. Al salir del Despacho Oval y con lágrimas en los ojos, abracé al presidente y le dije nuevamente lo mucho que nuestro trabajo y amistad significaban para mí. Añadí que estaría atenta por si alguna vez me necesitaba.

Mi último día en Foggy Bottom —el 1 de febrero de 2013—, me senté por última vez en el escritorio de la pequeña oficina interior con paneles de cerezo y le escribí una carta a John Kerry. La dejé en el mismo lugar donde había encontrado la nota que Condi me escribió cuatro años atrás. Luego, firmé mi carta de renuncia al presidente. Por primera vez en veinte años, después de servir como primera dama, senadora y secretaria de Estado, ya no tenía un cargo oficial al servicio de mi país.

Mi último acto fue ir al vestíbulo —donde me habían saludado a mi llegada en mi primer día en 2009— para decir adiós a los hombres y mujeres del departamento de Estado y USAID. Agradecerles me pareció poco luego de su notable trabajo, pero hice lo mejor que pude. Una vez más, miré las paredes de mármol con los nombres de nuestros compañeros caídos al servicio de nuestro país, y dije una oración en silencio por ellos y por sus familias. De pie frente a mí estaban los rostros de tantas personas a quienes yo había llegado a querer y a respetar. Me sentí contenta de que continuaran sirviendo a Estados Unidos con inteligencia, perseverancia y valor.

En los próximos años, los estadounidenses tendremos que decidir si estamos dispuestos a recurrir a las lecciones de nuestra historia y levantarnos una vez más para defender a las personas y mercados libres. No se trata de un llamado a la confrontación o a una nueva Guerra Fría; hemos aprendido dolorosamente que la fuerza debe ser nuestro último recurso, y nunca el primero. Es un llamado a permanecer firmes en la búsqueda de un mundo más justo, libre y pacífico. Sólo los estadounidenses pueden decidirlo.

En última instancia, nuestra fortaleza en el extranjero dependerá siempre de nuestra determinación y resistencia en casa. Tanto ciudadanos como dirigentes tenemos decisiones por tomar sobre el país en el que queremos vivir y dejar a las generaciones futuras. Los ingresos de la clase media han estado cayendo durante más de una década, la pobreza ha incrementado y casi todos los beneficios del crecimiento han ido a los más ricos. Necesitamos más buenos empleos que recompensen el trabajo duro con mejores salarios, más dignidad y oportunidades para una vida mejor. Inversiones para construir una verdadera economía del siglo XXI con más oportunidades y menos inequidad. Terminar con la disfunción política en Washington que frena nuestro progreso y degrada nuestra democracia. Eso significa que debemos ayudar a un mayor número de nuestros vecinos y conciudadanos a participar plenamente en nuestra economía y en nuestra democracia. Esta es la única forma de restablecer el Sueño Americano, asegurar la prosperidad a largo plazo y la continuación de nuestro liderazgo global.

No será fácil hacerlo en nuestra actual atmósfera política. Pero para citar una de mis películas preferidas, *A League of Their Own*: "Se trata de que sea difícil… es la dificultad la que lo hace grandioso". Hacer cosas difíciles seguirá haciendo que nuestro país sea grandioso.

======

Escribí este libro a lo largo de 2013 y principios de 2014, la mayor parte desde un acogedor estudio en el tercer piso, bañado por el sol en nuestra casa en Chappaqua, Nueva York. Hay una alfombra gruesa y una silla cómoda, y puedo mirar las copas de los árboles a través de las ventanas. Ahora por fin tenía tiempo para leer, recuperar el sueño, dar largos paseos con mi esposo y nuestros perros y pensar en el futuro.

A principio de 2014 Bill y yo recibimos una noticia maravillosa que habíamos estado esperando con impaciencia: íbamos a ser abuelos. Los dos estábamos más que felices por Chelsea y por Marc, y estábamos descaradamente emocionados ante la perspectiva. Cuando nació Chelsea yo estaba nerviosísima. A pesar de todos los libros que había leído y de mi trabajo en el Centro de Estudios Infantiles de la Universidad de Yale, no estaba preparada para el gran milagro y la responsabilidad de la maternidad. Recé para ser una madre lo suficientemente buena y rápidamente llegué a sentir que tener un hijo es como dejar que "tu corazón salga a caminar por fuera de tu cuerpo", tal como lo describe la escritora Elizabeth Stone. Fue maravilloso y aterrador al mismo tiempo. Tantos años después, ante la perspectiva de tener un nieto, no siento más que emoción y anticipación.

Y recuerdo lo que dijo Margaret Mead, que los niños mantienen nuestra imaginación fresca y nuestro corazón joven, y nos impulsan a trabajar por un futuro mejor.

Ahora, más que nunca, estoy pensando en el futuro. A lo largo del último año he vuelto a viajar por nuestro país y la pregunta que surge más que cualquier otra es: ¿me postularé para las elecciones presidenciales en 2016?

La respuesta es, todavía no lo he decidido.

Pero cada vez que alguien lo menciona, me siento honrada por la energía y el entusiasmo de quienes me animaron a postularme, y por su creencia de que puedo proporcionar el liderazgo que nuestro país necesita.

Por ahora, considero que nos tenemos que enfocar en todo el trabajo que hay por hacer en nuestro país y que no puede esperar hasta el año 2016. Muchos de nuestros compatriotas estadounidenses que se vieron afectados por la Gran Recesión aún no se han recuperado. Hay demasiadas personas que están luchando con grandes deudas estudiantiles y pequeñas oportunidades de trabajo. En 2014 habrá también una elección importante que decidirá el control del Congreso y que tendrá consecuencias reales para nuestra economía y nuestro futuro. No es una elección que podamos darnos el lujo de ignorar o descartar.

Recientemente, Bill y yo hicimos otra de nuestras largas caminatas, esta vez con nuestros tres perros, cerca de nuestra casa. Había sido un invierno inusualmente largo, pero la primavera asomó finalmente a través de la descongelación. Caminamos y hablamos, continuando una conversación que empezó hace cuarenta años en la Facultad de Derecho en Yale y que nunca ha terminado.

Ambos sabemos que tengo una gran decisión frente a mí.

Luego de haberme postulado a la presidencia, sé exactamente lo difícil que es esto en todos los frentes; no sólo para los candidatos, sino también para sus familias. Y después de haber perdido en 2008, sé que nada está garantizado ni puede darse por sentado. También sé que las preguntas más importantes que debe responder alguien que piense en postularse no son, "¿Quieres ser presidente?" o "¿Puedes ganar?", sino: "¿A dónde quieres que vaya Estados Unidos en el futuro?", y "¿Puedes llevarnos allá?". El reto está en liderar de una manera que nos una y que renueve el Sueño Americano. Esa es la meta, y es muy alta.

En última instancia, lo que ocurra en 2016 consistirá menos en quiénes sean los candidatos, y más en qué clase de futuro quieran los estadounidenses para sí mismos y para sus hijos… y sus nietos. Espero que escojamos una visión incluyente y un propósito común que dé rienda suelta a la creatividad, el potencial y las oportunidades que hacen de Estados Unidos un país excepcional. El que merecen todos los estadounidenses.

Cualquiera que sea mi decisión, siempre estaré agradecida por la oportunidad de representar a Estados Unidos en todo el mundo. Esto me ha dado la oportunidad de aprender de nuevo la bondad de nuestro pueblo y de la grandeza de nuestra nación. Me siento muy bendecida y muy agradecida. Nuestro futuro está lleno de posibilidades. Y tanto para mí como para mi familia, eso incluye un nuevo miembro, otro estadounidense que merece el mejor futuro que podamos ofrecer.

Sin embargo, al menos por ese día, lo único que quería era estirar las piernas y disfrutar de la primavera. Había nueva vida todo a mi alrededor. Ha habido muy pocos momentos de tranquilidad como ese en los últimos años. Y quiero disfrutarlos. El tiempo para otra decisión difícil vendrá muy pronto.

AGRADECIMIENTOS

El lema de la Fundación Clinton es *"We're all in this together"* ("Estamos todos juntos en esto"). Es una simple declaración de unidad en un mundo lleno de divisiones. Como he descubierto, también es una buena descripción de lo que es escribir un libro. Estoy en deuda con todas las personas que me ayudaron a lo largo de cuatro años en el departamento de Estado y en más de un año de escritura y edición. Y la decisión más fácil que tuve que tomar fue pedir a Dan Schwerin, Ethan Gelber y Ted Widmer que fueran mi equipo para el libro. Y mientras trabajamos día y noche en este proyecto, no pude haber sido más afortunada.

Dan Schwerin empezó conmigo en el Senado y llegó al departamento de Estado como uno de mis escritores de discursos. Ha sido mi socio esencial, trabajando conmigo a lo largo de frases y páginas. Ha capturado mis pensamientos y me ha ayudado a luchar con ellos para darles coherencia. No sólo es un escritor talentoso, sino que es un excelente colega. Ethan Gelber es el "hombre indispensable" que coordinó un amplio proceso de escritura y edición. Supo darle sentido a mis garabatos, aclarar mis recuerdos, y me mantuvo cuerda a medida que se fueron amontonando los diversos borradores del texto. Nunca podría haberlo hecho sin él. Ted Widmer —historiador consumado y valioso colaborador— me dio contexto y perspectiva y una dosis muy necesaria de humor y humanidad.

Huma Abedin, Cheryl Mills, Philippe Reines y Jake Sullivan, que me dieron tanto a mí y a nuestro país durante los años que pasamos en el departamento de Estado, fueron esenciales al asesorarme, inspirarme y ayudarme a verificar datos a lo largo del proceso. También conté con la ayuda y el consejo de Kurt Campbell, Lissa Muscatine y Megan Rooney, quienes generosamente leyeron borradores del texto y me ofrecieron sus consejos.

Gracias a Simon & Schuster, sobre todo a la directora general, Carolyn Reidy, y a mi editor, Jonathan Karp. Este es el quinto libro que hago con Carolyn y una vez más, fue un placer. Jonathan, quien supo darme la combinación perfecta de estímulo y crítica, tiene una muy bien merecida reputación de ser un editor cariñoso y constructivo. También agradezco a todo el equipo: Irene Kheradi, Jonathan Evans, Tamara Arellano, Carla Benton, Lisa Erwin, Pat Glynn, Gina DiMascia, Ffej Caplan, Inge Maas, Judith Hoover, Philip Bashe, Joy O'Meara, Jackie Seow, Laura Wyss, Nicholas Greene, Michael Selleck, Liz Perl, Gary Urda, Colin Shields, Paula Amendolara, Seth Russo, Lance Fitzgerald, Marie Florio, Christopher Lynch, David Hillman, Ellie Hirschhorn, Adrian Norman, Sue Fleming, Adam Rothberg, Jeff Wilson, Elina Vaysbeyn, Cary Goldstein, Julia Prosser y Richard Rhorer.

Una vez más, doy gracias al inigualable Bob Barnett, mi abogado y guía en el mundo editorial, y a Michael O'Connor, quien lo asistió hábilmente con los contratos.

Una de las mejores partes de escribir este libro fue tener la oportunidad de reconectar y recordar con amigos y colegas. Gracias a todos lo que compartieron sus recuerdos, notas y perspectivas, incluyendo Caroline Adler, Dan Baer, Kris Balderston, De'Ara Balenger, Jeremy Bash, Dan Benaim, Dan Benjamin, Jarrett Blanc, Johnnie Carson, Sarah Davey, Alex Djerassi, Bob Einhorn, Dan Feldman, Jeff Feltman, David Hale, Amos Hochstein, Fred Hof, Sarah Hurwitz, Jim Kennedy, Caitlin Klevorick, Ben Kobren, Harold Koh, Dan Kurtz-Phelan, Capricia Marshall, Mike McFaul, Judith McHale, George Mitchell, Dick Morningstar, Carlos Pascual, Nirav Patel, John Podesta, Mike Posner, Ben Rhodes, Alec Ross, Dennis Ross, Frank Ruggiero, Heather Samuelson, Tom Shannon, Andrew Shapiro, Anne-Marie Slaughter, Todd Stern, Puneet Talwar, Tomicah Tilleman, Melanne Verveer, Matthew Walsh y Ashley Woolheater. Gracias también a Clarence Finney y a sus archiveros industriosos, y a John Hackett, Chuck Daris, Alden Fahy, Behar Godani, Paul Hilburn, Chaniqua Nelson y a los revisores cuidadosos del departamento de Estado y el Consejo Nacional de Seguridad.

Tuve la suerte de trabajar junto a un equipo comprometido y experimentado: los secretarios de Estado adjuntos Bill Burns, Jack Lew, Tom Nides y Jim Steinberg; Susan Rice, embajadora ante las Naciones Unidas; Raj Shah, administrador de USAID; Eric Goosby, coordinador de Global AIDS; Daniel Yohannes, director general de MCC; y Elizabeth Littlefield, presidenta y directora general de OPIC.

Siempre tendré un lugar especial en mi corazón para toda la "familia de Estado" que aparece en la foto 10; los funcionarios dedicados del Servicio Exterior y funcionarios civiles que cuidan tanto de los secretarios, como Nima Abbaszadeh, Daniella Ballou-Aares, Courtney Beale, Christopher Bishop, Claire Coleman, Jen Davis, Linda Dewan, Sheila Dyson, Dan Fogarty, Lauren Jiloty, Brock Johnson, Neal Larkins, Joanne Laszczych, Laura Lucas, Joe Macmanus, Lori McLean, Bernadette Meehan, Lawrence Randolph, Maria Sand, Jeannemarie Smith, Zia Syed, Nora Toiv y Alice Wells, al igual que todo el secretariado ejecutivo y el increíble equipo Line.

Gracias al liderazgo del departamento de Estado, USAID, PEPFAR, y MCC, inluyendo a Dave Adams, Tom Adams, Elizabeth Bagley, Joyce Barr, Rick Barton, John Bass, Bob Blake, Eric Boswell, Esther Brimmer, Bill Brownfield, Susan Burk, Piper Campbell, Philip Carter, Maura Connelly, Michael Corbin, Tom Countryman, Heidi Crebo-Rediker, PJ Crowley, Lou CdeBaca, Ivo Daalder, Josh Daniel, Glyn Davies, Eileen Donahoe-Chamberlain, Jose Fernandez, Alonzo Fulgham, Phil Goldberg, David Goldwyn, Phil Gordon, Rose Gottemoeller, Marc Grossman, Michael Hammer, Lorraine Hariton, Judy Heumann, Christopher Hill, Bob Hormats, Rashad Hussain, Janice Jacobs, Roberta Jacobson, Bonnie Jenkins, Suzan Johnson Cook, Kerri-Ann Jones, Beth Jones, Paul Jones, Declan Kelly, Ian Kelly, Laura Kennedy, Pat Kennedy, Robert King, Reta Jo Lewis, Carmen Lomellin, Princeton Lyman, Dawn McCall, Ken Merten, Steve Mull, Toria Nuland, Maria Otero, Farah Pandith, Nancy Powell, Lois Quam, Stephen Rapp, Julissa Reynoso, Anne Richard, John Robinson, Miguel Rodriguez, Hannah Rosenthal, Eric Schwartz, Barbara Shailor, Wendy Sherman, Dan Smith, Tara Sonenshine, Don Steinberg, Karen Stewart, Ann Stock, Ellen Tauscher, Linda Thomas-Greenfield, Arturo Valenzuela, Rich Verma, Phil Verveer, Jake Walles, Pamela White y Paul Wohlers.

Quiero destacar especialmente a los valientes y dedicados oficiales de Seguridad Diplomática que cuidaron de mí y de nuestra gente en todo el mundo. Durante mi mandato, mis equipos de DS fueron liderados por Fred Ketchum y Kurt Olsson.

A lo largo de este viaje, una banda comprometida e incansable de colaboradores y consejeros apoyaron este libro y todo el resto de mi trabajo mientras corría para llegar a la meta. Gracias a Monique Aiken, Brynne Craig, Katie Dowd, Oscar Flores, Monica Hanley, Jen Klein, Madhuri Kommareddi, Yerka Jo, Marisa McAuliffe, Terri McCullough, Nick Merrill, Patti Miller, Thomas Moran, Ann O'Leary, Maura Pally, Shilpa Pesaru, Robert Russo, Marina Santos, Lona Valmoro y Rachel Vogelstein.

Gracias de nuevo al presidente Obama por confiar en mí y por darme la oportunidad de representar a nuestro país, y gracias al vicepresidente Biden y al personal del Consejo Nacional de Seguridad por su colaboración.

Finalmente, gracias, como siempre, a Bill y a Chelsea por un año de escuchar pacientemente y leer cuidadosamente borrador tras borrador, por ayudarme a destilar y explicar cuatro años repletos de actividad. Una vez más, me dieron el regalo inestimable de su apoyo y su amor.

CRÉDITOS FOTOGRÁFICOS

Guarda anterior: © Annie Leibovitz/
  Contact Press Images
Guarda posterior: AP Photo/Evan Vucci

1. Win McNamee/Getty Images
2. © Barbara Kinney
3. © Barbara Kinney
4. © Christopher Fitzgerald/
   CandidatePhotos/Newscom
5. Fotografía AP/Charles Dharapak
6. Alex Wong/Getty Images
7. MARK RALSTON/AFP/Getty
   Images
8. Mannie Garcia/Bloomberg via Getty
   Images
9. Fotografía oficial de la Casa Blanca
   por Pete Souza
10. Departmento de Estado
11. REUTERS/Jason Reed
12. Matthew Cavanaugh-Pool/Getty
    Images
13. Melissa Golden/Redux
14. © Philippe Reines
15. Fotografía oficial de la Casa Blanca
    por Pete Souza
16. REUTERS/Toru Hanai
17. Bloomberg via Getty Images
18. TATAN SYUFLANA/AFP/Getty
    Images
19. Ann Johansson/Getty Images
20. Fotografía AP/Korea Pool
21. Fotografía por Cherie Cullen/DOD
    via Getty Images
22. SAUL LOEB/AFP/Getty Images
23. Fotografía AP/Greg Baker/Pool

24. Win McNamee/Getty Images
25. SAUL LOEB/AFP/Getty Images
26. Fotografía AP/Saul Loeb, Pool
27. © Genevieve de Manio
28. Getty Images News/Getty Images
29. Win McNamee/Getty Images
30. Fotografía AP/Saul Loeb, Pool
31. Fotografía AP/Saul Loeb, Pool
32. Fotografía AP/Saul Loeb, Pool
33. Fotografía oficial de la Casa Blanca
    por Pete Souza
34. Fotografía oficial de la Casa Blanca
    por Pete Souza
35. Fotografía oficial de la Casa Blanca
    por Pete Souza
36. REUTERS/Jerry Lampen
37. SHAH MARAI/AFP/Getty Images
38. Departmento de Estado
39. J. SCOTT APPLEWHITE/AFP/
    Getty Images
40. ROBERT F. BUKATY/AFP/Getty
    Images
41. Fotografía AP/K. M. Chaudary
42. Diana Walker/TIME
43. Fotografía oficial de la Casa Blanca
    por Pete Souza
44. Fotografía oficial de la Casa Blanca
    por Pete Souza
45. TRIPPLAAR KRISTOFFER/
    SIPA/Newscom
46. Chip Somodevilla/Getty Images
47. Michael Nagle/Getty Images
48. REUTERS/Larry Downing
49. KCSPresse/Splash News/Newscom
50. Brendan Smialowski/Getty Images

51. Departmento de Estado
52. BRENDAN SMIALOWSKI/AFP/ Getty Images
53. SAUL LOEB/AFP/Getty Images
54. Fotografía AP/RIA-Novosti, Alexei Nikolsky, Pool
55. HARAZ N. GHANBARI/AFP/ Getty Images
56. © Philippe Reines
57. Fotografía AP/Mandel Ngan, Pool
58. Fotografía AP/Eraldo Peres
59. © TMZ.com/Splash News/Corbis
60. STR/AFP/Getty Images
61 Fotografía AP/Pablo Martinez Monsivais, Pool
62. REUTERS/Glenna Gordon/Pool
63. ROBERTO SCHMIDT/AFP/Getty Images
64. Fotografía AP/Khalil Senosi
65. Fotografía AP/Jacquelyn Martin, Pool
66. Fotografía por Susan Walsh, Pool/ Getty Images
67. AMOS GUMULIRA/AFP/Getty Images
68. Charles Sleicher/Danita Delimont Photography/Newscom
69. Fotografía AP/Jacquelyn Martin, Pool
70. © Sara Latham
71. Fotografía oficial de la Casa Blanca por Pete Souza
72. © Stephanie Sinclair/VII/Corbis
73. Astrid Riecken/Getty Images
74. Fotografía oficial de la Casa Blanca por Pete Souza
75. Departmento de Estado
76. MARWAN NAAMANI/AFP/ Getty Images
77. Fotografía oficial de la Casa Blanca por Pete Souza
78. PAUL J. RICHARDS/AFP/Getty Images
79. REUTERS/Kevin Lamarque
80. Departmento de Estado
81. STR/AFP/Getty Images
82. Fotografía oficial de la Casa Blanca por Pete Souza
83. Fotografía oficial de la Casa Blanca por Pete Souza
84. Chip Somodevilla/Getty Images
85. KEVIN LAMARQUE/AFP/Getty Images
86. Mario Tama/Getty Images
87. Fotografía oficial de la Casa Blanca por Pete Souza
88. Fotografía AP/Presidencia de Egipto
89. Fotografía oficial de la Casa Blanca por Pete Souza
90. Fotografía AP/Saul Loeb, Pool
91. © Kris Balderston
92. Fotografía AP/Julie Jacobson, Pool
93. Allison Shelley/Getty Images
94. Fotografía AP/Larry Downing, Pool
95. Andrew Harrer/Bloomberg via Getty Images
96. Cortesía de la Biblioteca Presidencial William J. Clinton
97. *Washington Post*/Getty Images
98. Fotografía AP/Anja Niedringhaus
99. © Nicholas Merrill
100. MANDEL NGAN/AFP/Getty Images